AF557742

Derk Rembold

Safety Engineering

Das Praxisbuch für funktionale Sicherheit

Liebe Leserin, lieber Leser,

am 28. Dezember 1879 stürzte die Eisenbahnbrücke über den schottischen Fluss Tay ein. Alle Passagiere des Zugs, der zu diesem Zeitpunkt die Brücke überquerte, kamen dabei ums Leben. Diese Katastrophe führte zu einer umfassenden Aufarbeitung des Einsturzes, bei der die Schwachstellen der Konstruktion und der Wartung analysiert wurden. So schrecklich das Unglück auch gewesen ist, die gründliche Untersuchung des Vorfalls setzte Maßstäbe und sorgte für mehr Sicherheit. Wer sich nach 1879 in einen Zug setzte, konnte sicher sein, dass die Lehren des Unglücks zu besseren Brückenkonstruktionen und engeren Wartungsintervallen geführt haben.

Damals sprach noch niemand von *Safety Engineering*, doch die Idee ist bis heute die gleiche geblieben: Aus Katastrophen müssen Lehren gezogen werden, damit sie sich nicht wiederholen – nicht umsonst heißt es in der Ingenieurswissenschaft, dass Normen und Sicherheitsbestimmungen in Blut geschrieben sind.

Auch in der modernen Softwareentwicklung sind diese Grundsätze von höchster Bedeutung, da die Programmierung heute eine entscheidende Rolle in der Planung und Umsetzung nahezu aller Infrastrukturprojekte spielt. In diesem Zusammenhang präsentiert Prof. Dr. Derk Rembold in seinem Praxisbuch Methoden zur Abschätzung und Beherrschung von Risiken in komplexen Systemen. Sie werden lernen, wie Sie Fehler nicht nur identifizieren und untersuchen, sondern auch verstehen und erfolgreich vermeiden können.

Ein Wort zum Abschluss: Dieses Buch wurde mit größter Sorgfalt geschrieben und hergestellt. Sollten Sie dennoch Fragen, Kritik oder inhaltliche Anregungen haben, freue ich mich, wenn Sie mit mir in Kontakt treten.

Ihr Dr. Christoph Meister
Lektorat Rheinwerk Computing

christoph.meister@rheinwerk-verlag.de
www.rheinwerk-verlag.de
Rheinwerk Verlag · Rheinwerkallee 4 · 53227 Bonn

Auf einen Blick

Wir hoffen, dass Sie Freude an diesem Buch haben und sich Ihre Erwartungen erfüllen. Ihre Anregungen und Kommentare sind uns jederzeit willkommen. Bitte bewerten Sie doch das Buch auf unserer Website unter **www.rheinwerk-verlag.de/feedback**.

An diesem Buch haben viele mitgewirkt, insbesondere:

Lektorat Christoph Meister
Korrektorat Sibylle Feldmann
Fachgutachten Klaus Gebeshuber
Herstellung Stefanie Häb
Typografie und Layout Vera Brauner
Einbandgestaltung Lisa Kirsch
Coverbild Adobe Stock: 486302988 © Nataliya Hora; Shutterstock: 2237750353 © Dilok Klaisataporn, 2188603467 © Gorodenkoff
Satz SatzPro, Krefeld
Druck Beltz Grafische Betriebe, Bad Langensalza

Dieses Buch wurde gesetzt aus der TheAntiquaB (9,35/13,7 pt) in FrameMaker.

Gedruckt wurde es mit mineralölfreien Farben auf chlorfrei gebleichtem, FSC®-zertifiziertem Offsetpapier (90 g/m²).

Hergestellt in Deutschland.

Bibliografische Information der Deutschen Nationalbibliothek:
Die Deutsche Nationalbibliothek verzeichnet diese Publikation in der Deutschen Nationalbibliografie; detaillierte bibliografische Daten sind im Internet über *http://dnb.dnb.de* abrufbar.

ISBN 978-3-8362-9928-2

1. Auflage 2024

Informationen zu unserem Verlag und Kontaktmöglichkeiten finden Sie auf unserer Verlagswebsite **www.rheinwerk-verlag.de**. Dort können Sie sich auch umfassend über unser aktuelles Programm informieren und unsere Bücher und E-Books bestellen.

Inhalt

15 Markov Decision-Prozess 321

16 Reliability, Availability, Maintainability und Serviceability 341

Vorwort

Der Inhalt des Buchs stammt aus der Vorlesung »Betriebssicherheit der Informatik« an der Hochschule Albstadt-Sigmaringen.

Berührungspunkte hatte ich mit dem Thema *Safety Engineering* bei der Firma IBM. Ich arbeitete dort an Rechnersystemen (z-Series), die durch eine sehr hohe Zuverlässigkeit geprägt sind. So sind sämtliche Komponenten der Systeme, z. B. Batterie, Oszillator, Uhr etc., redundant ausgelegt. Bei Ausfall einer Komponente übernimmt die redundante Komponente.

Ich arbeitete unter anderem an der Software, die die genannten Komponenten steuerten. Insbesondere Banken sind gute Kunden dieser Rechnersysteme, da sie an zuverlässigen Transaktionen interessiert sind.

Immer wieder beschwerten sich die Studierenden über ein fehlendes Skript, sodass ich anfing, die Gedanken, die ich in den Präsentationsfolien festgehalten hatte, aufzuschreiben. Es eröffneten sich immer wieder Wissenslücken, die mich zum intensiven Recherchieren veranlassten. Ich fing an, Normen genau durchzulesen statt der Bücher, die diese zusammenfassten. Geplant war, ein Skript in wenigen Monaten fertigzustellen, allerdings wurde daraus mehr als ein Jahr.

So entstand ein Buch, das ich Studierenden in die Hand geben kann, damit sie sich besser auf den Unterricht und die Klausur vorbereiten können. Mir persönlich hat es geholfen, ein besseres Verständnis zum Thema Safety Engineering zu entwickeln. Ich hoffe, dass es den Studierenden und allen Interessenten des Themas genauso hilft wie mir.

Derk Rembold

Kapitel 1
Einführung

Das Buch befasst sich mit der Sicherheit von Systemen und Geräten. Im Englischen wird dieses Thema *Safety Engineering* genannt, und zwar abgegrenzt von der Sicherheit vor Angriffen, die von außen auf Systeme und Geräte wirken. Im Englischen wird dafür der Begriff *Security* verwendet. In diesem Buch stehen Gefahren, die selbst von Systemen und Geräten ausgehen, im Vordergrund. Die englische Bezeichnung dafür ist *Safety*. Abbildung 1.1 zeigt die Abgrenzung zwischen *Security* und *Safety*. Bezüglich einer detaillierteren Unterscheidung wird auf das Buch [1] hingewiesen.

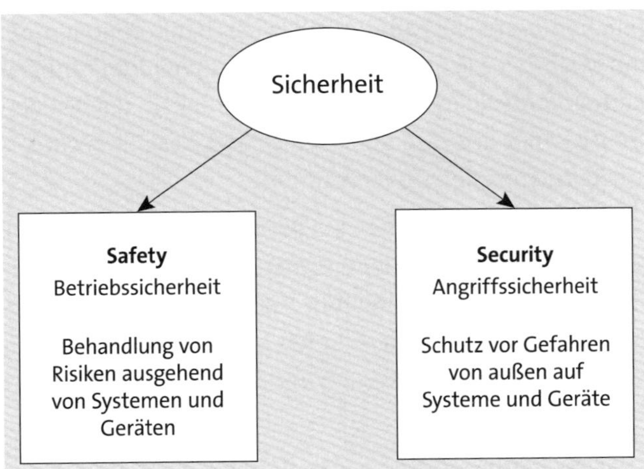

Abbildung 1.1 Abgrenzung zwischen Security und Safety (aus [1])

Gefahren und Risiken, die aus dem System oder Gerät hervorgehen, werden über Methoden bewertet. In den ersten Kapiteln werden qualitative Ansätze und in den folgenden Kapiteln quantitative (also rechnerische) Ansätze vorgestellt. In jedem Kapitel sind ein oder zwei Fallbeispiele beschrieben, um zu zeigen, welche Vorfälle zu teilweise katastrophalen Unglücken führten. So werden die vorgestellten Methoden an den Fallbeispielen durchgespielt bzw. diskutiert.

Viele der Methoden in diesem Buch sind bereits in Normen zusammengestellt. Für eine Übersicht werden in Kapitel 3 die wichtigsten Normen aufgezählt, und deren Inhalt wird kurz beschrieben. Auch Normen, die keine Anwendung mehr finden, sind darunter. Die Benennung der alten Normen ist wegen der Historie interessant, damit die Entstehung der aktuellen Normen aufgezeigt wird.

Da dieses Buch im Rahmen einer Vorlesung in der Informatik entstanden ist, enthält die Softwareentwicklung ein entsprechendes Gewicht, ihr ist ein ganzes Kapitel gewidmet. Software ist heutzutage ein fester Bestandteil von Systemen und Geräten. Im Gegensatz zu Hardwarefehlern lassen sich Softwarefehler (vermeintlich) sehr leicht und kostengünstig beheben. Bei neueren Systemen oder Geräten kann die Software mit Orchestrierungswerkzeugen (z. B. *Kubernetes*) direkt von der Entwicklungsabteilung auf eine technische Anlage des Kunden aufgespielt werden. Dies verleitet dazu, Sicherheitsbetrachtungen bei der Software zu vernachlässigen, da die Behebung der Probleme unter Umständen leicht sein kann. Diese Leichtigkeit ist aber ein Trugschluss, denn der Entwickler von Software hat nicht in allen Fällen Zugang zur technischen Anlage des Kunden. Debug-Daten zur Fehleranalyse, notwendig zur Fehlerbehebung, sind oft umständlich zu erhalten.

Unglücke aus der Vergangenheit sind aufgrund von Fehlern oder Ausfällen unterschiedlicher Art entstanden. So gibt es z. B. unterschiedliche technische Fehler, hervorgerufen durch Hardwarefehler, Softwarefehler oder menschliche Fehler. Bei laufenden Systemen und Geräten entstehen immer Fehler und Ausfälle bei den Komponenten. Dabei gibt es ungefährliche und gefährliche Fehler und Ausfälle. Des Weiteren kann bei der Detektierbarkeit von Fehlern und Ausfällen unterschieden werden. In den Fallbeispielen dieses Buchs wird beschrieben, wie auftretende Fehler und Ausfälle nicht bemerkt wurden und so zu einem katastrophalen Unglück führten.

Vor allem bei der Hardware, aber auch in vielen Fällen bei der Software, folgen Fehler und Ausfälle statistischen Mustern. Deswegen können statistische Methoden eingesetzt werden, um die Häufigkeiten und ihre zeitlichen Verläufe zu beschreiben. Durch den Einsatz der Wahrscheinlichkeitstheorie können Vorhersagen bezüglich der Zuverlässigkeit und der Verfügbarkeit von Systemen und Geräten getroffen werden.

Bereits in der zweiten Hälfte des 20. Jahrhunderts wurden Verfahren entwickelt, um Gefahren zu ermitteln, die von Systemen und Geräten ausgehen. Das Studium der Fallbeispiele aus der Vergangenheit, aber auch das Sammeln eigener Erfahrungen hilft bei der Entwicklung von Systemen und Geräten mit hohen sicherheitstechnischen Anforderungen. So gibt es Methoden, die sowohl am Anfang als auch am Ende der Entwicklungsphase eingesetzt werden. Idealerweise liefern Methoden der unterschiedlichen Projektphasen auch ähnliche Ergebnisse. Es ist dabei wichtig, dass die Methoden von Experten angewendet werden, die Erfahrung darin haben, sie richtig einzusetzen. Dennoch ist es von Vorteil, junge Entwickler und Entwicklerinnen mit ihren Ideen und kreativen Denkansätzen einzubeziehen.

Ergebnisse der Gefahrenanalyse aus teamorientierten Methoden (qualitativ) und mathematischen Beschreibungen von Systemen und Geräten (quantitativ) mit Methoden der Statistik können miteinander kombiniert werden. Ziel ist unter anderem die Ermittlung von Kenngrößen, die eine Aussage über den sicherheitstechnischen Zustand liefern können. Kenngrößen lassen sich bestimmen, indem Systeme und Geräte über längere Zeit beobachtet werden. Publikationen und Normen helfen, aus Daten und über Berechnungsvorschriften Kenngrößen zu ermitteln.

Es gibt teamorientierte Methoden zur Gefahrenanalyse, womit Ereignisse, die zum unerwünschten Ausfall führen können, herausgearbeitet werden können. So sind Ereignisse z. B. Bedienfehler, Verschleißausfälle etc. In der Regel führt aber nicht ein einziger Fehler oder Ausfall zum Unglück, sondern eine Kombination daraus. Es gibt Methoden, z. B. die Fehlerbaumanalyse, mit der sich diese Ereignisse mit Elementen aus der *booleschen Algebra* kombinieren lassen. Dieses Verfahren kann dazu verwendet werden, die Ergebnisse aus der teamorientierten Gefahrenanalyse zu validieren. Aber auch Berechnungen zur Wahrscheinlichkeitsbestimmung bei Kenntnis der Kenngrößen können angewendet werden.

Weitere Methoden zur Untersuchung der Gefahren ist die Anwendung von Methoden wie *Risikographen* und *Layer of Protection Analysis*. Es sind Methoden, die auf teamorientierten Gefahrenanalysen aufsetzen. So liefert die erste Methode eine Einschätzung für weitergehende Maßnahmen zur Risikominimierung von Gefahren. Mögliche Maßnahmen können in Normen vorgeschlagen sein, was den Vorteil hat, dass der *Safety Engineer* sich darauf beziehen kann. Die zweite oben genannte Methode ist eine Erweiterung der Methode aus der Gefahrenanalyse. So werden während der Entwicklung Maßnahmen zur Risikominimierung aufgezählt und dokumentiert. Über Berechnungen lässt sich durch den Einsatz von Schätzwerten eine Wahrscheinlichkeit für das Eintreten von Gefahrsituationen bestimmen. Das Ergebnis der Analyse kann zur Bestimmung der notwendigen Maßnahmen herangezogen werden. Normen stehen dafür als Entscheidungsgrundlage zu Verfügung.

Normen schlagen in vielen Fällen die Redundanz als technische Maßnahme zur Gefahrenreduzierung vor. So gibt es Zuverlässigkeitsdiagramme, mit denen sich Systeme und Geräte mit ihren Sicherheitssystemen zur Risikoreduzierung grafisch beschreiben lassen. Bei Einsatz der Zuverlässigkeitskenngröße der einzelnen Komponenten kann auch die Wahrscheinlichkeit des Ausfalls für ein ganzes System oder Gerät bestimmt werden. Der Einsatz dieser Diagramme geht also über die Dokumentation von System und Gerät und die Darstellung von konstruktiven Maßnahmen zur Gefahrenreduzierung hinaus.

Nachteilig bei Modellen mit Fehlerbäumen und Zuverlässigkeitsdiagrammen ist, dass der Verlauf der Zeit nicht ausreichend berücksichtigt wird. Es ist die Regel, dass ein Fahrzeug alle zwei Jahre zur Inspektion in die Werkstatt gebracht wird. Das Ziel ist es, mögliche Fehler und Ausfälle zu erkennen und beheben, sodass ein weiterer Fehler oder Ausfall in den folgenden zwei Jahren vermieden werden kann. Die beiden oben genannten Methoden können zwar diese rudimentären Instandsetzungsmaßnahmen abbilden, aber der *Markov*-Prozess bietet eine wesentlich elegantere Methode, die die

Zeit berücksichtigt. Sie zeichnet sich durch höhere Flexibilität in der Modellierung aus. Mathematische Methoden können eingesetzt werden, um zeitliche Simulationen durchzuführen, und Wahrscheinlichkeiten für Ausfälle unter Berücksichtigung von Betriebsarten von Systemen und Geräten (Betrieb, Instandsetzung, Prüfung) zu ermitteln.

Eine Erweiterung des *Markov*-Prozesses ist der *Markov Decision*-Prozess. Damit können verschiedene Szenarien von verschiedenen ineinandergreifenden Markov-Modellen modelliert werden. So kann der Betrieb des Systems mit dem ersten Markov-Modell und die Wartung mit einem zweiten Markov-Modell beschrieben werden. Das Überführen von einem Modell zu einem anderem erfolgt über Aktionen, die der Betreiber einleiten kann. Belohnungen können Aktionen zugeordnet werden, genannt Strategie, um die die Gesamtbelohnung zu optimieren.

Zuverlässigkeitsdiagramme und *Markov-Diagramme* sind Methoden, um Systeme und Geräte, die regelmäßig geprüft werden, zu modellieren. Normen stellen dafür Formeln für die Zuverlässigkeitsberechnung zur Verfügung. Die Formeln sind zwar leicht anzuwenden, aber die Herleitung ist nicht immer offensichtlich. So sollen mithilfe von Zuverlässigkeitsdiagrammen und einem Modell, bei dem das System in regelmäßigen Prüfintervallen instandgesetzt wird, die Formeln aus den Normen hergeleitet werden. *Markov*-Prozesse sind zwar hervorragend für die Beschreibung von Systemen mit Prüfintervallen geeignet, dennoch kann die analytische Berechnung kompliziert sein. Bei Betrachtung von langen Zeiträumen kann der zeitliche Verlauf mit Grenzwerten vereinfacht werden.

Schlussendlich soll in diesem Buch noch eine letzte Methode zur Modellierung von Fehlern und Ausfällen beschrieben werden. Das *Binary Decision Diagram* ist eine der letzten wissenschaftlich relevanten Datenstrukturen aus der Informatik der letzten Jahrzehnte. Diese wurde entwickelt, um binäre Funktionen mit einer großen Anzahl von Eingängen auf eine übersichtliche Struktur zu reduzieren. Bei Einsatz der Wahrscheinlichkeitstheorie kann die *Binary Decision Diagram*-Methode auch für die Berechnung von Zuverlässigkeits- und Verfügbarkeitswahrscheinlichkeiten von Systemen und Geräten eingesetzt werden.

Kapitel 2
Der Weg durch das Buch

In diesem Kapitel wird der Weg durch das Buch beschrieben. Es besteht im Wesentlichen aus drei Teilen. Der erste (siehe auch Abbildung 2.1) enthält die einleitenden Kapitel mit der Beschreibung von Normen, der Definition von Begriffen und der Benennung von Methoden zur Identifikation von Gefahren. Im zweiten Teil, siehe Abbildung 2.2, werden qualitative Methoden zur Modellierung vorgestellt, um Gefahren mit dem Ziel zu beschreiben, Kenngrößen zur Beschreibung der Sicherheitsanforderungen zu ermitteln. Manche dieser Methoden sind auch für die halbquantitative bzw. quantitative Analyse einsetzbar. Abbildung 2.3 zeigt die Methoden des letzten Teils. Dort werden ausschließlich quantitative Methoden zur Analyse von Systemen und Geräten bezüglich der Sicherheit beschrieben.

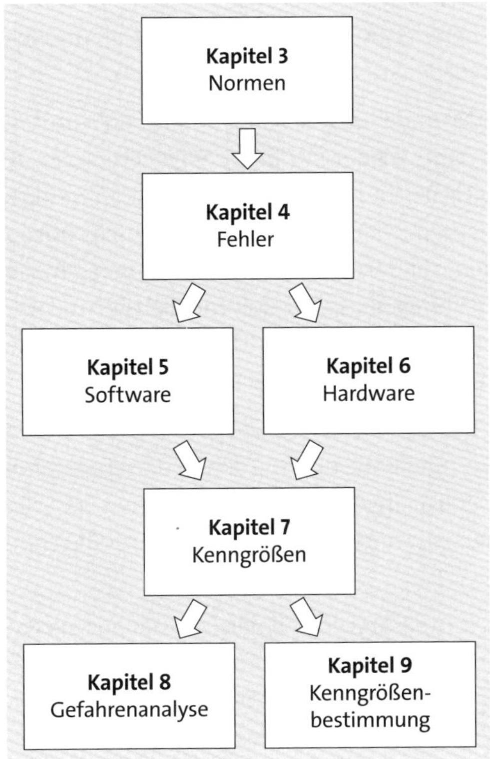

Abbildung 2.1 Einleitende Kapitel

2.1 Einleitende Kapitel

Wenn der angehende *Safety Engineer* durch einen Kundenwunsch die Aufgabe erhält, ein System oder Gerät sicher zu machen, wird er sich ohne Hilfe schwertun, den Anfang zu finden. Kapitel 3 soll ihm helfen, zunächst einen groben Überblick über Normen zu bekommen. So sind nämlich geltende Gesetze bei zu entwickelnden Systemen und Geräten einzuhalten, die vom Gesetzgeber nicht notwendigerweise kontrolliert werden. Wenn es aber zu einem Zwischenfall kommt, steht der Hersteller des Systems oder Geräts in der Beweispflicht. Er muss nachweisen, dass das System oder Gerät nach aktuellen Sicherheitsstandards entwickelt wurde. Es ist dann vorprogrammiert, dass es innerhalb der Firma zu gegenseitigen Schuldzuweisungen kommt, was das Betriebsklima stört. Zur Veranschaulichung wird das Fallbeispiel der Ölförderplattform *Deep Horizon* vorgestellt, die an der Ölkatastrophe im Golf vom Mexiko maßgeblich beteiligt war. Es soll anhand des Fallbeispiels klargemacht werden, dass nicht nur der Safety Engineer Verantwortung trägt, sondern auch Betriebspersonal, Manager und Geschäftsführung. Kapitel 3 beschreibt als Einstieg die Norm *IEC-61508*, die dem Safety Engineer als Grundlage dient. Es wird unter anderem in diesem Kapitel eine Tabelle aus der Norm übernommen, aus der ein Kennwert (das sogenannte *SIL*) entnommen wird, der die Anforderungen in Abhängigkeit von der Anzahl der auftretenden Fehler für ein Sicherheitssystem beschreibt. Die Tabelle ist zentral, und ich werde mich in mehreren Kapiteln immer wieder auf diese Tabelle beziehen.

Weiterführende Normen basieren auf der Norm *IEC-61508*. Sie übernehmen zum Teil Ausschnitte aus ihr, beziehen diese aber dann wieder auf ihre Teilgebiete, wie z. B. Medizintechnik, Maschinenbau, Prozesstechnik etc. Ihnen soll in diesem Kapitel klargemacht werden, dass Sicherheitssysteme von Systemen und Geräten nicht nur in der Entwicklungsphase konstruiert werden, sondern dass Sicherheit in den ganzen Lebenszyklus – also Planungsphase, Entwicklungsphase, Produktion, Betrieb und Außerbetriebsetzung – einbezogen werden muss. So umfasst das Thema *Safety Engineering* deutlich mehr als nur die Entwicklung von robuster Software und Hardware.

Auch andere Normen, z. B. *ISO-26262* (Automobilindustrie), *DIN-19250* (ausgediente Norm) etc., spielen beim *Safety Engineering* eine Rolle und werden in diesem Kapitel vorgestellt. Es wird nicht zu sehr auf die Details eingegangen. Es soll reichen, dass Sie einen groben Überblick erhalten, der Ihnen bei weiteren Recherchen wertvolle Hilfe leisten kann.

Kapitel 4 geht sehr grundlegend auf die Beschreibung von Fehlern, Ausfällen und Raten ein. Hier sind nur wenige mathematische Kenntnisse für die Berechnung von Kenngrößen zum Verständnis notwendig. Zunächst werden die Begriffe Sicherheit, Zuverlässigkeit, Verfügbarkeit und Risiko definiert, da sie in diesem Buch immer wieder genutzt werden. In dem Kapitel werden zwei historische Fallbeispiele beschrieben, um Fehler- und Ausfallursachen aufzuzeigen, die entweder vom Betriebspersonal ausgehen oder eine technische Ursache haben. So bestand z. B. beim *Seveso-Unglück* das Problem darin, dass die Dauer einer chemischen Reaktion durch ein überarbeitetes Personal falsch eingeschätzt wurde. Bei Verwendung einer Zeittoleranz, also dem Warten über den tatsächlichen Zeitbedarf hinaus, hätte das Unglück vermieden werden können. Das zweite Fallbeispiel zeigt, dass Instandsetzungsmaßnahmen Fehler oder Ausfälle hervorrufen, wenn defekte Geräte in ein System eingebaut werden, so wie es bei einem Metrounglück in New York geschah.

Es wird unterschieden zwischen Ausfall, was ein Ereignis ist, und Fehler, was ein Zustand ist. Ausfälle und Fehler können sicherheitsrelevant sein, müssen aber nicht. Deswegen werden Ausfälle bzw. Fehler gruppiert. In vielen Fällen können sie durch Voranalysen identifiziert und somit bei der Entwicklung des Systems berücksichtigt werden. In anderen Fällen sind mögliche Fehler und Ausfälle unbekannt. Wenn sie dabei sicherheitsrelevant sind, kann der Fehler bzw. Ausfall zu einem unerwünschten Ereignis führen, was eine Katastrophe für Mensch und Umwelt bedeuten kann.

Aus den gruppierten Fehlern lassen sich Kenngrößen ermitteln, wie zum Beispiel der *Diagnostic Coverage*-Faktor oder die *Safe Failure Fraction*. Aus denen lassen sich wiederum Kenngrößen für die Sicherheitsanforderungen ableiten. Diese dienen als Richtlinien bei der Entwicklung von Systemen und Geräten. Um eine Verbesserung der Zuverlässigkeit oder Verfügbarkeit etc. zu erreichen, wird oftmals Redundanz eingesetzt. Das kann bedeuten, dass ein Gerät oder eine Komponente mehrfach ausgelegt wird. Bei einem Ausfall eines Geräts, oder auch einer Komponente, übernimmt ein zweites, das sich z. B. im Stand-by befindet. Hier wird ein Beispiel aus dem Bereich der Mikrosystemtechnik gezeigt, bei dem ein *ASIC* aus mehreren redundanten Komponenten aufgebaut wird.

Redundanz bringt aber eine neue Klasse von Fehlern hervor. Denn ein Ereignis kann eine Auswirkung auf alle redundanten Komponenten vom gleichen Typ haben. Diese Klasse wird *Fehler mit gemeinsamer Ursache* genannt.

Jeder Softwareentwickler weiß (oder sollte es wissen), dass Software ohne Fehler kaum herzustellen ist. Dies gilt insbesondere dann, wenn sie einen hohen Grad an Komplexität erreicht. Das Fallbeispiel in Kapitel 5 erzählt von einem Flug, geführt durch einen Autopiloten, mit einem Problem der Benutzerschnittstelle der Software. Durch eine Falscheingabe einer Anweisung führte er das Flugzeug in ein fatales Unglück. Die Ursache konnte auf ein Missverständnis zwischen den Anforderungen, beschrieben in den Entwicklungsdokumenten des Autopiloten, und dem Softwareentwickler zurückgeführt werden. Um Fehler bei der Softwareentwicklung einzudämmen, entwickelten sich im Laufe der Zeit Spielregeln zwischen den Softwareentwicklern, Architekten, Testern etc. Diese Spielregeln, vorgestellt in diesem Buch, werden als Softwareentwicklungsprozess bezeichnet.

In diesen Prozess weiß der Softwareentwickler genau, wo sein Quellcode abgelegt wird und wie andere Entwickler mit ihm umgehen . Viele Entwickler, die sich an der System- und Geräteentwicklung beteiligen, kommen aber nicht aus dem Softwarebereich. So kann es sein, dass ihnen nicht bewusst ist, welcher Aufwand dahintersteckt, wenn eine Infrastruktur für die Softwareentwicklung aufgebaut werden soll. Kapitel 5 soll deswegen allen Entwicklern (Software und Hardware) helfen, die Prozesshintergründe besser zu verstehen. Für sicherheitsrelevante Software ist auch dieser Softwareentwicklungsprozess fundamental wichtig. Ein Merkmal ist unter anderem, dass z. B. die Norm *IEC-61508* dem Entwickler Checklisten mitgibt, um Entscheidungen zu erleichtern, bestimmte Programmiermethoden bzw. Prozessschritte in den Softwareentwicklungsprozess aufzunehmen.

Kapitel 5 beginnt mit der Erklärung der Projektmanagementmethode *V-Modell* (es handelt sich dabei nicht um das erweiterte *V-Modell XT*). Angefangen wird hier mit den Sicherheitsanforderungen und der Entwicklung der Architektur. Danach geht der Prozess in die Projektabschnitte Entwurf, Test und Integration über. Gegen Ende erfolgt die Abnahme. In jedem dieser Abschnitte müssen sicherheitsrelevante Dokumente erstellt und strukturiert abgelegt werden. Dies ist unter anderem wichtig, damit bei einer Weiterentwicklung des Systems oder im Fall einer Beweisumkehr die Dokumente verfügbar sind. Die Norm *IEC-61508* schlägt in den einzelnen Phasen Maßnahmen (bzw. Checklisten) vor, die für bestimmte Sicherheitsanforderungen (auch genannt Sicherheitsintegritätslevels) empfohlen werden. Beispiele sind Coderichtlinien, lineare und modul-orientierte Programmierung etc. Werkzeuge können durch automatische Erzeugung von Programmiervorschlägen unterstützend wirken. Analysatoren untersuchen den Quellcode und finden problematische Softwarekonstruktionen.

Kooperative Werkzeuge sind weitere wichtige Bausteine im Softwareentwicklungsprozess. Es gibt Werkzeuge, die das Review von Quellcode zwischen Softwareentwicklern erleichtern. Weitere Werkzeuge dokumentieren Probleme im Quellcode und ordnen sie einem Verantwortlichen zu. Insbesondere in der Testphase des Softwareentwicklungsprozesses tritt eine sehr große Zahl von Fehlern auf. Die Koordination kann dann nur durch ein Ticketmanagementsystem erfolgen. Weitere Werkzeuge, wie ein Konfigurationsmanagementsystem, hilft dem Entwickler, alte Softwarezustände und Entwicklungsumgebungen wiederherzustellen.

Das Ticketmanagementsystem und der Entwicklungsprozess gehen vor allem in Testphase und Integrationsphase Hand in Hand. Bei Software mit hoher Komplexität muss vor allem die Integration gut durchdacht und vorgeplant werden. Dabei sind die sicherheitsrelevanten Komponenten bei der Integration hervorzuheben. Am Ende des Kapitels wird der Softwareentwicklungsprozess im Detail erklärt. Es wird dargestellt, welche Werkzeuge bei der Entwicklung eingesetzt werden sollten. Themen wie *Continuous Integration and Development* sowie *DevOps* werden angesprochen. Abgeschlossen wird das Kapitel mit einem vereinfachten Bauplan für eine Infrastruktur (Server für das Ticketmanagementsystem, Repository, Backup und ihre Interaktion) eines Softwareentwicklungsprozesses.

Systeme und Geräte sind geprägt durch ihren Hardwareanteil. In Kapitel 6 gehe ich deswegen, ähnlich wie in Kapitel 5 für Software, auf den Prozessablauf für die Hardware ein. So beginnt der Prozess mit den Anforderungen, geht weiter zu den Abschnitten Architektur und Entwicklung und schließt mit Test, Integration und Abnahme ab. Dieses sind Schritte, die in einem Hardwareentwicklungsprozess beschrieben werden. Dazu verwendet das Kapitel die vereinfachte *V-Modell*-Methode, die aber nicht mit der weiterführenden *V-Modell-XT*-Methode zu verwechseln ist. Aus den Ablauf des Hardwareentwicklungsprozesses gehen dann Dokumente hervor, die für die folgenden Schritte Grundlagen sind. Auch bei einem Audit (wegen der Beweisumkehr) ist es wichtig, die Dokumente zugreifbar zu haben. Bei der Entwicklung von Hardware kann sehr häufig auf Softwarewerkzeuge und -sprachen zurückgegriffen werden. So gibt es Werkzeuge auf verschiedenen Detaillierungsebenen. Zum Beispiel wird in diesem Kapitel kurz auf die Hardwarebeschreibungssprachen für die Entwicklung von *ASIC* auf sehr niedriger Ebene eingegangen. Auf mittlerer Entwicklungsebene können Geräte zur Steuerung von Systemen und Geräten gekauft werden. Die Möglichkeiten zur Konfiguration der Geräte sind nahezu unbegrenzt. Auf abstrakter Ebene ist Hardware und sind technische Prozesse oftmals mit *Petri-Netzen* modellierbar – insbesondere dann, wenn Ereignisse wesentliche Eigenschaften des Systems oder Geräts sind. Auf Petri-Netze wird in diesem Buch in mehreren Kapiteln eingegangen, denn sie eignen sich für die Modellierung von Zustandswechseln. Ein Zustandswechsel kann der Übergang eines Systems vom Betriebszustand in den Instandsetzungszustand sein.

Das Fallbeispiel in diesem Kapitel nimmt das Unglück während des Starts der *Challenger*-Raumfähre auf. Hier bestand wahrscheinlich die Unglücksursache unter anderem in einem spröden Dichtungsring der Feststoffrakete. Zur Verbesserung der Sicherheit von Systemen werden hier einfache Beispiele mit schaltungstechnischen Methoden gezeigt. Sie beschränken sich auf die Funktionsweise von Schaltern oder Relais und Abfragen der Zustände durch Steuerrechner. Tatsächlich kann die Sicherheitstechnik viele Bücher füllen. Eine Rolle bei der Bestimmung der Sicherheitsanforderungen spielt die Kenntnis der eingesetzten Geräte und Komponenten innerhalb des Systems. Geräte und Komponenten werden deshalb in Typen klassifiziert, abhängig davon, ob der Hersteller selbst die Fehler und Zustände kennt und ob diese durch Daten nachgewiesen werden können. Die *Safe Failure Fraction*-Kenngröße und der Gerätetyp sind dann eine Möglichkeit, die Kenngröße für die Sicherheitsanforderung herzuleiten. Wird die Anforderung des Sicherheitssystems nicht erreicht, lässt sie sich durch Einsatz von Redundanz verbessern.

In diesem Kapitel lernen Sie, wie die Kenngröße der Sicherheitsanforderungen eines gesamten Systems, bestehend aus Teilsystemen, Geräten und Komponenten, durch einfache Methoden bestimmt werden können. Es wird eine weitere Möglichkeit gezeigt, bei der die Kenngröße für die Sicherheitsanforderung mit Daten und Expertenmeinungen ermittelt wird.

Alle Komponenten fallen nach einer gewissen Zeit aus. Wann aber diese ausfallen, kann einem Zufallsprozess unterliegen. So kann der Komponenten eine Wahrscheinlichkeit zugeordnet werden. Sie verändert sich nach der Zeit, sodass die Wahrscheinlichkeit eine Funktion abhängig von der Zeit ist. Die Wahrscheinlichkeit, dass ein neues Gerät funktioniert, sollte hoch sein. Aber sie nimmt ab, je länger das Gerät in Betrieb ist. In Kapitel 7 geht es um die mathematische Bestimmung der Zuverlässigkeits- bzw. Ausfallwahrscheinlichkeit.

Dafür sind Kenntnisse aus der Wahrscheinlichkeitstheorie notwendig, die in dem ersten Teilkapiteln als Grundlagen wiederholt werden. Mit dieser Theorie kann die mathematische Zuverlässigkeits- und Ausfallwahrscheinlichkeit definiert werden. Zum Teil basieren die Formeln auf Dichtefunktionen, die die Häufigkeit von Ausfällen zu einen Zeitpunkt bzw. Abschnitt beschreiben. Da die Ausfallcharakteristik nicht bei jedem Gerät gleich ist, unterliegt sie unterschiedlichen Dichtefunktionen. Es werden in diesem Kapitel diejenigen vorgestellt, die bei Zuverlässigkeitsberechnungen häufig eingesetzt werden.

Um sich ein Bild über die Charakteristik bezüglich der Zuverlässigkeit und Verfügbarkeit machen zu können, sind nicht immer mathematische Vorkenntnisse notwendig. Zur Vereinfachung können zusammenfassende Kenngrößen verwendet werden, wie z. B. die mittlere Ausfallzeit. Die Kenngrößen werden über mathematische Methoden hergeleitet. Wichtige Parameter bei Zuverlässigkeitsberechnungen sind Ausfallraten und Ausfallhäufigkeiten (deren Verteilung eine Dichtefunktion ist). Diese können sich zwar nach einiger Zeit ändern, aber zur Vereinfachung wird oft angenommen, dass sie konstant sind. So wird gezeigt, wie durch diese Vereinfachungen Zuverlässigkeitsfunktionen durch Exponentialfunktionen beschrieben werden können.

Das in diesem Kapitel aufgeführte Fallbeispiel beschreibt die Reihe der Abstürze von *Starfighter*-Kampfflugzeugen, deren Ursache in vielen Fällen der frühzeitige Ausfall von Komponenten war. Es wird unter anderem beschrieben, wie ein Reengineering der Komponenten die Ausfallraten und die Zuverlässigkeit des Flugzeugs verbesserte.

Systeme oder Geräte mit Sicherheitsfunktionen, die den Konsequenzen der Fehler und Ausfälle entgegenwirken, werden aufgeteilt in Systeme mit niedriger und hoher Anforderungsrate. Die Anforderungsrate beschreibt die Häufigkeit des Einsatzes der Sicherheitsfunktionen des Systems innerhalb eines Jahres. So werden gegen Ende des Kapitels Formeln hergeleitet, die die Wahrscheinlichkeiten ausdrücken, dass innerhalb eines Zeitintervalls das Sicherheitssystem ausfällt. Mit dieser Wahrscheinlichkeit kann der zentralen Tabelle aus Kapitel 3 entnommen werden, welche Kenngröße der Sicherheitsanforderung (*SIL*) sich für das zu betrachtende System oder Gerät ergibt.

In Kapitel 7 wird gezeigt, wie die Zuverlässigkeit von einfachen Systemen mit mathematischen Funktionen beschrieben werden können. Die Realität zeigt aber, dass die Herleitung schwierig sein kann. Oftmals sind Daten, die die Fehler beschreiben, nicht vorhanden. Menschliche Faktoren haben dabei einen großen Einfluss, sodass eine quantitative Beschreibung nur durch Abschätzung möglich ist. Bei Systemen oder Geräten ohne Erfahrungswerte müssen die Gefahren, die aus ihnen hervorgehen, zunächst identifiziert werden, bevor eine mathematische Beschreibung möglich ist. Kapitel 8 befasst sich deshalb mit Methoden, die Fehlermöglichkeiten und Gefahren identifizieren. Im Fallbeispiel wird das Unglück von *Bhopal* beschrieben. Primär waren menschliche Faktoren die Ursache des Unglücks. Technische Faktoren leisteten aber auch ihren Beitrag, da wichtige Geräte ausgefallen bzw. abgebaut wurden, die das Unglück hätten verhindern können. Eine der Methoden zur Analyse der Fehlermöglichkeiten ist die *Failure Mode Effect Analysis*, sie wird am Anfang des Kapitels beschrieben. Die einzelnen Schritte werden erklärt, und als Ergebnis entsteht ein Dokument mit einer Reihe von Fehlermöglichkeiten, die das Entwicklungsteam bei der Entwicklung berücksichtigen sollte. Anhand des Fallbeispiels wird die Methode *Failure Mode Effect Analysis* angewendet.

Beim Einsatz von Analysetechniken entsteht für das Planungs- und Entwicklungsteam eine Liste von Gefahren, sortiert nach Prioritäten. In vielen Fällen ergibt es Sinn, auch Gefahren und die daraus resultierenden Konsequenzen mit niedriger Priorität zu berücksichtigen. Denn das Eintreten einer Gefahr kann Kosten verursachen. Demgegenüber steht das mit finanziellem Aufwand errichtete Sicherheitssystem, das genau diese Gefahr abwendet. Sie sollen aus diesem Kapitel mitnehmen, dass eine Kosten-Nutzen-Analyse durchaus sinnvoll sein kann. Diese sollte gegebenenfalls zur Entscheidung führen, auch in niedrig prioritäre Sicherheitssysteme zu investieren. Das Vorgehen wird als das *As Low As Reasonably Practical*-Prinzip bezeichnet.

Die *Failure Mode Effect Analysis* betrachtet beinahe auf statische Weise die System- und Gerätestruktur, um Fehlermöglichkeiten zu identifizieren. Die *Hazard and Operability*-Methode hat tendenziell einen dynamischen Ansatz. So wird das System in *Design Intents* aufgebrochen. Durch Anwendung von *Guide Words* werden in einer Teamarbeit die Konsequenzen untersucht. Am Ende soll eine Liste von identifizierten Gefahren und Verbesserungsvorschlägen entstehen. Ihnen werden die einzelnen *Hazard and Operability*-Schritte vorgestellt, am Fallbeispiel werden diese angewendet.

In Kapitel 7 werden Formeln angegeben, die Ausfälle von Systemen und Geräten mithilfe von Ausfallraten beschreiben. Zusammen mit dem Fallbeispiel *Fords Pinto*-Memo aus Kapitel 9 soll es Ihnen einen Einblick darin geben, wie Ausfallraten ermittelt werden können. Eine einfache Möglichkeit ist es, Ausfallraten einzelner Bauteile aus Handbüchern zu entnehmen und dann die Ausfallrate von Komponenten zu ermitteln.

Sind aber Daten über das Ausfallverhalten der Betrachtungseinheiten des Systems und Geräts vorhanden, kann mit statistischen parameterfreien Methoden die Zuverlässigkeitsfunktion abhängig von der Zeit ermittelt werden. Dazu benötigen Sie Kenntnisse über die Wahrscheinlichkeitstheorie. Konkret wird in diesem Kapitel der *Kaplan-Meier-Schätzer* hergeleitet, wofür die *Maximum-Likelihood*-Methode angewendet wird. Dazu wird die Differenzialrechnung zur Extremwertbestimmung aus der Mathematik benötigt.

Oft gibt es aber auch implizites Wissen über die Daten. So weiß möglicherweise der *Safety Engineer*, dass die Dichtefunktion der zu untersuchenden Daten einer Exponentialfunktion ähnlich ist. Dann muss nur ein einziger unbekannter Parameter geschätzt werden. Auch hier kann die *Maximum-Likelihood*-Methode zur Herleitung der Formel zur Schätzung des einzelnen Parameters angewendet werden. Um die Daten zur Analyse von Systemen und Geräten zu beschaffen, kann sehr viel Zeit vergehen. So muss eine Anzahl von Geräten beobachtet und bei Ausfällen müssen Zeitpunkte und Betriebsdauer dokumentiert werden. Diese Zeit kann sich der *Safety Engineer* nicht nehmen, sondern wird innerhalb eines kürzeren Zeitraums Schätzungen durchführen. Wenn zum Zeitpunkt der Schätzung nicht alle Daten der Betrachtungseinheiten zur Verfügung stehen, spricht er von *zensierten Daten*. Auch Systeme und Geräte, die nach wie vor in Funktion sind, werden bei der Schätzung berücksichtigt. Hier wird der Schätzer des Parameters ebenfalls mit der *Maximum-Likelihood*-Methode hergeleitet.

Bei der Anwendung des Schätzers werden Daten benötigt, die normalerweise in Datenbanken gespeichert sind. Im letzten Abschnitt des Kapitels wird gezeigt, wie Daten methodisch abgelegt werden können. Dabei werden die Grenzen des zu betrachtenden Systems, des Teilsystems und seine Komponenten definiert, um Überschneidungen der Datenaufnahme zu vermeiden und um doppelte Einträge in Datenbanken zu verhindern. So erhalten die Datenbanktabellen eine Struktur ähnlich der Struktur der Systemhierarchie.

Es werden Ihnen Datenbanktabellen zur Strukturierung des Ford-Pinto-Tanksystems vorgestellt, um Ausfälle der Komponenten in der Datenbank abzulegen.

2.2 Methoden zur qualitativen Analyse und Mischformen

In Kapitel 10 wird die erste Methode zur Systemmodellierung mit einem Fehlerbaum vorgestellt. Dabei werden Ereignisse mithilfe von Gattern zusammengeführt, um dann als Ergebnis ein unerwünschtes Ereignis zu ermitteln. Dazu wird das Fallbeispiel eines Reaktorunglücks (*Three Miles Island*) beschrieben, das in den USA vorgefallen war. Das Zusammenstellen des Fehlerbaums ist eine deduktive Methode (*top-down*). Angefangen wird mit dem unerwünschten Ereignis (Reaktorunfall im Fallbeispiel), der *Safety Engineer* teilt dieses in Zwischenereignisse auf und führt sie mit Gattern zusammen. Er wiederholt dies, bis alle Basisereignisse erreicht sind. Die dazu benötigten Gatter können mit Operatoren aus Mengenlehre und Wahrscheinlichkeitstheorie mathematisch beschrieben werden. So lässt sich der Fehlerbaum auch dazu nutzen, Fehlerwahrscheinlichkeiten und Nichtverfügbarkeiten quantitativ zu bestimmen.

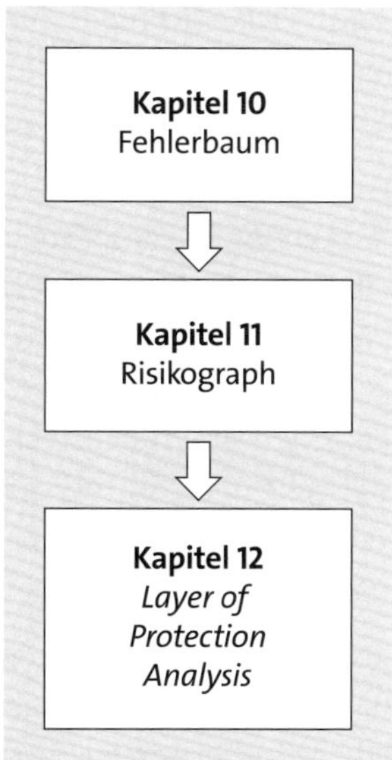

Abbildung 2.2 Methoden zur qualitativen Analyse sowie Mischformen

Nicht alle Systeme oder Geräte lassen sich durch Operatoren aus der Mengenlehre beschreiben, besonders wenn dynamische Situationen wie etwa ein Zustandswechsel auftreten. Zum Beispiel kann ein System oder Gerät von einem Betriebszustand in einen Instandsetzungszustand treten. Der Fehlerbaum würde sich unter Umständen verändern. Für die Modellierung komplexerer Systeme können dynamische Gatter eingesetzt werden, was aber die mathematischen Analysemöglichkeiten schwierig macht. *Petri-Netze*, beschrieben in Kapitel 6, eignen sich jedoch dafür, Zustandswechsel zu simulieren. Diese lassen sich dann in den Fehlerbaum integrieren.

Im Fallbeispiel des Reaktorunglücks wird ein Fehlerbaum demonstrativ konstruiert, und es wird gezeigt, wie qualitative Analysetechniken daran anzuwenden sind, um z. B. die Minimalschnitte zu bestimmen. Das sind die Ereignisse, die auftreten müssen, damit das unerwünschte Ereignis auftritt. Auch weitere qualitative Analysetechniken, wie die boolesche Reduktion und die disjunkte Zerlegung, werden vorgestellt.

Bei den quantitativen Analysetechniken geht es um die Bestimmung der Wahrscheinlichkeit des unerwünschten Ereignisses. Um diese zu bestimmen, werden Sie mit einfacher mathematischer Integration konfrontiert. Aus den berechneten Wahrscheinlichkeitswerten kann die Kenngröße der Sicherheitsanforderung für die Sicherheitstechnik des Systems oder Geräts aus der zentralen Tabelle aus Kapitel 3 bestimmt werden.

Basisereignisse sind die Eingänge des Fehlerbaums, sie haben unterschiedlichen Einfluss auf das unerwünschte Ereignis. Um zu bestimmen, wie groß der Einfluss einzelner Basisereignisse ist, kann die Sensitivitätsanalyse angewendet werden. Dafür werden Formeln präsentiert, die die Wichtigkeit der Basisereignisse bestimmen. Zur Veranschaulichung wird anhand des Fallbeispiels den Ereignissen Wahrscheinlichkeiten zugeordnet, und die Kenngrößen für die Wichtigkeit werden ermittelt. Diese werden dann grafisch dargestellt.

Zuletzt wird in dem Kapitel die *Monte Carlo*-Simulation als weitere Analysemethode vorgestellt. Sie ist eine einfache Methode, die genau dann ihre Anwendung findet, wenn Wahrscheinlichkeiten nicht genau bestimmt werden können. So wird ein Algorithmus vorgestellt, der Eingangsereignisse bestimmt, und dann wird die Verteilung des unerwünschte Ereignisses berechnet. *Monte Carlo*-Simulationen lassen sich auch bei dynamischen Gattern einsetzen und ersetzen so die analytische Berechnung, die ohnehin schwierig ist. Beispielhaft wird der Unterschied zwischen einem konventionellen und einem dynamischen Gatter gezeigt.

In Kapitel 10 wird die *Fehlerbaummethode* vorgestellt, die sowohl qualitative als auch quantitative Elemente hat. Anhand der zentralen Tabelle aus Kapitel 3 lässt sich mit der quantitativen Methode die Kenngröße der Sicherheitsanforderung bestimmen. Dafür werden aber konkrete Wahrscheinlichkeitswerte benötigt. Diese sind oftmals nicht vorhanden, vor allem dann nicht, wenn sich das Projekt in einer frühen Entwicklungsphase befindet.

Kapitel 11 behandelt den Risikographen, um mit qualitativen Methoden die Kenngrößen der Sicherheitsanforderung zu bestimmen. Das Fallbeispiel beschreibt das Zugunglück in *East Palastine, Ohio*, ein Ereignis aus der jüngster Vergangenheit. Hier wird das Konzept des Risikographen angewendet. *Frequency-N-Fatalities*-Diagramme werden eingesetzt, womit die Häufigkeiten für ein akzeptiertes Risiko nach dem *As Low As Reasonably Practical*-Prinzip bestimmt werden. Risikographen setzen Parameter wie Häufigkeit, Wahrscheinlichkeit, Möglichkeiten der Gefahrenabwehr und Konsequenzen ein. So werden in diesem Kapitel die Abstufungen der Parameter aufgezeigt, dann wird der Aufbau des Risikographen vorgestellt. Da nicht in jedem Fall alle Parameter benötigt werden, gehen auch daraus abgeleitete Risikographen hervor. Sie finden ihren Einsatz bei Sach- und Umweltschäden.

Die Anwendung von Risikographen ist nicht objektiv. So können bei unterschiedlichen Expertenteams auch unterschiedliche Ergebnisse erarbeitet werden. Aus diesem Grund gibt es die Möglichkeit, Risikographen zu kalibrieren. Am Fallbeispiel wird Ihnen das demonstriert.

Risikographen sind in sämtlichen Normen beschrieben, die der Vorgehensweise aus der Norm *IEC-61508* ähnlich ist (Norm *IEC-61508* übernahm wiederum den Risikographen aus einer älteren Norm). Die Norm *ISO-26262* beschreibt einen Risikographen, der für die Automobilindustrie zugeschnitten ist. Sie ist ähnlich aufgebaut, da aber im Autoverkehr katastrophale Auswirkungen mit vielen Opfern sehr selten sind, werden Kategorien ausgelassen und Parameter an die Bedürfnisse der Analysten angepasst.

Bereits in Kapitel 8 wurde die *Hazard and Operability*-Methode vorgestellt, um Gefahren zu ermitteln und technische Vorschläge zur Risikoreduzierung zu dokumentieren. Die in Kapitel 12 vorgestellte Methode *Layer of Protection Analysis* ist eine Erweiterung davon. Die technischen Vorschläge aus der *Hazard and Operability*-Methode können mit sogenannten Schutzebenen realisiert werden. Eine Vorgabe ist, dass sie unabhängig sind und nacheinander bei einer Gefahr in Aktion treten. So sind Schutzebenen z. B. ganz einfache Einrichtungen, wie Alarme, oder aber auch komplexere aktive Sicherheitssysteme, genannt *Independent Protection Layer*. Ihnen wird die Voraussetzung vorgestellt, wann ein Sicherheitssystem so bezeichnet werden darf. Einfache Formeln werden dazu verwendet, die Wahrscheinlichkeit des Ausfalls eines kompletten Sicherheitssystems mit allen Schutzebenen zu berechnen. Diese Formeln haben ihren Ursprung in den Grundlagen der Wahrscheinlichkeitstheorie. Die hier vorgestellte Methode ist allerdings ein halbquantitatives Verfahren. Zwar gibt es wie oben erwähnt Berechnungsmöglichkeiten, aber die Bestimmung der Häufigkeit des Eingangsereignisses erfolgt aus Tabellen. Somit ergeben die Ergebnisse der Berechnung nur eine Größenordnung. Sie sind dennoch sehr nützlich, insbesondere in der Anfangsphase eines Entwicklungsprojekts als Eingabe für das Entwicklungsteam.

Das beschriebene Fallbeispiel in diesem Kapitel ist das Brandunglück im *St.-Gotthard-Tunnel*. Hier wird die Anwendung der vorgestellten Methode demonstriert. So können die Wahrscheinlichkeiten für Ausfälle der Schutzebenen in die Tabelle *Layer of Protection Analysis* eingetragen werden, um daraus die Gesamtausfallwahrscheinlichkeit zu bestimmen. Die zentrale Tabelle aus Kapitel 3 liefert die Kenngröße für die Sicherheitsanforderung.

2.3 Methoden zur quantitativen Analyse

In vielen Fällen werden Sicherheitssysteme mit drei abstrakten Blöcken abgebildet. Die folgenden Komponenten stellen sie dar: Sensoren, Rechner (*Logic Solver*) und Aktoren (*Final Element*). Diese Blöcke sind in einer Reihe angeordnet, wie z. B. bei einer Reihenschaltung von Widerständen. Diese Architekturdiagramme werden Blockdiagramme genannt. Ihre Komponenten können sich dabei in einem Funktions- oder Fehlerzustand befinden. Ihnen wird in Kapitel 13 eine Erweiterung der Blockdiagramme vorgestellt, bei der nicht nur die Komponente selbst einem Block zugeordnet wird, sondern jede Fehlermöglichkeit der Komponente. Diese Art von Diagrammen wird *Zuverlässigkeitsblockdiagramm* genannt. Unterschiedliche Architekturen, z. B. die Redundanz, werden mit parallelen Blöcken dargestellt. Wenn Komponenten aber voneinander abhängig sind, werden sie seriell angeordnet. Das Fallbeispiel *Jakarta Incident* beschreibt in einem Beispiel die Ausfälle von vier Turbinen eines Flugzeugs. Sie sind redundant, und das Flugzeug fällt erst dann komplett aus, wenn alle Turbinen ausfallen.

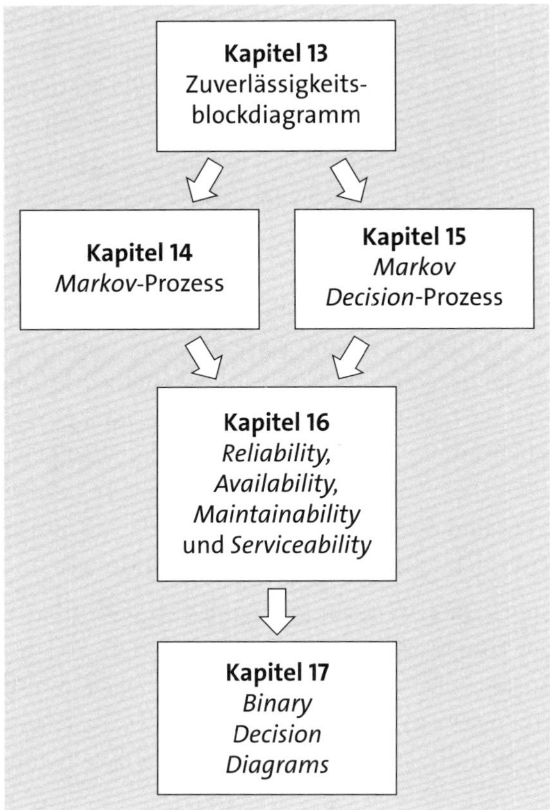

Abbildung 2.3 Methoden zur quantitativen Analyse

Im Gegensatz zum Fehlerbaum, bei dem das unerwünschte Ereignis bzw. der unerwünschte Fehler untersucht wird, steht beim Zuverlässigkeitsblockdiagramm die Funktion im Vordergrund. Dennoch kann der Fehlerbaum in ein Zuverlässigkeitsblockdiagramm überführt werden und umgekehrt.

Zur Berechnung der Zuverlässigkeiten von seriellen und parallelen Anordnungen von Blöcken werden Kenntnisse in Mengenlehre und Wahrscheinlichkeitstheorie benötigt. Es werden Formeln hergeleitet, die mit Beispielen für die Berechnung einhergehen. Die hergeleiteten Formeln aus Kapitel 13, zusammen mit den Formeln aus

Kapitel 7, können genutzt werden, um zeitliche Verläufe der Zuverlässigkeit von Systemen und Geräten zu beschreiben.

Der *Safety Engineer* kann bei der Verbesserung der Zuverlässigkeit einer Komponente vor der Entscheidung stehen, die Einzelkomponente robuster auszulegen oder eine Redundanz einzusetzen. Bei Verwendung von Formeln aus Kapitel 13 und Kapitel 7 kann über die Kurvenverläufe gezeigt werden, was die richtige Methode sein könnte. Dies soll dem *Safety Engineer* die Entscheidung erleichtern. Auch kann der *Safety Engineer* vor einer Entscheidung stehen, gleichartige oder unterschiedliche Komponenten für eine redundante Struktur einzusetzen. Anhand des Fallbeispiels und der Kurvenverläufe soll gezeigt werden, ob Vor- oder Nachteile dadurch entstehen.

In Kapitel 10 und Kapitel 13 wurden Methoden beschrieben, wie Fehler- und Zuverlässigkeitswahrscheinlichkeiten mit Fehlerbäumen und Zuverlässigkeitsblockdiagrammen quantitativ bestimmt werden können. Bei diesen Methoden wurde die Instandsetzung nur am Rande beachtet. Sie wird aber dafür gebraucht, die Verfügbarkeits- und Nichtverfügbarkeitswahrscheinlichkeit zu bestimmen. Instandsetzung ist ein Zustand, der sich durch die oben genannten Methoden nur auf eine sehr einfache Art modellieren lässt. Anhand des Fallbeispiels vom Seilbahnunglück am *Monte Mottarone* wird gezeigt, wie wichtig die Instandsetzung ist und dass sich diese auch auf die Zuverlässigkeit auswirken kann.

In Kapitel 14 wird eine Methode vorgestellt, um sowohl den normalen Betrieb als auch die Instandsetzung in einem Modell unterzubringen. Die Modellierungsmethode ist der *Markov*-Prozess. Das Kapitel beginnt mit der Definition des Prozesses und der Idee, wie ein Wechsel von einem Zustand in den nächsten erfolgen kann. An dieser Stelle werden Kenntnisse in der Wahrscheinlichkeitstheorie aus Kapitel 7 benötigen. Die Übergangswahrscheinlichkeiten zwischen den Zuständen können in kompakter Weise mit einer sogenannten Übergangsmatrix dargestellt werden. Diese wird von einem einfachen Modell mit drei Zuständen hergeleitet. Dann wird die Übergangsmatrix für beliebig viele Zustände verallgemeinert. Ziel ist es hier, ein Modell zu erhalten, das stets die Wahrscheinlichkeiten für alle Zustände und die Veränderung der Wahrscheinlichkeiten bei Zustandswechsel bestimmen kann. Vorteilhaft sind Kenntnisse über Matrizen und ihre rechnerische Handhabung. Bei der Betrachtung eines längeren Zeitraums kann der dynamische Verlauf der Zustandswahrscheinlichkeiten über die Zeit mithilfe von Differenzialgleichungen ausgedrückt werden. Ihnen sollten Differenzialgleichungen bekannt sein, wobei sie in diesem Kapitel bewusst einfach gehalten werden.

Gegen Ende des Kapitels werden drei Beispiele beschrieben, wie aus unterschiedlichen Zuverlässigkeitsdiagrammen (Einblock-, redundante Blöcke und redundante Blöcke mit unterschiedlichen Fehlermöglichkeiten mit entdeckbaren und nicht-entdeckbaren Fehlern) Markov-Prozesse und ihre Übergangsmatrizen erstellt werden können.

Eine Erweiterung des *Markov*-Prozesses ist der *Markov Decision*-Prozess, der in Kapitel 15 behandelt wird. So spielen die Entscheidungen eines Akteurs eine Rolle, die einen Zustandswechsel beim *Markov*-Prozess hervorrufen. Der Akteur (Fahrer eines Fahrzeugs) kann beispielsweise die Entscheidung treffen, das Fahrzeug zu fahren (Zustand *Betrieb*) oder es in die Instandsetzung zu bringen (Zustand *Instandsetzung*). Dabei stellt sich die Frage, welche Aktionen der Akteur wählen sollte, um eine optimale Entscheidung bezüglich der Kosten zu treffen. Dies wird dadurch erreicht, dass bei den Übergängen zwischen den Zuständen Belohnungen definiert werden. Sie erfahren, dass die Wahl einer Aktion für einen Zustandswechsel einer Strategie zugeordnet wird. Die Strategie ist dann optimal, wenn die Summe der Belohnungen ein Maximum erreicht. Zur Berechnung werden Zustandsbelohnungs- und Aktionsbelohnungsfunktionen hergeleitet. Wenn diese bezüglich der Belohnung optimiert sind, werden sie *Bellmann*-Gleichungen genannt. Zum Verständnis wird der Inhalt von Kapitel 14 voraussetzt.

Für die rechnerische Berechnung der Zustandswahrscheinlichkeiten können die *Bellmann*-Gleichungen in eine iterative Form gebracht werden. Somit vereinfacht sich die Lösung der Gleichungen. Optimierte Strategien können über die Simulation mit einem Rechner ermittelt werden.

Im Fallbeispiel des Kapitels wird ein Autounfall durch falsche Nutzung des Autopilotsystems der Automobilmarke *Tesla* beschrieben. Die Forschung auf dem Gebiet *autonomes Fahren und künstliche Intelligenz* hat derzeit eine große Aufmerksamkeit. *Markov Decision*-Prozesse spielen dabei eine Rolle, und deswegen soll es einen kurzen Ausflug in die künstliche Intelligenz geben, passend zum Fallbeispiel. Der aktuelle Zustand eines Systems (Fahrzeug und seine Umgebung) kann mit Kamerasystemen erfasst werden. Da aber das Fahrzeug und seine Umgebung viel zu kompliziert sind, um als *Markov*-Prozess modelliert zu werden, wird ein neuronales Netz dafür verwendet. Die Aktionen des Akteurs (Fahrers) sind die Lenkbewegungen. Belohnungen werden durch das neuronale Netz modelliert und an die Ausgänge ausgegeben. Ihnen wird ein Algorithmus vorgestellt, mit dem ein Fahrzeug selbstlernend auf Fahrsituationen reagieren kann. Dieser Teilbereich der künstlichen Intelligenz wird *Reinforcement Learning* genannt. Besondere Kenntnisse bezüglich der künstlichen Intelligenz brauchen Sie nicht, da das Thema in dem Kapitel einfach gehalten wird.

Das *Kursk*-Unglück ist das Fallbeispiel aus Kapitel 16. Als mögliche Unglücksursache gilt die unsachgemäße Handhabung von Sprengstoff. Normalerweise sollte Sprengstoff in regelmäßigen Abständen ausgetauscht werden, da Zerfalls- und Oxidierungsprozesse auftreten können. So ist dies bei seiner Lagerung eine wichtige Instandsetzungsmaßnahme. Kapitel 14 bringt Ihnen näher, wie der *Markov*-Prozess genutzt werden kann, um die Zuverlässigkeit von Systemen oder Geräten zu modellieren.

Durch kleine Veränderungen in der Modellierung kann aber auch die Verfügbarkeit eines Systems oder Geräts mit Markov bestimmt werden. Dieses Kapitel zeigt Ihnen, wie ein einfaches, ein serielles und ein redundantes (paralleles) System modelliert wird, um sowohl die Zuverlässigkeit als auch die Verfügbarkeit zu bestimmen. Das Ergebnis sind immer Übergangsmatrizen und Übergangsratenmatrizen, die in ein Gleichungssystem von Differenzialgleichungen erster Ordnung überführt werden können. Zur Bestimmung der Verfügbarkeit ist die Lösung von Differenzialgleichungen nicht immer trivial. Deswegen kann auch auf die stationäre Betrachtung ausgewichen werden. Schreitet nämlich die Zeit voran, können die Wahrscheinlichkeiten der Zustände konstante Werte annehmen. Es ist in diesem Kapitel von Vorteil, wenn Sie sich bereits mit der Lösung von einfachen Differenzialgleichungen beschäftigt haben. Die Lösung des Gleichungssystems von komplexeren Systemen erfordert weitergehende Kenntnisse, z. B. die *Laplace*-Transformation. Dabei wird das Gleichungssystem in einen sogenannten Bildbereich transformiert. Die Lösung des Gleichungssystems vereinfacht sich zwar dadurch, aber dafür ist sie arbeitsaufwendig. In diesem Kapitel werden die zeitlichen Verläufe der Wahrscheinlichkeiten von Zuständen eines redundanten Systems oder Geräts als Formeln hergeleitet und in einem Diagramm zur Verifizierung gezeigt.

Alternativ zum *Markov*-Prozess kann ein Sicherheitssystem als Sensor-Rechner-Aktor-Blockdiagramm mit zwei Fehlermöglichkeiten (entdeckbaren und nicht-entdeckbaren Fehlern) ähnlich wie beim Zuverlässigkeitsblockdiagramm modelliert werden. Die Wahrscheinlichkeit für den Ausfall eines Sicherheitssystems mit Berücksichtigung der Instandsetzung können so berechnet werden. Im Gegensatz zu Zuverlässigkeitsblockdiagrammen ist hier die Idee, Prüfintervalle einzuführen. Das Sicherheitssystem wird regelmäßig überprüft und danach als neuwertig angesehen. Das System erhält somit in regelmäßigen Abständen ein *Reset*, sodass sich die Wahrscheinlichkeitsverläufe nach der Prüfung wie bei einem neuen System verhalten. Es wird gezeigt, wie Wahrscheinlichkeiten für den Ausfall von einfachen und beliebigen Arten von redundanten Sicherheitssystemen berechnet werden können. Die Kenngröße der Sicherheitsanforderungen kann auch hier aus der zentralen Tabelle von Kapitel 3 bestimmt werden.

Fehlerbäume und Wahrheitstabellen dienen beide der Darstellung von booleschen Ausdrücken. Fehlerbäume stellen die Ausdrücke oftmals optimiert dar, während Wahrheitstabellen diese für alle Kombinationen aus Eingangsereignissen zeilenweise angeben. Ich zeige Ihnen in Kapitel 17, wie sich Fehlerbäume und Wahrheitstabellen in bereits bekannte Zuverlässigkeitsfunktionen aus Kapitel 7 mithilfe der booleschen Regeln und der Wahrscheinlichkeitstheorie überführen lassen. Bei Anwendung des *shannonschen* Zerlegungssatzes wird das Thema *Binary Decision Diagram* nähergebracht. Diese Darstellungsform ist ein Diagramm mit Knoten (Eingangsereignissen) und Kanten zur Modellierung von Systemen.

Es wird gezeigt, wie einzelne Gatter von Fehlerbäumen durch das *Binary Decision Diagram* modelliert werden. So kann aus einem kompletten Fehlerbaum ein *Binary Decision Diagram* aufgebaut werden, ohne den Umweg über die Wahrheitstabelle gehen zu müssen. Auch hier lassen sich somit Zuverlässigkeiten und Verfügbarkeiten ähnlich wie beim Fehlerbaum berechnen. Es soll aber darauf hingewiesen werden, dass die Modellierungsmöglichkeiten, insbesondere für die Verfügbarkeit, im Vergleich zum *Markov*-Prozess eingeschränkt sind.

Es wird gezeigt, wie das *Binary Decision Diagram* über Optimierungsmöglichkeiten verkleinert werden kann. Das Fallbeispiel, das das Sicherheitssystem *Permissive Action Link* bei Atombomben beschreibt, dient als Vorlage für den Aufbau einer Wahrheitstabelle und eines einfachen *Binary Decision Diagram*. Durch Anwendung der vorgestellten Optimierungsmöglichkeiten zeige ich Ihnen, wie das Diagramm verkleinert wird.

Kapitel 3
Normen

Menschengemachte Unglücke sind nicht neu und ereigneten sich in den letzten zwei Jahrhunderten immer wieder. Durch den technischen Fortschritt sind aber die Konsequenzen vieler Unglücke verheerend geworden. Beispiele sind die Unglücke in *Seveso* und *Bhopal*. Deswegen entwickelte sich gerade in den letzten Jahrzehnten ein größeres Bewusstsein bezüglich der Sicherheit, und deswegen sind Normen entstanden. Sie sind wichtig, damit sich Hersteller von Systemanlagen und Geräten bei der Entwicklung und Konstruktion darauf beziehen können. In diesem Kapitel werden einige der wichtigsten Normen aus der Sicherheitstechnik vorgestellt und beschrieben. So erhalten Sie einen Überblick über den aktuellen Stand bei Sicherheitsnormen.

Alle weiteren Kapitel werden sich auf die hier erwähnten Normen beziehen, sodass es sinnvoll ist, sich diesen Überblick zu schaffen. Gegen Ende des Kapitels sollten Sie die wichtigsten Normen für die restlichen Kapitel einordnen können. Insbesondere mache ich auf Tabelle 3.3 aus der Norm *IEC-61508* aufmerksam, da sie von zentraler Bedeutung für die Kenngrößenermittlung der Sicherheitsanforderungen ist und deswegen in sämtlichen Kapiteln verwendet wird.

3.1 Überblick

Normen sind Richtlinien für Industrie, Behörden, Betriebe etc. und dienen der Einhaltung von Gesetzen. Diese werden durch nationale Parlamente, also den Gesetzgeber, erlassen. Die Gesetze beziehen sich auf den Stand der Technik, ohne diese zu nennen. Industrie, Behörden, Betriebe etc. sollten sie sich bei der Entwicklung von Systemen und Geräten selbst aneignen. Der Gesetzgeber bezieht sich in den Gesetzen nicht einmal auf Normen, sondern verallgemeinert seine Richtlinien durch die Vorgabe, dass alle entwickelten Produkte dem Stand der Technik entsprechen müssen. Abbildung 3.1 zeigt vereinfacht das Verfahren der Richtliniengebung durch die Europäischen Gemeinschaft (*EU*), die für den Erlass der Richtlinien zuständig ist. Als Beispiel ist hier die Sicherheit von elektrischen Betriebsmitteln (Richtlinie 2014/35/EU [2]) zu nennen. Bei Beschluss werden die Richtlinien an die nationalen Regierungen und Parlamente weitergereicht, wo sie in nationalen Gesetze umgeschrieben werden. Danach werden die Gesetze durch die Parlamente der EU-Länder ratifiziert. Hersteller von Geräten und Systemen müssen sich also an nationale Gesetze halten.

Dennoch gilt bei der Entwicklung der Geräte die Konformitätsvermutung. Das bedeutet, dass die Verantwortung zur Einhaltung der Gesetze und den daraus hervorgehenden Sicherheitsanforderungen bei dem Hersteller liegt. Hilfestellung bei der Produktentwicklung geben natürlich die Normen. In vielen Fällen muss also kein Nachweis zur Einhaltung des Gesetzes bzw. der Richtlinie vorgebracht werden. Spätestens beim Auftritt eines Problems mit einem Gerät können durch den Käufer Schadensersatzforderungen auftreten. So muss der Hersteller nachweisen, dass er das System oder Gerät gemäß den Sicherheitsrichtlinien durch den Gesetzgeber entwickelt hat. Man nennt diese Situation *Beweisumkehrlast*.

Abbildung 3.1 EU-Richtlinien

Die Einhaltung von Sicherheitsrichtlinien sorgt natürlich für Kundenzufriedenheit. Aber auch in den Betrieben entsteht dadurch unter den Mitarbeitern Zufriedenheit. Als Beispiel kann der Abgasskandal bei Volkswagen genannt werden, bei dem die Software in Fahrzeugen erkannt hat, dass eine Abgasuntersuchung durchgeführt wird, und dementsprechend reagierte sie. Bei neueren Fahrzeugen sind nämlich Sensoren und Software für die Abgasuntersuchung direkt im Fahrzeug eingebaut. Diese haben Schnittstellen, die die Abgasergebnisse an den Prüfmonitoren anzeigen. Bei diesem Skandal wurde herausgefunden, dass die Software bei der Prüfung den Motor derart ansteuerte, dass die Prüfergebnisse günstiger erschienen. Geltendes Gesetz wurde hier klar umgangen, man spricht auch von Betrug.

Darauf folgten Schuldzuweisungen bei den Mitarbeitern innerhalb des gesamten Konzerns. Das Verhalten der Mitarbeiter von VW wird in Abbildung 3.2 dargestellt. Denn schnell hat das obere Management einen Schuldigen in der unteren Managementebene bei der Entwicklung ausgemacht. Das untere Management zeigte wiederum auf die Entwickler der Software. Die Entwickler der Software ließen die Schuldzuweisung nicht auf sich beruhen und beschuldigten daraufhin die gesamte Organisation, also den VW-Konzern. Es folgten Ermittlungen der Behörden, und nach Untersuchungen wurde unter anderem Anklage gegen mehrere Audi-Chefs und den Konzernvorstandschef erhoben.

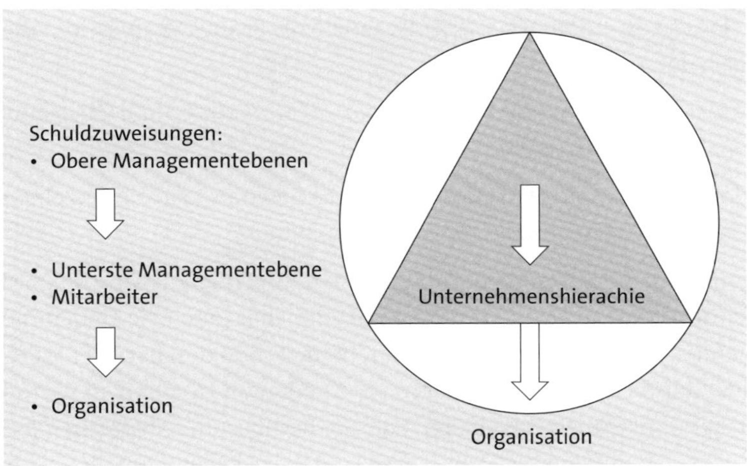

Abbildung 3.2 Verhalten der Mitarbeiter im Betrieb

Hersteller von Systemen und Geräten bekommen also vom Gesetzgeber die Auflage, sie nach dem Stand der Technik zu entwickeln. Die Frage, die sich Hersteller von Systemen und Geräten stellen, ist nun, wie sich der Stand der Technik ermitteln lässt. Abbildung 3.3 zeigt dafür mögliche Quellen. Wie zuvor erwähnt, sind Normen aus unterschiedlichen Normungsgremien eine wichtige Quelle. Hier sind folgende Normengremien zu nennen:

- Deutsches Institut für Normung: *DIN*
- Verband der Elektrotechnik, Elektronik und Informationstechnik: *VDE*
- International Organization for Standardization: *ISO*
- International Electrotechnical Commission: *IEC*
- International Society of Automation: *ISA*

Ein bekanntes Normengremium in Deutschland ist das Deutsche Institut für Normung (*DIN*). Es ist eine Organisation, die in Deutschland Normen erstellt und auch deutsche Interessen bei internationalen Normen-Ausschüssen vertritt.

Eine weitere Organisation in Deutschland, insbesondere für die Sicherheitstechnik, ist der Verband der Elektrotechnik, Elektronik und Informationstechnik (*VDE*). Dieser Verband vertritt die Interessen deutscher und internationaler Industrie bei Regierungen.

Die *International Electronic Commission* (*IEC*) entwickelt Normen mit nationalen Komitees, unter anderem vertreten dort *DIN* und *VDE* deutsche Interessen. Die *IEC* unterhält unter anderem die Norm *IEC-60050* [3], die Definitionen von Begriffen aus Mathematik, Physik und Ingenieurwissenschaften in 14 Sprachen führt. Diese kann auch über die Elektropedia-Webseite aufgerufen werden.

Die *International Society of Automation* (*ISA*) ist eine Non-Profit-Organisation, die Standards im Bereich der Automation setzt.

Zuletzt enthält die Liste die *International Organization of Standardisation* (*ISO*), eine Vereinigung nationaler Normengremien.

Der Verkauf von Normen ist tatsächlich ein einträgliches Geschäft, und die einzelnen Normenausschüsse stehen in einem Wettbewerb miteinander.

Darüber hinaus können sich Hersteller in Publikationen informieren, wie z. B. über Bücher, Fachzeitschriftartikel und Konferenzartikel. Hilfreich ist auch die Teilnahme bei den entsprechenden Konferenzen. Schließlich gibt die Produktanalyse der Wettbewerber Aufschluss darüber, inwieweit moderne Methoden und Techniken Einzug in die Entwicklung der Konkurrenz eingehalten hat. Der Besuch von entsprechenden Messen und der Austausch mit den Wettbewerbern sind dabei geeignete Mittel.

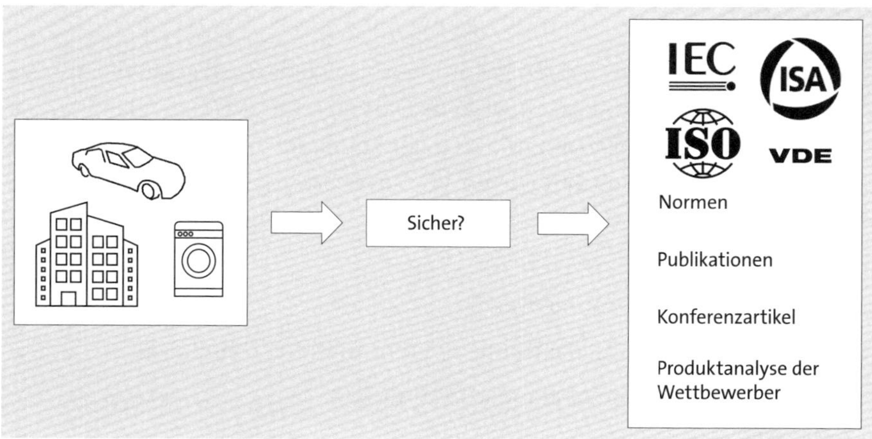

Abbildung 3.3 Stand der Technik

In vielen Fällen kann die Sicherheit von Systemen und Geräten durch technische Maßnahmen erreicht werden. Dazu wird aber zunächst die Grundfunktion des Geräts ohne Sicherheitstechnik betrachtet. Abbildung 3.4 stellt die Grundfunktion des Systems bzw. Geräts dar, das oftmals *Equipment under Control* (*EUC*) genannt wird.

Das System oder Gerät ist eingebettet in einen technischen Prozess. Die Regelung oder Steuerung kontrolliert diesen. Dafür werden Sensoren zur Messung von Zustandsgrößen benötigt. Des Weiteren sind Aktoren zur Beeinflussung des technischen Prozesses notwendig. Im besten Fall wird bereits früh in der Entwicklungsphase des Systems oder Geräts das Sicherheitssystem entwickelt. Dabei erweist es sich als risikomindernd, nicht auf die gleichen Sensoren und Aktoren zuzugreifen. So kann bei einer Störung unabhängig in den technischen Prozess eingegriffen werden, denn Störungen können auch von den Sensoren und Aktoren hervorgerufen werden. Durch die Verwendung von zusätzlichen Sensoren und Aktoren kann eine Unabhängigkeit der Sicherheitstechnik des technischen Prozesses erreicht werden. Die komplette Sicherheitstechnik wird oftmals als *Electrical/Eletronic/Programmable Electronic Safety Related System* bezeichnet, kurz *E/E/PES*. Eine einzelne implementierte Sicherheitsfunktion des E/E/PES zur Risikominimierung nennt sich *Electrical/Eletronic/Programmable Electronic*, kurz *E/E/PE*.

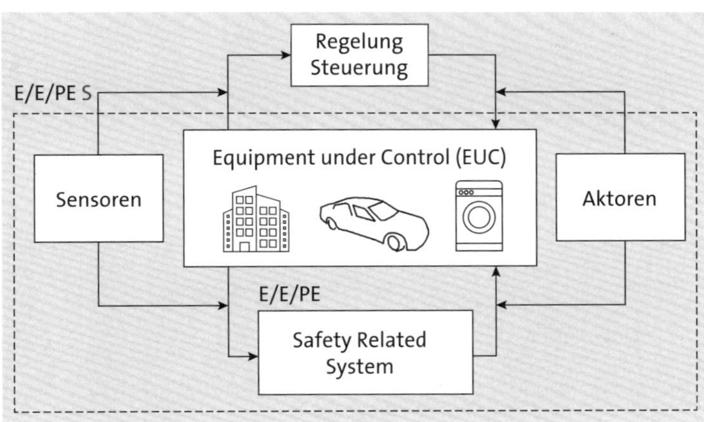

Abbildung 3.4 E/E/PES

Unzureichende Sicherheitstechnik in Produkten verletzen die vom Gesetzgeber geltenden Richtlinien. Abgesehen davon wurde bereits in Abbildung 3.2 dargestellt, dass ein fehlender Sicherheitsprozess Konflikte unter der Belegschaft im Unternehmen auslösen kann. So gesehen ist ein gelebter Sicherheitsprozess gut für das Betriebsklima. Für das Einrichten des Sicherheitsprozesses ist in erster Linie das Management verantwortlich, da nur dieses über die Freistellung der notwendigen Ressourcen verfügt. Es zeigt sich oftmals, dass die Ernennung eines Verantwortlichen aus der Managementebene ein Vorteil ist, da dieser auch die Weisungsbefugnis hat. Der sogenannte *Safety Engineer* hat die Verantwortung, die sicherheitstechnischen Aspekte bei der Produktentwicklung zu koordinieren und zu planen. Durch die gesammelte Erfahrung kann er die Entwicklungsabteilungen beraten und steuern (z. B. über *Coaching*). Der Entwickler muss sich früh um die Entwicklung des sicherheitstechnischen Systems kümmern. Das beginnt in der Planung und setzt sich bei der Architektur und der Entwicklung des Geräts fort. Es entstehen also neue Tätigkeitsfelder, für die der Entwickler Freiraum braucht, der vom Management eingerichtet werden muss. Auf der anderen Seite kann das Management vom Entwickler Effektivität einfordern, um Kosten möglichst im Rahmen zu halten. Die Norm *IEC-61508* [4] behandelt dabei den Unternehmensprozess für die Entwicklung von Sicherheitstechnik, der bei einem Hersteller von Systemen und Geräten eingerichtet werden kann. Als Letztes ist noch der Assessor zu benennen, der den Sicherheitsprozess bewertet. Ein Assessor kann abhängig davon, welches Risiko aus dem System oder Gerät hervorgeht, von einer Fremdfirma oder aus einer anderen Abteilung stammen oder sich auch innerhalb der Abteilung befinden, aber außerhalb des Projekts. Abbildung 3.5 zeigt die Rollen des Sicherheitsprozesses.

Management	Safety Engineer	Developer	Assessor
• Einrichtung der Safety-Kultur • Anforderung von Effektiv	• Coaching • Planung	Entwicklung von Safety in Produkten	1. Projektextern 2. Abteilungsextern 3. Firmenextern

Abbildung 3.5 Rollen

Abbildung 3.6 macht die Rolle des Assessors noch einmal deutlich.

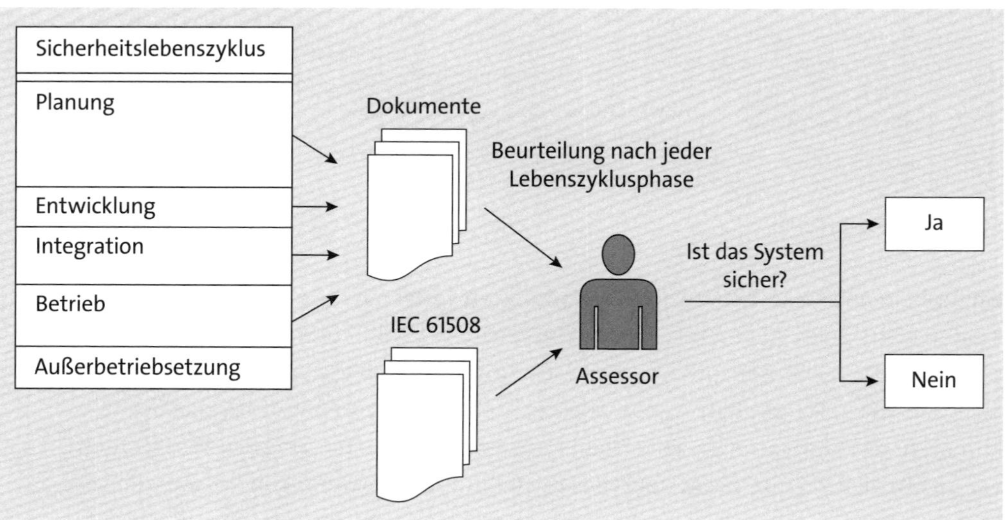

Abbildung 3.6 Rolle des Assessors

Der Sicherheitsprozess wird z. B. nach der Norm *IEC-61508* [4] in Lebenszyklusphasen unterteilt, z. B. Planungsphase, Analysephase, Entwicklungsphase, Validierungsphase etc. In jeder dieser Phasen werden unter anderem Dokumente wie z. B. Sicherheitsanforderungen, Analysen, Architekturdokumente erstellt. Diese Dokumente werden innerhalb eines Audits zur Bewertung des Systems oder Geräts bezüglich sicherheitstechnischer Aspekte geprüft. Als Leitfaden dient dem Assessor und den Entwicklern z. B. die Norm *IEC-61508*. Die folgende Liste beschreibt in Kürze die entsprechende Teile der *IEC-61508*:

- *IEC-61508* Teil 1 [4]: Unternehmensprozesse
- *IEC-61508* Teil 2 [5]: Hardwareentwicklung
- *IEC-61508* Teil 3 [6]: Softwareentwicklung
- *IEC-61508* Teil 4 [7]: Abkürzungen
- *IEC-61508* Teil 5 [8]: Verfahren zur Risikobestimmung
- *IEC-61508* Teil 6 [9]: Anwendungen von Teil 2 und Teil 3
- *IEC-61508* Teil 7 [10]: Überblick über Techniken

Das Ergebnis eines Audits kann dann eine Bewertung der Dokumente darüber sein, ob das Gerät entsprechend den Richtlinien aus *IEC-61508* entwickelt worden ist oder aber nicht. Nachbesserung der Dokumente nach einem Audit sind die Regel.

Unabhängigkeit des Assessors

Es wird bei der Begutachtung empfohlen, eine unabhängige Person als Assessor einzusetzen. Je nach Auswirkung kann dabei die Person innerhalb der Organisation oder außerhalb der Organisation gefunden werden, siehe auch die aus Norm *IEC-61508* [4] abgeleitete Tabelle 3.1. Falls der Assessor aus der gleichen Organisation stammt, sollte darauf geachtet werden, dass das Projekt nicht von der Abteilung des Assessors bearbeitet wird und dass sein Manager keinen direkten Bezug zum Projekt hat. Es soll verhindert werden, dass das Management Einfluss auf den Assessor ausübt, damit es nicht seine Unabhängigkeit untergräbt. Bei schweren Auswirkungen ist sowieso ein Assessor aus einer externen Organisation zu bevorzugen. Auf diese Weise kann die Unabhängigkeit erreicht und Ansprüche mit Rechtsmitteln können bei fahrlässiger Arbeit erhoben werden.

Auswirkung	Assessor
Verletzung	unabhängige Person
schwere Verletzung	unabhängige Person
Tod mehrerer Personen	unabhängige Abteilung
viele Tote	unabhängige Organisation

Tabelle 3.1 Unabhängigkeit des Assessors

3.2 Fallbeispiel: Deepwater Horizon

Im Folgenden wird ein Beispiel betrachtet (siehe Artikel [11] und Report [12]), in dem Managemententscheidungen die Auslösung einer Katastrophe mitverursacht haben. Es soll gezeigt werden, wie wichtig und entscheidend Management bei sicherheitstechnischen Prozessen innerhalb des Betriebs ist. Es handelt sich bei der *Deepwater Horizon* um eine Erkundungsplattform für Ölfelder, die im Golf von Mexiko betrieben wurde. Ein vereinfachtes Szenario wird in Abbildung 3.7 gezeigt.

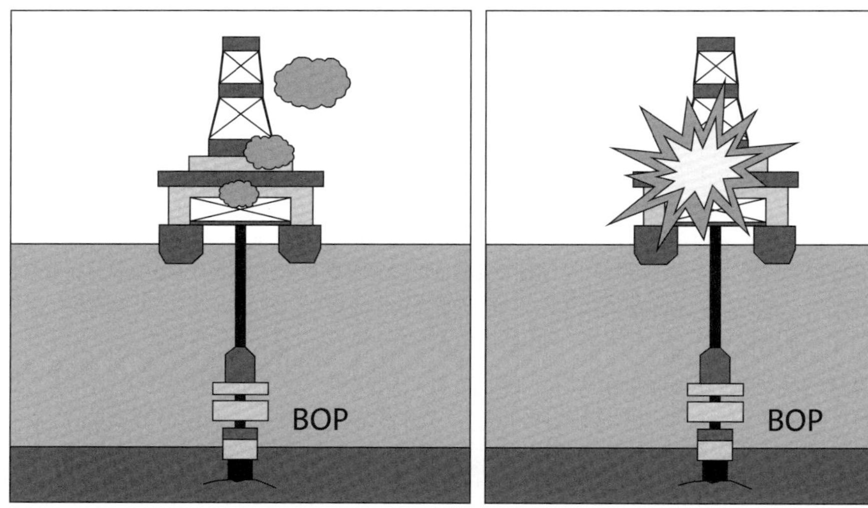

Abbildung 3.7 Deepwater-Horizon-Szenario

Die Firma *British Petroleum* (*BP*) leaste diese Plattform, um Ölfelder zu erkunden. Die Plattform war eine schwimmende Konstruktion, die mit Auftriebskörpern getragen wurde. Sie führte Testbohrungen durch, um Ölfelder unter dem Meeresgrund zu finden. Nachdem eine Bohrung durchgeführt wurde, brachte das Personal einen *Blowout-Preventer* (*BOP*) am Meeresgrund direkt am Bohrloch an, um das Ausströmen von Gas zu verhindern. Tatsächlich hat der Betreiber der Ölplattform eine Vielzahl von Mängeln am BOP aufgedeckt, trotzdem wurde dieser als ausfallsicher (*Fail-Safe*) eingestuft. Dichtungsringe des BOP waren beispielsweise beschädigt, und die Batterien waren leer. Der BOP hatte auch keine Fern- bzw. Automatikauslösung, obwohl dieser weltweit Standard ist.

Die staatlichen Behörden hatten die Bohrgenehmigung an BP zwar erteilt, allerdings mit der Auflage, dass BP einen Notfallplan vorzulegen hatte. Der Notfallplan beschreibt unter anderem im Fall eines Lecks, wie das Bohrloch zu schließen ist. Die Behörden verzichteten aber auf die Kontrolle des Notfallplans mit der Begründung, dass ein Unfall dieser Art sehr unwahrscheinlich sei. Der Unfallvorgang lief wie folgt ab: Bei einer Bohrung gab es ungewöhnlich viele Probleme mit austretendem Erdgas. Dennoch wurde von der Firmenleitung das Problem als gering bezeichnet. Die Plattform stellte die 5.500-Meter-Bohrung fast fertig, damit eine andere Plattform diese Bohrung zur Förderung von Erdöl nutzen könnte. Die Stabilität der Bohrung wurde begutachtet, und dabei hat sich herausgestellt, dass diese als mangelhaft eingestuft wurde. Trotzdem hat die Projektführung die Bohrung als abgeschlossen erklärt. In der Regel wird das Bohrloch mit schützendem Schlamm gefüllt. Die Projektleitung wies das Personal an, das Bohrloch mit Meerwasser statt mit Schlamm zu füllen und es danach zu versiegeln.

Die Plattform besaß Alarmsysteme, um Erdgas, das explosiv ist, zu detektieren. Da Erdgas aufgrund des oben beschriebenen Problems ständig durchdrang, löste das Alarmsystem aus. Auf Anweisung der Vorgesetzten wurde nachts das Alarmsystem ausgeschaltet, damit die schlafende Plattformcrew nicht gestört würde. Die Sensoren lieferten Messwerte, die einen Druckanstieg am Bohrloch verzeichneten, diese wurden aber ignoriert. Das freigesetzte Erdgas aus dem Bohrloch entzündete sich. Normalerweise verhindert der BOP das Austreten des Gases, allerdings war diese Funktion defekt. Der BOP ließ sich auch nicht manuell steuern. Auf der Plattform befanden sich Dieselgeneratoren zur Stromerzeugung. Diese saugten das ausströmende Gas an und verursachten so eine kurzfristige Leistungssteigerung, sodass Teile der Elektrik vom Generator überlastet wurden. Es gab nun eine Explosion und danach einen Brand. Die CO_2-Löscheinrichtungen lösten deswegen aus und wirkten erstickend auf das schlafende Personal, da zudem noch die Lüftung ausgefallen war. Löschboote versuchten, den Brand zu löschen, aber konnten die Plattform nicht retten, die dann versank. Bei diesem Unglück starben insgesamt elf Menschen. Erdöl strömte dann aus dem Bohrloch aus und verunreinigte wochenlang den Golf von Mexiko. Schuldzuweisungen folgten prompt zwischen der Firma BP und dem Eigentümer der Plattform.

3.3 Die Norm IEC-61508

Die *IEC* veröffentlicht unter anderem Normen im Bereich von Automation und Sicherheitstechnik. Die Norm *IEC-61508* ist eine Grundnorm bezüglich der Sicherheit von Systemen und Geräten. Abbildung 3.8 zeigt sie und ihre Ableger. Eine aufbauende Norm ist *IEC-61511*, die die Sicherheit von Anlagen der Prozessindustrie ausführt. Sicherheitstechnik für Automobile werden in der Norm *ISO-26262* [13] beschrieben. Für Maschinen kommt die Norm *IEC-62061* zur Anwendung. Die Norm *IEC-60601* wird für Medizingeräte eingesetzt. Und schließlich beschreibt die Norm *IEC-60335* Sicherheitsvorgaben für Hausgeräte.

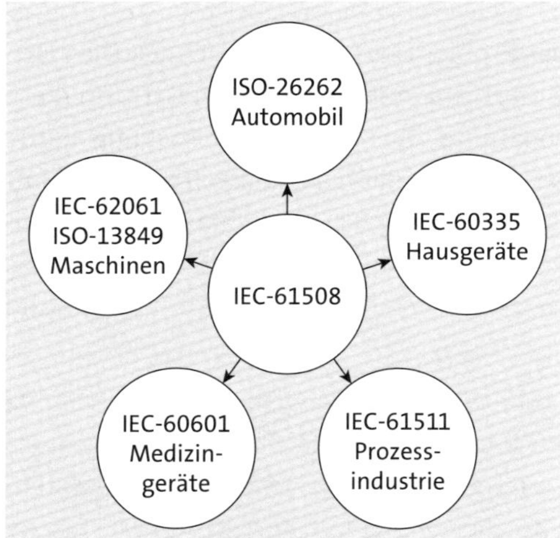

Abbildung 3.8 Die Grundnorm mit ihren aufbauenden Normen

Tabelle 3.2 stellt in der linken Spalte den Lebenszyklus eines Systems oder Geräts hinsichtlich eines Projektmanagementprozesses in fünf Phasen dar: Planung, Entwicklung, Integration, Betrieb und Außerbetriebsetzung. Die rechte Spalte zeigt die Abschnitte bei der Produktentwicklung nach *IEC-61508* [4]. In den folgenden Unterkapiteln wird auf die einzelnen Abschnitte eingegangen.

Phasen des Lebenszyklus	Abschnitte des IEC-61508-Sicherheitslebenszyklus
Planung	▸ Konzept ▸ Anwendungsbereich ▸ Risikoanalyse ▸ Sicherheitsanforderungen ▸ Zuordnung und Sicherheitsanforderung E/E/PES
Entwicklung	Realisierung
Integration	Installation und Gesamtvalidierung
Betrieb	Betrieb und Instandhaltung
Außerbetriebsetzung	Außerbetriebsetzung

Tabelle 3.2 Phasen des Lebenszyklus

3.3.1 Konzept und Planung

Bei der Planung bestehen die Abschnitte von *IEC-61508* [4] unter anderem aus Konzept, Anwendungsbereich, Risikoanalyse, allgemeinen Sicherheitsanforderungen,

Zuordnung und Sicherheitsanforderungen bezüglich der technischen Realisierung durch ein *E/E/PES*. Im Abschnitt *Konzept* wird das Verständnis des zu betrachtenden Systems zusammen mit den ausgehenden Risiken beschrieben, die durch die Sicherheitstechnik vermieden oder reduziert werden sollen. Hier ist es notwendig, die Gefährdungsquellen herauszuarbeiten, die in den folgenden Abschnitten besonders betrachtet werden sollen.

Im Abschnitt *Anwendungsbereich* werden die Grenzen gesetzt. So wird definiert, was innerhalb und was außerhalb des Systembereichs ist. Es wird dabei herausgearbeitet, welche Ereignisse und Gefahren auftreten können, die einen Einfluss auf das Verhalten des Systems haben und eventuell Gefahr und Schaden hervorrufen können. Bezugnehmend auf die Gefahrenquellen und Ereignisse wird eine Analyse der Risiken, die vom System oder Gerät ausgehen, herausgearbeitet. Dies ist bei der Norm *IEC-61508* im Abschnitt *Risikoanalyse* ein ganz zentraler Schritt.

Im Abschnitt *Sicherheitsanforderungen* werden die Anforderungen an die Sicherheitstechnik beschrieben. So werden die annehmbaren Risiken bestimmt und daraus die Sicherheitsfunktionen abgeleitet.

Ein weiterer Abschnitt in der Planungsphase ist die Erstellung der *Sicherheitsanforderungen*. Die vorherigen Abschnitte sind hierfür die Vorgaben. Anhand der Gefährdungsquellen und Risiken beschreibt der Sicherheitsingenieur sie in einem *Safety Requirements*-Dokument oder Lastenheft. Dabei sollten die Sicherheitsanforderungen im Lastenheft hervorgehoben werden. Es entsteht also ein Dokument, das das Sicherheitsziel und die Sicherheitsfunktion für die technischen Realisierungen beschreibt. Letztendlich werden Sicherheitsziele den Sicherheitsfunktionen zugeordnet.

Im Abschnitt *Zuordnung* wird unter anderem das Sicherheitsintegritätslevel (*SIL*) für die einzelnen Sicherheitsfunktionen festgelegt. Das Sicherheitsintegritätslevel ist eine Kennzahl (von eins bis vier), das die Maßnahmen für den Einbau von Sicherheitstechnik in ein System bzw. Gerät beschreibt, um die Anforderungen der Sicherheitsfunktionen zu erfüllen. Tabelle 3.3 zeigt Sicherheitsintegritätslevels und die zugehörigen Wahrscheinlichkeiten. Kenngrößen für die Wahrscheinlichkeiten bzw. die Auftrittsraten sind kategorisiert in:

- *Average Probability of Failure on Demand* (*PFD*) und
- *Average Frequency of Dangerous Failure* (*PFH*).

PFD gibt die Wahrscheinlichkeit an, dass das sicherheitsgerichtete System nicht funktioniert, wenn ein gefährlicher Fehler auftritt. Eine andere Interpretation: *PFD* ist eine Wahrscheinlichkeit für die Nichtverfügbarkeit des sicherheitsgerichteten Systems bei Auftritt eines gefährlichen Fehlers (siehe *IEC-61508* [7]).

PFH ist die Häufigkeit von gefährlichen Ausfällen des sicherheitsgerichteten Systems innerhalb einer gegebenen Zeit (siehe *IEC-61508* [7]).

SIL	PFD	PFH in Stunden
1	10^{-2} bis 10^{-1}	10^{-6} bis 10^{-5}
2	10^{-3} bis 10^{-2}	10^{-7} bis 10^{-6}
3	10^{-4} bis 10^{-3}	10^{-8} bis 10^{-7}
4	10^{-5} bis 10^{-4}	10^{-9} bis 10^{-8}

Tabelle 3.3 Sicherheitsintegritätslevels (SIL) und Wahrscheinlichkeiten bzw. Raten von gefährlichen Ausfällen

Die Norm *IEC-61508* [7] gibt an, dass *PFD* für den Betrieb von Systemen und Geräten mit niedriger Anforderungsrate (*Low Demand*) angewendet werden soll. Die Anforderung ist, dass die Sicherheitsfunktion das Gerät oder System bei Eintreten einer Gefahr in einen sicheren Zustand bringt. Dabei soll ein Ereignis nicht öfter vorkommen als einmal im Jahr. *PFH* wird für Systeme und Geräte mit hoher Anforderungsrate (*High Demand*) eingesetzt. Auch hier ist die Anforderung, dass bei Auftreten einer Gefahr das Gerät in einen sicheren Zustand überführt wird. Das Ereignis tritt dabei häufiger als einmal im Jahr ein.

Die *SIL*-Kenngrößen beziehen sich auf Wahrscheinlichkeiten bzw. Raten der Gefahren und sind Anforderungen an das zu entwickelnde System. Das bedeutet, wenn die Sicherheitsanforderung große Wahrscheinlichkeiten bzw. Raten für Ausfälle und Fehler an die Sicherheitstechnik akzeptiert, werden den Sicherheitsfunktionen kleine *SIL* zugeordnet. Werden aus den Sicherheitsanforderungen nur kleine Wahrscheinlichkeiten bzw. Raten von Ausfällen bzw. Fehlern gefordert, dann werden große *SIL* zugeordnet. Die *SIL*-Werte erstrecken sich im Bereich zwischen eins und vier.

Im letzten Abschnitt der Planungsphase werden die *Sicherheitsanforderungen* bezüglich des *E/E/PES* dargestellt. Die Anforderungen werden weiterentwickelt, z. B. beschreibt der Safety Engineer die Art der eingesetzten Sensoren und Aktoren und wie die Sicherheitsfunktion mit Software oder Hardware realisiert wird.

Beispielhafte Anwendung von Tabelle 3.3

Im Fallbeispiel in Abschnitt 3.2 wird ein *BOP* eingesetzt, um das Austreten von Erdgas und Erdöl zu verhindern. Der *BOP* sollte ständig im Einsatz sein. So ist es möglich, zu argumentieren, dass eine hohe Anforderungsrate bestehen soll. Somit kommen die Sicherheitsfunktionen öfter als einmal im Jahr zum Einsatz, und deswegen wird hier *PFH* verwendet. Außerdem kann bei Ausfall des *BOP* eine Umweltkatastrophe höheren Ausmaßes entstehen (wie tatsächlich geschehen). Deswegen soll eine Ausfallrate von 10^{-8} pro Stunde gefordert werden und somit ein *SIL* 4. Damit der *BOP SIL* 4 erreicht, darf er nach Tabelle 3.3 nur einmal in 10.000 Jahren ausfallen.

Tatsächlich kann ein Jahr in 8.760 Stunden angegeben werden. Die Anzahl der Stunden wird aber gern auch auf 10.000 aufgerundet.

Angenommen, die Feuerlöschanlage sei ein System mit niedriger Anforderungsrate, also soll hier *PFD* gewählt werden. Es gibt die Einschätzung, dass bei Versagen der Anlage nur wenig Personal dem Feuer ausgesetzt ist und so ihre Gesundheit geschädigt wird. Die Forderung ist, dass die Anlage nicht öfter als einmal ausfallen darf, wenn es 1.000-mal eingesetzt wird. Deswegen wird hier nach Tabelle 3.3 *SIL* 3 gewählt.

3.3.2 Entwicklung

Die Normen *IEC-61508* [5] und *IEC-61508* [6] geben Hinweise darauf, wie ein Entwicklungsprozess bezüglich Hardware und Software sein sollte. Dabei spielt es nicht so sehr eine Rolle, welcher Entwicklungsprozess aus Projektmanagementsicht angewendet wird (z. B. Agile, Wasserfall, Extreme Programming), sondern dass der Prozess definiert und dokumentiert ist. Viele Firmen richten sich nach dem V-Modell oder einem ähnlichen Prozess. Dieser ist in *IEC-61508* [5] beschrieben. Im V-Modell, das in der Norm beschrieben wird, werden anfangs Anforderungen (z. B. in einem *Safety Requirements*-Dokument) definiert (siehe auch Abschnitt 3.3.1). Diese werden weitergereicht an den Safety Engineer, der daraus das Sicherheitssystem unter Berücksichtigung von Hardware und Software entwirft (Architekturentwurf). Der Architekturentwurf wird dem Entwicklungsingenieur weitergegeben, und der Systementwurf (bzw. ein *High-Level-Design*) wird daraus erstellt. Hier kann schon eine Trennung von Hardware und Software erfolgen. Eine weitere Ebene kann die Entwicklung der Module sein, die z. B. im *Low-Level-Design* festgelegt sind. Architekturentwurf, Systementwurf (*High-Level-Design*) und Modulentwurf (*Low-Level-Design*) sind Dokumente, die Teil des Sicherheitsnachweises sind.

Nach Entwicklung der Komponenten erfolgt ein Test auf Ebene der Module. Bei den Tests werden normalerweise Fehler entdeckt, die zurück an die Entwicklung gereicht werden. Einzelne Module werden in der Integrationsphase zu einem System zusammengeführt. Testabteilungen studieren dabei die Systementwurfsdokumente und verifizieren aus der Beschreibung das System. Auch hier sind Nacharbeiten bei den Dokumentationen und Modulen möglich. Nach Abstimmung von Entwicklungsabteilung und Testabteilung wird das getestete System an die Abnahme weitergeleitet. Hier werden Abnahmetests gegen das Validierungsdokument durchgeführt, das aus dem *Safety Requirements*-Dokument abgeleitet wird. Dieser Schritt wird *Sicherheitsvalidierung* genannt. Auch hier sind Rückführungen möglich, die eine Anpassung der Anforderungsdokumente und der Entwicklungskomponenten erfordern.

3.3.3 Integration

In der Integrationsphase werden fertig getestete Module von der Entwicklung zusammengeführt und an die Testabteilung weitergereicht. Da Komponenten oftmals durch unterschiedliche Teams entwickelt werden, entstehen dadurch auch unterschiedliche Fertigstellungszeitpunkte. Eine Koordinierung der Zusammenführung der Einzelkomponenten muss deswegen genauer geplant werden. Dies erfordert einen Integrationsplan, damit alle Beteiligten verstehen, wann Module für das Testteam zur Verfügung stehen müssen. Da hier Module auch Teile der Sicherheitstechnik sind, ist der Integrationsplan ebenfalls Teil des Sicherheitsnachweises.

3.3.4 Betrieb und Instandhaltung

Beim Betrieb eines Geräts treten immer wieder Probleme auf, die bei Architektur und Entwicklung nicht bedacht und beim Testen nicht gefunden wurden. Das erfordert die Möglichkeit, Änderungen am System oder Gerät durchführen zu können. Im schlimmsten Fall wird eine Rückrufaktion ausgerufen, die der Firma sehr teuer zu stehen kommt. Änderungen an der Sicherheitstechnik brauchen deswegen einen Prozess, damit sie in neue *Releases* eingepflegt und gegebenenfalls an die Kunden ausliefert werden. Dieser Prozess handhabt unter anderem Anträge zur Änderung des Systems bzw. Geräts. Ein von der Entwicklungsabteilung gelebter Prozess wird in einem Änderungsplan beschrieben. Der beschriebene Prozess wird also über Änderungsanträge eingeleitet. Die Entwicklung führt die Änderungen aus, der Test bestätigt die fehlerfreie Funktion und validiert die Anforderung der Änderung. Letztendlich wird die Änderung durch einen Freigabeprozess an die Kunden weitergegeben.

3.3.5 Außerbetriebsetzung

Letztendlich erfordern manche Systeme oder Geräte einen Plan zur Außerbetriebsetzung – insbesondere dann, wenn es sich um gesundheitsschädliche und umweltschädliche Entsorgung handelt. Auch hier ist der Hersteller in der Verantwortung, da er am besten weiß, wie ausgediente Produkte gehandhabt werden. Dieses Wissen wird in einem Plan für die Außerbetriebnahme beschrieben. Systeme mit großen Herausforderungen bei der Außerbetriebnahme sind z. B. Kernkraftwerke. Diese haben sehr lange Laufzeiten (z. B. 30 Jahre), und die gesetzliche Vorgaben ändern sich deswegen zur Laufzeit mehrmals. Eine Anpassung des Plans wird dadurch häufiger notwendig sein.

3.3.6 Dokumente nach IEC-61508

In Tabelle 3.4 werden beispielhaft Dokumente angegeben, die nach *IEC-61508* vorgesehen sind. Diese sind nicht notwendigerweise Voraussetzungen. Mit entsprechender Begründung können die Dokumente angepasst werden. Wichtig ist, dass alle Projektbeteiligten Zugriff auf die Dokumente haben, und sie sollten wissen (vor allem beim Audit), wo die Dokumente zu finden sind.

Sicherheitslebenszyklus	Dokumente
Planung	▸ Konzept und Anwendungsbereich ▸ Risikoanalysen ▸ Sicherheitsanalysen ▸ Spezifikation der Sicherheitsfunktionen ▸ Spezifikation der Sicherheitsanforderung (*Safety Requirements*-Dokument) ▸ Sicherheitsplan
Entwicklung	▸ *E/E/PS*-Anforderungen ▸ *E/E/PS*-Design
Integration	▸ Testpläne, Testspezifikation ▸ Review, Testberichte ▸ Assessment und Auditberichte
Betrieb	▸ Änderungsanträge ▸ Freigaben ▸ Wartungsplan
Außerbetriebsetzung	Außerbetriebsetzungsplan

Tabelle 3.4 Beispieldokumente nach IEC-61508

3.4 Weitere Normen

In den folgenden Abschnitten zeige ich weitere Normen auf. Bereits Abbildung 3.8 zeigt diese, wobei die Norm *IEC-61508* als Basis dient. In der Automobilindustrie kommt die Norm *ISO-26262* oftmals zum Einsatz. In der Prozessindustrie wird meist die Norm *IEC-61511* eingesetzt, allerdings gibt es auch hier weiterführende Normen. *ISA-TR84.00.02* gibt unter anderem einen Einblick darin, mit welchen Methoden Systemfehler zu bewerten sind. Weitere, zurückgezogene Normen, die hier nur kurz Erwähnung finden, sind *DIN-19250* und *DIN-VDE-0801*.

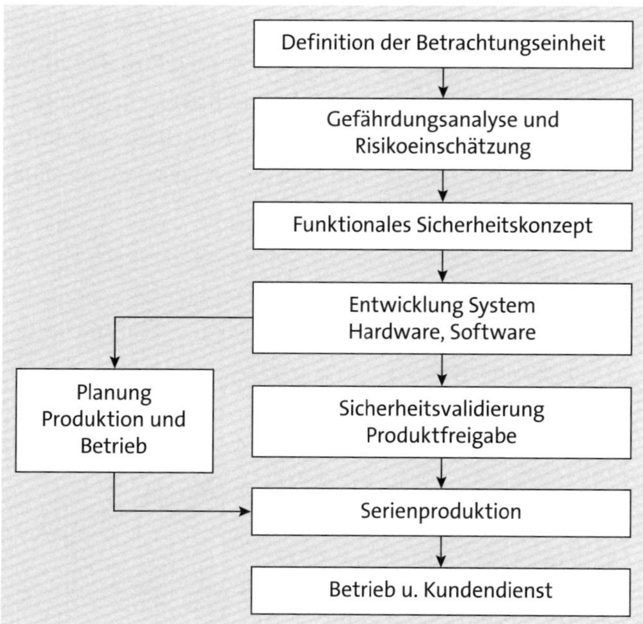

Abbildung 3.9 Prozessfluss bei ISO-26262

3.4.1 Die Norm ISO-26262

Die Sicherheitstechnik hat in der Automobilindustrie bei der Entwicklung und dem Betrieb von Fahrzeugen einen besonderen Stellenwert. Die Norm *IEC-61508* ist allerdings für die speziellen Bedürfnisse der Automobilindustrie zu allgemein gehalten, was eine Spezialisierung erforderlich macht. Als Beispiel lässt sich die Außerbetriebsetzung nennen, denn diese bedarf bei der Entwicklung von Sicherheitstechnik in Fahrzeugen keiner besonderen Planung. Allerdings entstehen bei der Produktion der Fahrzeuge weitergehende Bedürfnisse.

Abbildung 3.9 zeigt den in *ISO-26262* beschriebenen Prozessfluss. Angefangen wird mit der Definition der *Betrachtungseinheit*, die sich bei *IEC-61508* auf das Konzept und den Anwendungsbereich bezieht. Hier werden Komponenten des Gesamtsystems für die Sicherheitsanalyse herausgehoben. Der nächste Schritt besteht in der *Gefährdungsanalyse* und der *Risikoeinschätzung*. Ausgangsdokumente für diesen Schritt sind die Dokumente aus dem vorherigen Schritt. Dieser Prozessschritt korrespondiert bei *IEC-61508* mit der Risikoanalyse. Dokumente werden an den nächsten Schritt weitergereicht, und zwar an das *Sicherheitskonzept*. Bei *IEC-61508* ähnelt dies den Sicherheitsanforderungen und der Zuordnung. Die *Entwicklung* des *Systems*, der *Hardware* und der *Software* entspricht bei *IEC-61508* der Realisierung und Installation. Danach gibt es die *Sicherheitsvalidierung*, die bei *IEC-60158* ihr genau entspricht.

Die *Serienproduktion* ist ein Schritt, der in der Norm *IEC-61508* nicht vorkommt, aber dennoch in der Automobilindustrie relevant ist, insbesondere dann, wenn Änderungen während der Lebenszeit des Fahrzeugs auftreten. Dies hat sofort Auswirkungen auf die Produktion. Aus diesem Grund gibt es den Schritt *Planung, Produktion und Betrieb*, der parallel zur Entwicklung und zur Validierung stattfindet. Der letzte Schritt besteht in *Betrieb* und *Kundendienst*, er kann bei *IEC-61508* dem Betrieb und der Instandhaltung zugeordnet werden.

3.4.2 Die Norm IEC-61511

IEC-61511 [14] baut auf *IEC-61508* auf und ist zugeschnitten auf die Bedürfnisse der Prozessindustrie und der chemischen Industrie. Die Norm *IEC-61511* gibt unter anderem Anwendungen vor, die an Planer, Errichter und Nutzer gerichtet sind. Hier werden Richtlinien für die Durchführung von Gefährdungs- und Risikoanalysen beschrieben. Diese dienen als Grundlage für die Erstellung von Spezifikationen für sicherheitstechnische Systeme.

Die Reduktion von Risiken, hervorgehend aus einem technischen Prozess, ist der Grund für die Einrichtung von sicherheitstechnischen Systemen (engl. *Safety Instrumented System*, kurz *SIS*). Es geht deswegen damit immer eine Risikoanalyse einher (*Hazard and Risk Analysis*, kurz *H & RA*), um die Sicherheitsanforderungen an das technische System herauszuarbeiten. So werden Gefahren bestimmt, deren Risiken sich über Sicherheitsfunktionen (*Safety Instrumented Function*, kurz *SIF*) verhindern oder abmildern lassen. Alle *SIF* zusammengenommen, ergeben ein *SIS*.

3.4.3 Die Norm ISA-TR-84.0.02

Die Norm *ISA-TR-84.0.02* [15] zeigt auf, wie ein komplettes sicherheitsgerichtetes System mit Sensoren und anderen Bauteilen aufgebaut werden kann, und bezieht sich auf *IEC-61511*. Dabei kann der Entwickler diese Norm als Grundlage für die Vorauswahl der Komponenten verwenden, um ein erforderliches *SIL* (siehe auch Tabelle 3.3) zu erreichen. Die Systeme werden in Module aufgeteilt, sodass eine Analyse unabhängig durchgeführt werden kann.

Abbildung 3.10 zeigt eine grobe Struktur von *ISA-TR-84.0.02*. Grundlagen sind die Entwicklung des Systems und die Vorstellung der Analysetechniken. Es wird aufgezeigt, wie *SIL* über einfache Berechnungsmethoden bestimmt werden können. Eine weitere Methode für die *SIL*-Bestimmung ist die Fehlerbaumanalyse. Auch die Markov-Analyse kann für die *SIL*-Bestimmung herangezogen werden. Aufgrund der Mächtigkeit von Markov-Analysen lassen sich auch Wahrscheinlichkeitsuntersuchungen durchführen. Einfache Berechnungsmethoden, Fehlerbaum und Markov werden in späteren Kapiteln dieses Buchs im Detail beschrieben.

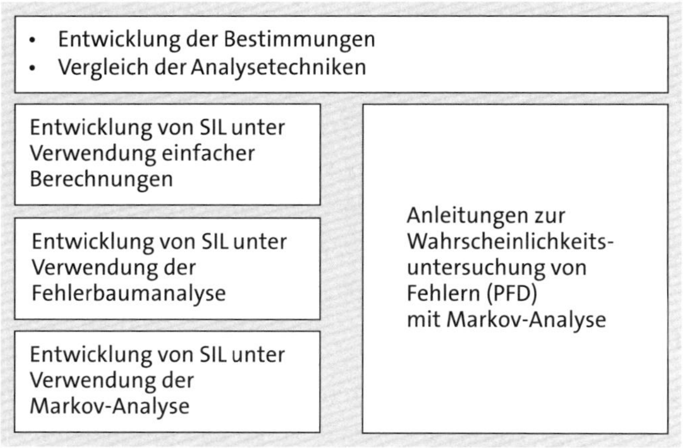

• Entwicklung der Bestimmungen
• Vergleich der Analysetechniken
Entwicklung von SIL unter Verwendung einfacher Berechnungen
Entwicklung von SIL unter Verwendung der Fehlerbaumanalyse
Entwicklung von SIL unter Verwendung der Markov-Analyse
Anleitungen zur Wahrscheinlichkeits-untersuchung von Fehlern (PFD) mit Markov-Analyse

Abbildung 3.10 Die Norm ISA-TR-84.0.0.2

3.4.4 Die Norm DIN-19250

Die bereits zurückgezogene Norm *DIN-19250* [16] soll hier kurz erwähnt werden. Sie bezieht sich auf mess-, steuer- und regelungstechnische (*MSR*) Schutzeinrichtungen und liefert qualitative Verfahren, um Risiken besser abschätzen zu können. Die beschriebenen Verfahren sind anwendungsunabhängig und unabhängig von der Technologie. Abbildung 3.11 zeigt das Spektrum von *DIN-19250*. Die beschriebenen Verfahren ermöglichen die Bestimmung der Teilrisiken und weisen auf die benötigten Anforderungen hin, um die Risiken zu minimieren. Zur Wahl der Maßnahmen wird auf weiterführende Normen verwiesen.

Teilrisiko
Anforderung
Maßnahme 1
Maßnahme 2
Maßnahme n
DIN V 19250
Weiterführende Normen

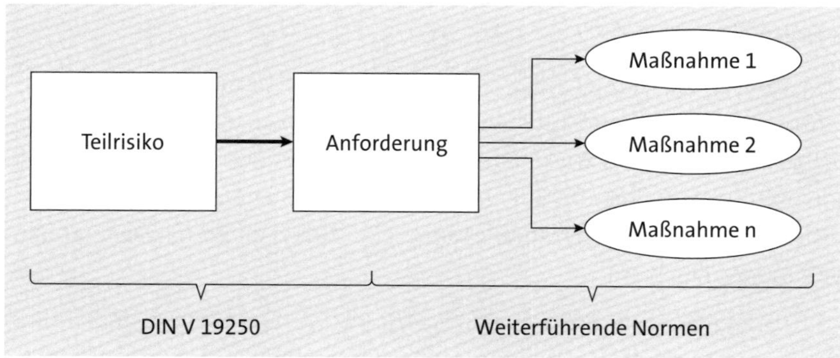

Abbildung 3.11 Die Norm DIN-19250

3.4.5 Die Norm DIN-VDE-0801

Auch die Norm *DIN-VDE-0801* wurde in der Norm *IEC-61508* weitergeführt. Abbildung 3.12 zeigt den Bereich von *DIN-V-VDE-0801* im Vergleich zu *IEC-61508*. Während sich Letztere auf die gesamte *MSR*-Schutzeinrichtung bezieht, behandelt die Norm *DIN-V-VDE-0801* die Errichtung von möglichen Schutzmaßnahmen bei Rechnersystemen. Hier werden die Anforderungen an die Rechnersysteme gestellt, wobei diese unabhängig von der Anwendung sind. Die Anforderungen der sicherheitstechnischen Systeme orientieren sich an dem jeweiligen Gefährdungspotential, das durch vorherige Analysen bestimmt wird.

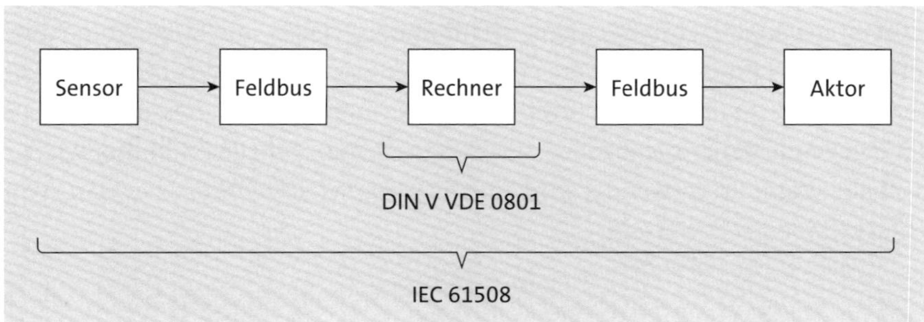

Abbildung 3.12 Die Norm DIN-VDE-0801

3.5 Die Norm IEC-62061 und die Norm ISO-13849

Die in Abbildung 3.8 dargestellte Norm *IEC-62061* dient unter anderem als Standard für die Maschinensicherheit. So gibt es die zweigeteilte Norm *ISO-13849* [17] und *ISO-13849* [18], die sich genauso auf die Norm *IEC-61508* bezieht. In *ISO-13849* werden die Anforderungen an die Sicherheitstechnik durch *Performance Levels* (kurz *PL*) ausgedrückt (ähnlich wie bei *IEC-61508* die *SIL*). Auch hier gibt es eine Tabelle, mit der Wahrscheinlichkeiten für gefährliche Fehler bei Sicherheitssystemen den *PL* zugeordnet werden. Eine Zuordnung von *PL* und *SIL* lassen sich in der Norm aus einer weiteren Tabelle bestimmen. *SIL 4* wird aber ausgelassen. Es wird nämlich argumentiert, dass eine Maschine, aus der eine Gefahr hervorgeht, keine katastrophalen Auswirkungen haben kann.

Die Norm enthält Beispiele dazu, wie ein *PL* aus einer zu entwickelnden Architektur bestimmt werden kann. Die Anforderungen der Software werden aufgestellt bezüglich der Entwicklung innerhalb der Lebenszyklen, der Dokumentation, der Softwareimplementierung und des Testens.

Sicherheitsgerichtete Systeme werden in der Norm *ISO-13849* in Kategorien unterteilt. Sie ordnet niedrige Kategorien für niedrige Performanz der Sicherheitsfunktion zu und höhere Kategorien für erhöhte Performanz. Die Kategorien stehen zusammen mit weiteren Parametern in einer Beziehung zu den *PL*, was aus Tabellen abgelesen werden kann. Der zweite Teil der Norm *ISO-13849* beschreibt den Validierungsprozess und dessen Anforderungen an sicherheitsgerichtete Systeme.

3.6 Abschließende Bemerkungen

Die meisten folgenden Kapitel beziehen sich auf die Norm *IEC-61508*. Diese ist geschätzt über 2.000 Seiten lang, und kaum jemand hat Zeit und Muße, sie durchzulesen (und insbesondere zu verstehen). Es gibt bereits Literatur, die Zusammenfassungen und Erklärungen enthalten – wie auch in diesem Kapitel. Der Überblick ist aber auf keinen Fall umfassend, wobei in den folgenden Kapiteln an vielen Stellen detailliert darauf eingegangen wird. Es existieren für andere Teilgebiete (Medizintechnik, Maschinenbau, Verfahrenstechnik etc.) Normen, die sich meist auf die Norm *IEC-61508* beziehen. Die bereits zuvor erwähnte Abbildung 3.8 stellt dies in einfacher Weise dar. Ich werde daher nicht müde, zu erwähnen, dass Tabelle 3.3 immer wieder in den nächsten Kapiteln verwendet wird, um die *Sicherheitsintegritätslevels* (*SIL*) von Sicherheitssystemen zu ermitteln.

Kapitel 4
Ausfälle und Fehler

In diesem Kapitel werden die Begriffe *Sicherheit*, *Zuverlässigkeit* und *Verfügbarkeit* definiert. Dies sind Begriffe, die Gemeinsamkeiten, aber auch Unterschiede haben. Sie tauchen in den meisten weiteren Kapiteln immer wieder auf, was eine klare Definition erforderlich macht. Zum Beispiel werden Systeme mit *Markov* bei der Betrachtung von Zuverlässigkeit oder Verfügbarkeit unterschiedlich modelliert. Bei *Binary Decision Diagram* und Fehlerbaum können die Begriffe bei der Modellierung austauschbar sein. Es ist deswegen sehr hilfreich, die Unterschiede genau zu kennen.

Viel Aufmerksamkeit wird in diesem Kapitel den Begriffen *Ausfälle* und *Fehler* gewidmet. Es sind tatsächlich Begriffe mit unterschiedlicher Bedeutung, die aber im sprachlichen Umgang austauschbar wirken. Weiterführend dazu gibt es Kenngrößen wie Ausfall- und Fehlerraten, die wiederum in vielen Formeln zur Bestimmung der Zuverlässigkeit und Verfügbarkeit auftauchen. Ausfälle und Fehler lassen sich weiter kategorisieren, z. B. in sichere und gefährliche Ausfälle und Fehler. Sichere Ausfälle und Fehler spielen dabei keine große Rolle. Ein sicherer Fehler hat auch keine Auswirkungen auf die Sicherheit des Systems. Demgegenüber benötigt die Kategorie der gefährlichen Ausfälle und Fehler umso mehr Aufmerksamkeit. Die daraus ermittelten Kenngrößen wie Ausfall- und Fehlerrate wird in den meisten Kapiteln des Buchs in Formeln zur Bestimmung von weiteren Kenngrößen verwendet.

4.1 Fallbeispiele

4.1.1 Das Seveso-Unglück

ICMESA war ein Unternehmen, das in seiner Fabrik in Seveso Trichlorphenol (*TCP*) herstellte. Dies ist ein Ausgangsprodukt für das Desinfektionsmittel Hexachorphen. Bei der Herstellung entsteht das Nebenprodukt Tetrachlordibenzodioxin (*TCDD*). *TCDD* ist giftig und gilt als krebserregend. Im Jahr 1976 ereignete sich ein Unfall, siehe Artikel [19] und Abbildung 4.1. *TCP* wurde in der Fabrik in einem Reaktor hergestellt. An dem Unfalltag wurde dieser Reaktor aktiviert. Dabei hat ein Rührwerk für eine gute Durchmischung und die gleichmäßige Kühlung des Reaktorinhalts gesorgt. Die Belegschaft schaltete das Rührwerk ab, als sie dachte, dass die Reaktion abgeschlossen war. Da dies aber nicht der Fall war, führte dies zu einem Wärmestau im Inneren des Reaktors, der durch das Personal nicht bemerkt wurde. Durch die entstandene

Wärme setzte sich die sehr langsame Reaktion fort und endete nach einigen Stunden in einer Explosion. Die Sicherheitsventile des Reaktors öffneten sich, und der Reaktorinhalt ging in die Atmosphäre. So wurde eine unbekannte Menge des giftigen *TCDD* abgelassen. Der Wind wehte die entstandene Giftgaswolke in Richtung der Stadt Seveso. Als Folge davon erkrankten viele Menschen an Chlorakne, und viele Tiere, die in die Giftgaswolke gerieten, verendeten.

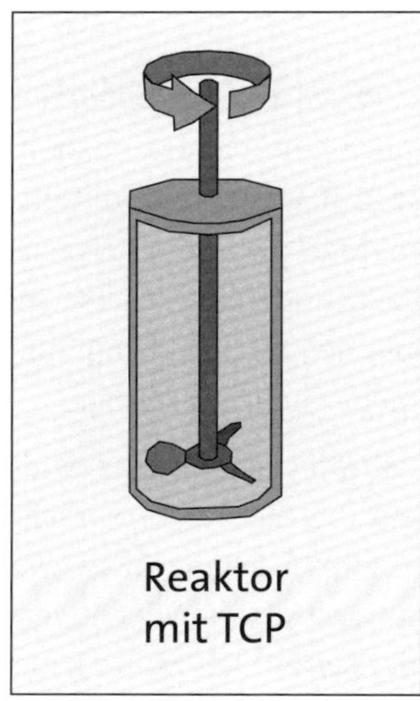

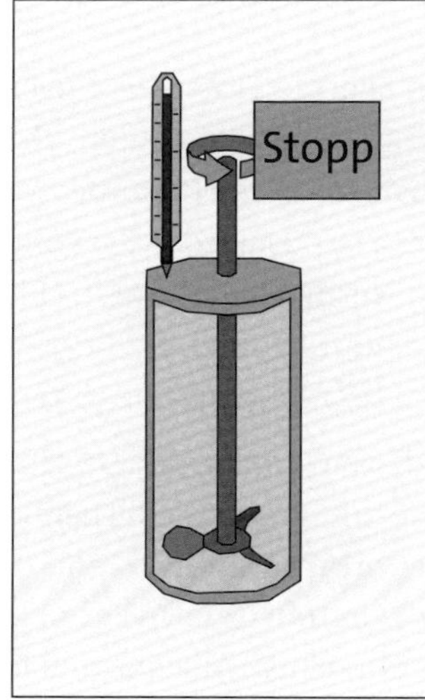

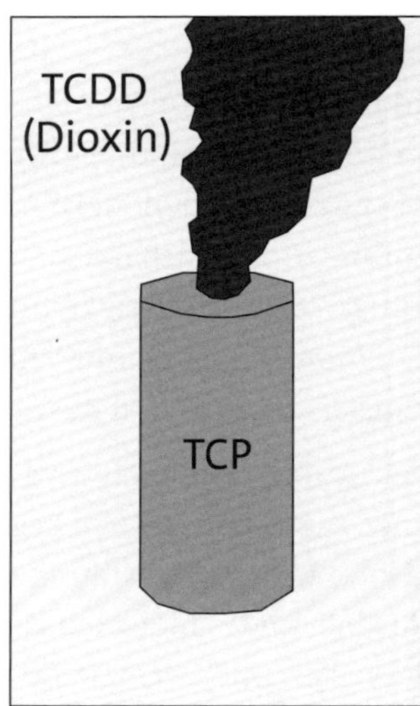

Abbildung 4.1 Chemieunglück in Seveso

4.1.2 Das Metrounglück der Red Line in New York

Im Jahr 2009 ereignete sich ein Unglück in der *New Yorker* Metro aufgrund von technischen Problemen der Geräte zur Kollisionsdetektion, siehe Artikel [20]. Das Schienennetz der New Yorker Metro wird in Blöcken strukturiert. An den Anfängen und den Enden gibt es jeweils Detektionsgeräte, die lokal Züge erfassen und diese Sensordaten an eine Zentrale schicken (siehe dazu auch Abbildung 4.2). Die Zentrale kontrolliert die Abstände der Züge, wobei zwischen zwei Zügen mindestens zwei Blöcke Abstand liegen müssen. Sie leitet die Bremsung eines Zugs ein, wenn es die Abstandsregel nicht einhält. Vor dem Unglück tauschte Personal ein Detektionsgerät an einer Bahnstrecke bei Wartungsarbeiten aus. Nach dem Austausch wurde direkt am Gerät die Funktion überprüft. Bei der Überprüfung konnte keine Fehlfunktion festgestellt werden. Vorbeifahrende Züge wurden tatsächlich richtig erfasst. Wegen einer Fehlfunktion wurden aber die Sensordaten nicht immer zuverlässig an die Zentrale geschickt. So wurden Signallampen beim Detektieren eines Zugs zwar aktiviert, aber durch das Fehlverhalten stets wieder deaktiviert, sodass ein kurzes Aufleuchten dem Aufseher in der Zentrale nicht auffällig genug war. Am Unglückstag blieb an einer

Stelle der Strecke ein Zug stehen. In diesem Moment funktionierte das Detektionsgerät nicht, sodass der folgende Zug zunächst nicht über die Zentrale gewarnt werden konnte. Erst nachdem der stehende Zug bemerkt wurde, konnte eine Bremsung eingeleitet werden, die aber zu spät einsetzte. Es folgte eine Kollision der beiden Züge.

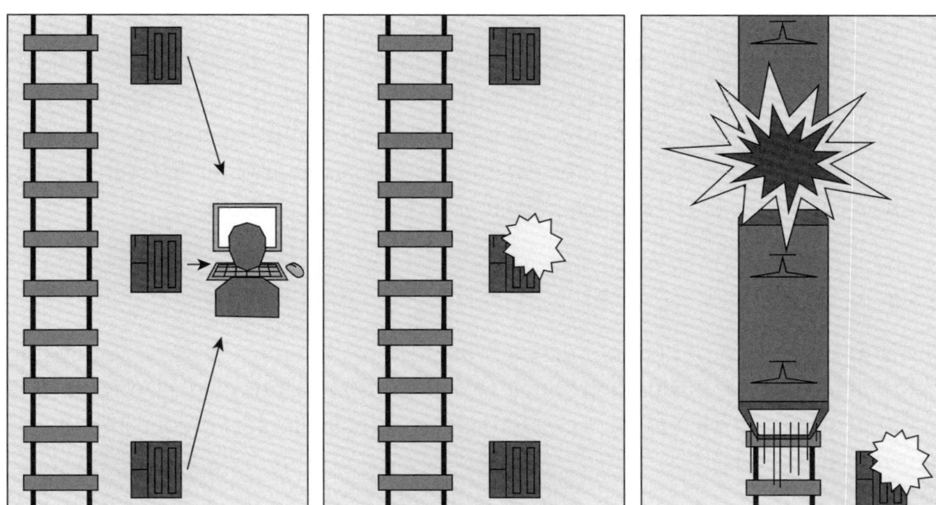

Abbildung 4.2 Metrounglück in New York

4.2 Definitionen

Bei der Betriebssicherheit geht es unter anderem darum, Risiken und Gefahrensituationen einschätzen zu können. Dazu werden Verfahren vorgestellt, um eine qualitative und quantitative Bewertung abgeben zu können. Für die weitere Betrachtung sollen aber zunächst Definitionen von geläufigen Begriffen zum Thema *Safety Engineering* gegeben werden.

4.2.1 Sicherheit

Im normalen Sprachgebrauch kann Sicherheit wie folgt beschrieben werden: Eine Person oder ein Gut ist sicher vor Gefahren und Schäden. Eine weitere sprachliche Formulierung, die etwas näher an die Definitionen in den Normen herankommt, ist: das Freisein von Irrtümern und Fehlern. Die Norm *IEC-61508* [7] definiert die Sicherheit derart: Freiheit von unvertretbaren Risiken. Also kommt hier der Risikogedanke etwas weiter zum Vorschein.

Dazu wird im Folgenden das Risiko genauer definiert.

4.2.2 Risiko

Die Norm *IEC-61508* [7] beschreibt das Risiko als eine Kombination aus der Wahrscheinlichkeit eines Schadens und der Folge des Schadens. Risiko besteht also aus zwei Teilen: Wahrscheinlichkeit und Schaden. Eine Wahrscheinlichkeit ist in der Regel eine Prozentangabe (bzw. ein Wert zwischen null und eins), und sie hat somit keine Einheit. Der zeitliche Aspekt wird hier auch nicht berücksichtigt. Die Wahrscheinlichkeit wird oftmals durch die Häufigkeit oder Rate ersetzt. Häufigkeiten und Raten haben eine Zeitangabe. Im Nenner der Einheit befindet sich also eine Angabe der Zeit, z. B. [1/*h*] oder [1/*Jahr*]. Der zweite Teil des Risikos, also der Schaden, wird in der Regel durch die entstehenden Kosten, z. B. in Euro, beschrieben.

4.2.3 Schaden

Die Norm *IEC-61508* [7] definiert den Schaden (*Harm*) als eine physische Verletzung oder Schädigung der Gesundheit oder als Schädigung von Gütern oder Umwelt. Hierbei stehen der Mensch und seine Gesundheit an erster Stelle, der Schaden an Gut und Umwelt an zweiter.

4.2.4 Zuverlässigkeit

Die Zuverlässigkeit nach Norm *ISO-9000* ist ein zusammenfassender Ausdruck zur Beschreibung der Verfügbarkeit mit den folgenden Einflussfaktoren: Funktionsfähigkeit, Instandhaltbarkeit und Instandhaltungsbereitschaft. Es ist hier anzumerken, dass ein Gerät verfügbar sein muss, damit es als zuverlässig eingestuft werden kann. Als Beispiel ist ein Airbag zu nennen, der wenig zuverlässig ist, wenn er stets ausfällt und repariert werden muss. Also ist die Funktionsfähigkeit eine Voraussetzung. Die Norm berücksichtigt aber auch, dass System und Geräte durch Instandsetzung aus dem funktionsunfähigen Zustand herauskommen.

Die Zuverlässigkeit für quantitative Berechnungen habe ich wie folgt definiert: Die Zuverlässigkeit ist die Kenngröße eines Systems, die die beabsichtigte Funktion unter bestimmten Voraussetzungen in einem zeitlichen Intervall beschreibt. Die Kenngröße ist eine Wahrscheinlichkeit bzw. eine Prozentangabe. Hier steht im Vordergrund, dass das System oder Gerät seine Funktion gemäß den Anforderungen tatsächlich ausführt bis zu dem Zeitpunkt des Ausfalls. Primär geht in die Berechnungen der Zuverlässigkeit die Instandhaltung nicht ein. Allerdings wird oftmals nach einem Prüfungsintervall und einer erfolgten Instandsetzungsmaßnahme ein System oder Gerät als neuwertig betrachtet.

4.2.5 Verfügbarkeit

Die Verfügbarkeit ist die beabsichtigte Funktion eines Systems oder Geräts unter Berücksichtigung der Instandsetzung und Wartung. Oftmals wird für die quantitative Berechnung ein zeitliches Intervall berücksichtigt. Der Unterschied zur Zuverlässigkeit ist hier, dass in die Berechnung der Verfügbarkeit die Dauer der Reparatur einbezogen wird. Die Kenngröße der Verfügbarkeit ist eine Wahrscheinlichkeit bzw. eine Prozentangabe.

4.3 Ausfall und Fehler

Es wird oft von Ausfall und Fehler gesprochen, ohne auf den Unterschied einzugehen. Über ihre Definition kann der Unterschied genauer erklärt werden. Der Ausfall tritt nämlich dann ein, wenn ein Prozess oder eine Komponente aufhört, seine Funktion auszuführen. Somit ist ein Ausfall (engl. *Failure*) ein Ereignis. Der Fehler (*Fault*) tritt dann auf, wenn gegebene Anforderungen nicht erfüllt sind (z. B. die Anforderung, dass Zustandsgrößen des Prozesses innerhalb gegebener Parameter liegen), siehe auch Abbildung 4.3. Somit ist der Fehler ein Zustand, da sich dieser über einen längeren Zeitraum in einem Prozess befindet.

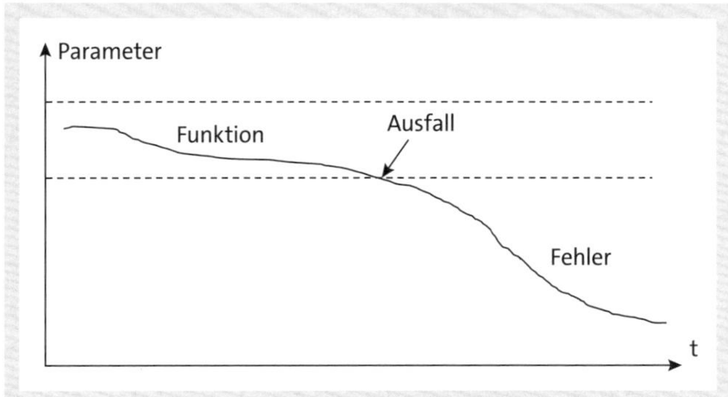

Abbildung 4.3 Ausfall und Fehler

In der Vergangenheit waren Systeme und Geräte in der Regel mit Komponenten aufgebaut, deren Ausfall- und Fehlerverhalten sich durch die Physik gut beschreiben lassen konnten. Allerdings werden durch den technologischen Fortschritt Systeme und Geräte immer komplexer (unter anderem wegen der Software), sodass sich das Ausfallverhalten selbst von Einzelkomponenten immer schwerer über die Mathematik oder die Physik beschreiben lässt. Deswegen wird die Betrachtung von Ausfällen erweitert. So wird unterschieden zwischen zufälligen Ausfällen der Hardware und systematischen Ausfällen.

4.3.1 Zufällige Ausfälle der Hardware

Zufällige Ausfälle der Hardware können in der Regel einer Komponente zugeordnet und es kann eine Ausfallrate ermittelt werden. Da diese Art von Ausfällen wiederkehrend sind, können sie durch statistische Berechnungen mit Daten vorhergesagt werden. Typische Ausfälle hier sind physikalische Fehler, die konstant auftreten, etwa bei elektronischen Komponenten, die altern und durch Verschleiß ausfallen.

4.3.2 Systematische Ausfälle

Systematische Fehler können nicht immer einer Komponente zugeordnet werden und entstehen aus der Architektur des Systems. Diese Ausfälle werden durch Toleranz-, Zeit-, Bedien- oder Softwareprobleme ausgelöst. Diese kommen oft durch Designfehler in der Entwicklungsphase zustande oder durch unangemessene Modifikationen der Architektur in einer späteren Entwicklungsphase, z. B. nach der Auslieferung an den Kunden. Ausfälle, hervorgerufen durch Softwareprobleme, sind oftmals systematische Ausfälle.

4.4 Fehlermöglichkeiten

Es gibt zwei Kategorien von Fehlern: interne und externe Fehler.

Interne Fehler entstehen bei der Entwicklung oder bei der Produktion eines Systems oder Geräts. Der Safety Engineer entwickelt in der Regel die Sicherheitsarchitektur und beschreibt diese in einem Dokument. Das Architekturdokument ist die Basis für die Entwicklung, wobei es aber Missverständnisse zwischen Safety Engineer, Entwicklungsteam und Testteam geben kann. Falls das Testteam das Dokument in der gleichen Weise versteht wie das Entwicklungsteam, dies aber nicht der Absicht des Safety Engineer entspricht, können so mögliche Probleme zum Kunden durchgereicht werden. Insbesondere die Integration kann eine hohe Komplexität aufweisen, wodurch Missverständnisse permanent gegeben sind. Komplexe Systeme haben ein großes Potenzial, unentdeckt zu bleiben und erst beim Kunden aufzutauchen.

Externe Fehler werden oftmals durch Umgebungseinflüsse beim Betrieb des Geräts hervorgerufen. Beispiele sind Korrosion, Feuchtigkeit oder Schwingungen. Diese Faktoren werden bei Zuverlässigkeitsberechnungen der Geräte stets berücksichtigt. Zum Beispiel sollte bei vorherrschender feuchter Umgebung bei integrierten Schaltungen auf Plastikgehäuse verzichtet werden, da diese im Vergleich zu Metallgehäusen viel empfindlicher sind. So kann ein unvorhergesehener Betrieb des Geräts unerwartet zum Ausfall führen. Weitere externe Fehler sind z. B. Instandsetzungsfehler. Dieser Fehlertyp wurde bereits im Fallbeispiel in Abschnitt 4.1.2 beschrieben. Zwar war der Einbau des Detektionsgeräts erfolgreich, aber der darauffolgende Test lieferte ein falsches Bild über die Funktionsfähigkeit des Systems. Als letztes Beispiel für einen externen Fehler soll hier der Betriebsfehler genannt werden. Betriebsfehler können dann passieren, wenn das Personal nicht ausreichend zur Bedienung des Systems geschult ist, da dieses eine zu hohe Komplexität erreicht hat. Ein überarbeitetes Personal wie im Fallbeispiel in Abschnitt 4.1.1 verbessert die Zuverlässigkeit sicherlich nicht. Das Fallbeispiel beschreibt das *Seveso*-Unglück, bei dem das Personal einen Reaktor zu früh abschaltete, was darauf zum Unglück führte. Tatsächlich stellte hier eine Untersuchungskommission als Unglücksursache unter anderem ein schlecht eingewiesenes und überlastetes Personal fest.

4.5 Fehlerraten

Die Fehlerrate ist eine Kenngröße für die Anzahl der Fehler in einem bestimmten Zeitintervall. Im Gegensatz zu einer Wahrscheinlichkeit hat sie eine Einheit, nämlich eine Zeiteinheit, z. B. $1/[h]$. Da jedes Gerät nach einer gewissen Betriebszeit Fehler hat, interessiert es bei Sicherheitsbetrachtungen stets, wie hoch dieser Wert ist. Es wird unterschieden zwischen zwei Arten von Fehlern. Es gibt Fehler, die keinen Einfluss auf die Sicherheit des Menschen oder des Guts haben. Diese werden sichere Fehler genannt. Beim Auftreten eines sicheren Fehlers wird also der Mensch oder das Gut keinen nennenswerten Schaden davontragen. Als Beispiel kann das Auslösen eines Airbags beim parkenden Auto genannt werden. Der Mensch kommt dabei nicht zu Schaden, dennoch ist die Auslösung ein Fehler. Die englische Übersetzung für sicher ist *Safe*, deshalb wird der Index *S* für die Kennzeichnung verwendet. Die Variable als Ausdruck für die Anzahl der sicheren Fehler in einer Zeitspanne ist λ_S. Eine weitere Aufteilung der sicheren Fehler wird unternommen, indem zwischen entdeckbaren und nicht-entdeckbaren Fehlern unterschieden wird. Entdeckbare Fehler sind Fehler, die durch Beobachtung oder durch technische Hilfsmittel erkannt werden können. Im Englischen wird dafür der Begriff *Discoverable* verwendet, und deshalb werden entdeckbare Fehler durch den Index *D* gekennzeichnet. Nicht-entdeckbare Fehler sind Fehler, die dann auftreten, wenn sie weder vom Menschen noch vom Gerät erkannt werden können. Dies ist natürlich nicht erstrebenswert. Dennoch wird bei diesen Fehlern weder Mensch noch Gut zu Schaden kommen. Die Anzahl der sicheren entdeckbaren Fehler pro Zeiteinheit wird mit λ_{SD} und die der sicheren nicht-entdeckbaren Fehler wird mit λ_{SU} beschrieben. Die Summe aus den sicheren entdeckbaren Fehlern λ_{SD} und den sicheren nicht-entdeckbaren Fehlern λ_{SU} ergibt λ_S, siehe auch Formel [4.1].

$$\lambda_S = \lambda_{SD} + \lambda_{SU} \tag{4.1}$$

Demgegenüber stehen Fehler, die Schaden an Mensch und Gut verursachen. Diese werden gefährliche Fehler genannt, englisch *Dangerous*. Der Begriff *Dangerous* wird mit dem Index *D* abgekürzt. Die Anzahl der gefährlichen Fehler in einer Zeitspanne wird mit der Variablen λ_D ausgedrückt. Auch hier wird zwischen entdeckbaren und nicht-entdeckbaren Fehlern unterschieden. Gefährliche und entdeckbare Fehler sind also Fehler eines Systems oder Geräts, die Schaden an Mensch und Gut verursachen, aber durch Beobachtung oder technische Geräte erkannt werden. Mit einer sicherheitstechnischen Einrichtung können diese fehlerhaften Systeme oder Geräte in einen sicheren Zustand gebracht werden. Die dafür eingesetzte Variable ist λ_{DD}. Den zweiten Teil der gefährlichen Fehler bilden die nicht-entdeckbaren Fehler. Hier gehen Gefahren direkt vom Gerät aus, die nicht durch Beobachtung oder technisches Gerät erkannt werden. Die Variable, die die Anzahl der Fehler in einer Zeitspanne beschreibt, ist λ_{DU}. Die Summe aus den entdeckbaren und nicht-entdeckbaren gefährlichen Fehlern ist λ_D, siehe auch Formel [4.2].

[4.2] $$\lambda_D = \lambda_{DD} + \lambda_{DU}$$

Das Fallbeispiel aus Abschnitt 3.2 beschreibt bereits gefährliche und entdeckbare Fehler. Es gab beispielsweise hier das Ereignis, dass ausströmende Gase durch Detektionsgeräte erkannt wurden. Damit aber die Crew der Erkundungsplattform nicht beim Schlafen gestört werden sollte, wurden diese ausgeschaltet, und somit wurde die Gefahr ignoriert. Der Fehler wurde durch diese Maßnahme zu einen gefährlichen und nicht-entdeckbaren Fehler.

Im Fallbeispiel des Abschnitt 4.1.1 wurde das Seveso-Unglück beschrieben. Es hat dort keine technische Möglichkeit gegeben, die Temperatur im Inneren des Reaktors zu messen, somit wusste das Personal nicht über den kritischen Zustand Bescheid. Dies ist ein Beispiel für einen gefährlichen und nicht-entdeckbaren Fehler.

Abbildung 4.4 zeigt den beschriebenen Sachverhalt als Tortengrafik. Dargestellt sind hier die sicheren Fehler und die gefährlichen Fehler, außerdem sehen Sie eine Unterteilung der sicheren und gefährlichen Fehler in entdeckbare und nicht-entdeckbare Fehler.

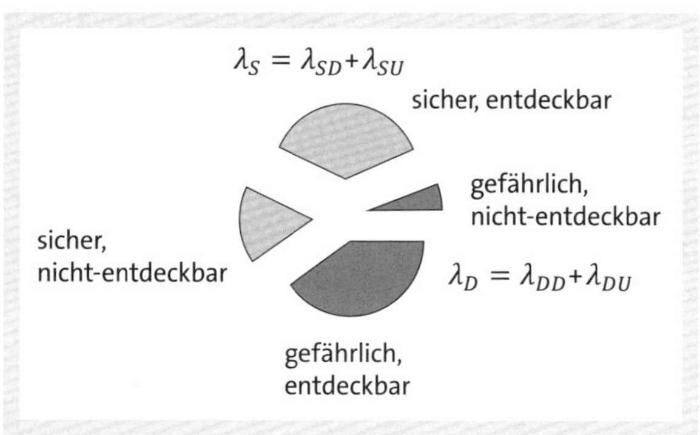

Abbildung 4.4 Fehler in einem System oder Gerät

In der Summe bezeichnet man alle Fehler in einer Zeitspanne als Basisfehlerrate oder als λ_B. Hier wird der Anfangsbuchstabe von *Basis* als Index verwendet. Die Basisfehlerrate wird mit der Formel [4.3] beschrieben.

$$\lambda_B = \lambda_S + \lambda_D \quad [4.3]$$

4.5.1 Sicherheitsrelevanter Faktor

Oftmals braucht der Saftey Engineer für die Entwicklung von sicherheitsrelevanten Systemen eine Kennzahl, die die gefährlichen Fehler und alle Fehler in ein Verhältnis setzt. Der sicherheitsrelevante Faktor *S* beschreibt den Zusammenhang zwischen der Fehlerrate λ_D für gefährliche Fehler und der Basisfehlerrate λ_B, siehe Formel [4.4].

$$S = \frac{\lambda_D}{\lambda_B} = \frac{\lambda_D}{\lambda_S + \lambda_D} \quad [4.4]$$

Aus dem sicherheitsrelevanten Faktor und der Basisfehlerrate lässt sich die Fehlerrate für sichere Fehler und gefährliche Fehler berechnen. Formel [4.5] zeigt die Fehlerrate für sichere Fehler.

$$\lambda_S = \lambda_B \cdot (1 - S) \quad [4.5]$$

Formel [4.6] gibt die Fehlerrate in Abhängigkeit von dem sicherheitsrelevanten Faktor *S* für gefährliche Fehler an.

$$\lambda_D = \lambda_B \cdot S \quad [4.6]$$

4.5.2 Diagnostic Coverage-Faktor

In Abschnitt 4.5 wurde bereits der Unterschied zwischen sicheren Fehler und gefährlichen Fehler beschrieben. Die sicheren Fehler sind aber nicht relevant bei der Beschreibung der Sicherheit eines Systems, da kein Schaden an Mensch und Gut entsteht. Es ist vielmehr interessant, welches Verhältnis es zwischen gefährlichen Fehler, die erkannt (oder diagnostiziert) werden, und allen gefährlichen Fehlern gibt. Dieses Verhältnis wird durch den *Diagnostic Coverage*-Faktor beschrieben, kurz *DC*. Formel [4.7] gibt den *DC*-Faktor an. Er ist ein Maß für die Effektivität des Systems zur Erkennung (oder Diagnose) von gefährlichen Fehlern.

$$DC = \frac{\lambda_{DD}}{\lambda_D} = \frac{\lambda_{DD}}{\lambda_{DD} + \lambda_{DU}} \quad [4.7]$$

Die Rate für gefährliche, entdeckbare Fehler und gefährliche, nicht-entdeckbare Fehler lässt sich über die Basisfehlerrate, den sicherheitsrelevanten Faktor *S* und den DC-Faktor bestimmen. In Formel [4.8] wird die Rate für gefährliche und entdeckbare Fehler angegeben.

[4.8] $$\lambda_{DD} = \lambda_B \cdot S \cdot DC$$

Die Rate für gefährliche, nicht-entdeckbare Fehler gibt Formel [4.9] an.

[4.9] $$\lambda_{DU} = \lambda_B \cdot S \cdot (1 - DC)$$

4.5.3 Safe Failure Fraction

Der Aufbau eines Systems oder Geräts besteht in der Regel aus mehreren bzw. vielen Teilsystemen oder Teilgeräten. Jedes einzelne Teilsystem kann ausfallen und hat eine Auswirkung auf die Funktionalität des Gesamtsystems. Sehr oft kann die Annahme getroffen werden, dass jedes dieser Teilsysteme unabhängig voneinander operiert und der Ausfall eines Teilsystems zu einem Ausfall des Gesamtsystems führt. Abbildung 4.5 veranschaulicht dies. In der Abbildung gibt es vier Teilsysteme, deren Fehler sowohl sicher sind als auch gefährlich – dargestellt durch die vier Tortengrafiken. Jedes dieser Teilsysteme hat die Fehlerraten λ_{Si} und λ_{Di}.

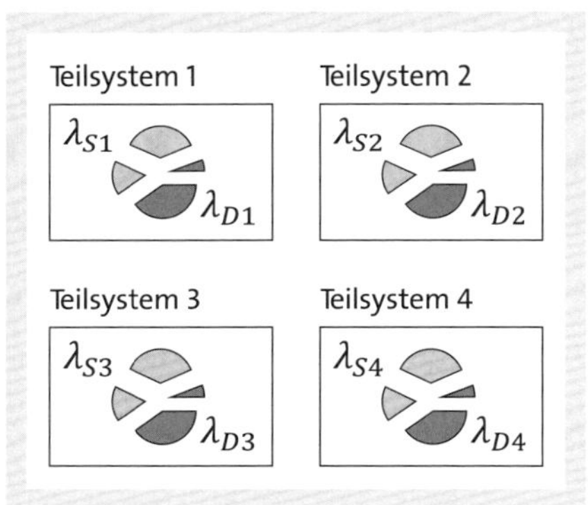

Abbildung 4.5 Ein Gesamtsystem und seine Teilsysteme

Zur Berechnung der Gesamtfehlerrate für sichere Fehler können die sicheren Fehlerraten der Teilsysteme aufsummiert werden. Formel [4.10] zeigt die Berechnung. Die Formel gilt nur unter der Voraussetzung, dass die Teilsysteme unabhängig voneinander sind.

[4.10] $$\lambda_S = \sum_i \lambda_{Si}$$

Formel [4.11] zeigt die Berechnung der Rate der gefährlichen Fehler aus den Raten der gefährlichen Fehler der Teilsystemen. Fehler ereignen sich bei den Teilsystemen unabhängig voneinander.

[4.11] $$\lambda_D = \sum_i \lambda_{Di}$$

Will nun der Safety Engineer einen Indikator für gefährliche Fehler im Verhältnis zu allen Fehlern haben, eignet sich die Kenngröße *SFF*. Die Kenngröße *SFF* beschreibt das Verhältnis zwischen den sicheren, gefährlichen, entdeckbaren Fehlerraten und den Fehlerraten aller Fehler (also der Basisfehlerrate). Formel [4.12] zeigt dieses Verhältnis. Hierbei wird wieder angenommen, dass die Ereignisse der Fehler bei den Teilsystemen unabhängig auftreten. Bei der Betrachtung des Nenners in der Formel können Sie feststellen, dass diese die Basisfehlerrate ist.

4

$$SFF = \frac{\sum_i \lambda_{Si} + \sum_i \lambda_{DDi}}{\sum_i \lambda_{Si} + \sum_i \lambda_{DDi} + \sum_i \lambda_{DUi}} \quad [4.12]$$

Falls der Wert für *SFF* nahe bei eins liegt, existieren in dem System oder Gerät nur wenige gefährliche und nicht-entdeckbare Fehler. Liegt der Wert für *SFF* bei null, dann ist die Rate für gefährliche und nicht-entdeckbare Fehler sehr hoch. Werden die Fehlerraten des Gesamtsystems (also nicht der Teilsysteme) verwendet, ergibt sich Formel [4.13].

$$SFF = \frac{\lambda_S + \lambda_{DD}}{\lambda_S + \lambda_{DD} + \lambda_{DU}} = \frac{\lambda_S + \lambda_{DD}}{\lambda_B} \quad [4.13]$$

Auch der *DC*-Faktor, Formel [4.7], lässt sich durch die Fehlerraten der Teilsysteme ausdrücken. Für den Fall, dass alle Teilsysteme unabhängig voneinander ausfallen, ergibt sich Formel [4.14].

$$DC = \frac{\sum_i \lambda_{DDi}}{\sum_i \lambda_{Di}} \quad [4.14]$$

Die *SFF* lässt sich durch den sicherheitsrelevanten Faktor *S* und den *DC*-Faktor beschreiben. Formel [4.15] stellt diesen Zusammenhang dar.

$$SFF = 1 + S \cdot (DC - 1) \quad [4.15]$$

4.6 Fehlertoleranz

Bereits zuvor wurde beschrieben, wie ein Gesamtsystem aus Teilsystemen besteht und dass unter Umständen der Fehler eines Teilsystems zum Fehler des Gesamtsystems führt. Die Formeln [4.10] und [4.11] beschreiben diesen Sachverhalt unter der Voraussetzung, dass Fehler unabhängig voneinander unter den Teilsystemen auftreten.

Abbildung 4.6 zeigt ein Beispiel für ein Gesamtsystem bestehend aus Teilsystemen. Hier sind Rechner dargestellt, die z. B. über Ethernet mit einem Router oder Hub verbunden sind. Der Router verbindet das System mit dem Internet. Ist die Internetverbindung Teil des sicherheitsrelevanten Systems, verursacht der Ausfall des Routers einen potenziell gefährlichen Fehler, wenn z. B. Patienten in einem Krankenhaus mit Rechnertechnik überwacht werden. Die Diagnosegeräte senden Lebensdaten der Patienten an eine zentrale Stelle. Der Ausfall des Routers bewirkt, dass die Patienten nicht mehr überwacht werden können, und führt zu einer gefährlichen Situation für die Patienten.

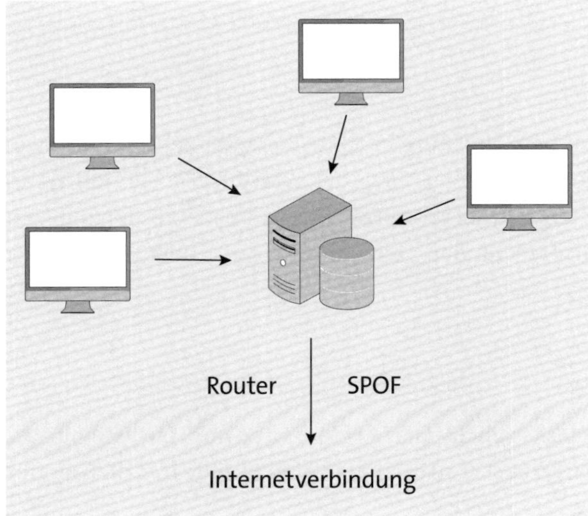

Abbildung 4.6 Single Point of Failure

Der Ausfall des Routers führt zu einer gefährlichen Situation, aber auch zum Ausfall des Gesamtsystems. Deswegen wird dies als *Single Point of Failure* oder kurz *SPOF* bezeichnet. Die Frage ist nun, wie die Zuverlässigkeit des Gesamtsystems verbessert werden kann, sodass der Ausfall keine Auswirkungen hat. Eine Möglichkeit ist die Verbesserung der Zuverlässigkeit des Routers. Das bedeutet konkret, dass bei der Architektur des Systems von Anfang an eine zuverlässige Internetverbindung eingeplant werden muss und dass ein besonders ausfallsicherer Router beschafft wird. Weiter lässt sich auf das Internet ganz verzichten, wenn es durch ein Intranet ersetzt wird. Damit kann das IT-Personal des Krankenhauses bei Ausfall direkt eingreifen und den Router ersetzen. So kann die Verfügbarkeit verbessert werden. Die zweite vorgeschlagene Maßnahme ist der Einsatz von Redundanz. In diesem konkreten Fall kann ein weiterer Router im Stand-by-Modus installiert werden. Fällt der erste Router aus, übernimmt der zweite Router. Zusammenfassend kann gesagt werden, dass Toleranz eine Technik ist, um den Betrieb eines Systems trotz vorhandenen Fehler aufrechtzuerhalten.

Es folgt eine Beschreibung von vier Toleranzarten.

4.6.1 Hardwareredundanz

Diese Art von Toleranz wurde bereits am obigen Beispiel beschrieben. Es wurde erkannt, dass der Ausfall eines Geräts zu einer Gefahr führt. Deswegen wird das System mit mehreren gleichartigen Geräten ausgestattet. Falls ein Gerät ausfällt, wird ein Ersatzgerät (im Stand-by-Modus) eingeschaltet. In einem späteren Kapitel wird noch zwischen heißer Redundanz, kalter Redundanz etc. unterschieden.

4.6.2 Softwareredundanz

Das Verhalten ist hier ähnlich der Hardwareredundanz, allerdings auf Software bezogen. Angenommen, der Rechner ist sicher und gleichartige Softwareprogramme laufen auf dem Rechner. Falls ein Programm z. B. durch Programmabsturz ausfällt, übernimmt das andere Programm. Leider ist es häufig so, dass alle Softwareprogramme gleichzeitig abstürzen. Das liegt daran, dass der gleiche Programmierfehler in allen Programmen enthalten ist (gemeinsame Ursache, engl. *Common Cause*). Sinnvoll ist es deshalb, die redundante Software von unterschiedlichen Teams erstellen zu lassen, sodass die Programme unterschiedlich sind. Somit kann die Wahrscheinlichkeit für einen Ausfall bei gemeinsamer Ursache verringert werden.

4.6.3 Zeitredundanz

Eine der Ursachen für den Reaktorunfall des Fallbeispiels in Abschnitt 4.1.1 kann eine ungenügend eingehaltene Zeitdauer sein. Denn der Inhalt des Reaktors musste gerührt werden, damit die Wärme ausreichend abgeführt werden konnte. Wäre das Rührwerk später abgestellt worden, hätte der Unfall eventuell vermieden werden können. Zeitredundanz ist also eine über den Zeitbedarf des normalen Betriebs hinausgehende zusätzliche Zeit.

4.6.4 Informationsredundanz

Als Letztes wird die Informationsredundanz betrachtet, die bei der Übertragung von Informationen in der IT-Technik üblich ist. Bei der Übertragung von Daten (aber auch bei der Speicherung) können durch Fehler in der Hardware Informationen verfälscht werden. Um dem entgegenzuwirken, werden an die Nutzdaten meist noch weitere Daten angehängt, die zur Erkennung und zur Korrektur von Bitfehlern dienen. Für die Erkennung kann der *Cyclic Redundancy Check*, kurz *CRC*, eingesetzt werden. Der CRC-Algorithmus erzeugt CRC-Bytes aus den Nutzdaten, die bei der Übertragung angehängt werden. Der Empfänger der Nutzdaten decodiert die CRC-Bytes und kann so überprüfen, ob ein Übertragungsfehler vorliegt. Ähnlich ist es beim *Error Correction Code*, kurz *ECC*, der aber nicht nur Fehler in den Nutzdaten erkennt, sondern auch auf die Bitfehler hinweist, um eine Korrektur einzuleiten.

4.6.5 Beispiel von Redundanz mit einem ASIC

Abbildung 4.7 zeigt die Grafik eines *Application Specific Integrated Circuit*, kurz *ASIC*, mit einer redundanten Ausführung der inneren Komponenten. Ein *ASIC* ist eine integrierte Schaltung für eine spezielle Anwendung. In der Abbildung sind zwei Mikroprozessoren in eine integrierte Schaltung eingebettet, um den Ausfall des kompletten *ASIC* durch Redundanz zu verhindern. In der Abbildung wird gezeigt, dass beide Mikroprozessoren eine eigene Spannungsversorgung haben. So ist die Spannungsversorgung selbst redundant ausgeführt. Beide Mikroprozessoren haben jeweils *Input/Output*-Pins, kurz *IO*. Dadurch lassen sich auch redundante Ein- und Ausgabegeräte anschließen. Bei entsprechender Konfiguration wird der Ausfall eines Mikroprozessors mit der *Watchdog*-Komponente erkannt, und damit kann dieser auf den redundanten Mikroprozessor umschalten. Durch diese Konfiguration lässt sich auch eine Softwareredundanz realisieren, und zwar indem zwei Softwareversionen auf beiden Mikroprozessoren laufen. Der Absturz der Software des ersten Mikrocontrollers lässt sich durch den *Watchdog* detektieren, und die Übernahme des zweiten Mikroprozessors erfolgt anschließend.

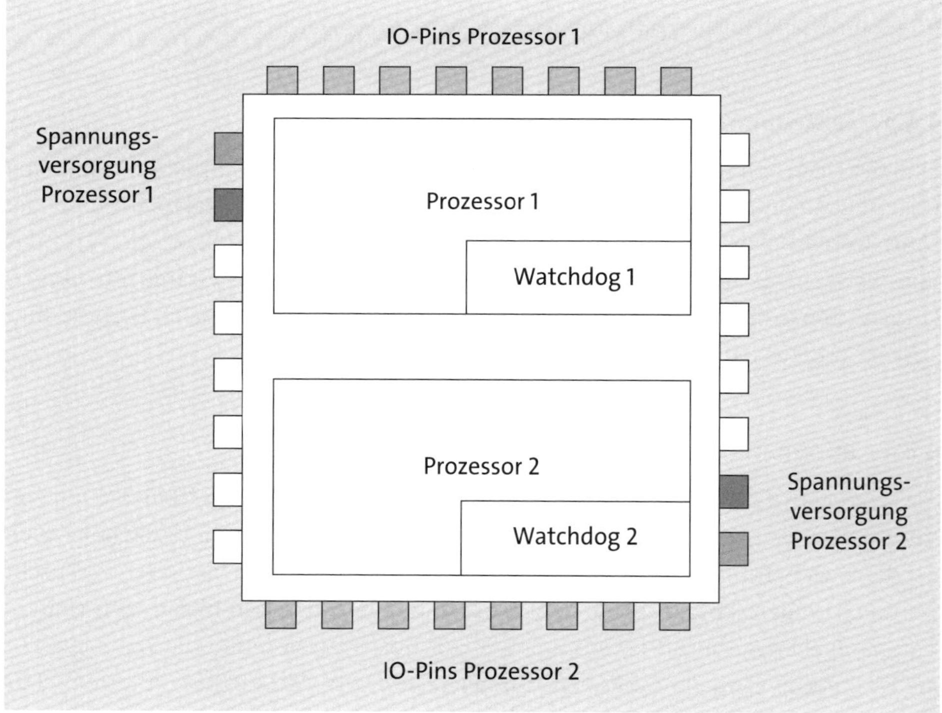

Abbildung 4.7 Redundantes System in ASIC

Eine Fehlermöglichkeit, besonders bei integrierten Schaltungen, sind elektrische Überspannungen (*Electrostatic Discharge*), abgekürzt *ESD*, die im schlimmsten Fall den kompletten Chip zerstört. Es ist also nach wie vor möglich, dass beide Prozessoren wegen eines gemeinsamen Fehlers (*Common Cause Failure*) trotz Redundanz ausfallen.

4.7 Minimale Schnittmenge und Fehler gemeinsamer Ursache

Ein fehlertolerantes System sollte nur dann ausfallen, wenn mehrere Fehler auftreten. Im einfachsten Fall, also bei einem einfachen redundanten System, bedarf es zwei Fehlern (die keine gemeinsame Ursache haben). Systeme können aber auch komplexer aufgebaut sein, und die Teilsysteme interagieren sowohl abhängig als auch unabhängig voneinander. Hier sollten komplexere Systeme als Gesamtsystem betrachtet werden, das durch eine Kombination aus Fehlern in den Teilsystemen ausfallen kann. Eine Kombination von Ausfällen wird Schnittmenge genannt, in Englisch *Cut Sets*. Die kleinste Kombination von auftretenden Fehlern, die zum Ausfall eines Gesamtsystems führen, wird minimale Schnittmenge genannt. In Englisch wird dafür der Begriff *Minimal Cut Sets* verwendet, abgekürzt *MCS*. Die Anzahl der Fehler, die zu einem Ausfall des Systems führen, wird Rang genannt. Demnach darf ein fehlertolerantes System keinen Rang von eins haben.

In Abschnitt 4.6 wurde bereits das Phänomen der Fehler durch gemeinsame Ursache beschrieben. Beispielsweise kann bei der Ausführung von redundanter und identischer Software ein Fehler zum Ausfall beider Softwareprogramme führen. In einem weiteren Beispiel führte ein *ESD*-Fehler zum Ausfall eines kompletten Chips, obwohl dieser hardwareseitig mit zwei Prozessoren ausgestattet worden war.

Die Einführung von Redundanz bringt also eine neue Klasse von Fehlern hervor, und zwar die Fehler durch gemeinsame Ursache (engl. *Common Cause*, kurz *CC*). Oftmals gilt, dass die Fehlerwahrscheinlichkeit eines Systems durch Fehler mit gleicher Ursache höher ist als die Fehlerwahrscheinlichkeit durch Fehler mit unterschiedlicher Ursache. Abbildung 4.8 veranschaulicht diesen Sachverhalt.

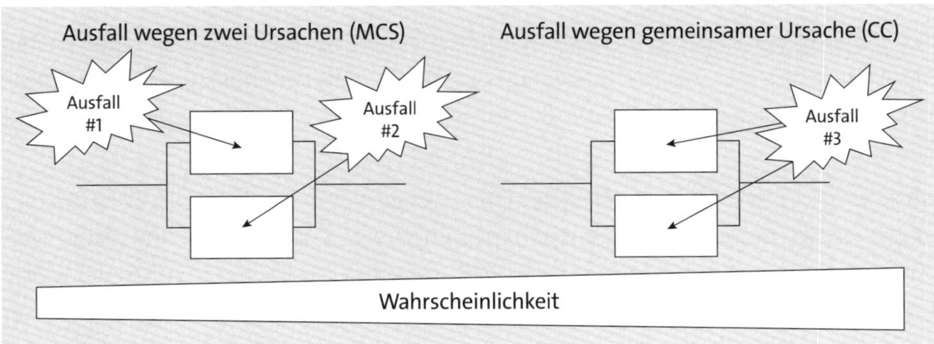

Abbildung 4.8 Fehler durch gemeinsame Ursache

Links und rechts in der Abbildung sehen Sie jeweils ein redundantes System mit zwei Komponenten. Dies wird durch eine Parallelschaltung der beiden Komponenten dargestellt. Darunter befindet sich ein breiter werdender Balken als Ausdruck einer wachsenden Ausfallwahrscheinlichkeit. Der Ausfall wegen gemeinsamer Ursache (*Ausfall #3*) kann also eine höhere Wahrscheinlichkeit haben als der Ausfall beider Komponenten mit unterschiedlichen Ursachen (*Ausfall #1* und *Ausfall #2*).

4.8 Abschließende Bemerkungen

Das Seveso-Unglück, beschrieben in Abschnitt 4.1.1, ist ein prominentes Fallbeispiel, das viel Aufmerksamkeit im Bereich des *Safety Engineering* hervorrief. Es wurde dabei die Zeitredundanz veranschaulicht. Wäre das Rührwerk erst später ausgeschaltet worden, hätte eventuell der Unfall verhindert werden können. Tatsächlich fehlte es dazu aber am fachkundigen Personal, um diese Situation besser einschätzen zu können. Daher kann auch argumentiert werden, dass nicht die Zeit das Problem war, sondern das schlecht ausgebildete Personal. So haben Unglücke nicht nur technische Ursachen, sondern auch systemische. Letztere liegen übergreifend vor. Es wurde in dem Fallbeispiel auch nicht erwähnt, dass die Arbeitsbedingungen beim Personal schlecht waren, denn das Management erwartete vom Personal stets eine Produktionssteigerung. Die schlechte Ausbildung war außerdem darauf zurückzuführen, dass das Personal ständig die Abteilungen wechselte, sodass es in den einzelnen Arbeitsgebieten nicht ausreichend Erfahrungen sammeln konnte.

Ein weiteres Problem, das direkt dem Management zur Last gelegt werden konnte, war die Tatsache, dass der Störfall nicht gemeldet wurde. Die umliegende Bevölkerung hat erst davon erfahren, als Nutztiere in der Umgebung der Anlage tot auf den Feldern aufgefunden wurden. Erst acht Tage nach dem Unglück und erst, nachdem auch das Management merkte, dass nichts verheimlicht werden konnte, wurde das Unglück an die Behörden gemeldet.

Ein Problem in der Architektur der Anlage in Seveso war, dass Gase, die aus dem Reaktor entwichen, nie besonders als Gefahr betrachtet worden sind. Deswegen hatten die Architekten der Produktionsanlage Auffangbehälter niemals eingeplant. Diese hätten durchaus das Problem mit den entweichenden Gasen weitgehend abmildern können.

Abschnitt 4.1.2 beschreibt den Fall des Unglücks der Metro in New York. Es sollte hier aufgezeigt werden, dass Fehler entstehen können, wenn Reparaturen und Instandsetzungsmaßnahmen durchgeführt werden. Komplexe Systeme neigen dazu, schwierig reparierbar zu sein, und somit können weitere Fehler hervorgerufen werden. Bei der Architektur von sicherheitsrelevanten Systemen sollte also immer die Reparier- und Wartungsfähigkeit als Fehlerquelle in Betracht gezogen werden.

Kapitel 5
Softwaresicherheit

Software- und Hardwareentwicklung sollten in koordinierten Projektmanagementprozessen Hand in Hand gehen. Bei der Hardware kann durch die Architektur (z. B. Redundanz, Robustheit) ein System zuverlässig oder sicher gemacht werden. Bei der Software dienen dazu programmiertechnische Methoden. Es gibt beispielsweise Programmiermethoden, um Abstürze von Software zu vermeiden, z. B. durch den Verzicht auf die *Pointer*-Programmierung oder die Anwendung von *Smart-Pointern*.

Normen machen Vorschläge dazu, welche Methoden einzusetzen sind, damit eine Sicherheitsanforderung (Sicherheitsintegritätslevel, siehe Abschnitt 6.5) erreicht werden kann. Insgesamt beziehen sich die Methoden für eine sichere Softwareentwicklung stark auf die Projektmanagementprozesse – angefangen beim Prozess zu Entwicklung, Integration und Test über die Anforderungen an die Dokumentationen bis zur Softwareerstellung selbst. So üben die erfahrenen Softwareentwickler einen großen Einfluss bei *Codereviews* aus.

5.1 Fallbeispiel: Flight 965

Es soll nun am Beispiel der Katastrophe des Flugs 965, siehe Artikel [21], gezeigt werden, welche Auswirkungen Softwarefehler nach sich ziehen. Das Szenario wird grafisch in Abbildung 5.1 dargestellt. Im Dezember 1995 startete die Boeing 757 zum Flug von Miami, USA, nach Cali, Kolumbien. Im Flugzeug befanden sich über 150 Passagiere. In Kolumbien gab es damals viele Aktivitäten durch terroristische Gruppen. Deswegen war unter anderem die Radarstation des Flughafens von Cali beschädigt, und die Bodenstation konnte die Positionen der Flugzeuge nicht beobachten. So musste sie sich auf die Positionsweitergabe durch die Piloten verlassen. Den Piloten helfen dabei sogenannte *Beacons*, die Position des Flugzeugs zu ermitteln. Diese senden über Funk die Information ab, wodurch der Abstand des Flugzeugs zum *Beacon* ermittelt werden kann. Eine Höheninformation kann mit dieser Methode aber nicht ermittelt werden. Der Flug war verspätet, wodurch die Entscheidung der Bodenstation zustande gekommen war, das Flugzeug von Süden des Flughafens her landen zu lassen. Dadurch wäre eine Abfertigung schneller gewesen. Das machte aber eine Wende des Flugzeugs, das aus dem Norden kam, notwendig. So wurde in der Nähe des Flughafens von Cali der Landeanflug eingeleitet, und die Landeklappen wurden ausgefahren. Das Flugzeug verlor deswegen an Höhe. Damit der Autopilot die Kontrolle des Flugzeugs übernehmen kann, gibt der Pilot in das *Flight Management System* (*FMS*) einen Wegepunkt ein. Dieser Wegepunkt war für den Flughafen Cali durch das Kennwort *Rozo* codiert. Das kann mit dem Buchstaben *R* eingegeben werden, und das *FMS* schlägt automatisch Wegepunkte vor, die in der Nähe des Flugzeugs liegen. Das *FMS* kürzte *Rozo* hier aber nicht mit *R* ab, sondern schlug den falschen Wegepunkt *Romeo* vor, der durch den Piloten ausgewählt wurde.

Romeo ist ein Wegepunkt bei der Stadt Bogotá, die 200 km entfernt liegt. Der Autopilot steuert daraufhin das Flugzeug in Richtung Bogotá. Wegen der Landeklappen befand sich das Flugzeug weiterhin im Sinkflug in Richtung Berge. Die Piloten brauchten mindestens eine Minute, bis sie realisierten, dass der Kurs falsch war. Deswegen leiteten sie eine Korrektur in Richtung Cali ein. In der Zwischenzeit waren die Berge auf der Höhe des Flugzeugs in Richtung des Flughafens. Da es ein Nachtflug war, konnten die Piloten die Berge nicht sehen. Ein Warnsystem, das den Abstand des Flugzeugs zum Boden misst, löste dann aus. Die Piloten reagierten sofort darauf und zogen das Flugzeug in die Höhe. Die Landeklappen verhinderten jedoch den notwendigen Aufstieg des Flugzeugs. Das Flugzeug schlug daraufhin in einen Berg ein. Von über 150 Passagieren überlebten nur vier Passagiere. Es folgten Anklagen der amerikanischen Flugbehörden an den Hersteller des *FMS* wegen der fehlerhaften Programmierung des Systems.

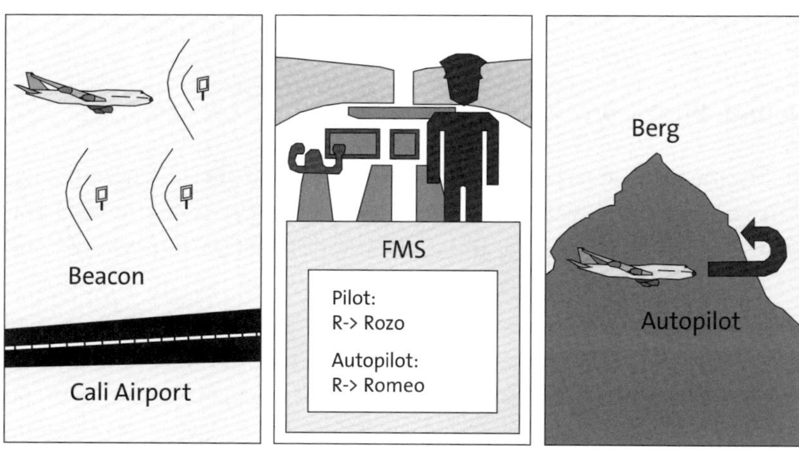

Abbildung 5.1 Flug 965

5.2 Softwareentwicklung

In dem Lebenszyklus von Softwareprojekten gibt es Phasen, die nacheinander und teilweise auch wiederholt durchlaufen werden. Abbildung 5.2 zeigt diese Phasen in einem V-Modell, das aus der Norm *IEC-61508* [6] entnommen wurde.

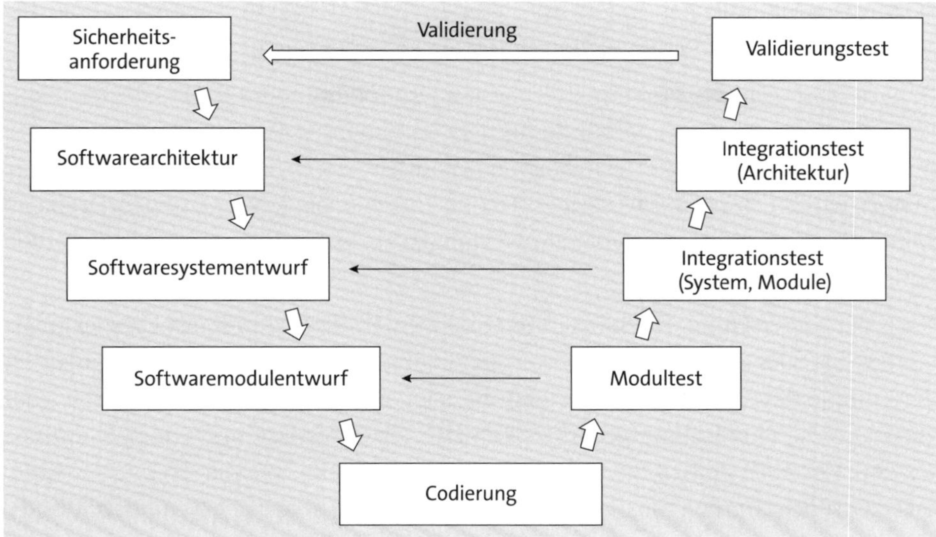

Abbildung 5.2 Phasen in der Softwareentwicklung

Dabei ist zu erwähnen, dass das V-Modell eine Erweiterung des Wasserfallmodells ist. In der Realität folgen die einzelnen Phasen nicht grundsätzlich nacheinander, sondern können durchaus für Teile der Projekte parallel laufen. In vielen Fällen muss eine Phase mehrmals durchlaufen werden, z. B. wenn nachgearbeitet werden muss. Nur grob kann eine agile Softwareentwicklung mit dieser Grafik beschrieben werden. Die Granularität der zu entwickelnden Softwareanteile muss dann entsprechend angepasst werden.

In der Regel erstellt der Safety Engineer ein Anforderungsdokument für die Sicherheit, um die erforderliche Funktion der Software (zusammen mit der Hardware) zu beschreiben. Bei sicherheitsgerichteten Systemen wird das Dokument in der Norm *IEC-61508* [6] *Software Safety Requirements* genannt. Nach der Beschreibung der Sicherheitsanforderungen erstellt der Safety Engineer ein Dokument zur Beschreibung des kompletten Systems. Dies beinhaltet in der Regel sowohl die Software als auch die Hardware. Genannt wird dieses Dokument bei sicherheitsgerichteten System *Software Architecture Design*-Dokument.

Eine weitere Detaillierung findet in der Phase des Softwaresystementwurfs statt. Das entstehende Dokument beschreibt hier die Softwareelemente, die die Sicherheitsanforderungen erfüllen sollen. Das Dokument heißt in der *IEC-61508* [6] *Software System Design*-Dokument. In klassischen Softwareprojekten kann dies einem *High-Level-Design*-Dokument entsprechen. Oftmals gibt es an dieser Stelle eine Übergabe vom Architekten an den Entwickler, der in einem *Software Module*-Dokument beschreibt, wie die Software zu entwickeln ist, um die Sicherheitsanforderungen zu erfüllen. In der Softwaretechnik wird dieses Dokument häufig auch *Low-Level-Design*-

Dokument genannt. Bei *Agile* wird dieser Detaillierungsgrad mit *User Stories* beschrieben. Im Fall von *Agile* werden *User Stories* Teil des sogenannten *Backlogs*.

Danach geht es in die Programmierphase über (Codierung im V-Modell), und Softwareentwickler programmieren die in den Dokumenten (*High-Level-Design*-Dokument, *User Stories* oder *Software Module*-Dokument) beschriebenen Anforderungen. In *Agile* wird in einem *Sprint Review Meeting* entschieden, welche *User Stories* in den *Sprint Backlog* kommen, die vom Entwicklungsteam selbstständig bearbeitet werden können.

Nach der Entwicklung der Softwaremodule werden diese durch das Entwicklungsteam selbst oder das Testteam getestet, abhängig z. B. von der Größe des Moduls oder der Komplexität. Ein Pfeil in der Abbildung zeigt, dass dabei gemeldete Fehler wieder zurück in die Entwicklung gehen. Dokumente und Software müssen stets anpasst werden. Bei *Agile* gibt es für *User Stories* Akzeptanzkriterien, die für das Softwarerelease erreicht werden müssen. Darüber hinaus gibt es aber noch Demonstrationen, um das Modul einem *Sprint Review*-Team zu zeigen. Gibt es einen Konsens, wird die Software in der Quellcode-Datenbank (*Repository*) gespeichert. Das Testteam integriert die Softwareteile, um diese komplett zu testen. Das Team folgt dabei dem *Software System Integration*-Dokument, in dem beschrieben wird, wann und wie die einzelnen Softwaremodule zusammengesetzt werden. Den Plan zum Test der kompletten Architektur liefert das *Software Architecture Integration*-Dokument.

Bei der agilen Softwareentwicklung bedienen sich die Entwickler einem Manifest, wobei einer der Punkte lautet: Funktionierende Software ist wichtiger als Dokumente. Dies steht mit der Nachweispflicht, die bei einer Beweisumkehrlast einzuhalten ist, im Konflikt. Hier muss das Entwicklungsteam einen guten Mittelweg finden. Prozessanpassungen sind aber durchaus bei *Agile* erlaubt. Anpassungen der Richtlinien in der Norm *IEC-61508* [6] sind bei guter Begründung ebenfalls möglich.

Der dritte Teil der Norm *IEC-61508* empfiehlt in den Anhängen eine Reihe von Maßnahmen zur Entwicklung von sicherer Software. Die aus dem Buch [1] und aus *IEC-61508* [6] abgeleitete Tabelle 5.1 zeigt einige Maßnahmen und gibt dabei Empfehlungen bezüglich der Sicherheitsintegritätslevels (*SIL*). Die *SIL* ergeben sich aus der Analyse der Risiken und werden nummeriert von 1 bis 4, wobei die Zahl aufsteigend eine Kennzeichnung für eine gesteigerte Sicherheitsanforderung ist. Die Bezeichnung + + gibt an, dass diese Maßnahme dringend empfohlen wird. + ist eine Angabe für die Empfehlung, und o ist keine Empfehlung. Eine Zuordnung von *SIL* und den geforderten Wahrscheinlichkeiten stellt die zentrale Tabelle 5.1 dar.

In der ersten Reihe von Tabelle 5.1 sehen Sie die Richtlinie zur Modularisierung und die strukturierte Programmierung von Quellcode. Diese wird bei allen *SIL* dringend empfohlen. Die Einhaltung von Entwurfs- und Codierungsrichtlinien wird zwar immer empfohlen, aber bei den höheren *SIL* dringend empfohlen. Rechnergestützte Entwurfswerkzeuge und ebenso defensive Programmierung werden vor allem bei höheren *SIL* nahegelegt. In der Tabelle wird hier noch der Einsatz von semiformalen Methoden aufgeführt, die bei allen *SIL* empfohlen bzw. dringend empfohlen sind.

Bei Entwicklung und Test wird stets empfohlen (bzw. dringend empfohlen), dass ein Verweis zur Zurückverfolgung zwischen dem *Software Safety Requirements*-Dokument und den *Software Module*-Dokumenten stattfindet.

Richtlinie	SIL1	SIL2	SIL3	SIL4
Modularisierung und strukturierte Programmierung	++	++	++	++
Entwurfs- und Codierungsrichtlinien	+	++	++	++
Rechnergestützte Entwurfswerkzeuge	+	+	++	++
Defensive Programmierung	o	+	++	++
Semiformale Methoden	+	++	++	++
Verweise im *Software Safety Requirements*-Dokument auf die *Software Module*-Dokumente	+	+	++	++

Tabelle 5.1 Empfohlene Softwarerichtlinien bei Softwareentwurf und -entwicklung

5.2.1 Modularisierung und strukturierte Programmierung

Wichtig beim Entwurf von sicherer Software ist die Begrenzung der Komplexität, denn Komplexität ist immer ein Faktor für eine erhöhte Anzahl von Softwarefehlern. Eine Methode zur Begrenzung ist die Modularisierung, also die Aufteilung der Software in Komponenten, die überschaubar sind. Abbildung 5.3 zeigt ein Softwaremodul, das Schnittstellen für die Eingabe und die Ausgabe hat.

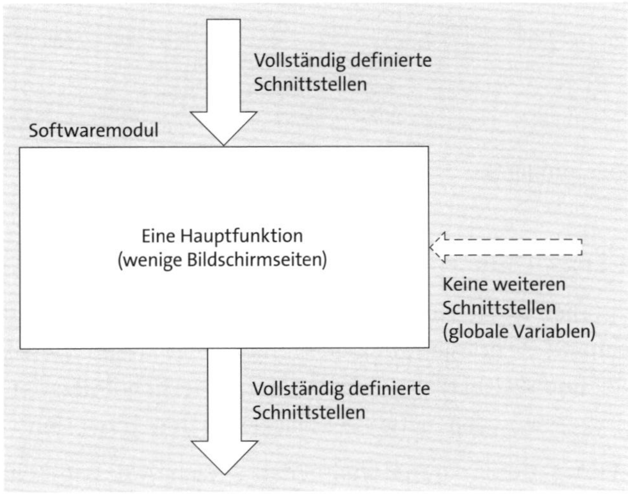

Abbildung 5.3 Modularisierung

In einem *High-Level-Design*-Dokument sollten die Schnittstellen der Softwaremodule vollständig definiert sein. Softwaremodule sollten tendenziell klein gehalten werden; z. B. sind wenige Bildschirmseiten ein guter Richtwert. Es gibt Softwarewerkzeuge, die die Modulgröße beschränken, um den Entwickler darauf aufmerksam zu machen. Grundsätzlich sollten globale Variablen vermieden werden, da diese Abhängigkeiten zu anderen Softwaremodulen erhöhen und somit die Komplexität steigern.

Bei der strukturierten Programmierung geht es um die einfache Gestaltung des Steuerflusses des Softwareprogramms. Abbildung 5.4 zeigt dazu eine schematische Darstellung. Idealerweise sollte hier ein Modul das nächste aufrufen. Zirkulare Abhängigkeiten (z. B. Modul A ruft Funktionen von Modul B auf, das wiederum ruft Funktionen von Modul A auf) sollten vermieden werden. Diese Art von Strukturierung verhindert somit einen komplizierten Programmablauf. Module dürfen auch, wie in der Abbildung gezeigt, seitwärts weitere Module aufrufen. Diese springen beim Ablauf aber wieder zurück in das Ausgangsmodul. Voraussetzung dafür ist die einfache Beziehung zwischen dem aufrufenden und dem aufgerufenen Modul. Hier muss es eine einfache Beziehung mit den Schnittstellen der Eingabe und Ausgabe geben.

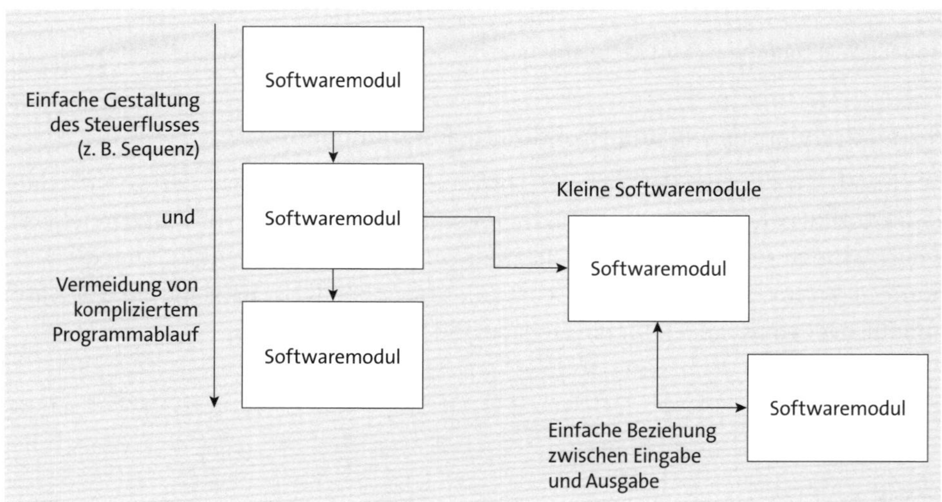

Abbildung 5.4 Strukturierte Programmierung

5.2.2 Entwurfs- und Codierungsrichtlinien

Entwurfs- und Codierungsrichtlinien werden in Dokumenten festgehalten und dienen dem Softwareentwicklungsteam als Richtlinie für einen einheitlichen Programmstil, um Softwarequalität, Lesbarkeit und Wartbarkeit zu verbessern. Diese Richtlinien werden über Abteilungsgrenzen hinweg von den Softwareentwicklern selbst entworfen.

Den Anfang macht z. B. die Verwendung einer einheitlichen Sprache wie Englisch. Vor allem Entwickler in deutschen Firmen neigen bei der Benennung von Bezeichnern dazu, eine Mischung aus Englisch und Deutsch zu verwenden. Sobald Mitarbeiter ohne Deutschkenntnisse an der Entwicklung beteiligt sind, wird die Lesbarkeit für sie schwierig.

Des Weiteren kann als Beispiel eine Regelung für den Einsatz von *Pointern* genannt werden, insbesondere wenn eine Sprache wie C++ eingesetzt wird. Pointer setzen die Lesbarkeit des Programms herunter und erhöhen gleichzeitig die Fehleranfälligkeit. Es ist daher gerechtfertigt, dass bei höheren *SIL*-Anforderungen die Pointer-Programmierung nur eingeschränkt eingesetzt werden soll. Eine ganz typische Regel bei der Pointer-Programmierung in C++ ist die *Null-Pointer-Abfrage*. Bei der Instanziierung bekommt dabei der Pointer stets einen NULL-Wert zugeordnet. Kurz vor der Dereferenzierung des Pointers sollte dann immer eine Abfrage auf den Wert erfolgen, sodass ein *Segmentation-Fault* (ein Zugriff in einem nicht instanziierten Bereich des Speichers) vermieden wird.

Eine weitere Regel kann z. B. der eingeschränkte Einsatz von *Interrupts* sein. Interrupt-Programmierung macht den Programmfluss kompliziert, da oftmals Variablen zwischengespeichert werden müssen.

Außerdem muss beachtet werden, dass sequenzielle und verschachtelte Aufrufe von Interrupt-Funktionen (also die Handhabung eines Interrupts innerhalb der *Interrupt*-Funktionen) wirklich vom Betriebssystem unterstützt werden können. Fehler in Interrupt-Funktionen sind schwer nachzuvollziehen, Fehler im Betriebssystemcode bei der Interrupt-Handhabung sind sehr schwer zu beheben.

Es gibt gute Gründe, Sprachen wie C++einzusetzen. Beispielsweise ist bei richtiger Programmierung die Performanz vergleichbar mit der Performanz von Assemblersprachen. Der Preis dafür ist aber die sehr hardwarenahe Programmierung. Als Beispiel kann man die Allokation von dynamischen Variablen sehen. Diese müssen nach dem Gebrauch wieder deallokiert werden, da ansonsten die Allokation im Speicher bestehen bleibt. In der Fachsprache wird dieses Problem *Memory Leak* genannt. Schlimmstenfalls kann der Speicher mit allokierten Daten überlaufen, und dies führt zu einem Programmabsturz. Daher sollten automatische Variablen eingesetzt werden oder Datencontainer, die als Bibliotheken in C++ zu Verfügung stehen. Zu nennen ist die *Standard Template Library* (*STL*) oder *Boost*. Alternativ dazu kann eine programmiertechnische Überwachung der dynamischen Daten z. B. mithilfe von Smart-Pointern eingesetzt werden. Hier erfolgt die Deallokation automatisch.

5.2.3 Rechnergestützte Entwurfswerkzeuge

Der dritte Teil der Norm *IEC-61508* empfiehlt nach Tabelle 5.1 den Einsatz von rechnergestützten Entwurfswerkzeugen. Dabei gibt es Entwicklungswerkzeuge, die direkt vom Softwareentwickler eingesetzt werden, und Entwicklungswerkzeuge, die in einem späteren Entwicklungsprozess ihre Verwendung finden, z. B. beim Bau der

Software. Es ist daher wichtig, den gesamten Softwareentwicklungsprozess zu betrachten und zu verinnerlichen. Es empfiehlt sich, den Entwicklungsprozess komplett zu beschreiben und dann die entsprechenden Prozesse zu implementieren. Dies ist keine einfache Aufgabe und kann abhängig von Team- und Abteilungsgröße mehrere Monate in Anspruch nehmen.

Der Prozess ist auch kontinuierlich, da er stets Änderungen bzw. Verbesserungen durchläuft. Erfolgen Prozessschritte der Softwareentwicklung automatisch, wird von *Continuous Integration* (*CI*) gesprochen. *CI* endet oftmals bei der Speicherung des Quellcodes in einer Quellcode-Datenbank, genannt *Repository*. Moderne Ansätze, wie z. B. *Continuous Deployment* (*CD*) oder *DevOps* (Kunstwort aus *Software Development* und *IT Operations*), gehen dabei noch einige Schritte weiter. *CD* beinhaltet die weitgehende Installation der Software aus dem Repository beim Kunden mithilfe von Orchestrierungstools, wie z. B. *Kubernetes*. *DevOps* bezieht auch das operative Team und den Kunden mit ein, um schnell Feedback zu erhalten, das in den Entwicklungsprozess zurückfließen kann. Eine Abhandlung über die *DevOps*-Methoden wird in Artikel [22] beschrieben.

Im Folgenden werden Beispiele für Entwurfswerkzeuge aufgezeigt, die beim automatischen Entwicklungsprozess von Software eine Rolle spielen können. Es werden bei Weitem nicht alle Werkzeuge aufgezeigt. Dies soll nur eine Beschreibung mit Beispielen dafür sein, welche Art von Werkzeugen eingesetzt werden können.

5.2.4 Statischer Quellcode-Analysator

Das Werkzeug *Sonarqube* ist ein Beispiel, das direkt vom Softwareentwickler bei der Entwicklung eingesetzt werden kann. Damit kann z. B. Java-Code oder Code anderer Sprachen nach *Sicherheitsaspekten*, *Bugs* oder *Good Practices* analysiert werden. Das Werkzeug weist auf bedenkliche Passagen hin und schlägt vor, wie der Entwickler diese korrigieren kann. Es gibt hier ebenfalls Möglichkeiten, das Werkzeug in den Entwicklungsprozess des Softwareentwicklers einzubinden, damit früh Probleme in der Software erkannt werden. So kann das Speichern des Quellcodes in ein Repository kontrolliert erfolgen.

Das Werkzeug *lint* ist ein statischer Quellcode-Analysator, ursprünglich entwickelt für C/C++ Quellcode. Abwandlungen davon gibt es auch für weitere Programmiersprachen. Das Werkzeug *lint* untersucht vor allem den Kontext des Quellcodes, aber nicht seinen Stil. Beispielsweise kann *lint* so konfiguriert werden, dass Zuweisungen von Initialwerten bei neu instanziierten Variablen erfolgen müssen, ansonsten werden Fehler ausgegeben. Ein konkretes Beispiel ist hier die Zuweisung von NULL-Werten in Pointern. Weitere Beispiele sind die Überprüfung von Fallunterscheidungen, fehlende Lizenz-Headers etc.

5.2.5 Dynamischer Quellcode-Analysator

Das Werkzeug *valgrind* ist für dynamische Tests von kompiliertem Code ausgelegt. Der kompilierte Code muss nicht besonders aufbereitet werden, da *valgrind* den binären Code in einer virtuellen Maschine ausführt. Insbesondere C++ ist anfällig für *Memory Leaks*. Das Werkzeug *valgrind* überprüft hier, ob nach Beendigung des Programms (oder von Funktionen bzw. Methoden) allokierte Daten im Speicher noch vorhanden sind. Weiter können Übertritte beim Schreiben und Lesen von Datengrenzen detektiert werden, die bei C++ wegen der Pointer-Programmierung einfach durchzuführen sind. *valgrind* lässt sich in die Entwicklungsumgebung einbauen, sodass nach dem Bau der kompletten Software (oder Teilen davon) eine Überprüfung stattfinden kann. Bei einem Fehler kann die Speicherung des Quellcodes in den Hauptast des Repository verhindert werden.

5.2.6 Quellcode-Speicher bzw. Repository

Unabhängig vom Entwicklungsprozess ist ein *Repository* eine Notwendigkeit bei der Softwareentwicklung. Es ist eine Datenbank mit Benutzerschnittstellen, um Quellcode zu speichern. Je nach Art lässt sich der Inhalt des Repository leicht duplizieren, um Backups zu erzeugen. Diese sind notwendig bei einem Ausfall des Servers oder bei korrumpierten Repository-Daten. So kann ein alter Softwarestand wiederhergestellt werden. Auch können Softwareentwickler selbst auf alte Softwarestände gehen für den Fall, dass fehlerhafter Quellcode gespeichert wurde.

Eine weitere wichtige Eigenschaft eines Repository ist die Möglichkeit, Konflikte zwischen Quellcodes mehrerer Entwickler zu lösen. Auch bei dieser sehr knappen Beschreibung des Repository sollte ersichtlich sein, dass seine Handhabung vom Entwickler geübt sein muss. Eine hohe Bereitschaft zur Kommunikation mit anderen Teammitgliedern (z. B. bei der Quellcode-Konfliktlösung) ist erneut hier Voraussetzung.

5.2.7 Quellcode-Beautifier

Artistic Style (kurz *ASTYLE*) ist ein Werkzeug zur Überprüfung von Codierungsrichtlinien, siehe auch Abschnitt 5.2.2. Es gibt hier die Möglichkeit, das Werkzeug so zu konfigurieren, dass *Best Practices* bei der Programmierung durch eine automatische Überprüfung eingehalten werden.

Beispielsweise kann das Entwicklungsteam fordern, bestimmte Einrückungsregeln im Quellcode einzuhalten. Das Werkzeug überprüft den Quellcode nach diesen Einrückungsregeln und gibt eine Fehlermeldung bei Nichteinhaltung mit dem Hinweis auf die Quellcode-Zeile aus. *ASTYLE* lässt sich in den Entwicklungsprozess einbauen, sodass vor dem Einchecken in das Repository die Überprüfung erfolgt. Schlägt sie fehl, wird das Speichern des Quellcodes verhindert.

5.2.8 Quellcode-Reviewing

Ganz wesentlich bei der Verbesserung der Quellcode-Qualität ist der Einsatz von *Reviews*, z. B. nach dem Vieraugenprinzip. Es darf nämlich die Entwicklungsregel aufgestellt werden, dass nur Quellcode, der durch einen *Review* mit Teammitgliedern begutachtet worden ist, in das Repository gespeichert werden darf. Dieser *Review*-Prozess lässt sich oft ohne Werkzeuge leicht umgehen. Ein Werkzeug wie etwa *Codestriker* oder *Gerrit* kann hier Abhilfe schaffen.

Auch hier muss erwähnt werden, dass Quellcode-*Review*-Werkzeuge in vielen Produkten bereits vorhanden ist (z. B. in *GitLab* oder *GitHub*). So lassen sich Werkzeuge wie *Codestriker* oder *Gerrit* in den Entwicklungsprozess derart einbauen, dass Speichern von Quellcode nur dann erlaubt ist, wenn tatsächlich ein positives *Review*-Ergebnis durch die Teammitglieder erfolgt ist.

5.2.9 Defensive Programmierung

Bei den Codierungsrichtlinien sollte die Handhabung von Funktions- und Methodenaufrufen und die Handhabung der Rückgabewerte besonders betrachtet werden. Hier wird die Typüberprüfung und die Überprüfung von Eingabe- und Rückgabewerten behandelt. Abbildung 5.5 zeigt das Softwaremodul mit den Eingängen und Ausgängen.

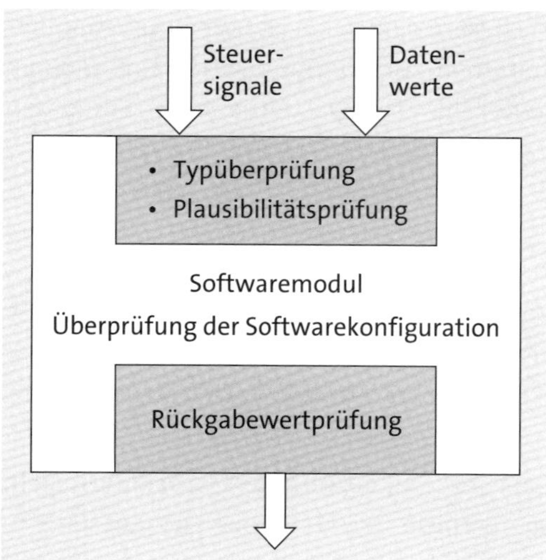

Abbildung 5.5 Defensive Programmierung

Moderne Sprachen wie z. B. Python besitzen die Möglichkeit, typunabhängig den Funktionen und Methoden Parameterwerte zu übergeben. Das bedeutet, dass der Typ des Werts beim Funktionsaufruf nicht geprüft wird. Das geht in den meisten Fällen gut. So liefern Softwaretests dem Entwickler dabei positive Bestätigungen.

Nun sind Softwaretests nicht perfekt, und es gibt immer die Möglichkeit, dass ein bestimmter Test ausgelassen wurde. Daher ist es besser, von vornherein sicherzustellen, dass ein passender Typ eines Parameters übergeben wird. Die Sprache C++ gilt hier als typsicher, solange nicht mit Pointern gearbeitet wird. Also besteht hier das Problem nur bedingt. Die Typsicherheit lässt sich durch Typumwandlung bei der Pointer-Programmierung umgehen. Bei der Sprache Python kann durch eine spezielle Programmierweise Typsicherheit hergestellt werden, entweder durch Angabe des Typs in der Funktionsdeklaration oder durch Abfragen des Typs am Anfang der aufgerufenen Funktion. Dies hat natürlich den Vorteil, dass eine entsprechende Behandlung (z. B. mit *Exceptions*) erfolgen kann. Die defensive Programmierung schreibt die Überprüfung der Parametertypen und der Parameterwerte vor. Die Sprache C++ ist eigentlich typsicher, es sei denn, es werden Parameter wie *Void-Pointer* übergeben. Hier sollte eine Überprüfung des Typs, aber auch des Inhalts in dem Code erfolgen, der direkt am Anfang der Funktion oder der Methode steht. Eine Fehlerbehandlung bei einem fehlerhaften Typ sollte sofort geschehen. Wie die Fehlerbehandlung abläuft (z. B. über Exceptions oder über die Rückgabe eines Fehlercodes), ist der Programmierkultur des Entwicklungsteams überlassen.

Ein weiterer Aspekt bei der defensiven Programmierung ist die Überprüfung des Inhalts bzw. der Werte der Übergabeparameter. Übergabeparameter haben normalerweise einen Wertebereich. Eine Überschreitung des Wertebereichs kann sofort als Fehler identifiziert werden. Also sollte der Code mit dem falschen Wert nicht weiter ausgeführt werden, stattdessen sollte die Funktion sich sofort beenden und eine entsprechende Fehlermeldung zurückliefern. Nahezu alle Sprachen besitzen das Konzept der Überprüfung mit der `assert`-Funktion. Die `assert`-Funktion erhält als Übergabeparameter eine Vergleichsoperation. Hier hat der Softwareentwickler die Möglichkeit, Übergabeparameter der Funktion direkt auf einen Wertebereich zu überprüfen. Beispielsweise ist ein Übergabeparameter α eine Winkelangabe und hat einen Wertebereich zwischen 0 und 180°. Tatsächlich ist es nicht falsch, 190° anzugeben, da dies auch einen regulären Winkel darstellt. Aber der folgende Quellcode der Funktion muss nicht notwendigerweise diesen Winkelwert handhaben können. Die `assert`-Funktion kann leicht diese Überprüfung ausführen. Falls die Vergleichsoperation positiv ist, hat die `assert`-Funktion keine Auswirkung, und der darunterliegende Code wird ausgeführt. Ist sie aber negativ, bricht die Ausführung des Programms ab mit Angabe der Zeile im Quellcode. Dies ist zwar ein erwünschtes Verhalten von ausgeliefertem Code auf dem Feld. Auf der Testfläche aber ist es durchaus willkommen, da der Tester dem Softwareentwickler schnell das Problem mit Zeilenangabe erklären kann. Dann ist es oft ein für den Softwareentwickler schnell zu behebendes Problem, wenn er die Ursache eines Übertritts des Wertebereichs ermittelt. Die `assert`-Funktion kann sich leicht durch *Compiler*-Optionen ausschalten. So kommt es niemals vor, dass die `assert`-Funktion ein Programm im negativen Fall abbricht. Daher kann es von Vorteil sein, auch hier eine dedizierte Abfrage des Wertebereichs vorzunehmen, ähnlich wie bei der Typabfrage. Wird also der Wertebereich überschritten, wird eine Exception geworfen, oder ein Fehlercode kann zurückgeliefert werden.

Der letzte Aspekt ist die Überprüfung des Inhalts des Rückgabewerts. Ob nun Rückgabewerte über die `return`-Funktion oder über Parameter (Pointer, Referenzen) zurückgeliefert werden, ist der Programmierkultur der jeweiligen Firma oder der Abteilung zuzuordnen. Dennoch kann beides nach deren Inhalt überprüft werden. Ähnlich wie bei der Parameterüberprüfung kann auch hier die `assert`-Funktion eingesetzt werden, jedoch mit dem Nachteil, dass in einer Produktivumgebung (im Feld, also beim Kunden) keine robuste Fehlerbehandlung stattfindet. Auf der Testfläche dagegen hat die `assert`-Funktion durchaus seine Berechtigung und hat Vorteile.

Dennoch kann eine wirkliche Fehlerbehandlung der `assert`-Programmierung vorgezogen werden, und zwar indem der Wertebereich des Rückgabewerts überprüft wird. Bei Überschreitung sollte eine Exception bzw. die Rückgabe eines Fehlercodes erfolgen.

5.2.10 Semiformale Methoden

Eine Softwarerichtlinie ist die Beschreibung der Softwarefunktionen mithilfe von semiformalen Methoden, die im Anhang B der Norm *IEC-61508* [6] (siehe Tabelle 5.1) aufgeführt sind. Beispiele für semiformale Methoden sind Sequenzdiagramme, Datenflussdiagramme, Petri-Netze etc. Die *Unified Modeling Language* (*UML*) unterstützt dabei sämtliche Möglichkeiten zur Beschreibung von Software. Ursprüngliches Ziel bei *UML* war die Beschreibung der zu entwickelnden Software mithilfe von grafischen Mitteln oder durch die Sprache *UML* selbst. Auch diese konnte prozessiert werden, und es entsteht daraus C++, Java und anderer Quellcode. Allerdings hat sich die grafische Programmierung kaum durchgesetzt, da deren Vorteile für den Softwareentwickler nicht offensichtlich sind. Dennoch hat *UML* Vorteile, insbesondere bei sicherheitsrelevanter Software. Der Architekt kann die zu entwickelnde Software grafisch und einfach darstellen, sodass das Team darüber diskutieren kann, ohne eine Quellcode-Zeile oder eine schriftliche Beschreibung der Anforderung anschauen zu müssen. Der Aufbau der Software kann über Klassendiagramme dargestellt werden, die Funktionsweise der Klassen über Sequenzdiagramme. Die Grafiken lassen sich leicht in Dokumente einbinden, wie z. B. in ein *High-Level-Design*-Dokument für ein sicherheitsrelevantes System. Dieses Dokument dient natürlich auch als Sicherheitsnachweis.

Abbildung 5.6 zeigt ein einfaches Klassendiagramm und ein Sequenzdiagramm. Klassendiagramme beschreiben lediglich die Klassen und deren Verbindung zueinander. Sie zeigen die Vererbungshierarchie, aber auch die Bindungen der Klassen mit unterschiedlicher Stärke, genannt *Assoziation*, *Komposition* und *Aggregation*. Die Sequenzdiagramme zeigen den dynamischen Verlauf eines Programms. Klassen werden also instanziiert und rufen ihre Methoden auf, die durch Pfeile dargestellt werden. Die Instanzen sind Rechtecke, Lebenslinien führen von oben nach unten und stellen den zeitlichen Verlauf dar.

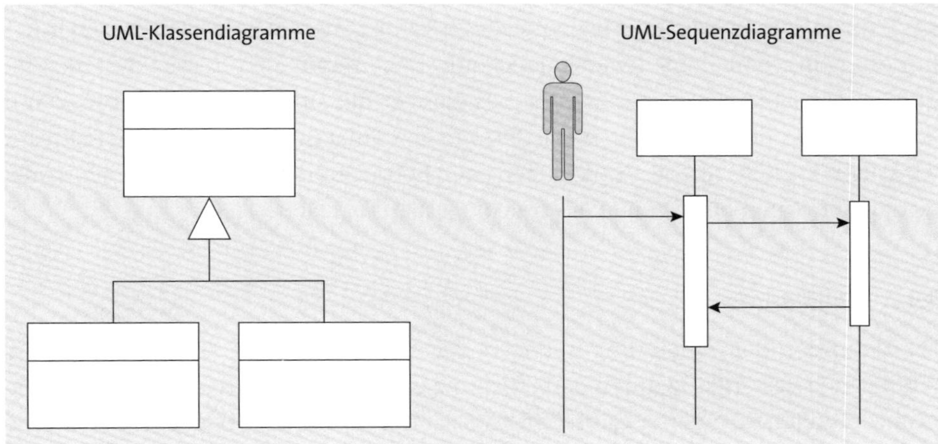

Abbildung 5.6 Semiformale Methoden zur Entwicklung

5.2.11 Verweise im Dokument Software Safety Requirements

Die letzte hier aufgeführte Softwarerichtlinie ist nicht programmiertechnischer Natur, sondern hat mit der Dokumentationspflege bei der Entwicklung zu tun. Softwareentwicklungsdokumente bilden für den Entwickler die Grundlagen zur Programmierung. Sie entstehen aus dem Dokument *Software Safety Requirements*. Eine Referenzierung ist demnach bei den höheren *SIL* notwendig. Dies hat den Vorteil, dass bei der Entwicklung des Quellcodes stets das *Software Safety Requirements*-Dokument und die übrigen Entwicklungsdokumente angepasst werden müssen. So kann eine Überprüfung dahin gehend stattfinden, ob die Anforderungen technisch erreicht werden.

5.3 Modul- und Integrationstests

Nach dem *V-Modell* ist die erste Phase die Entwicklung der Sicherheitsanforderungen oder des Lastenhefts, und danach folgt die Entwicklung der Architektur, die sowohl die Hardware als auch die Software beinhaltet. Daran schließen sich weitere Phasen an, z. B. der System- und der Modulentwurf, die z. B. im *High-Level-Design* und im *Low-Level-Design* dokumentiert sind. Hat die Entwicklung stattgefunden, wird überprüft, ob die Anforderung durch das Softwaresystem erfüllt wurde. Es wird nun zwischen Verifikation und Validierung unterschieden.

5.3.1 Verifikation

Nach *DIN-9000* (aber auch nach *IEC-61508*) ist die Verifikation die Bestätigung durch Bereitstellung eines objektiven Nachweises, dass festgelegte Anforderungen erfüllt sind. Ein objektiver Nachweis bedeutet, dass es eine konkrete Beschreibung einer Anforderung in einem der Softwareentwicklungsdokumente (Architektur, System, Modul) gibt. Das Testteam muss zeigen, dass diese erfüllt sind. Eine Anforderung kann z. B. sein, dass die Auslastung einer CPU nur maximal 60 % erreicht. Das Testteam wird dann mithilfe von Testwerkzeugen beim Betrieb unter Volllast belegen müssen, dass dieser Maximalwert niemals erreicht wurde.

5.3.2 Validierung

Die Definition der Validierung unterscheidet sich dabei leicht. Die Validierung ist nämlich die Bestätigung durch Bereitstellung eines objektiven Nachweises, dass die Anforderungen für einen spezifischen beabsichtigten Gebrauch oder eine spezifische Anwendung erfüllt worden sind, siehe *IEC-61508*. Es können nämlich im *Software Safety Requirements*-Dokument Anforderungen in Form von Gebrauchsmustern beschrieben werden. Als Beispiel kann hier genannt werden, dass ein Fahrzeug, das auf trockener Straße bei 60 km/h einen Bordstein streift, nicht außer Kontrolle gerät. Das Gebrauchsmuster ist also, das Fahrzeug bei den angegebenen Parametern an den Bordstein zu steuern. Ein Testteam wird diese Fahrsituation auf der Straße rekonstruieren und so das beschriebene Gebrauchsmuster validieren.

5.3.3 Modul-Logging

Eines der wichtigsten Werkzeuge des Softwareentwicklers bleibt der *Debugger*, mit dem Softwarecode Schritt für Schritt durchlaufen werden kann, um den Verlauf des entwickelten Codes zu verstehen. Es ist empfehlenswert, jede Zeile des Quellcodes zu *debuggen*, bevor dieser in das Repository gespeichert wird. Dadurch wird dem Entwickler die Funktionsweise noch einmal richtig bewusst. Falls das Programm aber schon operativ auf der Testfläche und im Feld ist, wird der Debugger dem Entwickler nur eingeschränkt etwas nützen, wenn er nicht die Ausgangssituation und die Fehlersituation komplett versteht, um diese an seinem Schreibtisch zu rekonstruieren. Problembeschreibungen der Tester liegen in Form von Beschreibungen in *Tickets* aus einem Ticketmanagementsystem vor, die für den Tester oder den Kunden eine Momentaufnahme der Fehlersituation darstellen. Der Entwickler weiß nach Zuweisung des Tickets, dass ein Problem vorherrscht. Meist wird ihm diese Information allein nicht helfen, das Problem zu beheben. Für diese Fälle helfen *Logging-Dateien*. Logging-Dateien enthalten Einträge, die bei der Ausführung des Programms geschrieben wurden, und zwar in der Regel bei Eintritt in eine Funktion oder Methode und bei Austritt der Funktion oder Methode. Bei Eintritt werden oftmals der Funktionsname und die Werte der Parameter in die Logging-Datei eingefügt. Bei Austritt einer Funktion werden z. B. der Funktionsname und der Rückgabewert hineingeschrieben, siehe auch Abbildung 5.7. Optional können weitere Informationen hinzugefügt werden, z. B. die Uhrzeit oder die Dauer der Ausführung der Funktion. Sehr oft helfen die Logging-Dateien dem Entwickler, Probleme zu lösen, da der Verlauf nachvollziehbar wird. Nun hat Logging den Nachteil, dass die Dateien nach einiger Zeit sehr groß werden können und dadurch die Speicherkapazität der Festplatte an ihre Grenzen kommt.

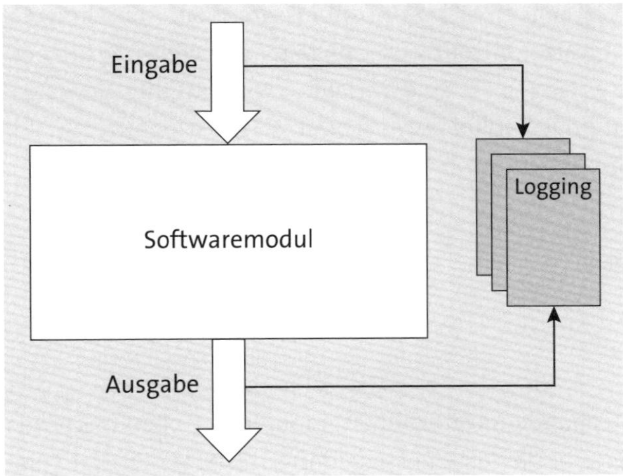

Abbildung 5.7 Modultest mit Logging

Aus diesem Grund haben bessere *Logging-Bibliotheken* die Möglichkeit, Dateien zu komprimieren oder alte Einträge mit dem *Round-Robin-Verfahren* zu überschreiben. Beim Round-Robin-Verfahren wird nur eine konfigurierte Anzahl von Zeilen in die Logging-Datei geschrieben. Beim Erreichen dieser Anzahl werden die alten Einträge überschrieben.

Eine weitere Möglichkeit ergibt sich durch das Setzen von Prioritäten. So kann die Logging-Bibliothek so konfiguriert werden, dass z. B. auf der Testfläche alle Funktionen ihre Informationen in die Logging-Dateien speichern, während beim Kunden im Feld nur Informationen mit hoher Priorität gespeichert werden. Es sei noch angemerkt, dass nicht nur auf der Testfläche oder beim Kunden das Logging Sinn ergibt, sondern auch beim Arbeiten innerhalb des Teams, hier kann es der Kommunikation oder Problemfindung dienen. Auch lassen sich beim Bauprozess Softwareanalysatoren einsetzen, um für automatisierte Tests Kontrollfunktionen einzubauen. So können Rückgabewerte, die Dauer der einzelnen Funktionen und die Testabdeckung aus den Logging-Dateien automatisch ausgelesen werden.

5.3.4 Testabdeckung

Testabdeckungswerkzeuge sind weitere wichtige Werkzeuge. Testabdeckung ist die Analyse der Durchläufe der Funktionen und Methoden bei der Ausführung des Programms. Bei vielen Entwicklern herrscht die begründete Einstellung, dass Quellcode, der nicht beim Test durchlaufen worden ist, nicht funktionsfähig ist. Nach dieser Einstellung ist an den Kunden gelieferter Quellcode, bei dem nicht alle Funktionen getestet worden sind, ungetesteter Quellcode. Dies soll unbedingt vermieden werden. Das gilt besonders bei sicherheitsgerichteter Software.

Zur Erklärung der Testabdeckung eignen sich Kontrollflussgraphen. Abbildung 5.8 stellt eine einfache `if`-Anweisung als Kontrollflussgraph dar. Den Quellcode der entsprechenden `if`-Anweisung zeigt Listing 5.1. Eine Variable `a` wird auf ihre Größe geprüft. Ist diese kleiner als 3, wird der Variablen `result` der Wert 20 zugewiesen. Danach wird die Variable `result` inkrementiert.

```
if a<3:
    result = 20
result += 1
```

Listing 5.1 if-Anweisung in Python

Abbildung 5.8 zeigt den entsprechenden Kontrollflussgraphen. Der oberste Knoten entspricht der `if`-Anweisung. Es gibt hier eine Entscheidung, die über die zwei Transitionen ausgedrückt wird. Falls also `a` kleiner ist als 3, gibt es einen Übergang in den Knoten `result = 20`, ansonsten in den Knoten `result+= 1`.

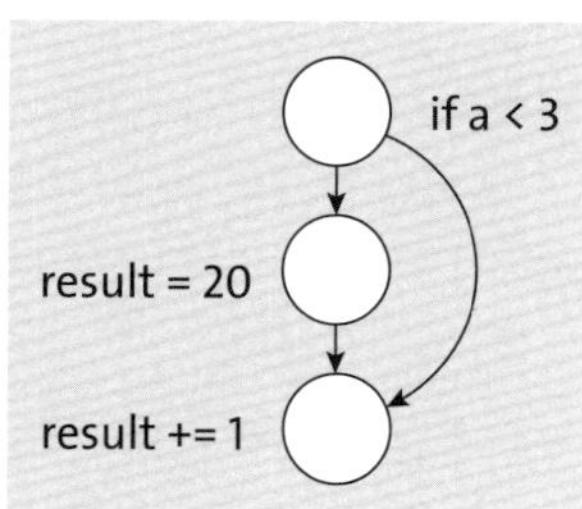

Abbildung 5.8 Kontrollflussgraph der if-Anweisung

Wie oben erwähnt, gibt es also ein allgemeines Interesse bei Projektleitung, Entwicklern und Testern, jede einzelne Zeile des Quellcodes vor der Auslieferung auszuführen. *Debugger* können diese Aufgabe erfüllen, allerdings hat der Tester zu wenig Kenntnis über den Quellcode, um jede Codezeile zu testen. Es ist auch ein erheblicher manueller Aufwand. *Coverage*-Werkzeuge helfen dem Tester dabei, Kennzahlen zu erhalten. Ein Beispiel ist eine Prozentzahl, die angibt, wie viel Prozent der Codeanteile tatsächlich beim Test durchlaufen wurde. Auch können genau die Codestellen zurückgeliefert werden, deren Ausführung nicht getestet wurde. Das Verhältnis des Anteils von ausgeführtem Quellcode zum gesamten Quellcode wird *Statement Coverage* genannt, kurz *C0*. Nun ist an dem einfachen Beispiel in Abbildung 5.8 schon ersichtlich, dass die Variable `a` immer kleiner sein muss als 3, damit die *C0*-Kennzahl 100 % ist, da alle Codestellen durchlaufen worden sind. Was ist nun, wenn `a = 3` ist? Der Programmablauf ist ein anderer mit einem anderen Ergebnis. Dieser Test wäre bei der *Statement Coverage* nicht notwendig, da *C0* bereits mit `a` kleiner 3 erfüllt ist.

Aus diesem Grund erfolgt die Erweiterung, und zwar die Zweigabdeckung, auf Englisch *Decision Coverage*, kurz *C1*. Bei der *C1*-Bedingung besteht nun das Ziel darin, alle Verzweigungen zu testen. Listing 5.2 zeigt einen einfachen Quellcode zur Veranschaulichung. Die Funktion `calc` liefert den Rückgabewert von `result` zurück, der abhängig von den beiden Eingangsparametern `x` und `y` gesetzt wird.

```
def calc(x,y):
    result = 0
    if x > 0 and y > 0:
        result = 30
    if x > 10 and y < 10:
        result += 30
    else:
        result += 10
    return result
```

Listing 5.2 Die Funktion calc in Python

Der Kontrollflussgraph aus Listing 5.2 wird in Abbildung 5.9 dargestellt, links aus der Sicht der *C0*-Abdeckung und rechts aus der Sicht der *C1*-Abdeckung. Die Struktur ist bei beiden Graphen gleich, aber der Fokus ist unterschiedlich. Bei der *C0*-Abdeckung stehen die Knoten im Fokus, bei der *C1*-Abdeckung die Transitionen. Die Funktion `calc` startet mit der Initialisierung der Variablen `result`, die bei beiden Graphen durch den ersten Knoten dargestellt wird. Danach kommt die erste `if`-Anweisung. Abhängig von den Eingangsparametern `x` und `y` wird die Anweisung `result = 30` ausgeführt, welcher wiederum als Knoten dargestellt wird. Es folgen `if-else`-Anweisungen, die im Kontrollflussgraphen durch einen Knoten mit zwei Verzweigungen dargestellt werden. Abhängig von der `if`-Bedingung werden die Codestellen `result += 30` oder `result += 10` ausgeführt. Beide Codestellen sind als hervorgehobene Knoten im Kontrollflussgraphen dargestellt. Der letzte Knoten im Kontrollflussgraphen bildet die return-Anweisung ab, bei dem der Wert in result dem Aufrufer der Funktion calc zurückgeliefert wird. An diesem Quellcode ist wiederum ersichtlich, warum eine Überprüfung der *C0*-Abdeckung in vielen Fällen nicht ausreichend sein kann. Zur Wiederholung: Alle Codestellen müssen ausgeführt werden, damit *C0* erfüllt ist. Die Ausführung der Anweisung result = 30 ist aber nicht verpflichtend. Wie kann der Tester bei *C0* überhaupt wissen, dass die Initialisierung result = 0 richtig ist, da sie stets mit result = 30 überschrieben wird? Es sollten also alle Verzweigungen getestet werden und nicht ausschließlich die Knoten.

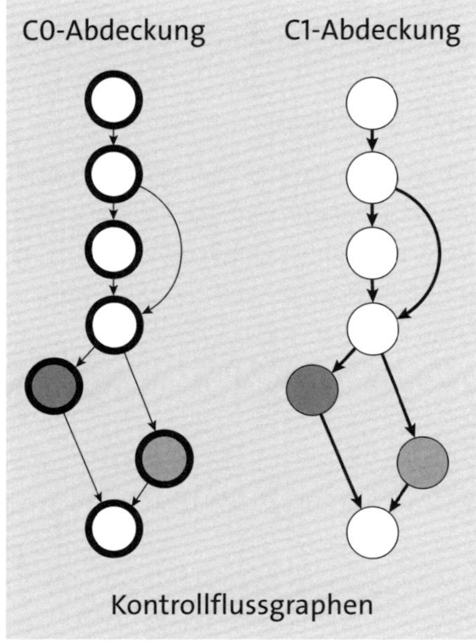

Abbildung 5.9 Kontrollflussgraphen der Funktion calc mit C0- und C1-Abdeckung

Die Problematik mit *C0* und deren Lösung mit *C1* wird durch das Beispiel oben ausreichend beschrieben. Allerdings kann der Verlass auf *C1* weiterhin problematisch sein. Denn die erste if-Anweisung besteht aus zwei Bedingungen (engl. *Conditions*): x > 0 und y > 0. Man nennt jede einzelne Bedingung atomare Bedingung, da sie sich nicht durch weitere boolesche Operatoren (z. B. and, or, not) weiter zerlegen lässt. Die Bedingungen x > 0 und y > 0 der ersten if-Anweisung haben als Ergebnis vier Möglichkeiten:

1. $x > 0$ is True und $y > 0$ is True: insgesamt True
2. $x > 0$ is True und $y > 0$ is False: insgesamt False
3. $x > 0$ is False und $y > 0$ is True: insgesamt False
4. $x > 0$ is False und $y > 0$ is False: insgesamt False

Um *C1* komplett zu erfüllen, müssen nicht notwendigerweise alle Fälle getestet werden. Es wäre möglich, beide Bedingungen insgesamt positiv und negativ zu testen

(z. B. 1. und 2.). Damit wäre *C1* erreicht. Kombinationen von atomaren Bedingungen jeweils positiv und negativ zu testen, ist bei *C1* nicht mehr notwendig. Wer stellt nun sicher, ob die Möglichkeiten 3. und 4. die Absicht des Entwicklers ist?

Für diese Fälle gibt es die sogenannte *Condition Coverage*. Hier ist die Vorgabe, alle Kombinationen der durch boolesche Operationen zusammengesetzten atomaren Bedingungen zu testen. Es ergibt sich aber das Problem, dass die Anzahl der Kombinationen mit der Anzahl der atomaren Ausdrücke exponentiell wächst. Ein Test nach *Condition Coverage* kann nur praktikabel sein, wenn Abstriche bei den Kombinationsmöglichkeiten gemacht werden.

Das führt zur sogenannten *Modified Condition*. Abbildung 5.10 soll deutlich machen, dass eine *MC/DC* eine Erweiterung der *C1*-Abdeckung ist. *MC* steht für *Modified Condition* und *DC* für *Decision Condition*, wobei das Letztere genau *C1* entspricht.

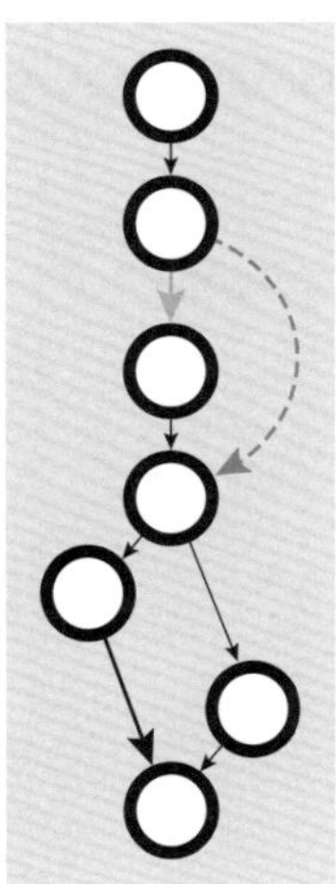

Abbildung 5.10 Modified Condition and Decision Coverage

Die folgende Liste zeigt Eingangsparameter für der Funktion `calc`, um die *Modified Condition* zu erfüllen:

1. ($x = 1$ und $y = 1$) is `True`
2. ($x = 0$ und $y = 0$) is `False`
3. ($x = 1$ und $y = 0$) is `False`

Das erste Element (1.) und zweite Element (2.) in der Liste sind Bedingungen, die *C1* bereits erfüllen. Hier zeigt sich, dass *C1* eine Notwendigkeit ist, um *MC/DC* zu erfüllen. *MC* aber untersucht auch Kombinationen von atomaren Bedingungen. Bei *MC* ist die Vorgabe, dass jede atomare Bedingung sowohl positiv als auch negativ sein muss und mindestens einmal unterschiedlich, z. B. $x = 1$ *is True* und $y = 0$ *is False*. Deswegen wurde dies als dritte Element (3.) zum Test hinzugefügt.

Bei x = 0 bricht der Code der ersten `if`-Anweisung sofort ab und weist der kompletten Bedingung den Wert `False` zu, ohne dass die zweite Bedingung eine Rolle spielte. Es kommt dabei nicht zur Abfrage von y > 0. Somit wurde die `if`-Anweisung mit dem Eingangsparameter y = 0 nicht durchlaufen.

Bei dem dritten Element (3.) der Liste vergleicht die erste atomare Bedingung x > 0 den Eingangsparameter x = 1, bricht aber nicht ab, da die atomare Bedingung gleich `True` ist. Der Code überprüft die zweite atomare Anweisung y > 0, und mit dem Eingangsparameter y = 0 stellt er fest, dass sie `False` ist. Das Ergebnis ist zwar wie bei (2.) gleich False, aber bei (3.) werden zwei atomare Bedingungen durchlaufen.

Bei der Norm *IEC-601508* und bei der Norm *ISO-26262* gibt es Empfehlungen für die Testabdeckungen bezogen auf die *SIL* oder die Automotive Sicherheitsintegritätslevels (*ASIL*). Bei den unteren Stufen von *SIL* und *ASIL* wird die *C0*-Abdeckung empfohlen. Bei mittleren *SIL* und *ASIL* wird die Zweigabdeckung *C1* empfohlen. Bei Funktionalitäten, die nach *SIL* 4 und *ASIL* 4 eingestuft werden, soll die *MC/DC* erreicht werden, siehe auch Tabelle 5.2.

Testabdeckung	SIL, ASIL 1	SIL, ASIL 2	SIL, ASIL 3	SIL, ASIL 4
C0	++	++	++	++
C1	+	++	++	++
MC/DC	+	+	+	++

Tabelle 5.2 Empfohlene Testabdeckungen

5.3.5 Blackboxtest

Das Testen von Software sollte nicht dem Softwareentwickler überlassen werden, denn dieser hat auf die selbst geschriebene Software einen anderen Blick als der Softwaretester. Der Softwareentwickler hat zu seinem Werk eine ähnliche Beziehung wie die Eltern zu ihrem Kind, was zu einer Verblendung führen kann.

Vermieden wird das, wenn eine unabhängige Person testet. Diese Person ist meist einer anderen Abteilung zugeordnet, sodass eine Nähe nicht unmittelbar gegeben ist. Natürlich hat die fehlende Nähe zwischen Entwickler und Tester den Nachteil, dass der Tester den Entwicklungsprozess der Software nicht direkt mitbekommt. Allerdings gibt es bei Software, die nach einem Prozess entwickelt wurde, Softwareentwicklungsdokumente, z. B. das *Low-Level-Design*-Dokument, auf den sich der Tester beziehen kann. Weitere Dokumente sind das *Software Safety Requirements*-Dokument, das Lastenheft etc. Der Tester wird aus diesen Dokumenten in Kooperation mit dem Safety Engineer auf höherer Ebene zunächst Testpläne und Integrationspläne entwickeln, z. B. den *Software Safety Validation*- und den *Software Architecture Integration Test*-Plan. Auf niedriger Ebene werden zusammen mit dem Entwickler die

Pläne *Software System Integration Test* und *Software Module Integration Test* erstellt. Im Allgemeinen wird in den Testplänen beschrieben, wer testet sowie wann und was getestet wird. Da nun der Tester die Codefunktionalität meist nicht kennt, muss die Software für ihn als eine Unbekannte betrachten werden.

Im Englischen wird diese als *Blackbox* bezeichnet (siehe auch Abbildung 5.11). Dem Tester bleibt nun nichts anderes übrig, als die Software, die Module und die Funktionen aus den oben genannten Dokumenten zu verstehen und Testmuster zu definieren, die sich aus den Dokumenten ergeben. Testmuster sind eine Folge von Handlungen, Anweisungen oder Befehlen, die eine bekannte Antwort der Software, der Module oder Funktionen erzeugt. Ein Testmuster ergibt also eine Testantwort, und die Gesamtheit der Testmuster ergibt eine Menge von Testantworten. Die Verifikation der Testmuster sind Arbeitspakete, denen nun ein Termin, eine Dauer und ein Tester zugeordnet werden. Durch die Dokumentation der Arbeitspakete entstehen die oben genannten Testpläne. Diese Testpläne sind ein Bestandteil des Sicherheitsnachweises und müssen deswegen dementsprechend abgelegt werden.

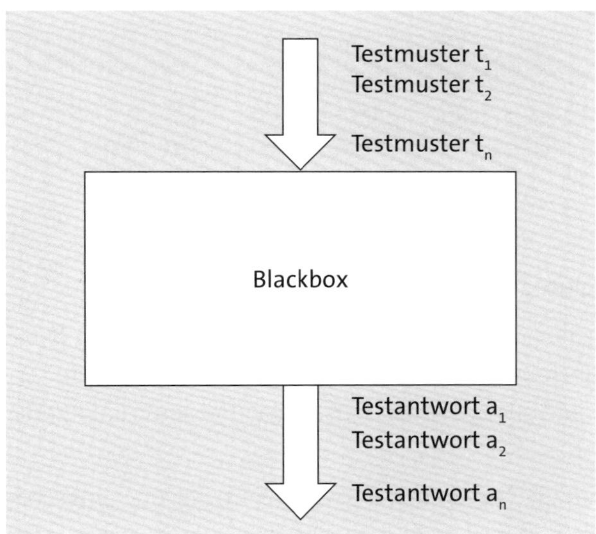

Abbildung 5.11 Blackboxtest

5.3.6 Leistungstest

Weitere Tests, die sich unter anderem aus dem *Software Safety Requirements*-Dokument und dem *Software Safety Validation*-Plan ergeben, sind Leistungstests. Hier wird unter anderem der Test der Softwareperformanz zusammen mit der benötigten Hardware, also z. B. den Rechnersystemen, Sensoren und Aktoren, geplant. Software benötigt Ressourcen, z. B. CPU, Speicher oder Kommunikationsschnittstellen. In vielen Fällen stellt der Ausfall eines Rechnersystems eine Gefahr dar, ein entsprechendes Sicherheitsziel nicht zu erreichen. Ausfälle können durch das Überstrapazieren der Ressourcen verursacht werden. Demnach kann durch Überdimensionierung der benötigten Ressourcen Ausfälle vermieden werden. Der Tester muss nun ermitteln, ob diese Überdimensionierung ausreicht (siehe auch Abbildung 5.12). Es gibt z. B. in der Automobilindustrie die Vorgabe, dass bei kritischen Rechnersystemen nur maximal 60 % der Ressourcen (also CPU, Speicher) beansprucht werden darf. Durch entsprechende Werkzeuge können die tatsächlichen Auslastungen ermittelt werden. Nur wenn das System unter einem Schwellenwert (wie z. B. 60 %) liegt, gilt der Test als bestanden. Wie bei allen Testaktivitäten werden die Ergebnisse in Reports dokumentiert und sind somit Bestandteil des Sicherheitsnachweises.

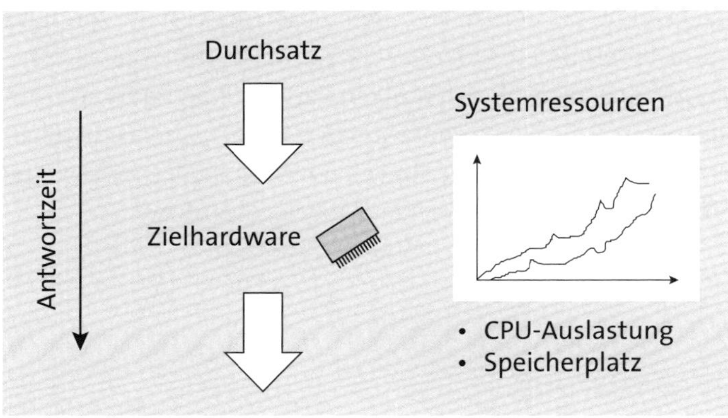

Abbildung 5.12 Leistungstest

5.3.7 Software und Hardwareintegration

Im Folgenden soll auf die Testpläne näher eingegangen werden. Der Inhalt der Pläne besteht aus Arbeitspaketen mit Terminen, Dauern und Namen der Tester, die den Test ausführen sollen. Arbeitspakete sind oftmals Softwaremodulen und deren Funktionalitäten zugeordnet.

In Abschnitt 5.2 wurde bereits auf die Phasen in der Softwareentwicklung eingegangen. Die Phasen werden in einem *V-Modell* dargestellt, das eigentlich in dieser Art in Projekten selten vorkommen. Dennoch ist das Modell nützlich zur Beschreibung der Prozesse und deren Abhängigkeiten. Nach der Codierung folgt die Modulintegration und der Modultest. Nicht alle Entwicklungsteams arbeiten zur selben Zeit am selben Projekt, auch wenn sie Arbeitspakete für das aktuelle Projekt zugeordnet bekommen. Projektplanung ist in der Regel der Programmplanung unterworfen. Das bedeutet, dass es Teams gibt, die an vorherigen oder an externen Projekten arbeiten. Dies erzeugt ein zeitlich versetztes Fertigstellen von Arbeitspaketen.

Auch innerhalb des Projekts sind einem Team normalerweise mehrere Arbeitspakete zugeordnet, wodurch das Team nicht alle Arbeitspakete gleichzeitig bearbeiten kann. Zudem beansprucht die Bearbeitung von Prozessanforderungen, z. B. Architekturarbeiten, Reviews oder Audits, Zeit. Für das Integrations- und Testteam bedeutet das, dass nicht alle Arbeitspakete zur selben Zeit eintreffen. Auch das Testteam ist Ressourceneinschränkungen unterworfen. In der Regel besteht bei größeren Firmen eine Testabteilung aus mehreren Testteams, und nicht alle Teams arbeiten gleichzeitig an einem Projekt. Dafür benötigt es die Planung des Projekt- und Programmmanagements . Diese geht ein auf die Testspezifikation, *Software Architecture Integration Test*-Plan, *Software System Integration Test*-Plan und *Software Module Integration Test*-Plan.

Nicht nur die Tests der Arbeitspakete wird in den Plänen dokumentiert, sondern auch deren Abhängigkeiten und die Integration der Arbeitspakete in ein Gesamtsystem. Die ersten Schritte werden auf Modulebene beschrieben (angefangen mit dem *Software Module Integration Test*-Plan). Modul A und Modul B beispielsweise haben Abhängigkeiten, z. B. ruft Modul A das Modul B auf. Der Projektmanager der Testabteilung muss nun von der Entwicklungsabteilung einfordern, ein integriertes Modul (ein neues Modul C, das die Module A und B enthält) zu einem bestimmen Termin zu liefern, da er weiß, dass er zu diesem Zeitpunkt Ressourcen für den Test frei hat. Die Entwicklungsabteilung ihrerseits muss überprüfen, ob es Ressourcen für die Zusammensetzung der Module gibt, da die Integration der beiden Module Zeit braucht. Die Projektleitung, die Entwicklungsabteilung und die Testabteilung einigen sich in Planungsmeetings und Workshops auf einen Termin. Diese ersten Integrationsschritte werden somit als Ergebnis der Meetings in der Testspezifikation und im *Software Module Integration Test*-Plan dokumentiert. Die Planung der nächsten Integrationsschritte folgt darauf, bis ein weitergehender Integrationsplan für die gesamte Software entsteht. Termine, Dauer und Verantwortliche werden in dem *Software Module Integration Test*-Plan dokumentiert.

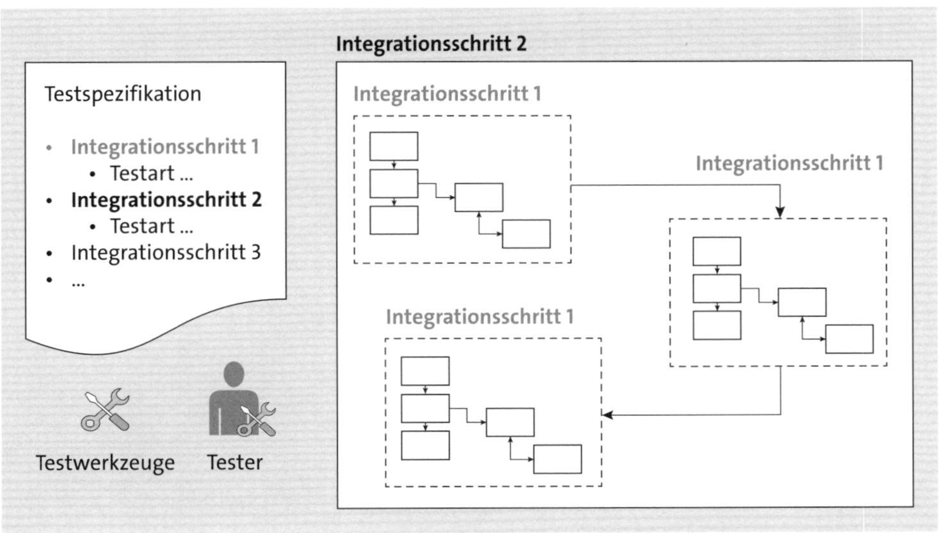

Abbildung 5.13 Integrationstest mit Software

Abbildung 5.13 veranschaulicht dieses Vorgehen. Wie bei den zuvor erwähnten Dokumenten ist die Testspezifikation Teil des Sicherheitsnachweises.

Eine weitere Komplexität tritt auf, wenn Hardware in das Gesamtsystem integriert wird. Hier steigt der Aufwand der Planung, da es jetzt weitere Teams gibt (z. B. Softwareteam, Hardwareteam und Testteam), die sich auf einen Gesamtplan einigen müssen. Oben gab es zwischen den Teams nur zwei Kommunikationsrichtungen, diese sind jetzt bei drei Teams auf sechs Richtungen angewachsen. Um die Abhängigkeiten zu verringern, verwendet vor allem das Softwareteam Simulationen, die die Hardware zumindest bei der Entwicklung vorübergehend ersetzt. Simulationen, die auf Rechnersystemen laufen, können von Softwareteams erstellt werden. Dies braucht ein Verständnis der Hardware, das aber ohnehin benötigt wird. Somit hat die Entwicklung der Simulation auch den Vorteil, dass das Verständnis der Hardware verbessert wird. Auch das Testteam hat davon einen Nutzen, da es sich von der Hardwareabteilung anfangs entkoppelt und zum Testen der Software die Simulation nutzt. Früh können auf diese Weise Softwarefehler gefunden und behoben werden, ohne dass eine einzige Hardwarekomponente zur Verfügung steht.

Für diese Arbeitsweise sollten natürlich Arbeitspakete für die Erstellung der Simulation eingeplant werden. Ein Meilenstein (z. B. *Integration mit Simulation*) kann dabei nützlich für die Projektleitung sein. Sobald die Hardware zur Verfügung steht und die Integration der Hardware zusammen mit der Software erfolgt ist (Integrationstest Architektur im *V-Modell*), wird der Meilenstein *Integration mit Hardware* erreicht. Die Testspezifikation beschreibt daher Integrationsschritte mit Simulation und Integrationsschritte mit Hardware. Abbildung 5.14 zeigt schematisch den beschriebenen Zusammenhang.

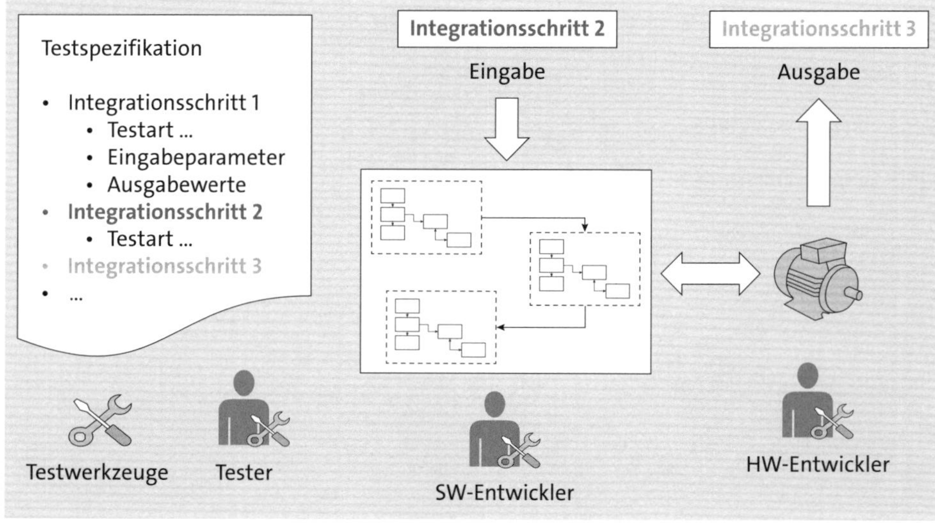

Abbildung 5.14 Integrationstest mit Hardware

Bezüglich des Sicherheitsnachweises ist es notwendig, den Gebrauch des Systems durch das Testteam zu validieren. Die Planung wird in dem *Software-Safety-Validation*-Plan dokumentiert. Eine Validierung ist der Nachweis von Gebrauchsmustern. So wird der Gebrauch des sicherheitstechnischen Systems getestet und mit den Anforderungen verglichen, um herauszufinden, ob diese erfüllt sind. Diese Anforderungen sind in den *Software Safety Requirements* dokumentiert. Die Validierung bedarf dabei einer Testvorbereitung, z. B. müssen eine Testumgebung und deren Werkzeuge zur Validierung definiert sein. Der Tester dokumentiert die Art des Verfahrens zur Validierung und gibt die Eingangsparameter an. Als Resultat der Validierung erhält der Tester Ergebnisse, die mit den Anforderungen verglichen werden. Die Beurteilung des Testers zum Ausgang der Validierung wird in Reports dokumentiert. Abbildung 5.15 zeigt mögliche Dokumentationspunkte für die Validierung der Sicherheitsanforderungen.

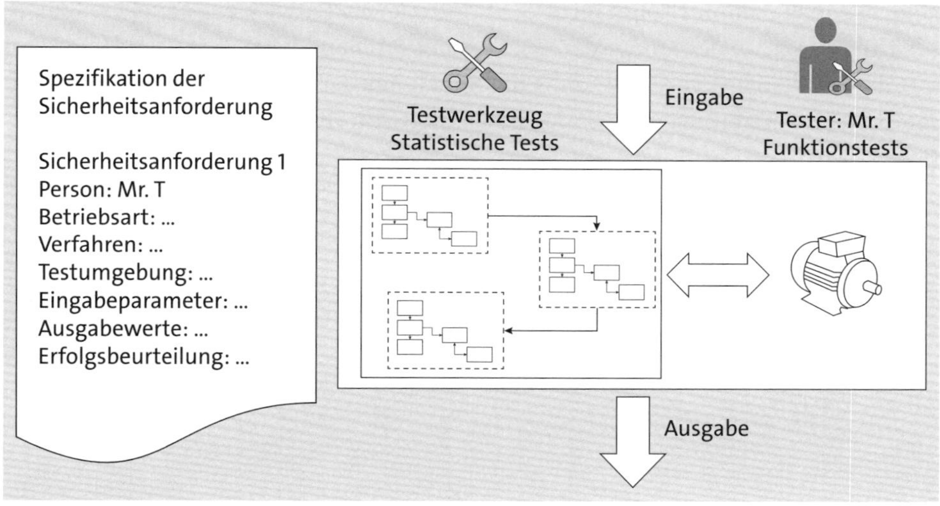

Abbildung 5.15 Sicherheitsvalidierung

5.3.8 Ticketmanagementsystem

Wesentlich beim Test ist die Dokumentation der Testfortschritte. Bei einer inoffiziellen Kommunikation der Fehler zwischen Tester und Entwickler, z. B. über E-Mail, geht schnell der Überblick verloren. Auch ist die Möglichkeit des Nachweises kaum gegeben. Der verantwortliche Safety Engineer, das Entwicklungsteam und die Personalmanager brauchen den Überblick über den Stand des Projekts. Abhilfe schafft da ein Ticketmanagementsystem. Hier haben Tester und Entwickler (mit Abhängigkeiten zu anderen Entwicklern) die Möglichkeit, über eine Benutzerschnittstelle Datenbankeinträge (genannt *Tickets*, *Bugs* oder *Issues*) zu erzeugen, um ein Problem in der Software zu adressieren. Diese *Tickets* sind immer an eine Person gerichtet, die für das beschriebene Problem verantwortlich sein soll. An die Tickets sind stets Problembeschreibungen angehängt, aber auch Daten, wie z. B. Logging-Dateien, um das Problem weiter analysieren zu können. Fühlt sich der Entwickler nach der Analyse der Problembeschreibung und der Dateien verantwortlich, behebt er das Problem mit einer Softwarekorrektor (oft *Fix* genannt). Dieser durchläuft den Softwareentwicklungsprozess (*CI*- oder *DevOps*), damit die Problembehebung bestätigt werden kann. Der Fix geht in den Hauptentwicklungszweig des Repository. Der Erzeuger des Tickets kann dem Problem immer eine Priorität zuweisen, abhängig davon, wie sehr seine Arbeit andere behindert.

Hoch prioritäre Tickets erhalten in der Regel die Aufmerksamkeit des Safety-Verantwortlichen oder Personalmanagers. Dies hat eine sehr wichtige Funktion. Der Entwickler weiß beim Erhalt des Tickets, wo seine Priorität liegt, und der Personalmanager weiß, wie weit die Entwickler seiner Abteilung mit Problemlösungen beschäftigt sind. Die Idee dahinter sollte nicht die Kontrolle des Entwicklers, sondern die Einschätzung sein, ob der Entwickler Hilfe bei der Problemlösung benötigt. Hilfe kann z. B. das Bereitstellen von Freiraum (oder Ruhe) sein, das Wegräumen von Hindernissen (Urlaubsvertretungen) oder das Beschaffen von dringend benötigter Information.

Abbildung 5.16 zeigt schematisch ein Ticketmanagementsystem mit seinen Benutzern und deren Interaktion.

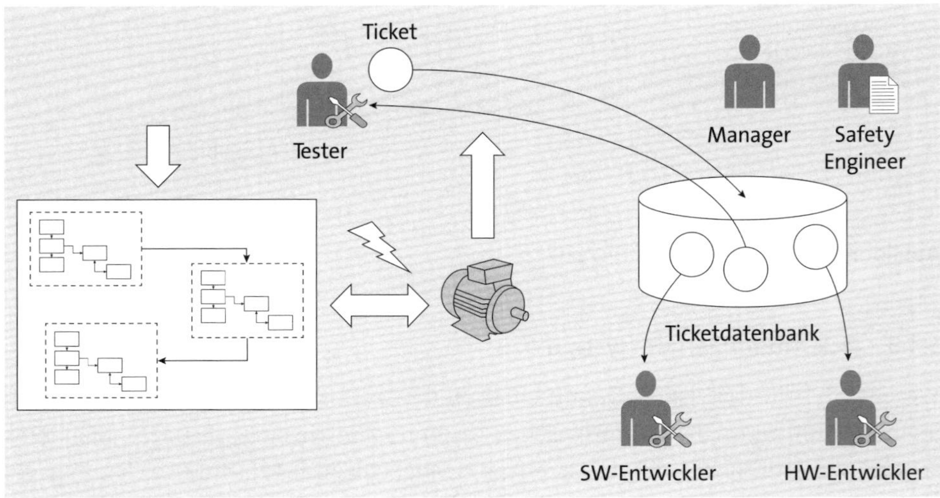

Abbildung 5.16 Dokumentation von Fehlern im Ticketmanagementsystem

Nicht in allen Fällen hat das Hardwareteam Zugang bzw. geübten Umgang mit Ticketmanagementsystemen, da Repositories in der Regel aus der Softwaretechnik stammen. Dennoch gibt es klare Vorteile, wenn über die Abteilungsgrenzen hinweg ein einheitliches Ticketmanagementsystem verwendet wird. Wichtig für den Sicherheitsnachweis ist es, die Tickets zu dokumentieren, mit denen Funktionen, Module, Software und Architektur getestet bzw. validiert wurden. Da diese Information im Ticketmanagementsystem vorhanden ist, können automatisch Reports aus den Ticketidentifikationsnummern erzeugt werden.

5.3.9 Konfigurationsmanagementsystem

In dem oben beschriebenen Prozess entstehen Dokumente, Quellcode, Hardwarebeschreibungen, Simulationswerkzeuge etc. Sie sind Teil des Sicherheitsnachweises, wenn sie Beschreibungen über sicherheitstechnische Funktionen enthalten. Es stellt sich die Frage, wo diese Dokumente aufbewahrt werden sollen. Spätestens der Assessor will sie bei einem Audit schnell zur Hand haben, wenn dieser unangekündigt ist. Das verzögerte Heraussuchen und Zusammenstellen der Dokumente kann ein erheblicher Arbeitsaufwand sein. Anzahl und Art der Dokumente können eine komplizierte Verwaltung hervorrufen. Denn in der Laufzeit eines Produkts gibt es immer wieder Änderungen der Anforderungen bei Software und Hardware. Nach der Implementierung der Änderungen strebt die Testabteilung die Ausgabe eines Produkt-Updates an. Die Änderungen werden so weit es geht nach den alten, aber adaptierten Testplänen getestet.

Ein umfassender Test kann sehr teuer sein, da Zeit und Personal dafür aufgebracht werden müssen. Dennoch ist es bei einem Produkt-Update die Regel, dass auch neue Anteile von Software entstehen. Für die neuen Softwareanteile müssen wiederum Architekturdokumente, Testpläne, Testreports auf den neuesten Stand gebracht und derart abgelegt werden, dass sie einer neuen Version zugeordnet werden können. Es entstehen also nicht komplett neue Versionen eines Produkts, sondern sie basieren meistens auf Software- und Hardwarebeständen der alten Produkte. Dadurch kann es eine große Anzahl von Produkt-Updates und Versionen geben. Die Informationsflut der Dokumente muss deswegen verwaltet werden, wofür ein Konfigurationsmanagementsystem hilfreich sein kann. Die Situation wird in Abbildung 5.17 gezeigt.

Ein Konfigurationsmanagementsystem ist eine Art Datenbank mit entsprechender Benutzerschnittstelle, um Dokumente und Werkzeuge nach Versionen und Produkten zu speichern. Die Funktionalität entspricht einem Repository, wobei dieses meist nur für Quellcode-Dateien eingesetzt wird. Konfigurationsmanagementsysteme verwalten etwa die Architektur- und Sicherheitsnachweisdokumente, aber auch Referenzen von Versionen der eingesetzten Softwarewerkzeuge. Sie verwalten und versionieren z. B. Word-Dateien (also nicht nur Textdateien), Softwarewerkzeuge (Compiler), Simulationswerkzeuge oder komplette Testumgebungen (z. B. das *Image* eines Betriebssystems). Das Ziel ist hier, alle Dokumente und Werkzeuge einer kompletten

Entwicklungs- und Testumgebung wiederherstellen zu können, um bei einem Audit schnell alle Dokumente zur Verfügung zu haben. Auch bei Auftritt eines Problems beim Kunden sollen schnell die notwendigen Entwicklungswerkzeuge zur Verfügung stehen.

Ein Begriff aus der Softwareentwicklung ist *Infrastructure as Code* (*IaC*), bei der die gesamte Infrastruktur mit ihren Entwicklungswerkzeugen über Konfigurationsdateien definiert werden können. So kann über entsprechende Werkzeuge die komplette Infrastruktur versioniert und wiederhergestellt werden. Ein Vertreter dieser Werkzeuge ist *Terraform*.

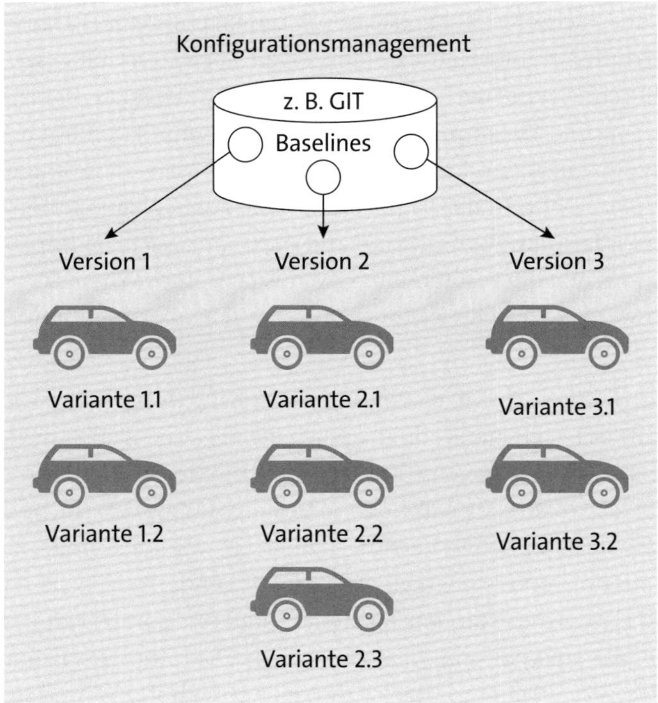

Abbildung 5.17 Konfigurationsmanagement

5.4 Überblick über Entwicklungspläne und Testpläne

In Tabelle 5.3 erhalten Sie einen Überblick über Dokumente zur Entwicklung von sicherheitsgerichteter Software, die Teil des Sicherheitsnachweises sind. Diese beziehen sich auf die Ausführungen innerhalb dieses Kapitels. Eine vollständige Liste finden Sie in *IEC-61508*.

Lebenszyklus	Dokument
Planung	*Software Safety Requirements*-Dokument
Entwicklung	*Software Architecture Design*-Dokument *Software System Design*-Dokument *Software Module*-Dokument
Integration	*Software Module Integration Test*-Plan *Software System Integration Test*-Plan *Software Architecture Integration Test*-Plan Reports
Validierung	*Software Safety Validation*-Plan Reports

Tabelle 5.3 Dokumente für sicherheitsgerichtete Systeme bei der Softwareentwicklung

5.5 Softwareentwicklungsprozess und Bauplan

Die Softwareentwicklung durch einen einzelnen Programmierer kann sehr einfach sein. Diese Person hat die komplette Kontrolle über seine Software, und Absprachen mit anderen Teammitgliedern kommen nicht vor. Da Software viel zu komplex oder umfangreich ist, um nur von einer Person hergestellt zu werden, entspricht dies nicht der Realität. Softwareentwicklung entsteht überwiegend innerhalb eines oder mehrerer Teams. Das bedeutet, dass Absprachen und Koordinierungen einen wesentlichen Anteil bei der Entwicklung haben. Unmittelbar sichtbar ist dieser vermeintlich unproduktive Anteil im Endprodukt nicht.

Es kommt natürlich ständig vor, dass Teammitglieder Fehler machen und sich nicht an Absprachen halten. Auch sind Teile der Software nicht gleichzeitig fertig und müssen in Zwischenschritten in die integrierte Software eingebunden werden. Das liegt daran, dass Ressourcen meist nicht ausreichend vorhanden sind und Teile der Software nur sequenziell von den Entwicklern bearbeitet werden können. Die Koordinierung mit den Teammitgliedern wird umso wichtiger, je stärker die Größe des Teams steigt. In der Softwareentwicklung gibt es bereits Werkzeuge, um die Teammitglieder bei der Koordinierung zu unterstützen. Die Werkzeuge werden normalerweise in einen Softwareentwicklungsprozess eingebettet, um so ein Regelwerk für die Zusammenarbeit zu etablieren. Die Werkzeuge des Softwareentwicklungsprozesses müssen auf Servern installiert werden, damit alle Teammitglieder darauf zugreifen können. Die logische und physikalische Einordnung der Werkzeuge auf die Server wird Bauplan genannt.

5.5.1 Softwareentwicklungsprozess

Zur umfassenden Einarbeitung in dieses Thema ist Artikel [23] geeignet. Er zeigt umfassend den aktuellen Stand der Technik und stellt die Unterschiede zwischen *CI*, *CDE* und *CD* gegenüber. Darauf aufbauend wird in diesem Kapitel ein möglicher Softwareentwicklungsprozess beschrieben, der bei *CDE* oder *CD* anzusiedeln ist. Die Technologie (oder das eingesetzte Softwarewerkzeug) spielt hier nur eine Nebenrolle. Zum Beispiel wird Git als Repository oft erwähnt, weil es in der Softwareentwicklung weit verbreitet ist. Allerdings gibt es auch andere Werkzeuge, die Git ersetzen können.

Auf die Beschreibung zur Anwendung der Werkzeuge, um den Softwareentwicklungsprozesses zu implementieren, wird weitgehend verzichtet, da hier nur die Grundideen aufgezeigt werden sollen. Wenn ein Prozess für die Softwareentwicklung konkret aufgebaut werden soll, empfehle ich Ihnen, sich auf den Webseiten von *GitHub Actions* und *Azure Pipelines* oder in der weitergehenden Literatur darüber zu informieren.

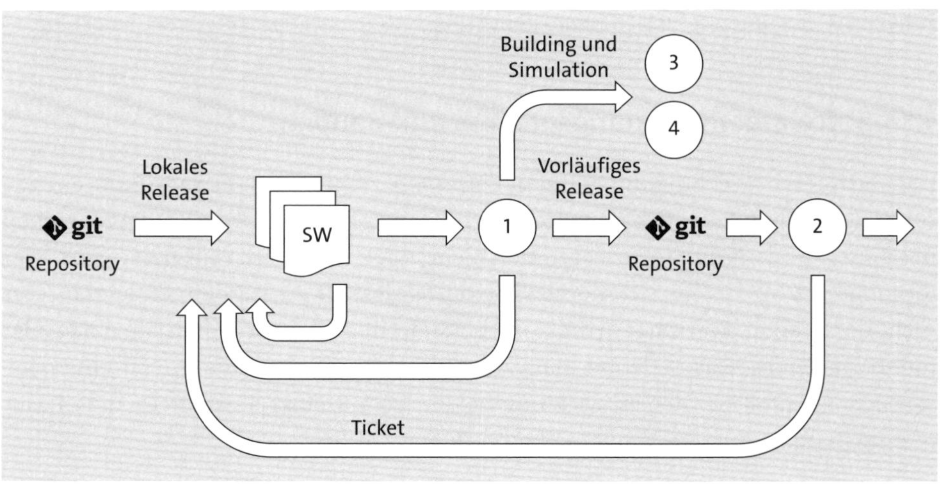

Abbildung 5.18 Softwareentwicklungsprozess beim Entwickler

Abbildung 5.18 zeigt den Anfang des Softwareentwicklungsprozesses. Einer der ersten Schritte ist das Aufsetzen einer Versionsverwaltung (in der Informatik wird diese meist *Repository* genannt). Das ist eine Datenbank mit Benutzerschnittstellen (und anderen Funktionalitäten), um Quellcodes der Entwickler zu speichern und zu versionieren. Ein prominentes Beispiel für ein Repository ist Git. Der Name ist kein Akronym, sondern bedeutet im Englischen so etwas wie »törichter Mensch«.

Es gibt natürlich unzählige käuflich zu erwerbende Repository, aber darauf soll hier nicht weiter eingegangen werden. So kann am Anfang der Entwicklungsphase das Repository ohne Inhalt sein. Es entstehen oftmals aber auch Folgeprojekte aus früheren Projekten, sodass das Repository mit dem Quellcode aus einem früheren Projekt befüllt ist. Am Anfang der Entwicklungsphase entsteht entweder neuer Quellcode, oder bestehender Quellcode wird von den Softwareentwicklern angepasst. Das Testteam ist in dieser frühen Phase noch nicht involviert (es hat in der Regel in dieser Phase noch mit aktuell laufenden Projekten zu tun).

Sie stellen sich vielleicht an dieser Stelle die Frage, woher der Softwareentwickler weiß, was er zu tun hat. Eine abschließende Antwort auf diese Frage gibt es nicht. Es kommt darauf an, wie die Firmenkultur dies handhabt. Der gelebte Projektmanagementprozess in der Firma ist dabei maßgeblich. So gibt es klassische, aber auch agile Projektmanagementmethoden. Ausgangspunkt sind immer die Anforderungsdokumente, aus denen die Arbeitspakete hervorgehen. Zum Beispiel kann der Architekt (bei agiler Entwicklung das Entwicklungsteam) *Tickets* für die zu entwickelnden Module schreiben und sie einem Entwickler oder einem Team zuweisen. So sind die Arbeitspakete und ihre Zuweisungen an die Verantwortlichen nicht nur in den Dokumenten, sondern auch im Ticketmanagementsystem dokumentiert. Tickets sind für Entwickler tägliches Geschäft, Anforderungsdokumente dagegen bei Weitem nicht in diesem Maße. Außerdem sind Tickets für Entwickler, Projektmanager und Manager einsehbar, um den aktuellen Entwicklungsstand zu bestimmen.

Die Entwicklung von Software fängt meist damit an, dass der Entwickler den kompletten Quellcode des Projekts – oder einen Teil davon – vom Repository auf die lokale Festplatte herunterlädt (der Begriff dazu heißt in der Softwaretechnik *Auschecken*), um darauf die Entwicklungsaktivitäten auszuführen. Entscheidet der Softwareentwickler, einen Teil seines Quellcodes im Repository abzulegen (in der Informatik wird dafür der Begriff *Einchecken* verwendet), sollten idealerweise erst Werkzeuge zur Kontrolle der Qualität eingesetzt werden. In der Liste sind mehrere Werkzeuge zur Qualitätskontrolle bzw. zur Qualitätsverbesserung angegeben, die zum Teil bereits in Abschnitt 5.2.3 beschrieben wurden.

- Quellcode-Analysator (*Sonarqube, lint*)
- *Coverage*-Analysator (*coverage, sourceforge*)
- Quellcode-*Beautifier* (*atype*)
- *Unit-Tests* (*cppunit, junit*)
- etc.

Es gibt Werkzeuge (z. B. *lint, atype*), die keinen lauffähigen Quellcode benötigen. Für andere Werkzeuge, z. B. für die Ausführung von *Unit-Tests*, müssen Teile des Quellcodes kompiliert und lauffähig sein. Wie der Entwickler seine Unit-Tests aufsetzt, obliegt ihm selbst. Hier werden Funktionen des Quellcodes in kleinen Testroutinen mit fixen Eingangsparametern aufgerufen, und dann werden die Rückgabewerte kontrolliert. Vollständig sind die Unit-Tests erst dann, wenn alle Funktionen aufgerufen und überprüft wurden. Die Entwickler können die Testroutinen der Unit-Tests in zentrale Dateien eintragen. Die zentralen Dateien werden nach der Kompilierung des Quellcodes aufgerufen, um nicht nur die Unit-Tests des einzelnen Entwicklers, sondern die des gesamten Entwicklungsteams aufzurufen. Gibt es einen Fehler, wird das Einchecken ins Repository verhindert. Der Entwickler muss also nachbessern, bis alle Unit-Tests erfolgreich bestanden sind.

Ähnlich kann dies mit dem Quellcode-*Analysator* durchgeführt werden. Nur wenn dieser fehlerfrei auf den Quellcode anzuwenden ist, erhält der Entwickler die Freigabe zum Ablegen seines Quellcodes in das Repository. Ein weiteres Werkzeug, das vor dem Einchecken angewendet werden kann, ist der Quellcode-*Beautifier*. Dieses Werkzeug trägt zur Qualitätsverbesserung bei, indem die Lesbarkeit verbessert wird. Es kann automatisch aufgerufen werden und verändert den Quellcode selbstständig. Da der Softwareentwicklungsprozess das Werkzeug selbstständig aufrufen kann, ist die Freigabe zum Einchecken nicht erforderlich.

Eine weitere Kategorie von Werkzeugen beinhaltet die, die nur bei einem lauffähigen Programm angewendet werden. Ein lauffähiges Programm ist in der Regel nicht direkt am Anfang des Projekts vorhanden, da die Entwickler erst eine Quellcode-Grundsubstanz, die aus den Anforderungsdokumenten hervorgeht, entwickeln müssen. Sie arbeiten aber so lange darauf zu, bis Werkzeuge wie der *Coverage*-Analysator zum Einsatz kommen können. Wie bei den Unit-Tests werden in zentralen Dokumenten Eingaben definiert, um zu kontrollieren, ob jede Stelle bzw. Verzweigung im Quellcode durchlaufen wurde. Auch hier lässt sich in vielen Fällen vor dem Einchecken ein Test durchführen, der die Freigabe erteilt. In Abbildung 5.18 wird die Freigabe durch Punkt 3 angedeutet. Den Prozess kann der Entwickler bestenfalls lokal selbst anstoßen, um zu kontrollieren, ob sein Quellcode die geforderte *Coverage* hat.

Bei sicherheitsgerichteten Systemen kann Hardware ein wichtiger Bestandteil des Systems sein. Software wird zur Kontrolle oder Steuerung der Hardware genutzt. Dem Entwickler steht aber die Hardware nicht von Anfang an zur Verfügung – zum Teil weil sie noch nicht entwickelt wurde, zum Teil weil der Entwickler keinen Zugang zu ihr hat. Allein auf Anforderungs- und Architekturdokumenten die Entwicklung aufzubauen, ist sehr schwierig. So kann, wie im Fallbeispiel in Abschnitt 5.1 beschrieben wurde, der Autor des Anforderungsdokuments Begriffe verwenden, die dem Softwareentwickler nicht bekannt sind, und das kann zu Missverständnissen und fehlerhaftem Quellcode führen. Vorteilhaft ist deswegen eine Simulation der Hardwareumgebung, an der der Softwareentwickler seine entwickelte Software austesten kann. Dies benötigt natürlich Simulationssoftware, die in vielen Fällen durch ein eigenes Team entwickelt werden muss. Dieses Team gilt dann als Schnittstelle zwischen Hardwareteam und Softwareteam. Idealerweise bestehen die Teammitglieder aus beiden Bereichen.

Die Simulationssoftware kann mit Testeingaben parametrisiert und zusammen mit dem entwickelten Quellcode anstelle der Hardware getestet werden. Die Ausgaben der Simulation werden mit vordefinierten Ergebnissen verglichen. Wird neue Software des Entwicklers durch die vorhandenen Testmuster nicht angesprochen, muss der Entwickler diese in zentralen Dokumenten erweitern. Ein Testlauf der Simulation kann also ein erfolgreiches und ein nicht erfolgreiches Ergebnis haben. Abhängig davon wird die Freigabe für das Einchecken des neuen Quellcodes in das Repository erteilt. Die Simulation wird in Abbildung 5.18 durch Punkt 4 dargestellt.

Die Einrichtung von Simulationen kann eventuell sehr aufwendig und zeitintensiv sein. Beispielsweise wird in der Halbleiterindustrie die Logik von Halbleiterelementen, bevor die Masken zur Belichtung entwickelt werden, in Simulationen getestet. Da bei Halbleiterelementen Millionen von Gattern simuliert werden müssen, braucht es spezielle Simulationsrechner, die eigens dafür entwickelt werden. Solche Rechner stehen nicht unbegrenzt zur Verfügung, und die Simulationen können unter Umständen sehr lange dauern. Deswegen wird die Simulationssoftware in mehreren Abstufungen bzw. Simulationstiefen angeboten, aus denen die Entwickler wählen können. Die Einbindung von zeitintensiven Simulationen in den Softwarebauprozess kann unter Umständen wenig praktikabel sein.

Zusammenfassend, können folgende Punkte Bedingungen sein, damit der Entwickler seinen Quellcode in ein vorläufiges Release des Repository einchecken darf.

- Bauprozess (Kompilierung)
- Softwareanalysen, siehe Liste oben
- Simulationen
- etc.

Diese Punkte lassen sich mit technischen Mitteln innerhalb des Softwareentwicklungsprozesses umsetzen. Es verhindert schlampiges Arbeiten seitens der Entwickler und trägt in erheblichem Maße zur Qualitätsverbesserung bei.

Wurde der neu entwickelte Quellcode in einem vorläufigen Release eingecheckt, folgt ein sehr wichtiger Schritt. Der neu eingecheckte Quellcode sollte von weiteren Entwicklern begutachtet werden (auch oftmals *Review* genannt). Dazu kann der Softwareentwicklungsprozess automatisch dem Entwickler zwei oder drei Reviewer vorschlagen.

Reviewer sind in der Regel erfahrene Softwareentwickler aus unterschiedlichen Teams der gleichen Abteilung. Der Entwicklungsprozess fordert automatisch die Reviewer auf, über ein Werkzeug den Quellcode zu begutachten. Diese Werkzeuge sind in der Lage, die Unterschiede des Quellcodes im Vergleich zum vorherigen Stand hervorzuheben, damit die Reviewer eine vereinfachte Sicht auf die neuen Quellcode-Stellen erhalten. Das Werkzeug erlaubt den Reviewern, Problemstellen im Quellcode durch Einträge hervorzuheben. Der Entwickler muss diese Problemstellen korrigieren, was aber wieder bedeutet, dass die Schritte in der Liste oben nochmals durchlaufen werden müssen, damit der Quellcode ein weiteres Mal in das vorläufige Release eingecheckt und der Review-Prozess wieder angestoßen wird. Bei Entwicklern mit wenig Erfahrung kann sich dies mehrere Iterationen wiederholen, und zwar so lange, bis alle Reviewer ihr Einverständnis gegeben haben. Es gibt mehrere Werkzeuge, die diesen Review-Prozess unterstützen. Zum Beispiel hat *GitHub* bzw. *GitLab* bereits diese Funktionalität. Das Werkzeug *Gerrit* wird ausschließlich dafür verwendet, hat aber vereinfachte Einbindungsmöglichkeiten für *Git*.

Nach Erhalt der Freigabe von allen Reviewern wird das vorläufige Release des Entwicklers zusammen mit vorläufigen Releases anderer Entwickler zu einem Softwarestand für die Komplettsimulation integriert. Diese wird dann an den Test mit der Simulation (Punkt 4) weitergereicht, siehe Abbildung 5.19.

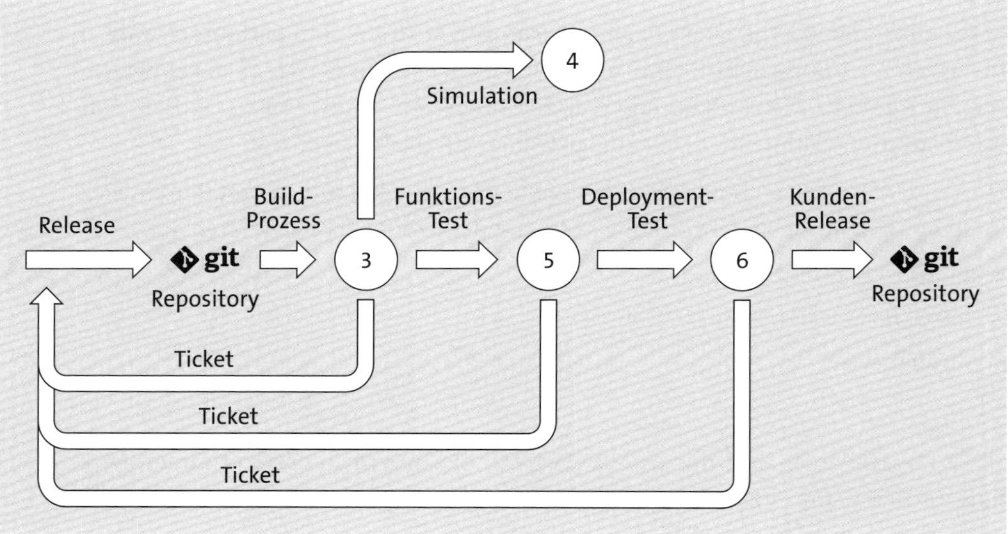

Abbildung 5.19 Softwareentwicklungsprozess bei Integration und Test

Bei der Softwareintegration wird zuerst der neueste Softwarestand gebaut (Punkt 3), was unter Umständen wieder Fehler hervorrufen kann. Das liegt weniger an dem eingecheckten Code der einzelnen Entwickler, sondern vielmehr an den möglichen Abhängigkeiten der vorläufigen Releases anderer Entwickler, die nicht ausreichend berücksichtigt wurden. So kann das Softwareintegrationsteam die Entscheidung treffen, problembehaftete Releases nicht in den neuesten Softwarestand aufzunehmen. Der verantwortliche Entwickler des problembehafteten Release erhält ein Ticket mit der Aufforderung, seinen Quellcode nachzubessern. In der Abbildung wird das durch den Rücksprung in Punkt 3 dargestellt. Bei konsequenter Befolgung des Prozesses muss der Entwickler alle Schritte zuvor wiederholen!

Während bzw. nach dem Bau der Software werden die Analyseschritte, beschrieben in der Liste oben, wiederholt. Auch die Simulationen, beschrieben durch den Punkt 4, kann nochmals durchgeführt werden. Erst nach erfolgreichen Tests der Werkzeuge entsteht ein Release für das Testteam. Mit diesem Softwarestand kann es dann seine zuvor dokumentierten Tests durchführen. Oftmals werden auch hier Fehler entdeckt, die über Tickets an die Entwickler adressiert werden. Als kurzfristige Übergangslösung kann der Entwickler aber einen Quellcode-Fix dem Testteam zur Verfügung stellen. Damit jedoch der Quellcode dauerhaft repariert wird, muss der Prozess vom Entwickler über die Verwendung des Tickets von vorne wieder angestoßen werden.

Nachdem der Softwarestand vom Testteam eine Freigabe erhält, kann er an das *Deployment*-Team weitergereicht werden, siehe Punkt 6 in der Abbildung. Das Deployment-Team kann in das Testteam integriert sein, kann aber auch unabhängig von diesem agieren. Dieses Team zeichnet sich durch Kundennähe und Produktionsnähe aus. Seine Verantwortung liegt meist in der Kundenbetreuung, zu der auch die Installationen von neuen Softwareständen beim Kunden bzw. in der Produktion gehört. Auch dieses Team führt Tests durch, wobei sich diese hauptsächlich auf Installation (*Deployment*) und Anwendung beschränken. Das Deployment-Team kann Tickets an die Entwickler bei Auftreten von Fehlern schreiben, die sehr oft eine hohe Priorität haben.

In vielen Fällen wird bei bestandener Prüfung durch alle Instanzen der Softwarestand freigegeben und durch ein Kundenrelease dem Kunden zur Verfügung gestellt (siehe auch Abbildung 5.20). So kann der Kunde entweder selbstständig den Softwarestand auf sein System aufspielen (z. B. nach einer Benachrichtigung), oder er nutzt den Service des Deployment-Teams als Dienstleistung.

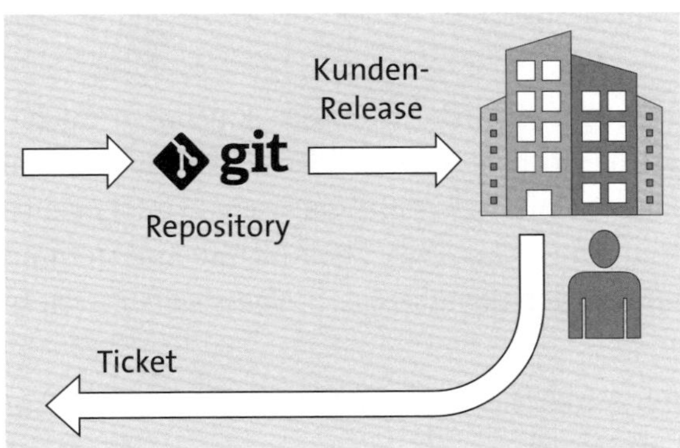

Abbildung 5.20 Softwareentwicklungsprozess zum Kunden

Auch der Kunde selbst kann unter Umständen Fehler in der Software finden, den er mit einem Ticket adressieren kann, falls er an das Ticketmanagementsystem angebunden ist. Der Entwickler wird auch hier in diesem Fall den ganzen Prozess wieder durchlaufen müssen. Oftmals sind vom Kunden adressierte Tickets durch eine hohe Priorität gekennzeichnet.

5.5.2 Bauplan

In den letzten zwei Jahrzehnten hat das *Cloud-Computing* in der Form von *Infrastructure as a Service* (*IAAS*), *Platform as a Service* (*PAAS*) oder *Software as a Service* (*SAAS*) Einzug gehalten. Bei *IAAS* wird die Hardware durch einen Serviceanbieter gegen eine Gebühr zur Verfügung gestellt. Damit muss sich der Nutzer nicht mehr mit Update- und Skalierungsaktivitäten der Hardware und Betriebssysteme beschäftigen. Dennoch wird der Nutzer nach wie vor seine Softwarekomponenten selbst installieren und verwalten. Bei *PAAS* erweitert der Anbieter das Angebot durch Plattformen wie z. B. Datenbanken, Ticketmanagementsysteme, Konfigurationsmanagementsysteme etc. Der Nutzer bekommt den Zugriff über das Internet und muss sich nicht mehr um Updates und Skalierungen der installierten Plattformen kümmern. So stehen bereits Sicherheitspakete dem Nutzer zur Verfügung, die sich direkt einsetzen lassen. Lediglich der Softwareentwicklungsprozess muss vom Nutzer definiert und implementiert werden. Dafür stehen Werkzeuge wie z. B. *Azure Pipelines*, *GitHub Actions* etc. zur Verfügung. Bei *SAAS* kann der Nutzer die komplette Infrastruktur eines Softwareentwicklungsprozesses anwenden. Er muss sich also nicht mehr um die Implementierung kümmern, da der Anbieter diese Aufgabe übernimmt. Weitere Dienstleistungen des Anbieters können z. B. Installation, Wartung, Sicherheit, Skalierung und Prozessdefinition sein.

So hat der Nutzer die Wahl, eine der oben genannten Serviceleistungen anzunehmen oder die komplette Infrastruktur für den Softwareentwicklungsprozess in der Firma aufzubauen. Letzteres hat die Konsequenz, dass die Firma Ressourcen benötigt, den Betrieb am Laufen zu halten.

Der Softwareentwicklungsprozess, beschrieben in Abschnitt 5.5.1, benötigt für die notwendigen Werkzeuge diese Infrastruktur. Im Folgenden soll es keine Rolle spielen, ob eine eigene Implementierung oder ein *IAAS* bzw. *PAAS* eingesetzt wird. Ein Softwareentwicklungsprozess, realisiert durch ein *SAAS*, wird hier nicht betrachtet und ebenso kein System zur Authentifizierung von Benutzern (z. B. *Lightweight Directory Access Protocol*, kurz *LDAP*).

Die Zuordnung der Werkzeuge zu physikalischen oder logischen Einheiten wird in der Fachsprache oftmals Bauplan genannt.

Abbildung 5.21 zeigt auf eine karikative Art einen Bauplan. In den Ausführungen aus Abschnitt 5.5.1 soll gezeigt werden, dass das Ticketmanagementsystem von zentraler Bedeutung ist.

Die Kommunikation zwischen Entwicklern, Testteam, Softwareintegrationsteam und Deployment-Team muss über *Tickets* erfolgen, damit eine Verfolgbarkeit der anstehenden Probleme gewährleistet ist. Tickets werden immer mit Identifikationsnummern versehen, die eine Referenz auf bestimmte Probleme möglich machen.

Des Weiteren sind Tickets bestens geeignet für die Dokumentation und den Nachweis der Verifikation von Anforderungen, Tests, Entwicklung und Arbeitspaketen des Projektmanagers. Zusammengefasst lässt sich sagen, dass ohne Ticketmanagementsystem keine Softwareentwicklung stattfinden sollte.

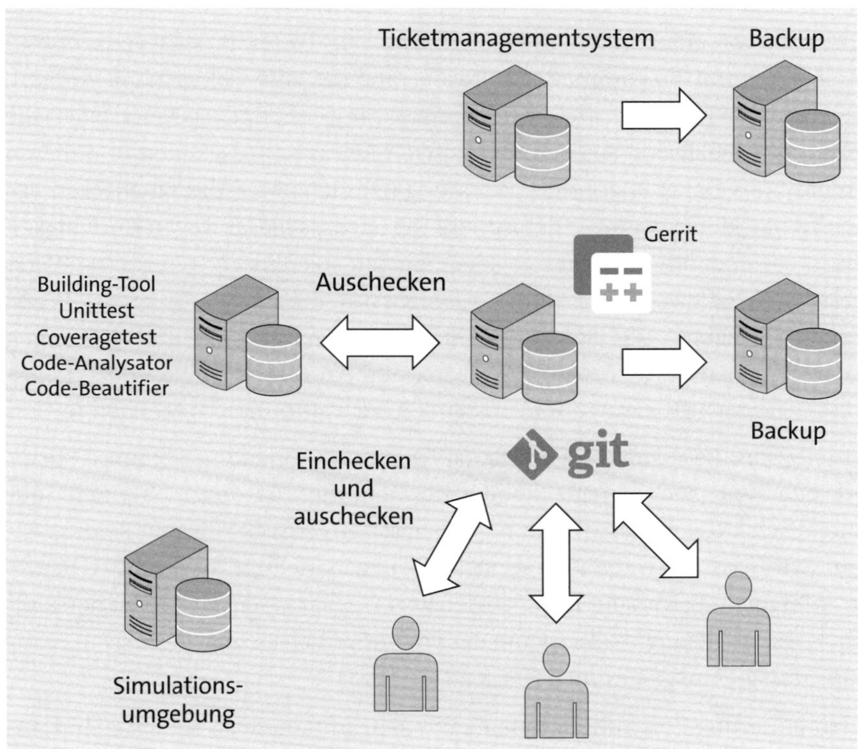

Abbildung 5.21 Bauplan der Entwicklungswerkzeuge

In Abbildung 5.21 wird das Ticketmanagementsystem ganz nach oben gesetzt. Jeder Entwickler, Tester, Projektmanager, Manager und eventuell auch Kunde sollte projektbezogenen Zugriff haben. Da die Dokumentation und Verfolgbarkeit der Tickets derart wichtig ist, darf kein Datenverlust auftreten. Deshalb muss ein funktionierendes Backup-System eingerichtet werden. Das heißt, dass die gespeicherten Tickets auf einem Zweitsystem gesichert sein sollten. Damit die Funktion der Wiederherstellung einwandfrei klappt, sollte diese in regelmäßigen Abständen getestet werden. Unter dem Ticketmanagementsystem in der Mitte der Abbildung ist das Repository (in diesem Fall *GIT*) auf einem weiteren Server eingerichtet. Da auch das Repository eine zentrale Komponente ist, sollte sein Inhalt in regelmäßigen Abständen (z. B. täglich) auf ein Backup-System zwischengespeichert werden. Auch hier gilt wie beim Ticketmanagementsystem: Das Wiederherstellen muss geübt sein.

Jeder einzelne Entwickler ist so in der Lage, einen Softwarestand abhängig von der Version vom Repository herunterzuladen (*auszuchecken*). Auf den individuellen Rechnern kann der Entwickler den Quellcode beliebig erweitern, verbessern oder fixen. Um den aktualisierten Softwarestand wieder zurück auf das Repository einzuchecken, benötigt der Entwickler ein Ticket mit Identifikationsnummer, das er von sich selbst oder von einer anderen Person (Entwickler, Tester, Projektmanager etc.) zugewiesen bekommt. So kommt der Softwarestand des Entwicklers in ein vorläufiges Release. Für den Review-Prozess wird ein Werkzeug benötigt, das Entwicklern die Möglichkeit gibt, Quellcode aus dem vorläufigen Release anzuschauen und diesen zu kommentieren. Dabei erlaubt das Werkzeug dem Reviewer, das Einchecken des Quellcode zu blockieren, wenn er der Auffassung ist, dass dieser wegen Auffälligkeiten nicht in das endgültige Release abgelegt werden soll. Ein Vertreter diese Werkzeugs ist *Gerrit*. Es gibt weitere Ticketmanagementsysteme, die bereits Review-Werkzeuge integriert haben. Das Softwareintegrationsteam sammelt die vorläufigen Releases, freigegeben durch das Review-Team, und baut daraus einen neuen Softwarestand. Dieser Schritt kann unter Umständen auch automatisch erfolgen.

Ein Werkzeug, das diese Funktion erfüllt, ist *Jenkins* (in Abbildung 5.21 links, Mitte). Das Werkzeug kann nach entsprechender Konfiguration automatisch einen Softwarestand auschecken, bauen, testen und analysieren. Tritt bei diesem Prozess ein Fehler auf, wird das Softwareintegrationsteam benachrichtigt, und nach entsprechender Untersuchung wird ein Ticket an den Verursacher geschrieben. Um den Softwarebauprozess nicht aufzuhalten, kann das vorläufige Release des Verursachers aus dem Bauprozess herausgenommen werden.

Die Implementierung von Simulationen kann sehr umfangreich sein, sie sind oftmals auf eigenem Server installiert (in Abbildung 5.21 unten links). Ein Prozessmanagement auf diesem Server kann für den Entwickler einen eigenen Simulationsprozess bei Bedarf starten. Schnittstellen erlauben es, die Software des Entwicklers gegen die Simulation zu testen.

Auch der Bauprozess kann die Simulation nach dem Bau von Software nutzen. Beim Auftreten eines Fehlers kann der Bauprozess abgebrochen werden, damit das Softwareintegrationsteam die Fehlerursache untersuchen kann.

Abschließend soll noch erwähnt werden, dass Installation und Betrieb der Infrastruktur für den Softwareentwicklungsprozess einen großen Aufwand bedeuten. Der Softwareentwicklungsprozess ist häufiger auch Veränderungen ausgesetzt. Neue Werkzeuge tauchen auf und müssen in den Prozess integriert werden. Der Prozess selbst wird immer wieder angepasst, und das Entwicklungsteam muss darauf geschult werden. Bei größeren Entwicklungsmannschaften gibt es wegen des Entwicklungsaufwands für diese Aufgaben freigestellte Teams.

5.5.3 Bezug zum Fallbeispiel

Welchen Softwareentwicklungsprozess die Software des *FMS* aus Abschnitt 5.1 hatte, ist mir nicht bekannt. Allerdings ist der beschriebene Prozess zum Zeitpunkt der Entstehung des Buchs allgemeine Praxis in vielen Firmen. So kann angenommen werden, dass der Softwareentwicklungsprozess nicht die Vernetzung und Automatisierung hatte, die oben beschrieben wurde. Die Kollision des Flugzeugs konnte auf eine fehlerhafte Eingabe und eine inkorrekte Textvervollständigung zurückgeführt werden. Möglicherweise hätten vollständige Unit-Tests an Schnittstellen oder Tests mit Simulationen den Fehler entdeckt. Dann hätte dieser früh in der Entwicklungsphase erkannt und behoben werden können. Natürlich ist es aus heutiger Sicht schwierig, zu behaupten, dass wirklich fatale Fehler gefunden worden wären. Aber es sollte Ihnen jetzt bewusst sein, dass die Kontrolle durch *Unit-Tests, Reviews, Simulationen* etc. engmaschig geworden ist, wenn ein stringenter Softwareentwicklungsprozess eingehalten wird.

5.6 Abschließende Bemerkungen

Im Fallbeispiel aus Abschnitt 5.1 wurde ein Unglück beschrieben, das durch Software hervorgerufen wurde. Hierbei hat das Autopilotsystem Eingaben akzeptiert, die nicht vom Piloten beabsichtigt waren. Dadurch kam es zu einer ungewollten Kurskorrektur des Flugzeugs. Eine Kontrolle der Eingabe erfolgte nicht durch den Piloten, da er wohl großes Vertrauen in das System hatte. Der Fehler kann auf eine fehlende Rückfrage der Software des Autopilotsystems zurückgeführt werden. Deshalb sind die darauffolgenden Streitigkeiten zwischen den Flugbehörden und dem Hersteller des Autopilotsystems nachvollziehbar. Die tatsächliche Ursache sollte aber vordatiert werden, und zwar in die Zeit der Erstellung von Anforderungsdokumenten und deren Validierung. Es traten nämlich bei der Entwicklung des Autopilotsystems mindestens zwei Parteien auf, die aus unterschiedlichen Bereichen kamen.

Auf der einen Seite gab es den Experten für Autopilotsysteme, der nicht unbedingt technisches Verständnis in der Softwaretechnik hatte. Und auf der anderen Seite gab es den Softwareexperten, die begrenztes Wissen über Autopilotsysteme hatte. Dieser war durchaus fähig, sich in die Thematik einzuarbeiten, aber hatte er den Wissensstand des Experten niemals umfänglich erreicht. Es ist deshalb nachvollziehbar, dass ein Anforderungsdokument zu Missverständnissen führen kann. Die Kommunikation (das Anforderungsdokument ist eine Art von Kommunikation) zwischen dem Ersteller der Anforderungsdokumente und dem Entwickler gehört deswegen zu den größten Fehlerquellen. Abbildung 5.22 zeigt diese Interaktion zwischen den beiden Experten.

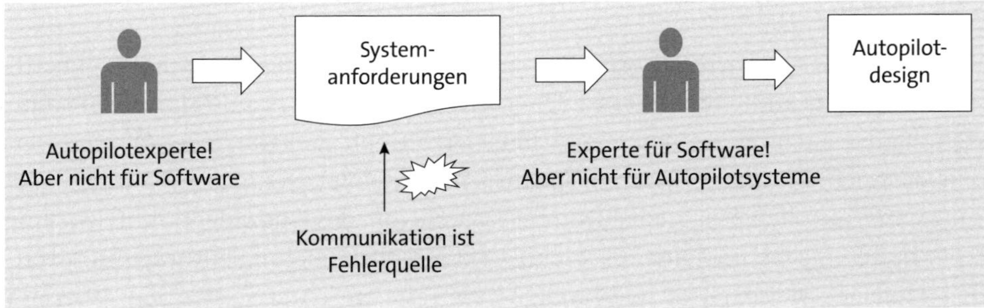

Abbildung 5.22 Beispiel für Kommunikationsfehler

Es ist deswegen umso wichtiger, dass sich eine dritte Partei der Validierung des Anforderungsdokuments annimmt. Es sollte ein Team sein, dass nicht komplett von der einen oder anderen Seite stammt. Daraus folgt sogar, dass eine Person zur Validierung nicht notwendigerweise aus dem Softwarebereich kommen muss, wobei eine Affinität zur Software bestehen sollte. Es sollte genug Verständnis vorhanden sein, um ein Anforderungsdokument zu verstehen, und genug technisches Verständnis, um die Softwaretests durchführen zu können.

Kapitel 6
Hardwaresicherheit

Im letzten Kapitel wurde die Softwareentwicklung für sichere Systeme behandelt. Weiterführend dazu geht es in diesem Kapitel um die Hardwareentwicklung. Zur Hardwareentwicklung gehört nicht nur die Konstruktion von sicheren Systemen, sondern auch Prozesse, um die Planung und Konstruktion zu begleiten. Also ist der Entwicklungsprozess ein Teil der Hardwaresicherheit und an den Softwareentwicklungsprozess angelehnt. Da Software gebraucht wird, um Hardware zu steuern, sind Hardwareentwicklung und Softwareentwicklung in vielen Projekten miteinander verflochten.

Kenngrößen aus Kapitel 4 können dazu verwendet werden, die Sicherheitsintegritätslevels – ein Ausdruck für die Sicherheitsanforderung – zu bestimmen, wofür die Norm *IEC-61508* Tabellen zur Verfügung stellt.

Der Einsatz von Redundanz hilft, höhere Sicherheitsanforderungen zu erfüllen. Wie Redundanz als Mittel der Wahl eingesetzt wird, soll in diesem Kapitel gezeigt werden.

6.1 Fallbeispiel: Das Spaceshuttle-Challenger-Unglück

Anfang des Jahres 1986 ging die Besatzung des Spaceshuttles *Challenger* im Auftrag der *National Aeronautics and Space Administration*, kurz *NASA*, auf die Reise in den Erdorbit, siehe Report [24]. Sie hatte den Auftrag, einen Satelliten auszusetzen. Beim Start der Raumfähre nahmen Kameras Bilder auf, die das Ausströmen von Treibstoff aus der Verbindung zwischen zusammengesetzten Komponenten der Boosterrakete zeigten.

Boosterraketen waren Feststoffraketen und wurden aus vier Komponenten zusammengesetzt. Sie gaben der Raumfähre für den Start zusätzlichen Anschub und wurden kurz nach dem Abheben abgeworfen. Die abgeworfenen Boosterraketen wurden eingesammelt und für einen späteren Start wiederverwendet.

Der austretende Treibstoff entzündete sich sofort, sodass ein seitlicher Schub erzeugt wurde (siehe auch Abbildung 6.1). Die Boosterrakete löste sich deshalb aus der Halterung, schlug in den Wasserstofftank des Spaceshuttles ein und riss diesen auf. Das Wasserstoff entzündete sich sofort (allein das Ausströmen kann Wasserstoff entzünden), und es folgte eine Explosion. Die Besatzung überlebte die Explosion, aber das

Spaceshuttle verlor ihren Antrieb, Flügel und Heck brachen ab, und sie fiel mit hoher Geschwindigkeit in den Atlantik. Den Aufprall überlebte die Besatzung nicht.

Nach dem Unglück folgte eine akribische Fehlersuche. Die ersten Anhaltspunkte lieferte das Videomaterial, in dem der ausströmende Treibstoff aus den Komponenten der Boosterrakete zu sehen war.

Bei der Untersuchung stellte sich heraus, dass bereits kurz vor dem Start eine Videokonferenz zwischen dem Zulieferer der Dichtungsringe und dem NASA-Managementteam stattfand. Ein Ingenieur sprach dabei seine Bedenken bezüglich der Qualität der Dichtungsringe aus. Untersuchungen zeigten nämlich, dass diese bei tiefen Temperaturen spröde wurden. Die Nacht vor dem Start war ungewöhnlich kalt, und die Dichtungsringe waren der Kälte ausgesetzt. Allerdings wurde der Ingenieur von seinem eigenen Management dazu gedrängt, seine Bedenken auszuräumen. So folgte die Zustimmung des NASA-Managements zum Start des Spaceshuttles.

Bei der weiteren Untersuchung kam heraus, dass der Dichtungsring nicht die alleinige Ursache für den ausströmenden Treibstoff war, siehe Artikel [25]. Da die Boosterraketen aus vier bereits benutzten Teilen zusammengesetzt und diese ausgeleiert waren, trug dies zur Undichtigkeit ebenso bei.

Abbildung 6.1 Die Challenger-Katastrophe

6.2 Hardwareentwicklung

Die Entwicklung der Hardware von System und Geräten sollten immer zeitgleich mit der Entwicklung der sicherheitsgerichteten Komponenten geschehen. Wenn nämlich Systeme und Geräte bereits bestehen, ist es schwierig (noch schwieriger als bei der Software), sicherheitsgerichtete Komponenten nachträglich einzubauen. Software lässt sich im Vergleich leicht anpassen. Die Beschreibung des Softwareentwicklungsprozesses aus Kapitel 5 soll zeigen, dass die Entwicklung und das Hinzufügungen von neuen Softwaremodulen größere Kreise ziehen kann.

Der Hardwareentwicklungsprozess ist dabei noch etwas behäbiger. So sollten sehr früh in der Hardwareentwicklungsphase die Anforderungen für das Sicherheitskonzept in Form eines *Hardware System Safety Requirements*-Dokument beschrieben werden. Die weiteren Schritte folgen einem Hardwareentwicklungsprozess, der durch ein *V-Modell* dargestellt werden kann, siehe Abbildung 6.2. Die Abbildung ist eine vereinfachte Darstellung aus der Norm *IEC-61508* [5]. Das Dokument sollte von einem Expertenteam begutachtet werden, um von ihm eine Freigabe zu erhalten, sobald keine Nachbesserungen mehr nötig sind. Nach der Freigabe kann das Dokument den Architekten als Vorlage für den Entwurf des Hardwaresystems dienen. Die Architekten erarbeiten zusammen aus den allgemeinen Anforderungen für das zu entwickelnde System der Geräte und dem *Hardware System Safety Requirements*-Dokument das *Hardware System Design Requirements*-Dokument.

Die Abbildung zeigt dafür die Phasen *Hardwaresystementwurf* und *Hardwaremodulentwurf*. Die erste ist ein abstrakter Entwurf, die zweite ein konkreter Entwurf (auf Modulbasis). Hardwareentwurfsdokumente müssen einen Begutachtungsprozess durchlaufen, um das gesamte Team auf einen gemeinsamen Wissensstand zu heben und um Lücken im Entwurf zu entdecken. Bei erfolgreicher Begutachtung können die Dokumente an die Entwickler weitergereicht werden, um die Hardware des Systems der Geräte zu implementieren.

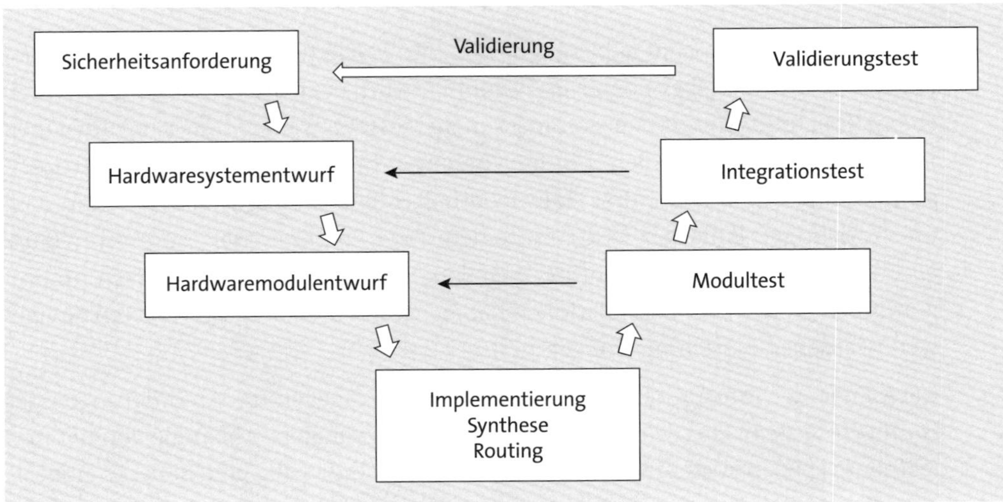

Abbildung 6.2 Phasen in der Hardwareentwicklung

Wenn Hardware- und Softwareentwicklung miteinander verflochten sind, sollte nach der Hardwareentwurfsphase bzw. am Anfang der Implementierungsphase ein *Software Safety Requirements*-Dokument in der Softwareentwicklung entstehen und bei dem Begutachtungsprozess berücksichtigt werden. Tabelle 5.2 zeigt das *Software Safety Requirements*-Dokument als Ergebnis der Planungsphase.

ASIC-Entwicklung

In diesem Abschnitt wird der Hardwareentwicklungsprozess bei einem *ASIC* beschrieben. Ein großer Bestandteil der Entwicklung eines *ASIC* ist die Programmierung mit den Sprachen *Very High Speed Integrated Circuits Hardware Description Language* (*VHDL*) oder *Verilog*. Während der Programmierung wird der kompilierte Code in Simulationssystemen auf ihre Funktion getestet. Bei erfolgreicher Simulation wird er synthetisiert. Hier werden Netzlisten erstellt, die Verbindungen zwischen den in den Sprachen konstruierten Elementen beschreiben. Erst dann wird das Layout der integrierten Schaltung hergestellt, z. B. durch den Elektrotechniker.

Am Anfang des Entwicklungsprozesses entstehen Dokumentationen und Pläne für die Integration der integrierten Schaltung. Auf niedriger Entwicklungsebene entsteht der *Hardware-Integration-Test*-Plan und zur kompletten Integration der *Hardware-System-Integration-Test*-Plan. Gemäß Abbildung 6.2 benötigt der Tester einen *Hardware-Integration-Test*-Plan, um die Module der integrierten Schaltung zu testen. Da bei *ASIC* das fertige Bauelement im Projekt erst spät zur Verfügung steht, bedient sich der Tester Simulationen. Später im Projekt, sobald der *ASIC* auch als Hardware zur Verfügung steht, kann der Integrationstest direkt mit der Hardware erfolgen. Das Testteam dokumentiert die Ergebnisse der Integration in Reports.

Diese Prozessphasen sind abhängig davon, mit welcher Technologie die Hardware entwickelt wird. So gibt es den *Full Custom*-Entwurf, bei dem immer nach erfolgreichem Integrationstest neue Fotomasken hergestellt werden müssen, um einen neuen Prototyp herzustellen. Da der Vorgang sehr teuer ist, wird dieser Prozessschritt lediglich zwei oder drei Mal wiederholt. Allein deswegen sind Simulationen umso wichtiger. Einfacher ist es, mit einem *Field Programmable Gate Array* (kurz *FPGA*) ein digitales Bauelement herzustellen. Hier kann das *FPGA* einfach umprogrammiert werden, und Simulationen haben damit einen etwas geringeren Stellenwert (werden aber nach wie vor genutzt).

Nach Ende der Integrationstestphase wird der *ASIC* gegen die Anforderungen des *Hardware System Safety Requirements*-Dokuments validiert. Abhängig von der Projektphase spielen auch hier Simulationen bei der Validierung eine Rolle. Es gibt z. B. Testprogramme, die auf simulierte Prozessoren aufgespielt werden (Prozessoren werden simuliert und führen dabei das Testprogramm aus). Die erfolgreiche Ausführung wird oft als ein Meilenstein gefeiert. In späteren Projektphasen wird der *ASIC* in Systeme oder Geräte integriert und dort validiert. Als Ergebnis der Validierung entstehen Reports und sind Teil des Sicherheitsnachweises.

6.2.1 Hardware Description Language

Systeme und Geräte werden aus Baugruppen zusammengesetzt und diese wiederum oft aus integrierten Schaltungen. Im Laufe der letzten Jahrzehnte hat sich die Komplexität der integrierten Schaltungen erheblich vergrößert. In den 1980er-Jahren wurden deshalb Beschreibungssprachen (*Hardware Description Language* bzw. *HDL*) entwickelt, um die logischen Bauelemente der integrierten Schaltungen über Text bzw. Programmierung zu beschreiben. Es haben sich dabei zwei Sprachen durchgesetzt, *VHDL* und *Verilog*. Die Sprache *VHDL* wird dabei tendenziell öfter im europäischen Raum verwendet und *Verilog* im amerikanischen. Es gibt gut funktionierende Werkzeuge, um die Kompilate beider Sprachen zu verlinken. Wie auch bei allen anderen Programmiersprachen kann der Entwickler auf Bibliotheken zugreifen, um bereits bestehenden Quellcode von Bauelementen (z. B. RAM, IO-Komponenten, Bussysteme, Prozessoren) in sein Programm zu integrieren. Nicht jeder Quellcode kann aber in eine integrierte Schaltung überführt werden.

Es wird zwischen synthetisierbarem und nicht-synthetisierbarem Quellcode unterschieden. Oftmals sind Bauelemente, die für Simulationen eingesetzt werden, nicht-synthetisierbar. Quellcode, der in eine integrierte Schaltung umgesetzt werden soll, muss synthetisierbar sein, worauf der Programmierer achten muss. Ähnlich wie bei anderen Programmiersprachen gibt es Definitionen der Schnittstellen (*Entity*) und die Beschreibung des Verhaltens (*Architecture*) über Quellcode. Mit einer Reihe von Datentypen können einzelne Informationen wie Bits beschrieben und Signalen zugeordnet werden. Diese Informationen lassen sich über Vektoren zusammenfassen. So können durch die Programmierung einfache Bauelemente, wie z. B. Und-Gatter, Oder-Gatter oder Flip-Flops, beschrieben werden. Durch eine hierarchische Anordnung der Bauelemente können komplexere Strukturen bis hin zu Prozessoren aufgebaut werden.

Wegen des Einsatzes von *HDL* in der Hardwareentwicklung hat der Hardwareentwicklungsprozess eine sehr starke Ähnlichkeit mit dem Softwareentwicklungsprozess. Es entsteht also wie bei der Software Quellcode. So lassen sich Methoden und Prozesse, beschrieben in Kapitel 5, direkt auf die sicherheitsgerichtete Hardwareentwicklung mit *HDL* übertragen. Dabei hat die Simulation, noch mehr als in der Softwareentwicklung, eine zentrale Bedeutung, und zwar aufgrund der Notwendigkeit, funktionsfähigen Code zu produzieren, bevor der Siliziumchip hergestellt wird. Der Grund ist einfach. Es ist sehr teuer, Prototypen von integrierten Schaltungen herzustellen (der Einsatz von FPGA, textitCPLD etc. sind hier Ausnahmen), und deshalb kann sich der Entwickler nur wenige Fehler erlauben, die durch Simulationen minimiert werden.

6.2.2 Sprachen für speicherprogrammierbare Steuerungen

Baugruppen (z. B. Platinen) bestehen aus Bauelementen (z. B. integrierten Schaltungen). Mehrere Baugruppen werden zu einer Komponente zusammengesetzt (z. B. Steuerungen). Steuerungen nehmen Sensordaten auf und steuern Aktoren. In der Fachsprache werden diese oft als *Logic Solver* bezeichnet. In der Vergangenheit wurden Sensoren und Aktoren hart über diskrete Elemente verdrahtet. Aber auch hier ging die Entwicklung wegen der Komplexität der Aufgaben bei fortschreitender Automatisierung weiter. Mit Beschreibungssprachen zur Steuerung und Regelung von Abläufen technischer Prozesse konnten die Aufgaben besser bearbeitet werden. Damit einher ging die Entwicklung von integrierten Schaltungen und Steuerungen, und so entstand in den 1960er-Jahren die speicherprogrammierbare Steuerung (kurz *SPS*). Eine *SPS* besteht in der Regel aus einem Eingangsmodul, das Logik- und Sensorsignale aufnimmt. Diese werden im Prozessor verarbeitet und an das Ausgangsmodul ausgegeben. Dieses wiederum setzt die Informationen als elektrische Signale für Aktoren um. Abbildung 6.3 stellt eine *SPS* dar. Eingangsmodule und Ausgangsmodule sind Einschübe, die rechts abgebracht werden können. Die abgebildeten Eingangsmodule sind digitale Eingänge (*DI*) und analoge Eingänge. Ausgangsmodule sind hier digitale Ausgänge (*DQ*), analoge Ausgänge oder Relais (*RQ*). Es gibt eine sehr große Vielfalt von Einschüben mit unterschiedlichen Funktionalitäten, worauf hier nicht weiter eingegangen wird.

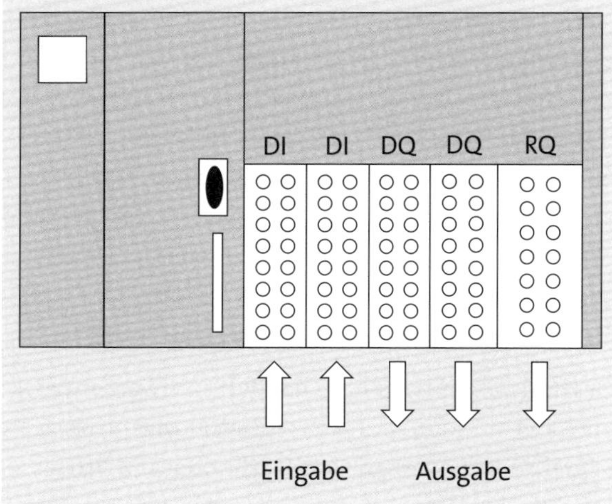

Abbildung 6.3 Logic Solver

Damit die Hemmschwelle zum Erlernen von Programmiersprachen für Fachpersonal niedrig gehalten wird, wurden grafische Programmiersprachen entwickelt. Vertreter dieser Sprachen sind z. B. die *Funktionsbausteinsprache* (*FBS*) und der *Kontaktplan* (*KOP*). Dennoch gibt es auch textbasierte Sprachen, die vergleichbar mit konventionellen Programmiersprachen sind. Bei komplexeren Aufgaben können grafische Programmiersprachen durch die unflexible Handhabung (z. B. gibt es kein einfaches Copy-and-paste eines Programmausschnitts) für den professionellen Softwareentwickler nachteilig sein. Aus diesem Bedürfnis heraus haben die Programmiersprachen *Strukturierter Text* (*ST*, engl. *Structured Control Language*, kurz *SCL*) und *Anweisungsliste* (*AWL*) ihre Berechtigung.

Da sich die Programmiersprachen der *SPS*-Hersteller nach einiger Zeit stark unterschieden, bemühten sie sich um eine Vereinheitlichung. So wurde die internationale Norm *IEC-61131* [26] geschaffen, die inzwischen allgemein in der Industrie akzeptiert ist.

Wie bei der *HDL*-Entwicklung entsteht auch bei der Hardwareentwicklung mit *SPS* Software. So können hier die identischen Methoden zur Programmierung von sicherheitsgerichteter Software, beschrieben in Kapitel 5, angewendet werden.

6.2.3 Ablaufsprachen

FBS und *KOP* eignen sich gut zur Darstellung von Hardwareelementen und deren Beziehungen untereinander über ihre Verbindungen. Allerdings ist der Programmablauf wenig ersichtlich (ähnlich wie bei den Klassendiagrammen mit *UML*). Der Softwareentwickler kann auf die Sprachen *AWL* und *SCL* zurückgreifen, bei dem der Ablauf über Simulationen ersichtlich ist. Für Fachpersonal sind diese Sprachen unter Umständen ungeeignet. Deswegen wird eine Sprache benötigt, bei der es grafisch möglich ist, Abläufe darzustellen. Die Norm *IEC-60848* [27] bietet eine Sprache, genannt *Graphe Fonctionnel de Commande Etapes/Transitions* (*GRAFCET*), für die Beschreibung von Abläufen. Vor allem in der Verfahrenstechnik und der Automatisierungstechnik wird diese Sprache eingesetzt. *GRAFCET* ist eine Abwandlung von Petri-Netzen. Da in diesem Buch immer wieder darauf zurückgegriffen wird, sollen diese im Folgenden näher beschrieben werden.

Petri-Netze

Bereits in den 1960er-Jahren wurden *Petri-Netze* für die Untersuchung von sequenziellen, parallelen Strukturen und ihre Synchronisationsmöglichkeiten entwickelt. In die Norm *IEC-61508* [6] wurde diese Ablaufsprache als Teil der semiformalen Methoden zur Beschreibung von Abläufen in Software aufgenommen. In der Norm findet sie eine größere Bedeutung, da sie sich mit anderen Analysetechniken wie Fehlerbaumanalysen (siehe Kapitel 10), Markov-Prozessen (siehe Kapitel 14) etc. kombinieren lassen. Petri-Netze bestehen aus drei Elementen: Knoten, Transitionen und gerichteten Verbindungen.

- **Knoten:**
  Knoten sind Eingänge der Transitionen, wenn es eine gerichtete Verbindung dahin gibt. Außerdem können Knoten Ausgänge der Transitionen sein, wenn es

ebenfalls eine Verbindung dorthin gibt. Knoten können eine oder mehrere Markierungen (*Tokens*) enthalten. Dargestellt werden diese als schwarzer Punkt im Knoten. In diesem Fall ist der Knoten markiert.

- **Transitionen:**
  Transitionen werden als Rechtecke gezeichnet. Sie können feuern, z. B. durch ein externes Ereignis. Sie nehmen dabei Tokens vom Eingang auf und geben jeweils ein Token an die Ausgänge weiter.
- **Gerichtete Verbindung:**
  Verbindungen verbinden Knoten mit Transitionen und umgekehrt. Die Richtung wird mit einem Pfeil dargestellt. Mehrere Verbindungen sind zugelassen, damit Tokens von mehreren Eingangsknoten zu weiteren Folgeknoten über die Transition übertragen werden können.

Für das Feuern der Transition gibt es die Regel, dass alle Eingangsknoten ein Token haben müssen (sie ist also scharf geschaltet). Die Transition kann sofort feuern oder nach einer bestimmten Zeit (zeitliches Ereignis). Dabei sind definierte Verzögerungen möglich. Auch externe Ereignisse können eine Transition zum Feuern bewegen.

Knoten sind die Eingänge der Transitionen, wenn es eine gerichtete Verbindung dort gibt. Außerdem können Knoten Ausgänge der Transitionen sein, wenn es ebenfalls eine Verbindung gibt. Knoten können ein oder mehrere Tokens enthalten. Dargestellt wird dieses als schwarzer Punkt im Knoten, und somit ist der Knoten markiert.

Ein Beispiel für ein einfaches Petri-Netz wird in Abbildung 6.4 gezeigt. Links sehen Sie ein Funktionsblockdiagramm mit zwei Steuerrechnern, symbolisiert durch zwei Blöcke C_1 und C_2. Sie sind redundant ausgelegt, wobei C_1 aktiv und C_2 in Reserve (Standby) ist. Rechts ist ein Modell eines Petri-Netzes mit drei Knoten abgebildet. Die Markierung befindet sich im Knoten S_0. Fällt nun C_1 aus, übernimmt der redundante Steuerrechner C_2 die Steuerungsaufgaben. Im Petri-Netz kann das Ausfallen durch das Feuern der Transition T_0 ausgedrückt werden. Das Token wechselt dann in den Knoten S_1. Ab diesem Zeitpunkt sind die Transitionen T_1 und T_2 bereit. Nun gibt es zwei Möglichkeiten. Bei der ersten wird z. B. C_1 noch einmal hochgefahren und ist lauffähig. So ist das System wieder in dem Anfangszustand. Dies kann durch das Feuern von Transition T_1 ausgedrückt werden. Das Token wechselt dann nach S_0. Bei der zweiten Möglichkeit fällt der Rechner in Reserve aus. Kein Steuerrechner ist lauffähig. Im Petri-Netz feuert hier die Transition T_2. Das Token geht in den Knoten S_2 über. Auch hier gibt es die Möglichkeit, dass der Rechner noch einmal hochfährt. Dies wird durch das Feuern von Transition T_3 ausgedrückt.

In *IEC-61508* [9] werden die Vorzüge von Petri-Netzen beschrieben, unter anderem weil sie leicht grafisch darzustellen sind. Die Größe der Netze wächst linear mit der Anzahl der Komponenten, und sie sind leicht zu simulieren. Die *Monte Carlo*-Methode eignet sich dafür.

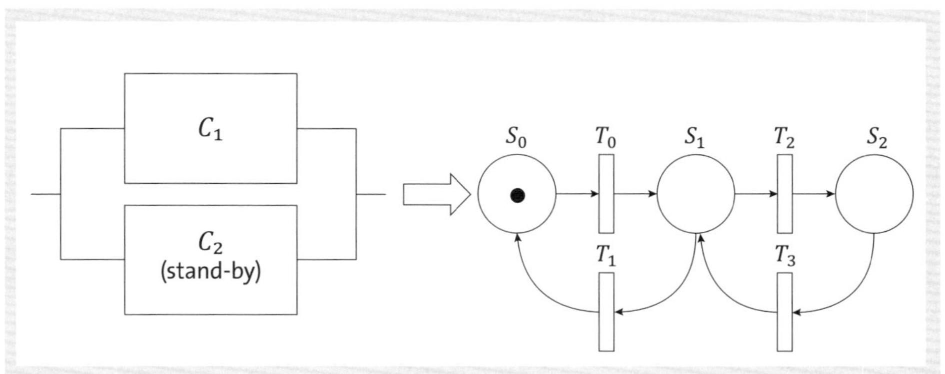

Abbildung 6.4 Petri-Netz eines redundanten Systems

6.2.4 Sicherheitstechniken realisiert durch Hardware

In Abschnitt 4.2 wurde bereits auf die Unterschiede zwischen Sicherheit und Zuverlässigkeit eingegangen. So ist Sicherheitstechnik vor allem dazu da, Gefahren für Mensch und Gut zu reduzieren. Im Hardwareentwicklungsprozess werden die Anforderungen dafür in einem *Hardware System Design Requirements*-Dokument beschrieben. Details zur Sicherheitstechnik gehen in das *Hardware Safety Design Requirements*-Dokument ein. Für die Realisierung der Anforderungen kann dedizierte Hardware auf dem Markt erworben werden. Bestandteil ist oftmals ein *Logic Solver* bzw. eine *SPS*, wie in Abbildung 6.3 dargestellt. Die Farbe der Geräte mit Sicherheitstechnik ist oft Gelb, um die Sicherheitsfunktion von außen hervorzuheben. Zur Programmierung der Sicherheitstechnik über *SPS* gibt es besondere Funktionen. Zum Beispiel benötigt der Programmierer zum Aufspielen der Software ein Passwort, um dem Unbefugten den Zugang zu erschweren.

Eingänge von Logic Solver bzw. SPS

Als Eingangskomponenten werden Signalgeber oder Sensoren verwendet. Diese können z. B. einfache Schalter, induktive oder kapazitive Sensoren oder Notausschalter sein. Bei Auslösung gibt der Geber ein Eingangssignal an den *Logic Solver* weiter. Abbildung 6.5 zeigt drei mögliche Schaltungen. Der linke Teil der Abbildung zeigt einen Schalter mit Prozessorschnittstelle, die ein elektrisches Signal (*P*) über einen Schalter an den Ausgang (*QP*) weitergibt. Der Ausgang (*QP*) kann wiederum durch den Prozessor abgefragt werden, um sicherzustellen, dass dieser auch wirklich anliegt und nicht kurzgeschlossen wurde. Der Signalgeber links wird als Schalter symbolisiert. Bei Betätigung des Schalters wird das elektrische Signal *QP* an den Eingang (I) der Schnittschnitte zurückgeführt, das durch den Prozessor abgefragt werden kann.

Oft sind Schalter doppelt ausgeführt und miteinander gekoppelt, wie es in der Mitte der Abbildung zu sehen ist. Insbesondere Notausschalter sind auf diese Weise realisiert. Ein elektrisches Signal (*QP*) wird dem Schalter zugeführt. Bei Betätigung des Schalters kann über beide Eingänge der Schnittstelle (*I1* und *I2*) die Auslösung erkannt werden. Ein Kabelbruch bei einem der beiden Kabel bzw. ein Defekt bei einem der beiden Schalter kann der Prozessor sofort erkennen.

Der rechte Teil der Abbildung zeigt zwei Schalter, die nicht miteinander gekoppelt sind. Will der Ingenieur, dass die Auslösung der Schalter abhängig voneinander erfolgt, muss er dies durch die externe Konfiguration realisieren. Zum Beispiel können beide Schalter an derselben Tür angebracht sein. Wenn die Tür geöffnet wird, lösen beide Schalter aus. Somit wird mit zwei Schaltern eine Redundanz eingeführt.

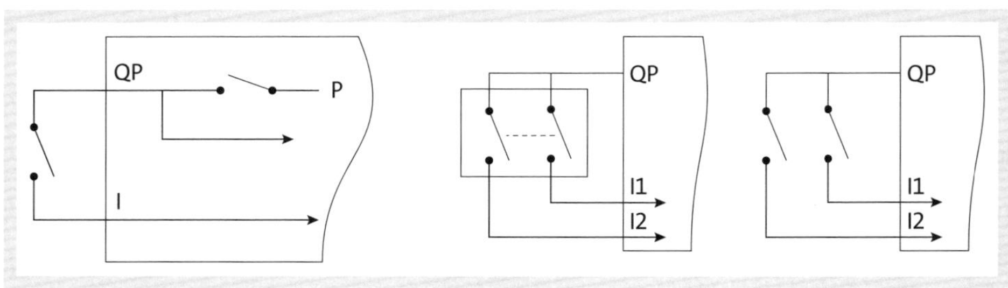

Abbildung 6.5 Eingabe

Eingangssignale müssen nicht notwendigerweise mit Schalter realisiert werden. Moderne Sensoren haben oft Kommunikationsschnittstellen (z. B. *IO-Link*), an die sie Botschaften verschicken können. *SPS* können sie über entsprechende Einschubmodule abfragen.

Ausgänge von Logic Solver bzw. SPS

Bei *SPS* sind auch die Ausgänge über Module realisiert, die sich einschieben lassen. Schematisch ist ein Ausgang in Abbildung 6.6 dargestellt.

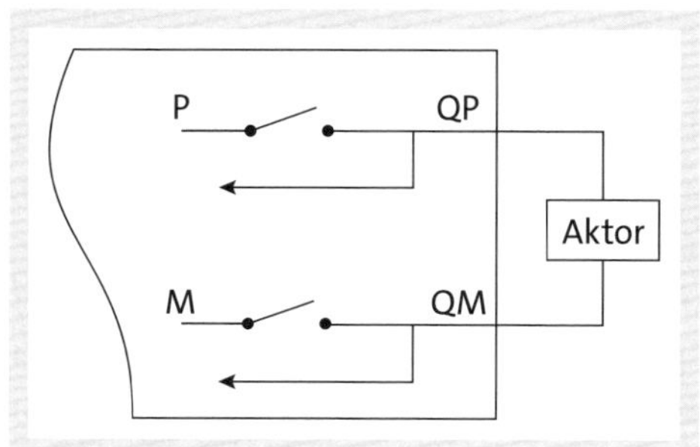

Abbildung 6.6 Ausgabe

Sie besitzen eine Leistungselektronik, deren Spannung (*P*) und Masse (*M*) sich direkt an der Schnittstelle nach außen (*QP* und *QM*) an- und abschalten lassen. Auch hier lässt sich der Zustand der Schnittstelle durch den Prozessor abfragen. So kann erkannt werden, ob überhaupt eine Spannung anliegt. Wenn z. B. bei *QM* die Spannung *P* anliegt, kann auf einen Kurzschluss zurückgeschlossen werden. An Spannung und Masse können Aktoren, z. B. ein Ventil, Modul etc., angeschlossen werden. Die Ausgangsleistung des Moduls muss dabei die Nennleistung des Aktors aufbringen. Ansonsten wird ein Leistungswandler oder ein Relais zwischen Modul und Aktor benötigt.

Relais werden oftmals dann eingesetzt, wenn das Ausgangsmodul die geforderte Leistung nicht aufbringen kann oder wenn die Ansteuerung (Primärkreis) von den Leistungsspannungen und -strömen des Aktors (Sekundärkreis) getrennt werden soll. Abbildung 6.7 zeigt zwei Schaltungsbeispiele. Links magnetisiert die Spannungs- und Masseschnittstelle (*QP* und *QM*) die Spule des Relais. Dieses betätigt einen Schalter, sodass der Aktor über den Sekundärkreislauf angesteuert wird.

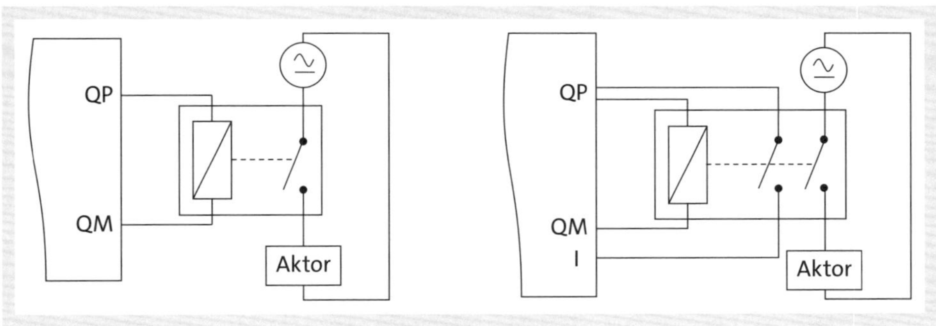

Abbildung 6.7 Ausgabe mit Relais

In vielen Fällen wird aber die Information benötigt, dass das Relais wirklich schaltet und kein Defekt vorliegt. Rechts zeigt die Abbildung, dass die Schalter doppelt und gekoppelt ausgeführt sind. Bei der Aktivierung des Relais werden also beide Schalter ausgelöst. Der erste Schalter legt die Spannung an den Aktor an, der zweite Schalter liefert das Spannungssignal *QP* zurück an die Eingangsschnittstelle *I*. So lässt sich stets der Zustand des Relais erfragen. Dies bedeutet aber nicht, dass mit vollständiger Gewissheit auf den Zustand des Aktors geschlossen werden kann. Fallbeispiel 10.1 zeigt einen Fall auf, bei dem der Zustand eines Aktors (eines Ventils) nicht den Zustand des zurückgelieferten Signals wiedergibt.

Redundante Ausgänge von Logic Solver bzw. SPS

Oftmals besteht die Anforderung, dass die Aktivierung von Aktoren redundant erfolgen soll. Realisiert werden kann das durch zwei Relais, siehe den linken Teil in Abbildung 6.8. Angesteuert werden die Spulen der Primärkreise über die Spannung *QP* und die Masse *QM*. Der Prozessor des Ausgangsmoduls kann den tatsächlichen Wert von *QP* und *QM* erfragen, sodass im Fehlerfall der Prozessor auf Kurzschluss oder Unterbrechung zurückschließen kann. Im mittleren Teil der Abbildung werden die Relais aneinandergekoppelt, sodass sich der Verkabelungsaufwand etwas reduziert. Spannungs- und Massesignale (*QP* und *QM*) werden an die Schnittstelle angelegt und über den Prozessor abfragt.

Im rechten Teil der Abbildung werden beide Relais parallel geschaltet. Bei Aktivierung der Spannungs- und Massesignale (*QP* und *QM*) schalten beide Schalter, und der Aktor wird aktiviert. Diese Konfiguration wird dann verwendet, wenn Querschlüsse zu erkennen sind. Ein Querschluss ist ein fehlgeleitetes Signal an einer der beiden parallelen Leitungen.

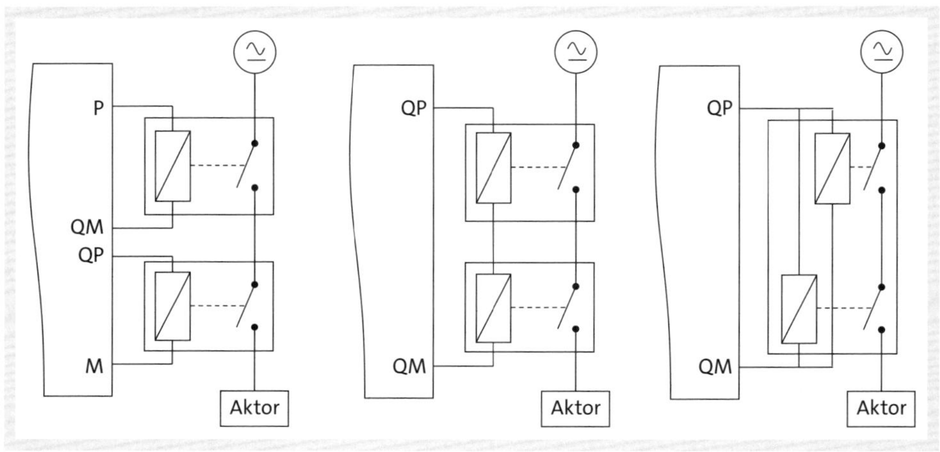

Abbildung 6.8 Redundante Ausgabe

6.3 Überblick über Entwicklungs-, Integrations- und Testpläne

In diesem Abschnitt wird ein Überblick über die benötigten Dokumente bezüglich *IEC-61508* [5] gegeben (siehe auch Tabelle 6.1). So wird bei der Planung des Hardwaresystems mit sicherheitsgerichteten Komponenten ein *Hardware System Safety Requirements*-Dokument benötigt, das die sicherheitstechnischen Anforderungen beschreibt. Ein weiteres Dokument, das in der frühen Entwicklungsphase entstehen sollte, ist das *Hardware System Design Requirements*-Dokument. Dieses Dokument sollte kohärent zum *Hardware System Safety Requirements*-Dokument sein, wenn Hardware- und Softwareentwicklung einhergehen. Dabei sollten sich die Inhalte beider Dokumente aufeinander beziehen.

Kurz vor der Integrationsphase müssen ein *Hardware Integration Test*-Plan und ein *Hardware System Integration Test*-Plan vorliegen, sodass das Testteam anhand dieser Dokumente in den aufeinanderfolgenden Stufen das System integrieren und testen kann. Als Ergebnis liefert das Testteam Reports. Das *Hardware System Safety Requirements*-Dokument dient als Vorlage für den *Hardware Safety Validation*-Plan. Es dient dem Testteam als Vorlage zur Validierung des Hardwaresystems. Das Ergebnis der Validierung sind wie immer Reports.

Lebenszyklus	Dokument
Planung	*Hardware System Safety Requirements*-Dokument
Entwicklung	*Hardware System Design Requirements*-Dokument
Integration	*Hardware System Integration Test*-Plan *Hardware Integration Test*-Plan Integration-Report
Validierung	*Hardware Safety Validation*-Plan Validierung-Report

Tabelle 6.1 Dokumente für den Hardwaresicherheitslebenszyklus

6.4 Hierarchische Struktur der Hardware

Die kleinsten Betrachtungseinheiten der Architektur eines *E/E/PES* sind Bauelemente und Baugruppen. Diese werden dann zu Komponenten, Teilsystem und System (bzw. Gerät) zusammengesetzt. Abbildung 6.9 macht einen hierarchischen Aufbau sichtbar.

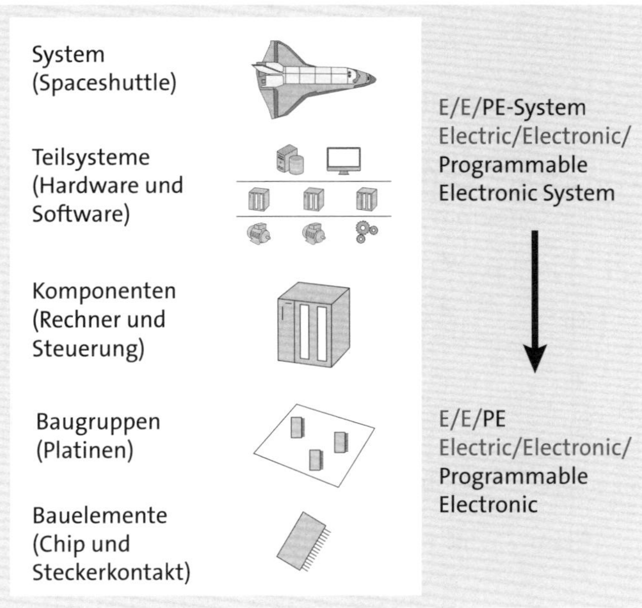

Abbildung 6.9 Betrachtungseinheiten eines Systems oder Geräts

Zum Beispiel kann eine Platine aus mehreren integrierten Schaltungen aufgebaut sein, die dann als eine Baugruppe betrachtet werden. Platinen wiederum sind in einer Steuerung verbaut, die eine Komponente ist. Sensor, Steuerung und Aktor, jeweils Komponenten, bildet ein Teilsystem. Alle Teilsysteme zusammengenommen bilden das System bzw. Gerät. Sicherheitsbetrachtungen müssen dann für alle Betrachtungseinheiten durchgeführt werden. Zur Dokumentation werden die Betrachtungseinheiten eindeutig identifiziert, damit bei der Analyse die Zuordnung erleichtert wird. Natürlich kann in der Praxis aus Zeitgründen nicht jedes elektronische Bauteil eine Einzelbetrachtung erhalten. Daher wird den Herstellern von Teilsystemen vertraut, die selbst Sicherheitsbetrachtungen durchführen und somit in ihren Spezifikationen Daten für die weitere Analyse liefern (z. B. Kenngrößen wie *SFF* oder *SIL*).

Die Betrachtungseinheiten werden in der Norm *IEC-61508* [5] in zwei Typen unterteilt: Typ *A* und Typ *B*. Bei Typ *A* sind die Fehlerarten und das Ausfallverhalten gut bekannt. Außerdem sind Fehlerdaten allgemein zugänglich. Eine Betrachtungseinheit vom Typ *B* sind oft komplexer, und das Ausfallverhalten ist nur teilweise bekannt. Tabelle 6.2 gibt eine Übersicht.

	Typ A	Typ B
Fehlermöglichkeiten	sind alle bekannt	sind nicht alle bekannt
Fehlerzustände aller Elemente	können bestimmt werden	können nicht bestimmt werden
Daten zur Berechnung von Kenngrößen	sind zugänglich	sind nicht komplett zugänglich

Tabelle 6.2 Betrachtungseinheiten der Typen A und B

Tabelle 6.3 und Tabelle 6.4 aus der Norm *IEC-61508* [5] zeigen eine Zuordnung zwischen der Kenngröße *SFF* und der Kenngröße *SIL* und Hardwarefehlertoleranz (*HFT*), abhängig von Typ A oder Typ B.

SFF	HFT 0	HFT 1	HFT 2
0 bis 60 %	SIL 1	SIL 2	SIL 3
60 % bis 90 %	SIL 2	SIL 3	SIL 4
90 % bis 99 %	SIL 3	SIL 4	SIL 4
99 % bis 100 %	SIL 3	SIL 4	SIL 4

Tabelle 6.3 SFF, HFT, SIL für Typ A

HFT gibt die Anzahl der Kanäle an, also die Anzahl der Komponenten, die redundant ausgeführt sind. Wenn die Vorgabe ist, dass nur eine Komponente beider Kanäle funktionieren muss, dann erhält *HFT* den Wert eins. Der Safety Engineer kann durchaus fordern, dass zwei Komponenten des redundanten Zweigs funktionsfähig sein müssen. In diesem Fall gibt es keine Toleranz mehr, und die Kenngröße *HFT* erhält den Wert null. Dies lässt sich weiter fortsetzen mit Komponenten, die dreifach tolerant ausgelegt sind, und dabei ein oder zwei Komponenten ausfallen dürfen (*HFT* = 1 oder *HFT* = 2).

An Tabelle 6.3 und Tabelle 6.4 zeigt sich, dass durch die Toleranz eine Erhöhung des *SIL* ermöglicht wird oder durch die Verbesserung der *SFF*.

SFF	HFT 0	HFT 1	HFT 2
0 bis 60 %	nicht erlaubt	SIL 1	SIL 2
60 % bis 90 %	SIL 1	SIL 2	SIL 3
90 % bis 99 %	SIL 2	SIL 3	SIL 4
99 % bis 100 %	SIL 3	SIL 4	SIL 4

Tabelle 6.4 SFF, HFT, SIL für Typ B

6.5 Bestimmung des Sicherheitsintegritätslevels

Im Jahr 2010 erhielt die Norm *IEC-61508* eine zweite Version (Edition 2.0). Vor 2010 schlug die Norm vor, das *SIL* eines Systems aus den *SIL* der Teilsysteme mit Hinzunahme der *SFF* über Tabelle 6.3 und Tabelle 6.4 zu ermitteln. Diese Methode wird *Route-1H* genannt. Seit 2010 wurde *Route-1H* zur Ermittlung der *SIL* eines Systems durch die Methode *Route-2H* erweitert. Dafür werden Daten aus dem Feld hinzugenommen. Die *SFF* spielt hier keine Rolle mehr.

6.5.1 Route-1H-Methode

Bei dieser Methode werden Tabelle 6.3 und Tabelle 6.4 verwendet, um das *SIL* einer Komponente zu ermitteln. Dazu ist es notwendig, die *SFF* der Komponente zu kennen. Die Ermittlung kann über die Herstellerangaben erfolgen oder mithilfe eigener statischer Daten. Zur Berechnung wurde bereits Formel [4.12] angegeben. Tabelle 6.2 gibt an, welchen Typ die zu betrachtende Komponente hat. Abhängig davon kann in Tabelle 6.3 oder Tabelle 6.4 das *SIL* bestimmt werden.

Systeme mit Sicherheitsfunktionen werden meist aus Komponenten zusammengesetzt. Die Norm *IEC-61508* [5] stellt Regeln auf, um das *SIL* des Systems oder Geräts zu ermitteln. Dazu werden abhängige bzw. serielle Komponenten und unabhängige bzw. mehrkanalige Komponenten betrachtet.

Serielle Komponenten

Abbildung 6.10 zeigt ein System mit drei Komponenten (bzw. drei Fehlermöglichkeiten von Komponenten), die alle für die Funktion des Systems oder Geräts notwendig sind. Bezogen auf das Fallbeispiel in Abschnitt 6.1, können die Komponenten drei Antriebssteuerungen der beiden Boosterraketen und des Hauptantriebs sein. Für eine erfolgreiche Mission müssen alle drei Antriebssteuerungen funktionsfähig sein. Die Typen und *SFF*-Werte in der Abbildung sind nicht real und dienen nur der Veranschaulichung. Da die Antriebssteuerungen einfach ausgelegt sind, ergibt sich ein *HFT* von null.

Aus den obigen Tabellen lässt sich für K_1 *SIL 2* ermitteln. Da die zweite Ansteuerung der Boosterrakete vom gleichen Typ ist, hat er den gleichen *SIL*-Wert. Die Ansteuerung des Hauptantriebs ist vom Typ *B*. Laut Tabelle 6.4 ergibt sich daraus *SIL 1*.

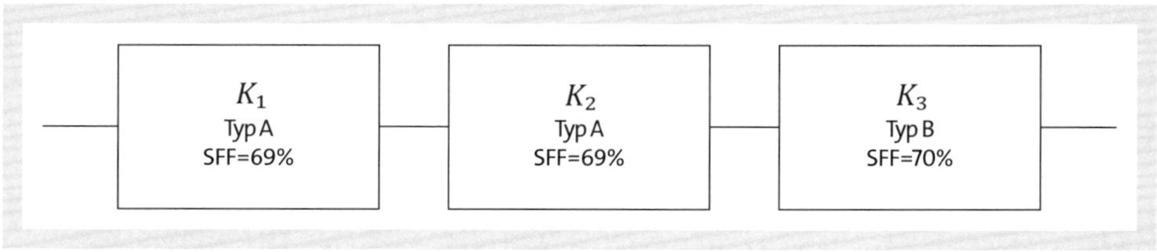

Abbildung 6.10 Serielle Komponenten

Wenn bei einem System alle Komponenten funktionsfähig sein müssen, werden sie grafisch in einer Serie dargestellt. Bei Ausfall einer Komponente wird der Pfad zwischen Anfang und Ende unterbrochen. Es erfolgt dann ein Ausfall des Systems oder Geräts.

Die **erste Regel** aus der Norm *IEC-61508* [5] gilt für serielle Komponenten: Das maximale *SIL* des Systems oder Geräts ist das niedrigste *SIL* der Komponenten. In dem konstruierten Beispiel ist das *SIL* der kompletten Antriebssteuerung dann *SIL 1*.

Mehrkanalige Komponenten

Oftmals treten unerwünschte Ereignisse nicht nur bei einem einzigen Fehler auf. Im Fallbeispiel oben waren es mindestens zwei Ereignisse. Das erste Ereignis war die tiefe Temperatur, was die Ursache für den spröden Dichtungsring war. Die zweite Ursache war der Konstruktionsfehler bei der Verbindung der Boosterraketenkomponenten und das ausgeleierte Material durch die Wiederverwendung. Dies kann durch parallele Komponenten (bzw. durch die Fehlermöglichkeiten der Komponenten) dargestellt werden, siehe auch Abbildung 6.11.

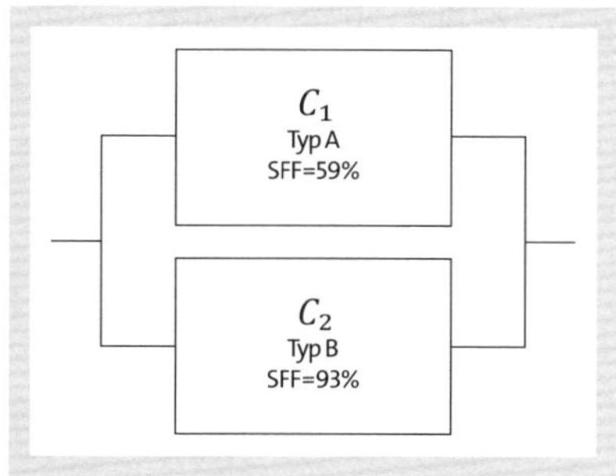

Abbildung 6.11 Komponenten mit zwei Kanälen

Für die Bestimmung des maximalen *SIL* bei mehrkanaligen Komponenten wird die **zweite Regel** aus *IEC-61508* [5] angewendet: So ist das kombinierte *SIL* von mehreren Kanälen das maximale *SIL* der einzelnen Komponenten, addiert mit dem *HFT*-Wert.

Nach Tabelle 6.3 und Tabelle 6.4 hat die erste Komponente C_1 *SIL* 1 und die zweite Komponente C_2 *SIL* 2. Die *HFT*-Kenngröße hat den Wert eins. Somit haben beide Komponenten C_1 und C_2 kombiniert einen maximalen *SIL*-Wert von drei.

Kombination von seriellen und mehrkanaligen Komponenten

Werden alle Komponenten zusammengesetzt, ergibt sich das Diagramm in Abbildung 6.12. Das Diagramm kann wie folgt interpretiert werden: Wenn einer der drei Antriebe ausfällt, fällt die Mission des Spaceshuttles aus. Wenn zusätzlich noch wegen der kalten Temperaturen die Dichtungsringe spröde und wenn die Boosterraketenteile ausgeleiert sind, dann ist die Boosterrakete undicht, und die Mission fällt aus. Damit ergeben sich die Fehlermöglichkeiten *Ausfall von drei Raketensteuerungen* (K_1, K_2, K_3), *Dichtungsring spröde* (C_1) und *Boosterraketenkomponenten ausgeleiert* (C_2).

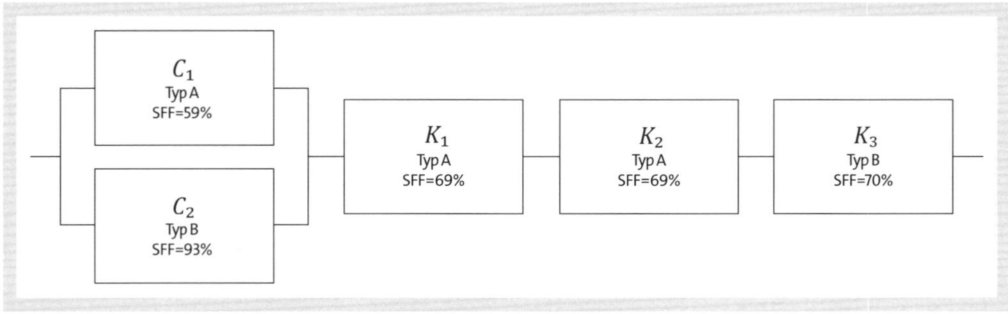

Abbildung 6.12 Kombinierte Komponenten

Die *SIL*-Werte sind bereits oben ermittelt worden, und somit kann das Diagramm durch Abbildung 6.13 vereinfacht werden. Die Komponenten C_1 und C_2 werden durch C_{12} und die Komponenten K_1, K_2 und K_3 durch K_{123} ersetzt. C_{12} hat *SIL* 3 und K_{123} hat *SIL* 1.

Da C_{12} und K_{123} miteinander in Serie verknüpft sind, kann die erste Regel angewendet werden: Das maximale *SIL* des Systems oder Geräts hat den kleinsten *SIL*-Wert der Einzelkomponenten. In diesem Fall ist das *SIL* des Systems oder Geräts gleich eins.

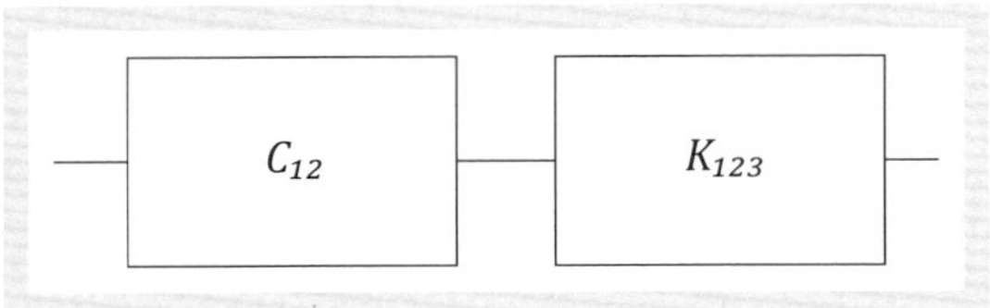

Abbildung 6.13 Komponenten zusammengefasst

6.5.2 Route-2H-Methode

Bei der *Route-2H*-Methode wird eine Kombination aus einfachen Regeln, Daten aus dem Feld und Expertenmeinung angewendet. Die *SFF* spielt keine Rolle. Die Regeln unterscheiden zwischen *Low Demand*- und *High Demand*-Systemen. Bei *Low Demand* gibt es die folgenden Regeln:

- Systeme und Geräte, bei denen ein *SIL* 4 gefordert wird, müssen mindestens ein *HFT* von 2 haben.
- Systeme und Geräte, bei denen *SIL* 3 gefordert wird, müssen mindestens ein *HFT* von 1 haben.
- Nur Systeme und Geräte mit der Anforderung von *SIL* 1 und *SIL* 2 dürfen ein *HFT* von 0 haben.

Eine Ausnahme ist dann gegeben, wenn alle Komponenten vom Typ A sind. Dann ist es unter Angabe von Begründungen möglich, den *HFT*-Wert zu reduzieren. Wenn eine der Komponenten vom Typ B ist, sollte ein Diagnosefaktor *DC* von 60 % dieser Komponente vorausgesetzt sein.

Bei *High Demand*-Systemen muss bei einem System oder Gerät mit *SIL* 2 ein *HFT* von 1 gegeben sein.

Es gibt Bedingungen für die Daten, die Grundlage für die *SIL*-Bestimmung sind. Diese sind:

- Es müssen genügend Daten vorhanden sein.
- Die Daten müssen den Richtlinien aus Norm [28] bzw. Norm [29] entsprechen.
- Experten sollen die Charakterisierung begutachten.
- Tests sollen die ermittelten Durchschnittswerte und Konfidenzintervalle validieren.

6.6 Abschließende Bemerkungen

Hardware- und Softwareentwicklung greifen ineinander und folgen ähnlichen Prozessen. Oftmals geht die Hardwareentwicklung der Softwareentwicklung voraus, da sie länger dauert. Die Software kann auch Abhängigkeiten haben, so gehen Arbeitspakete aus der Hardwareentwicklung in das *Software Safety Requirements*-Dokument mit ein. Zur einfachen Erklärung der beiden Entwicklungsprozesse eignet sich das *V-Modell*. In der Realität sind die Entwicklungsprozesse komplexer und vielschichtiger. Wie auch bei der Softwareentwicklung ist es von großer Bedeutung, die entstehenden Dokumente in Konfigurationsmanagementsysteme abzulegen, um bei Bedarf schnell Zugriff zu erhalten.

Sicherheitsanforderungen bestimmen die technischen Maßnahmen für die Entwicklung des Systems oder Geräts. So ist es Voraussetzung, bei höheren *SIL* Redundanzen (ausgedrückt durch *HFT*) einzuplanen. Die Einzelkomponenten werden durch die Typen A oder B charakterisiert, was ein Ausdruck für das Vertrauen in die Fehlerhandhabung ist. Bei der alten Version von Norm *IEC-61508* bestimmten die *SFF*-Kenngrößen zusammen mit weiteren Regeln das *SIL* des Systems oder Geräts. Bei der zweiten Version hat der Anwender die Wahl, eine zweite Methode zu verwenden. Einfache Regeln, Expertenmeinung und Felddaten können zur *SIL*-Bestimmung hinzugezogen werden.

An dem Fallbeispiel wurde die Berechnung des *SIL* konstruiert. Dabei wurden die drei Antriebe als Komponenten in Serie dargestellt. Wenn einer ausfällt, fällt auch die Mission aus. Bei der Boosterrakete gab es zwei Fehlermöglichkeiten, die in Kombination auftraten, damit ein Ausfall hervorrufen wurde. So musste der Dichtungsring spröde und die Verbindung der Boosterraketenkomponenten mussten ausgeleiert sein. Dargestellt wird das in einem Diagramm durch eine Parallelanordnung der Komponenten.

Kapitel 7
Kenngrößen

In den nachfolgenden Abschnitten werden zur Bestimmung von Zuverlässigkeiten und Verfügbarkeiten Formeln hergeleitet, die auf Mengenlehre und Wahrscheinlichkeitstheorie beruhen. Falls Sie in diesen Gebieten nicht sattelfest sind, können Sie dieses Kapitel zur Auffrischung nutzen. Es wird dabei nicht nur reine Theorie erklärt, sondern die Wahrscheinlichkeiten beziehen sich auch auf Ausfälle und Fehler von Systemen, Geräten, Komponenten etc. Die Formeln zur Beschreibung von Zuverlässigkeits- und Fehlerwahrscheinlichkeiten verwenden Dichtefunktionen aus der Wahrscheinlichkeitstheorie. Dichtefunktionen können sich je nach Datenlage unterscheiden. Deshalb werden mehrere Varianten vorgestellt, die vorzugsweise im *Safety Engineering* eingesetzt werden. Die Exponentialfunktion sticht dabei heraus. Sie werden erkennen, dass sich viele Formeln durch diese Dichtefunktion wesentlich vereinfachen lassen. Ich leite in diesem Kapitel zusammenfassende Kenngrößen her, wie z. B. die mittlere Ausfallzeit, die auch in den folgenden Kapiteln (Fehlerbaumanalyse, Markov etc.) als Bestandteil der Modellierung der Verfügbarkeit von Systemen eingesetzt wird.

Zuletzt werden die Grundlagen betrachtet, um die Wahrscheinlichkeit des Ausfalls unter Berücksichtigung von regelmäßigen Instandsetzungen eines einfachen Sicherheitssystems zu bestimmen. Darauf aufbauend wird in Kapitel 16 mit dieser Methode Ausfallwahrscheinlichkeiten von beliebigen Redundanzen bei Sicherheitssystemen bestimmt.

7.1 Fallbeispiel: Starfighter

Ende der 1950er-Jahre bestellte das Verteidigungsministerium der Bundesregierung Deutschland ca. 1.000 Flugzeuge des Typs *F104*. Unter anderem bestanden die Anforderungen darin, dass dieses Flugzeug allwettertauglich, überschallfähig sein und als Jagdbomber und Abfangjäger eingesetzt werden sollte. Das F104 galt als sehr modernes Flugzeug, das allerdings nur als Abfangjäger konzipiert wurde. Bei der Flugzeuggeneration zuvor waren Flugzeuge im Flug stabil. Das Flugzeug F104 gehörte zu einer neuen Generation. Die neue Architektur des F104 konnte jetzt Steigungen erreichen, die zuvor nicht möglich waren. Dies aber hatte eine schwierige Handhabung des Flugzeugs zur Folge. Die neuen Anforderungen des Verteidigungsministeriums an das

Flugzeug bedeuteten, dass weitere konstruktive Maßnahmen durchgeführt werden mussten. Beispielsweise wurden ein neues Triebwerk, ein verstärkter Rumpf, ein neues Radar und ein neues Navigationssystem bestellt. Diese Version des Flugzeugs existierte vor dieser Bestellung nicht, sodass es unausgereift war.

Das Flugzeug war schwieriger zu warten und betreiben. Durch die deutsche Zusatzbewaffnung war es viel schwerfälliger. Das Fliegen setzte eine hohe Konzentration des Piloten voraus, weswegen dieser sehr intensiv geschult werden musste. Alle Piloten mussten daher in den USA mindestens 26 Übungsflüge absolvieren.

Insbesondere in den 1960er-Jahren kam es zu vielen Abstürzen (siehe auch Abbildung 7.1). Eine Ursache war ein Triebwerkproblem, das bei Versagen unweigerlich zum Absturz führte. Falls das Flugzeug zu tief flog, konnte der Pilot sich nicht mehr durch den Schleudersitz retten. Es war für Tiefflüge, also für Jagdbombereinsätze, nicht konzipiert, und der Fallschirm löste sich bei niedriger Flughöhe nicht.

Auch machte die Infrastruktur Probleme, z. B. waren die Start- und Landebahnen in der Anfangsphase zu kurz. Eine weitere Ursache für die Abstürze lag in dem Ausfall der Flugzeugelektronik bei schlechtem Wetter. Die Wartung der Flugzeuge wurde damals noch von wehrpflichtigen Mechanikern durchgeführt, denen es oft an Erfahrung fehlte. Auf dem Arbeitsmarkt gab es zu dieser Zeit Personalmangel, und die Bundeswehr galt damals nicht als attraktiver Arbeitnehmer.

Abbildung 7.1 Starfighter-Unglück

So wurden vor allem in den 1960er-Jahren immer wieder tödliche Unglücke über die Presse bekannt. Insgesamt endeten 116 Unglücke tödlich. Von 916 Flugzeugen sind 292 abgestürzt.

Nach der Analyse der Unglücke wurden mehrere Ursachen gefunden:

- Eine bedeutende Ursache lag in der Flugfähigkeit der Piloten. So wurde durch mehr Trainingsstunden die Flugfähigkeit der Piloten verbessert.
- Weiter waren die Landebahnen zu kurz. Daher wurden an den Enden Auffangnetze angebracht, die einen Übertritt des Flugzeugs verhinderten.

- Die Schleudersitze funktionierten bei niedriger Höhe nicht. Neue Schleudersitze wurden eingebaut, damit sich die Piloten auch aus niedriger Höhe retten konnten.
- Nach Behebung der Unglücksursachen durch die oben genannten Maßnahmen konnten die Ausfälle und Unglücke wesentlich reduziert werden. Die Medien berichteten damals ausgiebig über diese sogenannte Starfighter-Affäre, siehe Fernsehbericht [30].

Wehrpflichtige waren für die Wartung der Flugzeuge zu unerfahren. So wurden die Ausbildung der Mechaniker und die Ersatzteilversorgung verbessert.

7.2 Wahrscheinlichkeit eines Ausfalls

Für die Beschreibung von Ausfallrate und Ausfallwahrscheinlichkeit kann die Wahrscheinlichkeitstheorie aus der Mathematik herangezogen werden. Die Wahrscheinlichkeitstheorie soll in diesem Kapitel kurz in Erinnerung gerufen werden mit Schwerpunkt auf den Ausfall von Systemen und Geräten.

In [31] wird die Wahrscheinlichkeit eines Ereignisses als Maß für das Auftreten von Ereignissen bezeichnet. In der Theorie muss das Auftreten der Ereignisse unendlichmal beobachtet werden, um das Maß zu bestimmen. Da dies aber nicht möglich ist, kann nur endlichmal beobachtet werden. Wegen des Gesetzes der großen Zahlen nähert sich die berechnete Wahrscheinlichkeit aus einer endlichen Menge von Ereignissen der tatsächlichen Wahrscheinlichkeit an.

Das Beobachten von ausfallenden Geräten ist ein Zufallsexperiment. Es wird also stets festgestellt, ob ein Gerät funktioniert oder ob es ausgefallen ist. Das Ereignis ist ein Ergebnis des Zufallsexperiments: funktionsfähig oder ausgefallen. Nur durch unendlich langes Beobachten des Zufallsexperiments lässt sich die Ausfallwahrscheinlichkeit exakt bestimmen, ansonsten ist sie eine Annäherung. Angenommen, es gibt ein Ereignis A, dessen Ergebnis ein Ausfall zwischen der Zeit t und ∞ ist. Dann gibt dieser Ausdruck die Wahrscheinlichkeit an:

$$Pr\{A\} = Pr\{Ausfall\ zwischen\ t\ ...\ \infty\} \tag{7.1}$$

$Pr\{..\}$ ist die Wahrscheinlichkeit (*Probability*) eines Ereignisses. Das Ereignis A steht für *Ausfall zwischen t ... ∞*. Die Wahrscheinlichkeit wird durch einen Zahlenwert zwischen null und eins ausgedrückt.

7.2.1 Additionsoperation

In der Wahrscheinlichkeitstheorie lassen sich mathematische Operationen auf die Wahrscheinlichkeiten von Ereignissen anwenden, unter anderem die Additionsoperation, siehe Formel [7.2]. Die Additionsoperation gibt die Wahrscheinlichkeit an, dass eines der beiden disjunkten Ereignisse A oder B eintritt:

[7.2] $$Pr\{A \cup B\} = Pr\{A\} + Pr\{A\}$$

In Abbildung 7.2 werden zwei Mengen gezeigt, A und B. Dabei soll A das Ereignis sein: *Ausfall zwischen* $t_1 \dots t_2$. Die Variablen t_1 und t_2 sind Zeitpunkte. B ist das Ereignis *Ausfall zwischen* $t_3 \dots t_4$. Auch hier sind die Variablen t_3 und t_4 Zeitpunkte. Es gilt bei beiden Ereignissen, dass der Anfangszeitpunkt kleiner ist als der Endzeitpunkt, also $t_1 < t_2$ und $t_3 < t_4$. Für den Fall, dass auch $t_2 < t_3$ gilt, können die Ereignisse A und B niemals gleichzeitig eintreten, da sich beide Zeitspannen nicht überlappen. Deswegen sind beide Mengen der Ereignisse A und B disjunkt.

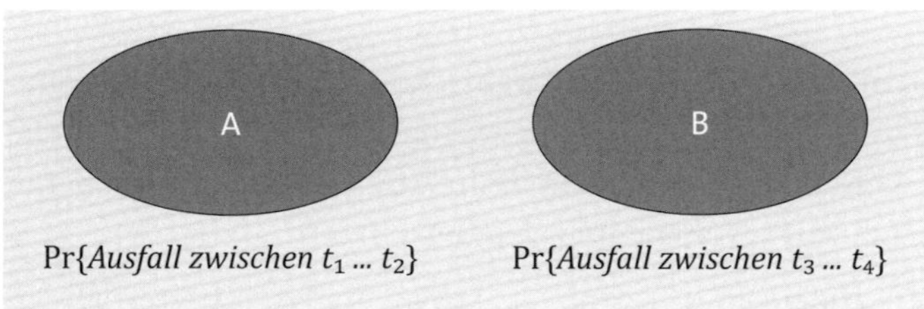

Abbildung 7.2 Additionsoperation mit disjunkten Mengen

Die allgemeine Additionsoperation ist in Formel [7.3] gegeben. Das Ereignis A soll ein *Ausfall zwischen* $t_1 \dots t_2$ und das Ereignis B ein *Ausfall zwischen* $t_3 \dots t_4$ sein. Diesmal gilt $t_3 < t_2$, also sind die Ereignisse A und B nicht disjunkt.

[7.3] $$Pr\{A \cup B\} = Pr\{A\} + Pr\{B\} - Pr\{A\} \cdot Pr\{B\}$$

Die Mengen der Ereignisse können sich also überlappen, siehe Abbildung 7.3. Da die Formel [7.2] den überlappenden Teil der Mengen doppelt zählen würde, braucht es hier eine Korrektur. Diese Korrektur wird durch die Subtraktion von $Pr\{A\} \cdot Pr\{B\}$ erreicht, die den Querschnitt zwischen den Mengen der Ereignisse A und B bildet.

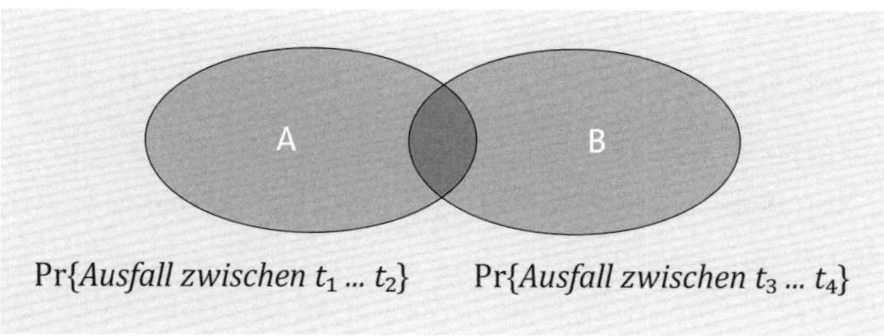

Abbildung 7.3 Additionsoperation mit nicht disjunkten Mengen

7.2.2 Komplementäroperation

Eine weitere Operation in der Mengenlehre ist die Komplementäroperation, siehe Formel [7.4].

$$Pr\{\overline{A}\} = 1 - Pr\{A\}$$ [7.4]

Das Ergebnis der Komplementäroperation aus einer Menge des Ereignisses A sind alle Ereignisse, die sich nicht in A befinden. Zum Beispiel kann A das Ereignis *Ausfall zwischen 0 ... t* sein. Das Komplement $\overline{A}$ wäre das Ereignis *Ausfall zwischen t ... ∞*. Abbildung 7.4 zeigt dies als Mengendarstellung.

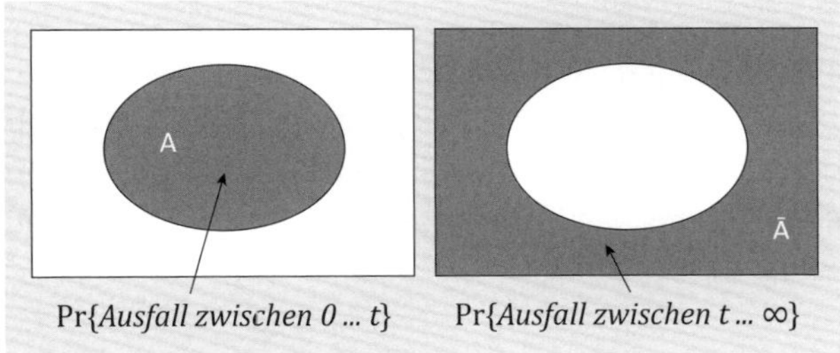

Abbildung 7.4 Komplementäroperation

Dazu noch eine Bemerkung: Das Komplement der Menge des Ereignisses *Ausfall zwischen 0 ... t* kann auch als eine Menge des Ereignisses *Funktion zwischen 0 ... t* beschrieben werden. Die Funktion eines Geräts in einer Zeitspanne ist komplementär zum Ausfall eines Geräts in der gleichen Zeitspanne. Dadurch ist die Menge der Ereignisse *Funktion zwischen 0 ... t* gleich der Menge der Ereignisse *Ausfall zwischen t ... ∞*.

7.2.3 Multiplikationsoperation

Die Multiplikationsoperation ist eine weitere Operation aus der Wahrscheinlichkeitstheorie bzw. in der Mengenlehre. Die Mengen der Ereignisse A und B sind aus zwei verschiedenen unabhängigen Zufallsexperimenten. Dann kann die Wahrscheinlichkeit, dass die Ereignisse A und B gleichzeitig eintreten, als Produkt der einzelnen Wahrscheinlichkeiten berechnet werden, siehe Formel [7.5].

$$Pr\{A \cap B\} = Pr\{A, B\} = Pr\{A\} \cdot Pr\{B\}$$ [7.5]

Ein Zufallsexperiment ist z. B. das Feststellen des Zustands eines Geräts mit den Zuständen *Funktion* und *Ausfall*. Mit Menge A sind alle Ereignisse mit *Ausfall zwischen* $t_1 \dots t_2$ gemeint, und mit Menge B sind alle Ereignisse mit *Ausfall zwischen* $t_3 \dots t_4$ gemeint. Falls der Zeitpunkt t_2 größer ist als der Zeitpunkt t_3, gibt es eine Überschneidung der beiden Mengen A und B. Die Mengen sind also nicht disjunkt. Durch die Multiplikationsoperation aus Formel [7.5] wird die Schnittmenge ermittelt, die als Ergebnis alle Ereignisse *Ausfall zwischen* $t_3 \dots t_2$ hat (siehe auch Abbildung 7.5).

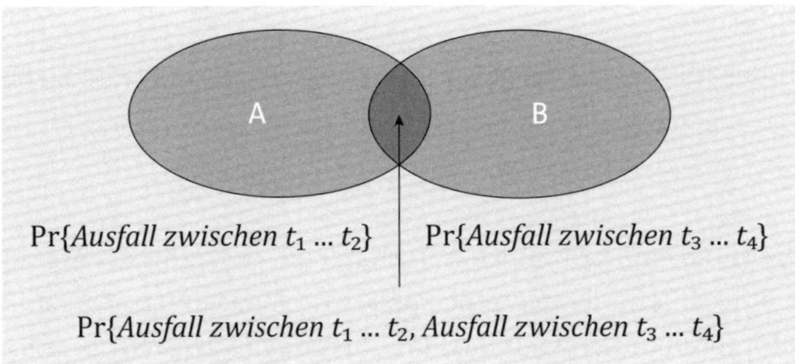

Abbildung 7.5 Multiplikationsoperation zweier Mengen

Falls sich zwei Mengen nicht überschneiden, sind die Mengen disjunkt, siehe Abbildung 7.2. Sind die beide Mengen dieser Multiplikationsoperation unabhängig, gilt $Pr\{A\} \cdot Pr\{B\} = 0$. In der realen Welt fallen Geräte oder Systeme unabhängig voneinander aus. Der Ausfall eines Systems oder Geräts beeinflusst also nicht den Ausfall eines anderen Systems oder Geräts.

7.2.4 Bedingte Wahrscheinlichkeit

Als Letztes soll hier die bedingte Wahrscheinlichkeit erwähnt werden, die durch Formel [7.6] gegeben wird. Die Formel bestimmt die Wahrscheinlichkeit für das Auftreten eines Ereignis *A*, falls das Ereignis *B* gegeben ist.

[7.6]
$$Pr\{A \mid B\} = \frac{Pr\{A, B\}}{Pr\{B\}} = \frac{Pr\{A \cap B\}}{Pr\{B\}}$$

Angenommen, das Ereignis *Ausfall zwischen* t ... t_1 ist *A*. Die Bedingung *B* wird durch das Ereignis *Funktion zwischen* 0 ... t ausgedrückt. Das Gerät muss also in der Zeitspanne 0 ... t funktionieren, und erst dann kann das Ereignis A *Ausfall zwischen* t ... t_1 (mit $t < t_1$) eintreten (siehe Formel [7.7], die die Gleichheit von *B* ausdrückt).

[7.7]
$$Pr\{Ausfall\ zwischen\ t\ ...\ t_1 \mid Funktion\ zwischen\ 0\ ...\ t\} =$$
$$Pr\{Ausfall\ zwischen\ t\ ...\ t_1 \mid Ausfall\ zwischen\ t\ ...\ \infty\}$$

7.3 Zuverlässigkeit und Ausfallwahrscheinlichkeit

Bereits Tabelle 3.3 zeigt die Möglichkeit, aus den Wahrscheinlichkeiten bzw. Häufigkeiten der gefährlichen Ausfälle (*PFD* bzw. *PFH*) ein *SIL* zuzuordnen. Die Zuverlässigkeitswahrscheinlichkeit hat dabei eine komplementäre Beziehung zur Ausfallwahrscheinlichkeit. Die Zuverlässigkeit dient unter anderem der Ermittlung der *SIL*-Kenngrößen. Sie ist eine Funktion der Zeit, oftmals ausgedrückt durch $R(t)$, wobei R für *Reliability* steht. Definiert wird die Zuverlässigkeit dadurch, dass ein System oder Gerät innerhalb des Zeitraums 0 und t seine Funktion ausführt. Dies wird ausgedrückt wie folgt: $R(t)$ gibt die Wahrscheinlichkeit an, dass ein System oder Gerät nach dem Zeitpunkt t ausfällt, siehe Formel [7.8].

$$\begin{aligned} R(t) &= Pr\{\tau > t\} \\ &= Pr\{Ausfall\ zwischen\ t\ ...\ \infty\} \\ &= Pr\{Funktion\ zwischen\ 0\ ...\ t\} \end{aligned} \quad [7.8]$$

Die Variable τ ist eine Zufallsvariable. Der Ausdruck $\tau > t$ ist ein Ereignis, das aussagt, dass ein System oder Gerät nach t ausfällt. $Pr\{...\}$ ist die Wahrscheinlichkeit. Ausgedrückt werden kann die Formel [7.8] auch durch $Pr\{Ausfall\ zwischen\ t\ ...\ \infty\}$. Das Komplement der Zuverlässigkeit ist die Ausfallwahrscheinlichkeit $F(t)$, wobei F für *Failure* steht. Das Komplement kann mit Formel [7.4] berechnet werden, und somit ergibt sich Formel [7.9]:

$$F(t) = 1 - R(t) \quad [7.9]$$

Die Funktion $F(t)$ gibt also die Wahrscheinlichkeit an, dass ein System zwischen 0 ... t ausfällt.

7.4 Dichtefunktionen der Ausfallhäufigkeit

Die Ausfallhäufigkeit der Systeme und Geräte ändert sich zeitlich. Diese zeitliche Abhängigkeit lässt sich über die Dichtefunktion $f(x)$ aus der Wahrscheinlichkeitstheorie ausdrücken. Die Variable x gibt den Zeitpunkt an, an dem die Dichtefunktion $f(x)$ die Ausfallhäufigkeit liefert, wobei dieser Wert eine Zeiteinheit hat, z. B. $[1/h]$. Um eine Wahrscheinlichkeit zu erhalten, muss die Dichtefunktion innerhalb eines zeitlichen Intervalls integriert werden. Die Integration der Dichtefunktion über das Intervall $t\ ...\ \infty$ ergibt die Zuverlässigkeit, siehe Formel [7.10].

$$R(t) = Pr\{Ausfall\ zwischen\ t...\infty\} = \int_t^\infty f(x)\,dx \quad [7.10]$$

Abbildung 7.6 veranschaulicht Formel [7.10]. Die Dichtefunktion $f(x)$ gibt die Ausfallhäufigkeit eines Geräts an. Wird das Zeitintervall $t\ ...\ \infty$ betrachtet, ergibt die Fläche unter der Dichtefunktion die Wahrscheinlichkeit für einen Ausfall.

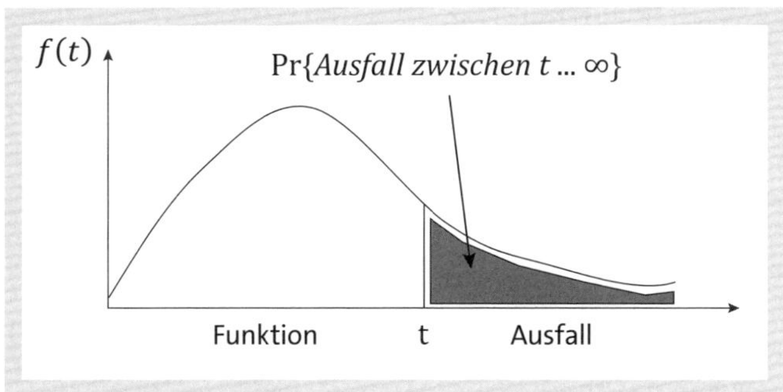

Abbildung 7.6 Dichtefunktion für die Ausfallhäufigkeit

Formel [7.11] zeigt, wie durch Integration der Dichtefunktion zwischen den Grenzen 0 und t die Ausfallwahrscheinlichkeit berechnet werden kann.

[7.11]
$$F(t) = Pr\{Ausfall\ zwischen\ 0 \ldots t\} = \int_0^t f(x)\,dx$$

Abbildung 7.7 veranschaulicht diese Integration. Die Ausfallwahrscheinlichkeit ergibt sich hier aus der Fläche unter der Dichtefunktion $f(x)$ im Intervall 0 ... t.

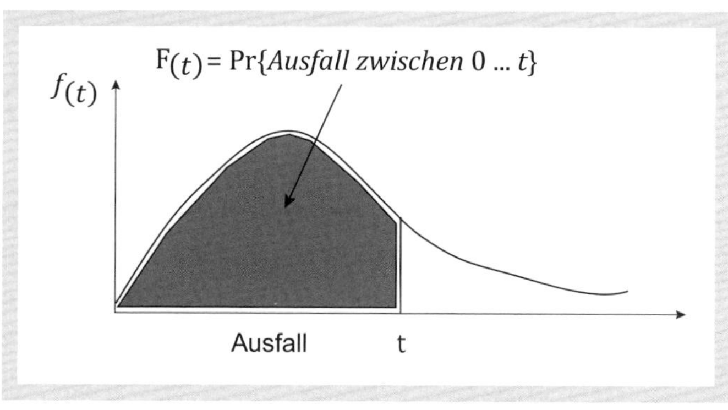

Abbildung 7.7 Dichtefunktion der Ausfallwahrscheinlichkeit

Zur Berechnung der Ausfallwahrscheinlichkeit innerhalb eines kleinen Intervalls $t \ldots t + \Delta t$ kann Formel [7.12] angewendet werden. Durch die Wahl eines Δt wird unter Umständen das Intervall an den Grenzen des Integrals klein. Es ist zu bemerken, dass bei einem $\Delta t = 0$ die Ausfallwahrscheinlichkeit null ist.

[7.12]
$$F(t + \Delta t) - F(t) = Pr\{Ausfall\ zwischen\ t \ldots t + \Delta t\} = \int_t^{t+\Delta t} f(x)\,dx$$

Abbildung 7.8 zeigt die Fläche unter der Dichtefunktion $f(x)$ in den Grenzen $t \ldots t + \Delta t$.

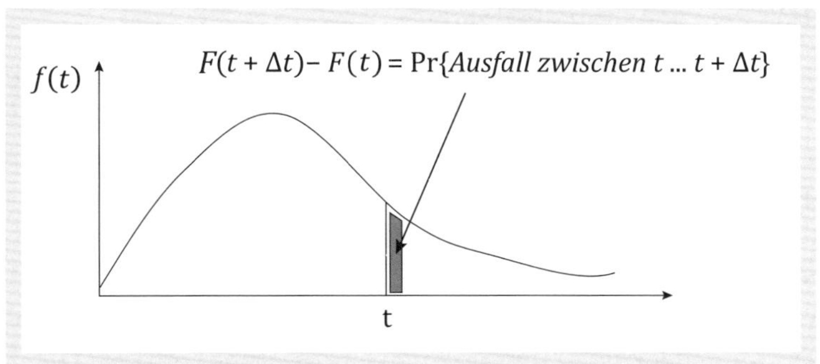

Abbildung 7.8 Dichtefunktion mit Δt

So ergibt die Integration der Dichtefunktion innerhalb eines vorgegebenen Zeitintervalls eine Wahrscheinlichkeit. Die Wahrscheinlichkeit liegt stets im Wertebereich zwischen 0 und 1. Daraus ergibt sich eine wichtige Eigenschaft der Dichtefunktion, und zwar, dass die gesamte Fläche unter der Dichtefunktion gleich 1 ist. Formel [7.13] stellt diese Eigenschaft dar.

$$F(t=\infty) = Pr\{Ausfall\ zwischen\ 0\ldots\infty\} = \int_0^\infty f(x)\,dx = 1$$ [7.13]

Abbildung 7.9 zeigt die Funktion *f*(*x*) und zwei Flächen unter der Funktion, geteilt bei *t*. Die linke Fläche beschreibt die Wahrscheinlichkeit eines Ausfalls zwischen 0 und *t* und die rechte Fläche die Wahrscheinlichkeit eines Ausfalls zwischen *t* ... ∞. Beide Flächen addiert, ergibt zusammen eins.

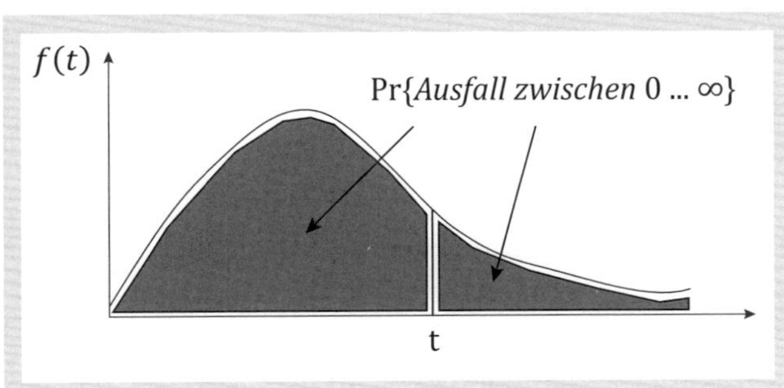

Abbildung 7.9 Eigenschaft der Dichtefunktion

Bisher wurde nur die beliebige Dichtefunktion *f*(*x*) mit der in Formel [7.13] gegebenen Eigenschaft betrachtet. Es folgen Beschreibungen von vier bekannten Dichtefunktionen aus dem *Safety Engineering*.

7.4.1 Dichtefunktion der Exponentialverteilung

Eine häufig verwendete Dichtefunktion für Zuverlässigkeits- und Ausfallwahrscheinlichkeiten ist die Exponentialverteilung, siehe Formel [7.14]. Der Parameter λ ist die Ausfallrate, also die Anzahl der Ausfälle innerhalb eines Zeitintervalls. Eine wichtige Eigenschaft dieser Funktion ist die konstante Ausfallrate. Wie bereits erwähnt, ist das Ergebnis der Funktion $f(x)$ eine Häufigkeit. Diese kann auch Werte größer als eins annehmen, da sie eine Einheit (z. B. $[1/h]$) hat. Die Integration innerhalb eines Zeitintervalls ergibt eine Wahrscheinlichkeit. Auch bei dieser Dichtefunktion ist die Eigenschaft, dass die Fläche unter der kompletten Funktion eins ist, siehe Formel [7.14].

[7.14] $$f(x) = \lambda \cdot e^{-\lambda \cdot x} \quad x \geq 0$$

Die Exponentialverteilung ist eine sehr einfache Dichtefunktion und wird deshalb gern zur Vereinfachung von komplexeren Verteilungen eingesetzt. Abbildung 7.10 zeigt den Verlauf der Exponentialverteilung für $\lambda = 1$.

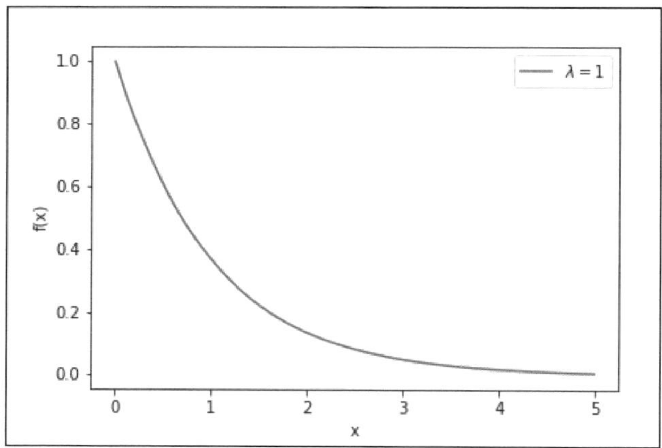

Abbildung 7.10 Dichtefunktion mit der Exponentialfunktion

Wird Formel [7.14] in Formel [7.10] eingesetzt, ergibt sich:

[7.15] $$\begin{aligned} R(t) &= Pr\{Ausfall\ zwischen\ t \ldots \infty\} = \int_t^\infty \lambda \cdot e^{-\lambda \cdot x}\, dx \\ &= \lambda \cdot \frac{1}{-\lambda} \cdot e^{-\lambda \cdot x}\Big]_t^\infty \\ &= e^{-\lambda \cdot t} \end{aligned}$$

Formel [7.15] ist die Zuverlässigkeitsfunktion eines Geräts, dessen Ausfälle der Exponentialverteilung unterliegen. Bei $t = 0$ ist die Wahrscheinlichkeit, dass das System oder Gerät funktioniert, eins (z. B. kurz nach dem Neukauf oder der Instandsetzung). Nach längerem Betrieb geht die Wahrscheinlichkeit gegen null.

Die Einfachheit erklärt die Beliebtheit für der Funktion.

7.4.2 Dichtefunktion der Weibullverteilung

Die Weibullverteilung ist eine Wahrscheinlichkeitsverteilung mit zwei Parametern λ und α. Abhängig von den Werten der Parameter kann sie zu einer Exponentialverteilung werden oder zu einer Verteilung, die der Normalverteilung ähnelt. Die Zuverlässigkeitsfunktion der Weibullfunktion hat in der Regel keine konstante Ausfallrate. In der Realität haben Geräte anfangs Frühausfälle und später Spätausfälle, sodass deren Ausfälle nicht konstant sind. Somit lassen sich Ausfallraten mit einer Badewannencharakteristik modellieren. Die Weibullverteilung kann mit λ und α an die Ausfallcharakteristik angepasst werden. Formel [7.16] zeigt die Weibullverteilung.

7

$$f(x;\lambda,\alpha) = \begin{cases} \alpha \cdot \lambda^{\alpha} \cdot x^{\alpha-1} \cdot e^{-(\lambda x)^{\alpha}} & x \geq 0 \\ 0 & x < 0 \end{cases} \quad [7.16]$$

In Abbildung 7.11 wird der Verlauf von zwei Weibullfunktionen mit unterschiedlichen Parametern gezeigt. Über die Wahl der Parameter λ und α lässt sich die Weibullfunktion formen.

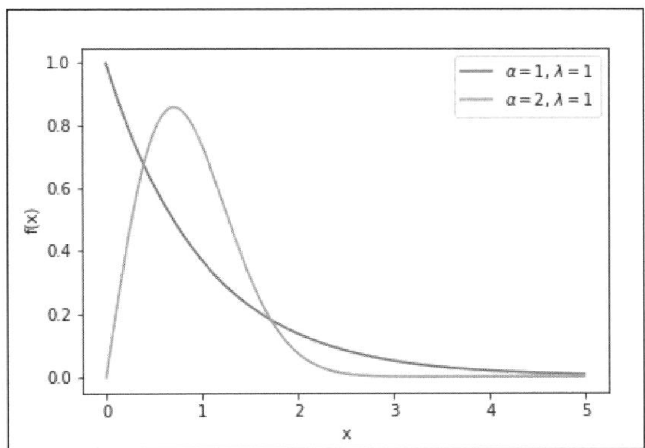

Abbildung 7.11 Dichtefunktion mit der Weibullfunktion

7.4.3 Dichtefunktion der Normalverteilung

Die Dichtefunktion der Normalverteilung ist eine Funktion mit zwei Parametern μ und σ. Der Parameter μ ist der Mittelwert, und σ ist die Standardabweichung der Verteilung. Sie wird oft verwendet, wenn Werte einer Zufallsvariablen um einen Mittelwert streuen. Die Stärke der Streuung wird durch die Standardabweichung angegeben. Typischerweise wird die Normalverteilung bei der Modellierung von Sensordaten verwendet. Formel [7.17] zeigt die Dichtefunktion.

$$f(x;\mu,\sigma) = \frac{1}{\sigma\sqrt{2\pi}} e^{-\frac{1}{2}\left(\frac{x-\mu}{\sigma}\right)^2} \quad [7.17]$$

Auffällig ist hier die Glockenform. Die Eingangswerte x der Dichtefunktion können dabei negativ sein. Bei Zuverlässigkeitsberechnungen sind aber negative Eingangswerte nicht vorhanden. Bei ihrem Einsatz muss eine Approximation gemacht werden, indem die Werte der Dichtefunktion für $x < 0$ auf 0 gesetzt werden.

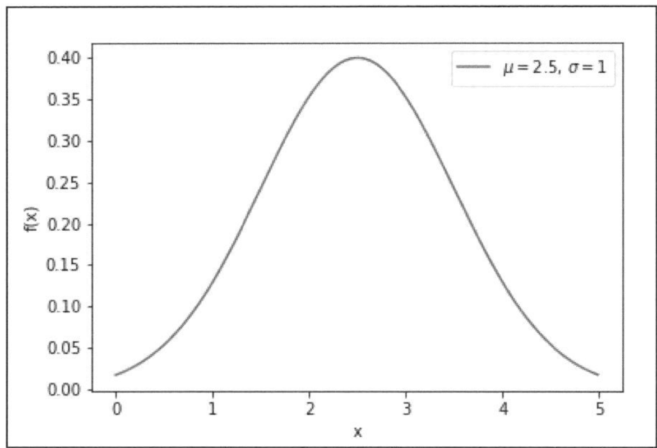

Abbildung 7.12 Dichtefunktion mit der Normalfunktion

7.4.4 Dichtefunktion der Lognormalverteilung

Wie die Normalverteilung ist die Dichtefunktion der Lognormalverteilung eine Funktion mit den Parametern μ und σ, siehe Formel [7.18]. Die Lognormalverteilung wird bei Modellierungen von Reparaturzeiten und Berechnungen von Lebensdauern aus künstlichen Alterungsprozessen angewendet, siehe das Buch [32].

[7.18]

$$f(x;\mu,\sigma) = \begin{cases} \frac{1}{\sigma\sqrt{2\pi}}\frac{1}{x}e^{-\frac{1}{2}\left(\frac{ln(x)-\mu}{\sigma}\right)^2} & x > 0 \\ 0 & x \leq 0 \end{cases}$$

Abbildung 7.13 zeigt den typischen Verlauf der Lognormalverteilung. Zu sehen ist ein steiler Anstieg ab dem Wert $x = 0$ bis zum Erreichen des Maximums für x. Danach flacht die Funktion ab und nähert sich asymptotisch dem Wert null.

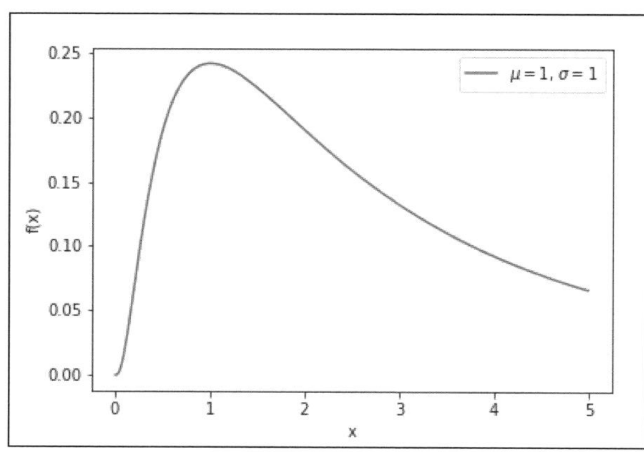

Abbildung 7.13 Dichtefunktion mit der Lognormalfunktion

7.5 Statistische Kennzahlen

Einzelfallbetrachtungen über das Ausfallverhalten eines Geräts sind wegen der Zufälligkeit nicht aussagekräftig. Aus diesem Grund wird die Mittelwertbildung eingesetzt, um einen Überblick über sämtliche Systeme und Geräte zu erhalten. Zuverlässigkeitsfunktionen sind aber für den schnellen Einblick ungeeignet. Deshalb werden die Kenngrößen *mittlere Betriebszeit*, *mittlere Reparaturzeit* und *mittlere Ausfallzeit* in den folgenden Abschnitten vorgestellt.

7.5.1 Mittlere Betriebszeit

Der Mittelwert der Betriebszeit von Systemen und Geräten bis zum Ausfall wird mittlere Betriebszeit genannt oder *Mean Time to Failure*, kurz *MTTF*. Formel [7.19] zeigt die Berechnung aus der Zuverlässigkeitsfunktion bzw. Ausfallfunktion.

$$MTTF = \int_0^\infty R(t)\, dx = \int_0^\infty \big(1 - F(t)\big)\, dx \qquad [7.19]$$

Zur Erklärung wird grafisch die *MTTF* in Abbildung 7.14 mit Pfeilen dargestellt. Sie zeigt die Betriebszeit von drei Geräten und deren Ausfall zu einem bestimmten Zeitpunkt. Der Mittelwert der Betriebszeiten (wenn eine unendliche Anzahl von Geräten betrachtet wird) ist dann die Kennzahl *MTTF*. In Abbildung 7.14 wird gezeigt, dass das erste Gerät repariert wird. Nach einer Reparatur wird zur Vereinfachung das Gerät als neuwertig betrachtet.

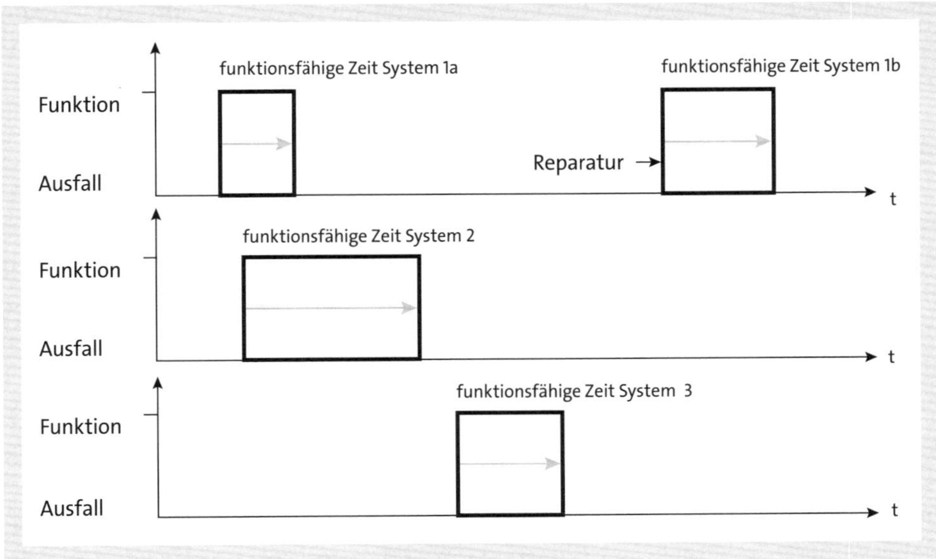

Abbildung 7.14 Betriebszeiten von drei Geräten

Wird nun angenommen, dass die Zuverlässigkeitsfunktion eine Exponentialfunktion ist (siehe Formel [7.15]), ergibt sich aus der *MTTF* von Formel [7.19] die Formel [7.20]. So zeigt sich, dass die mittlere Betriebsdauer bis zum Ausfall gleich dem Kehrwert der Ausfallrate $1/\lambda$ ist.

[7.20]
$$MTTF = \int_0^\infty R(t)\, dx = \int_0^\infty e^{-\lambda \cdot t}\, dx = \frac{1}{\lambda}$$

7.5.2 Mittlere Reparaturzeit

Die mittlere Reparaturzeit nach dem Ausfall eines Geräts wird *Mean Time to Repair* genannt, kurz *MTTR*. Abbildung 7.15 zeigt die Dauer t_0 und t_1 für die Reparatur eines Geräts. Es wird angenommen, dass das Gerät nach der Reparatur als neuwertig betrachtet werden kann.

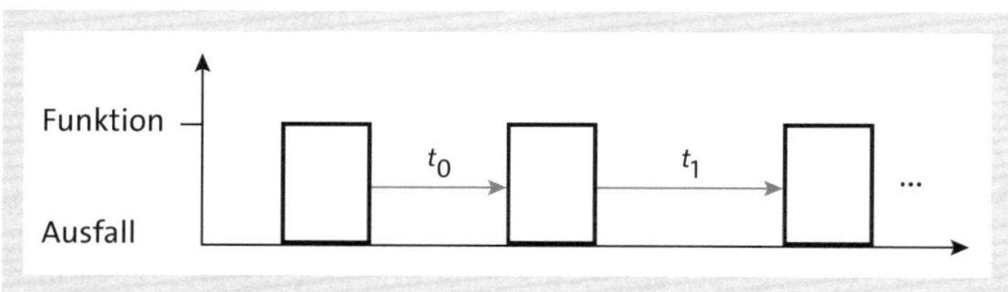

Abbildung 7.15 MTTR

Mithilfe des arithmetischen Mittelwerts kann *MTTR* durch den Quotienten aus der Summe der Reparaturzeiten und der Anzahl der reparierten Geräte ermittelt werden, siehe Formel [7.21]. So ist der arithmetische Mittelwert eine Approximation des tatsächlichen Mittelwerts.

[7.21]
$$MTTR = \frac{t_0 + t_1 + \ldots + t_n}{n}$$

Analytisch wird *MTTR* aus der Verteilungsfunktion *G*(*t*) der Reparaturzeiten berechnet, siehe Formel [7.22]. Da *G*(*t*) nicht leicht herzuleiten ist, hat sie einen begrenzten praktischen Einsatz.

[7.22]
$$MTTR = \int_0^\infty (1 - G(t))\, dx$$

Deswegen soll angenommen werden, dass die Reparaturrate konstant ist und demnach die Verteilungsfunktion der Reparaturzeiten einer Exponentialfunktion unterliegt. Eine konstante Reparaturrate bedeutet, dass unabhängig vom Ausfall die Reparatur des Geräts innerhalb einer konstanten Zeit durchgeführt werden kann. Dies ist zwar nicht allgemeingültig, aber dennoch eine realistische Annahme. Zum Beispiel steht ein Fahrzeug, das morgens in die Werkstatt gebracht wird, abends nach der Reparatur zur Abholung bereit. In diesem Fall ist die Reparaturrate $1/8h$. Eine vereinfachte Verteilungsfunktion wird durch Formel [7.23] gegeben. Dabei ist μ die Reparaturrate.

$$G(t) = 1 - e^{-\mu t} \quad [7.23]$$

Die Verteilungsfunktion lässt sich in Worten wie folgt interpretieren: Bei einem neuwertigen Gerät (kleines t) sind Reparaturen selten, sodass die Wahrscheinlichkeit für eine Reparatur gegen null geht. Nun verschleißen laufende Systeme und Geräte nach der Zeit. Bei älteren Systemen und Geräten (größeres t) kommen Probleme häufiger vor, sodass die Wahrscheinlichkeit für eine Reparatur stets größer wird. Dieses Denkmodell bezieht die Möglichkeit von häufigen Reparaturen wegen Frühausfällen natürlich nicht ein, dafür aber die Ausfälle durch Verschleiß.

Die *MTTR* lässt sich mit Formel [7.22] und Formel [7.23] umstellen, und es ergibt sich Formel [7.24].

$$MTTR = \int_0^\infty (1 - G(t))\,dx = \int_0^\infty e^{-\mu t}\,dx = \frac{1}{\mu} \quad [7.24]$$

Die *MTTR* ist also der Kehrwert der Reparaturrate μ, wenn die Verteilungsfunktion der Reparaturzeiten eine Exponentialfunktion ist.

7.5.3 Mittlere Ausfallzeit

Die mittlere Ausfallzeit *Mean Time Between Failures*, kurz *MTBF*, ist die mittlere Zeit zwischen zwei Ausfällen eines Geräts. Die mittlere Betriebszeit wird durch *MTTF* ausgedrückt. Im Mittel wird nach einem Ausfall das System oder Gerät in der Zeit *MTTR* repariert. So kann *MTBF* durch die beiden Kenngrößen *MTTF* und *MTTR* ausgedrückt werden. Abbildung 7.16 veranschaulicht das Verhältnis zwischen *MTBF*, *MTTF* und *MTTR*.

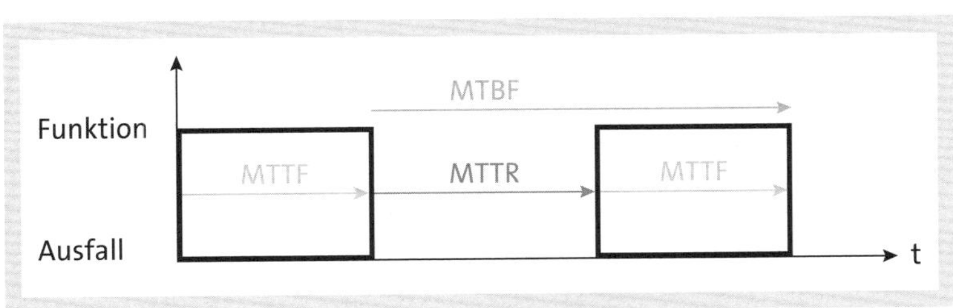

Abbildung 7.16 MTBF

Tatsächlich ist, entgegen der Darstellung in Abbildung 7.16, die mittlere Betriebsdauer bis zum Ausfall (also *MTTF*) in der Regel viel größer als die mittlere Reparaturzeit (*MTTR*) So kann in manchen Fällen *MTTR* vernachlässigt werden, wenn die Bedingung *MTTF* >> *MTBF* eintritt. Formel [7.25] gibt das Verhältnis zwischen *MTBF*, *MTTF* und *MTTR* an:

[7.25] $$MTBF = MTTF + MTTR$$

Eine weitere Kenngröße, die sich aus *MTBF*, *MTTF* und *MTTR* ableiten lässt, ist die Verfügbarkeit zu einem unbestimmten Zeitpunkt (engl. *Point Availability*, kurz PA). Ist ein Gerät reparierbar, wird gern die Verfügbarkeit statt der Zuverlässigkeit verwendet. Die Kenngröße *PA* ist eine Wahrscheinlichkeit, dass zu einem unbestimmten Zeitpunkt ein Gerät funktionsfähig ist. Formel [7.26] zeigt dies:

[7.26] $$PA = \frac{MTTF}{MTTF + MTTR}$$

Die Kenngröße *PA* ist das Verhältnis zwischen der mittleren Betriebsdauer bis zu einem Ausfall (also *MTTF*) und der mittleren Betriebsdauer zwischen zwei Ausfällen (also *MTTR*). Unter der Annahme, dass es sich bei den Ausfallraten und den Reparaturraten um Exponentialverteilungen handelt, kann *PA* über Formel [7.27] ermittelt werden. Sie ergibt sich aus Formel [7.20] und Formel [7.24].

[7.27] $$PA = \frac{\frac{1}{\lambda}}{\frac{1}{\lambda} + \frac{1}{\mu}} = \frac{\mu}{\lambda + \mu}$$

7.6 Ausfallrate

Bereits im Fallbeispiel in Abschnitt 7.1 wurden Komponenten aufgeführt, die während der Betriebsdauer ausfallen, etwa die neue Turbine, die in Auftrag gegeben und nicht ausreichend am Flugzeug getestet wurde. Somit fiel eine hohe Anzahl der Turbinen im Betrieb aus, und es folgte in der Regel ein Absturz des Flugzeugs. Die Häufigkeit des Ausfalls wird über die Ausfallrate $\lambda(t)$ bestimmt. Im Allgemeinen ist sie abhängig von der Zeit. Die Kenngröße für die Ausfallrate $\lambda(t)$ gibt an, wie oft in einem Intervall $[t,t+\Delta t]$ ein Ausfall stattfindet. Es wird dabei vorausgesetzt, dass das Gerät zuvor in Betrieb war. Also gibt es im Intervall $[0, t]$ keinen Ausfall. Dies ist eine Bedingung, und es gilt Formel [7.6]. Ausgedrückt wird $\lambda(t)$ durch Formel [7.28], was die Ausfallwahrscheinlichkeit innerhalb eines Zeitabschnitts Δt ist.

[7.28] $$\lambda(t) = \lim_{\Delta t \to 0} \frac{1}{\Delta t} Pr\{Ausfall\ zwischen\ t \ldots t + \Delta t \mid Funktion\ zwischen\ 0 \ldots t\}$$

Wird Formel [7.6] in Formel [7.28] eingesetzt, ergibt sich:

$$\lambda(t) = \lim_{\Delta t \to 0} \frac{1}{\Delta t} \frac{Pr\{Ausfall\ zwischen\ t \ldots t + \Delta t, Funktion\ zwischen\ 0 \ldots t\}}{Pr\{Funktion\ zwischen\ 0 \ldots t\}}$$

Abbildung 7.17 zeigt den Zusammenhang zwischen dem Ereignis *A*: *Ausfall zwischen t ... t* + Δ*t* und der Bedingung *B*: *Funktion zwischen 0 ... t*. Tatsächlich ist Funktion zwischen 0 ... *t* und *Ausfall zwischen t und* ∞ die gleiche Menge, siehe auch Formel [7.7] und Formel [7.8]. Es ergibt sich Formel [7.29].

$$\lambda(t) = \lim_{\Delta t \to 0} \frac{1}{\Delta t} \frac{Pr\{Ausfall\ zwischen\ t \ldots t + \Delta t, Ausfall\ zwischen\ t \ldots \infty\}}{Pr\{Funktion\ zwischen\ 0 \ldots t\}} \quad [7.29]$$

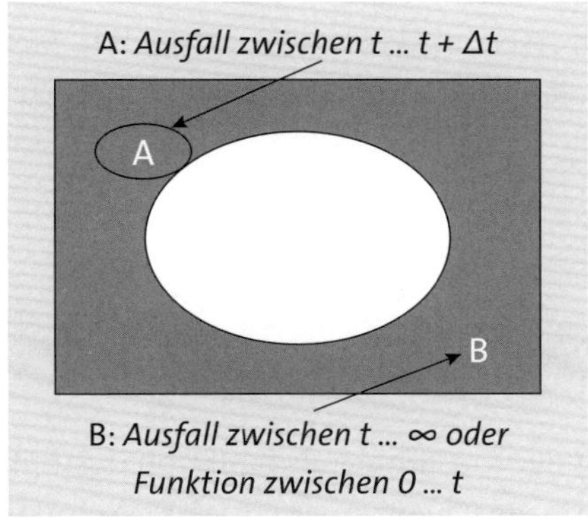

Abbildung 7.17 Ausfall innerhalb von dt

Nun ist es ersichtlich, dass die Menge *A* eine Teilmenge von *B* ist. Dadurch ergibt die Multiplikationsoperation aus den Mengen *A* und *B* die Menge *A*. Somit kann Formel [7.29] durch Formel [7.30] vereinfacht werden:

$$\lambda(t) = \lim_{\Delta t \to 0} \frac{1}{\Delta t} \frac{Pr\{Ausfall\ zwischen\ t \ldots t + \Delta t\}}{Pr\{Funktion\ zwischen\ 0 \ldots t\}} \quad [7.30]$$

Die Wahrscheinlichkeit *Pr*{*Funktion zwischen* 0 ... *t*} ist identisch mit *Pr*{τ > *t*}, siehe Formel [7.8]. Die Zufallsvariable τ beschreibt den Ausfall nach *t*. Eingesetzt, ergibt sich dieses:

$$\lambda(t) = \lim_{\Delta t \to 0} \frac{1}{\Delta t} \frac{Pr\{Ausfall\ zwischen\ t \ldots t + \Delta t\}}{Pr\{\tau > t\}} \quad [7.31]$$

Es gilt nun die Definition der Zuverlässigkeit unter Verwendung der Formel:

$$\lambda(t) = \lim_{\Delta t \to 0} \frac{1}{\Delta t} \frac{Pr\{Ausfall\ zwischen\ t \ldots t + \Delta t\}}{R(t)} \quad [7.32]$$

Die Wahrscheinlichkeit für einen *Ausfall zwischen t ... t* + Δ*t* kann mithilfe der Fehlerwahrscheinlichkeit *F*(*t*) ausgedrückt werden. Abbildung 7.8 zeigt die Wahrscheinlichkeit in einem Bereich zwischen *t ... t* + Δ*t* und kann durch *F*(*t ... t* + Δ*t*) – *F*(*t*) ausgedrückt werden kann. Somit ergibt sich nach Umformung:

[7.33]
$$\lambda(t) = \frac{1}{R(t)} \lim_{\Delta t \to 0} \frac{F(t..t + \Delta t) - F(t)}{\Delta t}$$

In Formel [7.33] ist die Grenzwertbestimmung des Differenzquotienten von $F(t)$ dargestellt. Dies ist die mathematische Ableitung von $F(t)$. Damit ergibt sich:

[7.34]
$$\lambda(t) = \frac{1}{R(t)} \frac{dF(t)}{dt}$$

Letztendlich lässt sich $F(t)$ durch die Formel [7.9] ersetzen. Demnach wird nach $1 - R(t)$ abgeleitet. Formel [7.35] ist ein Ausdruck der Beziehung zwischen Ausfallrate und Zuverlässigkeitsfunktion.

[7.35]
$$\lambda(t) = -\frac{1}{R(t)} \frac{dR(t)}{dt}$$

Die Ausfallrate ist also der Quotient aus der Ableitung der Zuverlässigkeitsfunktion und der Zuverlässigkeitsfunktion selbst.

Abbildung 7.18 ist ein Beispiel für einen Verlauf der Ausfallrate als Funktion der Zeit t. Wegen ihrer Charakteristik wird diese Funktion als Badewannenkurve bezeichnet. Am Anfang stellt die Kurve erhöhte Werte von Ausfallraten dar, die nach der Zeit kleiner werden. Dieser zeitliche Bereich ist den Frühausfällen zuzuordnen. Diese entstehen oftmals wegen Produktionsfehlern, die sich dann im Feld anfangs bemerkbar machen. Dann geht der Verlauf der Kurve in eine Phase mit annähernd konstanter Ausfallrate über. Hier bietet es sich an, die Funktion der Ausfallrate mit einer Exponentialverteilung zu approximieren. Später steigen die Ausfälle stark an. Diesem zeitlichen Bereich werden Verschleißausfälle zugeordnet. Das Gerät altert zunehmend durch die Benutzung oder Umwelteinflüsse, und somit kommen Ausfälle häufiger vor.

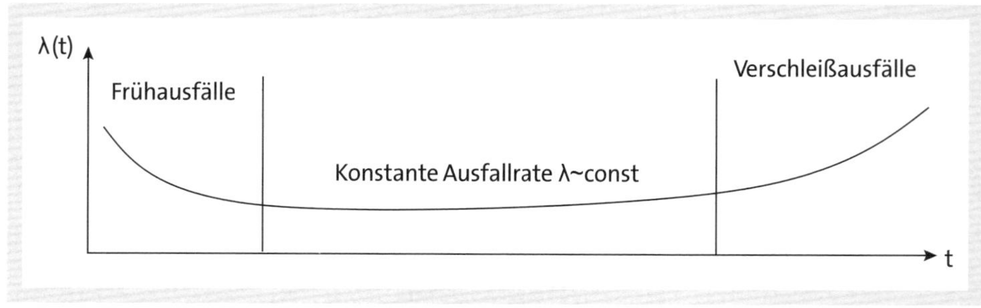

Abbildung 7.18 Badewannenkurve der Ausfallrate

Formel [7.35] lässt sich wie folgt umstellen:

[7.36]
$$-\lambda(t)dt = \frac{dR(t)}{R(t)}$$

Wird die Formel auf beiden Seiten integriert, folgt:

$$-\int_0^t \lambda(t)dt = \int_0^t \frac{dR(t)}{R(t)}$$ [7.37]

Auf der rechten Seite der Gleichung wird die Integration angewendet, dann folgt:

$$-\int_0^t \lambda(t)dt = ln\big(R(t)\big)\big]_0^t = ln\big(R(t)\big) - ln\big(R(0)\big) = ln\big(R(t)\big)$$ [7.38]

Die Grenzwertbedingung $R(0) = 1$ ergibt Sinn, da ein Gerät direkt nach dem ersten Einsatz ($t = 0$) die Zuverlässigkeitswahrscheinlichkeit von eins haben sollte. Erst danach nimmt die Zuverlässigkeit ab. Nach Anwendung der Exponentialfunktion auf beiden Seiten der Gleichung und nach der Umstellung ergibt sich:

$$R(t) = e^{-\int_0^t \lambda(t)\,dt}$$ [7.39]

Formel [7.39] ist die allgemeine Gleichung für die Zuverlässigkeit bei nicht konstanter Ausfallrate. Wird in dieser Formel $\lambda(t)$ durch einen konstanten Parameter λ ersetzt, ergibt sich Formel [7.15], da sich λ aus der Integration ziehen lässt. So lässt sich der mittlere Bereich von Abbildung 7.18 durch Formel [7.15] modellieren.

Die Einheit der Ausfallrate von Systemen und Geräten (aber auch Komponenten, Baugruppen und Bauelementen) wird oftmals in *Function in Time*, kurz *FIT*, angegeben. Dies ist die Anzahl der Ausfälle in einem Zeitintervall von eine Milliarde Stunden, siehe Formel [7.40].

$$[\lambda] = FIT = 1 \cdot 10^{-9}\frac{1}{h}$$ [7.40]

7.7 Nichtverfügbarkeit und Ausfallrate des Sicherheitssystems

Bereits in Abschnitt 3.3.1 wurden die Kenngrößen *PFD* und *PFH* angesprochen, und eine Zuordnung der Sicherheitsintegritätslevels wurde durch Tabelle 3.3 angegeben. *PFD* ist dabei die mittlere Nichtverfügbarkeit des Sicherheitssystems. Diese wird angewendet bei einer niedrigen Anforderungsrate. *PFH* ist ein Ausdruck für die Ausfallrate des Sicherheitssystems. Bei hoher Anforderungsrate des Sicherheitssystems findet diese ihre Anwendung.

7.7.1 Probability for Dangerous Failure on Demand, PFD

Die Nichtverfügbarkeit eines sicherheitsgerichteten Systems bei einem notwendigen Einsatz (*On Demand*) ist ein wichtiger Kennwert. Diese wird für die *SIL*-Bestimmung genutzt. Der Kennwert wird *Probability for Dangerous Failure on Demand*, kurz *PFD*, genannt, siehe auch *IEC-61508*. Sie ist eine Funktion der Zeit *t*. PFD_{avg} ist die mittlere Nichtverfügbarkeit bei niedriger Anforderungsrate (*Low Demand*).

Das Mittel (engl. *Average*) von *PFD*(*t*) über die Zeit *T* ergibt Formel [7.41]. Die Zeit *T* ist dabei das Prüfintervall. Es ist die Zeitspanne zwischen zwei Prüf- bzw. Wartungsterminen. Nach der Prüfung oder Wartung wird das System oder Gerät als neuwertig angesehen.

[7.41]
$$PFD_{avg}(T) = \frac{1}{T}\int_0^T PFD(t)\,dt$$

Bei *PFD*(*t*) werden nur gefährliche Fehler weiter betrachtet. Sichere Fehler haben keine Auswirkung auf die Sicherheit. So ergibt sich bei konstanter Ausfallrate und Anwendung von Formel [7.15] unter Berücksichtigung von ausschließlich gefährlichen Fehlern die Formel [7.42]:

[7.42]
$$PFD(t) = 1 - e^{\lambda_D t}$$

Die Funktion *PFD*(*t*) ist eine Wahrscheinlichkeitsfunktion und hat deswegen einen Wertebereich zwischen null und eins. In der Sicherheitstechnik machen allerdings Werte größer als 0,1 (also 10 %) wenig Sinn. Stellen Sie sich ein Gerät vor, das mit 10 %iger Wahrscheinlichkeit einen gefährlichen Fehler verursacht. Selten wird eine Person wissentlich dieses Gerät einschalten. Eine Exponentialfunktion wie die in Formel [7.42] kann innerhalb des Wertebereichs 0 und 0,1 durch eine Linearfunktion approximiert werden, siehe Abbildung 7.19.

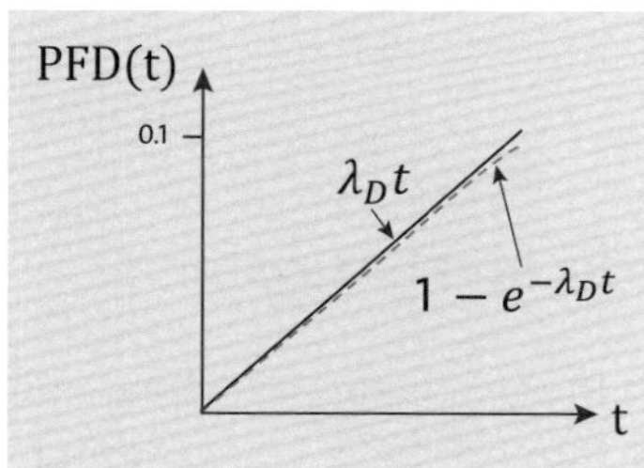

Abbildung 7.19 Approximation der Exponentialfunktion

Damit die Approximation maximal einen Fehler von 10 % hat, kann unter der Bedingung $t < 1/(5\lambda)$ die Exponentialfunktion durch Formel [7.43] angenähert werden. Auf den Beweis wird verzichtet.

[7.43]
$$\begin{aligned} e^{-\lambda t} &\approx 1 - \lambda t \\ \text{für} \quad & 0 < t < \frac{1}{5\lambda} \\ \text{es gilt dabei:} \quad & |\, e^{-\lambda t} - 1 + \lambda t \,| < 0{,}1 \end{aligned}$$

Die Wahrscheinlichkeitsfunktion *PFD*(t) in Formel [7.42] kann durch Formel [7.44] approximiert werden.

$$PFD(t) = 1 - e^{\lambda_D t} \approx \lambda_D t$$ [7.44]

Durch Einsetzen von Formel [7.44] in Formel [7.41] ergibt sich Formel [7.45]:

$$PFD_{avg}(T) = Q_{avg} = \frac{1}{T}\int_0^T \lambda_D \, t \, dt = \frac{1}{T}\frac{1}{2}\lambda_D t^2]_0^T = \frac{T}{2}\lambda_D$$ [7.45]

$PFD_{avg}(T)$ entspricht der mittleren Nichtverfügbarkeit der Sicherheitsfunktion und wird auch als Q_{avg} bezeichnet. Die Verfügbarkeit bzw. die Nichtverfügbarkeit wird oft dann verwendet, wenn Geräte reparierbar sind. Sie werden sich vielleicht wundern, warum die Reparaturzeit auf den ersten Blick keine Rolle spielt. Bei der Prüfung ist dies aber der Fall.

Abbildung 7.20 zeigt den Zusammenhang zwischen der *PFD*(t)-Funktion, dem PFD_{avg} und dem Prüfintervall T. Zum Zeitpunkt $t = 0$ ist die Wahrscheinlichkeit der Nichtverfügbarkeit des sicherheitsgerichteten Systems gleich null. Die Wahrscheinlichkeit baut sich nach einiger Zeit auf, bis der Zeitpunkt $t = T$ erreicht wurde. Hier wird das System gewartet und kann deswegen als neuwertig betrachtet werden. Somit geht die *PFD*(t)-Funktion zurück auf 0. Die *PFD*(t)-Funktion setzt sich danach weiter fort. Der PFD_{avg}-Wert wird aus der *PFD*(t) und aus T bestimmt und ergibt eine mittlere Wahrscheinlichkeit.

Das *SIL* lässt sich dann mit PFD_{avg} der zentralen Tabelle 3.3 entnehmen. Abbildung 7.20 stellt ein *SIL* 1 dar, da der PFD_{avg}-Wert zwischen 10^{-2} und 10^{-1} liegt. Nun hat der Architekt aber einen höheren Anspruch an das sicherheitsgerichtete System und fordert einen PFD_{avg}-Wert unter 10^{-2}. *SIL* 2 lässt sich jetzt aus Tabelle 3.3 mit dem neuen PFD_{avg}-Wert ablesen.

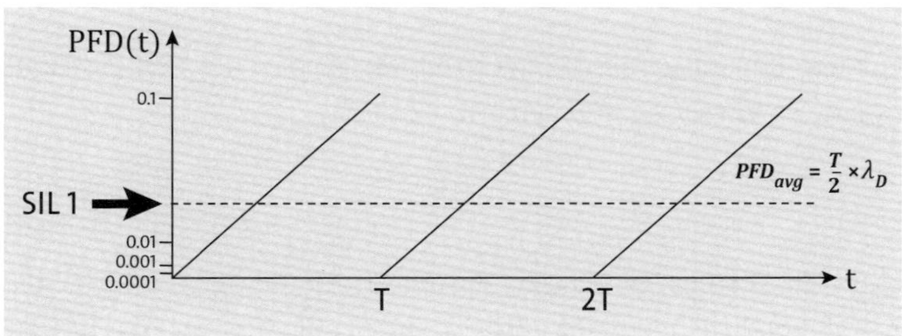

Abbildung 7.20 Instandhaltung nach den Testintervallen

Bei Geräten mit geringer Anforderungsrate (*Low Demand*) geht der Architekt davon aus, dass ein gefährlicher Ausfall höchstens einmal pro Jahr auftritt. Bei Prüfintervallen kleiner als ein Jahr wird in der Regel selten ein Ausfall im Intervall auftreten. Tritt dennoch ein Ausfall ein, kann die Annahme getroffen werden, dass sich dieser mit gleichmäßiger Wahrscheinlichkeit zwischen $t = 0$ und $t = T$ ereignet (bei Gleichverteilung der Ausfälle). Im Mittel wäre der Zeitpunkt des Ausfalls bei $t = T/2$. Wird dieser Ausfall im Betrieb nicht entdeckt, kann der Fehler erst bei der Prüfung entdeckt werden. Nach der Instandhaltung wird dann das System in den neuwertigen Zustand gebracht. Im Mittel wird dafür die Reparaturzeit *Mean Repair Time* (*MRT*) benötigt. Abbildung 7.21 zeigt dies.

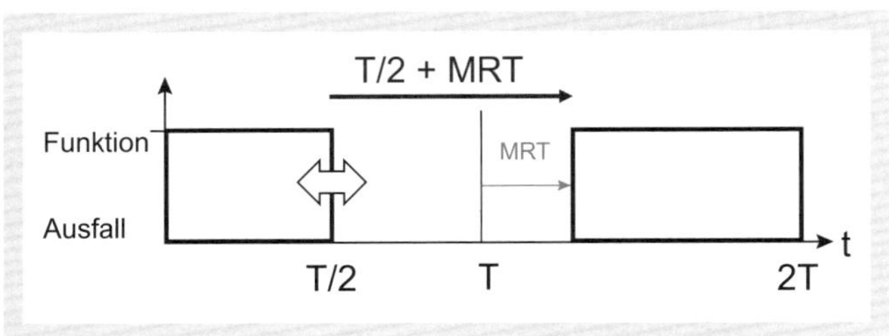

Abbildung 7.21 Nicht-entdeckbarer Ausfall eines Sicherheitssystems bei T/2

Die Kenngröße *MTTR* enthält bereits die Zeit für die Detektion des Fehlers im Betrieb. Diese ist bei *MRT* nicht enthalten, da die Prüfung die Detektion ersetzt. Wenn die mittlere Detektionszeit aber klein ist, kann *MTTR* = *MRT* gelten.

7.7.2 Mittlere Ausfallzeit bei nicht-entdeckbarem Fehler

Im Schnitt tritt der gefährliche und nicht-entdeckbare Fehler bei $t = T/2$ auf. Zum Prüfungszeitpunkt wird die mittlere Zeit *MRT* benötigt, um das System wieder zu reparieren (Abbildung 7.21 zeigt dies). Diese Zeit wird *Channel Equivalent Mean Down Time* genannt, kurz $t_{CE,U}$, siehe Formel [7.46].

[7.46]
$$t_{CE,U} = \frac{T}{2} + MRT$$

Oftmals wird die mittlere Reparaturzeit *MRT* vernachlässigt, da $T >> MRT$. So kann sich aus Formel [7.46] die Formel [7.47] ergeben.

[7.47]
$$t_{CE,U} = \frac{T}{2}$$

Formel [7.47] eingesetzt in Formel [7.45] ergibt Formel [7.48]. $PFD_{avg}(T)$ ist hier die Nichtverfügbarkeit eines gefährlichen nicht-entdeckbaren Fehlers, sodass das Sicherheitssystem bei Eintritt nicht greift. Die Wahrscheinlichkeit der mittleren Nichtverfügbarkeit Q_{avg} kann mit $PFD_{avg}(T)$ gleichgesetzt werden.

[7.48]
$$PFD_{avg}(T) = Q_{avg} = \lambda_{DU} \cdot t_{CE}$$

7.7.3 Mittlere Ausfallzeit bei entdeckbarem Fehler

Es treten nicht nur ausschließlich gefährliche nicht-entdeckbare Ausfälle auf, sondern auch entdeckbare. Meist springt dann das sicherheitsgerichtete System ein und bringt das System wieder in einen sicheren Zustand unter der Voraussetzung der geringen Anforderungsrate (*Low Demand*). Im sicheren Zustand wird das Sicherheitssystem innerhalb der mittleren Reparaturzeit *MTTR* repariert. Hier wird die mittlere Detektionszeit eingerechnet, deswegen *MTTR* statt *MRT*. Abbildung 7.22 veranschaulicht die Reparatur nach der Entdeckung des Fehlers zur Betriebszeit zwischen 0 und *T*.

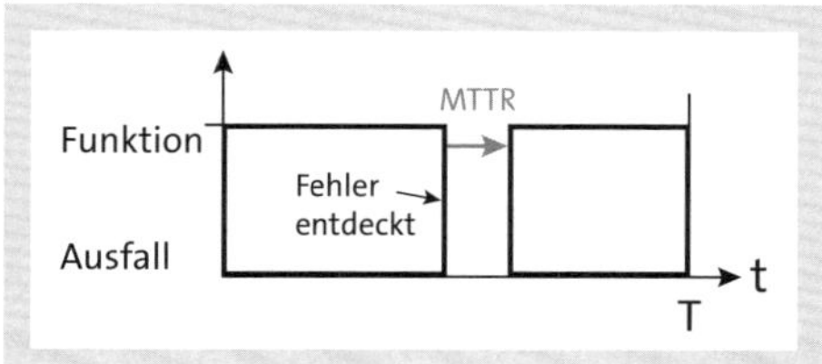

Abbildung 7.22 Entdeckbare Ausfall eines Sicherheitssystems

Die mittlere Zeit des Systemausfalls, also die *Channel Equivalent Mean Down Time*, für ausschließlich gefährliche und entdeckbare Fehler wird in Formel [7.49] dargestellt:

$$t_{CE,D} = MTTR \quad [7.49]$$

7.7.4 Mittlere Ausfallzeit bei entdeckbarem und nicht-entdeckbarem Fehler

Nun sind gefährliche Fehler sowohl entdeckbar als auch nicht-entdeckbar. Es gibt also ein Verhältnis zwischen den Raten beider Fehlertypen. Dieses Verhältnis kann durch den *Diagnostic Coverage*-Faktor *DC* bestimmt werden, siehe Formel [4.7]. Um die mittlere Ausfallszeit für beide gefährlichen Fehlertypen (entdeckbar und nicht-entdeckbar) zu bestimmen, werden Formel [7.46] und Formel [7.49] mit *DC* gewichtet und über Addition kombiniert. So ergibt sich Formel [7.50].

$$\begin{aligned} t_{CE} &= \frac{\lambda_{DD}}{\lambda_D} t_{CE,D} + \frac{\lambda_{DU}}{\lambda_D} t_{CE,U} \\ &= \frac{\lambda_{DD}}{\lambda_D} MTTR + \frac{\lambda_{DU}}{\lambda_D} \left(\frac{T}{2} + MRT \right) \\ &= DC \cdot MTTR + (1 - DC) \cdot \left(\frac{T}{2} + MRT \right) \end{aligned} \quad [7.50]$$

Abbildung 7.23 zeigt ein Blockdiagramm für gefährliche entdeckbare und nicht-entdeckbare Fehler. Beide Fehlertypen sind jeweils als ein Block dargestellt. Bei Ausfall eines Blocks fällt das gesamte Sicherheitssystem aus.

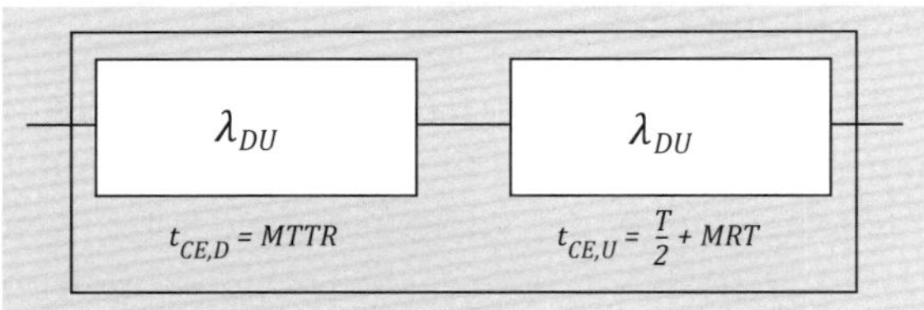

Abbildung 7.23 Blockdiagramm für gefährliche entdeckbare und nicht-entdeckbare Fehler

7.7.5 Average Frequency of dangerous Failures, PFH

Eine hohe Anforderungsrate (*High Demand*) für das Sicherheitssystem liegt dann vor, wenn es öfter als einmal im Jahr in Anspruch genommen wird oder kontinuierlich läuft (*Continuous Mode*). Dann wird auf die Kenngröße der Nichtverfügbarkeit verzichtet, und die Kenngröße Ausfallhäufigkeit wird angewendet. In *IEC-61508* [9] wird diese Größe $w(t)$ bezeichnet und die mittlere Ausfallintensität genannt. Diese wird aus der Anzahl der Ausfälle über die Zeit ermittelt. Abbildung 7.24 veranschaulicht im Diagramm die Ausfälle einer Komponente über die Zeit t. Dabei ist der Zeitabschnitt Δt so gewählt, dass nur ein einziger Ausfall oder kein Ausfall in diesem Abschnitt vorkommen kann. Das mittlere Diagramm zeigt eine Treppenfunktion. Sie akkumuliert eine Anzahl von Ausfällen, ausgedrückt durch $N(t)$. $N(t)$ ist also die Anzahl der Ausfälle abhängig von der Zeit. Bei der Betrachtung von unendlich vielen Komponenten (Zufallsexperimenten) entsteht bei Anwendung des statistischen Erwartungswerts eine stetige Funktion $E[N(t)]$. In Abbildung 7.24 ist sie beispielhaft im unteren Diagramm dargestellt.

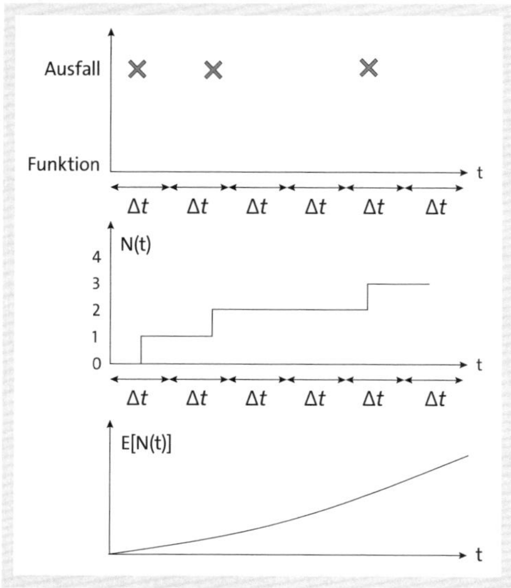

Abbildung 7.24 Ausfälle eines Geräts, Anzahl der Ausfälle und Erwartungswert der Anzahl der Ausfälle

Die Ausfallhäufigkeit $w(t,t+\Delta t)$ im Abschnitt $[t,t+\Delta t]$ ist der Quotient der Erwartungswerte der Zeiten t und $t+\Delta t$ und dem Zeitabschnitt Δt, siehe Formel [7.51]. Da oben vorausgesetzt wird, dass innerhalb des Zeitabschnitts $[t,t+\Delta t]$ nur ein Ausfall oder kein Ausfall auftreten kann, liegt der Erwartungswert in diesem Abschnitt nur zwischen null und eins. Somit kann dieser Erwartungswert durch eine Wahrscheinlichkeit approximiert werden. Bei Anwendung von Formel [7.12] können die Erwartungswerte bei t und Δt durch die Ausfallwahrscheinlichkeit ersetzt werden. Es ergibt sich für $w(t,t+\Delta t)$ die Formel der Sekantensteigung.

$$
\begin{aligned}
w(t,t+\Delta t) &= \frac{E[N(t+\Delta t)] - E[N(t)]}{\Delta t} \\
&\approx \frac{Pr\{Ausfall\ zwischen\ t \ldots t+\Delta t\}}{\Delta t} \\
&= \frac{F(t+\Delta t) - F(t)}{\Delta t}
\end{aligned}
\qquad [7.51]
$$

Bei Betrachtung des Grenzwerts mit $\Delta t \to 0$ wird der Differenzquotient bestimmt, siehe Formel [7.52]. So wird aus der Ausfallhäufigkeit $w(t)$ die Ableitung des Erwartungswerts.

$$
w(t) = \lim_{\Delta t \to 0} \frac{E[N(t+\Delta t)] - E[N(t)]}{\Delta t} = \frac{dE[N(t)]}{dt} \qquad [7.52]
$$

Formel [7.52] lässt sich nach dem Erwartungswert $E[N(t)]$ auflösen, indem auf beiden Seiten der Gleichung integriert wird. So kann der Erwartungswert durch die Integration der Ausfallhäufigkeit bestimmt werden, siehe Formel [7.53]. Hier wird die Approximation des Erwartungswerts durch die Ausfallwahrscheinlichkeit angewendet.

$$
E[N(T)] = \int_0^T w(t)dt \approx F(T) \qquad [7.53]
$$

Ähnlich wie bei *Low Demand* wird auch bei *High Demand* ein Intervall T zur Ermittlung der *PFH*-Kenngröße definiert. Die *PFH*-Kenngröße lässt sich nun aus dem Quotienten des Erwartungswerts (Anzahl der Ausfälle im Zeitabschnitt $[0,T]$) und T ermitteln, siehe Formel [7.54]. Wenn im Intervall T nur ein Ausfall oder kein Ausfall stattfinden kann, dann lässt sich der Erwartungswert durch die Funktion der Ausfallwahrscheinlichkeit $F(t)$ ersetzen.

$$
PFH(T) = \frac{E[N(T)]}{T} = \frac{1}{T}\int_0^T w(t)dt \approx \frac{F(T)}{T} \qquad [7.54]
$$

7.8 Abschließende Bemerkungen

Abschließend noch Anmerkungen in Bezug auf das Fallbeispiel in Abschnitt 7.1. Bei der Bestimmung der Wahrscheinlichkeit für den Einsatz des sicherheitsgerichteten Systems bei gefährlichen Fehlern wurde unterschieden zwischen entdeckbaren und nicht-entdeckbaren Fehlern. Als Beispiel für einen gefährlichen und entdeckbaren Fehler wurde die Nicht-Funktion eines Querruders aufgrund des Ausfalls der Hydraulikleitung zum Querruder angeführt. Dies war eine tatsächliche Fehlerquelle, da die Hydraulikleitungen an den Anschlussstellen rechtwinklig waren und dadurch empfindlicher. Nun sind Querruder doppelt vorhanden, und ein Ausfall hatte keinen fatalen Ausgang, aber dennoch kam der Pilot in eine gefährliche Situation. Die Folge beim Ausfall war eine sofortige Umkehrung, Landung und die Reparatur des Flugzeugs.

Als einen gefährlichen und nicht-entdeckbaren Fehler kann die Fehlfunktion des Landebremsschirms genannt werden. Die Landebahnen in der frühen Phase des Betriebs waren zu kurz und nicht für den *Starfighter* ausgelegt. Aus diesem Grund wurde unter anderem ein Landebremsschirm im Flugzeug angebracht, der bei der Landung auslöste und das Flugzeug abbremste. Ob der Bremsschirmmechanismus tatsächlich auslöste, wusste der Pilot erst direkt bei der Landung. Ein Defekt, hervorgerufen durch den Ausfall des Mechanismus, konnte aber bei der Wartung nicht erkannt werden. Sonst wäre das Flugzeug von vornherein nicht gestartet. Eine Abmilderung der Konsequenzen nach der Fehlfunktion des Landebremsschirms wurde übrigens durch Auffangnetze am Ende der Landebahn erreicht.

Ein Reduzieren der Häufigkeit von gefährlichen Fehlern kann durch regelmäßige Instandsetzungs- und Wartungsintervalle erreicht werden. Dieser Intervallparameter fließt in die Berechnung der mittleren Nichtverfügbarkeit des sicherheitsgerichteten Systems (PFD_{avg}) ein. Dieser Wert wiederum kann zur Bestimmung der SIL-Kenngröße verwendet werden. So lassen sich entsprechende Maßnahmen, beschrieben in Kapitel 5 und Kapitel 6, zur Verbesserung der Ausfallwahrscheinlichkeit durch eine Anhebung der SIL-Stufe erreichen.

Es wurden nur zwei Beispiele für gefährliche Fehler genannt. Tatsächlich gab es wesentlich mehr. Beispielsweise wurde eine neuartige Turbine in der deutschen Version des Starfighters verbaut, die nicht ausreichend getestet wurde und somit anfällig für Ausfälle war. Der Ausfall der Turbine war beim Betrieb für den Piloten potenziell tödlich, da dies ein Absturz des Flugzeugs zur Folge hatte. Der Pilot rettete sich in der Regel durch den Schleudersitz. In großer Höhe hatte der Pilot tatsächlich hohe Überlebenschancen. Dies war aber beim Tiefflug nicht der Fall, denn der Fallschirm löste sich nicht schnell genug, und somit war die Überlebenschance sehr gering. Das Problem wurde in einer späteren Version des Starfighters gelöst, indem ein neu entwickelter Schleudersitz eingebaut wurde.

Kapitel 8
Gefahrenanalyse

In Kapitel 4 wurden bereits Ausfälle und Fehler definiert und Formeln zur Berechnung der Zuverlässigkeiten und Verfügbarkeiten hergeleitet. Bei einem bestehenden System müssen aber die Fehlermöglichkeiten und Gefahren erst ermittelt werden, damit Formeln überhaupt einen Nutzen haben. Dafür wird in diesem Kapitel eine qualitative Methode vorgestellt, mit der sich ein Anwender an der Hardwarehierarchie (beschrieben in Kapitel 6) entlanghangelt und die Fehlermöglichkeiten herausgearbeitet.

Bei einer herausgearbeiteten Liste von Fehlermöglichkeiten werden diese sich als relevant oder irrelevant herausstellen. Dabei müssen nicht alle untersucht werden, da sie bei den weiteren Analysemethoden, wie Fehlerbaum oder Zuverlässigkeitsdiagramm, keinen nennenswerten Einfluss haben. In diesem Kapitel will ich Ihnen vermitteln, dass eine Kosten-Nutzen-Analyse das Ergebnis liefern kann, weniger relevante Fehler genauer zu betrachten. Diese haben das Potenzial, weitere Kosten einzusparen.

Am Ende des Kapitels wird eine Methode vorgestellt, um Gefahren zu ermitteln. So wird gezeigt, wie Gefahren ersichtlich werden, wenn die Eingaben in die Betrachtungseinheiten variiert und die Auswirkungen auf die Funktion des Systems oder Geräts untersucht werden. Die vorgestellte Methode heißt *Hazard and Operability* und geht einher mit der Bestimmung von Wahrscheinlichkeiten einer Gefahr. So basiert die Methode *Layer of Protection Analysis* in Kapitel 12 auf der *Hazard and Operability*-Methode.

8.1 Fallbeispiel: Das Unglück in Bhopal, Indien

In diesem Fallbeispiel wird das Unglück einer chemischen Produktionsanlage in der indischen Stadt *Bhopal* in groben Zügen beschrieben, siehe auch Artikel [33]. Die amerikanische Firma Union Carbide hatte damals die Produktionsanlage betrieben. Bei Wartungsarbeiten wurden Ende des Jahres 1984 die Leitungen zu einem Tank mit dem Inhalt Methylisocyanat (*MIC*) gereinigt (siehe Abbildung 8.1).

MIC ist ein Ausgangsprodukt und dient der Herstellung von Pestiziden. Es reagiert in Kombination mit Wasser und verdampft bei 39° Celsius. Dabei hätte eine Kühlanlage den Inhalt des MIC-Behälters auf unter 39° Celsius kühlen sollen, sodass das MIC flüssig bleibt. Die Kühlanlage war allerdings defekt. Bei der Reinigung wurde versehentlich Wasser statt Natronlauge in den MIC-Behälter eingelassen, und das löste eine exotherme Reaktion aus. Es entstand bei der Reaktion Kohlendioxid, das den Druck im Behälter erhöhte. Ein Überdruck wurde tatsächlich über die Sensoren vom Betriebspersonal erkannt.

Da das Personal jedoch dachte, dass die Sensoren defekt seien, entschied es sich, die Signale zunächst zu ignorieren. Überdruckventile lösten wegen des Überdrucks aus, und bis zu 40 Tonnen MIC und weitere Reaktionsprodukte gelangten als Gas in die Atmosphäre. Da MIC-Gas schwerer ist als Luft, gelangte es durch den Wind in die Ortschaft Bhopal. Es verursachte bei vielen Menschen Verätzungen an der Haut. Zahlreiche Bewohner gingen deswegen ins nahe gelegene Krankenhaus, obwohl sich das Krankenhaus selbst in der MIC-Gaswolke befand. Dort haben sie sich weitere Verletzungen zugezogen.

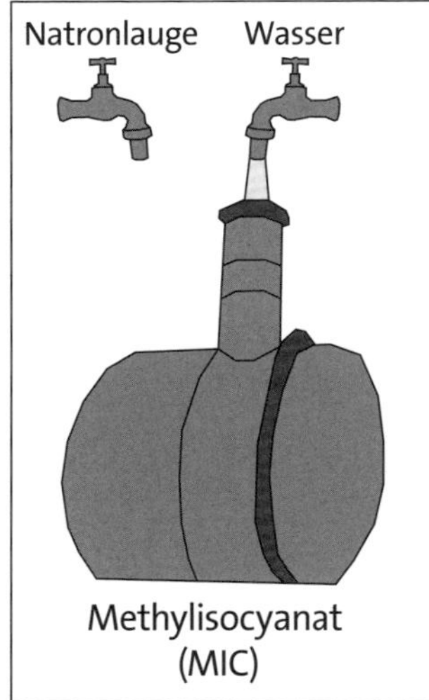

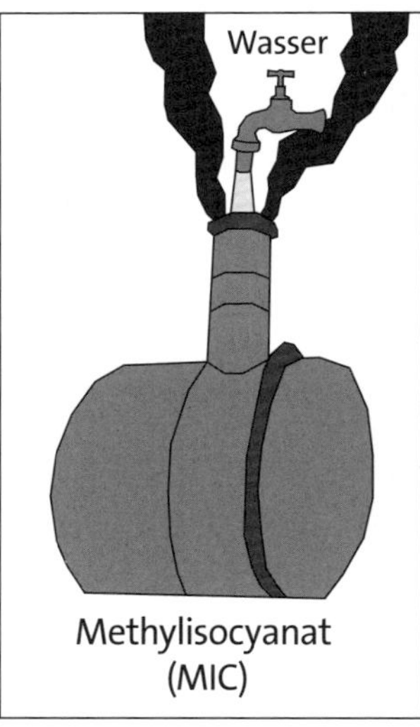

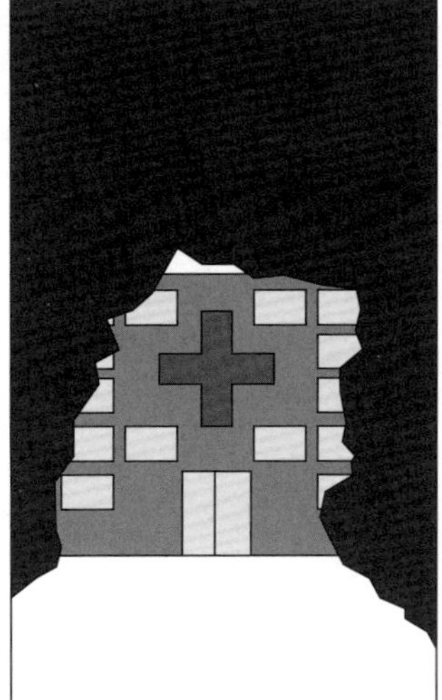

Abbildung 8.1 Unglück in Bhopal

8.2 Methoden zur Gefahrenanalyse

Allein das Wissen über die Häufigkeit eines Ausfalls oder Fehlers reicht nicht aus, eine Aussage über ein Risiko zu treffen. Es spielt auch eine Rolle, welche Auswirkungen oder Folgen der Ausfall hat. Methoden der Gefahrenanalysen helfen dabei, ein Risiko besser abschätzen zu können.

Systeme und Geräte sind, weil sie von Menschenhand entwickelt wurden, nicht ausfallsicher. Bereits zuvor wurde unterschieden zwischen ungefährlichen und gefährlichen Ausfällen – wobei primär hier die gefährlichen Gefahren interessieren, die vom

System oder Gerät ausgehen. Dafür gibt es Analysemethoden, die diese Gefahren entdecken und bewerten sollen. Es wird unterschieden zwischen qualitativen Methoden und quantitativen Methoden.

8.2.1 Qualitative Methoden zur Gefahrenanalyse

Bei der Gefahrenanalyse hat die Komplexität des Systems einen starken Einfluss. In erster Linie hilft es, das System oder Gerät in kleinere Betrachtungseinheiten zu teilen und dabei die Verbindungen und Schnittstellen untereinander zu definieren. Dies erlaubt dann, die kleineren Betrachtungseinheiten zu analysieren. Nun ist es oft der Fall, dass von den kleineren Betrachtungseinheiten die Daten fehlen. Das kann daran liegen, dass diese neu sind und keine Erfahrungswerte vorliegen. Damit ist der *Safety Engineer* nicht in der Lage, rechnerisch Bewertungen bezüglich der Sicherheit durchzuführen. Das ist ein Grund, warum bevorzugt auf qualitative Methoden zurückgegriffen wird. Qualitative Methoden haben den Vorteil, dass intuitiv Gefahren beschrieben werden können, was eher dem menschlichen Denkansatz entspricht. Auch bei der Kommunikation der Gefahren, z. B. beim Management, hilft eine komplexe Berechnung nicht weiter, da den Managern in vielen Fällen die mathematischen und fachlichen Kenntnisse über die Methoden fehlen. Qualitative Methoden sind verständlicher zu präsentieren und zu interpretieren.

Qualitative Methoden werden vor allem bei systematischen Ausfällen (siehe Abschnitt 4.3) angewendet, für die Schutzebenen und Leitlinien eingerichtet werden sollen. Wie Schäden bei Auftreten einer Gefahr abgewendet werden, beschreibt unter anderem das Buch [34].

8.2.2 Quantitative Methoden zur Gefahrenanalyse

Anders stellt sich die Situation dar, wenn tatsächlich Daten von den Betrachtungseinheiten vorliegen. Beispielsweise kann ein System oder Gerät aus bereits entwickelten Teilsystemen bestehen, die im Feld seit Längerem zum Einsatz kommen. So konnten diese Daten bereits gesammelt werden, womit z. B. Ausfallraten bestimmt werden können. In vielen Fällen werden Betrachtungseinheiten, z. B. Komponenten, einfach gekauft, und die Zuverlässigkeitsdaten stehen vom Hersteller zur Verfügung. So lassen sich diese dann bei den Berechnungen einsetzen. Dennoch sind bei komplexen Systemen die Berechnungsmöglichkeiten eingeschränkt, wodurch die rechnerische Zuverlässigkeitsbestimmung ebenfalls eingeschränkt ist. Die Berechnungen können an der Komplexität scheitern. Bei der quantitativen Gefahrenanalyse wird die Häufigkeit von Ausfällen bei Hardware vorhergesagt und mit gesetzten Anforderungen verglichen. Wird ein Ziel nicht erreicht, muss der *Safety Engineer* das System anpassen, bis das Sicherheitsziel erreicht ist, siehe auch das Buch [34].

In vielen Fällen gibt es keine ausreichenden Kenntnisse über die eingesetzten Einheiten, sodass auf Erfahrungen aus der Vergangenheit zurückgegriffen werden muss. Wenn eine Einteilung des Systems in Betrachtungseinheiten möglich ist, kann es (bezogen auf das System) quantitativ beherrschbar sein. Betrachtungseinheiten sind oft miteinander vergleichbar, und im besten Fall kann auf vorliegende Daten oder statistische Bewertungen zurückgriffen werden. Aus den Ergebnissen der Betrachtungseinheiten kann auf das gesamte System zurückgeschlossen werden.

Mit der quantitativen Methode können vor allem Hardwareausfälle (siehe auch Abschnitt 4.3) analysiert werden.

8.3 Failure Mode Effect Analysis

Die Kosten der Fehlerbehebung sind abhängig von der Lebenszyklusphase, in der sich das System oder Gerät befindet. Abbildung 8.2 zeigt die Beziehung zwischen den Kosten und der Lebenszyklusphase.

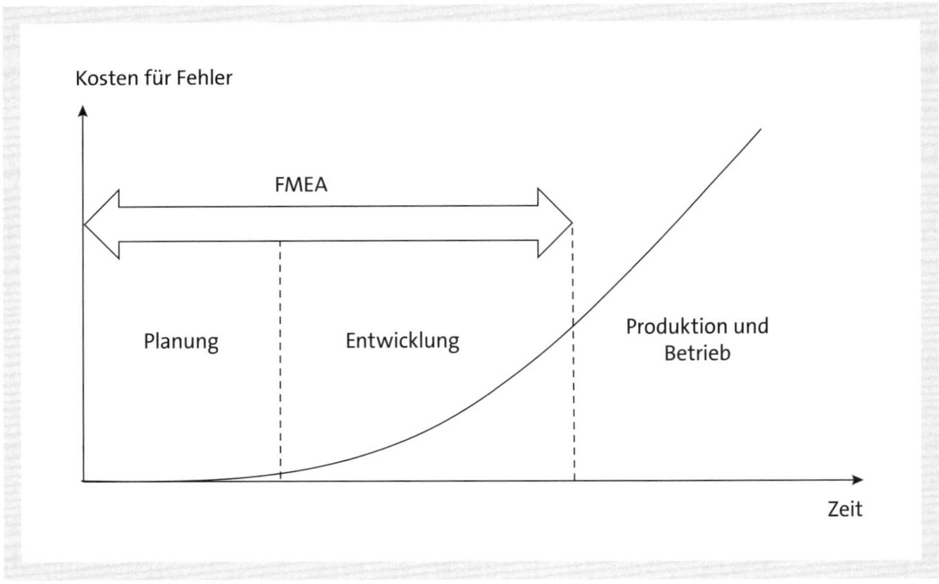

Abbildung 8.2 Kosten für Fehler in Projektphasen

In der Planungsphase sind auftretende Fehler noch gering, da die Teamgrößen im Vergleich zu späteren Phasen klein sind. Der Einsatz von Ressourcen zur Fehlerbehebung hält sich dann in Grenzen. Das ändert sich, wenn sich am Projekt immer mehr Entwickler beteiligen. So kann die Entdeckung von Fehlern Kreise ziehen und somit immer mehr Ressourcen in Anspruch nehmen. In der Produktionsphase kann ein auftretender Fehler zu Änderungen an der Produktionsanlage führen, was gegebenenfalls sehr teuer sein kann, da die Entwicklung der Anlage bereits vollzogen ist. Noch größere Konsequenzen hat die Entdeckung eines Fehlers im Feld, also zum Beispiel durch den Kunden. Hier muss im schlimmsten Fall das Entwicklungsteam eingebunden, die Produktionsanlage angepasst und möglicherweise eine Rückrufaktion angestoßen werden.

Aus den genannten Gründen sollte eine Analyse der Gefahren bereits in der Planungsphase bzw. am Anfang der Entwicklungsphase geschehen. Eine klassische Analysemethode ist die Fehlermöglichkeit-Effekt-Analyse (engl. *Failure Mode Effect Analysis*, kurz *FMEA*). Jede durch *FMEA* entdeckte Fehlermöglichkeit kann bei früher Adressierung erhebliche Kosten einsparen.

Die *FMEA* wurde bereits 1945 vom US-Militär zur Verbesserung der Qualität der eingekauften Systeme und Geräte entwickelt. Es entstand Norm [35], damit Hersteller eine Richtlinie haben, Fehler in der Planungs- und Entwicklungsphase zu analysieren. Die Norm [35] unterteilt die Richtlinien in *FMEA*, *FMECA* und *CA* und stellt Methoden in Form von Anweisungen und Tabellen bereit, um die Analysen durchzuführen. Ziel der *FMEA* ist es, Fehlermöglichkeiten von Betrachtungseinheiten zu finden und zu analysieren. Die Analysemethode *FMECA* ist eine Erweiterung von *FMEA* durch die *Critical Analysis*, kurz *CA*, mit dem Ziel, Aktivitäten zur Reduzierung von Fehlern zu planen. Bei der *CA*-Methode werden Fehlermöglichkeiten priorisiert und die auftretenden Schäden mit Wahrscheinlichkeit klassifiziert. Es ist ein Schritt in Richtung der quantitativen Methode. Ermittelte Kennzahlen bei *CA* haben aber nur einen Größenordnungscharakter. In der Literatur wird oftmals zwischen *FMEA* und *FMECA* nicht klar unterschieden, sodass die Grenzen verschwommen sind.

8.3.1 Ziele von FMEA

Eines der Hauptziele bei *FMEA* ist die Bestimmung der Fehlermöglichkeiten. Der Fehler wird über Parameter definiert, an denen erkannt wird, dass das System in einen Fehlerzustand getreten ist. Der darauffolgende Schritt ist die Bestimmung der Ursache des Fehlers. Hier soll die Frage geklärt werden, wie der Fehler aufgetreten ist. Die Bestimmung der Folgen hervorgerufen durch den Fehler ist der nächste Schritt.

Zusammenfassend, wird hier eine Liste von Fehlermöglichkeiten, Ursachen und Folgen erstellt und untereinander in einer Tabelle dokumentiert. Die Folgen der Fehlermöglichkeiten werden in Schadensklassen eingeteilt, um sie danach zu priorisieren und zu sortieren. Aus jeder der ermittelten Fehlermöglichkeiten sollen präventive Maßnahmen ermittelt werden, sodass entweder ein Fehler gar nicht entsteht oder die Folgen des Fehlers minimiert werden.

Dies sind also Maßnahmen für die Entwicklung und für den Betrieb des Systems:

- Tests, um die Funktionsfähigkeit sicherzustellen.
- Prüfungen, um Qualitätsprobleme von Komponenten zu erkennen.
- Wartungsaktionen, um Verschleißausfälle zu verhindern.
- Einschränkungen des Betriebs, um gefährliche Situationen nicht auftreten zu lassen.

Bei der *FMEA* werden Fehlermöglichkeiten mit niedriger Priorität erkannt, die wegen geringen Risikos keine weiteren Maßnahmen erfordern. In der Dokumentation soll deshalb begründet werden, warum keine weiteren Schritte erforderlich sind.

Ein sehr wichtiges Ziel ist die Dokumentation, die als Teil des Sicherheitsnachweises gilt. So kann der Hersteller nach dem Auftreten eines Fehlers und anschließenden Folgen nachweisen, dass ausreichend Maßnahmen zur Herstellung der Sicherheit eines Systems oder Geräts getroffen wurden.

8.3.2 Schritte von FMEA

Die Norm [35] definiert drei Schritte zur Durchführung einer *FMEA*: *Planung*, *Prozedur* und *Report*.

Bei der Planung werden die so weit bekannten untersten Betrachtungseinheiten identifiziert. Dies sind unter anderem eingekaufte Komponenten, die bei der *FMEA* einbezogen werden. Die Identifizierung der Betrachtungseinheiten soll durch ein Codiersystem vereinfacht werden. Also werden ihnen systematisch Identifikationsnummern zugeordnet. Die Analysten definieren den Fehler, sodass bei der Prozedur keine Verwechslung zwischen Ursache und Fehler vorkommt.

Bei der Prozedur wird das System mit allen Betrachtungseinheiten genauer analysiert. Dabei gibt es zwei Vorgehen: *Top-down* und *Bottom-up*. Am Anfang in der Projektphase wird nicht jede Betrachtungseinheit genau definiert sein, sodass obere (und abstraktere) Betrachtungseinheiten (System, Teilsystem, Komponente) zuerst analysiert werden. In der späteren Entwicklungsphase sind die unteren Betrachtungseinheiten (Komponenten, Baugruppe, Bauelemente) genauer definiert, und somit kann ein Wechsel zum *Bottom-up* erfolgen. Der Analyst schwenkt also um, er analysiert die unteren Einheiten und geht in Richtung der oberen Ebene der Hierarchiestruktur. Abbildung 8.3 zeigt beide Vorgehensweisen.

Der Report dient vor allem dem Sicherheitsnachweis und ist ein wesentlicher Bestandteil der *FMEA*. Hier werden die Ergebnisse der *FMEA* zusammengefasst, die Datenquellen werden benannt und die Analysetechniken dokumentiert. Die Fehlermöglichkeiten mit besonderer Schadensklasse werden hervorgehoben, und Probleme der Systemarchitektur werden zusammengefasst. Der Report enthält Protokolle des Designreviews. Eine Liste von Fehlermöglichkeiten wird mit Begründungen erstellt, die nicht analysiert wurden. Letztendlich enthält der Report eine Zusammenfassung mit Empfehlungen für die weitere Planung und Entwicklung. Es folgt eine Beschreibung der Unterschritte von *Planung*, *Prozedur* und *Report*.

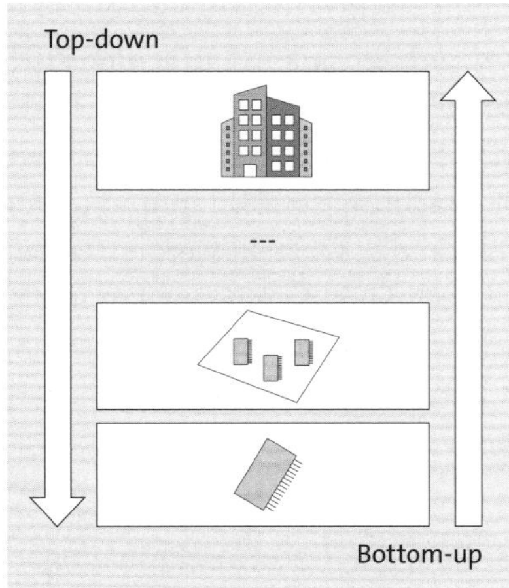

Abbildung 8.3 Bottom-up und Top-down

Planung

Die Unterpunkte des Planungsschritts sind:

- **Vorbereitung der Arbeitsunterlagen:**
  Einheitliche Arbeitsblätter des Unternehmens werden zusammengestellt. Die zu untersuchenden Betrachtungseinheiten (Baugruppen, Bauelemente) sollen sich auf die Arbeitsblätter beziehen. Dazu gehören auch Unterlagen von vergleichbaren Systemen, die bereits in vorherigen Projekten bearbeitet wurden. Auch *Lessons Learned*-Unterlagen bieten hier wichtigen Erkenntnisse.
- **Regelwerk und Annahmen:**
  Es soll über die Analysemethode entschieden werden. Zur Auswahl steht die Analyse der System- oder Gerätestruktur oder der funktionalen Struktur. Eine Kombination aus beidem ist auch denkbar. Das System oder Gerät soll mit einer klaren Sprache beschrieben werden. Alle Annahmen werden dokumentiert. Im Fall von Änderungen im Entwurf sollen das Regelwerk und die Annahmen auf den neuesten Stand gebracht werden.
- **Ebenen der Betrachtungseinheiten:**
  Die kleinsten Betrachtungseinheiten werden hier festgelegt. Das eingekaufte Gerät beispielsweise kann die kleinste Betrachtungseinheit sein. Betrachtungseinheiten, die sich in einer hohen Schadensklassen (z. B. Kategorie I und II) befinden, müssen einbezogen werden. Auch Betrachtungseinheiten mit niedriger Scha-

densklasse (z. B. Kategorie III und IV), die aber einen hohen Wartungsaufwand nach sich ziehen, sollen berücksichtigt werden. Die Schadensklassen sind in Tabelle 8.1 aufgeführt.

- **Codiersysteme:**
  Das System wird in Betrachtungseinheiten wie Teilsystem, Komponente etc. eingeteilt. Es wird durch einen Strukturbaum (*Hardware Breakdown Structure*, kurz *HBS*) oder ein Funktionsblockdiagramm (*Functional Block Diagram*, kurz *FBD*) wie in Abbildung 6.9 dargestellt. *HBS* können aus den Stücklisten entstehen. Bei der Verwendung von *FBD* stehen die Grenzen der Betrachtungseinheiten und deren Funktionen im Vordergrund. *FBD* können mit Blöcken dargestellt werden, wobei Eingaben in den Block hineingehen und Ausgaben aus dem Block herauskommen. Diese Grafiken können aus Zuverlässigkeitsblockdiagrammen abgeleitet werden. Ein Codiersystem kann sich auf die einzelnen Betrachtungseinheiten beziehen und so den Blöcken eindeutig zugeordnet werden.
- **Fehlerdefinition:**
  Die Definition der Fehler in Bezug auf die Anforderungen und Einschränkungen des Systems oder Geräts wird formuliert.

Prozedur

Dieser Schritt wird in folgende Unterpunkte gegliedert:

- **Zusatzinformationen:**
  Hier sollen Informationen aus der Planungs- und Entwicklungsphase zusammengetragen werden, um aus ihnen die Fehlersituationen abzuleiten. So gehören dazu unter anderem die Architekturpläne, technische Spezifikationen und Stücklisten. Aus diesen lassen sich *FBD* und Zeitdiagramme, die die einzelnen Betriebsarten beschreiben, herausarbeiten. Aus den Zeitdiagrammen lassen sich Stresssituationen ermitteln und die Möglichkeit, wie ein sicherheitsgerichtetes System zur Risikominimierung eingreifen kann. Anforderungen beschreiben die Bedingungen für den Betrieb des Systems. So lassen sich daraus Parameter herleiten, um Funktion und Ausfall des Systems oder Geräts zu definieren. Auch aus Stresssituationen werden Fehler als Ursache abgeleitet. Die folgenden Informationen sind dienlich:
  - **Dokumente von Entwurfsänderungen**: In der Architektur von Systemen sind stets Kompromisse zwischen den Teams erforderlich. Aus diesen gehen wegen Kommunikationsschwierigkeiten oft Fehlermöglichkeiten hervor.
  - **Architekturdaten und Zeichnungen**: Diese Dokumente beschreiben das Systemverhalten. Sie beinhalten ebenfalls interne Schnittstellenbeschreibungen, auch zu den untersten Betrachtungseinheiten (Komponenten, Baugruppen,

Bauelementen). Schaltpläne, Baupläne und *FBD* aus den Architekturdaten helfen, Zuverlässigkeitsdiagramme zu erstellen.

- **Analyse der Zuverlässigkeitsdaten**: Diese Daten können aus Versuchen stammen, die die Betrachtungseinheiten unter Bedingungen des beabsichtigten Einsatzes testen. Falls diese Daten nicht vorhanden sind, können Daten aus vergleichbaren Betrachtungseinheiten verwendet werden.

▶ **FMEA-Prozess:**
Dieser Prozess ist ein wichtiger Bestandteil der Entwicklungsphase. Er sollte von Anfang bis Ende angewendet werden. Die Analyse umfasst insbesondere Elemente mit hohem Risiko. Aktivitäten zur Risikominderung werden bei der Analyse einbezogen. Das Ergebnis der *FMEA* besteht unter anderem aus Empfehlungen für Tests, Wartung, Einschränkungen des Betriebs, Qualitätsprüfungen und so weiter. Folgende Schritte sollen angewendet werden.

- Definition der internen und externen Schnittstellen des Systems oder Geräts mit einfachen Sätzen: Die Funktionen des Systems wird hier beschrieben. Es wird genau definiert, was ein Ausfall einer Betrachtungseinheit ist.
- Das System oder Gerät wird grafisch mit Blockdiagrammen dargestellt. *FBD* und Zuverlässigkeitsblockdiagramme werden erstellt, um die Funktion zu dokumentieren.
- Es werden die Fehlermöglichkeiten der Betrachtungseinheiten und deren Schnittstellen beschrieben. Der erste Punkt oben in der Liste liefert dafür einen wichtigen Anhaltspunkt. Denn eine Fehlermöglichkeit ist in vielen Fällen die Umkehrung der Funktion einer Betrachtungseinheit.
- Bei jeder Fehlermöglichkeit wird der schlimmste anzunehmende Schaden in Worten formuliert. Dazu können auch die Anforderungen zu Hilfe genommen werden. So ist die Nichterfüllung einer Anforderung eine Ursache, woraus sich die Folge ableiten lässt.
- Es wird beschrieben, wie ein Fehler detektiert werden kann.
- Um eine Fehlermöglichkeit zu eliminieren oder das Risiko des Eintretens einzuschränken, wird eine korrigierende Maßnahme bestimmt.
- Korrigierende Maßnahmen können auch Auswirkungen auf das System oder Gerät haben. Die Auswirkungen sollen beschrieben werden.
- Alle oben genannten Punkte dieser Liste werden dokumentiert, auch die Fehlermöglichkeiten, aus denen keine Maßnahmen hervorgehen.

▶ **Schadenskategorisierung:**
Jede Folge eines Fehlers wird einer Schadensklasse zugeordnet. Dies ist eine qualitative Klassifizierung. Tabelle 8.1 zeigt die für *FMEA* eingesetzten Schadensklassen aus der Norm [36].

Schadensklasse	Schadensrang	Beschreibung
I	10	**Katastrophal:** Ein Fehler, der schwerste Verletzungen, Tod des Personals oder unreparierbaren Schaden am System verursachen kann.
II	7–9	**Kritisch:** Ein Fehler, der schwere Verletzungen am Personal oder großen Schaden am System verursacht. Ausbruch von Feuer. Auslaufen von Chemikalien in die Umwelt.
III	4–6	**Erheblich:** Ein Fehler, der kleinere Verletzungen oder Schäden verursacht. Aktivierung eines Alarmsystems in der Anlage.
IV	1–3	**Unerheblich:** Ein Fehler mit sehr geringen Schäden am System, welches eine Instandsetzung erforderlich machen würde. Keine Verletzungen des Personals.

Tabelle 8.1 Schadensklassen und Schadensränge

Report

Alle Ergebnisse aus der *FMEA* müssen in einem Report dokumentiert werden, der eine Zusammenfassung, eine Liste der Datenquellen, die Benennung der Analysetechniken, die Arbeitsblätter etc. enthält. Die Grundregeln, Annahmen und Blockdiagramme für die einzelnen Betrachtungseinheiten müssen enthalten sein.

- **Zusammenfassung:**
  Die Zusammenfassung enthält unter anderem Schlussfolgerungen und Empfehlungen. Empfehlungen sind Maßnahmen zur Risikominimierung und -eliminierung. Die Hauptprobleme des Systems oder Geräts, die aus der Analyse hervorgehen, werden zusammengefasst. Die Liste der Betrachtungseinheiten, die bei der Analyse ausgelassen wurden, werden angefügt.
- **Liste der kritischen Fehlermöglichkeiten:**
  Die Betrachtungseinheiten, die zu Fehlermöglichkeiten beitragen, sollen folgende Informationen enthalten:
  - Eine Identifikation und ein Bezug auf die *FMEA*-Arbeitsblätter.
  - Eine allgemeine Beschreibung des sicherheitsgerichteten Systems, damit bei Auftreten des Fehlers das Risiko minimiert wird.

- Beschreibung der Tests, um das sicherheitsgerichtete System zu verifizieren.
- Beschreibung der Inspektion der Betrachtungseinheit zur Fehlerdetektion und Fehlervermeidung.
- Einbeziehung der Historie der Betrachtungseinheit.
- Beschreibung von Methoden zur Erkennung von Fehlern.
- Begründungen, falls eine Fehlermöglichkeit nicht weiter analysiert wird.

- **Liste der Fehlermöglichkeiten mit Schadensklasse I und II:**
Die Liste soll sich auf die Unterlagen, die technischen Zeichnungen etc. beziehen (*Referenzen*).
- **Liste der SPOF:**
Auch hier soll die Liste der *SPOF* einen Bezug auf die Unterlagen, die technischen Zeichnungen etc. haben.

8.3.3 Vorgehen bei der Analyse

Es soll hier anhand des Fallbeispiels in Abschnitt 8.1 auf einzelne Aspekte der *FMEA* eingegangen werden. Dabei werden die Schritte *Planung* und *Prozedur* betrachtet, und der Schritt *Report* wird ausgelassen.

Planung

Bei der *FMEA* muss im Schritt *Planung* entschieden werden, ob die Betrachtungseinheit oder die Funktion der Betrachtungseinheit analysiert wird.

Zunächst das Vorgehen bei ausreichender Kenntnis der Betrachtungseinheit: Steht eine Liste der Komponenten zur Verfügung, kann jedes Element einzeln identifiziert werden, damit sie sich auf die Arbeitsblätter beziehen. Aus den Design-Dokumenten können die eingesetzte Betrachtungseinheiten ermittelt werden. Abbildung 8.4 zeigt ein einfaches Strukturbild der chemischen Produktionsanlage aus Bhopal. Die Kühlanlage ist am MIC-Behälter angebracht und kühlt den Inhalt. Über Verbindungsleitungen kann der Behälterinhalt zugeführt und entnommen werden. Die Abbildung zeigt die Betrachtungseinheiten Natronlaugewäscher und Gasfackelanlage. Dies sind sogenannte Schutzebenen (*Safeguards*), die aus dem *MIC* hervorgehende Gefahren verhindern sollen.

Da in diesem Fallbeispiel alle Informationen bereits vorhanden sind, eignet sich der *Bottom-up*-Ansatz. Aus den Betrachtungseinheiten und deren Schnittstellen können Fehlermöglichkeiten ermittelt werden, woraus die Zuordnung der Maßnahme folgt. In diesem Fall ist die Anbringung eines Natronlaugewäschers und einer Gasfackelanlage die Maßnahme, um das austretende Gas unschädlich zu machen.

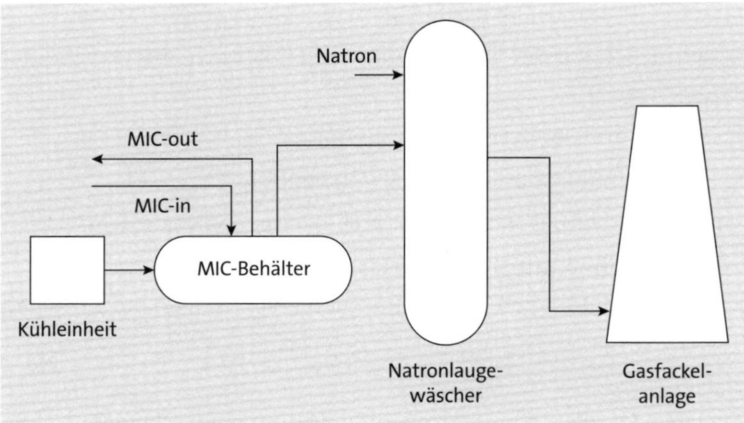

Abbildung 8.4 Vereinfachtes Strukturbild

Codiersysteme benennen Teile der Betrachtungseinheiten, damit sie sich auf die *FMEA*-Arbeitsblätter beziehen können. So zeigt Abbildung 8.5 ein *HBS* mit den Codierungen der einzelnen Betrachtungseinheiten. *HBS* kann z. B. aus einem System oder Gerät hervorgehen. Es ist hierarchisch strukturiert. An oberste Stelle steht in der Abbildung die Pestizidproduktionsanlage. Teile davon, also MIC-Tank, Verbindungsleitung, Sicherheitssysteme, hängen an der obersten Stelle. Eine weitere Aufteilung besteht aus Kühleinheit, Natronwäscher, Gasfackelanlage und Verbindungsleitungen in der untersten Ebene.

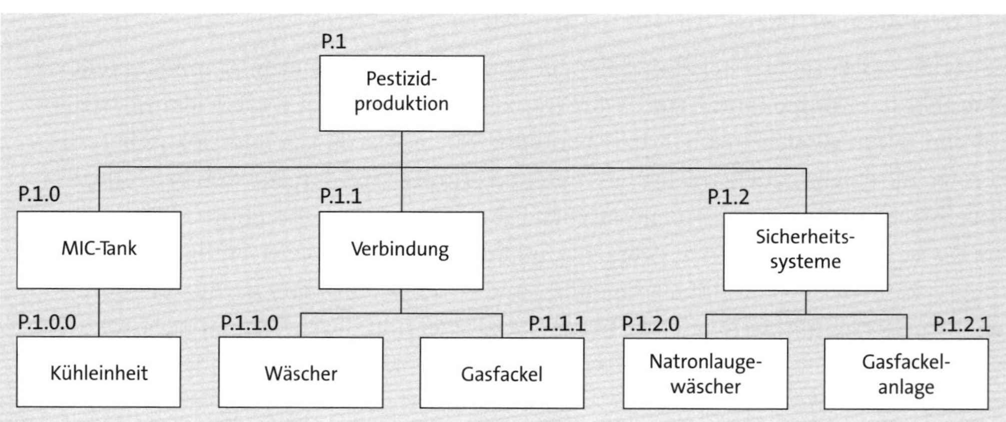

Abbildung 8.5 Hardware Breakdown Structure

Für den Fall, dass die *Design*-Dokumente mit den beschriebenen Betrachtungseinheiten nicht vollständig sind, eignet sich für die Analyse der Ansatz über die Beschreibung der Funktion der Betrachtungseinheit: In der Regel wird hier der *Top-down*-Ansatz angewendet. Die Fehlermöglichkeiten werden über die Funktionsbeschreibungen ermittelt. In vielen Fällen sind zwar Teile der Betrachtungseinheiten bereits früh in der Entwicklungsphase spezifiziert, aber dennoch meist nur über deren Funktionsbeschreibungen. So kann hier eine Kombination aus *Top-down* und *Bottom-up* erfolgen. Bei der Analyse haben Fehlermöglichkeiten der Kategorie I und II immer Priorität – mit dem Ziel, diese über korrigierende Maßnahmen zu eliminieren.

Prozedur

In diesem Schritt werden Fehlermöglichkeiten analysiert, Schäden der Schadensklassen zugeordnet und Detektionsmöglichkeiten bestimmt.

Tatsächlich wurde beim Unfallvorgang des Fallbeispiels eine Druckänderung nach dem Einlassen von Wasser über Sensoren erkannt. Somit war der Fehler technisch detektierbar. Nun schenkte das Personal den Anzeigen der Sensoren keinen Glauben und verschoben deshalb die Kontrolle auf einen späteren Zeitpunkt. Die schlechte Disziplin des Personals machte die Detektionsmöglichkeit zunichte. Tabelle 8.3 zeigt ein *FMEA*-Arbeitsblatt. Nach Angabe der Referenznummer folgt die Beschreibung der Funktion der Betrachtungseinheit (Spalte *Function*).

In diesem Fall erhält *Reference Number* eine Codierung des *MIC*-Behälters, und *Function* erhält den Eintrag: Lagerung von *MIC*.

Es folgt in der Tabelle die Spalte *Operational Mode*. Dies ist die Betriebsart. Zurückblickend auf das Fallbeispiel, erfolgte das Unglück im Wartungsbetrieb. Ein Mitarbeiter versuchte nämlich, die Verbindungsleitungen zu reinigen. Weitere mögliche Betriebsarten wären z. B. Produktionsbetrieb, Anlaufbetrieb etc. Es folgt die Spalte mit der Fehlermöglichkeit, also *Failure Mode*. Der Fehler im Fallbeispiel war, dass die Funktion des MIC-Behälters nicht erfüllt wurde. Zur Bestimmung der Fehlermöglichkeit kann die Funktion sprachlich umgekehrt werden. Der Fehler war also, dass das MIC aus dem Behälter entwich. Zur Bestimmung der Ursache des Fehlers wird die Ebene an der Schnittstelle (Verbindungsleitung, Kühlanlage) betrachtet. Anforderungen spezifizieren die Funktion, also die Lagerung des MIC. So können Anforderungen an die Funktion sein, das MIC unter 39° Celsius zu lagern (Kühlanlage) und den Kontakt mit anderen Stoffen (Verbindungsleitungen) zu verhindern. Es folgen zwei Anforderungen:

- Die erste Anforderung ist: Das MIC soll unter 39° Celsius gelagert werden, sodass es im flüssigen Zustand ist. Wenn das MIC nicht im flüssigen Zustand ist, also die Anforderung umgekehrt wird, tritt die Ursache hervor. Die Ursache (also *Failure Cause*) des Fehlers war, dass das MIC eine Temperatur von über 39° Celsius hatte. Die Detektion kann über eine Temperaturmessung erfolgen.
- Die zweite Anforderung ist: Das MIC darf nicht mit einem anderen Stoff (Wasser) in Berührung kommen. Die sprachliche Umkehrung ist, dass Wasser in den Tank mit MIC gelangt und somit eine exotherme Reaktion auslöst. Gase mit hohem Druck entwickeln sich, und diese könnten entweichen. Wie bereits erwähnt, konnte der

Fehler über Drucksensoren, Anzeigegeräte und Alarme detektiert werden. Es kann somit ein Eintrag in der Spalte *Failure Detection* erfolgen, z. B. Messung des Drucks im Behälter.

Die direkte Folge (*Effect Local*) war, dass es einen Druckanstieg im MIC-Behälter gab. Dieser war letztendlich so stark, dass Überdruckventile auslösten und Gase in die Atmosphäre entwichen (also *Effect Global*).

Die dritte Anforderung ist hier, dass das MIC innerhalb eines Druckbereichs im Behälter bleibt. Die Zuleitungen mit ihren Ventilen sollen dies sicherstellen. Die Zuleitungen ist ein Betrachtungseinheit mit Schnittstellen zum MIC-Tank. Die Umkehrung genau dieser Anforderung ist der Anstieg des Drucks über einen Schwellenwert hinaus. Die Folge war, dass die Ventile durch den Überdruck auslösten.

In der folgenden Spalte ist dies die *Failure Rate*, was der Fehlerrate entspricht. Tabelle 8.2 ist eine Skala aus der Norm [36] mit den Rängen eins bis fünf. Da das Personal schlecht ausgebildet war und sich die Anlage im schlechten Zustand befand, kann angenommen werden, dass ein Unglück dieser Art einmal in zehn Jahren stattfindet und somit Rang drei hat. Es sei erwähnt, dass ähnliche Tabellen Skalen mit Rängen von eins bis zehn haben, wobei Rang zehn am häufigsten vorkommt. Die Spalte *Severity Ranking* zeigt den Schweregrad, und der Eintrag kann aus Tabelle 8.2 entnommen werden.

Rang	Qualitative Beschreibung	Quantitative Beschreibung
1	sehr unwahrscheinlich	einmal in 1.000 Jahren
2	unwahrscheinlich	einmal in 100 Jahren
3	gelegentlich	einmal in 10 Jahren
4	wahrscheinlich	einmal im Jahr
5	häufig	einmal im Monat

Tabelle 8.2 Ränge der Ausfallraten

Eine Möglichkeit zur Risikoreduzierung wurde bereits angeschnitten. Eine Maßnahme hätte die bessere Ausbildung des Personals sein können, sodass das Wasser und die Natronlauge nicht verwechselt werden können. Eine weitere Maßnahme hätte der zuverlässige Betrieb des Kühlgeräts sein können, um die Reaktion mit Wasser zu unterbinden. Leider wurde fünf Monate vor dem Unglück das Kühlgerät abgeschaltet. Also können in der Spalte *Risk Reducing Measures* die Einträge Ausbildung und Betrieb des Kühlgeräts stehen.

In der letzten Spalte können Kommentare eingefügt werden.

Unit Description			Failure Description			Failure Effect					
Reference Number	Function	Operational Mode	Failure Mode	Failure Cause	Failure Detection	Effect Local	Effect Global	Failure Rate	Severity Ranking	Risk Reducing Measures	Comments

Tabelle 8.3 FMEA-Bewertung

8

Bei *FMECA* wird noch eine kritische Bewertung anhand von quantitativen Daten hinzugefügt. Diese wurden oben bereits mit Werten für *Failure Rate* und *Severity Ranking* angegeben. Diese beiden Werte zusammen können Rückschlüsse auf das Risiko der Fehlermöglichkeit geben. Dabei werden hier zwei Methoden vorgestellt.

Bei der ersten Methode wird eine *Risk Priority Number*, kurz *RPN*, bestimmt. Diese errechnet sich aus den Schadensrängen (*S* für *Severity*) von Tabelle 8.1, den Rängen von Tabelle 8.2 (*O* für *Occurence*) und dem Rang der Wahrscheinlichkeit, dass ein Fehler detektiert werden kann (*D* für *Detection*). So wird *RPN* gegeben durch Formel [8.1].

[8.1] $$RPN = S \times O \times D$$

Bei der zweiten Methode kann eine Risikomatrix aus dem Buch [37] bzw. aus Norm [36] angewendet werden. Diese Matrix kann mit einer Tabelle dargestellt werden, wobei die Reihen die Schadensklasse sind und die Spalten die Ränge der Ausfallraten, siehe Abbildung 8.6. In der Tabelle gibt es drei Bereiche. Unten links ist der Bereich, bei dem keine korrigierenden Maßnahmen notwendig sind. Der Bereich oben rechts gibt an, dass die Folgen eines Fehlers nicht-tolerierbar sind. Hier sind korrigierende Maßnahmen auf jeden Fall notwendig. Der mittlere Bereich gibt an, dass eine weitere Analyse erfolgen sollte. Dies führt zu Abschnitt 8.4.

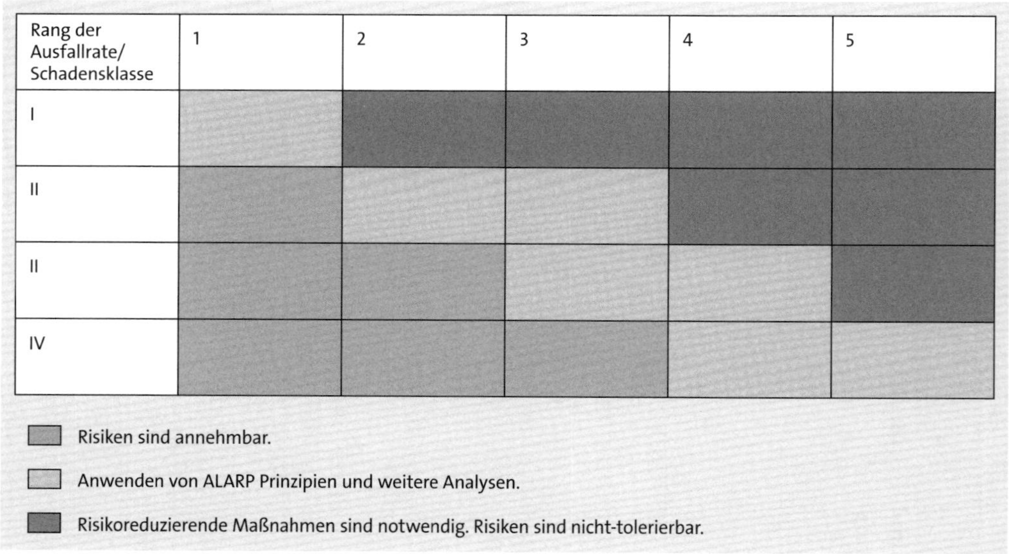

Rang der Ausfallrate/ Schadensklasse	1	2	3	4	5
I					
II					
II					
IV					

Risiken sind annehmbar.

Anwenden von ALARP Prinzipien und weitere Analysen.

Risikoreduzierende Maßnahmen sind notwendig. Risiken sind nicht-tolerierbar.

Abbildung 8.6 Risikomatrix

Aus dem Fallbeispiel geht die Schadenklasse I hervor. Oben wurde bereits Rang 3 ermittelt. So fällt diese Fehlermöglichkeit in einen Bereich der Matrix, in dem auf jeden Fall eine korrigierende Maßnahme notwendig ist.

8.4 Das ALARP-Prinzip

In Abbildung 8.6 ist ein Bereich erkennbar, der sich zwischen den Grenzen der annehmbaren Risiken und der nicht-tolerierbaren Risiken befindet. Sind die Risiken des Systems außerhalb des nicht-tolerierbaren Bereichs, dürfte der *Safety Engineer* die Aktivitäten einstellen, da Vorgaben z. B. aus den Normen oder aus gesetzlichen Richtlinien erfüllt sind. Dennoch kann es aus betriebswirtschaftlicher, politischer und gesellschaftlicher Sicht Sinn ergeben, einer weiteren Risikominimierung nachzugehen.

Die Studie [38] zeigt, dass Personal von gefährlichen verfahrenstechnischen Anlagen Risiken anders einschätzen als z. B. die Bewohner umliegender Ortschaften. Der Grund liegt daran, dass das Personal die Prozesse der Anlage kennt und die Kontrolle hat, während die Bewohner die Prozesse der Anlage nicht verstehen. In der oben genannten Studie wird angegeben, dass das Personal einer verfahrenstechnischen Anlage im Schnitt ein tödliches Unglück auf 1.000 Unglücke im Jahr akzeptieren würde. Die Bewohner umliegender Ortschaften allerdings akzeptieren im Schnitt nur ein tödliches Unglück von 10.000 Unglücken pro Jahr.

Bei der Risikominimierung kann diese Information einbezogen werden. Es kommt dann zum Prinzip des *As Low As Reasonanly Practicable*, kurz *ALARP*. So werden die Grenzen zu den annehmbaren Risiken aufgeweicht. Bei nicht-tolerierbaren Risiken ändert sich weiterhin nichts. Die präventiven Maßnahmen dürfen nicht infrage gestellt werden, da Normen und gesetzliche Richtlinien diese fordern. Abbildung 8.7 zeigt die notwendige Risikominimierung, z. B. durch passive Maßnahmen (Schutzzäune) und durch aktive Maßnahmen (mit Mess-, Steuerungs- und Regelungstechnik, kurz *MSR*).

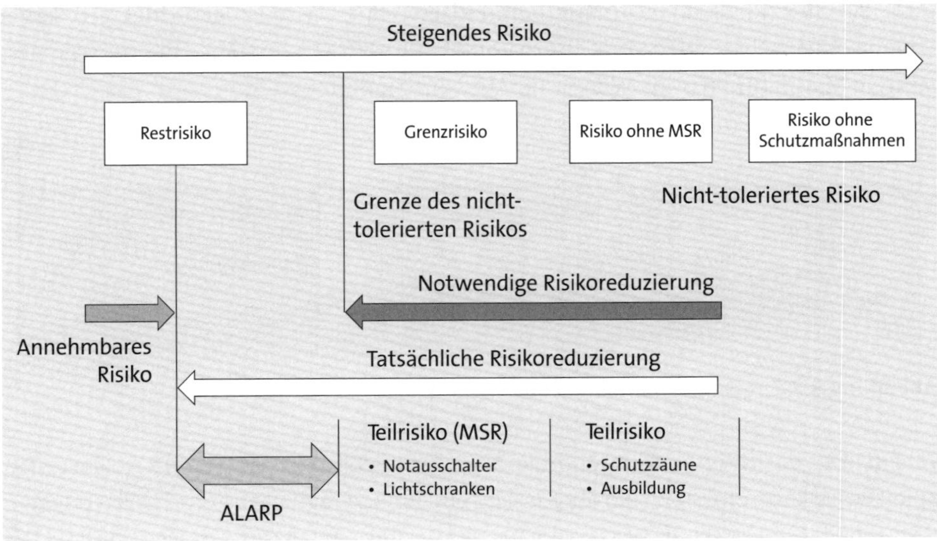

Abbildung 8.7 Risikominimierung

Dies zeigt beispielhaft Maßnahmen dazu, wie der *Safety Engineer* die Risiken des Systems oder Geräts in den Bereich der annehmbaren Risiken schiebt. Es kann sich, unter Berücksichtigung der Kosten für die Realisierung, lohnen, weitere präventive Maßnahmen einzuplanen. Die Berechnungen führen zu Aussagen, die einen weiteren Aufwand rechtfertigen. Die Folgen von Fehlern lassen sich bei Gütern in der Regel sehr gut spezifizieren. Bei Folgen für den Menschen ist es schwieriger, da sich diese eigentlich nicht eindeutig durch Kosten spezifizieren lassen. Sicherlich ist dies eine ethische Problemstellung, wobei das in der Versicherungsbranche durchaus üblich ist. In Artikel [39] werden 35 Studien von Verkehrsbehörden, Gesundheitsbehörden etc. gegenübergestellt, um die Kosten eines Menschenlebens anzugeben. Die Kosten werden unter anderem über den Aufwand ermittelt, der den Tod eines Menschen verhindern würde. So kommen je nach Studie Kosten zwischen 50.000 und 10.000.000 € zustande.

Bei *ALARP* geht es aber hauptsächlich darum, die Sicherheit des Systems zu verbessern und die davon ausgehenden Gefahren zu verhindern bzw. zu minimieren. Um die Risikoeinschätzung von Personal und umliegender Bevölkerung zu berücksichtigen, wird das Risiko direkt an der Grenze zum nicht-tolerierbaren Bereich mit einem Faktor (z. B. 10) schlechter eingeschätzt. Damit schiebt sich das Risiko wieder zurück in den nicht-tolerierbaren Bereich. Jetzt müssen weitere präventive Maßnahmen durchgeführt werden. Risiken, die sich weiter weg von der nicht-tolerierbaren Grenze befinden, werden mit einem niedrigen Faktor (z. B. 1) eingeschätzt. Auf diese Weise wird der *Safety Engineer* motiviert, nur Risiken zu akzeptieren, die sich weit weg von der Grenze zum nicht-tolerierbaren Bereich befinden.

Bei diesem Vorgang werden die Risiken in drei Klassen eingeteilt, siehe auch Abbildung 8.8. So sind alle nicht-tolerierbaren Risiken der Klasse 1 zugeordnet, z. B. fatale Unfälle oder Sachschäden von Gütern von über 100.000 € pro Jahr. Hier müssen präventive Maßnahmen ohne Wenn und Aber durchgeführt werden.

Klasse 1	Klasse 2	Klasse 3
Nicht-tolerierbares Risiko	ALARP-Bereich	Annehmbares Risiko
Müssen analysiert und gemindert werden	Müssen analysiert werden und sollten gemindert werden	Keine Maßnahme

Abbildung 8.8 Grafische Darstellung der ALARP-Klassen

Alle Risiken darunter sind annehmbar, aber dennoch folgt eine weitere Analyse. Beispielsweise kann einem Risiko der Klasse 2 ein fatales Unglück in zehn Jahren oder ein Sachschaden zwischen 10.000 und 100.000 € in einem Jahr zugeordnet werden. Die Risiken befinden sich im *ALARP*-Bereich und müssen zur Risikoreduzierung weiter untersucht werden. Annehmbar sind alle Risiken, die sich in der Klasse 3 befinden. Als Beispiel kann hier ein fataler Unfall in 100 Jahren oder ein Sachschaden unter 10.000 € sein. Präventive Maßnahmen sind hier nicht mehr erforderlich.

Die in Klassen eingeteilten Risiken lassen sich in einer Matrix veranschaulichen. Abbildung 8.9 zeigt eine Risikomatrix mit den drei Bereichen. Sie wurde aus der Publikation [40] und aus der Studie [38] abgeleitet. So können diese Risiken unter Berücksichtigung der oben genannten Faktoren eingetragen und für die weitere Betrachtung ausgewählt werden.

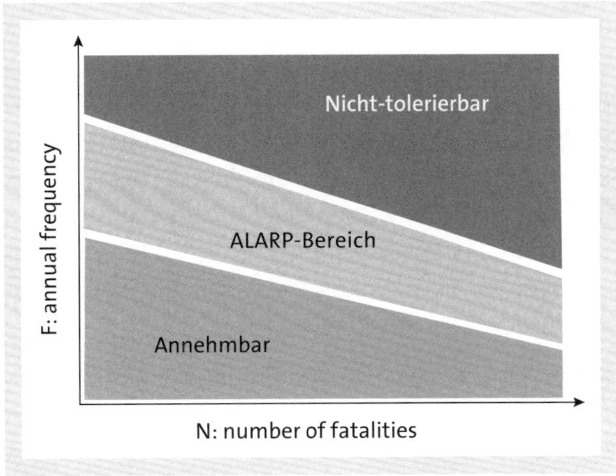

Abbildung 8.9 Bereiche der Risiken

Zurück zum Fallbeispiel aus Abschnitt 8.1. Ein indisches Gericht hatte das Unternehmen *Union Carbid* laut Artikel [33] zu einer Strafe von 470 Millionen US-Dollar verurteilt. Weitere Kosten kamen durch Entschädigungszahlungen an die Opfer hinzu.

Anhand von Abbildung 8.2 wurde bereits ermittelt, dass die Häufigkeit eines fatalen Unfalls mindestens einmal in zehn Jahren vorkommt. Dies wurde unter anderem dadurch begründet, dass nur ungelernte Mitarbeiter Wartungsarbeiten durchführten. Die Kosten der Wartungsarbeiten am Kühlgerät, die die Folgen des Unglücks verhindert hätten, könnten im Jahr 5.000 $ betragen. Auf zehn Jahre gerechnet, wären dies insgesamt 50.000 $. Ein redundantes Kühlgerät mit Installation hätte ca. 25.000 $ gekostet. So hätte bei einem Ausfall eines Kühlgeräts das zweite einfach eingeschaltet werden können. Die Laufzeit der Kühlgeräte beträgt zehn Jahre.

Insgesamt hätte die sicherheitstechnische Maßnahme 75.000 $ gekostet. Dies liegt im Promillebereich der verordneten Strafzahlung (ohne die Entschädigungszahlung). Aus *ALARP*-Sicht hätte es auf jeden Fall Sinn ergeben, diese Maßnahmen durchzuführen. Nicht nur aus ethischer, sondern auch aus betriebswirtschaftlicher Sicht wäre es sinnvoll gewesen, in die Sicherheit der Anlage zu investieren.

8.5 Hazard and Operability

Die *Hazard and Operability*-Methode, kurz *HAZOP*, ist eine Methode zur Ermittlung von Gefahren und potenziellen Problemen bei verschiedenen Betriebsarten eines Systems oder Geräts. Ursprünglich kommt die Methode aus der Prozessindustrie. Der Gedanke ist, den Fluss von Prozessmaterial zu untersuchen. Heute wird die Methode bei Softwareanwendungen, Transportsystemen (Bahn), medizinischen Geräten etc. angewendet.

HAZOP ist Teamarbeit und hat einen Brainstorming-Charakter. Sie ist eine Methode, die Ideenfindung anzuregen. Sogenannte Leitwörter (engl. *Guide Words*) werden dem Team vorgeschlagen, um Abweichungen von Leistungsmerkmalen (*Design Intents*) zu beschreiben. Die Anwendung wird unter Leitung eines Moderators (*Study Leader*) durchgeführt, der Erfahrung mit der Methode haben sollte. Das Team besteht aus Mitarbeitern des Projekts und aus erfahrenen Spezialisten, die einen Bezug zum Projekt haben. So können ihre Erfahrung und ihre Urteilsfähigkeit wichtige Anregungen liefern. Im Fokus steht bei dieser Methode die Benennung der Gefahren und nicht notwendigerweise die Lösungen. Dennoch können Empfehlungen an das Entwicklungsteam des Systems oder Geräts weitergegeben werden.

Kern von *HAZOP* ist die Entwicklung von Leistungsmerkmalen, die ab jetzt *Design Intent* (bzw. Entwurfsabsicht) genannt werden. Das Team teilt das System oder Gerät in Teilsysteme und Komponenten auf. Ein Teilsystem oder eine Komponente kann die Größe eines Design Intent haben, abhängig von dem gewünschten Umfang der Analyse. Ein in groben Zügen beschriebenes Design Intent (auf Ebene von Teilsystemen) beschleunigt die HAZOP-Methode, während ein im Detail beschriebenes Design Intent (auf Ebene von Komponenten oder darunter) sie verlangsamt.

Ein Design Intent besteht in der Regel aus der Angabe einer Quelle, z. B. Material, Information oder Energie. Bei der Aktivität wird Material, Information oder Energie prozessiert und an die Senke weitergegeben. Abbildung 8.10 zeigt den technischen Prozess eines *Design Intents*, bestehend aus Quelle (Material, Information, Energie), Aktivität und Senke (Material, Information, Energie).

Abbildung 8.10 Design Intent mit Quelle, Aktivität und Senke

Zentrale Elemente bei *HAZOP* sind die *Design Intents* und ihre Parameter. Bei der Analyse werden Guide Words angewendet, um Abweichungen bei den Parametern durchzuspielen. Dies soll Rückschlüsse auf Ursachen und Folgen von Gefahren erlauben. Im Gegensatz dazu steht bei der FMEA die Funktion einer Komponente im Vordergrund, um über sprachliche Umkehrung auf Fehler, Ursache und Folgen zu schließen.

Tabelle 8.4 zeigt eine Liste mit Guide Words, die in der Prozesstechnik angewendet werden. Weitere Guide Words in der Tabelle werden bei zeitlichen Verläufen in Prozesstechnik und Softwaretechnik eingesetzt.

Prozesstechnik		**Prozesstechnik und Softwaretechnik mit zeitlichen Sequenzen**	
Leitwort	**Bedeutung für Leistungsmerkmal (*Design Intent*)**	**Leitwort**	**Bedeutung für Leistungsmerkmal (*Design Intent*)**
`NO` oder `NOT`	Umkehrung	`INVALID`	ungültig
`MORE`	Zunahme	`WRONG`	ungültig
`LESS`	Abnahme	`FALSE`	Falsch
`AS WELL AS`	weitere Effekte	`EARLY` und `LATE`	Timing außerhalb
`PART OF`	teilweise ein Effekt	`BEFORE` oder `AFTER`	außerhalb der Sequenz
`REVERSE`	Umkehrung	`FASTER` oder `SLOWER`	Timing zu schnell oder zu langsam
`OTHER THAN`	weitere Aktivität		

Tabelle 8.4 Leitwörter (Guide Words)

Bei Betrachtung des Fallbeispiels war das *Design Intents* des Behälters die Lagerung von MIC. MIC kann physikalische Eigenschaften besitzen, die durch Parameter ausgedrückt werden. Zum Beispiel hat das MIC eine Temperatur, oder es hat einen Druck im gasförmigen Zustand. Die Parameter Temperatur und Druck sind bei HAZOP sogenannte Elemente. Durch Anwendung des Guide Word `MORE` auf das Element (Parameter Temperatur) wird das Gedankenspiel angeregt. Was passiert, wenn die Temperatur des MIC steigt?

In der Softwaretechnik sind oft zeitliche Verläufe von Ereignissen wesentlich für die Funktion. Bei Software werden Informationen statt Material übertragen. Auf Informationen lässt sich z. B. das Guide Word `INVALID` anwenden. Bei der Übertragung von

Informationen können Datenpakete in der falschen Reihenfolge (die Reihenfolge ist hier das Element) eintreten, deren Abweichung durch die Guide Words BEFORE oder LATE beschrieben werden. Auch hier regen die Guide Words Gedankenspiele an, um Abweichungen beim Ablauf der Software genauer zu formulieren und dann auf Gefahren rückzuschließen.

Die einzelnen Hauptschritte der *HAZOP* teilen sich auf in Definition, Vorbereitung, Analyse und Dokumentation, siehe auch Abbildung 8.11. Im Folgenden werden die einzelnen Schritte genauer beschrieben.

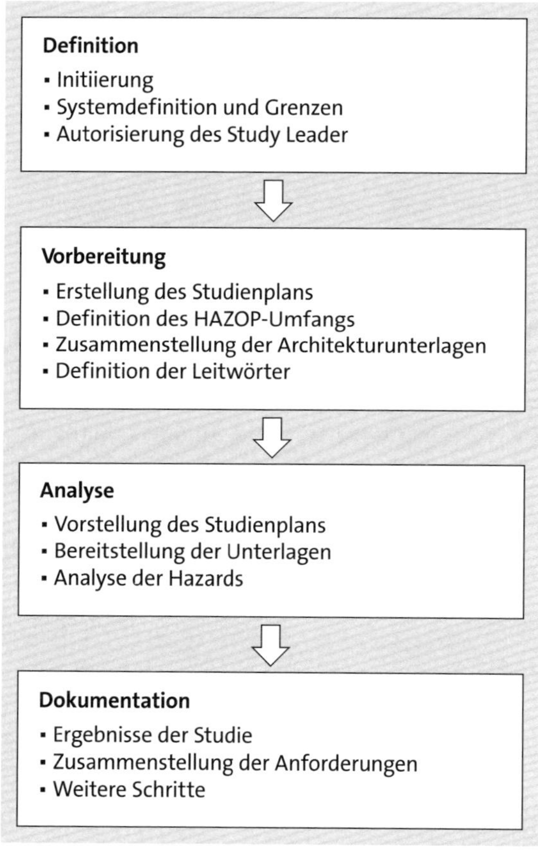

Abbildung 8.11 Schritte bei HAZOP

8.5.1 Definitionen

Bei der *Initiierung* wird der *HAZOP*-Prozess durch den Projekteiter angestoßen.

Beim Teilschritt *Systemdefinition und Grenzen* bestimmt der *Study Leader* die Betrachtungseinheiten auf der untersten Ebene, die bei *HAZOP Nodes* genannt werden. Dabei werden Umfang und Grenzen der Studie definiert. Unterlagen aus der Historie, z. B. *Lessons Learned*, unterstützen dabei den Teilschritt zu bearbeiten.

Der Projektleiter *autorisiert den Study Leader*, die Studie durchzuführen, und stellt mit ihm zusammen das Team auf, das aus Protokollführer, Entwickler, Anwender, Spezialist und Instandhalter besteht. Das Team soll so klein wie möglich sein, aber dennoch sollen die Teilnehmer die nötige Erfahrung mitbringen, um die Analyse umfassend durchführen zu können.

8.5.2 Vorbereitung

Der *Study Leader* sammelt die notwendigen Unterlagen und erstellt einen *Studienplan*. Dieser Plan legt den Zeitrahmen sowie die einzelnen Arbeitsschritte fest und führt die Termine der kommenden Sitzungen auf.

Das Team *definiert den Umfang der HAZOP* und legt die Ziele fest. Die Arbeitsblätter, z. B. aus früheren Sitzungen, werden angefügt.

Alle notwendigen *Architektur- und Designunterlagen* des Systems oder Geräts und der Teilsysteme oder Komponenten werden zusammen mit den Beschreibungen der kleinsten Betrachtungseinheiten zusammengestellt. Dazu gehören unter anderem die Anforderungen für Betrieb und Wartung, Datenblätter, *HBS* und *FBD*. Bei der Analyse von Software werden Flussdiagramme, Sequenzdiagramme und Kontrollflussdiagramme angehängt.

Leitwörter werden vom *Study Leader* vorgeschlagen, siehe Tabelle 8.4, die die Abweichungen der Elemente beschreiben. Diese werden mit dem Team abgesprochen. Die Leitwörter sollten nicht zu speziell sein, da sonst Ideen und Diskussionen nicht zustande kommen. Allerdings sollten *Guide Words* nicht zu allgemein gehalten sein, da die *HAZOP*-Methode ansonsten zu eingeschränkten Ergebnissen führt.

8.5.3 Analyse

Der Study Leader führt die Diskussion. Er leitet die Analyse mit der *Vorstellung des Studienplans* ein, damit alle Teilnehmer das gleiche Verständnis von Inhalt und Umfang der Studie haben.

Alle *Unterlagen* werden dem Team bereitgestellt und in einer Sitzung vorgestellt.

Nun werden die Gefahren (*Hazards*) untersucht, die sich aus den folgenden sich wiederholenden Schritten ergeben:

- Auswahl einer Betrachtungseinheit, genannt *Node*, und Aufstellung einer Liste von Design Intents.
- Auswahl eines Design Intents aus der Liste.
- *Elemente* zur näheren Beschreibung des Design Intents werden bestimmt. Elemente sind z. B. Parameter wie Temperatur, Druck, Wärmeleistung etc.

- Die Anwendung eines Leitworts auf ein Element. Hier soll die Abweichung des Design Intents ermittelt werden, um die Ursache und die Folge zu ermitteln.
- Das Team bestimmt, ob die Abweichung detektiert werden kann oder ob es Indikationen für diese Abweichung gibt (indirekte Detektion). Falls eine Schutzeinrichtung bereits existiert, ist die Untersuchung noch nicht abgeschlossen, da das Restrisiko weiter minimiert werden kann.
- Der Study Leader fasst die einzelnen Analyseschritte mithilfe der Protokolle zusammen.
- Der Prozess wird so lange wiederholt, bis alle Guide Words auf die Elemente des Design Intent angewendet worden sind.

8.5.4 Dokumentation

Für die Dokumentationserstellung ist der Study Leader verantwortlich. Sie kann umfassend oder zusammenfassend sein.

Bei der umfassenden Dokumentation werden alle Elemente des Design Intent mit den angewandten Guide Words aufgeschrieben. Der Vorteil einer umfassenden Dokumentation ist, dass diese als Nachweis der detaillierten Analyse dient.

Bei der zusammenfassenden Dokumentation können auch nur die tatsächlichen *Hazards* dokumentiert werden. Hierdurch wird ein erforderlicher Nachweis etwas schwieriger, da nicht untersuchte Elemente fehlen.

In den **Ergebnissen der Studie** werden die Details der Gefahren und Probleme, die aus den Betriebsarten des Systems oder Geräts hervorgehen, beschrieben. Diese sollen durch Empfehlungen ergänzt werden, die der Entwickler für die Risikominimierung berücksichtigen soll. Weitere Ergebnisse sind die Aufstellung der Betrachtungseinheiten, die nicht untersucht worden sind, und die Liste der Dokumentationen, die bei der Analyse verwendet worden sind. Letztendlich soll eine Liste der Teilnehmer hinzugefügt werden.

Bei der **Dokumentation der Anforderungen** wird jede einzelne Gefahr und jedes einzelne Problem aus den jeweiligen Betriebsarten dokumentiert. Auch jede bereits existierende Schutzmaßnahme soll aufgeführt werden. Die Dokumentation soll Referenzen verwenden, um so eindeutig auf die Arbeitsblätter zu verweisen und einen Bezug zu den Entwicklungsdokumenten herzustellen. Alle Unterlagen der Studie müssen danach archiviert werden.

Bei **Weitere Schritte** werden Empfehlungen ausgesprochen. Es sollten Folgesitzungen geplant werden, um die Änderungen von System oder Gerät vom Team verifizieren zu lassen.

8.5.5 Vorgehen bei der HAZOP-Untersuchung

Abschließend soll die *HAZOP*-Methode auf das Fallbeispiel des Unglücks von Bhopal, das in Abschnitt 8.1 beschrieben wurde, angewendet werden. Ein oft genutztes Arbeitsblatt aus *IEC-61511* ist in Tabelle 8.5 exemplarisch wiedergegeben. Im oberen Bereich der Tabelle können Studienplan, Referenznummer, Teammitglieder und Datum eingetragen werden.

Darunter folgt die zu betrachtende *Node* (also die Betrachtungseinheit). Bezugnehmend auf das Fallbeispiel wird hier der MIC-Behälter betrachtet. Dieser hat das *Design Intent*: Lagerung von MIC. In der Tabelle folgen die Einträge:

- Bei Material kommt der Eintrag MIC.
- Die Aktivität ist die Lagerung.
- Quelle (*Source*) ist die Betrachtungseinheit, aus der das MIC entnommen wird.
- Senke (*Destination*) ist die Betrachtungseinheit, zu der das MIC geht.

In der Spalte *Element* kann die Eigenschaften des Materials mit physikalischen Parametern weiter präzisiert werden, z. B. mit Druck oder Temperatur. Guide Words werden mit *Element* in Zusammenhang gebracht, das Guide Word `MORE` kann beispielsweise auf die Kombination MIC und Temperatur angewendet werden. Dies wird so interpretiert, dass die Temperatur des MIC steigt. Die Ursache (*Cause*) ist z. B. ein defektes Kühlgerät, da seine Aufgabe darin besteht, für eine konstante Temperatur zu sorgen.

Die Folge (*Consequence*) ist die Verdampfung des MIC und somit ein steigender Druck im Behälter.

Tatsächlich gab es in der Anlage zwei Schutzeinrichtungen (*Safeguards*), und zwar eine Natronwaschanlage und eine Fackelanlage:

- Die Natronwaschanlage hätte das MIC-Gas ausgewaschen und in einen Auffangbehälter geleitet.
- Die Fackelanlage hätte das MIC-Gas abgefackelt und unschädlich gemacht.

Es folgen die Aktionen (*Action required*), die aus der Analyse hervorgehen. Zum Beispiel hätte das Team hier regelmäßige Wartungsarbeiten fordern können. Diese wäre dem Instandhaltungsteam zugeordnet worden (*Action allocated to*).

Study Title:									
Rev. No.:									
Team composition:						Date:			
Node considered:									
Design Intent:			Material: Source:			Activity: Destination:			
No.	Guide Word	Element	Deviation	Cause	Consequence	Safegards	Comment	Actions required	Actions allocated to

Tabelle 8.5 HAZOP-Table

8.6 Abschließende Bemerkungen

Ganz offensichtlich ist bei dem Vorfall in dem in Abschnitt 8.1 beschriebenen Fallbeispiel viel falsch gelaufen. Dazu sollte auch etwas Hintergrundwissen in Betracht gezogen werden. Der Verkauf von Pestiziden war nämlich rückläufig, und somit war das Management gezwungen, Sparmaßnahmen durchzuführen, um rentabel zu bleiben. Deshalb wurde unter anderem das Personal stets verringert, und die Ausbildung wurde vernachlässigt. Tatsächlich wurden Wartungsarbeiten an der Anlage durchgeführt. Die Wartungsintervalle wurden aber ständig verlängert, zum Teil auch aus Mangel an Personal. Der MIC-Behälter hatte eine Kühlanlage. Diese wurde aber fünf Monate vor dem Unglück außer Betrieb genommen, da sie an einer anderen Stelle gebraucht wurde. Somit lagerte das MIC ungekühlt, und es bestand durch die Verdampfung bereits im Tank ein zu großer Druck.

Die Anlage verfügte bereits über Schutzebenen (*Safeguards*): eine Natronwaschanlage und eine Fackelanlage. Diese waren beide außer Betrieb, sodass sie als Schutzebenen ausfielen. Des Weiteren waren zum Unglückszeitpunkt die Behälter überfüllt, sodass mehr MIC entwich, als nötig war. Ein Katastrophenplan für die Bewohner der umliegenden Ortschaft existierte nicht. Das heißt, es gab keine geplanten Maßnahmen, die bei einem Unglück hätten eingeleitet werden können. Es existierten Sicherheitssirenen, die aber vom Personal nicht eingeschaltet wurden, um keine Panik zu erzeugen. Für die Bewohner hätte die Sirene wenig Nutzen gehabt, da ihre Bedeutung ohnehin nicht bekannt war.

Im Großen und Ganzen hätten in dem Fallbeispiel die oben beschriebenen Untersuchungsmethoden *FMEA* und *HAZOP* wenig genutzt, da es sich um ein systemisches Problem handelte. Der Sicherheitsgedanke gehörte damals nicht zur Firmenkultur. So fehlte der Wille des Managements, Sicherheit überhaupt eine Priorität einzuräumen.

Kapitel 9
Kenngrößenbestimmung

Sind die Fehlermöglichkeiten und Gefahren, z. B. über die Methoden aus Kapitel 8, ermittelt worden, können in einem weiteren Schritt quantifizierte Kenngrößen bestimmt werden. Die Anzahl der Ausfälle und Fehler von Komponenten, Baugruppen und Bauelementen innerhalb von Zeitintervallen werden Raten genannt (siehe Kapitel 7). Es gibt Tabellen, aus denen abhängig vom Bauelementtyp die Raten abgelesen werden können. Die Tabellen sind zwar bereits veraltet, finden aber nach wie vor ihre Verwendung.

Des Weiteren werden in diesem Kapitel zwei statistische Methoden hergeleitet, um die Zuverlässigkeitsfunktion zu bestimmen. Bei der parameterfreien Methode gibt es keine Vorkenntnisse bezüglich der Daten, bei der parametrisierten Methode wird angenommen, dass die Daten einer Exponentialverteilung, vorgestellt in Kapitel 7, unterliegen.

Viele Firmen dokumentieren die Ausfälle und Fehler ihrer Produkte und Anlagen mithilfe von Datenbanken. Dabei sollte darauf geachtet werden, wie und welche Daten erfasst werden, damit später aus den Daten die Ausfallraten, die Reparaturraten und andere Kenngrößen berechnet werden können. Eine typische Kenngröße ist die mittlere Zeit für eine Reparatur, die eine Rolle bei der Modellierung mit *Markov* spielt. Diese Kenngröße ist wichtig zur Berechnung der Verfügbarkeit.

9.1 Fallbeispiel: Fords Pinto Memo

Die amerikanische Autoindustrie verkaufte in den 1960er-Jahren hauptsächlich stattliche Automobile. Dabei füllten vor allem japanische und deutsche Fahrzeuge die Marktlücke der kleinen Kompaktklasse. Die Kleinwagen verkauften sich in den USA sehr erfolgreich. Deswegen entschied sich das Unternehmen *Ford*, auch einen Wagen mit dem Namen *Pinto* in der Kompaktklasse anzubieten. In der Regel brauchte damals ein Fahrzeug drei Jahre vom Anfang der Entwicklung bis zur Markteinführung. Durch neue Projektmanagementmethoden, etwa durch Parallelisierung von Entwicklungsprozessen, konnte die Markteinführung auf weniger als zwei Jahre gesenkt werden. Bei den neuartigen Methoden wurden aber Konstruktionsfehler nicht genügend adressiert, sodass Fehler beim Endkunden auftraten. Die Folge davon war, dass mehrere

Rückrufaktionen gestartet werden mussten, was für die Firma sehr teuer war. Dennoch wurden über ein Jahrzehnt mehr als zehn Millionen Fahrzeuge produziert.

Die amerikanische Behörde *National Highway Traffic Safety Administration*, kurz *NHTSA*, stellte bei Crashtests fest, siehe auch Abbildung 9.1, dass sich bei vielen Pintos durch einen Aufprall die Tankanlage entzündete. Diese war in der Nähe der Hinterachse verbaut. Bei einem Aufprall am Heck schob sich die Hinterachse in den Tank, und dieser schlug leck, sodass Benzin aus dem Tank floss. Die Behörde stellte sogar fest, dass diese Art von Unglück in manchen Fällen durch Entzündung des Benzins zum Tod der Insassen führte. Das Problem der Explosionsgefahr durch den Tank hätte mit einem Pufferstück für 11 $ gelöst werden können. Allerdings hätte das eine neue Rückrufaktion hervorgerufen.

Die Geschäftsleitung des Unternehmens Ford sah aber ihren Bestand in Gefahr und machte deswegen eine einfache Kosten-Nutzen-Analyse. Dabei errechnete sie bei 12,5 Millionen Fahrzeugen und 11 $ pro Pufferstück Kosten von 137 Millionen $. Auf der anderen Seite rechnete sie mit dem Nutzen der Nachbesserung: Die Geschäftsleitung nahm an, dass es 180 Tote und 180 Verletzte geben würde. Die Kosten für Gerichtsprozesse wurden mit 200.000 $ pro Verunglückten und 67.000 $ pro Verletzten angesetzt. Zusätzlich wurden die Schäden an geschätzten 2.000 Autos mit 700 $ eingerechnet. Somit errechnete die Geschäftsleitung einen Betrag von 49,5 Millionen $. Durch einen einfachen Vergleich der Kosten und Nutzen (137 Millionen $ > 49,5 Million $) kam sie zur Entscheidung, keine Rückrufaktion zu starten (siehe auch Artikel [41]).

Abbildung 9.1 Fords Pinto

9.2 Bestimmung der Ausfallrate aus Handbüchern

In Kapitel 7 wurden Ausfall- und Fehlerrate definiert. Dort haben Sie sich möglicherweise gefragt, wie sich diese überhaupt bestimmen lassen. Eine der Möglichkeiten ist die Bestimmung über statistische Verfahren. Dafür braucht aber der System- und Geräteherssteller Daten, die er in vielen Fällen nicht hat. Es gibt Handbücher, die einfache Berechnungsmodelle beschreiben, um die Ausfallraten zu bestimmen. Diese Berechnungsmodelle entstanden aus den physikalischen Gegebenheiten von Komponenten, Baugruppen oder Bauteilen, aber auch aus den statistischen Verfahren zur Berechnung von Ausfallraten mit Daten. Ein bekanntes Handbuch ist die *MIL-HDBK-217* [42]. Im Grunde gilt dieses Handbuch als veraltet, da viele Komponenten, wie etwa Mikrocontroller, nicht dem Stand der Technik entsprechen. Dennoch gibt es Bauteile (Widerstände, Kondensatoren), die sich seit den 1990er-Jahren nicht wesentlich verändert haben und für Schätzungen durchaus anwendbar sind. Das oben erwähnte Handbuch gibt Modelle in Form von Formeln und Tabellen an, womit Fehlerraten von elektronischen Komponenten bestimmt werden können. Dies hat zum Ziel, die Zuverlässigkeit von Systemen und Geräten bei der Entwicklung zur verbessern. Die Modelle haben natürlich ihre Grenzen, da die Formeln und Tabellen aus früheren Daten stammen. Die Daten sind veraltet, weil revolutionäre Entwicklungen eingetreten sind, wie die Entwicklung der Technologie von integrierten Schaltungen (1999: 180 nm, 2014: 14 nm). Von Schätzungen über Extrapolation wird in diesem Handbuch, vor allem bei den Technologieveränderungen, abgeraten.

Im Folgenden sollen zwei in *MIL-HDBK-217* [42] beschriebene Methoden vorgestellt werden. Die Methoden werden *Part-Stress-Analyse* und *Part-Count-Analyse* genannt.

9.2.1 Part-Stress-Analyse

Diese Analyse benötigt viele Details über die zu untersuchenden elektronischen Komponenten, Baugruppen und Bauteile. Deswegen eignet sich die Methode nur für die spätere Entwicklungsphase. Sie enthält eine Reihe von Modellen zur Bestimmung der Fehlerraten. Diese sind zugeschnitten auf unterschiedliche Bauteiltypen, z. B. Mikrocontroller, Relais, Dioden etc. Die Modelle haben die Form von Formeln und Tabellen. Für die Bestimmung von Fehlerraten eines kompletten Geräts werden die einzelnen Ausfallraten der Bauteile zusammenaddiert, ähnlich wie bei Formel [4.10] und Formel [4.11]. Als Beispiel zeigt Formel [9.1], wie die Ausfallrate von Mikroprozessoren bestimmt wird:

$$\lambda = \pi_Q \pi_L (C_1 \pi_T + C_2 \pi_E) \qquad [9.1]$$

Alle π-Faktoren in Formel [9.1] stammen aus Tabellen. Diese tragen dazu bei, dass sich die Ausfallrate über die Multiplikationen erhöhen oder erniedrigen. Die C-Parameter in Formel [9.1] sind Raten.

C_1 ist eine Ausfallrate, hervorgerufen durch die Komplexität der integrierten Schaltung. Die Komplexität wird über die Anzahl der Schaltungselemente (*Gates*) bestimmt.

C_2 ist eine Ausfallrate, hervorgerufen durch das Gehäuse. Aus Tabellen bekommt der Benutzer eine Auswahl an Gehäusen (*Pin Grid Array, DIP, SMT* etc.) und den entsprechenden C_2-Parameter bei Angabe der Pinanzahl des Bauteils.

Firmen geben oftmals standardisierte Entwicklungsprozesse vor, die durch die Mitarbeiter angewendet werden. Ein Beispiel für einen Entwicklungsprozess ist ISO-9000. Die Autoren von *MIL-HDBK-217* [42] argumentieren, dass Firmen, die standardisierte Entwicklungsprozesse in die Firmenkultur aufnehmen und diese leben, Produkte mit besserer Qualität herstellen. Das wird durch den *Quality-Faktor* π_Q ausgedrückt. Wenn also Komponenten von Firmen mit unbekannten Entwicklungsprozessen eingekauft werden, wird es durch den Faktor Abstriche geben, sodass die Ausfallrate über die Multiplikation größer ausfällt.

Außerdem hat die Anzahl der Jahre, in der ein Bauteil produziert wird, einen Einfluss auf die Fehlerrate. Denn es wird argumentiert, dass bereits Daten vorhanden sind und somit der Produktionsprozess angepasst wurde, um die Qualität des Bauteils zu verbessern. Aus einer Tabelle kann so der π_L-Faktor entnommen werden. Lange Produktionsjahre haben hier einen kleinen Wert und kurze Produktionsjahre einen großen.

Die Temperatur hat einen großen Einfluss auf Ausfälle von elektronischen Komponenten, Baugruppen und Bauteilen, da vor allem die Temperaturveränderung diesen Stress zufügen. Der π_T-Faktor berücksichtigt das. In Tabellen wird die gewöhnliche Betriebstemperatur angegeben, und so kann dieser Faktor abgelesen werden.

Letztendlich wird die Betriebsumgebung über den π_E-Faktor miteinbezogen. Geräte, die stationär installiert wurden, sind weniger Stress ausgesetzt als Geräte, die ständig in Bewegung sind. Dies sind beispielsweise Komponenten, die in Fahrzeuge eingebaut werden.

9.2.2 Part-Count-Analyse

Diese Methode eignet sich für eine frühe Phase im Entwicklungsprozess, da weniger Detailwissen über die Komponenten, Baugruppen und Bauteile notwendig sind. So werden für Berechnungen Informationen wie Typen, Komplexität und Menge benötigt. Eine weitere benötigte Information ist die Qualitätsanforderung, die aus Unternehmensprozessen, Einkauf, Dokumentationen etc. hervorgeht. Diese Anforderungen werden in Kategorien eingeteilt und in Tabellen angegeben.

Formel [9.2] gibt die Berechnungsvorschrift für die Bestimmung der Ausfallrate einer Komponente oder eines Geräts mit n unterschiedlichen Bauteilen an.

[9.2]

$$\lambda = \sum_{i=1}^{n} N_i \left(\lambda_g \pi_Q\right)$$

N_i ist die Menge des Bauteiltyps i. Die Ausfallrate λ_g ist eine allgemeine Ausfallrate, die aus Tabellen von *MIL-HDBK-217* [42] ermittelt werden. Beispielsweise haben integrierte Schaltungen, Mikroprozessoren, EEPROMs, DRAMS, SRAMs und diskrete Bauteile jeweils unterschiedliche Tabellen.

Der Qualitätsfaktor π_Q kann aus einer Tabelle (siehe auch *Part-Stress-Analyse*) entnommen werden, und somit haben die standardisierten Qualitätsprozesse des Zulieferers Einfluss auf die Ausfallrate.

Am Ende werden alle ermittelten Ausfallraten der Teilkomponenten zusammenaddiert, was die Fehlerrate des Geräts oder der Komponente ergibt.

9.2.3 Die Norm IEC-61709

Eine neuere Norm ist *IEC-61709* [43] für die Schätzung der Zuverlässigkeit von elektrischen Komponenten in Geräten. Sie enthält Empfehlungen zum Aufbau einer Datenbank zur Sammlung der Daten von Geräten aus dem Feld. Es gibt Berechnungsvorschriften mit Modellen. So kann über Test- und Felddaten aus der Datenbank eine Anpassung der eingesetzten Modelle erfolgen. Diese Norm ist vor allem auf Firmen zugeschnitten, die ihre eigenen Daten sammeln.

Sinnvoll ist es, die Schätzungen am Anfang der Entwicklungsphase durchzuführen, damit die Zuverlässigkeit innerhalb der Entwicklungsphase verbessert werden kann.

Die Modelle entstanden aus physikalischen Modellen und Daten, um so eine realistische Annäherung der Realität zu erhalten. Die Modelle gibt es für Halbleiterschaltungen, diskrete Bauteile, Schaltverbindungen, Stecker, Buchsen und Lampen.

Die Modelle beziehen Stressfaktoren ein, wie z. B. Temperatur, Mobilität, Umgebung, Spannung, Strom, Schaltrate etc. Falls die Modelle nicht passen, können sie auch durch Extrapolation auf neue Komponenten, Baugruppen und Bauteile anwendbar sind. Folgende Stressfaktoren gehen beispielsweise bei der Modellbildung mit ein, da sie unter anderem einen großen Einfluss auf die Ausfallrate haben:

- Fehlermöglichkeiten, z. B. Kurzschluss, Unterbrechung, Drift etc.
- Einsatzbedingen, z. B. stationärer Betrieb, mobiler Betrieb.
- Temperatur der Komponenten, Baugruppen, Bauteile.
- Temperaturen an Verbindungen (z. B. Lötstellen).

Durch die Kombination der Stressfaktoren erhält der Anwender über Summierung aller Komponenten die Fehlerrate des Geräts oder der Komponente.

9.3 Parameterfreie statistische Methoden

Bei Herstellern sind oftmals Daten, die Ausfälle von ihren Produkten aus dem Feld beschreiben, bereits vorhanden. So ist für jedes ausgefallene Gerät die Ausfallzeit bekannt. Wenn nun eine große Menge Daten von Geräten mit den Betriebsdauern und Ausfallzeitpunkten vorliegen, können daraus Zuverlässigkeitsfunktionen ermittelt werden. Die Gesamtheit der Daten kann mithilfe einer Dichtefunktion (siehe Abschnitt 7.4) charakterisiert werden. Normalerweise beschreiben Parameter Dichtefunktionen. Wenn Dichtefunktionen aber nicht bekannt sind, können parameterfreie statistische Methoden angewendet werden, um die Zuverlässigkeitsfunktion zu bestimmen.

Zur Herleitung einer Schätzmethode wird angenommen, dass zu bestimmten Zeitpunkten t_i für $i = 1 \ldots n$ immer nur ein Gerät ausfällt. Somit gilt $t > t_n > \ldots > t_i > t_{i-1} > \ldots > t_1$ bei insgesamt n Geräten. Abbildung 9.2 zeigt die Situation bei zwei Geräten. Es wird ein Ausfall bei t_1 und bei t_2 gezeigt.

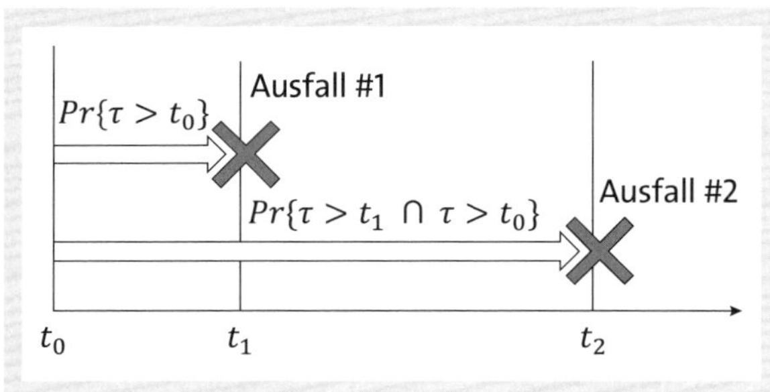

Abbildung 9.2 Ausfälle zwischen t_0 und t_2

Die Zuverlässigkeit $R(t)$ wird nach Formel [7.8] beschrieben durch $Pr\{\tau > t\}$.

Es soll $t_0 < t < t_1$ gelten, dann ist:

$$Pr\{\tau > t\} = Pr\{\tau > t_0\}$$

Die Wahrscheinlichkeit für die Zuverlässigkeit unter Berücksichtigung der Ausfälle bei t_1 und bei t_2 zeigt Formel [9.3].

Es gilt dabei $t_0 < t < t_3$:

[9.3] $$Pr\{\tau > t\} = Pr\{\tau > t_0 \cap \tau > t_1\}$$

Formel [9.4] entsteht durch Formel [7.6], angewendet in Formel [9.3].

[9.4] $$Pr\{\tau > t\} = Pr\{\tau > t_1 \mid \tau > t_0\} \cdot Pr\{\tau > t_0\}$$

$Pr\{\tau > t_1 \mid \tau > t_0\}$ kann interpretiert werden als eine Wahrscheinlichkeit für eine Zuverlässigkeit nach t_1, wenn es bereits einen Ausfall bei t_1 gegeben hat. Abbildung 9.3 zeigt die Fortsetzung dieses Gedankens. Hier fallen weitere Geräte bei t_3 und t_4 aus.

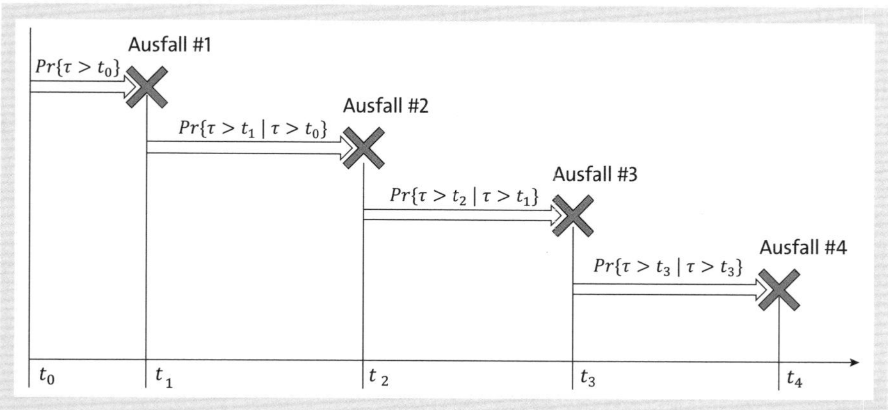

Abbildung 9.3 Ausfall nach t

So setzt sich die Formel [9.4] durch die allgemein gehaltene Formel [9.5] fort. An den Stellen t_i mit $i = 1 \ldots n$ gibt es jeweils einen Ausfall, und es gilt $t_0 < t_1 < \ldots < t_i$.

$$\begin{aligned} Pr\{\tau > t\} = \; & Pr\{\tau > t_i \mid \tau > t_{i-1}\} \cdot Pr\{\tau > t_{i-1} \mid \tau > t_{i-2}\} \cdot \ldots \cdot \\ & Pr\{\tau > t_1 \mid \tau > t_0\} \cdot Pr\{\tau > t_0\} \end{aligned} \quad [9.5]$$

Die einzelnen Terme der Formel [9.5] können durch p_j ersetzt werden, dann ergibt sich Formel [9.6].

$$p_j = Pr\{\tau > t_j \mid \tau > t_{j-1}\} \text{ für } t_{j-1} < t < t_j \quad [9.6]$$

So ergibt sich aus Formel [9.5] die Formel [9.7].

$$Pr\{\tau > t\} = \prod_{j=1}^{i} p_j \text{ für } t_0 < t < t_i \quad [9.7]$$

Die Zuverlässigkeitswahrscheinlichkeit bei t mit $t > t_0$ ist demnach das Produkt der bedingten Wahrscheinlichkeiten. Nun sollen die einzelnen p_j-Terme geschätzt werden. Dafür lässt sich die Binomialverteilung aus der Wahrscheinlichkeitstheorie anwenden, siehe auch Artikel [103].

Es gibt nur zwei Zustände: Funktion und Fehler. Bei n Geräten soll die Wahrscheinlichkeit ermittelt werden, dass d Geräte funktionieren. Sie ist gegeben durch die Formel [9.8].

$$p_B = \binom{n}{x} p^x (1-p)^{n-x} \quad [9.8]$$

In Formel [9.8] ist p die Wahrscheinlichkeit der Zuverlässigkeit eines Geräts. p_B ist die Wahrscheinlichkeit für die Zuverlässigkeit bei Ausfall von d Geräten bei insgesamt n Geräten. Zur Schätzung der p_j-Terme lässt sich die *Maximum-Likelihood*-Funktion anwenden. Sie ist eine Funktion mit Parametern, die geschätzt werden sollen. Ein einzelner Parameter ist durch Formel [9.8] gegeben, und sie ist eine Wahrscheinlichkeit. Es gilt, dass alle Geräte unabhängig voneinander ausfallen, deswegen können die einzelnen Wahrscheinlichkeiten miteinander multipliziert werden, siehe Formel [7.5] und die Formel [9.9].

[9.9] $$L(p_1, p_2, \ldots, p_i) = p_1 \cdot p_2 \cdot \ldots \cdot p_i$$

Formel [9.10] zeigt die *Maximum-Likelihood*-Funktion, wenn Formel [9.8] eingesetzt wird.

[9.10] $$L(p_1, p_2, \ldots, p_i) = \prod_{j=1}^{i} \binom{n_j}{n_j - d_j} {p_j}^{n_j - d_j} (1 - p_j)^{d_j}$$

Die Variable n_j ist die Anzahl der funktionierenden Geräte kurz vor dem Zeitpunkt t_j. Die Größe d_j ist die Anzahl der ausgefallenen Geräte zum Zeitpunkt t_j. Die Variable p_j gilt es zu schätzen, und sie entspricht der Zuverlässigkeitswahrscheinlichkeit.

Formel [9.10] ist eine Funktion mit den Variablen $p_1,\ldots,p_i$, wobei die Größen d_j und n_j für $j = 1 \ldots n$ durch die Daten der Geräteausfälle aus dem Feld bekannt sind. Es soll nun bestimmt werden, für welche Werte von $p_1,\ldots,p_i$ die Funktion den größten Wert hat (*Maximum Likelihood*). Dies kann durch die partielle Ableitung nach den einzelnen p_j ermittelt werden. Zuvor wird allerdings die Funktion zur Vereinfachung logarithmiert, was die Funktion [9.11] ergibt.

[9.11] $$l(p_1, p_2, \ldots, p_i) = log(L(p_1, p_2, \ldots, p_i)) \\ = \sum_{j=1}^{i} \binom{n_j}{n_j - d_j} (n_j - d_j) log(p_j) + d_j log(1 - p_j)$$

Funktion [9.11] lässt sich partiell nach p_j für jedes j ableiten. Durch das Gleichsetzen jeder abgeleiteten Funktion auf null entstehen i Gleichungen. So kann jede Gleichung nach p_j aufgelöst werden. Für die so bestimmte p_j nimmt die $l(p_1,p_2,\ldots,p_i)$-Funktion den größten Wert an. Die Ableitung von $l(p_1,p_2,\ldots,p_i)$ nach p_j und das Gleichsetzen auf null ergibt die Gleichung [9.12].

[9.12] $$\frac{\partial l(p_1, p_2, \ldots, p_i)}{\partial p_j} = \binom{n_j}{n_j - d_j} \left(\frac{n_j - d_j}{p_j} - \frac{d_j}{1 - p_j} \right) = 0$$

So lässt sich die Gleichung nach p_j auflösen, und es ergibt sich Formel [9.13].

[9.13] $$p_j = \frac{n_j - d_j}{n_j}$$

Die Ableitung und das Gleichsetzen auf 0 lässt sich für jedes p_j zwischen 1 und i durchführen, damit gibt es für jedes p_j einen geschätzten Wert. Die Schätzung einer Zuverlässigkeitsfunktion ergibt sich durch Einsetzen von Formel [9.13] in Formel [9.7]. Formel [9.14] zeigt den Schätzer.

$$\hat{R}(t) = \prod_{j=1}^{i} \frac{n_j - d_j}{n_j} \text{ für } t_{i-1} < t \leq t_i$$ [9.14]

Dieser Schätzer wird *Kaplan-Meier-Schätzer* genannt. Die Zuverlässigkeit $\hat{R}(t)$ hat wegen der Schätzung eine Streuung. Tatsächlich ist der Erwartungswert der Zuverlässigkeitsschätzung nicht gleich der Zuverlässigkeit. Sie ist also nicht erwartungstreu. Die Varianz, ein Maß der Streuung der Schätzung, wird in Formel [9.15] hier ohne Herleitung angegeben.

$$Var\left(\hat{R}(t)\right) = \hat{R}(t) \sum_{j=1}^{i} \frac{1}{n_j(n_j - 1)} \text{ für } t_{i-1} < t \leq t_i$$ [9.15]

Diese Formel wird die *Greenwood*-Formel genannt. Sie erlaubt eine Einschätzung der Streuung des Kaplan-Meier-Schätzers.

9.4 Parametrisierte statistische Methoden

Die Zuverlässigkeit von Geräten wird vorzugsweise durch mathematische Funktionen mit Parametern beschrieben. Hier verwendet der Datenanalytiker Dichtefunktionen aus der Wahrscheinlichkeitstheorie. Vier Dichtefunktionen wurden bereits in Abschnitt 7.4 vorgestellt. Wegen der Einfachheit beschränke ich mich in den folgenden Abschnitten auf die Exponentialverteilung, siehe Formel [7.14]. Die leichte mathematische Handbarkeit ist der Grund für den häufigen Einsatz.

9.4.1 Parametrisierte statistische Methoden mit unzensierten Daten

Die Zuverlässigkeitsfunktion der Formel [7.15] benötigt lediglich den Parameter λ, der aus vorhandenen Daten geschätzt werden soll. Im Beispiel des Pinto können die Daten als Zeitpunkte des Neukaufs und Zeitpunkte des Unfalls vorliegen. Für eine gute Schätzung sollten bestenfalls alle Daten verwendet werden. Inzwischen wird der Ford Pinto seit Jahrzehnten nicht mehr produziert, und abgesehen von einigen Oldtimern werden sie auch nicht mehr gefahren. Dann wird von unzensierten Daten gesprochen, wenn sie von allen Geräten vorhanden sind.

Abbildung 9.4 zeigt oben die Ausfallzeiten t_0 und t_1 von zwei Geräten und darunter zwei Ausfalldichten nach der Exponentialverteilung mit ihren Ausfallzeiten. An den Ausfallzeiten t_0 und t_1 liefert die Exponentialverteilung Werte für die Ausfallhäufigkeiten $f(t_0)$ und $f(t_1)$. Die beiden Flächen unter den Exponentialverteilungen sind die Ausfallwahrscheinlichkeiten bei t_0 und t_1.

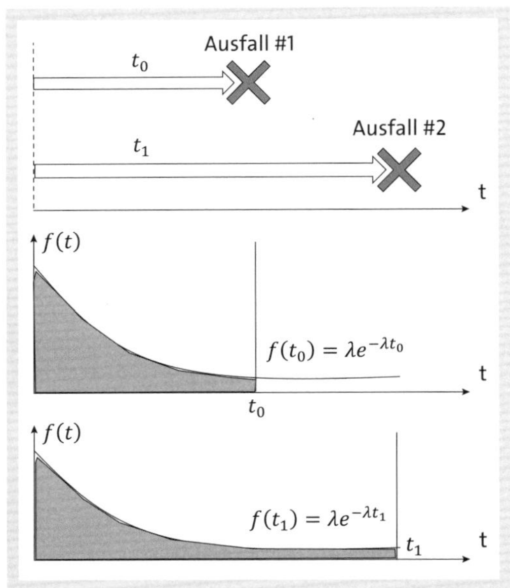

Abbildung 9.4 Ausfalldichte

Wird die Exponentialverteilung beider Geräte kombiniert, ergibt sich eine Wahrscheinlichkeitsverteilung für den Ausfall, die abhängig von den Variablen t_0 und t_1 ist. Formel [9.16] zeigt eine Dichtefunktion mit den beiden Variablen. Der Ausfall beider Geräte ist unabhängig voneinander. Bei Betrachtung des Ausfalls durch auslaufendes Benzin hat der Ausfall des Fahrzeugs aus Orlando nichts mit dem Ausfall des Fahrzeugs aus Boston zu tun. Aufgrund dieser Unabhängigkeit kann die kombinierte Dichtefunktion durch die Multiplikation der einzelnen Dichtefunktionen berechnet werden, siehe Formel [9.16]. Da es sich aber um den gleichen Fahrzeugtyp und um die gleiche Ausfallmöglichkeit handelt, ist die Ausfallrate λ bei beiden Fahrzeugen gleich.

[9.16] $$f(t_0, t_1) = f(t_0) \cdot f(t_1) = \lambda e^{-\lambda t_0} \lambda e^{-\lambda t_1}$$

Eine schematische Darstellung der Dichtefunktion mit den Variablen t_0 und t_1 zeigt Abbildung 9.5. Hier können Sie sich eine Höhenlandkarte vorstellen, bei der die Funktion $f(t_0, t_1 \mid \lambda)$ abhängig von den Variablen t_0 und t_1 unterschiedliche Werte annimmt. Interessant sind die Variablenwerte t_0 und t_1, bei denen die Funktion $f(t_0, t_1 \mid \lambda)$ ein Maximum annimmt. Maxima und Minima lassen sich in der Mathematik durch Ableitungen bestimmen, sodass wieder die *Maximum-Likelihood*-Methode zum Einsatz kommt.

Eine Statistik lässt sich aufgrund des Gesetzes der großen Zahlen (*Law of Large Numbers*, siehe Buch [31]) nicht mit zwei Ausfallzeiten durchführen. Der oben beschriebene Ansatz muss also mit einer größeren Anzahl von Ausfallzeiten erweitert werden, bei dem alle Dichtefunktionen der gleichen Exponentialverteilung unterliegen.

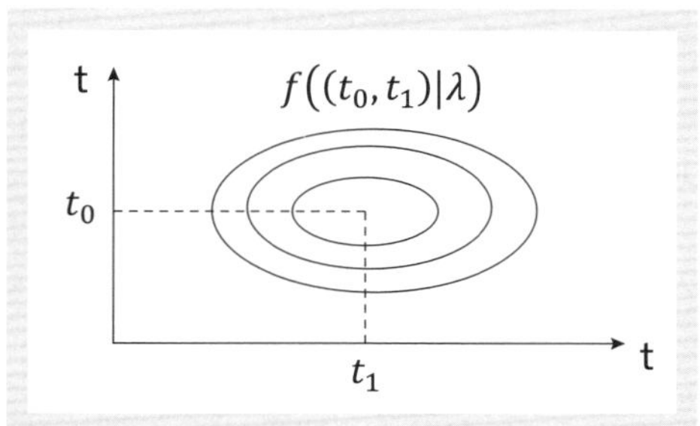

Abbildung 9.5 Dichtefunktion mit zwei Variablen

Das Ausfallverhalten jedes Fahrzeugs aus dem Fallbeispiel unterliegt somit einer Dichtefunktion. Abbildung 9.6 zeigt dies für vier Fahrzeuge.

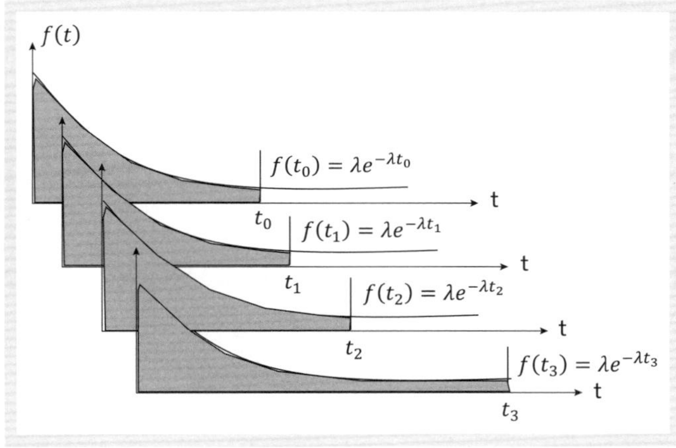

Abbildung 9.6 Vier Dichtefunktionen

Bei n Fahrzeugen erfolgt eine Erweiterung der Verteilungsfunktion durch Formel [9.17]. Angenommen, der Datenanalytiker kennt die Ausfallzeiten aller Ford Pintos (Ausfall durch auslaufendes Benzin), dann stehen ihm die Ausfallzeiten $t_0 ... t_n$ zur Verfügung. Die Größe n ist dabei die Anzahl der Fahrzeuge mit diesem Ausfall.

$$\begin{aligned} f(t_0, t_1, \ldots, t_n) &= f(t_0) \cdot f(t_1) \cdot \ldots \cdot f(t_n) \\ &= \lambda e^{-\lambda t_0} \lambda e^{-\lambda t_1} \ldots \lambda e^{-\lambda t_n} \\ &= \lambda^n \prod_{i=0}^{n} e^{-\lambda t_i} \\ &= \lambda^n e^{-\lambda \sum_{i=1}^{n} t_i} \end{aligned} \qquad [9.17]$$

Es ist nun interessant, bei welchem λ-Wert die Funktion $f(t_0, t_1, \ldots, t_n \mid \lambda)$ für die gegebenen Ausfallzeiten $t_0 \ldots t_n$ ein Maximum annimmt. Für die Bestimmung des Maximums wird $f(t_0, t_1, \ldots, t_n \mid \lambda)$ zur *Likelihood*-Funktion, siehe Formel [9.18]. Die Formel zeigt auch die Abhängigkeit vom Parameter λ.

[9.18] $$L(t_0, t_1, \dots, t_n \mid \lambda) = f(t_0, t_1, \dots, t_n \mid \lambda) = \lambda^n e^{-\lambda \sum_{i=1}^{n} t_i}$$

Um die Ableitung nach λ zu vereinfachen, ist es vorteilhaft, die *Likelihood*-Funktion zu logarithmieren. So ergibt sich Formel [9.19].

[9.19] $$l(t_0, t_1, \dots, t_n \mid \lambda) = log\big(L(t_0, t_1, \dots, t_n \mid \lambda)\big) = nlog(\lambda) - \lambda \sum_{i=1}^{n} t_i$$

Die logarithmierte *Likelihood*-Funktion wird jetzt nach λ für die Extremwertbestimmung partiell abgeleitet. Durch das Gleichsetzen der abgeleiteten Funktion mit null ergibt sich die Gleichung [9.20].

[9.20] $$\frac{\partial l(t_0, t_1, \dots, t_n \mid \lambda)}{\partial \lambda} = \frac{n}{\lambda} - \sum_{i=1}^{n} t_i = 0$$

Die Gleichung [9.20] lässt sich nach λ auflösen. λ ist nun ein Wert, der bei gegebenen $t_0, t_1, \dots, t_n$ Werten ein Maximum annimmt, siehe Formel [9.21]. Die Schätzung von λ ist der empirische Mittelwert (ausgedrückt durch $\hat{\lambda}$).

[9.21] $$\hat{\lambda} = \frac{n}{\sum_{i=1}^{n} t_i}$$

$\hat{\lambda}$ hat eine Streuung, die durch die Varianz ausgedrückt werden kann. Ohne Herleitung zeigt Formel [9.22] die Schätzung der Varianz.

[9.22] $$\hat{\sigma}^2 = \frac{1}{n-1} \sum_{j=1}^{n} \left(t_i - \hat{\lambda}\right)^2$$

Hier ist anzumerken, dass die Summe durch den Term $n - 1$ geteilt wird. Dies ist eine Korrektur, um die Erwartungstreue der Varianz herzustellen.

Wegen des *Law of Large Numbers* fallen bei einer großen Anzahl von Stichproben die Varianz und somit auch die Streuung ab.

9.4.2 Parametrisierte statistische Methoden mit zensierten Daten

Der Datenanalytiker hat in der Regel nicht die Zeit, auf Daten aller ausgefallenen Geräte zu warten. Er definiert sich deswegen eine Zeit *T* – die Dauer eines Experiments. Nur innerhalb dieser Zeitspanne werden die Ausfallzeiten gesammelt. Nicht alle Geräte werden vor *T* ausfallen. Eine Anzahl von Geräten wird nach *T* weiterhin funktionsfähig bleiben. Die Daten der funktionsfähigen Geräte haben immer noch eine Aussage. So sollen diese in die Berechnungen aufgenommen werden, ansonsten wird die Parameterschätzung verzerrt. Daten, die nach dem Experiment nicht mehr erhoben werden, sind rechts-zensierte Daten. Abbildung 9.7 veranschaulicht dies. Zum

Beispiel gibt es im Intervall $[0, T]$ vier Ford-Pinto-Ausfälle an den Zeitpunkten t_1 bis t_4. Nach T wird die Datenerhebung gestoppt, dennoch werden weitere vier Ford Pinto auf der Straße gefahren. Diese dürfen bei der Schätzung der Ausfallrate λ nicht ignoriert werden.

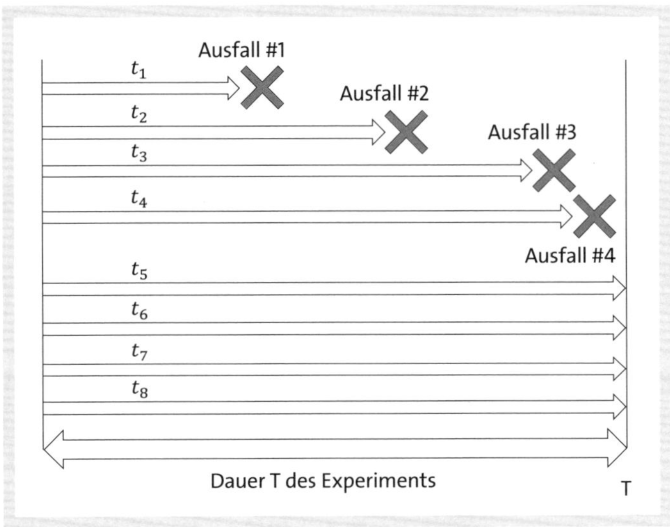

Abbildung 9.7 Acht Geräte und ihre Ausfälle

Zur Schätzung von λ werden dabei die Ausfallwahrscheinlichkeiten der funktionsfähigen Geräte nach dem Experiment T berücksichtigt. Abbildung 9.8 verdeutlicht das.

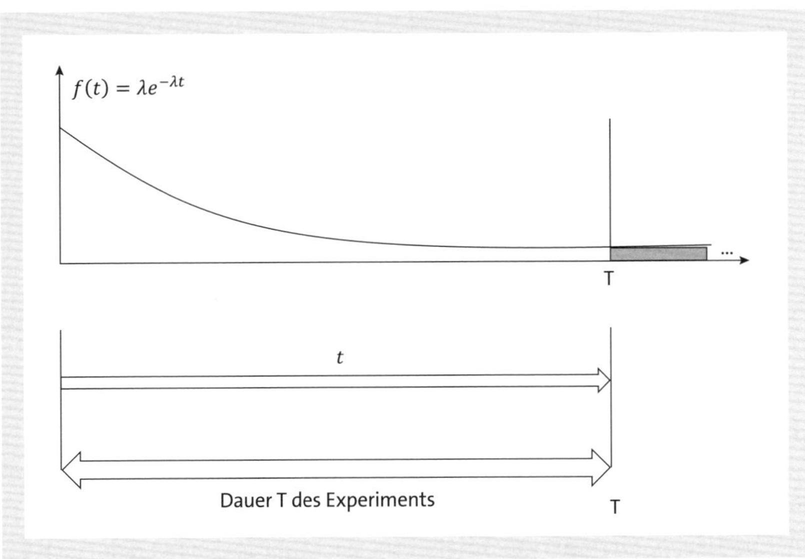

Abbildung 9.8 Dichtefunktion eines Geräts nach Ende des Experiments

Das funktionsfähige Gerät unterliegt nach dem Zeitpunkt *T* der gleichen Dichtefunktion, so wie die bereits ausgefallenen Geräte. Damit ist die Wahrscheinlichkeit des Ausfalls eines funktionierenden Geräts gleich der Fläche unter der Dichtefunktion nach *T*.

Formel [9.23] zeigt die Berechnung der Wahrscheinlichkeit p_i des *i*-ten Geräts, das nach dem Experiment (zwischen *T* und ∞) ausfällt.

[9.23]
$$p_i = \int_T^{\infty} \lambda\, e^{-\lambda t} = e^{-\lambda t}\Big]_T^{\infty} = e^{-\lambda T}$$

Da mehr als ein Gerät nach *T* ausfallen kann, müssen diese einbezogen werden. Also wird angenommen, dass vor dem Ende des Experiments *T* insgesamt *r* Geräte ausfallen. Bei einer Gesamtzahl von *n* Geräten bleiben demnach $n - r$ Geräte nach *T* funktionsfähig. So kommt es zur Darstellung in Abbildung 9.9. Der Ausfall der einzelnen $n - r$ Geräte ist nach wie vor unabhängig voneinander, somit kann Formel [7.5] angewendet werden. Die Wahrscheinlichkeit aller Geräte, die nach *T* ausfallen, kann durch Multiplikation der Einzelwahrscheinlichkeiten p_{n-r} bis p_n berechnet werden.

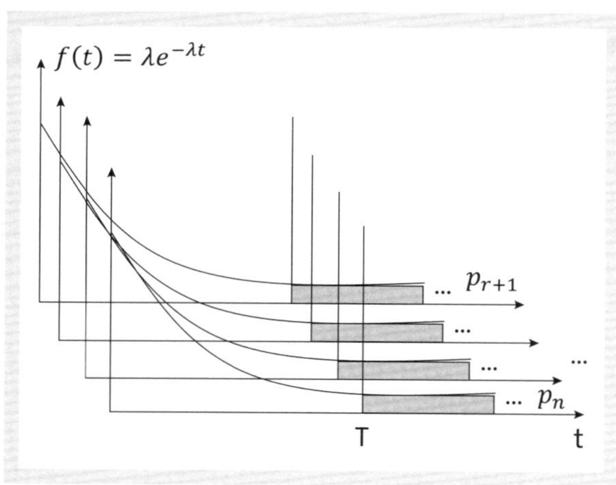

Abbildung 9.9 Ausfalldichte der vier Geräte nach Ende des Experiments

Formel [9.24] zeigt die Wahrscheinlichkeit der Zuverlässigkeit aller Geräte nach *T*.

[9.24]
$$Pr\{\tau > T\} = p_{r+1} \cdot \ldots \cdot p_n = \left(e^{-\lambda T}\right)^{n-r}$$

Die *Likelihood*-Funktion ergibt sich aus der Dichtefunktion aus Formel [9.17]. Unberücksichtigt sind hier die Ausfälle nach *T*, deren Wahrscheinlichkeit durch Formel [9.24] berechnet wird. Erneut wird die Unabhängigkeit der Ausfälle ausgenutzt. Formel [9.25] zeigt die *Likelihood*-Funktion unter Berücksichtigung der Ausfälle nach *T*.

$$L(t_0, t_1, \ldots, t_n \mid \lambda) = \lambda^r \prod_{i=1}^{r} e^{-\lambda t_i} \cdot Pr\{\tau > T\}$$
$$= \lambda^r \prod_{i=1}^{r} e^{-\lambda t_i} \cdot \left(e^{-\lambda T}\right)^{n-r}$$ [9.25]

Vor der Ermittlung des Maximums durch Ableitung ist es von Vorteil, den Logarithmus aus der *Likelihood*-Funktion zu bilden. Formel [9.26] ist die logarithmierte *Likelihood*-Funktion.

$$l(t_0, t_1, \ldots, t_n \mid \lambda) = log\big(L(t_0, t_1, \ldots, t_n \mid \lambda)\big)$$
$$= r \cdot log(\lambda) - \lambda \sum_{i=0}^{r} t_i - \lambda(n-r)T$$ [9.26]

Diese Formel wird zur Maximumbestimmung nach λ abgeleitet, wobei die Daten $t_0,\ldots,t_r,T$ gegeben und somit Konstanten sind. Nach Gleichsetzen der Funktion mit null kann nach λ aufgelöst werden. Bei diesem Wert hat die *Likelihood*-Funktion ein Maximum, siehe Gleichung [9.27].

$$\frac{\partial l(t_0, t_1, \ldots, t_n \mid \lambda)}{\partial \lambda} = \frac{r}{\lambda} - \sum_{i=0}^{r} t_i - (n-r)T = 0$$ [9.27]

Wird nach λ aufgelöst, ergibt sich aus Gleichung [9.27] die Formel [9.28]. Dies ist der Schätzer für den Parameter λ mit rechts-zensierten Daten, deren Ausfallzeiten einer Exponentialverteilung unterliegen. Die Schätzung des Parameters λ wird durch $\hat{\lambda}$ ausgedrückt.

$$\hat{\lambda} = \frac{r}{\sum_{i=0}^{r} + (n-r)T}$$ [9.28]

Auf die Formel für die Varianzberechnung bzw. für die Bestimmung eines Konfidenzintervalls wird verzichtet, und es wird auf weitergehende Literatur (z. B. Skript [44]) verwiesen.

9.5 Datensammlung

Die *SIL*-Bestimmung mit der *Route-2H*-Methode aus der *IEC-61508* [5] basiert auf vorhandenen Daten, die z. B. aus dem Feld stammen. Insbesondere in der Petroleumindustrie hat die Sicherheit hohe Priorität. (Zumindest sollte sie das haben. Das Fallbeispiel aus Abschnitt 3.2 zeigt, dass dies nicht immer so verstanden wurde.) Deswegen sind Daten von Ausfällen und Fehlern wichtig, damit sich ein Bild über den Zustand eines Systems oder Geräts bezüglich der Sicherheit gemacht werden kann. So ist dieses Bild die Grundlage dafür, Ausfallraten und Ausfallwahrscheinlichkeiten abschätzen zu können, um dann daraus ein *SIL* zu bestimmen. Je besser die Qualität der Daten ist, desto genauer wird die Abschätzung ausfallen. Es ist die elektronische Speicherung von Daten, die einen wichtigen Beitrag leistet, die Qualität der Daten zu verbessern.

Die Vorteile einer methodischen Datensammlung sind zusammengefasst folgende:

- Die Kenntnis über das System verbessert sich. Somit kann die Instandhaltung besser geplant werden. Damit sollen Kosten eingespart werden, wenn Ausfälle vermieden werden.
- Stützt sich die Kennzeichnung des Systems mit der *SIL*-Kenngröße auf Daten mit hoher Qualität, können richtige Entscheidungen bezüglich der Sicherheitstechnik getroffen werden.
- Feedback an die Architekten, Entwickler und Zulieferer nach der Analyse von Daten tragen zur Verbesserung der Komponenten und Entwurfsentscheidungen bei.

Normen, die Methoden zur Sammlung und Speicherung der Daten beschreiben, können helfen, die oben genannten Vorteile auszunutzen. Zwei Vertreter der Normen sind beispielsweise Norm [29] und Norm [28]. Sie dienen als Grundlage der Datensammlung. Der Datensammelprozess kann die Kommunikation fördern, um das Verständnis eines Systems innerhalb der Teams, aber auch extern zwischen Lieferanten und Zulieferern, zu verbessern. So werden z. B. Fehler explizit beschrieben und codiert, damit diese als Nachschlagewerk dienen können. Norm [28] hat einen starken Bezug zur Petroleumindustrie, z. B. geht sie auf Installation und Inbetriebnahme sowie Betrieb und Instandsetzung von Prozessanlagen ein. Sie dient nicht nur dem Betreiber einer Anlage, sondern auch Anlagenbauer und Zulieferer von Komponenten. Beschränkt ist sie aber nicht auf diese Branche. So gibt es durchaus auch andere Industriebereiche, bei denen diese Norm Anwendung findet, um die vorgestellten Prinzipien nutzen zu können.

Abbildung 9.10 zeigt, wie die Datensammlung in den Betriebsprozess eingebunden werden kann. Idealerweise stehen dem Entwicklungsteam bereits Ergebnisse aus der Datenanalyse von vorherigen Projekten zur Verfügung, um sie bei der Entwicklung des aktuellen Systems oder Geräts einzubeziehen. Auch bei dem Betrieb und der Instandsetzung sind die Analyseergebnisse hilfreich, da sie zu einem optimierten Betrieb und einer optimierten Instandsetzung beitragen können.

Treten dennoch Ausfälle ein, müssen diese dokumentiert und in einer Datenbank gespeichert werden. Für den optimierten Zugriff der Daten helfen strukturierte Datenbankeinträge. Diese können einer automatischen Analyse zugeführt werden, damit die Ergebnisse den Entwicklungs-, Betreiber- und Instandsetzungsteams zugänglich gemacht werden.

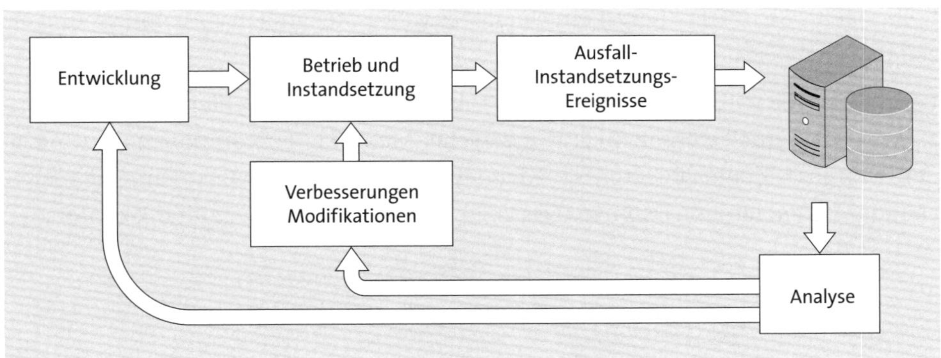

Abbildung 9.10 Prozess zur Sammlung der Daten

9.5.1 Anforderungen an die Daten

Daten sind nur dann vollständig, wenn zuvor alle interessierenden Fehlermöglichkeiten definiert wurden. Wird eine Fehlermöglichkeit ausgelassen, kann sie auch nicht in das System eingegeben werden. Deswegen muss zunächst definiert werden, welche Art von Ausfällen und Instandsetzungsmaßnahmen überhaupt relevant sind. Bei der Überlegung ist es hilfreich, Ziele festzulegen, die beinhalten, wofür die Daten gebraucht werden. Ziele sind z. B.

- die Bestimmung der Zuverlässigkeitskenngrößen,
- die Bestimmung des *SIL*,
- die Erstellung eines Instandsetzungsplans und
- das Feedback an die Entwicklung.

Für die Bestimmung von Reparaturzeiten und deren Kosten sind Daten, die bei der Instandsetzung anfallen, wichtig. Für eine zuverlässige Analyse werden ausreichend viele Daten benötigt, damit Aussagen eine hohe Zuverlässigkeit (in der Fachsprache *Konfidenz*) erhalten.

Um eine Zuordnung zwischen den Daten und dem System, dem Teilsystem und den Komponenten etc. zu erhalten, ist es hilfreich, die Betrachtungseinheiten zu klassifizieren. So können die Daten auch aus Fremdsystemen mit gleichen Komponenten kommen, um diese wiederzuverwenden. Um die Historie einer Komponente zurückzuverfolgen, sind Informationen wie Installationsdatum, Betriebszeiten sowie Instandsetzungszeiten und -intervalle nützliche Daten. Damit keine Überschneidungen zwischen den Teilsystemen und Komponenten bei der Datensammlung auftreten, sollten Grenzen zwischen ihnen definiert werden. Dies trägt auch dazu bei, Missverständnisse in der Kommunikation zwischen den Teams zu vermeiden. Abbildung 9.11 zeigt dazu ein Beispiel eines Benzintanks, das im Fallbeispiel aus Abschnitt 9.1 eine

Rolle spielte. So drückte bei einem Unfall das Fahrgestell in den Tank hinein und erzeugte einen Riss.

Bei der Eingabe von Daten in ein Datenbanksystem sollte der Fehler genau dem Benzintank zugeordnet werden und nicht versehentlich anderen Komponenten, wie z. B. dem Fahrgestell, dem Füllstandssensor oder dem Benzinfilter. Nur so kann bei ausreichender Datenlage eine Datenanalyse direkt den Fehler dem Benzintank zuordnen.

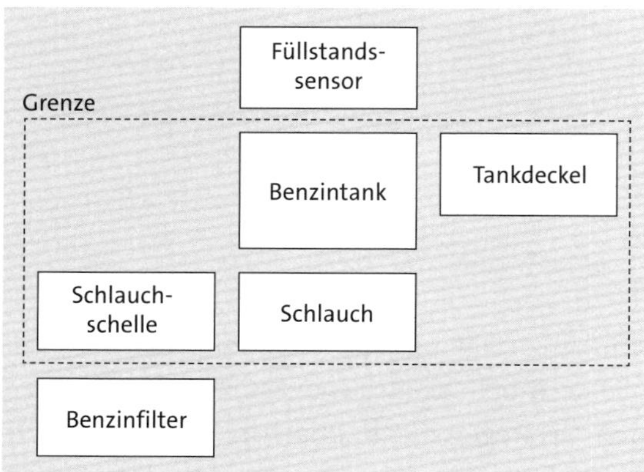

Abbildung 9.11 Grenze des zu betrachtenden Objekts

Die Fehlermöglichkeit in dem Fallbeispiel ist der bereits erwähnte Riss im Benzintank. Für die Dateneingabe ist es notwendig, dass diese Fehlermöglichkeit dem Bediener des Datenbanksystems zur Verfügung steht. Es ist deswegen notwendig, die Fehlermöglichkeiten von Anfang an vollständig zu definieren. Damit Eingabefehler minimiert werden, sollte eine Schulung erfolgen, damit der Bediener bei Vorlage einer Liste mit Fehlermöglichkeiten weiß, wie er ein Fehler korrekt in das System eingibt. Ähnlich ist es bei den Instandsetzungsmaßnahmen. Nur wenn diese vollständig definiert wurden und der Bediener weiß, wie diese richtig in das Datenbanksystem einzugeben sind, kann die Datenanalyse qualitativ hochwertige Aussagen über die Instandsetzungsmaßnahmen treffen.

Auf Basis der obigen Erläuterungen können Daten für die Eingabe in das Datenbanksystem in die folgenden Kategorien eingeteilt werden:

- System-, Teilsystem- und Komponentendaten
- Ausfall- und Fehlerdaten
- Instandsetzungsdaten

Bei der ersten Kategorie muss die Grenze der einzelnen Einheiten genau definiert sein. Bei der zweiten und der dritten Kategorie sollten die Auswahlmöglichkeiten für den Bediener möglichst vollständig sein. Um Fehler bei der Eingabe zu vermeiden, kann nach sogenannten *Outliers* geprüft werden. Es folgt also eine Konsistenzüberprüfung direkt nach der Eingabe. Ein *Outlier* liegt dann vor, wenn sich ein Datum außerhalb eines sinnvollen Bereichs befindet – etwa wenn der Bediener das Datum eines Ausfalls um ein Jahr zurückdatiert. Dann sollte das Eingabesystem diesen Fehler abfangen und die Eingabe zurückweisen.

9.5.2 Prozess für die Datensammlung

Es ist sinnvoll, vor der Einrichtung eines Systems zur Datensammlung eine Kosten-Nutzen-Analyse durchzuführen. Es entstehen Kosten nicht nur bei der Einrichtung eines Systems, sondern auch bei Schulung und Betrieb. Dem stehen natürlich die Vorteile gegenüber, die oben in der Liste bereits angegeben wurden. Mit dem System zur Datensammlung muss eine Prozessdefinition einhergehen, um so eine einheitliche Vorgehensweise für die Eingabe und Handhabung der Daten sicherzustellen. Dieser Prozess sollte so früh wie möglich definiert werden. Eine Überprüfung der Sinnhaftigkeit des Prozesses sollte stets zur Projektzeit stattfinden, um Verbesserungen einfließen lassen zu können. Die drei folgenden Punkte sind wesentliche Teile des Prozesses.

Datensammelwerkzeug

Werkzeuge zur Sammlung von Daten gibt es bereits zu kaufen, falls die Firma kein eigenes Werkzeug erstellen möchte. Der Fachbegriff für dieses Werkzeug ist *Computerized Maintenance Management System* (*CMMIS*). Es ist eine Software, die Fehler- und Instandsetzungsinformationen bündelt und verwaltet. Diese Software wird in der Regel genau dort eingesetzt, wo Instandsetzungsmaßnahmen von Systemen, Teilsystemen, Komponenten auftreten. Beispiele dafür gibt es im Produktionsgewerbe, in der Prozessindustrie, in der Elektrizitätserzeugung, auf dem Bau etc. Der Kern des *CMMIS* ist eine Datenbank, die Geräte und Komponenten informationstechnisch verwaltet und Instandsetzungsmaßnahmen zuordnet.

Methoden zur Datensammlung

Wenn die Daten bereits vorhanden sind, ergibt es Sinn, sie erst in eine Zwischendatenbank zu übertragen. Dort können die relevanten Daten extrahiert und in ein Format für die Zieldatenbank (z. B. das *CMMIS*) umgewandelt werden. In einem letzten Schritt werden die Daten in die Zieldatenbank übertragen.

Schulung

Um ausreichendes Vertrauen (*Konfidenz*) in die Ergebnisse aus der Analyse zu entwickeln, wird eine genügend große Anzahl von Daten benötigt. So wird es eine Zeit brauchen, bis die Daten für eine Analyse genutzt werden können. Damit die Daten eine gute Qualität erhalten, müssen Mitarbeiter an den Werkzeugen angemessen geschult werden, um die Daten der Ausfälle und Fehler korrekt einzugeben. So ist es nützlich, dass das Eingabewerkzeug abweichende und zweideutige Daten erkennt und dann die Eingabe zurückweist.

9.5.3 Strukturierung der Daten

Zur Speicherung von Daten werden Datenbanken eingesetzt. Die Datenbanktabellen sollten unter Berücksichtigung der folgenden Punkte strukturiert sein:

- Grenzen zu anderen Komponenten,
- Einteilung der Komponenten in Klassen bzw. Gruppen sowie
- Betrachtungs- und Betriebszeitraum.

Grenzen der Teilsysteme, Komponenten etc.

Bereits in Abbildung 9.11 wurde ein Beispiel eines Benzintanks als Komponente für die Definition der Grenzen angegeben. Der Grund für die Angabe der Grenzen liegt in der Vermeidung von Überschneidungen und in der Erleichterung der Kommunikation. Die Komponenten werden eindeutig festgelegt, da Überlappungen zwischen ihnen verhindert werden müssen. Somit wird dann auch die Dateneingabe eindeutig. In der Abbildung werden die Grenzen des Benzintanks gezeigt. Zum Beispiel wird der Bediener nun bei einem Defekt des Füllstandssensors den Fehler bei der Eingabe nicht dem Benzintank zuordnen. Dies hat eine Verfälschung bei der Datenanalyse zur Folge.

Taxonomie und Klassifikation

Bezugnehmend auf den vorherigen Abschnitt, in dem die Grenzen der Komponenten festgelegt werden, folgt die Einordnung der Komponenten in ein System bzw. Teilsystem (ähnlich wie in Abbildung 6.9). Es können sämtliche Komponenten vom gleichen Typ in einem Fahrzeug verbaut sein, z. B. Räder, Stoßstangen. Die Ausprägungen des Komponententyps sind dennoch unterschiedlich, beispielsweise gibt es vorne und hinten unterschiedliche Stoßstangen.

Wie in Abbildung 9.12 dargestellt, gibt es Baugruppen, die Teile von Komponenten sind (Blinklichter bilden eine Baugruppe mit der Ausprägung linkes und rechtes Blinklicht). Auch diese lassen sich weiter unterteilen in Bauelemente (Glühbirne, Fassung, Glas), vergleichbar mit einer Eltern-Kind-Beziehung. Komponenten, Baugruppen und Bauelemente werden in der Abbildung einer Geräteeinheit zugeordnet. Die Typen der Komponenten, Baugruppen und Bauelemente sollten jeweils eine Nummer für die eindeutige Identifikation erhalten. Übergeordnet, lassen sich die Komponenten einem System bzw. Teilsystem zuordnen. Ein System kann eine Anlage für die Produktion, ein käuflich zu erwerbendes Produkt oder eine Anwendung sein. Es kann unterteilt werden in Teilsysteme. Auch hier sollten Identifikationsnummern vergeben werden.

	Ebene	Beschreibung	Bild
Anlage Produkt Anwendung	1	Gesamtsystem	
	2	Teilsystem	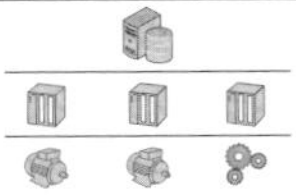
Geräteeinheiten	3	Komponenten	
	4	Baugruppen	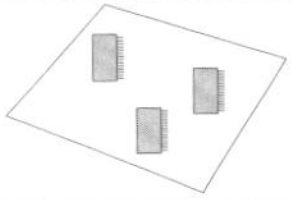
	5	Bauelemente	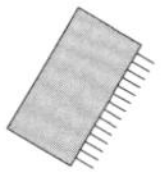

Abbildung 9.12 Hierarchische Darstellung zur Klassifikation

Die Komponenten (bzw. Baugruppen, Bauelemente), bei denen Fehler auftreten und damit Instandsetzungsmaßnahmen hervorrufen, können die Bediener des Datenbanksystems eindeutig über die Identifikationsnummer identifizieren. Damit können die Komponenten innerhalb des Systems zugeordnet werden.

Zeitraum

Insbesondere bei der Instandsetzung spielt der Beobachtungszeitraum oder der Betriebszeitraum der instandgesetzten Komponente eine Rolle. Das System oder Gerät ist in der Anfangsphase des Betriebs sehr fehleranfällig, sodass eine erhöhte Anzahl von Ausfällen zu erwarten ist. Abbildung 7.18 zeigt diese Charakteristik. Es kann deswegen von Interesse sein, nach einer *Burn-in-Phase* mit der tatsächlichen Aufnahme der Daten zu warten bzw. die Daten innerhalb der Anfangsphase speziell zu markieren, z. B. durch Kennzeichnung mit Burn-in-Informationen.

Daten, die zur Bestimmung von *MTTF*, *MTTR* etc. eingesetzt werden, sollten von Geräten stammen, die ständig in Betrieb sind. Daten von Komponenten, die lediglich im *Stand-by-Modus* laufen und keiner Belastung ausgesetzt sind, verzerren das Ergebnis. So sollten die aufgenommenen Fehlerdaten der Komponenten im ständigen Betrieb und im Stand-by-Betrieb unterschiedlich markiert werden. Ausnahme bilden hier

Geräte, die in einem *Hot-Stand-by-Modus* laufen. Diese sind der gleichen Belastung ausgesetzt wie die laufenden Komponenten.

Bei der Aufnahme von Instandsetzungsdaten sollte unterschieden werden, ob es sich um eine geplante oder um eine ungeplante Instandsetzung handelt.

Bei der geplanten Instandsetzung werden in regelmäßigen zeitlichen Abständen Komponenten auf ihre Funktion geprüft und insbesondere bei Verschleiß ausgetauscht. So kann nach der Instandsetzung die Komponente als neuwertig angesehen werden (siehe auch Abschnitt 7.7).

Bei der Instandsetzung kann das System oder Teilsystem vom Betriebszustand in den Reparaturzustand überführt werden, was eine bestimmte Zeit beansprucht (Vorbereitung). Auch nach der Reparatur wird das System bzw. Teilsystem nach einer gewissen Dauer zurück in den Funktionszustand gebracht (Verzögerung).

Die ungeplante Instandsetzung folgt nach einem Ausfall einer Komponente. Auch hier sollte die Reparaturzeit von der Vorbereitung und der Verzögerung abgegrenzt werden. Abbildung 9.13 zeigt den zeitlichen Ablauf.

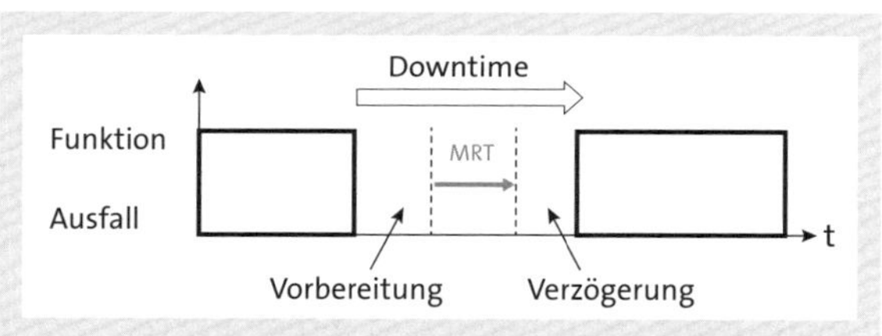

Abbildung 9.13 Zeitliche Darstellung der Inbetriebnahme

Downtime wird die Zeit genannt, in der sich das System im Fehlerzustand befindet. Diese ergibt sich aus der reinen Reparaturzeit (*Repairtime*), Vorbereitungszeit und Verzögerungszeit. Die Mittelung aus allen Reparaturzeiten ergibt die *MRT*. Um ein ausreichendes Vertrauen (Konfidenz) in der Schätzung von *MRT* zu erhalten, muss eine genügend große Anzahl von Daten vorhanden sein. Ähnlich ist dies bei Ausfallraten von Komponenten, die sich über statistische Methoden aus der Datenmenge bestimmen lassen. Für genauere Ergebnisse können die Methoden mit zensierten Daten (siehe Abschnitt 9.4.2) eingesetzt werden.

9.5.4 Beispieltabellen für die Datenbank

Es ist sinnvoll, die Ausfall- und Instandsetzungsdaten bei der Speicherung in eine Datenbank in Beziehung zu der Komponente zu setzen. Diese wiederum kann in das System oder Teilsystem eingebettet sein. Bei der Analyse sind System- und Teilsysteminformationen nicht ohne Belang (der Benzintank im Ford Pinto machte Probleme bei einem Aufprall, aber nicht der Benzintank des Ford Taurus). So lässt sich durch die Zuordnung der Informationen mit der Komponente, die Lokation der Komponente innerhalb des Systems herstellen. Ausfälle beziehen sich auf die Komponente, und die Komponente ordnet sich in das System und Teilsystem ein. Eine mögliche Tabellenstruktur der Datenbank zeigt Abbildung 9.14. Ein Ausfall hat eine ungeplante Instandsetzungsmaßnahme (*Corrective Maintenance*, kurz *CM*) zur Folge, bei der wiederum die Reparaturzeiten, aber auch Vorbereitungszeit, Verzögerungszeit, Betriebszustand etc. interessante Informationen bei der Datenaufnahme sind. Rechts in der Abbildung wird schematisch gezeigt, wie dies in einer Datenbank organisiert werden kann. Geplante Instandsetzungsarbeiten mit Informationen über Datum, Art der Instandsetzung, Dauer etc. sind links in der Abbildung zu sehen. Diese werden *Planned Maintenance*, kurz *PM*, genannt.

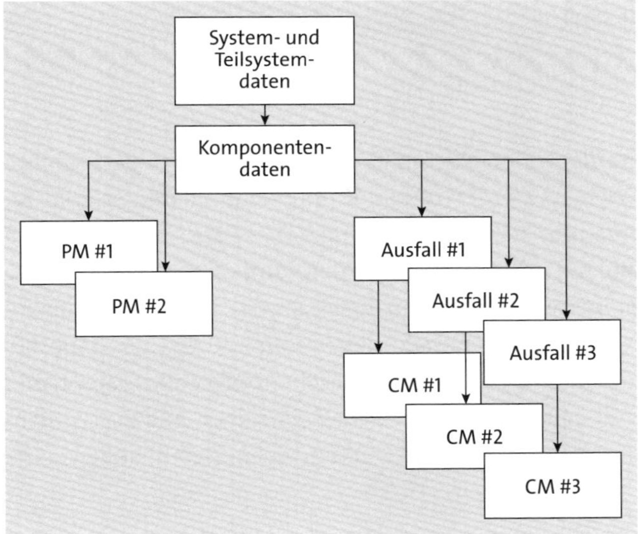

Abbildung 9.14 Datenbankstruktur, abgeleitet aus Norm [28]

In der Regel gibt es bei Datenbankeinträgen keinen freien Text, denn die Anzahl der Buchstaben sollten genau spezifiziert sein. Aus diesem Grund werden die Beschreibungen der Komponenten, Geräte etc. codiert. Über Tabellen in einer Dokumentation kann der Text zur Codierung nachgeschlagen werden.

Komponentendaten

Die Einträge der Komponenten zur Speicherung sollten derart erfolgen, dass sie sich in die Struktur des Systems einfügen. Damit kann die Komponente einfach lokalisiert werden. So lassen sich die Daten wie ein Baum strukturieren, was eine schnelle Suche ermöglicht. Tabelle 9.1 zeigt ein Beispiel für die obere Ebenen (System und Teilsystem) mit einer hierarchischen Anordnung. Das System (*Ford Pinto*) wird in der ersten

Reihe mit einer Identifikationsnummer versehen. Es folgt ein Link zum Teilsystem. Auf der obersten Ebene (Wurzel des Baums) wird die Link-Information ausgelassen. In den nächsten Reihen gibt es Einträge für die darunterliegenden Ebenen und deren Beschreibungen. Beschreibungen sind in der Regel durch Buchstaben mit fester Länge codiert (entgegen der Darstellung in der Tabelle), da viele Datenbanken keinen Freitext unterstützen.

Identifikation	Link	Ebene	Beschreibung
PROD1212		1	Ford Pinto
TEIL4553	PROD1212	2	Treibstoffanlage
TEIL4554	PROD1212	2	Bremsanlage
TEIL4555	PROD1212	2	Beleuchtung

Tabelle 9.1 Datenbanktabelle mit Produktdaten

Die Komponente, die darunterliegenden Ebenen (Baugruppe, Bauelement) und ihre Lokalisation innerhalb des Systems werden in den Komponentendaten erfasst. Tabelle 9.2 zeigt dafür ein Beispiel, das sich auf Abbildung 9.11 bezieht. Angeführt wird ein Eintrag in der ersten Spalte mit der Identifikation der Komponente. Die folgende Spalte *Link* ordnet die Komponente in das System ein. Es lässt sich so die genaue (logische) Lokalisation der Komponente innerhalb des Systems feststellen. Eine Beschreibung folgt nach jedem Datenbankeintrag. Die Beschreibung sollte datenbanktechnisch codiert sein (z. B. mit einem String aus sechs Buchstaben und vier Zahlen) – entgegen der Darstellung in der Tabelle. Freitext sind in vielen Datenbanken keine geeigneten Einträge.

Identifikation	Link	Ebene	Beschreibung
KOMP1234	TEIL4553	3	Benzintank
KOMP1235	TEIL4553	3	Tankdeckel
KOMP1236	TEIL4553	3	Schlauch
KOMP1237	TEIL4553	3	Schlauchschelle

Tabelle 9.2 Datenbanktabelle mit Komponentendaten

Die Tabelle ist nur ein Beispiel und nicht vollständig. Weitere Daten können in Spalten für Herstellerdaten, Typ, Integrationsdatum etc. abgelegt werden. Dies hängt davon ab, welche Daten der Datenanalytiker für die Analyse benötigt und welche Ziele die Firma verfolgt (siehe auch Abschnitt 9.5.1).

Ausfalldaten

Die Ausfalldaten beschreiben den jeweiligen Ausfall einer Komponente, Baugruppe oder eines Bauteils in der Datenbank. Die erste Spalte ist die Identifikation des Ausfalls, gefolgt von der Spalte *Link* mit der Referenz zur Komponente. Tabelle 9.3 zeigt dafür ein Beispiel. Weitere Informationen sind Datum, Art des Fehlers (z. B. Leck im Tank), Ursache (z. B. Aufprall im Heck) und Betriebszustand bei Auftritt des Fehlers (z. B. im Fahrbetrieb). Die Tabelle zeigt nur ein Beispiel für aufzunehmende Daten. In Absprache mit dem Datenanalytiker und anderen Teammitgliedern unter Berücksichtigung der Ziele sollte diese Tabelle erweitert werden.

Identifikation	Link	Datum	Art	Ursache	Betriebszustand
FAIL9876	KOMP1234				

Tabelle 9.3 Datenbanktabelle mit Fehlerdaten

Instandsetzungsdaten

Zuletzt zeigt Tabelle 9.4, wie Datenbankeinträge für die Instandsetzung bei Ausfall einer Komponente abgelegt werden können. Nach der Identifikation der Instandsetzungsmaßnahme folgt in der nächsten Spalte ein Bezug auf die ausgefallene Komponente (*Link*). Die Art der Instandsetzung beschreibt, ob diese geplant (*PM*) oder ungeplant (*CM*) war. In der Regel bezieht sich eine ungeplante Instandsetzung immer auf einen Ausfall – im Gegensatz zur geplanten Instandsetzung, die sich direkt auf eine Komponente bezieht (siehe auch Abbildung 9.14). Weitere Daten sind durch die Spalten vorgegeben: Datum, Dauer der Instandsetzung, Name des Mitarbeiters, Downtime. Es gibt hier keinen Anspruch auf Vollständigkeit, weitere Spalten sind denkbar.

Identifikation	Link	Art	Datum	Dauer	Person	Downtime
MAINT67843	FAIL9876	CM				

Tabelle 9.4 Datenbanktabelle mit Instandsetzungsdaten

9.6 Abschließende Bemerkungen

Das Unternehmen Ford hat auf die Forderungen der Käufer nur sehr zögernd reagiert. Innerhalb der Firma wurde die Kritik an der Strategie der Geschäftsführung weitestgehend unterdrückt, da sie nicht glaubte, dass Sicherheit wichtig war. Es herrschte das Leitmotiv *Safety does not sell*. Erst auf Anordnung der amerikanischen Sicherheitsbehörde *NHTSA* wurde eine Rückrufaktion gestartet, und das Unternehmen Ford blieb weiter in den Schlagzeiten der Medien. So titulierte Forbes den Ford Pinto als das *schlechteste Auto aller Zeiten*, siehe Artikel [45].

Insgesamt gab es mehr als 100 Gerichtsverfahren gegen Ford. Das Unternehmen schätzte, dass es 27 Tote in Verbindung mit der Tankanlage gegeben hatte. Unabhängige Schätzungen gehen von bis zu 500 Toten aus.

Man könnte nun argumentieren, dass die Geschäftsführung nach dem *ALARP*-Prinzip gehandelt hat. Für die Geschäftsführung lag offensichtlich das Risiko einer Explosion innerhalb eines annehmbaren Bereichs. Sie begründete dies mit einer einfachen wirtschaftlichen Berechnung, ähnlich wie es bei *ALARP* üblich ist. Dennoch steht dem entgegen, dass *ALARP* nicht nur Kosten, sondern auch gesellschaftliche Aspekte berücksichtigt. Für Medien und Öffentlichkeit war das Vorgehen der Geschäftsführung nicht-tolerierbar, und somit blieb die Gefahr der Explosion weiterhin im nicht-tolerierbaren Bereich. Das Unternehmen Ford hätte in der Öffentlichkeit besser dagestanden, wenn eine weitere Rückrufaktion früh eingeleitet worden wäre.

Kapitel 10
Fehlerbaumanalyse

In Kapitel 8 wurden Methoden vorgestellt, um Fehlermöglichkeiten und Gefahren aus einem System oder Gerät herauszuarbeiten. Kapitel 9 zeigte Methoden, wie diese Raten quantifiziert werden können. Dafür gibt es Tabellen aus Büchern und Formeln aus der Statistik.

Das Thema in diesem Kapitel bezieht sich auf eine der elementarsten Analysemethoden im Fachbereich *Safety Engineering*. Fehlerbäume unterstützen sowohl qualitative als auch quantitative Methoden. Qualitative Methoden ergänzen *FMEA* aus Kapitel 8, indem sie zur Überprüfung eingesetzt werden können. Bei quantitativen Methoden sind die Ausfall- bzw. Fehlerraten die Eingaben des Fehlerbaums, die durch Tabellen und Formeln aus Kapitel 9 ermittelt werden.

Wenn die Eingaben des Fehlerbaums quantifizierte Raten sind, können Wahrscheinlichkeiten für den Ausfall des Sicherheitssystems berechnet werden. Somit kann der Fehlerbaum die *SIL*-Kenngröße für die Sicherheitsanforderung bestimmen, indem das Ergebnis in Tabelle 3.3 nachgeschlagen wird.

Fehlerbäume können mit klassischen, aber auch mit dynamischen Gattern konstruiert werden. Allerdings ist die Berechnung für Ausfallwahrscheinlichkeiten schwieriger. Ergebnisse können die *Petri-Netze* aus Kapitel 6 liefern. Eine weitere Möglichkeit bietet die *Monte Carlo*-Methode, um einen Bereich von Wahrscheinlichkeiten für einen Ausfall zu ermitteln. Diese wird besonders dann angewendet, wenn die Raten der Eingänge nur innerhalb eines geschätzten Bereichs liegen.

10.1 Fallbeispiel: Der Three-Miles-Island-Reaktorunfall

In der Stadt *Harrisburg* in *Pennsylvania, USA* wurde das Kernkraftwerk *Three Miles Island* betrieben. Im März des Jahres 1979 kam es zu einem Reaktorunfall, siehe Artikel [46]. Das Szenario ist in der Bildfolge in Abbildung 10.1 dargestellt.

In diesem Monat musste das Betriebspersonal die Kondensatreinigungsanlage reinigen, da sie den Kühlkreislauf blockierte. Dies ist keine ungewöhnliche Aktivität, denn diese verschmutzt regelmäßig. Sie erfüllt die wichtige Aufgabe, das Kühlmittel rein zu halten, sodass Korrosion innerhalb von Kühlmittelkreisläufen vermieden wird. Da aber die Reinigung nicht so einfach verlief wie üblich, wurde Druckwasser verwendet, um die Verunreinigungen zu entfernen. Das Reinigungswasser lief in ein offenes Ventil durch eine Druckleitung der pneumatischen Steuerung, und deshalb wurden die Ventile der Speiseleitung zum Sekundärkreislauf abgeschaltet.

Die Folge war, dass auch die Hauptpumpen zum Sekundärkreislauf abgeschaltet wurden. Das wiederum führte sofort zu einer Abschaltung des Reaktors durch Einfahren der Steuerstäbe. Da die Wasserzufuhr des Sekundärkreislaufs unterbrochen war (Ventil der Speiseleitung) und die Wärme nicht abgeführt wurde, stieg die Hitze im Reaktor. Dadurch gab es auch einen Druckanstieg, was ein Sicherheitsventil öffnete.

Durch dieses Ventil lief Kühlmittel des Primärkreislaufs in einen Auffangbehälter außerhalb des Reaktors. Da das Spaltmaterial auch nach dem Einfahren der Kontrollstäbe Wärme durch den Nachzerfall erzeugt, stieg die Temperatur weiter an. So wurden Hilfspumpen aktiviert, damit das Kühlmittel im Primärkreislauf weiter gekühlt werden konnte. Allerdings waren wenige Tage zuvor an den Ventilen des Kreislaufs Wartungsarbeiten an den Hilfspumpen durchgeführt worden. Die Ventile waren somit blockiert, sodass keine Kühlung erfolgte.

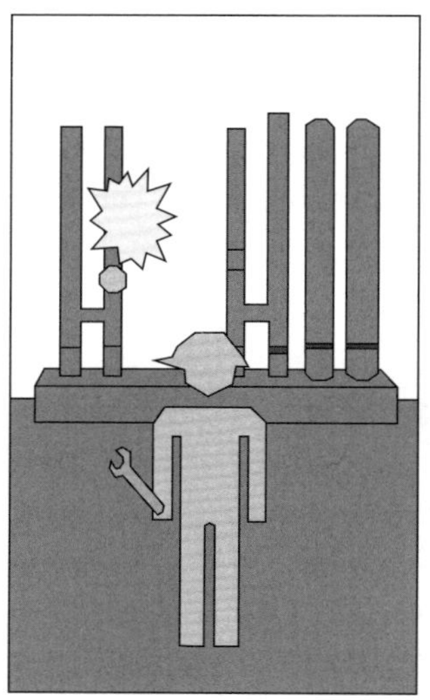

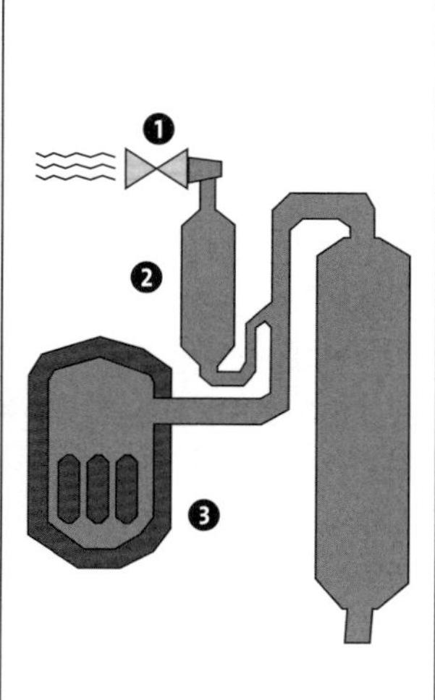

Abbildung 10.1 Reaktorunfall

Tatsächlich wurde an den Anzeigegeräten das blockierte Ventil signalisiert, aber wegen der ergonomischen Unzugänglichkeit konnte das Signal nicht sofort erkannt werden. Der Betrieb des Reaktors mit der blockierten Stellung der Ventile war ein Verstoß gegen die Betriebsrichtlinien. So wurde dies als wichtigste Unfallursache angesehen.

Nachdem der Reaktor abgeschaltet war, hat sich die Hitzezufuhr ins Kühlmittel verlangsamt, sodass es sich zusammengezogen hat. Der Druck im Primärkreislauf hat sich wieder gesenkt, und die Steuerung erzeugte ein Signal, um das Sicherheitsventil ❶ zur Zuleitung zum Auffangbehälter zu schließen. Das Sicherheitsventil hatte aber einen Defekt, sodass es offen blieb. Die Anzeige zeigte fälschlicherweise die geschlossene Stellung des Ventils an, und das Betriebspersonal ging davon aus, dass es tatsächlich geschlossen war.

Das Personal wurde aber nicht daraufhin trainiert, dass Signale missverständlich sein können. Die Anzeige eines Temperatursensors, installiert am Sicherheitsventil, wäre eine Indikation gewesen. Das Bedienpersonal hatte die Schlussfolgerung nicht gezogen. Dadurch gab es weiterhin einen Kühlmittelverlust. Gleichzeitig gab es aber auch den Druckverlust. Die Einspeisepumpe für Kühlmittel löste dann aus, um es in den Primärkreislauf zu pumpen, siehe Artikel [47]. Dies verursachte einen Anstieg des Wasserpegels im Druckhalter ❷. Da die komplette Füllung des Druckhalters mit Wasser vermieden werden soll, wurden die Einspeisepumpen wieder abgeschaltet.

Die Auffangbehälter außerhalb des Reaktors hatten sich nach der Zeit überfüllt. Ein leichter Anstieg der Radioaktivität im Gebäude war ein weiteres Indiz für ein Problem, was vom Personal ignoriert wurde. Der Auffangbehälter platzte an Sollbruchstellen, und Kühlmittel floss aus.

Der Druckhalter hat die Funktion, Wasserdampf zu sammeln. Wegen des Druckabfalls füllte sich dieser mit Wasser und konnte seine eigentliche Funktion nicht mehr ausführen. Der Wasserdampf drängte sich dadurch in den Reaktor ❸.

Die Sensoren gaben den Zustand eines gefüllten Druckhalters an, nicht aber, dass dieser durch Kühlmittelverlust und durch Kühlmittelzufuhr mit der Einspeisepumpe hervorgerufen wurde. Da die Pumpen des Primärkreislaufs ständig ein Wasserdampf-Wasser-Gemisch pumpten, fielen diese aus. Das Personal hatte die Hoffnung, dass die Kühlung über natürliche Konvektion erfolgte. Allerdings verhinderte der Wasserdampf im Reaktor den Fluss des Kühlmittels. Bald war der obere Teil des Reaktors frei von Kühlmittel, und es entstand dort eine große Hitze. Die Brennstäbe fingen an zu schmelzen, und es entstand weiterer Wasserstoff und andere Gase. Erst beim Personalwechsel wurde die hohe Temperatur am Sicherheitsventil ❶ bemerkt, und sie schlossen ein Backup-Ventil, um den Ausfluss von weiterem Kühlmittel zu verhindern. Wegen des weiteren Anstiegs von Radioaktivität wurde nun der Alarm ausgelöst.

10.2 Anwendung der Fehlerbaumanalyse

Ausfälle von Systemen, Teilsystemen, Komponenten etc. stehen in vielen Fällen in Abhängigkeit zueinander, die nur in einer Kombination ein unerwünschtes Ereignis hervorrufen. Mithilfe von logischen Verknüpfungen aus der booleschen Algebra lassen sich die Abhängigkeiten der Ausfälle und Fehler beschreiben. Logische Verknüpfungen, wie z. B. Und-Gatter, Oder-Gatter etc., lassen sich übersichtlich als ein Baum darstellen. Die Blätter des Baums sind Ausfälle (Basisereignisse), und die Wurzel ist das unerwünschte Ereignis. Die Methode wird Fehlerbaumanalyse (engl. *Fault Tree Analysis*, kurz *FTA*) genannt. Die *FTA* ist eine deduktive Methode, das heißt, der *Safety Engineer* geht von einem unerwünschten Ereignis aus und schlussfolgert über die logischen Verknüpfungen auf die Basisereignisse.

Bei der zuvor behandelten *FMEA* ist es umgekehrt, denn sie ist eine induktive Methode. Das heißt, der *Safety Engineer* geht von der Funktion einer Komponente aus, schließt daraus auf den Fehler und erarbeitet sich daraus die Folgen und Ursachen.

Beide Methoden können sich ergänzen, da die *FMEA* zur Validierung der *FTA* eingesetzt werden kann. So sollten Ausgangsereignisse bei *FMEA* und *FTA* zum gleichen unerwünschten Ereignis führen. Die *FMEA* hat allerdings Einschränkungen, da Ereigniskombinationen nicht durch die Methode direkt unterstützt werden. Oft werden hier nur *SPOF* aufgedeckt. Beide Methoden, *FTA* und *FMEA*, unterstützen sich gegenseitig.

Bei der *FTA* ist das Resultat immer ein unerwünschtes Ereignis, also z. B. ein Ausfall. Demgegenüber gibt es die *Success Tree Analysis*, kurz *STA*, bei der die Funktion eines Systems durch den Ausgang des Baums beschrieben wird. Diese hat im *Safety Engineering* keine besondere Bedeutung.

Es gibt bei der *FTA* qualitative und quantitative Methoden. Wahrscheinlichkeiten der Ereignisse werden bei der qualitativen Methode nicht eingesetzt. Die Ereignisse werden durch beschreibende Attribute wie *sehr häufig*, *häufig*, *selten*, *sehr selten* charakterisiert. Ziel ist hier die Ermittlung von Ausfallursachen und das Zusammenspiel der Ereignisse, z. B. durch Ermittlung der *Minimal Cut Sets*, kurz *MCS*. Auch bei der quantitativen Methode repräsentiert der Baum das System oder Gerät. Die Eingangsereignisse erhalten Wahrscheinlichkeiten, die über Tabellen, Tests, Analysen der Daten oder Herstellerinformationen (siehe Kapitel 9) ermittelt wurden.

Erstmals wurde die *FTA* bei der Raketenentwicklung des *Minuteman*-Projekts eingesetzt. Zum Beispiel wurde das versehentliche Auslösen eines Raketenstarts damit untersucht. Die Kernindustrie ist ein weiterer Bereich, in dem diese Analysemethode intensiv angewendet wird, siehe auch Artikel [48]. Weitere Einsatzgebiete von *FTA* sind chemische Industrie, Eisenbahn, Medizintechnik, Robotik und Softwaretechnik.

FTA wurden in zahlreichen Normen, wie z. B. das Handbuch [49] für die Luftfahrtindustrie und das Handbuch [50] für die Kernindustrie, aufgenommen. Eine allgemeine Beschreibung wurde in Norm [51] herausgegeben.

Die Definition der Ziele ist ein wichtiger Schritt am Anfang der Analysemethode. Dies sind die Ziele:

- Die Identifikation der Kombination der Ausfälle, die zu einem unerwünschten Ereignis und zu den Folgen führen.
- Während das System oder Gerät entwickelt wird, sollen potenzielle Ausfallursachen ermittelt werden, deren ausgehende Gefahren noch in der Entwicklungsphase durch Maßnahmen vermieden oder vermindert werden sollen. Es können dabei Empfehlungen für präventive Maßnahmen entstehen, die durch das Entwicklungsteam in das System oder Gerät eingearbeitet werden.
- Es wird die Zuverlässigkeit und Verfügbarkeit des Systems oder Geräts bestimmt, die aus den Wahrscheinlichkeitsgrößen der Teilsysteme und Komponenten stammen. So kann überprüft werden, welche Anforderungen, wie z. B. das *SIL*, erreicht werden müssen. Diese haben ebenso Einfluss auf das Design, wodurch Verhinderungs- und Vermeidungsstrategien aus den hervorgehenden Gefahren bestimmt werden können.
- Die Ursachen mit dem größten Anteil unerwünschter Ereignisse werden ermittelt, sodass eine Priorisierung für die präventiven Maßnahmen erfolgen kann.

Die *FTA* wird in mehreren Schritten durchgeführt, die in der Literatur und in den Normen stets ähnlich beschrieben werden. Hier sind es die folgenden Schritte:

- Systemanalyse,
- Definition des unerwünschten Ereignisses,
- Aufstellung des Fehlerbaums, Dokumentation,
- Präsentation und Schlussfolgerung.

Im Folgenden wird auf die einzelnen Schritte eingegangen.

10.2.1 Systemanalyse

Am Anfang der Systemanalyse wird ein fachkundiges Team zusammengestellt, das detailliertes Wissen über das zu untersuchende System oder Gerät hat. Die Größe des Teams ist abhängig von der Komplexität des Systems. Eine umfassende Expertise über das zu untersuchende System bestimmt die Auswahl der Teammitglieder.

Weiter muss das Ziel der *FTA* klar definiert sein, um den Ressourcenaufwand gegenüber dem Management rechtfertigen zu können. Die Analyse soll nicht durchgeführt werden, um eine Aktivität auf der Checkliste abzuhaken.

Es folgt die Zusammenstellung der Entwicklungsunterlagen, angefangen mit dem *Design Intent* und weiter mit den Unterlagen, die die funktionale und physikalische Struktur (*FBD*, *HBD*) des Systems beschreibt, siehe auch Kapitel 8. Da oftmals mehrere *FTA* durchgeführt werden, ist es wichtig, eine Konsistenz zwischen den Analysen anzustreben, was durch eine Definition von Regeln zur Benennung der Ereignisse und deren Verknüpfungen erreicht werden kann.

Um die Analyse für unterschiedliche Betriebsarten durchzuführen, sind Bedienungsanleitungen nützlich. Die Betriebsarten des Systems müssen definiert sein, denn daraus ergeben sich weitere zu untersuchende Situationen. Betriebsarten sind z. B. Produktion, Instandsetzung etc. Im Fallbeispiel aus Abschnitt 10.1 hatten Ereignisse, die bei der Betriebsart Instandsetzung aufgetreten sind (Stilllegen der Notfallpumpen), einen maßgeblichen Einfluss auf das unerwünschte Ereignis.

Als Nächstes sollte der Umfang der Analyse festgelegt werden. Es muss die Frage beantwortet werden können, was sich innerhalb und was sich außerhalb des zu untersuchenden Systems oder Geräts befindet. Die Grenzen des Systems oder Geräts sollte das Team definieren. So sind dies z. B. Schnittstellen zu benachbarten Systemen, wie z. B. elektrischen Signalleitungen, Bussystemen oder Bedienelementen (*HMI*). Das Team legt den Detaillierungsgrad und damit die kleinsten Betrachtungseinheiten fest. Diese ergeben sich oftmals aus den Unterlagen der Komponenten und den daraus zur Verfügung stehenden Daten. Das Team muss die Organisation des Systems oder Geräts so weit verstehen, dass das Zusammenwirken der Komponenten mit *FTA*-Mitteln beschrieben werden kann. Zwar ist es wichtig, den Umfang einzugrenzen, dennoch muss die Wirkung des Systems auf die Umgebung (außerhalb der Grenzen) klar sein. Aber auch umgekehrt, also die Wirkung der Umgebung auf das System (z. B. Temperaturschwankungen), sollte in die Analyse eingehen.

Es sind Hilfsquellen (z. B. Spannungsversorgungen) herauszustellen, da diese bei einem Ausfall Einfluss auf das Systemverhalten haben.

10.2.2 Definition des unerwünschten Ereignisses

Unerwünschte Ereignisse sind Ereignisse, die zu einem Ausfall des gesamten Systems oder Geräts bzw. einer ihrer Funktionen in Hinblick auf die Sicherheit von Mensch und Gut führen. So können, z. B. in unterschiedlichen Projektphasen oder unterschiedlichen Betriebsarten (operativer Betrieb eines Kernkraftwerks, Instandsetzung der Hilfspumpen etc.), unterschiedliche Fehlerbäume entstehen. Das Team fängt hier mit einer klaren Definition des unerwünschten Ereignisses an. Diese soll eindeutig sein und dient der Fokussierung bei der Ausarbeitung des Baums. Das unerwünschte Ereignis kann z. B. eine gefährliche Situation sein (also die Kernschmelze) oder die Verletzung der Anforderungen (Druck und Temperatur im Primärkreislauf liegt außerhalb der Grenzwerte). Die Definition des unerwünschten Ereignisses muss dem Ziel dienen, die Schwächen des Systems zu erkennen und die unzuverlässigen Komponenten, Baugruppen oder Bauteile zu identifizieren. So können die Ergebnisse zurück in die Entwicklung fließen, um die Schwächen abzustellen oder zu minimieren.

Eine falsche Definition führt zu einem falschen Fehlerbaum. Deswegen ist es wichtig, diese mit dem Zielen der *FTA* aus der Systemanalyse abzugleichen. Es kann eine sinnvolle Strategie sein, mehrere unerwünschte Ereignisse zu definieren und diese mit dem verantwortlichen Management und der technischen Leitung vor der Analyse zu besprechen. Um die Definition des unerwünschten Ereignisses zu erhalten, kann zunächst die Funktion einer Komponente mit seinen Anforderungen beschrieben werden. Zum Beispiel besteht die Funktion des Primärkreislaufs darin, Wärme vom Reaktor abzuführen und diese Wärme an den Sekundärkreislauf weiterzuleiten.

Parameter und ihre Grenzen, die die angeforderte Funktion spezifizieren, sind z. B. Kühlmitteltemperatur, Kühlmittelmenge oder Druck mit ihren Grenzwerten im Betrieb. Es lässt sich nun leicht aus diesen Parametern die Nicht-Funktion herleiten, etwa der Ausfall des Primärkreislaufs. Auszumachen ist der Ausfall direkt an den Parametern. Beispielsweise bei zu kleiner Kühlmittelmenge (Parameter *Kühlmittelfüllstand*) liegt der Reaktor frei, und dieser erhitzt zu stark. Bei zu hohem Druck (Parameter *Druck*) reagieren die Sicherheitsventile, und Kühlmittel läuft aus.

10.2.3 Aufstellung des Fehlerbaums

Sobald das unerwünschte Ereignis durch den vorherigen Schritt ermittelt wurde, kann die Erstellung des Fehlerbaums erfolgen. So ist das unerwünschte Ereignis eine Folge von ursächlichen Ereignissen, die durch Verknüpfungen miteinander kombiniert werden. Verknüpfungen sind Und-, Oder- oder Nicht-Gatter, die die Beziehung der Ereignisse untereinander beschreiben. Diese Gatter haben wiederum Eingänge, sodass eine weitere Entwicklung des Baums von oben nach unten erfolgt. In kleinen Schritten werden so untere Ebenen erreicht. Damit keine Ereignisebene ausgelassen wird, sollte die Regel angewendet werden, dass alle notwendigen und hinreichenden Ereignisse, die zu einem Ausfall führen, berücksichtigt werden. Ereignisse sind Effekte aus Umgebung, Software, Steuerung und Bedienung.

Im Fallbeispiel ist das Ignorieren der Statusanzeige bei zu hoher Temperatur am Sicherheitsventil ein Ereignis, das dazu führte, dass eine korrigierende Aktion ausgelassen wurde. Deswegen können komplementäre Ereignisse im Fehlerbaum berücksichtigt werden. Dennoch sollen nur Ereignisse betrachtet werden, die einen Einfluss auf das Systemverhalten haben und innerhalb der Grenzen des Systems oder Geräts sind. So bleibt das Team auf die tatsächliche Problemstellung fokussiert. Die Analyse wird fortgesetzt, bis Basisereignisse (engl. *Basic Events*) des Baums erreicht sind. Ein Ereignis ist dann ein Basisereignis, wenn dafür keine weitere Ursache gefunden wird und wenn es innerhalb des Systems oder Geräts liegt. Ereignisse, die keine Verwendung im Baum gefunden haben, sollen dokumentiert werden.

10.2.4 Auswertung des Fehlerbaums

Die Auswertung des Fehlerbaums erfolgt in Abhängigkeit von den definierten Zielen des ersten Schritts. So können die Ziele die Identifizierung der Ereignisse sein, die das unerwünschte Ereignis hervorrufen.

Im Idealfall erfolgt die *FTA* in der Entwicklungsphase des Systems. Nur dann kann Einfluss auf die Verhinderung oder Minimierung von Auswirkungen durch das Entwicklungsteam erfolgen. Kritische Komponenten werden so erkannt, und durch präventive Maßnahmen kann das Risiko herabgesetzt werden. Das Entwicklungsteam kann Diagnosesysteme mit Sensoren einplanen, die bei einem Fehler aktiv in den Prozess eingreifen. Reparatur-, Prüf- und Wartungsintervalle in regelmäßigen Abständen können Schwachstellen im System erkennen und beheben.

Die qualitative Auswertung ist eine logische Analyse, um das unerwünschte Ereignis zu untersuchen. So können die beitragenden Ereignisse und die Kombinationen darauf festgestellt werden. Durch die *boolesche Reduktion* (Vereinfachung der booleschen Ausdrücke) werden sogenannte *Common Events* aufgedeckt. Dies sind Ereignisse, die im Baum mehrfach auftreten und durch Bearbeiten der booleschen Gleichungen zum Teil aufgelöst werden. Des Weiteren bestimmt das Team die Minimalschnitte (engl. *Minimal Cut Sets*, kurz *MCS*). *MCS* ist die kleinste Kombination von Ereignissen, die ein unerwünschtes Ereignis erzeugen. Dies dient dem Entwicklungsteam dazu, sich auf wesentliche Ereignisse zu konzentrieren.

Bei der quantitativen Auswertung berechnet der *Safety Engineer* mit numerischen Mitteln aus der Mathematik die Wahrscheinlichkeit des unerwünschten Ereignisses aus den Basisereignissen. Die Wahrscheinlichkeiten der Basisereignisse gehen aus den zugrunde liegenden Daten der Komponenten, Baugruppen oder Bauteile hervor. Mit dem *MCS* kann eine Sortierung und Priorisierung von Ausfallmöglichkeiten erfolgen.

10.2.5 Dokumentation, Präsentation und Schlussfolgerung

Betont werden soll hier, dass der Zweck dieses Schritts nicht einfach die Dokumentation und die Präsentation ist, sondern dass das Team die richtigen Schlussfolgerungen zieht und daraus zielgerichtet Aktivitäten ableitet. So sollen aus der Analyse weitere Risiken herausgearbeitet und Pläne erarbeitet werden, um diese Risiken zu adressieren. Ziel ist es nicht, Zahlen zu präsentieren, sondern es sollen daraus Vorschläge unterbreitet werden, die die Wahrscheinlichkeit des unerwünschten Ereignisses verhindern bzw. minimieren würde. Den Entscheidungsträgern kann eine Reihe von Vorschlägen vorgestellt werden, und so können zusammen die nächsten Entwicklungsaktivitäten entschieden werden.

10.3 Symbole

Fehlerbäume bestehen aus Ereignissen, Gattern und Kommentarboxen, die über Kombination und Verknüpfungen das unerwünschte Ereignis modellieren.

10.3.1 Ereignisse und Kommentarboxen

In Abbildung 10.2 sind unterschiedliche Ereignisse dargestellt. Basisereignisse sind Eingänge des Fehlerbaums, deren Ursachen sich nicht weiter ermitteln lassen, da z. B. die Daten fehlen.

Da Fehlerbäume in der Entwicklungsphase des Projekts erstellt werden, sind manche Ereignisse nicht genau spezifiziert. Deshalb gibt es dafür das unentwickelte Ereignissymbol. Die Regel sollte eigentlich sein, dass Ereignisse unabhängig voneinander sind. In der Realität kommen Abhängigkeiten durchaus vor, sodass Eingangsereignisse durch bedingte Ereignisse symbolisiert werden können.

Gatter	Basisereignis	Unentwickeltes Ereignis	Bedingtes Ereignis	Übertragungs-ereignisse	Ruhendes Ereignis	Kommentar
Symbol						

Abbildung 10.2 Symbole für Ereignisse

Übertragungsereignisse werden für die Übersicht verwendet, wenn z. B. ein Fehlerbaum zu groß ist. So lässt sich ein Fehlerbaum in mehrere Teile spalten. Die Einzelteile der Fehlerbäume können mit Übertragungsereignissen verbunden werden.

Schlussendlich gibt es das ruhende Ereignis. Es ist eine Komponente, aus der ein Ereignis hervorgeht, das mit technischen Mitteln nicht unmittelbar detektiert werden kann (z. B. Füllstand des Kühlwassers im Reaktor). Dennoch kann es Einfluss auf das unerwünschte Ereignis haben. Nur durch zusätzlichen technischen Aufwand kann das ruhende Ereignis detektiert werden.

Die Kommentarbox kann ein Ereignis und eine Verknüpfung von Ereignissen beschreiben, um die Lesbarkeit des Fehlerbaums zu verbessern.

10.3.2 Gatter

Zur Darstellung von Verknüpfungen werden Gatter aus der booleschen Logik verwendet. Anstelle binärer Werte können auch Wahrscheinlichkeiten an den Eingängen verwendet werden. Über Berechnungsvorschriften können die Ausgangswerte der Gatter bestimmt werden.

Abbildung 10.3 zeigt die üblichen Gatter und ihre Berechnungsvorschriften. Sie werden sich eventuell fragen, warum nicht Zuverlässigkeits- und Verfügbarkeitswahrscheinlichkeiten statt Ausfall- und Nichtverfügbarkeitswahrscheinlichkeiten über Formeln bestimmt werden. Der Grund liegt im Konzept des Fehlerbaums. Dieser liefert kein erfolgreiches, sondern ein unerwünschtes Ereignis, also einen Ausfall. Umrechnungen zwischen den Wahrscheinlichkeiten sind dennoch einfach.

Gatter	Und	Oder	Mehrheits-Oder	Nicht
Symbol	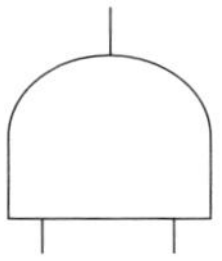	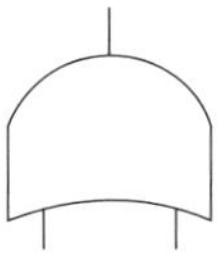	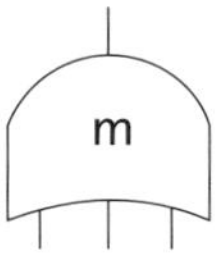 m	
Ausfallwahrschein-lichkeit	$F(t) = \prod_{i=0}^{n} F_i(t)$	$F(t) = 1 - \prod_{i=0}^{n}(1 - F_i(t))$ $= 1 - \prod_{i=0}^{n} R_i(t)$		$\bar{F}(t) = R(t) = 1 - F(t)$
Nichtverfügbarkeit	$Q(t) = \prod_{i=0}^{n} Q_i(t)$	$Q(t) = 1 - \prod_{i=0}^{n}(1 - Q_i(t))$ $= 1 - \prod_{i=0}^{n} A_i(t)$		$\bar{Q}(t) = A(t) = 1 - Q(t)$

Abbildung 10.3 Symbole für Verknüpfungen (Gates)

Die einzelnen Gatter in der Abbildung werden im Folgenden weiter aufgeführt.

Und-Gatter

Das Und-Gatter verbindet zwei oder mehrere Eingänge mit der Und-Funktion und bestimmt daraus den Ausgangswert. Das Und-Gatter erzeugt ein Ausgangsereignis, wenn alle Eingangsereignisse gleichzeitig anliegen. Formel [10.1] zeigt die Berechnungsvorschrift für ein Und-Gatter mit dem Ausgangsereignis *TOP* und den Basisereignissen A und B am Eingang. Zur Berechnung der Wahrscheinlichkeit für das Eintreten des Ausgangsereignisses (*TOP*) wird der Erwartungswert bestimmt, siehe auch Formel [7.5].

[10.1] $$TOP = A \cap B$$

So ergibt sich die Formel [10.2]. Die Wahrscheinlichkeiten q_A und q_B sind dabei die Auftrittswahrscheinlichkeiten der Ereignisse A und B. Der Wahrscheinlichkeitsvektor q ist $[q_A, q_B]$.

[10.2] $$\begin{aligned} Pr\{TOP\} &= Pr\{A \cap B\} = Pr\{A\} \cdot Pr\{B\} \\ &= F_{A \cap B}(q) = q_A \cdot q_B \end{aligned}$$

Formel [10.3] lässt sich daraus ableiten und zeigt die allgemeine quantitative Berechnung mit Wahrscheinlichkeiten für Und-Gatter mit n Eingängen. Hier wird noch der zeitliche Verlauf durch die Variable t berücksichtigt. Eingänge des Gatters sind die

Ausfallwahrscheinlichkeiten $F_i(t)$, die abhängig von der Zeit sind. Durch Multiplikation wird die Wahrscheinlichkeit für den Ausgang bestimmt.

$$F(t) = \prod_{i=0}^{n} F_i(t)$$ [10.3]

Ähnlich wird die Wahrscheinlichkeit für die Nichtverfügbarkeit bestimmt. Die Nichtverfügbarkeit berücksichtigt im Gegensatz zum Ausfall die Reparatur einer Komponente. So kann eine Komponente ausfallen, aber nach der Reparatur wird die Komponente weiterhin ihre Funktion ausführen. Bei der Bestimmung der Wahrscheinlichkeitsfunktion wird dies berücksichtigt. Die Formel für die Wahrscheinlichkeit der Nichtverfügbarkeit $Q(t)$ ist in Formel [10.4] gegeben.

$$Q(t) = \prod_{i=0}^{n} Q_i(t)$$ [10.4]

Oder-Gatter

Das Oder-Gatter erzeugt ein Ausgangssignal *TOP*, wenn mindestens ein Eingangsereignis anliegt. Formel [10.5] zeigt die Bestimmung des Ausgangs eines Oder-Gatters mit den zwei Eingangsereignissen *A* und *B*.

$$TOP = A \cup B$$ [10.5]

Für die Bestimmung der Ausgangswahrscheinlichkeit für einen Ausfall kann Formel [7.3] in der Formel oben angewendet werden. Die Eingangswahrscheinlichkeiten q_A und q_B werden durch den Vektor $q = [q_A, q_B]$ zusammengefasst.

$$\begin{aligned} Pr\{TOP\} = Pr\{A \cup B\} &= Pr\{A\} + Pr\{B\} - Pr\{A\} \cdot Pr\{B\} \\ = F_{A \cup B}(q) &= q_A + q_B - q_A \cdot q_B \\ &= 1 - (1 - q_A) \cdot (1 - q_B) \end{aligned}$$ [10.6]

Allgemein kann zur quantitativen Berechnung der Wahrscheinlichkeiten für den Ausfall Formel [10.7] eingesetzt werden. Hier wird die Zeitabhängigkeit durch die Variable t berücksichtigt. Die zeitlich abhängigen Eingangswahrscheinlichkeiten sind durch $F_i(t)$ gegeben.

$$F(t) = 1 - \prod_{i=0}^{n} \left(1 - F_i(t)\right)$$ [10.7]

Die Formel [10.8] zeigt die Berechnung der Nichtverfügbarkeit $Q(t)$ aus den Verfügbarkeiten $A_i(t)$ (von *Availability*) bzw. den Nichtverfügbarkeiten $Q_i(t)$ an den Eingängen des Gatters. Die Verfügbarkeit $A(t)$ ist komplementär zur Nichtverfügbarkeit $Q(t)$ und berechnet sich durch $A(t) = 1 - Q(t)$.

[10.8] $$Q(t) = 1 - A(t) = 1 - \prod_{i=0}^{n} A_i\,(t) = 1 - \prod_{i=0}^{n} \left(1 - Q_i(t)\right)$$

Mehrheits-Oder-Gatter bzw. doon-Gatter

Das Mehrheits-Oder-Gatter ist eine Abwandlung des Oder-Gatters. Das Ausgangsereignis wird dann erzeugt, wenn an *n* Eingängen *d* Ereignisse auftreten (doon). Aus dem Mehrheits-Oder-Gatter wird ein reguläres Oder-Gatter, wenn $d = 1$ gesetzt wird. Formeln werden hierfür nicht angegeben, da sich ein Mehrheits-Oder-Gatter aus Und-Gatter und Oder-Gatter zusammensetzen lässt, die sich durch Formel [10.3] und Formel [10.7] beschreiben lassen. Abbildung 10.4 zeigt, wie sich ein Mehrheits-Oder-Gatter mit $d = 2$ durch einen Fehlerbaum mit Und- und Oder-Gatter darstellen lässt. Es müssen also mindestens zwei Eingangsereignisse vorliegen, damit ein Ereignis am Ausgang des Und-Gatters auftritt. Am Eingang des Oder-Gatters muss nur ein Ereignis aus den drei Ausgängen der drei Und-Gatter auftreten, damit das Ausgangsereignis aufritt.

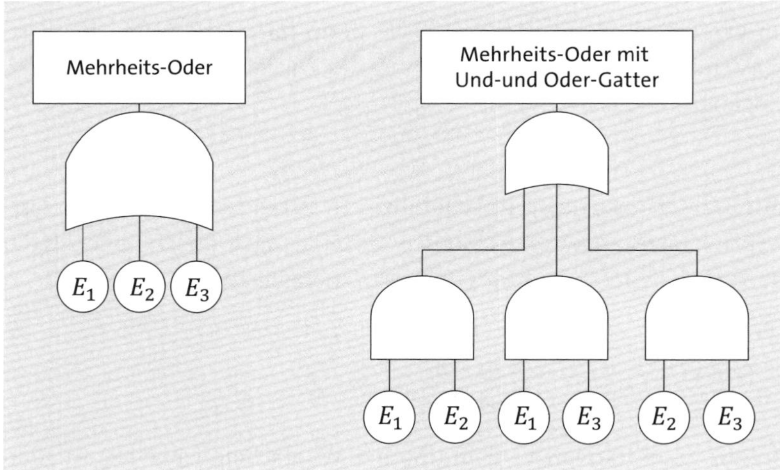

Abbildung 10.4 Mehrheits-Oder-Gatter mit Und- und Oder-Gatter

Nicht-Gatter

Das Nicht-Gatter gibt am Ausgang *TOP* das Komplement des Eingangs *E* aus. Dies wird durch Formel [10.9] beschrieben.

[10.9] $$TOP = \overline{E}$$

Bei der Anwendung des Erwartungswerts wird daraus eine Wahrscheinlichkeit. Bei Einsetzen von Formel [7.4] ergibt sich Formel [10.10]:

$$Pr\{TOP\} = Pr\{\overline{E}\} = 1 - Pr\{E\} = R_E(q) = 1 - q_E = 1 - F_E \quad [10.10]$$

Unter Berücksichtigung der Zeit entsteht daraus Formel [10.11].

$$R(t) = 1 - F(t) \quad [10.11]$$

Für die zeitlich abhängige Nichtverfügbarkeitswahrscheinlichkeit ergibt sich Formel [10.12].

$$A(t) = 1 - Q(t) \quad [10.12]$$

Dynamische Gatter

Abbildung 10.5 zeigt drei weitere dynamische Verknüpfungen. Die zeitliche Folge der Eingangsereignisse bestimmt das Ausgangsereignis. Beim *Priority-And*, kurz *PAND*, muss das rechte Ereignis zeitlich vor dem linken Ereignis auftreten, damit ein Folgeereignis erzeugt wird. Durch boolesche Ausdrücke lässt sich dieser zeitliche Zusammenhang quantitativ nicht beschreiben. Das nächste Gatter ist das *Spare*-Gatter. Dieses erzeugt ein Ereignis am Ausgang, wenn die Anzahl der Ersatzkomponenten kleiner als die Anzahl der angeforderten Komponenten sind.

In Abbildung 10.5 hat das *Spare*-Gatter drei Eingänge. Aus den zwei Ersatzkomponenten (eingebettete Box) muss mindestens eine lauffähig sein, sonst wird ein Ausgangsereignis erzeugt. Wird ein *SEQ*-Gatter in einem *FT* verwendet, müssen die Eingangsereignisse in der Reihenfolge von links nach rechts auftreten. Die Systemstruktur erlaubt es nicht, dass ein rechtes Eingangsereignis zuerst auftritt. Durch die vorbestimmte Reihenfolge unterscheidet sich das *SEQ*-Gatter vom *PAND*-Gatter.

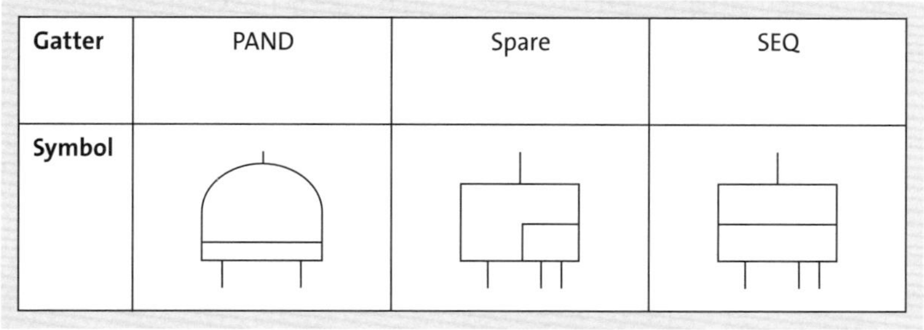

Gatter	PAND	Spare	SEQ
Symbol			

Abbildung 10.5 Symbole für dynamische Verknüpfungen

Zeitliche Abhängigkeiten beim *PAND* oder sequenzielle Folgen von Ausfällen bei *Spare*-Gattern lassen sich nicht mit booleschen Formeln ausdrücken. Eine Möglichkeit ist die Modellierung mit einem Petri-Netz, siehe auch Abschnitt 6.2.3.

Abbildung 10.6 zeigt, wie ein *PAND* sich durch Petri-Netze modellieren lässt. Es gibt drei Zustände S_0, S_1 und S_2. Der Anfangszustand ist S_0. Der linke Eingang des *PAND*-Gatters entspricht der Transition T_0 und der rechte Eingang T_1.

Tritt ein Ereignis am linken Eingang des *PAND*-Gatters auf, schaltet die Transition T_0, und das Token geht in den Zustand S_1. Würde ein Ereignis am rechten Eingang zuerst auftreten, passiert nichts. Tritt nach dem Ereignis am linken Gatter ein Ereignis am rechten Gatter auf, schaltet die Transition T_1, und das Token wandert in den Zustand S_2. Hier geht das Ausgangssignal des *PAND*-Gatters auf eins. Nach einer bestimmen Zeit (z. B. Reparaturzeit, Wartezeit, Prüfintervall) feuern die Transition T_2 oder T_3, und das Token geht zurück in den Anfangszustand (wenn sich das Token in S_1 oder S_2 befindet). Das Ausgangssignal des *PAND*-Gatters geht zurück auf null.

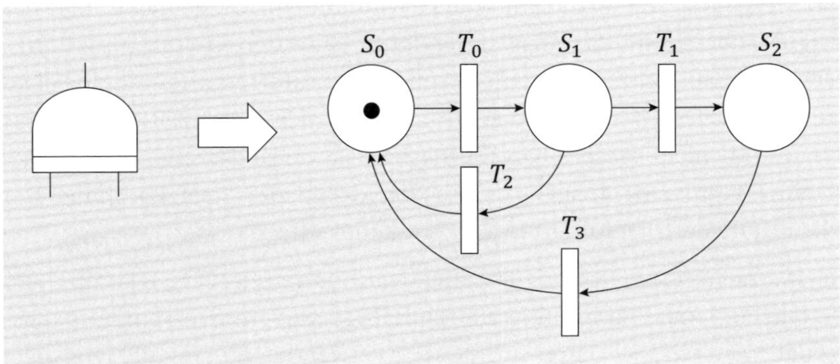

Abbildung 10.6 PAND modelliert durch ein Petri-Netz

In Kapitel 14 werden Markov-Modelle behandelt, die sich für die Modellierung von dynamischen und zeitlich abhängigen Systemen und Geräten einsetzen lassen. Fehlerbäume können auch mit Markov-Modellen kombiniert werden, siehe Artikel [52].

10.4 Fehlerbaumerstellung

Das Fallbeispiel in Abschnitt 10.1 liefert eine Beschreibung für ein unerwünschtes Ereignis, das hier mit einem Fehlerbaum modelliert werden soll. Ich erhebe bei dieser Modellierung keinen Anspruch auf Vollständigkeit, da hier nur das Konzept vorgestellt wird.

Das unerwünschte Ereignis ist dabei der Verlust von Kühlmittel zusammen mit der daraus resultierenden Kernschmelze. Da es sich bei *FTA* um eine deduktive Analyse handelt, ist das unerwünschte Ereignis der Ausgangspunkt, und dieser wird mit einem Ausgangsereignis K_1 bezeichnet, siehe Tabelle 10.1. Im Fallbeispiel wird beschrieben, dass sich eine Blase im Reaktor gebildet hat (K_2). Ihr Volumen war so groß, dass die Brennstäbe frei lagen. Dazu kommt, dass die Pumpen aussetzten (F). Der Mechanismus zur Kühlung über Konvektion blieb wegen der Dampfblase aus (Ereignis *G*), und deshalb fiel die Kühlung des Primärkreislaufs aus. Dies wird mit dem Kommentar K_3 festgehalten. Das Ergebnis K_3 kann durch ein Oder-Gatter aus den Eingangsereignissen *F* und *G* beschrieben werden.

Das unerwünschte Ereignis K_1 ist eine Folge der entstehenden Blase K_2 und der aussetzenden Kühlung K_3. Dies wird durch ein Und-Gatter beschrieben. Der Reaktor hatte nach der Zeit zu viel Kühlmittel verloren (K_4). Das Personal hat dabei nichts unternommen, weil es aus den Temperaturwerten und den Druckwerten nicht die richtigen Schlussfolgerungen gezogen hat, Ereignis *D*. Der Druckbehälter im Primärkühlkreislauf war wegen des Sicherheitsventils mit Wasser gefüllt worden, und die Sensoren gaben genau diesen Zustand wieder, Ereignis *E*. Die Ereignisse *D*, *E* und das Zwischenereignis K_4 sind die Ursache für die Blasenbildung (K_2). Ein Und-Gatter beschreibt dies.

Zu diesem Kühlmittelverlust kam hinzu, dass sich ein Sicherheitsventil über dem Druckbehälter wegen eines anfänglichen Druckanstiegs öffnete (K_5). Allerdings schloss dieser wegen einer Fehlfunktion nicht richtig, Ereignis *C*. Die Folge K_4 ergab sich aus der Verknüpfung mit einem Und-Gatter aus dem Zwischenereignis K_5 und dem Ereignis *C*. Ein Auslöser des anfänglichen Druckanstiegs war das Ausschalten des Sekundärkreislaufs, Ereignis *B*. Zuvor ereignete sich aber noch das Ausschalten mehrerer Pumpen und die Funktionsunfähigkeit der Notfallkühlung. Diese soll aber nicht weiter betrachtet werden. Eine weitere Möglichkeit eines Druckanstiegs kann durch Abschalten des Primärkreislaufs auftreten, Ereignis *A*.

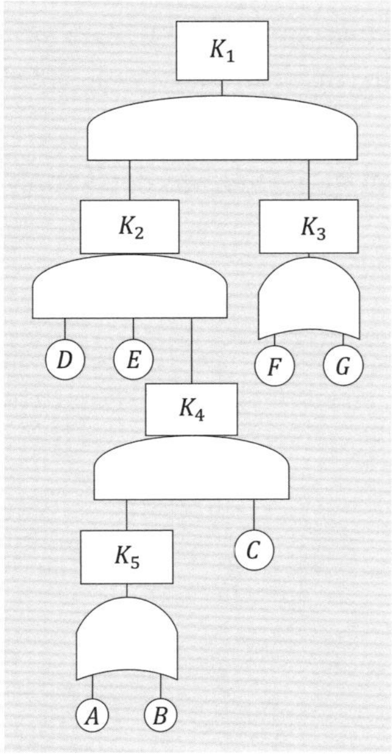

Abbildung 10.7 Vereinfachter Fehlerbaum des Three-Miles-Unglücks

Tabelle 10.1 fasst alle Ereignisse und Kommentare noch einmal zusammen.

Ereignisse und Kommentare	Beschreibung
A	Primärkreislauf schaltet sich aus
B	Sekundärkreislauf schaltet sich aus
C	Sicherheitsventil schließt nicht
D	Temperatur zu hoch, Druck zu niedrig
E	Sensoren geben vollen Druckbehälter an
F	Pumpen setzen aus
G	keine Konvektion
K_1	Kernschmelze (bzw. Reaktor liegt frei)
K_2	Blase im Reaktor
K_3	Primärkreislaufkühlung aus
K_4	Kühlmittelverlust
K_5	Sicherheitsventil löst aus durch Druckanstieg

Tabelle 10.1 Ereignisse und Kommentare des Fehlerbaums

Abgesehen vom Fallbeispiel sollen hier noch weitere Fehlerbäume betrachten werden, um mögliche Situationen zu modellieren. Bereits in Abschnitt 4.6 wurde SPOF vorgestellt.

Abbildung 10.8 zeigt, wie ein SPOF mit einem Fehlerbaum modelliert werden kann.

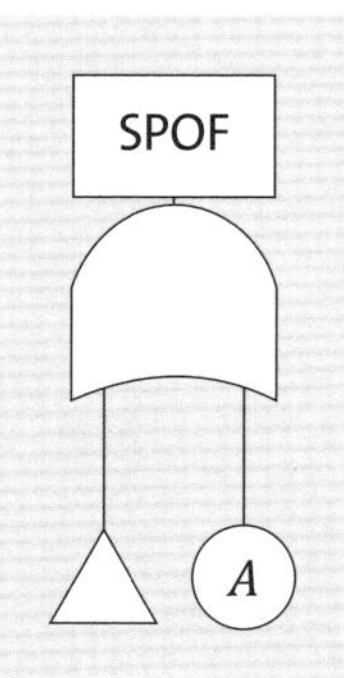

Abbildung 10.8 Single Point of Failure (SPOF) mit Fehlerbaum

Die Eingänge bestehen aus einem Übertragungsereignis (links) und einem Basisereignis (rechts). Am Übertragungsereignis lässt sich ein beliebiger Fehlerbaum anhängen. Das Basisereignis rechts ist das Ereignis verursacht durch den SPOF. Unabhängig vom Zustand des Übertragungsereignisses (links) setzt sich das SPOF-Ereignis immer über das Oder-Gatter durch. Im Allgemeinen ist bei einem System ein SPOF immer dann vorhanden, wenn es in der FTA einen direkten Pfad von einem Basisereignis zum unerwünschten Ereignis über ein Oder-Gatter gibt.

Für die Modellierung von Ausfällen gemeinsamer Ursache (*Common Cause Failure, CCF*) gibt es zwei alternative Fehlerbäume. Zur Erinnerung, ein *CCF* ist ein einzelner Ausfall, der zu einem Ausfall von mehreren Komponenten führt. Insbesondere redundante Systeme sind davon betroffen. In Abbildung 10.9 ist der linke Fehlerbaum eine explizite Darstellung des *CCF*. Das Und-Gatter entspricht den Ausfallereignissen der beiden Komponenten E_1 und E_2 des redundanten Systems (redundante Systeme werden bei der *FTA* mit Und-Gatter modelliert). Es müssen dabei beide Komponenten ausfallen, damit der Ausgang des Und-Gatters den Eingang des Oder-Gatters erreicht. Der rechte Eingang E_3 ist ein weiteres Basisereignis, das das *CCF*-Ereignis darstellt. Wenn ein *CCF*-Ereignis eintritt, setzt sich dieses über das Oder-Gatter durch.

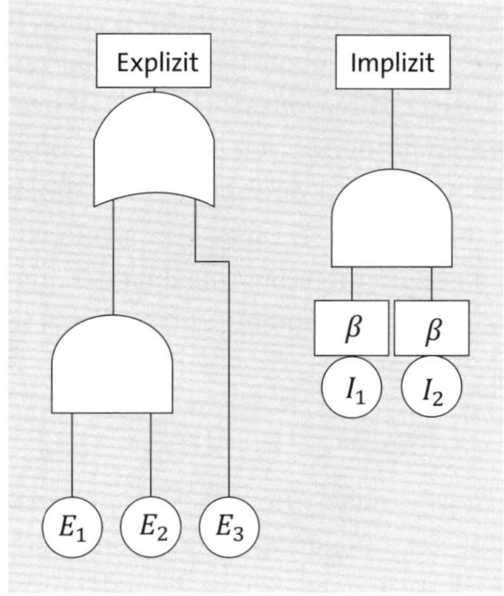

Abbildung 10.9 Common Cause mit Fehlerbaum

Der rechte Fehlerbaum in Abbildung 10.9 ist eine implizite Darstellung eines redundanten Systems. Der *Common Cause* wird über den Parameter β modelliert.

Der Parameter β in der Kommentarbox beschreibt das Verhältnis von *Common-Cause*-Fehler zu allen möglichen Fehlern. Die Ausfallrate λ eines z. B. redundanten Systems lässt sich aufteilen in unabhängige Ausfallraten (λ_i, *independent*) und abhängige Ausfallraten (λ_C, *common cause*). So sind alle Ausfälle die Summe λ. Der β-Faktor gibt das Verhältnis zwischen den abhängigen Ausfällen und allen Ausfälle an, siehe Formel [10.13].

[10.13] $$\beta = \frac{\lambda_c}{\lambda}$$

10.5 Fehlerbaumanalyse

10.5.1 Qualitative Auswertung

In diesem Abschnitt werden drei Methoden zur qualitativen Auswertung von Fehlerbäumen vorgestellt: Bestimmung der *Minimal Cut Sets*, boolesche Reduktion und disjunkte Zerlegung.

Bestimmung der Minimal Cut Sets

Bei der qualitativen Analyse steht vor allem die Bestimmung der Ausfallkombinationen (*Cut Sets*) im Vordergrund. Dabei sind nicht alle Kombinationen relevant. Beim Aufstellen des Fehlerbaums in Abschnitt 10.4 habe ich zwei Ereignisse bestimmt: Ausfall des Primärsystems und Ausfall des Sekundärsystems. Beide führen zu dem anfänglichen Druckanstieg. Möglicherweise ist es nicht sinnvoll, beide Ausfallarten in Kombination zu betrachten, da beide einen Druckanstieg verursachen. Es ist deshalb von besonderem Interesse, die Minimalkombinationen herauszuarbeiten (*Minimal Cut Sets*, kurz *MCS*). Ein *MCS* beschreibt die minimale Kombination von Basisereignissen, die das unerwünschtes Ereignis herbeiführen. Da dies von größerem Interesse ist, gehört die Bestimmung des *MCS* zu den wichtigeren Aufgaben der qualitativen Auswertung. Das Ziel des *Safety Engineer* ist es, aus einem Fehlerbaum eine Menge von *MCS* zu erhalten, wie in Formel [10.14] dargestellt.

[10.14] $$C = \{C_1, C_2, \dots, C_j, \dots, C_n\}$$

Im Folgenden wird eine Methode (genannt *Top-down*-Analyse) bestehend aus Anweisungen vorgestellt und anhand des Fehlerbaums aus Abbildung 10.7 demonstriert. Wie bei der Erstellung des Fehlerbaums wird bei der *Top-down*-Analyse mit dem unerwünschten Ereignis (*TOP* bzw. K_1) angefangen.

- Beginnend mit dem obersten Ereignis (*TOP*) wird es durch die darunterliegende, Ereignisse ersetzt.
- Das Ausgangsereignis des Und-Gatters mit n Eingängen wird durch m Eingangsereignisse in Spalten ersetzt.
- Das Ausgangsereignis des Oder-Gatters mit n Eingängen wird durch n Eingangsereignisse in Zeilen ersetzt.
- Die Anweisungen werden so lange wiederholt, bis nur Basisereignisse vorliegen.

Die Anweisungen an dem Fehlerbaum aus Abbildung 10.7 werden wie folgt angewendet: Angefangen mit der ersten Anweisung (Schritt 1), wird das obere Ereignis K_1 über das Und-Gatter durch die darunterliegenden Ereignisse K_2 und K_3 in Spalten ersetzt (Schritt 2).

- Schritt 1:

  TOP

- Schritt 2:

  $K_2 \, K_3$

Das Ereignis K_2 wird durch ein Und-Gatter mit drei Eingängen erzeugt (Schritt 3). Es kann durch die Ereignisse D, E und K_4 in Spalten ersetzt werden. So ergibt sich daraus:

- Schritt 3:

  D E $K_4 \, K_3$

Unter dem Ereignis K_3 befindet sich ein Oder-Gatter. Die Eingänge sind die Ereignisse F und G. Das Ereignis K_3 wird durch Zeilen ersetzt (Schritt 4). So ergibt sich:

- Schritt 4:

  E K_4 F

  D E K_4 G

Das Ausgangsereignis K_4 gibt es in zwei Zeilen. Es wird in beiden Zeilen durch das Zwischenereignis K_5 und das Basisereignis C in einer Spalte ersetzt (Schritt 5):

- Schritt 5:

  D E K_5 C F

  D E K_5 C G

Es bleibt noch das Zwischenereignis K_5. Dies ist der Ausgang eines Oder-Gatters mit den Basisereignissen A und B an den Eingängen. K_5 wird durch zwei neue Zeilen ersetzt, und somit ergibt sich in Schritt 6:

- Schritt 6:

  D E A C F

  D E B C F

  D E A C G

  D E B C G

Nun liegen nach Schritt 6 nur noch Basisereignisse vor, und der Algorithmus beendet sich. Sortiert, ergeben sich vier *MCS* in der Menge C:

$$C = \{C_1, C_2\,, C_3, C_4\} = \{\{A\ C\ D\ E\ F\}, \{A\ C\ D\ E\ F\}, \{A\ C\ D\ E\ G\}, \{B\ C\ D\ E\ G\}\}$$

Boolesche Reduktion

Ein Ereignis kann in einem Fehlerbaum häufiger vorkommen. Dann können über die boolesche Reduktion Einflüsse von gemeinsamen Ereignissen untersucht werden. Boolesche Regeln (siehe Tabelle 10.2) können die Gleichungen des Fehlerbaums vereinfachen mit dem Ziel, die Anzahl der Gatter zu reduzieren.

Beschreibung	Boolescher Ausdruck
Kommutativregel	$A \cap B = B \cap A$
	$A \cup B = B \cup A$
Assoziativregel	$A \cap (A \cap C) = (A \cap B) \cap C$
	$A \cup (A \cup C) = (A \cup B) \cup C$
Distributivregel	$A \cap (B \cup C) = (A \cap B) \cup (A \cap C)$
	$A \cup (B \cap C) = (A \cup B) \cap (A \cup C)$
Aufhebungsregel	$A \cap 0 = 0$
	$A \cup 1 = 1$
Komplementregel	$A \cap \bar{A} = 0$
	$A \cup \bar{A} = 1$
De-Morgan-Regel	$\overline{A \cap B} = \bar{A} \cup \bar{B}$
	$\overline{A \cup B} = \bar{A} \cap \bar{B}$

Tabelle 10.2 Auswahl von Regeln der booleschen Algebra

Auch die *MCS* lassen sich über die boolesche Reduktion bestimmen.

Disjunkte Zerlegung

Die disjunkte Zerlegung an algebraischen Ausdrücken hat den Sinn, Ereignisse, die mehrfach in den Berechnungen auftauchen, zu eliminieren. Die algebraischen Terme des Ausdrucks werden nacheinander und gegenseitig in eine disjunkte Form gebracht. In der Norm [51] wird dieses Verfahren genauer für einen Fall erklärt, bei dem gleiche Ereignisse in einem Fehlerbaum vorkommen. Dies soll beispielhaft an *MCS* angewendet werden.

Ein *MCS* C_j aus der Menge C (siehe auch Formel [10.14]) entspringt aus der Menge von m Ereignissen:

[10.15] $$C_j = E_{j1} \cap E_{j1} \cap \ldots \cap E_{jm}$$

Die Wahrscheinlichkeit für ein *MCS* C_j wird durch den Erwartungswert bestimmt, siehe Formel [10.16]:

$$Pr\{C_j\} = Pr\{E_{j1} \cap E_{j2} \cap \ldots \cap E_{jm}\} \qquad [10.16]$$

Die Multiplikationsoperation aus Formel [7.5] wird mit den Basisereignissen E_{ji} von C_j aus der *MCS*-Menge C angewendet.

Die Wahrscheinlichkeit $\breve{q}_j$ (bzw. $Pr\{C_j\}$) für das Auftreten eines *MCS* C_j aus der Menge C kann aus dem Produkt der Wahrscheinlichkeiten seiner Basisereignisse q_{ji} berechnet werden. Es gilt Formel [10.17].

$$\breve{q}_j = \prod_{i \in C_j} q_{ji} \qquad [10.17]$$

Zur Berechnung der Ausfallwahrscheinlichkeit des unerwünschten Ereignisses (*TOP*) können alle ermittelten *MCS* herangezogen werden. Dazu wird Formel [7.2] angewendet. Allerdings sind die *MCS* in der Regel voneinander abhängig. Betrachten Sie ein Beispiel aus der *Top-down*-Analyse: Das Ereignis *A* kommt bei zwei *MCS* vor. Deswegen ist die Bedingung für disjunkte Ereignisse von Formel [7.2] eigentlich nicht erfüllt. Dennoch lässt sich eine obere Abschätzung damit durchführen.

$$q_C \approx \sum_{j \in C} \breve{q}_j \qquad [10.18]$$

Um eine verbesserte Abschätzung zu erhalten, kann die disjunkte Zerlegung angewendet werden. Dies soll anhand des linken Fehlerbaums in Abbildung 10.9 gezeigt werden. Es gibt hier die drei Ereignisse E_1, E_2 und E_3 mit den Wahrscheinlichkeiten q_1, q_2 und q_3. Die Menge E_3 aller *MCS* des Fehlerbaums ist:

$$C = \{\{E_1\ E_2\}, \{E_3\}\} \qquad [10.19]$$

Formel [10.20] zeigt die Abschätzung der Wahrscheinlichkeit des unerwünschten Ereignisses durch Addieren der Wahrscheinlichkeiten der einzelnen *MCS*:

$$q_C \approx q_1 q_2 + q_3 \qquad [10.20]$$

Die rechte Seite der Schätzung lässt sich mithilfe der Mengenlehre durch disjunkte Zerlegung umformen. Dabei wird die Menge des ersten Terms $E_1 \cap E_2$ mit dem Komplement des zweiten Terms E_3 multipliziert:

$$(E_1 \cap E_2) \cup E_3 = (E_1 \cap E_2 \cap \bar{E_3}) \cup E_3 \qquad [10.21]$$

Durch Anwendung von Distributivregel und Komplementregel auf der rechten Seite der Gleichung kann die Richtigkeit gezeigt werden. Nun sind die Terme $E_1 \cap E_2 \cap \bar{E_3}$ und E_3 voneinander disjunkt ($E_1 \cap E_2 \cap E_3 \cap \bar{E_3} = 0$), siehe Regeln aus Tabelle 10.2. Abhängigkeiten zwischen den Termen können unter Umständen nach wie vor vorhanden sein (in diesem Fall nicht), aber die obere Abschätzung bei Verwendung von Wahrscheinlichkeiten wird dadurch verbessert. Bei Verwendung von Wahrscheinlichkeiten statt Mengen wird $\bar{E_3}$ durch $1 - q_3$ ersetzt.

[10.22] $$q_C \approx q_a q_b (1 - q_c) + q_c \leq q_a q_b + q_c$$

10.5.2 Quantitative Auswertung

Bestimmung der Wahrscheinlichkeiten der Basisereignissen

Die Basisereignisse lassen sich bei einer Exponentialverteilung mit Formel [10.23] beschreiben, wobei λ_i die Ausfallrate für das Ereignis *i* ist:

[10.23] $$q_i(t) = 1 - e^{-\lambda_i t} \approx \lambda_i t$$

Die Funktion $q_i(t)$ ist die Ausfallwahrscheinlichkeitsfunktion für das Basisereignis der Komponente *i*. Da in der Regel die Wahrscheinlichkeit über einen zeitlichen Abschnitt nicht konstant ist, bietet sich hier eine Mittelung über ein Prüfintervall an, siehe auch Abschnitt 7.7.1. Später wird beschrieben, was bei der Mittelung von Basisereignissen zu beachten ist.

Zur Ermittlung von Nichtverfügbarkeitswahrscheinlichkeiten der Basisereignisse von Komponenten *i* kann Formel [7.27] unter Verwendung von Formel [10.4] und Formel [10.8] angewendet werden. Es ergibt sich Formel [10.24].

[10.24] $$q_i = \frac{\lambda_i}{\lambda_i + \mu_i}$$

Sie sollten die Unabhängigkeit von der Zeit beachten. Diese Formel ist demnach für ein kleines Zeitintervall gültig.

Die Wahrscheinlichkeit der Verfügbarkeit eines Basisereignisses wird durch Formel [10.25] gegeben.

[10.25] $$p_i = 1 - q_i = \frac{\mu_i}{\lambda_i + \mu_i}$$

Bestimmung der PFD über den kompletten Fehlerbaum

Zur Berechnung von Ausfallwahrscheinlichkeiten und Nichtverfügbarkeiten können die Formeln [10.3], [10.4], [10.7] und [10.8] angewendet werden. Dabei wird nur in einem beschränkten Maß der zeitliche Aspekt berücksichtigt. Abbildung 7.20 zeigt, wie der zeitliche Aspekt besser berücksichtigt werden kann. Es wird angenommen, dass es Prüfintervalle *T* gibt, nach denen Instandsetzungsarbeiten stattfinden, und dass danach das System als neuwertig angesehen werden kann. Innerhalb des Prüfintervalls soll davon ausgegangen werden, dass sich der Fehlerbaum nicht verändert.

Das Vorgehen kann sowohl von oben, ausgehend vom unerwünschten Ereignis, erfolgen, als auch von unten, ausgehend von den Basisereignissen.

Werden die Berechnungen von oben durchgeführt, wird ähnlich wie bei der *Top-down*-Analyse vorgegangen. Es wird die Formel mit der Wahrscheinlichkeit $Q_0(t)$ (bzw. $F_0(t)$) für das oberste Gatter bestimmt, und an den Eingängen der Gatters wird die Formel für die darunterliegenden Gatter angewendet. So wird sukzessive die oberste Formel mit den Formeln der verknüpften Gatter nach unten hin erweitert, bis die Wahrscheinlichkeiten $q_i(t)$ der Basisereignisse erreicht sind.

Die PFD_{avg}, siehe auch Abschnitt 7.7.1, wird durch Formel [10.26] berechnet. Sie bildet den Mittelwert der Wahrscheinlichkeit des gefährlichen Ausfalls innerhalb des Prüfintervalls *T*. Mithilfe des PFD_{avg}-Werts kann über Tabelle 3.3 die *SIL*-Kenngröße ermittelt werden.

$$PFD_{AVG} = \frac{1}{T}\int_0^T Q_0\,(t)dt \qquad [10.26]$$

Häufig erfolgt die Berechnung der Ausfallwahrscheinlichkeit des unerwünschten Ereignisses von unten im Fehlerbaum, also ausgehend von den Basisereignissen. Hier sollte darauf geachtet werden, dass die Wahrscheinlichkeiten der Basiseingänge entweder Momentanwerte oder Durchschnittswerte sind.

Bei Durchschnittswerten benötigen Und-Gatter Korrekturen. Ungleichung [10.27] zeigt die Berechnung der Mittelung des Und-Gatter-Ausgangs. Rechts zeigt die Ungleichung die Berechnung eines Und-Gatters bei Mittelung der Basiswahrscheinlichkeiten. Die Terme links und rechts sind im Allgemeinen nicht gleich.

$$\frac{1}{T}\int_0^T \prod_{i=0}^{n} q_i\,(t)dt \neq \prod_{i=0}^{n} \frac{1}{T}\int_0^T q_i\,(t)dt \qquad [10.27]$$

Bei der Verwendung von Momentanwerten als Wahrscheinlichkeiten für die Basisereignisse dürfen die Formeln [10.3], [10.4], [10.7] und [10.8] ohne Korrektur angewendet werden. Dabei werden die Wahrscheinlichkeiten der Folgeereignisse der unteren Gatter zuerst berechnet. Danach werden schrittweise die Wahrscheinlichkeiten der nächsten Ebenen des Fehlerbaums bestimmt. Wenn das oberste Gatter erreicht ist, ergibt die Rechnung die Wahrscheinlichkeit des unerwünschten Ereignisses.

Bestimmung des PFD über MCS

Die Bestimmung eines PFD_{C_j} aus einem C_j aus der Menge *C* erfolgt über die Multiplikation der Ausfallwahrscheinlichkeiten $q_{ji}(t)$ der m_j Basisereignisse aus C_j. C_j ist dabei ein Element aus der *MCS*-Menge *C*. Die Voraussetzung ist hier, dass die Basisereignisse unabhängig voneinander sind. Es soll davon ausgegangen werden, dass jedes

Basisereignis durch die Ausfalldichte einer Exponentialfunktion beschrieben werden kann. So wird $q_{ji}(t)$ beschrieben durch:

[10.28]
$$q_{ji}(t) = 1 - e^{\lambda_{ji}t} \approx \lambda_{ji}t$$

Die Annäherung der Exponentialfunktion kann eine lineare Funktion sein, siehe Formel [7.43]. Die Ausfallraten der einzelnen Komponenten sind dann $\lambda_{j1}, \lambda_{j2}, \ldots, \lambda_{jm_j}$. Formel [10.29] gibt den Mittel der Ausfallwahrscheinlichkeiten von C_j innerhalb eines Testintervalls T an. Dies ist PFD_{C_j}.

[10.29]
$$\begin{aligned} PFD_{C_j} &= \frac{1}{T}\int_0^T \prod_{i=1}^{m_j}\left(1 - e^{-\lambda_{ji}t}\right) dt \\ &\leq \frac{1}{T}\int_0^T \prod_{i=1}^{m_j} \lambda_{ji}\, t\, dt = \frac{T^{m_j} \prod_{i=1}^{m_j} \lambda_{ji}}{m_j + 1} \end{aligned}$$

Die Ausfallwahrscheinlichkeitsfunktion wird durch eine Exponentialfunktion und durch eine lineare Funktion angenähert. Um das PFD_C aus allen C_j zu erhalten, können als obere Annäherung die PFD_{C_j}-Werte der n Elemente aus C aufsummiert werden (Additionsoperation). Durch disjunkte Zerlegung der *MCS*-Terme wird das Ergebnis genauer. Alternativ kann durch Formel [10.30] das PFD_C des Systems angenähert werden:

[10.30]
$$PFD_C \leq 1 - \prod_{j=0}^{n}\left(1 - PFD_{C_j}\right) \approx \sum_{j=1}^{n} PFD_{C_j}$$

10.6 Weitere Analysetechniken

Im Folgenden werden zwei weitere Methoden vorgestellt, die bei Fehlerbäumen anwendbar sind. Bei der Sensitivitätsanalyse gilt es herauszufinden, welcher der Eingänge den größeren Einfluss auf das Ergebnis der Fehlerbaums hat. Die *Monte Carlo*-Methode wird dann angewendet, wenn die Raten nicht exakt bestimmt werden können und nur in einem Bereich liegen.

10.6.1 Sensitivitätsanalyse

Nach der Aufstellung des Fehlerbaums stellt sich die Frage, welche der Basisereignisse den größten Einfluss auf das Risiko für das Auftreten des unerwünschten Ereignisses haben. So wurde im Jahr 1983 von der amerikanischen Atomenergiebehörde *Nuclear Regularity Commission* eine Studie (Artikel [53]) in Auftrag gegeben, um die Häufigkeit von Kernschmelzen bei vier Atomkraftwerken in Abhängigkeit der Wahrscheinlichkeiten von Basisereignissen zu untersuchen. So wurden Methoden angewendet, die die sogenannten *Risk Worth*-Kenngrößen bestimmen, um die Basisereignisse mit dem größten Einfluss zu ermitteln. Die Methoden kommen aus dem Forschungsbereich *Probabilistic Risk Analysis*, kurz *PRA*. Wenn es um das Reduzieren eines Risikos geht, sind die Basisereignisse mit den höchsten *Risk Worth*-Kenngrößen für den *Safety Engineer* am interessanten.

Die Grundidee der Analyse ist, den Ausfall bzw. die Funktion eines Basisereignisses der Komponente i dauerhaft eintreten zu lassen. Dann wird das unerwünschte Ereignis beobachtet und die Veränderung seiner Wahrscheinlichkeit bestimmt. Die Wahrscheinlichkeit eines Risikos (bzw. Ausfall- oder Nichtverfügbarkeitswahrscheinlichkeit) bei unveränderten Wahrscheinlichkeiten der Basisereignisse ist RL_0 (auch aktuelles Risikolevel genannt).

Bei einer Veränderung der Wahrscheinlichkeiten eines Basisereignisses der Komponente i ergibt sich eine Erhöhung des Risikolevels auf RL_i^+ bzw. eine Verringerung auf RL_i^-. Hier noch mal eine kurze Beschreibung:

- RL_i^+

  Bei dauerhaftem Eintreten eines Ereignisses einer Komponenten i (Fehlerwahrscheinlichkeit bzw. Nichtverfügbarkeit der Komponente wird auf eins gesetzt) erhöht sich die Wahrscheinlichkeit des unerwünschten Ereignisses des Systems auf RL_i^+.

- RL_i^-

  Bei einer perfekten Komponente (Fehlerwahrscheinlichkeit bzw. Nichtverfügbarkeit der Komponente wird null gesetzt) verkleinert sie sich auf RL_i^-.

Zwei weitere *Risk Worth*-Kenngrößen heben sich hervor. Die *Risk Achievement Worth* ist eine Kenngröße für die Untersuchung der Zuverlässigkeit bzw. der Verfügbarkeit (bei Hinzunahme der Betrachtung von Instandsetzungen). Die *Risk Reduction Worth*-Kenngröße wird eingesetzt, wenn untersucht werden soll, wie die Wahrscheinlichkeit des unerwünschten Ereignisses verringert werden kann.

Risk Achievement Worth (RAW)

Die *RAW* ist eine Kenngröße, die die Wertigkeit eines Basisereignisses der Komponente i zum Ausdruck bringt, und zwar wenn das Basisereignis dauerhaft eintritt. Die Komponente i ist also stets unzuverlässig bzw. unverfügbar. Die Kenngröße hebt die Wichtigkeit für den Aufwand hervor, die Zuverlässigkeits- und Instandhaltungsmaßnahmen zu verbessern. Weiter kann die Kenngröße dafür genutzt werden, um den Spielraum des Basisereignisses der Komponente i zu bestimmen. Ausgedrückt wird dieser Spielraum durch die *RAW*-Kenngröße A_i, siehe Formel [10.31]. Das aktuelle Risikolevel RL_0 wird dabei von der Wahrscheinlichkeit des unerwünschten Ereignisses RL_i^+ bei dauerhaftem Eintreten des Basisereignisses der Komponente i subtrahiert. Das Ergebnis ist ein Intervall.

[10.31] $$A_{i,intervall} = RL_i^+ - RL_0$$

Wenn die Wahrscheinlichkeit des Basisereignisses der Komponente i auf 1 gesetzt wird, erhöht sich die Wahrscheinlichkeit des unerwünschten Ereignisses. Somit ist die *RAW*-Kenngröße A_i stets positiv. Eine alternative Formel ist durch Formel [10.32] gegeben. Statt eines Intervalls wird hier ein Verhältnis ermittelt. Da das aktuelle Risikolevel RL_0 stets kleiner ist als R_i^+, ist die *RAW*-Kenngröße A_i bei Verwendung dieser Formel immer größer eins.

[10.32] $$A_{i,ratio} = RL_i^+ / RL_0$$

Der *Safety Engineer* kann aus der Struktur und Verteilung der Daten bzw. Werte aus den Berechnungen selbst entscheiden, ob er Formel [10.31] oder Formel [10.32] verwendet. Maßgeblich kann der Wertebereich sein, der sich am besten darstellen lässt.

Risk Reduction Worth (RRW)

RRW ist eine Kenngröße, die die Abnahme des Risikos kennzeichnet, wenn die Wahrscheinlichkeit für das Eintreten eines Basisereignisses einer Komponente i auf null geht. Sie wird dann verwendet, wenn Basisereignisse identifiziert werden sollen, die den größten Einfluss auf die Wahrscheinlichkeit für das Eintreten des unerwünschten Ereignisses haben. Es werden also Basisereignisse entfernt (durch das Setzen der Wahrscheinlichkeit auf null), um dann den Einfluss des unerwünschten Ereignisses zu beobachten. Formel [10.33] zeigt, wie die *RRW*-Kenngröße D_i berechnet wird. Es wird die Wahrscheinlichkeit des aktuellen Risikos RL_0 von der Wahrscheinlichkeit des aktuellen Risikos RL_i^- subtrahiert, und das Ergebnis ist ein Intervall.

[10.33] $$D_{i,intervall} = RL_i^- - RL_0$$

D_i ist dabei unbedingt negativ, da das reduzierte Risiko RL_i^- (bzw. die Wahrscheinlichkeit des Ausfalls oder der Nichtverfügbarkeit) immer kleiner ist als das aktuelle Risiko. Eine alternative Berechnung der *RRW*-Kenngröße zeigt Formel [10.34]. Hier ist die Kenngröße ein Faktor, der stets kleiner oder gleich eins ist.

[10.34] $$D_{i,ratio} = RL_i^- / RL_0$$

Der *Safety Engineer* entscheidet anhand der Datenlage und der gewünschten Darstellungsform, ob Formel [10.33] oder Formel [10.34] eingesetzt wird. Liegen die Werte bei der ersten Formel beispielsweise zu dicht beieinander, könnte die zweite Alternative möglicherweise vorteilhafter sein.

Importance-Kenngrößen

Zusammenfassend kann gesagt werden, dass die Kenngrößen von *RAW* und *RRW* den Spielraum angeben, wenn sich die Wertigkeit der Basisereignisse ändert. Die aktuelle

Wahrscheinlichkeit des Basisereignisses der Komponente *i* hat auf die *RAW*- oder *RRW*-Kenngröße einen Einfluss, da RL_0 diese bei ihrer Berechnung einbezieht. Die *Birnbaum-Importance* (bzw. *Reliability-Importance*) ist eine Kenngröße, die unabhängig vom aktuellen Risikolevel RL_0 ist. Sie ist eine Kenngröße, die lediglich abhängig von der Systemstruktur ist, siehe auch Artikel [54]. Formel [10.35] gibt die Birnbaum-Importance an. Sie zeigt, dass RL_0 in der Formel nicht auftritt.

$$I_{Bi} = RL_i^+ - RL_i^- \quad [10.35]$$

Alternativ kann I_{Bi} durch Formel [10.36] ausgedrückt werden.

$$I_{Bi} = A_i - D_i \quad [10.36]$$

Eine weitere Kenngröße für die Wichtigkeit eines Ereignisses ist die *Critical Importance*. Sie ist mit der Birnbaum-Importance verwandt, allerdings werden bei ihrer Berechnung die Wahrscheinlichkeit des Basisereignisses P_{i0} und das aktuelle Risikolevel RL_0 berücksichtigt. Formel [10.37] gibt die *Critical Importance* an.

$$I_{Ci} = (RL_i^+ - RL_i^-)\frac{P_{i0}}{RL_0} \quad [10.37]$$

Der Term in Klammern kann durch Formel [10.35] ersetzt werden. P_{i0} und RL_0 werden in ein Verhältnis gesetzt und multipliziert. Es ergibt sich die Formel [10.38].

$$I_{Ci} = I_{Bi}\frac{P_{i0}}{RL_0} \quad [10.38]$$

Eine dritte Kenngröße für die Wichtigkeit ist die *Fussell-Vesely-Importance*. Sie gibt den Anteil eines Basisereignisses bezogen auf die Risikowahrscheinlichkeit des kompletten Systems an, wenn die Wahrscheinlichkeit des Basisereignisses der Komponente *i* den Wert null annimmt. Die Fussell-Vesely-Importance wurde in Artikel [55] erstmals bei dem Vergleich der verschiedenen Wichtigkeiten vorgestellt. Formel [10.39] gibt die Fussell-Vesely-Importance an.

$$I_{FVi} = (RL_0 - RL_i^-)/RL_0 \quad [10.39]$$

RRW (D_i) und I_{FVi} sind verwandte Kenngrößen. Der Unterschied liegt hier in der Normierung durch RL_0. Bei Einsatz von Formel [10.34] kann I_{FVi} durch Formel [10.40] umgestellt werden.

$$I_{FVi} = 1 - D_i \quad [10.40]$$

Anwendung der Sensitivitätsanalyse am Fallbeispiel

Zur Bestimmung der Kenngrößen wird bei dem unerwünschten Ereignis angefangen. Dann können die Kenngrößen für die Zwischenereignisse berechnet werden, um deren Wichtigkeit zu bestimmen. Zwischenereignisse sind in Abbildung 10.7 die Ereignisse K_1 bis K_5. So kann eine Vorsortierung erreicht werden, um daraufhin den Einfluss der Basisereignisse in weiteren Schritten zu untersuchen. Es ist aber auch möglich, direkt alle Basisereignisse gleich zu untersuchen, ohne den Umweg über die Zwischenereignisse zu gehen. Bei Verwendung des Fehlerbaums aus Abbildung 10.7 sind *A* bis *G* die Basisereignisse, aus denen sich die *RRW*- und *RAW*-Kenngrößen ergeben. Zur Demonstration wurden die Wahrscheinlichkeiten aus Tabelle 10.3 angenommen.

Ereignis	Auftrittswahrscheinlichkeit	Standardabweichung σ
A	0,01	0,002
B	0,1	0,02
C	0,001	0,002
D	0,01	0,002
E	0,01	0,002
F	0,01	0,002
G	0,1	0,02

Tabelle 10.3 Zuweisung von Wahrscheinlichkeitswerten und Standardabweichungen

Bei Einsatz der Werte für die Ereignisse *A* bis *G* ergeben sich die Kenngrößen *RRW* und *RAW*, wie in Abbildung 10.10 dargestellt.

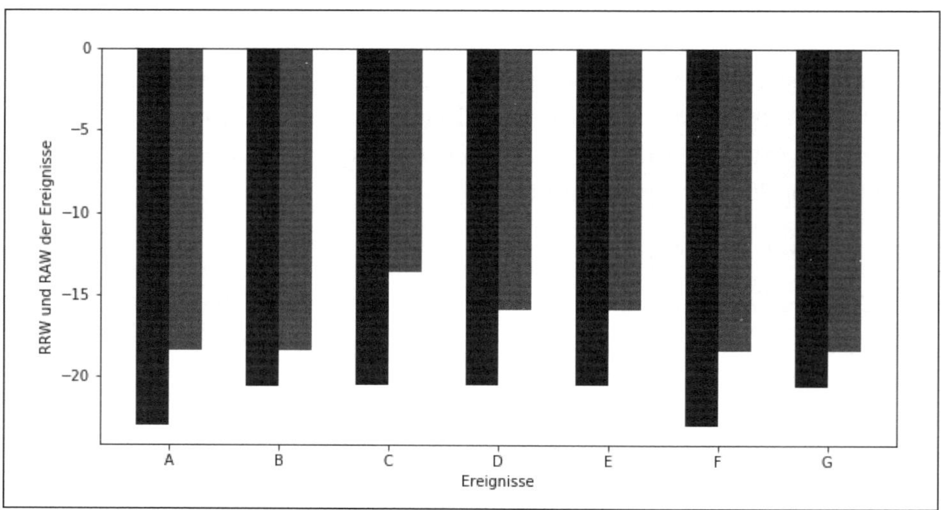

Abbildung 10.10 RRW und RAW in logarithmischer Darstellung

Es stellt sich heraus, dass Intervalle (Formel [10.31] und Formel [10.33]) besser zur Darstellung geeignet sind. Die berechneten Werte wurden zusätzlich noch logarithmiert, da sie Unterschiede über mehrere Dekaden aufweisen. Es wird darauf hingewiesen, dass die negativen *RRW*-Werte nicht logarithmiert werden können. Deswegen wird das Vorzeichen durch Betragsbildung umgedreht. Es zeigt sich, dass das Ereignis *A* den kleinsten *RRW* und das Ereignis *C* den größten *RRW* hat.

Eine weitere Darstellungsmöglichkeit für das Risikointervall wird in Abbildung 10.11 gezeigt. Hier werden die Wahrscheinlichkeiten der Basisereignisse *A* und *C* kontinuierlich im Intervall zwischen null und eins variiert, und dann wird das Risikointervall berechnet. Bei der Basiswahrscheinlichkeit mit dem Wert eins ergibt das Risikointervall den *RAW*-Wert und bei null den *RRW*-Wert der entsprechenden Ereignisse. Die Wahrscheinlichkeit des Basisereignisses wird logarithmiert. Die senkrechten Geraden in der Abbildung stellen den aktuellen Wahrscheinlichkeitswert für das Ereignis *A* und *C* dar. So zeigt sich, dass der Hub des Risikointervalls beim Ereignis *C* wesentlich größer ist als beim Ereignis *A*. Das Risikoverhältnis kann auf die gleiche Art dargestellt werden.

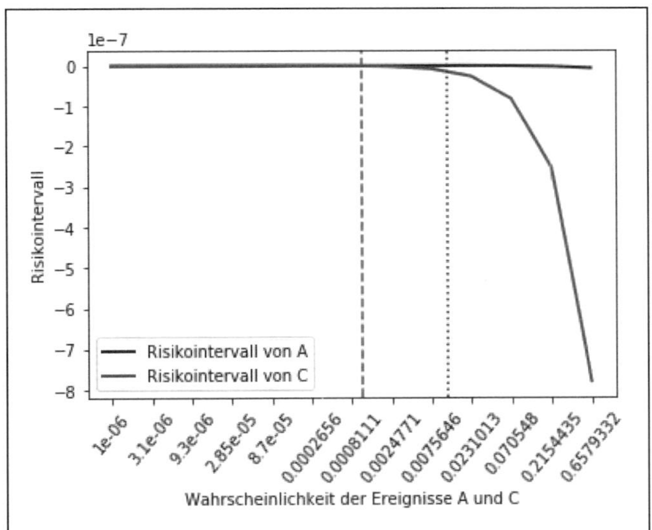

Abbildung 10.11 Risikolevel bei Änderung der Wahrscheinlichkeit von A und C

Zuletzt werden die Importance-Größen I_{Bi}, I_{Ci} und I_{FVi} der Ereignisse *A*, *B*, …, *G* in Abbildung 10.12 verglichen. Da das Intervall von I_{Bi} über mehrere Dekaden geht, wurden seine Werte logarithmiert. Der kleinste I_{Bi}-Wert ist bei Ereignis *A*, der größte bei Ereignis *C*. Siehe im Vergleich dazu die I_{Ci}-Werte, die durch den aktuellen Wahrscheinlichkeitswert des Basisereignisses der Komponente *i* und das aktuelle Risikolevel skaliert werden. Auch hier zeigt sich, dass das Ereignis *A* einen kleinsten Wert annimmt und das Ereignis *C* den größten. Das gleiche Bild zeigen auch die I_{FVi}-Werte.

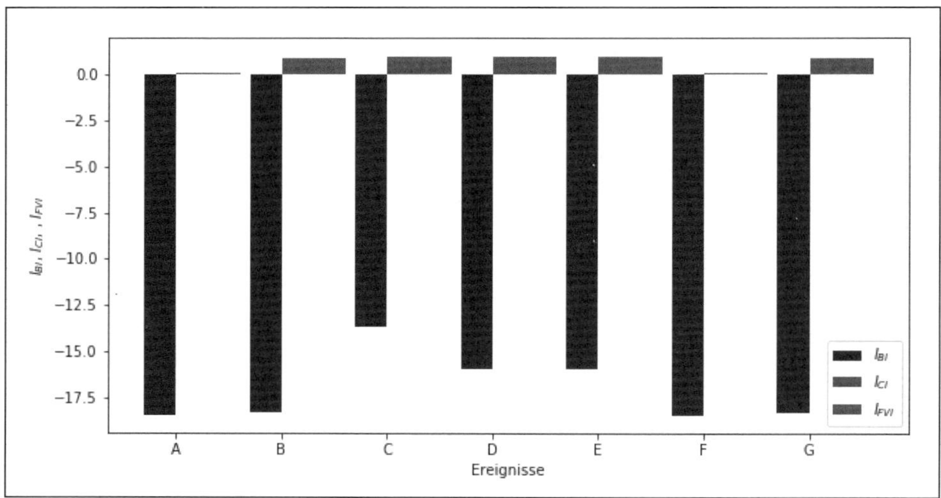

Abbildung 10.12 Importance-Kenngrößen im Vergleich

10.6.2 Monte Carlo-Analyse

Das Buch [56] nennt den französischen Wissenschaftler Georges-Louis Leclerc de Buffon als einen der ersten Anwender der *Monte Carlo*-Analyse, noch bevor es digitale Rechner gab. Er bestimmte die Wahrscheinlichkeit der Position einer fallenden Nadel durch das wiederholte Werfen auf ein Linienmuster. Er zählte die Anzahl der Fälle, in denen eine Nadel auf einem Muster liegt, ohne dass eine Linie gekreuzt wird.

Der Begriff *Monte Carlo* als Methode wurde erstmals in Artikel [57] vorgestellt. Der Artikel beschreibt eine praktikable Methode, mit der Zufallszahlen generiert werden, die in Integral- und Differenzialgleichungen eingesetzt werden, um sie zu lösen.

Die Methode kann dann verwendet werden, wenn sich das Verhalten eines Modells durch Wahrscheinlichkeiten beschreiben lässt. So wird eine große Anzahl von Eingabedaten über einen Zufallsgenerator generiert und mit ihnen das Modell simuliert. Als Resultat ergibt sich wieder eine große Anzahl von Daten. Daher sind Fehlerbäume und Petri-Netze sehr gut geeignet, für die *Monte Carlo*-Analyse eingesetzt zu werden. Auch Markov-Prozesse (siehe Kapitel 14), die über die Wahrscheinlichkeitstheorie hergeleitet werden, können mit dieser Methode simuliert werden.

Anwendung der Monte Carlo-Simulation bei Unsicherheiten

Bei der Sensitivitätsanalyse in Abschnitt 10.6.1 wird ein einzelnes Basisereignis herausgegriffen und die Wahrscheinlichkeit auf null bzw. eins gesetzt, um die Veränderung der Wahrscheinlichkeit des unerwünschten Ereignisses zu untersuchen. Dabei behalten alle anderen Basisereignisse die Wahrscheinlichkeitswerte bei. Diese können aus den vorhandenen Daten oder aus Spezifikationen ermittelt sein. Die Verteilung der Daten kann mit einer Dichtefunktion aus der Wahrscheinlichkeitstheorie (siehe Abschnitt 7.4) beschrieben werden. Ein prominenter Vertreter ist die Normalverteilung, die bei der Modellierung von Unsicherheiten um einen Mittelwert (ausgedrückt durch die Standardabweichung) eine große Rolle. In Tabelle 10.3 mit den Beispielwerten wurden deswegen die Standardabweichungen zusammen mit den Wahrscheinlichkeitswerten der Basisereignisse angegeben. Es wird dabei angenommen, dass die Daten, die zur Ermittlung der Wahrscheinlichkeitswerte herangezogen wurden, angenähert normalverteilt sind. Es soll nochmals darauf hingewiesen werden, dass es sich nur um eine Annäherung handelt, da diese Dichtefunktion auch negative Werte annehmen kann (es gibt aber keine negativen Wahrscheinlichkeitswerte). Wenn jedoch der Mittelwert über ca. fünf Standardabweichungen von null entfernt ist, kann die Annäherung als ausreichend genug angesehen werden.

Abbildung 10.13 veranschaulicht die Verteilung der Wahrscheinlichkeiten der Basisereignisse. Es gilt nun herauszufinden, wie die Verteilung des unerwünschten Ereignisses aussieht. Das wird in der Abbildung durch die Verteilungsfunktion bei K_1 gezeigt.

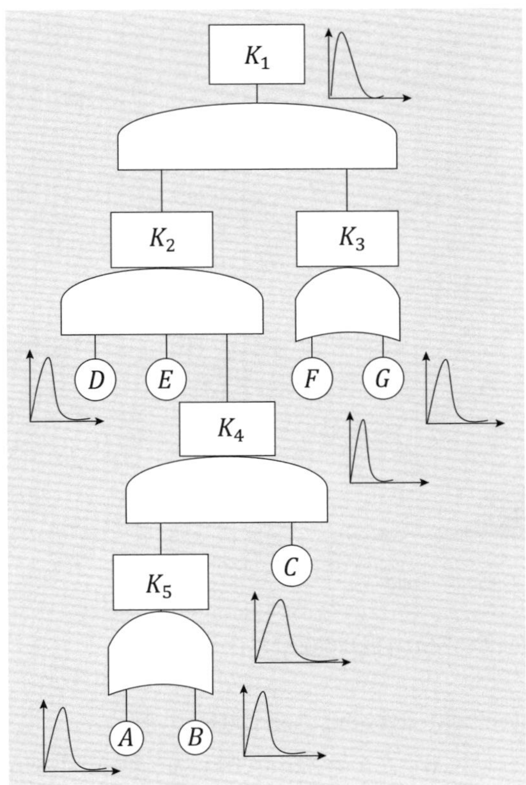

Abbildung 10.13 Monte Carlo-Analyse eines Fehlerbaums

Bei der Berechnung der Wahrscheinlichkeitsverteilung von K_1 kann wie folgt vorgegangen werden:

1. Erzeuge für jedes Basisereignis einen zufälligen Wahrscheinlichkeitswert. Die Verteilung unterliegt einer Dichtefunktion (z. B. Normalverteilung).
2. Bei der Normalverteilung: Überprüfe die Wahrscheinlichkeiten, ob sie zwischen null und eins liegen.
3. Berechne für alle Basisereignisse das unerwünschte Ereignis aus dem Fehlerbaum und speichere das Ergebnis in einer Liste.
4. Wiederhole die ersten drei Punkte n-mal.
5. Stelle die Liste als Histogramm dar.

Bei der zufälligen Erzeugung von normalverteilten Werten sollte darauf geachtet werden, dass sie nicht negativ sind oder über eins hinausgehen. In Tabelle 10.3 wurde darauf geachtet, dass der Abstand zur Wahrscheinlichkeit null 5 σ ist. Hier ist eine Überschreitung der Grenze sehr unwahrscheinlich. Ansonsten sollte bei der Programmierung eine Abfrage eingebaut werden. Abbildung 10.14 zeigt die Verteilung der Häufigkeit der Wahrscheinlichkeiten des unerwünschten Ereignisses K_1 bei einer Anzahl von $N = 10.000$ Iterationen.

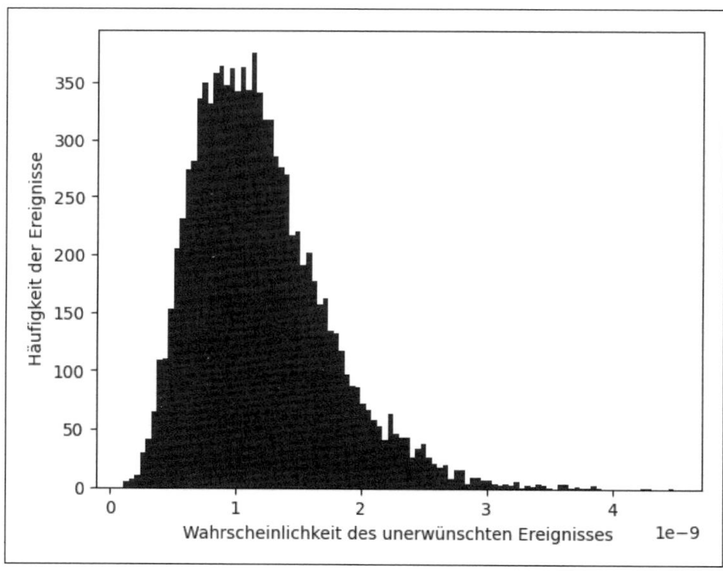

Abbildung 10.14 Verteilung der Wahrscheinlichkeiten bei 10.000 Experimenten

Anwendung der Monte Carlo-Simulation beim dynamischen Gatter

In Abbildung 10.6 wurde bereits dargestellt, wie ein dynamisches Gatter durch ein Petri-Netz ersetzt werden kann. Da sich dynamische Gatter nur bedingt durch die boolesche Logik ausdrücken lassen, kann die Monte Carlo-Simulation umso besser dafür eingesetzt werden. In Artikel [58] wurde beschrieben, wie sich ein Transportprozess mit Gabelstapler, Lastwagen und Zug mithilfe von SEQ-Gattern in einem Fehlerbaum mit der Monte Carlo-Simulation simulieren lassen. Das eingesetzte *SEQ*-Gatter erzwingt dabei, die Reihenfolge der Basisereignisse einzuhalten. Bei Transportabläufen ist das oftmals der Fall, da diese in einer definierten Sequenz ablaufen. Bei *PAND*-Gattern muss aber die Reihenfolge nicht zwingend vorgegeben sein. Sie erzeugt nur dann ein Ausgabeereignis, wenn die Eingangsereignisse in der vorgegebenen Reihenfolge auftreten. Ein Beispiel einer Simulation eines *PAND*-Gatters wird in Artikel [59] gezeigt. Dort geht es um die Modellierung der externen Spannungsversorgung eines Atomkraftwerks. Sensoren überwachen die Spannungsversorgung, und bei Ausfall übernimmt ein Dieselaggregat. Dynamische Gatter, unter anderem auch *PAND*-Gatter, wurden zur Modellierung eines *Blackouts* (lokaler Ausfall der Spannungsversorgung) verwendet und die Monte Carlo-Simulation für die Zuverlässigkeitsberechnungen.

In diesem Abschnitt soll mit einer Monte Carlo-Simulation die Verteilung der Ausgangswahrscheinlichkeiten eines Und- und eines *PAND*-Gatters verglichen werden. Es wird angenommen, dass die Ausfallhäufigkeit λ einem Ausfall pro Jahr (also ca. 10.000 Stunden) entspricht. Unter Verwendung von Formel [7.9] und Formel [7.15] ergibt sich daraus eine Fehlerwahrscheinlichkeit von ca. 5 %. Es wird weiter angenommen, dass das System (bestehend aus einem Und- bzw. *PAND*-Gatter) jeden Tag geprüft wird. Dies entspricht einem Prüfintervall von $T = 24$ Stunden. Dieses Vorgehen kann in Abbildung 7.20 beschrieben werden: Nach dem Prüfintervall T wird das System als neuwertig angesehen.

Die Simulation geht durch folgende Schritte:

1. Wiederhole den zweiten bis fünften Schritt n-Mal.
2. Ein Prüfintervall setzt beide Eingangskomponenten instand, sodass das System als neuwertig angesehen wird. Setze den Stundenzähler auf null.
3. Bestimme durch einen Zufallsgenerator, ob das erste Eingangsereignis eingetreten ist.
4. Bestimme durch einen Zufallsgenerator, ob das zweite Eingangsereignis eingetreten ist.
5. Berechne, ob ein Ereignis am Und- bzw. *PAND*-Gatter eintritt, und speichere das Ergebnis. Inkrementiere den Stundenzähler um eins.
6. Wenn der Stundenzähler unterhalb eines Tags ist, gehe zu 3, sonst gehe zu 2.
7. Berechne aus dem gespeicherten Ergebnis die Wahrscheinlichkeit eines Ausfalls.

Schritt 2 kann bei der *PAND*-Simulation mit dem Petri-Netz aus Abbildung 10.6 durch die Transition T_2 und T_3 realisiert werden. Befindet sich ein Token in S_1 oder S_2, geht das Petri-Netz zurück in den Anfangszustand. Der dritte und der vierte Schritt werden durch die Knoten S_1, S_2 und die Transition T_2, T_3 realisiert. Befindet sich danach das Token in S_2, hat das *PAND*-Gatter ausgelöst.

Die oben beschriebene Simulation ergibt in Schritt 7 einen Wahrscheinlichkeitswert, der aus den vielen Ergebnissen durch Mittelung mit *N* ermittelt wird. Wird die Simulation 1.000-mal wiederholt, ergibt sich eine Wahrscheinlichkeitsverteilung, die in Abbildung 10.15 gezeigt wird.

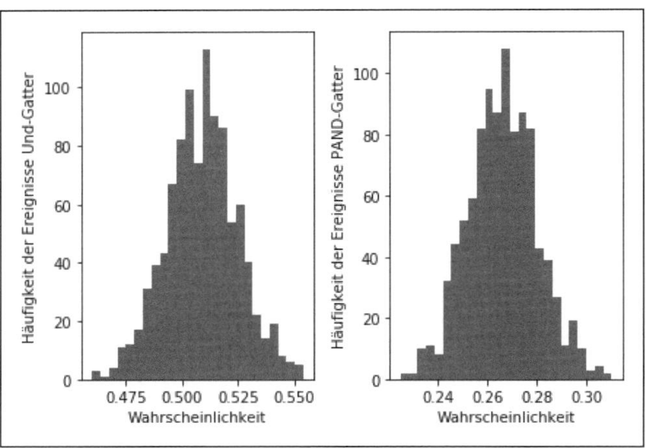

Abbildung 10.15 Verteilung der Wahrscheinlichkeiten bei Und- und PAND-Gatter

Das linke Histogramm zeigt die Verteilung der Wahrscheinlichkeiten eines Und-Gatters. Sie könnte durch eine Normalverteilung angenähert werden. Bei der Verwendung eines Modells wie oben beschrieben ergibt sich daraus eine mittlere Wahrscheinlichkeit von 0,51 für den Ausfall. Das rechte Histogramm ist die Wahrscheinlichkeitsverteilung bei Verwendung eines *PAND*-Gatters. Hier ist die Wahrscheinlichkeit für den Ausfall deutlich geringer, da die Reihenfolge der Eingangsereignisse eine Rolle spielt. Die mittlere Wahrscheinlichkeit ist hier 0,266.

10.7 Abschließende Bemerkungen

Fehlerbäume eignen sich für die Analyse von komplexeren Strukturen. Sie werden auch deswegen bevorzugt verwendet. Alternative Methoden sind Zuverlässigkeitsdiagramme (siehe Kapitel 13) und Ereignisbäume, wobei letztere Methode eine nur geringe Rolle spielt. Es wird immer der Ausfall (bzw. die Nichtverfügbarkeit) ermittelt, also das unerwünschte Ereignis. Dies unterscheidet sich z. B. von Zuverlässigkeitsdiagrammen, bei denen die Funktion eines Systems ermittelt wird. Nun gibt es auch Einschränkungen beim Fehlerbaum. Bei der quantitativen Analyse müssen die Basisereignisse mit Wahrscheinlichkeiten beschrieben sein, damit eine Berechnung der Wahrscheinlichkeit des unerwünschten Ereignisses überhaupt möglich ist. Dazu müssen unter anderem die Ausfallraten und die Reparaturraten bekannt sein. Zeitliche Analysen sind nur unter bestimmten Voraussetzungen möglich, da etwa die Ausfallraten nicht konstant sind. Wenn z. B. nur Zeitabschnitte betrachtet werden, können die Wahrscheinlichkeiten durch Mittelwertbildung über die Zeitabschnitte bestimmt werden.

Es gibt auch Gatter, mit denen zeitliche Vorgänge mit dem Fehlerbaum modelliert werden können, wie z. B. *PAND*, *Spare*-Gatter oder *SEQ*. Nur sind hier die in diesem Kapitel vorgeschlagenen Formeln zur Berechnung nicht geeignet. Es gibt aber Modelle, wie z. B. das Markov-Modell, das sich mit dem Fehlerbaum kombinieren lässt. Über eine Simulation des Markov-Modells und die Eingänge des Fehlerbaums kann auch hier die Wahrscheinlichkeit des unerwünschten Ereignisses über die Zeit bestimmt werden. So ist es ebenfalls üblich *PAND*, *Spare*-Gatter oder *SEQ* mit Markov-Modellen (aber auch Petri-Netzen) zu simulieren, siehe Artikel [60] oder Dissertation [61].

Kapitel 11
Risikograph

Der Fehlerbaum aus Kapitel 10 bietet eine Möglichkeit, aus dem ermittelten Wahrscheinlichkeitswert des unerwünschten Ereignisses die *SIL*-Kenngröße für die Anforderung des Sicherheitssystems aus Tabelle 3.3 zu bestimmen. Dies ist eine quantitative Methode. Insbesondere in der Anfangsphase von Projekten lassen sich Wahrscheinlichkeitswerte für die Berechnung nicht leicht bestimmen. So fällt diese quantitative Methode unter Umständen anfangs aus. In diesem Kapitel wird der Risikograph vorgestellt, bei dem aus ermittelten Gefahren und Risiken mit den Methoden von Kapitel 8 Entscheidungen getroffen werden, die zur *SIL*-Kenngröße führen. Der Einsatz des Risikographen ist eine qualitative Methode. Dennoch wird ein Überschlagswert ermittelt, der aber nach Fortschreiten des Projekts durch andere Methoden verifiziert werden sollte.

11.1 Fallbeispiel: Das Zugunglück bei East Palastine, Ohio

Anfang des Jahres 2023 transportierte ein meilenlanger Zug der Eisenbahngesellschaft *Norfolk Southern* Chemikalien durch den Staat Ohio, siehe Abbildung 11.1. Von den 151 Wagons enthielten elf Wagons Gefahrenstoffe. Behördliche Richtlinien setzten nicht voraus, dass die Bevölkerung informiert werden musste. Es handelte sich bei den Chemikalien um Venylchlorid, das ein Ausgangsprodukt von Polyvenylchlorid (*PVC*) ist. *PVC* ist nicht giftig und wird bei vielen Formteilen eingesetzt. Das Ausgangsprodukt Venylchlorid gilt aber als hochgiftig. In einer Stellungnahme der amerikanischen Gesundheitsbehörde (siehe in Artikel [62]) wird festgelegt, dass sich ein Mitarbeiter innerhalb von acht Stunden nur einem Partikel aus einer Million (1 ppm) aussetzen darf.

Der Zug wurde ca. 20 Meilen vor der Stadt East Palastine von einer Überwachungskamera gefilmt. Die Aufnahmen zeigten bereits glühende Räder, die auch Funken schlugen, siehe Artikel [63]. Geräte an den Schienen (Heißläuferortung und Festbremsortung, engl. *Hot Box Detector*) lieferten bereits eine Meile vor dem Unglücksort Sensorsignale, die heiß gelaufene Kugellager an den vorbeifahrenden Zügen erkennen. Die Sensorsignale werden dabei an den Zugführer und an eine Zentrale per Funk geschickt. Diese Geräte sind zwar nicht durch die amerikanische Eisenbahnbehörde vorgeschrieben, aber dennoch haben sie erheblich zur Vermeidung von Unglücken durch Entgleisungen beigetragen. Wenige Monate zuvor beschwerte sich die Eisenbahngewerkschaft über den Stellenabbau bei der Wartung von technischen Ausrüstungen, darunter ist auch der *Hot Box Detector*.

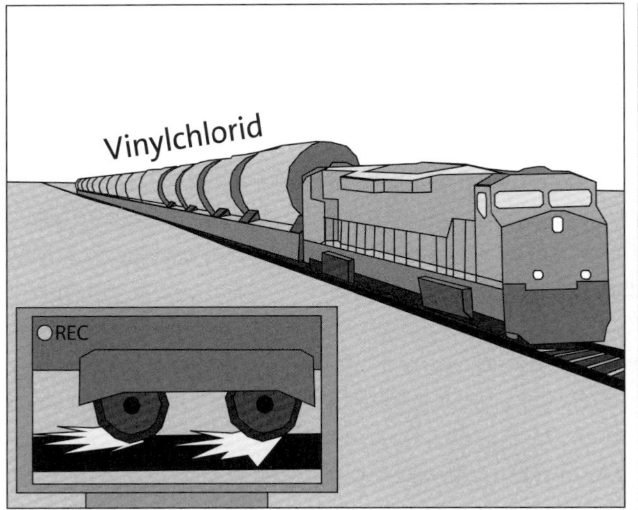

Abbildung 11.1 Zugunglück bei East Palestine

Am Unglücksort brach die Achse des Rads mit dem heiß gelaufenen Kugellager, und 38 Wagons entgleisten, von denen einige die Gefahrenstoffe transportierten. Es liefen mehr als 25.000 Gallonen Venylchlorid aus, und die Chemikalie entzündete sich. Von den Zugführern verletzte sich dabei niemand.

Nach dem Unglück entschied die amerikanische Behörde, die restlichen Gefahrenstoffe in den Zügen abzufackeln. Dabei wurden Löcher in die Wagons gebohrt, der Inhalt wurde in Gruben abgelassen und danach kontrolliert angezündet. 5.000 Einwohner der Stadt East Palastine wurden zuvor evakuiert. Es entstanden beim Abfackeln schwarze Rauchwolken, die das Tageslicht über der Stadt verdunkelten. Chlorwasserstoff aus der Verbrennung reagierte zusammen mit den Wassermolekülen aus der Luft zu Salzsäure. Die amerikanische Umweltbehörde untersuchte sämtliche Privathäuser und Brunnen nach Giftstoffen, allerdings konnte sie keine Auffälligkeiten feststellen. Zur gleichen Zeit wurden aber in einem Teich in der Nähe des Unglücksorts über 3.000 tote Fische entdeckt.

11.2 Risikograph nach IEC-61508

Ursprünglich wurden Risikographen in Norm [16] beschrieben. Ohne wesentliche Modifikation wurde die Beschreibung der Methode in Norm [8] und Norm [14] übernommen. Die Anwendung des Risikographen ist eine Methode, um Risiken mit den

SIL-Kenngrößen zu bewerten. Darauf können während des Entwicklungsprozesses Maßnahmen ergriffen werden, um Risiken zu minimieren. Die *SIL*-Kenngröße beschreibt die Anforderung an das sicherheitsgerichtete System.

Das Problem mit quantitativen Methoden ist, dass nicht immer Daten vorliegen, aus denen Berechnungen durchgeführt werden können. Bei Risikographen handelt es sich daher um eine qualitative Methode. Dabei können vorhandenen Daten durchaus in der Methode eingesetzt werden. Dann handelt es sich um eine semi-quantitative Methode. Der Risikograph wird insbesondere für *Low Demand*-Systeme eingesetzt (siehe Abschnitt 3.3.1 und Abschnitt 7.7.1). Bei *High Demand*-Systemen sollten weiterführende Methoden angewendet werden, um die *SIL*-Kenngrößen zu bestimmen. Risikographen eignen sich dafür, einen Überblick über das zu betrachtende System zu erhalten und Prioritäten für eine Liste von Risiken zu vergeben.

Der Vorteil von Risikographen ist die einfache und schnelle Anwendung. Dies wird aber erkauft durch Abstriche in der Präzision, die es bei quantitativen Methoden gibt. Für eine Verbesserung der Präzision kann eine Kalibrierung des Risikographen durchgeführt werden, bei dem vorhandene Daten Anwendung finden. Typisch sind Daten aus *fn*-Kurven (engl. *frequency and n-fatality*) (siehe Abbildung 11.2), die sich in die Methode einarbeiten lassen. Entwickelt wurden diese *fn*-Kurven für kritischen Betrachtungen von Kernenergieanlagen, siehe Buch [64]. Studien, die von öffentlichen Behörden finanziert werden, publizieren sehr oft diese Graphen zur Darstellung von Risiken und Akzeptanz in der Öffentlichkeit (z. B. die Studie [65]). *Safety Engineers* nutzen diese Grafiken, um quantitative Werte für die Wahrscheinlichkeiten zu erhalten. Der Graph in der Abbildung stammt aus einer Untersuchung der Sicherheit von Fährschiffen auf der Ostsee (siehe Artikel [66]). Auf der vertikalen Achse ist die Häufigkeit (*Frequency*) von fatalen Unfällen dargestellt, auf der horizontalen Achse die Anzahl *N* der Unglücke. Beide Achsen haben in der Regel eine logarithmische Skala. Diese Grafik wird nach dem *ALARP*-Prinzip in drei Bereiche eingeteilt: annehmbar, ALARP und nicht-tolerierbar.

Der Risikograph ist dann anwendbar, wenn bereits Lösungen für Sicherheitsfunktionen existieren, z. B. wenn ein Kessel vor einer Drucküberlastung geschützt werden soll. Die Komponenten Sensoren, Steuerungen und Ventile sind bereits im Handel verfügbar. Aus den Komponentenbeschreibungen lässt sich eine *SIL*-Kenngröße ablesen. Mithilfe der *SIL*-Kenngröße können Entwicklungsentscheidungen bezüglich des notwendigen Sensors, Aktors und der Steuerung getroffen werden, um das Risiko zu minimieren. Es hat sich herausgestellt, dass sich eine große Anzahl von Risiken mit wenigen Parametern beschreiben lässt. Die beiden Parameter *Auswirkung* und *Häufigkeit* sind Schlüsselfaktoren eines Risikos. Dennoch können auch Faktoren wie *Beherrschbarkeit der Gefahr* und *Dauer in der Gefahrensituation* berücksichtigt werden, um die Analyse noch feiner abzustimmen. Sind die Parameter außerhalb des Wertebereichs der Norm, kann der Risikograph nachkalibriert werden. Die Anwendung der Methode sollte durch ein Expertenteam erfolgen. Je nach Größe des Projekts kann das Team aus einem Spezialisten, *Safety Engineers*, Bedienpersonal und weiteren Personen mit Sachverstand bestehen. Wie bei allen Methoden zur Gefahrenanalyse muss eine Dokumentation für den Nachweis erstellt werden. Diese beinhaltet den Risikographen selbst, Zeichnungen, Referenzen, Annahmen (mit Bezug auf die Risikoanalyse) und Ursachen, die eine Risikoanalyse notwendig machen. Bei Berechnungen müssen die zugrunde liegenden Daten angehängt werden.

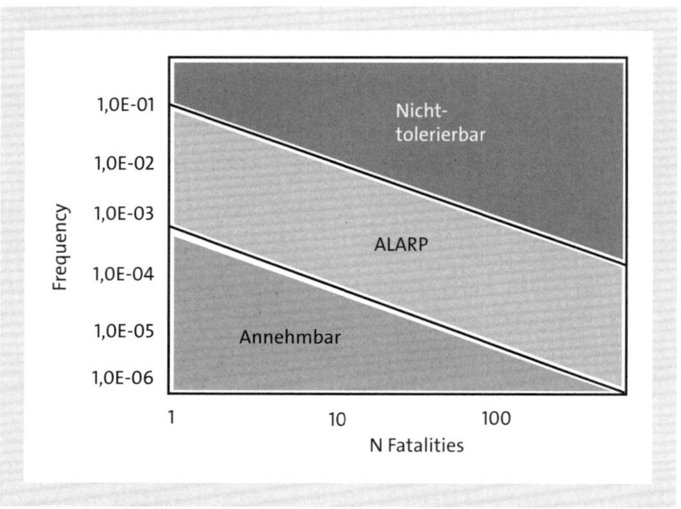

Abbildung 11.2 fn-Kurve aus Daten von Schiffsunglücken durch Überflutung

Risikographen können auch bei Sachschäden und Umweltschäden angewendet werden. Dabei werden die Parameter entsprechend angepasst. Unter Umständen wird der Parameter *Dauer in der Gefahrensituation* nicht mehr benötigt.

11.2.1 Parameter des Risikographen

Das Risiko kann aus einer Kombination von Häufigkeit eines Ereignisses (oder Frequenz) und Ausmaß eines Schadens (oder Auswirkung) bestimmt werden. Formel [11.1] zeigt diese Kombination, wobei sie keine Formel im mathematischen Sinn ist. Sie liest sich so: Häufigkeit eines Ereignisses mit bestimmter Auswirkung.

[11.1] $$R = H \times S$$

Die Häufigkeit eines Ereignisses hat mehrere Faktoren, die sie maßgeblich beeinflussen. Der erste Faktor hat damit zu tun, wie lange oder wie häufig sich Personal im Gefahrenbereich befindet. Dabei wird nicht die durchschnittliche Zeit genommen, sondern das Maximum der Dauer. Wenn sich Personal häufig dort befindet, steigt das Risiko. Der dafür verwendete Parameter ist F und steht für *Frequency*.

Des Weiteren wird die Häufigkeit eines Ereignisses durch die Möglichkeit bestimmt, eine Gefahr zu erkennen und abzuwehren. Wenn die Gefahr erkannt werden kann, stellt sich die Frage, ob es ausreicht, ein Alarmsignal zu installieren. So kann sich das Personal aus dem Gefahrenbereich bewegen. Der dafür eingesetzte Parameter ist *P* und steht für *Possibility*.

Der letzte maßgebliche Parameter ist die Wahrscheinlichkeit für das Auftreten des Ereignisses, ohne dass es eine Schutzeinrichtung gibt. Diese kann z. B. ermittelt werden, indem alle dokumentierten Gefahren des letzten Jahres bei einem ähnlichen System oder Gerät aufgezählt werden. Der Parameter *W* steht für *Probability of unWanted Occurence*.

Der zweite Teil der Formel [11.1] ist das Ausmaß des Schadens (*S*). Dieses wird bei der Risikograph-Methode nur durch den Parameter *C* (*Consequences*) bestimmt.

Insgesamt gibt es also die vier Parameter *F*, *P*, *W* und *C*, die im Folgenden weiter beschrieben werden.

Parameter F: Aufenthalt im Gefahrenbereich

Die Dauer, während der sich Personen im Gefahrenbereich befinden, ist das Kriterium zur Bestimmung des Parameters *F*. Das Risiko einer Gefährdung steigt massiv an, wenn sich bei einem Unglück Personen in der Nähe befinden. Falls Personen keinen Zugang zum Gefahrenort haben, gibt es schlimmstenfalls einen Sachschaden, der ebenfalls in einem späteren Kapitel behandelt wird. Es sollen hier die Personen berücksichtigt werden, die sich am häufigsten im Gefahrenbereich befinden. Ein Durchschnitt der Aufenthaltszeit könnte das Resultat verzerren.

In Tabelle 11.1 werden dem Parameter *F* zwei Kategorien zugeordnet, F_A und F_B. F_A bedeutet, dass sich nur selten Personal im Gefahrenbereich befindet. Kategorie F_B bedeutet, dass sich häufig oder ständig Personal im Gefahrenbereich aufhält.

F_A	F_B
seltener bis häufiger Aufenthalt im Gefahrenbereich	häufiger bis ständiger Aufenthalt im Gefahrenbereich
z. B. bis zu 10 % Aufenthaltsdauer	darüber

Tabelle 11.1 Aufenthalt im Gefahrenbereich

Es lassen sich für eine semi-quantitative Analyse Zahlenwerte zuordnen, indem proportional zur Arbeitszeit die Zeit, in der sich das Personal im Gefahrenbereich aufhält, bestimmt wird. So kann z. B. bei F_A der Prozentwert 10 % (also 0,1) für die Aufenthaltsdauer im Gefahrenbereich gewählt werden. Bei einer höheren prozentualen Aufenthaltsdauer wird F_B gewählt.

Parameter P: Möglichkeit zur Gefahrenabwehr

Der Parameter *P* ist ein Maß dafür, ob sich eine Gefahr verhindern lässt. Dabei spielen verschiedene Faktoren eine Rolle, z. B. ob der Prozess von einer Aufsichtsperson überwacht werden kann. Es ist interessant, ob die Aufsichtsperson technische Hilfsmittel benötigt oder ob der Prozess nur durch Beobachtung überwacht wird. Oftmals ist z. B. durch eine Geräuschentwicklung einer Maschine zu erkennen, ob sich ein mechanischer Defekt anbahnt. Nicht umsonst ist die Analyse von Geräusch- und Vibrationsdaten Teil des Forschungsthemas *Predictive Maintenance*.

Es ist wichtig zu wissen, ob sich die Gefahr allmählich entwickelt oder plötzlich auftritt. Entdecken Sensoren eine sich langsam aufbauende Gefahr frühzeitig, kann das Bedienpersonal durch einen Eingriff entgegentreten. Falls die Zeit nicht mehr ausreicht, steigt das Risiko für ein Unglück.

Die Norm [8] bietet für den Parameter die zwei Kategorien P_A und P_B an. Kategorie P_A hat nach Tabelle 11.2 drei Bedingungen, damit die Zuordnung nach P_A erfolgen kann.

1. Das Bedienpersonal soll alarmiert werden, wenn das *SIS* (*Safety Instrumented System*) nicht funktionsfähig ist.
2. Unabhängige technische Einrichtungen signalisieren die Gefahr, damit das Bedienpersonal sich aus dem Gefahrenbereich bewegen kann.
3. Die Dauer zwischen der Signalgebung und dem Auftreten der Gefahr ist so lange, dass das Bedienpersonal die Gefahr durch einleitende Aktionen abwehren kann.

Gefahren werden der Kategorie P_B dann zugeordnet, wenn einer der Punkte aus der Kategorie P_A nicht erfüllt wird. Die letzte Reihe von Tabelle 11.2 zeigt eine quantitative Zuordnung für die Kategorien P_A und P_B.

P_A	P_B
1. Das Bedienpersonal wird alarmiert, falls SIS nicht funktioniert. 2. Unabhängige Einrichtungen signalisieren die Gefahr, sodass Bedienpersonal rechtzeitig den Gefahrenbereich verlassen kann. 3. Dauer zwischen Gefahrenerkennung und der tatsächlichen Gefahr ist lang genug, um Aktionen einzuleiten.	einer der Punkte links wird nicht erfüllt
z. B. 30 % nicht beherrschbar	z. B. 70 % nicht beherrschbar

Tabelle 11.2 Beherrschbarkeit der Gefahr

Parameter W: Wahrscheinlichkeit des Auftretens der Gefahr

Der Parameter *W* (für Wahrscheinlichkeit) ist der letzte Parameter, der der Häufigkeit *H* aus Formel [11.1] zugeordnet wird. Die drei Kriterien für die Wahrscheinlichkeit sind *sehr gering, gering* und *relativ hoch*. Tabelle 11.3 gibt dafür die Kategorien W_1, W_2 und W_3 an.

Gefahren, die sich W_1 zuordnen lassen, kommen sehr selten vor. So ergibt sich eine sehr geringe Wahrscheinlichkeit. Quantitativ wird dabei angegeben, dass die *Demand Rate* (Anforderungsrate) unter 0,1 • *D* im Jahr ist. Mit dem Faktor *D* kann der Risikograph angepasst werden. Falls die Kategorien für die Zuordnung der Wahrscheinlichkeit bereits stimmig sind, kann *D* auf den Wert eins gesetzt werden. Bei Unstimmigkeiten hat der Analyst hier die Möglichkeit, den Graphen zu kalibrieren, indem ein anderer *D*-Wert zugeordnet wird. Dabei helfen unter anderem die Firmenrichtlinien oder die Einschätzung der annehmbaren Risiken z. B. durch *fn*-Kurven (siehe Abbildung 11.2), die aus öffentlichen Studien stammen (siehe Abschnitt 8.4).

11

Die Kategorie W_2 ordnet der Gefahr eine geringe Wahrscheinlichkeit zu. Für die quantitative Analyse kann für die *Demand Rate* hier ein Wert zwischen 0,1 • *D* und 1,0 • *D* im Jahr gewählt werden. Auch hier hat der Analyst über den Faktor *D* Spielraum für die Anpassung des Risikographen.

Gefahren werden dann der letzten Kategorie W_3 zugeordnet, wenn unerwünschte Ereignisse tatsächlich zu erwarten sind. Es gibt also dafür eine relativ hohe Wahrscheinlichkeit. Die *Demand Rate* sollte dabei über 1.0 • *D* im Jahr sein.

W_1	W_2	W_3
Sehr wenig unerwünschte Ereignisse sind zu erwarten. Es gibt eine sehr geringe Wahrscheinlichkeit.	Wenig unerwünschte Ereignisse sind zu erwarten. Es gibt eine geringe Wahrscheinlichkeit.	Es sind unerwünschte Ereignisse zu erwarten. Es gibt eine Wahrscheinlichkeit.
Anforderungsrate ist kleiner als 0,1 • *D* pro Jahr.	Anforderungsrate ist zwischen 0,1 • *D* und 1,0 • *D* pro Jahr.	Anforderungsrate ist größer als 1,0 • *D* pro Jahr.

Tabelle 11.3 Wahrscheinlichkeit des Auftretens der Gefahr ohne SIS

Tabelle 11.3 zeigt in der letzten Reihe quantitative Angaben für Systeme mit niedriger Anforderungsrate (*Low Demand*, siehe auch Abschnitt 7.7.1), wobei durch den Faktor *D* Anpassungsmöglichkeiten gegeben sind. Bei *High Demand*-Systemen sollten immer genaue Kalibrierungen des Risikographen durchgeführt werden.

Parameter C: Schadensausmaß

Der letzte Parameter für die Bestimmung des Risikos gibt das Schadensausmaß bzw. die Auswirkung an. Es wird unterschieden, ob Personen, Sachen/Gegenstände oder die Umwelt geschädigt wird. Hier können Anpassungen an den Risikographen nötig sein. Der Parameter C wird in die vier Kategorien C_A, C_B, C_C und C_D unterteilt. Diese richten sich danach, wie schwer die Verletzung, wie hoch der Sachschaden oder wie hoch die Belastung der Umwelt nach Eintreten der Gefahr ist.

Tabelle 11.4 gibt die Kategorien an. Dabei sind Auswirkungen von Gefahren, die unerheblich sind, der Kategorie C_A zugeordnet. Dazu gehören leichte Verletzungen und schädliche Umwelteinflüsse, die nicht gemeldet werden müssen. Ein Zahlenwert für die quantitative Analyse wird nicht angegeben.

Schwere Verletzungen (bis zum Tod einer Person) und schädliche Umwelteinflüsse, die als Störfall bei den Behörden gemeldet werden müssen, werden der Kategorie C_B zugeordnet. Für die quantitative Analyse gibt es dafür den Wertebereich 0,01 und 0,1, in dem sich das errechnete Schadensausmaß befinden soll. Zur Bestimmung kann der Vulnerabilitätsfaktor V verwendet werden. Der Faktor ist ein Maß dafür, wie gefährlich Substanzen sein können, wenn Personen ihnen ausgesetzt sind. Als Beispiel wird in Norm [8] folgende Zuordnung angegeben:

- $V = 0{,}01$ für kleine Mengen von schädlichen Substanzen
- $V = 0{,}1$ für große Mengen von schädlichen Substanzen
- $V = 0{,}5$ für große Mengen von schädlichen Substanzen mit Explosionsgefahr
- $V = 1$ für Explosion

Zur Berechnung der Werte für den Parameter C wird die Anzahl der Personen N, die sich den schädlichen Substanzen aussetzen könnten, bestimmt. Dann wird diese Anzahl mit dem Faktor V multipliziert. So erhält der *Safety Engineer* einen quantitativen Wert, woraus er eine Kategorie wählen kann, siehe letzte Reihe in Tabelle 11.4.

Gefahren, die den Tod mehrerer Personen bedeuten oder Umweltschäden außerhalb des Firmengeländes nach sich ziehen können, werden der Kategorie C_C zugeordnet. Bei der quantitativen Berechnung sollte der Wert zwischen 0,1 und 1,0 liegen.

Letztendlich erhält die Auswirkung katastrophalen Ausmaßes die Kategorie C_D. Wenn die Auswirkung viele Tote sind oder wenn durch Umwelteinflüsse außerhalb des Firmengeländes über Jahre Reinigungsarbeiten nötig werden, dann wird sie dieser Kategorie zugeordnet. Für die quantitative Analyse wird hier ein Wert von über 1.0 angesetzt.

C_A	C_B	C_C	C_D
Leichte Verletzung der Person.	Schwere Verletzung einer oder mehreren Personen.	Tod mehrerer Personen.	Katastrophale Auswirkung. Sehr viele Tote.
Schädliche Umwelteinflüsse ohne Einordnung als Störfall.	Schädliche Umwelteinflüsse mit Einordnung als Störfall innerhalb des Firmengeländes.	Schädliche Umwelteinflüsse mit Einordnung als Störfall außerhalb des Firmengeländes. Reinigung ohne Folgen.	Schädliche Umwelteinflüsse mit Einordnung als Störfall außerhalb des Firmengeländes. Reinigung mit Folgen.
Schaden kann in der Organisation behoben werden.	Schaden bis zu 100.000 €	Schaden zwischen 100.000 € und 1.000.000 €	Schaden über 1.000.000 €
vernachlässigbar	zwischen 0,01 und 0,1	zwischen 0,1 und 1	V liegt über 1

Tabelle 11.4 Schadensausmaß

11

Aufstellung des Risikographen

Den Kategorien der Parameter C, F und P können jeweils die oben angegebenen Werte zugeordnet werden. In den Tabellen sind die Werte der Kategorien in den Spalten von links nach rechts aufsteigend angeordnet. So kann z. B. durch Multiplikation der Werte ein X-Wert berechnet werden.

Abbildung 11.3 zeigt den Risikographen. Der linke Teil besteht aus einem Entscheidungsbaum, der sich bei den Kategorien der Parameter verzweigt und am Ende über den X-Wert wieder zusammengefügt wird. So münden bei X_3, X_4, X_5 jeweils zwei Pfade des Entscheidungsbaums. Die Multiplikationen der Kategoriewerte über zwei Pfade führen nicht unbedingt zum gleichen Ergebnis und sind möglicherweise unstimmig. Über Bereichsdefinitionen der X-Variablen bzw. über Anpassungen der Kategoriewerte können diese angeglichen werden. In der Regel sollte diese Anpassung für jede einzelne Gefahrensituation durchgeführt werden. Auf der rechten Seite der Abbildung sind die W-Parameter in Spalten angeordnet. Die Kategorie W_3 ist eine Position, bei der Maßnahmen zur Risikoreduzierung den höchsten Aufwand bedeuten, bei Kategorie W_1 den niedrigsten. So können an diesen Positionen die Anforderungen zur Risikoreduzierung (ausgedrückt durch die SIL-Kenngröße) dort eingetragen werden.

Bei der Kategorie C_A handelt es sich nur um leichte Verletzungen. Deswegen wird hier auf die Verzweigung der nachfolgenden Parameter verzichtet. Wie in der Abbildung zu sehen ist, sind hier keine Anforderungen zur Risikoreduzierung notwendig.

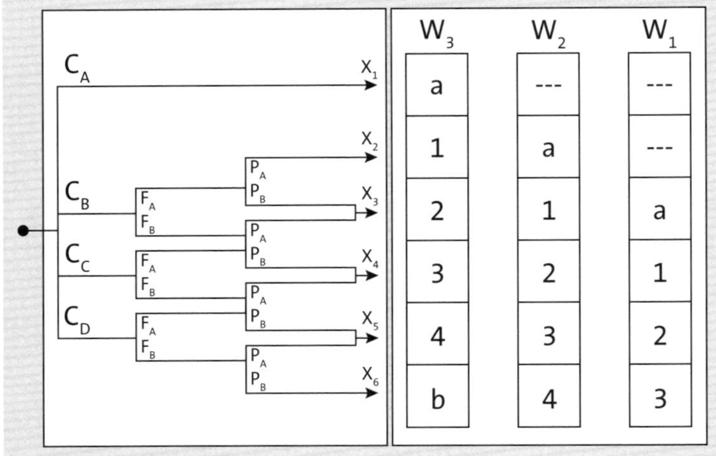

Abbildung 11.3 Risikograph

Risikographen können auch bei Gefährdung von Umwelt oder Gütern eingesetzt werden. Ein Beispiel wird in Abbildung 11.4 gegeben.

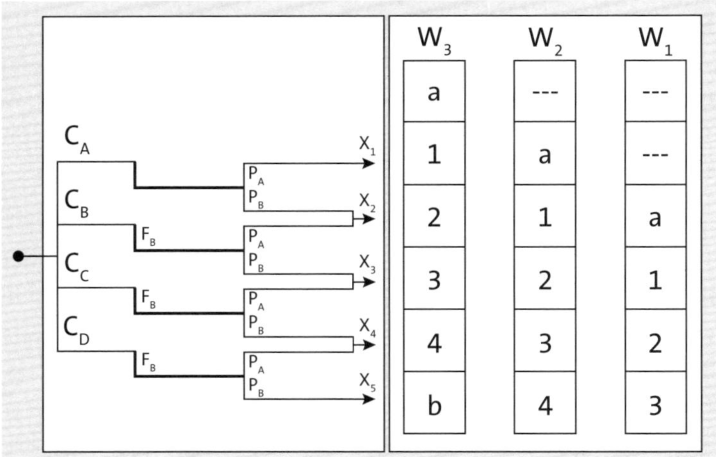

Abbildung 11.4 Risikograph für Sach- und Umweltschäden

Bei Umwelt und Gütern kann argumentiert werden, dass der Mensch nicht direkt im Vordergrund steht und somit die Gefahr keine Auswirkungen auf ihn hat. Der Parameter *F* wird jedoch für die Angabe der Aufenthaltsdauer von Personal genutzt, die wegen der obigen Argumentation nicht benötigt wird. Deswegen wird die Kategorie

F_A ausgelassen. Alle weitere Parameter sind nach wie vor anwendbar. Tabelle 11.4 zeigt in der zweiten und dritten Reihe die Auswirkungen auf Umwelt und Güter. Diese Beschreibungen der Kategorien können zwischen den Organisationen abweichen.

11.2.2 Kalibrierung des Risikograph

Die unsachgemäße Verwendung des Risikographen kann zur falschen Bestimmung des *SIL* führen. Aus diesem Grund sollte eine Kalibrierung vor der Anwendung durchgeführt werden. Die Kalibrierung erfüllt den Zweck, dem Expertenteam ein einheitliches Verständnis der Parameter zu vermitteln. So sollte nach einer objektiven Bewertung gestrebt werden. Weiter sollen die Parameter mit den Gegebenheiten verifiziert werden. Zu analysierende Gefahren können sich von Fall zu Fall unterscheiden, und so stellt das Team sicher, dass die Parameter und deren Beschreibungen anwendbar sind. Als Letztes will das Team sicherstellen, dass die ermittelten *SIL*-Kenngrößen den Kriterien des Unternehmens entsprechen.

Zunächst ist das Vorgehen bei der Kalibrierung die Bestimmung der numerischen Werte der Parameter. So erhält jede Kategorie der Parameter einen Wertebereich. Auch bei der Bestimmung der X-Werte werden Bereiche angegeben. Der Risikograph in Abbildung 11.3 hat bei den Werten X_3, X_4 und X_5 jeweils zwei Pfadkombinationen. Dabei sollten z. B. bei X_3 die Wertebereiche der Pfade $C_BF_AP_B$ und $C_BF_BP_A$ möglichst vollständig überlappend sein. Gleiches gilt für X_4 und X_5. Die Ergebnisse sollten mit bereits zuvor definierten Bereichen verglichen werden, und bei Bedarf muss eine Anpassung erfolgt. Auch annehmbare Risiken werden berücksichtigt, z. B. im rechten Teil des Risikographen, der das α-Attribut angibt.

Für jede Gefahr, auch wenn diese bereits annehmbar ist, sollte eine Kosten-Nutzen-Analyse nach dem *ALARP*-Prinzip durchgeführt werden, um Entwicklungskosten und Nutzen zur Risikominimierung gegenüberzustellen. Es ist immer ein höheres *SIL* gerechtfertigt, wenn der Nutzen die Kosten übertrifft. Die Anforderung der Organisation, aber vor allem die gesetzlichen Richtlinien sollen berücksichtigt werden. Durch die Verwendung von *fn*-Kurven, die z. B. aus öffentlichen Studien erhältlich sind, können die Grenzwerte von Häufigkeiten ermittelt und in den Risikographen zur Kalibrierung eingesetzt werden. Die Wertebereiche der Kategorien des *W*-Parameters sollten jeweils eine Dekade Abstand haben, sodass die Wahrscheinlichkeit für das Auftreten einer Gefahr sich bei jeder Kategorie mit einer Zehnerpotenz von links and rechts erhöht. Für die Feinabstimmung soll der *D*-Faktor eingesetzt werden, damit der Bereich, in dem z. B. die annehmbaren Risiken liegen, verschoben werden kann.

Vorgehen beim Erstellen eines Risikographen

Es soll nun ein Risikograph für das Fallbeispiel aus Abschnitt 11.1 erstellt werden. Da es sich hier um eine Umweltkatastrophe handelt, ohne dass Menschen zu Schaden kamen, wird der Parameter *F* auf eins gesetzt. Langzeitfolgen für die Gesundheit der betroffenen Menschen werden hier nicht berücksichtigt. Abbildung 11.5 aus Studie [67] zeigt eine angepasste *fn*-Kurve. Die x-Achse enthält Kategorien für die Zeit zur Behebung von Auswirkungen auf die Umwelt (statt Kategorien für die Anzahl der Toten). Die y-Achse enthält die Häufigkeit von Unfällen, die von der Öffentlichkeit oder der Politik als annehmbar betrachtet wird.

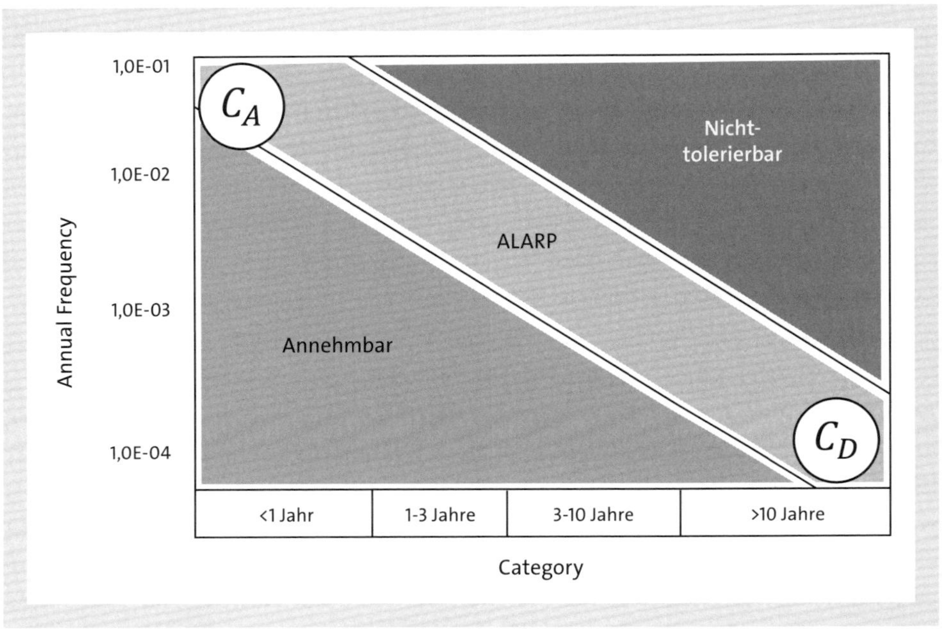

Abbildung 11.5 Kategorien der Häufigkeit von Umweltkatastrophen

Es gibt drei Bereiche: *annehmbar*, *ALARP* und *nicht-tolerierbar*. Aus dieser Grafik lässt sich die Häufigkeit $f_{annual} = 10^{-4}$ pro Jahr für die Kategorie C_D und $f_{annual} = 10^{-1}$ pro Jahr für die Kategorie C_A herauslesen. Die Kategorien C_B und C_C liegen mit Zehnerpotenzen dazwischen. Der unterste Pfad mit der Kategorie C_D des Risikographen aus Abbildung 11.6 gibt den schlimmsten Fall an. Die folgenden Kategorien werden heuristisch angegeben:

- Tabelle 11.2: $P_B = 1{,}0$ (statt 0.7)
- Tabelle 11.3: $W_2 = 0{,}2$ (liegt zwischen 0,1 und 1)
- Tabelle 11.4: $C_D = 2$ (statt 1)

Dem Faktor *D* wird zunächst die Zahl eins zugewiesen.

Über eine Faustregel kann die Wahrscheinlichkeit für den gefährlichen Ausfall eines sicherheitsgerichteten Systems (*PFD*, siehe Abschnitt 7.7.1) durch die Division der Häufigkeit $f_{\text{annual}} = 10^{-4}$ pro Jahr und das Produkt von C_D, P_B und W_2 bestimmt werden.

$$PFD \approx \frac{f_{\text{annual}}}{C_D P_B W_2}$$ [11.2]

Beim Setzen des Faktors D auf eins ergibt sich ein Wert von $2{,}5 \cdot 10^{-4}$, siehe Berechnung [11.3]:

$$PFD \approx \frac{10^{-4}}{2 \cdot 1{,}0 \cdot 0{,}2} = 2{,}5 \cdot 10^{-4}$$ [11.3]

In Tabelle 3.3 lässt sich unter Verwendung der Wahrscheinlichkeit ein *SIL* 3 ermitteln. Die Berechnung kann durch den Faktor $D = 3$ feiner abgestimmt (kalibriert) werden. Damit wird die Wahrscheinlichkeit auf $8{,}3 \cdot 10^{-5}$ herabgesetzt (W_2 ist nun 0,6 durch den D-Faktor), siehe Berechnung [11.4]:

$$PFD \approx \frac{10^{-4}}{2 \cdot 1{,}0 \cdot 0{,}6} = 8{,}3 \cdot 10^{-5}$$ [11.4]

So wird ein *SIL* 4 nach Tabelle 3.3 ermittelt. Der Eintrag für *SIL* 4 erfolgt dann bei W_2 bei dem untersten Pfad. Im untersten Pfad liegt W_1 um eine Zehnerpotenz darunter und W_3 um eine Zehnerpotenz darüber. Bei W_3 ist das Ergebnis nicht-tolerierbar (Attribute *b*), und es müssen weitere Maßnahmen getroffen werden. Bei W_1 kann ein *SIL* 3 zugeordnet werden.

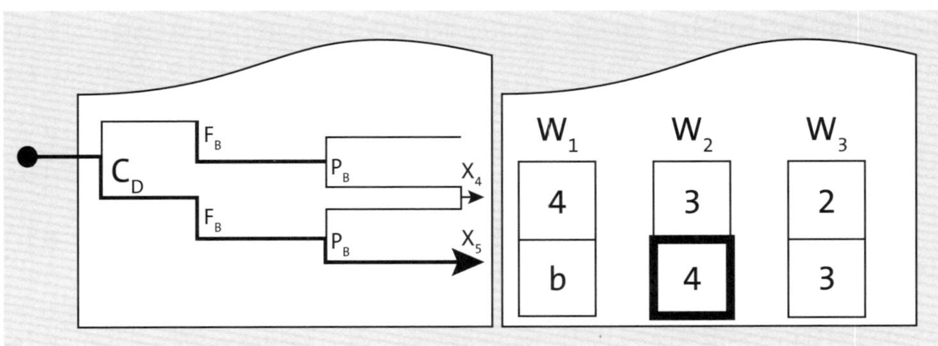

Abbildung 11.6 Kalibrierung des Risikographen

Es gilt hier anzumerken, dass an der Position von W_2 am unteren Pfad nicht zwingend ein *SIL* 4 notwendig ist. Dies ist abhängig von der Entscheidung des Expertenteams bei der Analyse und von den Richtlinien der Firma.

11.3 Risikograph nach ISO-26262

Eine alternativer Risikograph wird in Norm [13] beschrieben. Dieser wird vor allem in der Automobilbranche angewendet. Er unterscheidet sich z. B. dadurch, dass Fälle mit katastrophalen Auswirkungen nicht einbezogen werden. Der Grund liegt darin, dass Unglücke mit Fahrzeugen sehr selten in dieser Kategorie zugeordnet werden können. Dennoch wird die Auswirkung, die bei Norm [4] dem *SIL* 3 entspricht, weiter aufgeteilt.

Das Risiko wird durch die drei Parameter *S*, *E* und *C* bestimmt. Die Beziehung wird durch die Formel [11.5] dargestellt, wobei dies keine Formel im mathematischen Sinn ist.

[11.5] $$R = S \times E \times C$$

Die Auswirkung wird durch den Parameter *S* (*Severity*) ausgedrückt. In Norm [13] gibt es für schwere und fatale Verletzungen die Kategorien S_3 und S_4, siehe auch Tabelle 11.5. Diese sind in Norm [4] lediglich durch einen Parameter abgedeckt. Keine Verletzung bzw. leichte Verletzungen werden den Kategorien S_1 und S_2 zugeordnet.

S_1	S_2	S_3	S_4
keine Verletzung	leichte Verletzung	schwere Verletzung	fatale Verletzung

Tabelle 11.5 Severity

Der Parameter *E* (*Exposure*) gibt die prozentuale Zeit an, in der eine Person einer Gefahr ausgesetzt ist. Die Kategorien sind E_1, E_2, E_3 und E_4. Tabelle 11.6 gibt die Beschreibungen der Kategorien und die Zuordnung der Wahrscheinlichkeiten quantitativ an.

E_1	E_2	E_3	E_4
sehr unwahrscheinlich	unwahrscheinlich	wahrscheinlich	sehr wahrscheinlich
< 0,1 %	< 1 %	1 % bis 10 %	> 10 %

Tabelle 11.6 Exposure Time und Exposure

Ähnlich wie in Norm [8] gibt der Parameter *C* die Beherrschbarkeit im Fall einer gefährlichen Situation an. Der Parameter *C* wird in die Kategorien C_1, C_2 und C_3 unterteilt. Tabelle 11.7 gibt die Beschreibungen und die Zuordnung der Wahrscheinlichkeiten an.

C_1	C_2	C_3
einfach beherrschbar	normalerweise beherrschbar	schwierig beherrschbar
< 1 %	< 10 %	10 % bis 100 %

Tabelle 11.7 Controllability

Der Risikograph mit dem oben beschriebenen Parameter ist in Abbildung 11.7 dargestellt. Ausgehend von links, geht der Parameter *S* in den Graphen und verzweigt sich in seinen Kategorien. Es folgt der Parameter *E*, und dieser verzweigt sich weiter. Die Kategorien des Parameters *C* sind vertikal angeordnet, und in den Unterteilungen sind die *ASIL*-Kennwerte eingetragen.

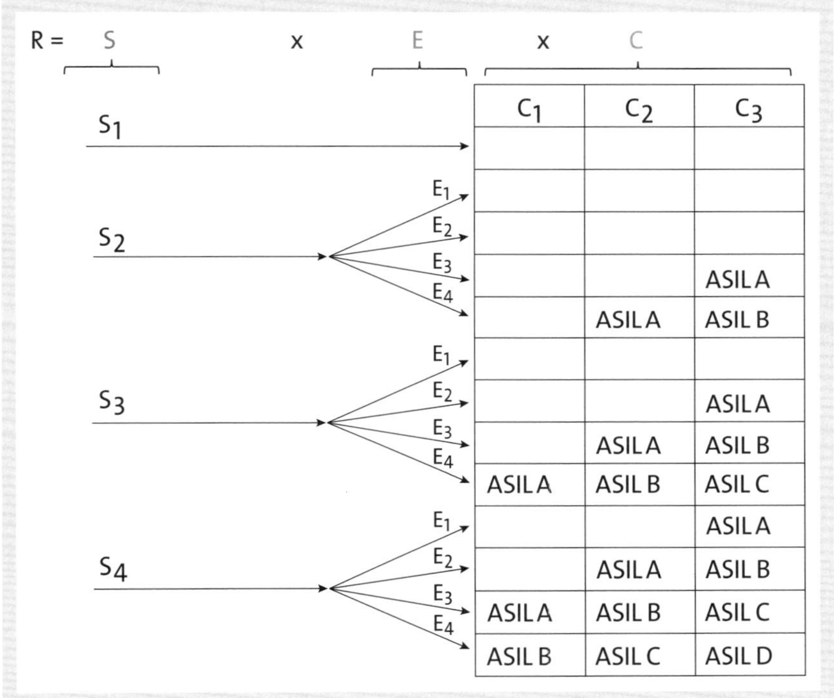

Abbildung 11.7 Risikograph nach ISO-26262

11.4 Abschließende Bemerkungen

Der Risikograph ist eine qualitative Methode, um Risiken abzuschätzen und *SIL*-Kennwerte zu bestimmen. Aufgrund fehlender Daten ist es nämlich oft nicht möglich, detaillierte Berechnungen durchzuführen. In vielen Fällen können dem System oder Gerät aber Daten von Tests oder Zulieferern übertragen werden, und so können auch semi-quantitative Berechnungen durchgeführt werden.

In diesem Kapitel wurde anhand des Fallbeispiels (siehe Abschnitt 11.1) gezeigt, wie Risikographen bei Auswirkungen auf die Umwelt eingesetzt werden können. Der in Norm [8] beschriebene Graph ist aber nicht in jeden Fall strikt anwendbar. So kann durch Kalibrierung des Graphen eine Anpassung an die Gegebenheiten erfolgen.

Die Untersuchungen beim Unglück des Fallbeispiels waren bei der Erstellung dieses Kapitels noch nicht abgeschlossen. So war z. B. nicht klar, ob der *Hot Box Detector* eine Fehlfunktion hatte.

Das Unternehmen *Norfolk Southern* kündigte bereits 2007 an, die Züge mit elektropneumatischen Bremsen auszustatten, siehe Artikel [68]. Diese hätten den Bremsweg um 60 % verringert, und somit wären weniger Wagons beim Unglück entgleist. Allerdings änderte das Unternehmen seinen Plan und drängte zusammen mit dem Industrieverband der amerikanischen Eisenbahnindustrie die amerikanische Regierung dazu, ein Gesetz zur Installation von elektropneumatischen Bremsen nicht zu verabschieden. Außerdem drängte der Verband der amerikanischen Eisenbahnindustrie die Regierung dazu, die Richtlinien für die Bremskontrollen zu entschärfen, siehe Artikel [69]. So war zuvor eine Kontrolle der Bremse nach vier Stunden Fahrbetrieb vorgeschrieben. Seit 2020 ist nur noch eine Kontrolle alle 24 Stunden notwendig. Der Verband der amerikanischen Eisenbahnindustrie schätzte die Einsparungen dadurch auf über 600 Millionen $ in zehn Jahren.

Kapitel 12
Layer of Protection Analysis

Ihnen ist die HAZOP-Methode aus Kapitel 8 bekannt. Mit ihr können Gefahren ermittelt werden, die aus einem System oder Gerät hervorgehen. Das Ergebnis dieser Analyse ist lediglich eine Liste von Gefahren und daraus folgenden Vorschlägen, diese einzudämmen. In diesem Kapitel wird mit der *Layer of Protection Analysis* eine weitergehende Methode vorgestellt, bei der die Ergebnisse aus der *HAZOP*-Methode Eingang finden. Aus ihnen entstehen Konstruktionsvorschläge für Sicherheitssysteme, z. B. Alarme, *Safeguards* etc., um die Wahrscheinlichkeiten der Folgen von Gefahren zu reduzieren. Die zentrale Tabelle 3.3 findet hier erneut Anwendung. Mit der vorgestellten Methode und der Tabelle kann überprüft werden, ob die Gesamtheit aller Sicherheitssysteme eines Systems oder Geräts die Anforderungen zur Reduzierung der Gefahren erfüllt.

12.1 Fallbeispiel: Das Brandunglück im St.-Gotthard-Tunnel

Der *St.-Gotthard-Tunnel* mit 17 km Länge ist ein wichtiger Abschnitt der Nord-Süd-Straßenverbindung. Eine Tunnelröhre führt den Verkehr in beide Richtungen. Alle 250 Meter sind Rettungsbuchten eingerichtet. Dort haben Personen Zugang zu einem nach außen führenden Rettungsstollen. Im Oktober 2001 ereignete sich im Tunnel ein Verkehrsunfall (siehe auch Artikel [70]). Dabei streifte ein Lastwagen zunächst die rechte Seite des Tunnels und fuhr dann auf die Gegenfahrbahn. Ein entgegenkommendes Fahrzeug kollidierte frontal mit dem Lastwagen. Daraufhin lief Diesel aus, dessen Gase sich über die Elektrik entzündeten, und beide Fahrzeuge gingen in Flammen auf. Das entgegenkommende Fahrzeug transportierte zudem eine Ladung Reifen, die sich ebenfalls entzündeten. Die Polizei war bereits wegen eines anderen Ereignisses mit einem hoch beladenen Fahrzeug informiert worden und befand sich schon am Tunneleingang.

Vor dem Ereignis waren die Ampeln des Tunnels bereits auf Rot geschaltet. So konnte die Alarmierung der Feuerwehr sehr zügig erfolgen. Im Berg gab es Lüftungsschächte an verschiedenen Streckenabschnitten. So wurde aufgrund der Verbrennung durch einen der Lüftungsschächte Frischluft eingezogen, und der entstandene Rauch und die Gase wurden in einen anderen Lüftungsschacht abgelassen. Deshalb begünstigte das Ventilationssystem die Verbrennung und entfachte das Feuer weiter.

Die Konzentration von Rauch, Ruß und gefährlichen Gasen war in dem Streckenabschnitt zwischen Unglücksort und Lüftungsschacht so hoch, dass es keine Sicht mehr gab. Personen konnten in diesem Streckenabschnitt nicht mehr zu den Rettungsbuchten flüchten, sodass sie in ihren Fahrzeugen blieben. Elf Personen, die sich in diesem Abschnitt aufhielten, erstickten.

Die Feuerwehrarbeiten waren wegen der Hitzeentwicklung und einem Deckendurchbruch, verursacht durch die Hitze, sehr schwierig.

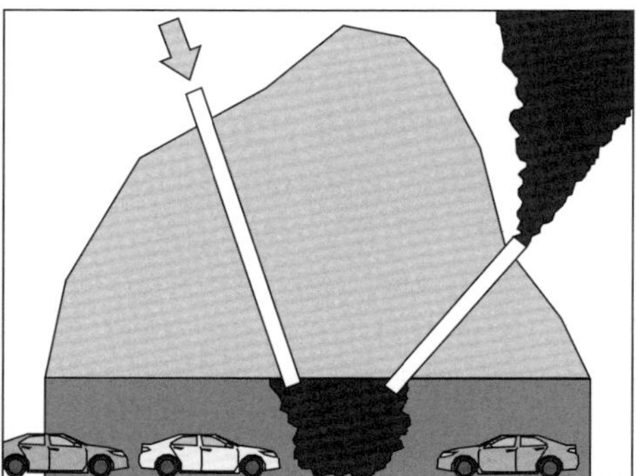

Abbildung 12.1 Tunnelunglück im St.-Gotthard-Tunnel

12.2 Funktionale Sicherheit mit Schutzebenen

Risiken entstehen aufgrund eines technischen Prozesses, gesteuert durch System oder Gerät. Die Aufgabe des *Safety Engineer* und der Entwicklungsteams ist es, sie gemeinsam auf ein annehmbares Niveau zu senken. Dafür können sowohl Sicherheitssysteme verbaut als auch nicht technische Maßnahmen (z. B. Anleitungen) eingerichtet werden. In der *IEC61511* [14] werden Schutzebenen beschrieben, die den technischen Prozess umgeben.

Abbildung 12.2 zeigt eine angepasste Darstellung aus der *IEC-61511* [14]. Im Zentrum ist der technische Prozess zu sehen (Ebene *Technischer Prozess*).

Zur Steuerung und Regelung des technischen Prozesses gibt es Steuerungsgeräte, wie z. B. *SPS*, das Sensorwerte aufnimmt, um den Zustand des Prozesses zu erfassen und Aktoren (finale Elemente) ansteuert, um den Prozess zu kontrollieren. Dann liegt entweder eine Steuerung oder Regelung vor. Im einfachen Fall sind es manuelle Bedienelemente und Anzeigen, um einem Operateur die Überwachung zu ermöglichen und über manuelle Eingriffe den Prozess zu steuern (Ebene *Regelung und Überwachung*).

Die Aufgabe der darüberliegenden Schutzebene ist die Prävention von Schäden (Ebene *Schadensprävention*). Diese Ebene kann direkt in den technischen Prozess eingreifen. Oftmals ist die dargestellten Ebene eine *SIS*-Implementierung.

Die Ebene zur Begrenzung von Schäden kann eine weitere Schutzebene sein (Ebene *Schadensbegrenzung*). Auch diese kann entweder als *SIS* realisiert sein oder als einfacher Mechanismus wie z. B. eine Sprinkleranlage an der Decke.

Auch anlagenbezogene Maßnahmen können als Schutzebene betrachtet werden (Ebene *Anlagebezogene Maßnahmen*). So gehören zu diesen Maßnahmen z. B. das Training der Mitarbeiter bei Notfällen, das Einrichten von Prüfintervallen des sicherheitsgerichteten Systems etc.

Die äußerste Schutzebene beinhaltet die Bereitstellung von Plänen, die bei Auftreten einer Gefahr bzw. eines Ereignisses für die Bewohner der umliegenden Ortschaften ausgeführt werden (Ebene *Öffentliche Maßnahmen*). In Fallbeispiel 12.1 wurde beispielsweise eine Telefonhotline eingerichtet, bei der Betroffene anrufen konnten. Außerdem gab es eine Webseite, die stets über den aktuellen Stand der Rettungsmaßnahmen informierte. Auch die Sperrung des Tunnels durch die Polizei und das Ampelsystem können als öffentliche Maßnahmen bezeichnet werden.

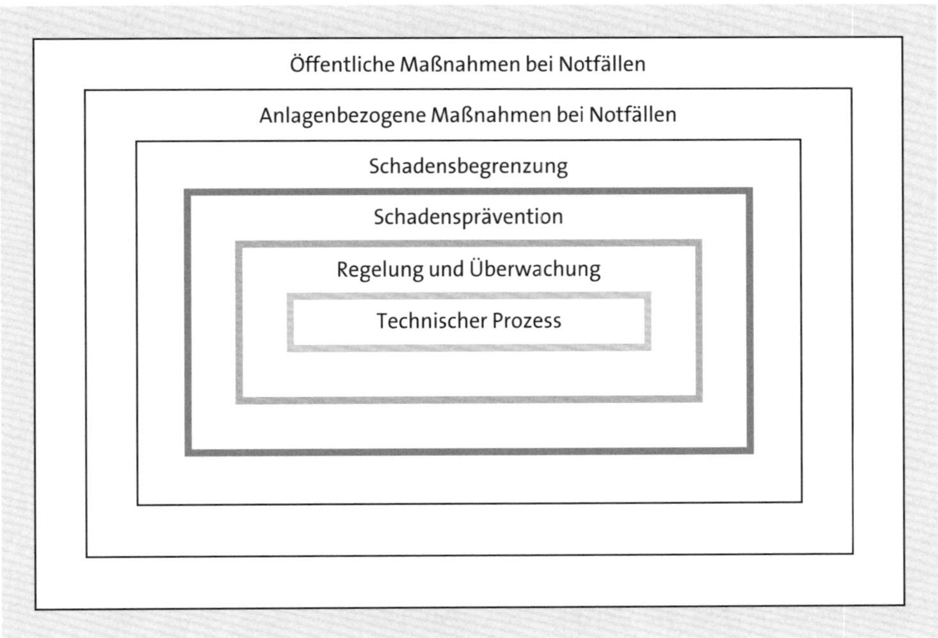

Abbildung 12.2 Methoden zur Risikoreduzierung

12.3 Typische Schutzebenen

12.3.1 Allgemeiner Prozessentwurf

Schon von Beginn an können durch Entwicklung des Systems oder Geräts (*General Process Design*) eintretende Gefahren und deren Folgen minimiert oder ausschlossen werden. Im Fallbeispiel 12.1 wurde beschrieben, dass es lediglich eine Tunnelröhre für den Hin- und Rückverkehr gab. Bei Tunneln mit einer Röhre pro Fahrbahn kann die Kollision entgegenfahrender Fahrzeuge von Anfang an ausgeschlossen werden. Diese Maßnahme schließt aber nicht aus, dass es generell Unglücke gibt.

Eine Schutzebene kann nicht technische und einfache Elemente enthalten. So kann die Durchführung eines vorhandenen Plans aktiv von Entscheidungsträgern bei Eintreten einer Gefahr oder präventiv eingefordert werden. Ein Teil des Plans kann Instandsetzungsmaßnahmen beinhalten, bei denen empfindliche Komponenten in regelmäßigen Intervallen ausgetauscht werden, um so Ausfälle zu verhindern (*Preventive Maintenance*). Im Fallbeispiel 12.1 könnten der Austausch von Leuchtmitteln der Tunnelbeleuchtung und Richtungsanzeigen darunterfallen.

12.3.2 Basisprozesskontrollsystem

Ein Basisprozesskontrollsystem (*Base Process Control System*, kurz *BPCS*) ist ein System, das Sensorsignale (Eingang) aus einem technischen Prozess ermittelt, auswertet und dann Steuersignale (Ausgang) erzeugt. Dies ist eine typische Funktionalität einer Steuerung oder Regelung, die eine innere Schutzebene des technischen Prozesses darstellt, siehe Abschnitt 12.2. In der Regel sind sie kontinuierlich im Einsatz. Initiierende Ereignisse von Gefahren treten oft am *BPCS* zuerst auf, und dieses kann in der Lage sein, die Gefahr einzudämmen. Tabelle 12.1 (entnommen aus *IEC-61511*) zeigt in der ersten Reihe einen gängigen Wahrscheinlichkeitswert für die Fehlfunktion des *BPCS*.

12.3.3 Alarme

Alarme signalisieren dem Bedienpersonal, wann die Zustandsgrößen eines technischen Prozesses außerhalb der angeforderten Parameter liegen. Wenn das Bedienpersonal nach Alarmierung die Zeit hat, bei einer Gefahr einzugreifen, kann eine Schutzebene vorliegen. Wichtig ist aber auch, dass das Personal darauf trainiert ist, die richtigen Aktionen nach dem Alarm einzuleiten. So ist auch darauf zu achten, dass die Urlaubsvertretung den gleichen Trainingsstand hat.

Tabelle 12.1 zeigt Wahrscheinlichkeiten für Fehlbedienungen des Bedienpersonals nach der Signalisierung durch einen Alarm.

Damit ein Alarm als unabhängige Schutzebene gilt, müssen seine Hardware und seine Software vom Rest der Steuerung getrennt sein. Der Ausfall des *BPCS* darf nicht zum Ausfall des Alarmsystems führen.

Schutzebene	PFD
BPCS	$1{,}0 \times 10^{-1}$
Bedienpersonal	$1{,}0 \times 10^{-1}$
Bedienpersonal unter Stress	0,5 bis 1,0

Tabelle 12.1 Fehlbedienung durch das Personal bei Alarm

12.3.4 Weitere Maßnahmen zur Risikominimierung und eingeschränkter Zugang

Unter den Maßnahmen *Risikominimierung* und *eingeschränkter Zugang* (*Additional Mitigation, Restricted Access*) werden Maßnahmen verstanden, die den Zugang zum Gefahrenbereich einschränken. So sollte bei Instandsetzungsarbeiten der technische Prozess heruntergefahren werden, sodass das Instandsetzungspersonal bei seinen Arbeiten der Gefahr nicht ausgesetzt wird (siehe auch Fallbeispiel in Abschnitt 10.1). Betriebspersonal ohne Zugangsberechtigung soll der Zugang zum Gefahrenbereich verwehrt bleiben.

12.3.5 Unabhängige Schutzebenen

Die unabhängige Schutzebene (*Independent Protection Layer*, kurz *IPL*) ist eine Einrichtung zur Reduzierung des Risikos einer Gefahr. Sie zeichnet sich durch eine hohe Zuverlässigkeit aus. Sie kann unter anderem durch administrative Maßnahmen oder einfache mechanische Komponenten realisiert werden. Administrative Maßnahmen sind etwa Prozeduren zur Prüfung der Komponenten nach Prüfintervallen.

Mechanische Komponenten, die zur Sicherheit beitragen, sind z. B.:

- Auffangbehälter für Chemikalien,
- die Absperrung für einen eingeschränkten Zugang,
- Sprinklerköpfe in Brandlöschanlagen,
- Bruchscheiben an Kesseln, die bei Überdruck brechen, damit Material austreten kann, oder
- Sollbruchstellen an Mechanik, die bei Überlast brechen, um Güter zu schützen.

Zusammenfassend ist ein *IPL* ein Schutzebene, die das Risiko einer Gefahr erheblich reduziert (mindestens um das 100-Fache) und die eine hohe Zuverlässigkeit bzw. Verfügbarkeit hat. Damit ein *IPL* als solcher bezeichnet werden kann, muss er die in Tabelle 12.2 gezeigten Eigenschaften haben:

Eigenschaft	Beschreibung
Spezifische Wirksamkeit	Schutzebenen müssen für eine spezifische Anforderung entwickelt werden.
Unabhängigkeit	Schutzebenen müssen völlig unabhängig von anderen Schutzebenen arbeiten.
Zuverlässigkeit	Die Schutzebene muss zuverlässig vor den Folgen einer auftretenden Gefahr schützen.
Prüfbarkeit	Die Schutzebene soll sicher getestet und gewartet werden können.

Tabelle 12.2 Eigenschaften eines IPL

Die folgende Liste zeigt Beispiele für *IPL*, wenn sie die oben genannten Eigenschaften vorweisen:

- *BPCS*,
- Alarme und Eingriffe durch Bedienpersonal,
- *SIS*,
- physikalische Einrichtungen (z. B. Bruchscheiben, Sollbruchstellen) sowie
- Notfallmaßnahmen.

Die Beispiele in der Liste werden nicht als *IPL* betrachtet. Aber ein *IPL* kann Teile davon enthalten:

- Training,
- Prozeduren,
- Test,
- Wartung,
- Kommunikation,
- Schilder und
- Feuerschutz.

Das letzte Beispiel aus der Liste oben, Feuerschutz, ist ein sehr allgemeiner Begriff und könnte als *IPL* realisiert sein. Zum Beispiel ist die Anbringung von Feuerlöschflaschen in Räumen kein *IPL* (Voraussetzungen in Tabelle 12.2 sind nicht erfüllt). Aber eine vollständig installierte Sprinkleranlage mit den Komponenten Druckbehälter, Pumpen, Zuleitungen, Ventile und Sprinklerköpfe kann als solche angesehen werden.

12.3.6 SIS als IPL

Falls ein *SIS* die oben genannten Eigenschaft besitzt, wird diese auch als *IPL* angesehen. Über ein *SIS* können mehrere Sicherheitsfunktionalitäten realisiert sein. Diese werden als *Safety Instrumented Function*, kurz *SIF*, bezeichnet. Das ist eine Funktion des Sicherheitssystems, das nach Auftreten einer Gefahr das System in einen sicheren Zustand bringt.

In Abbildung 12.3 wird ein *SIS* dargestellt mit zwei *SIF*, in der Mitte eine *SPS*, die Sensorwerte aufnimmt und Aktoren für eine Sicherheitsfunktion steuert. Die *SIF* sollte eigene Sensoren und Aktoren (also nicht die Sensoren und Aktoren der *BPCS*) verwenden. In der Abbildung steuert eine *SPS* die Sicherheitsfunktionen. Falls sie also ausfällt, fallen alle *SIF* aus, und so ist sie ein *SPOF*. Bei den Sicherheitsbetrachtungen kann der *Safety Engineer* annehmen, dass Ausfälle der *SIF* unabhängig sind (also disjunkt). Es muss dann die Annahme gelten, dass die *SPS* sehr zuverlässig ist. Damit kann die Berechnung durch Summierung der Ausfallhäufigkeiten (*PFD*) vereinfacht werden.

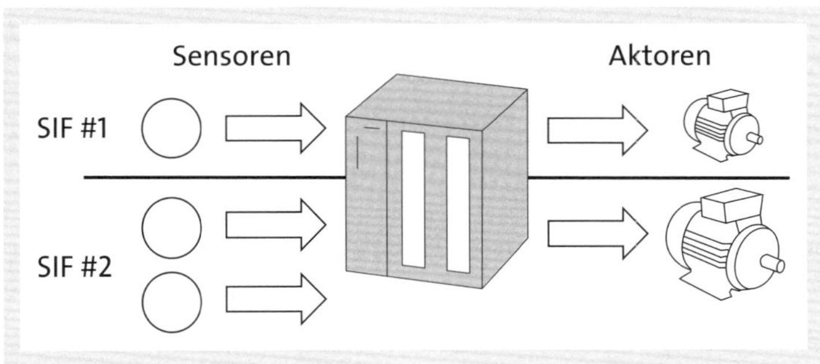

Abbildung 12.3 SIS und SIF

Da es mehrere Sicherheitsfunktionalitäten gibt, um die unterschiedlichen Gefahren zu adressieren, ergibt es keinen Sinn, einem *SIS* einen einzigen *SIL* zuzuordnen. Die Zuordnung von *SIL* geschieht also auf der *SIF*-Ebene.

Wesentliche Bestandteile des *IPL* sind, wie oben in Tabelle 12.2 genannt, Wirksamkeit, die Unabhängigkeit und die Prüfbarkeit. So können auch einfache Alarmsysteme als *IPL* angesehen werden. Bezogen auf das Fallbeispiel in Abschnitt 12.1, waren im Tunnel Telefonleitungen installiert, damit Personen bei Unglück eine Zentrale informieren können. Es müssen alle Komponenten des *IPL* in Betracht gezogen werden, um die Funktionalität des Alarmsystems sicherzustellen.

So ist die Telefonleitung eine wichtige Komponente. Ohne sie kann die Zentrale nicht über einen Vorfall informiert werden. Deswegen muss in regelmäßigen Intervallen die Telefonleitung geprüft werden. Das setzt voraus, dass die Telefonprüfung im Instandsetzungsplan enthalten ist. Auch die Telefonleitung muss stets geprüft werden, um die Wirksamkeit des *IPL* sicherzustellen.

12.3.7 Risikoreduzierung durch Aneinanderreihung der Schutzebenen

Bisher wurden bereits typische Schutzebenen aufgezählt, deren Funktion es ist, das Risiko einer Gefahr zu minimieren. Bei Einsatz von mehreren Schutzebenen in Reihe kann das Risiko somit sukzessiv reduziert werden. Wenn die Schutzebenen unabhängig sind, also wenn sie ein *IPL* sind, vereinfacht sich die Berechnung durch die Multiplikationsoperation, siehe Formel [7.5]. Die Ausfallwahrscheinlichkeit der Schutzebenen bei Eintreten einer Gefahr *i* kann durch die Kenngröße $PFD_i(P,B,A,W,I)$ ausgedrückt werden. Aufgrund der Unabhängigkeit (siehe Tabelle 12.2) gilt Formel [12.1]:

[12.1] $$PFD_i(E,B,A,W,I) = PFD_i(E) \cdot PFD_i(B) \cdot PFD_i(A) \cdot PFD_i(W) \cdot PFD_i(I)$$

mit:

- *E*: Prozessentwurf
- *B*: **BPCS**
- *A*: Alarme
- *W*: Weitere Maßnahmen
- *I*: **IPL**

Abbildung 12.4 zeigt, wie das Risiko einer Gefahr durch Aneinanderreihung der Schutzebenen minimiert werden kann. Die Berechnung der Wahrscheinlichkeit des Ausfalls aller Schutzebenen kann durch Multiplikation erfolgen, siehe Formel [12.1].

Der *IPL* muss nun so ausgelegt werden, dass das Risiko der Gefahr in einen annehmbaren Bereich geschoben wird. Das ermittelte *SIL* hilft dabei, die Anforderungen an Hardware, Software etc. zu bestimmen. Tabelle 3.3 liefert die entsprechende Zuordnung der Ausfallwahrscheinlichkeiten und des *SIL*.

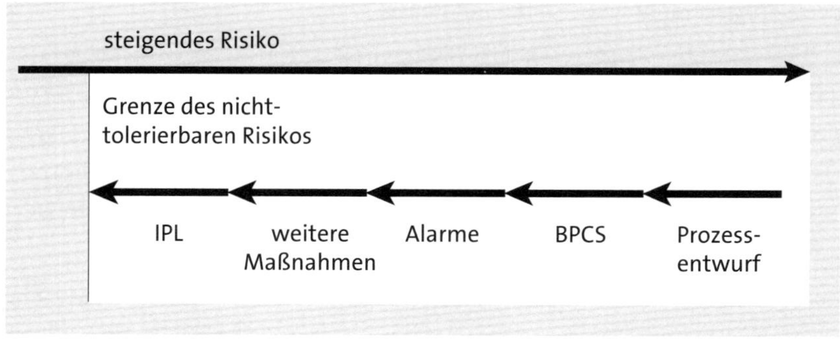

Abbildung 12.4 Risikominimierung

12.4 Layer-of-Protection-Analyse, die Erweiterung von HAZOP

Die *Layer-of-Protection-Analyse*, kurz *LOPA*, ist eine Methode zur Risikountersuchung für alle ermittelten Gefahren. Am Anfang der Analyse können die Daten aus der *HAZOP*-Analyse entnommen werden, siehe Abschnitt 8.5. Für jede Gefahr wird für den zu errichtenden *IPL* ein *SIL* ermittelt, das die Anforderung an das Sicherheitssystem vorgibt.

Die Analyse ist Teamarbeit. Der Projektleiter stellt ein Expertenteam auf, das aus Bedienpersonal, Ingenieur mit Prozesswissen, Instandsetzungspersonal und *Safety Engineers* besteht. Mindestens eine Person aus dem Team sollte *LOPA*-Erfahrung haben.

Daten wie *Cause* und *Consequence* sind bereits aus dem *HAZOP* vorhanden und können direkt übernommen werden. Daraus können die Einträge *Impact Event* und *Initiating Cause* entnommen und in die *LOPA*-Tabelle (siehe Tabelle 12.5) übertragen werden. Die Norm *IEC-61511* [14] gibt für den Eintrag bei *Severity Level* drei Optionen an, siehe Tabelle 12.3. Aus Tabelle 12.1 kann die Wahrscheinlichkeit einer Gefahr entnommen werden, die nicht durch das *BPCS* erkannt wurde.

Severity Level	Beschreibung
Vernachlässigbar (M), für *Minor*	Konsequenzen sind nicht erheblich; keine Maßnahmen sind notwendig.
Schwerwiegend (S), für *Serious*	Konsequenzen ergeben schwerwiegende Verletzungen oder Tod.
Sehr schwerwiegend (E), für *Extensive*	Konsequenzen sind sehr schwerwiegend, fünfmal schwerwiegender als (S).

Tabelle 12.3 Severity Level

Der Eintrag *Initiation Likelihood* in der *LOPA*-Tabelle gibt die Häufigkeit des unerwünschten Ereignisses an. Die Bestimmung benötigt Erfahrung und ist oftmals eine Entscheidung des Expertenteams. So können aus historischen Daten (z. B. aufgezeichneten Ausfällen eines Geräts) auf diesen Wert zurückgeschlossen werden. Die Norm *IEC-61511* [14] gibt als Hilfestellung Tabelle 12.4 zur Bestimmung der Häufigkeit f an.

Kurz Beschreibung	Beschreibung	Häufigkeit f pro Jahr
Sehr selten, *Low*	Sehr geringe Wahrscheinlichkeit des Auftretens eines Ereignisses zur Laufzeit des Systems.	$f < 10^{-4}$

Tabelle 12.4 Initiation Likelihood

Kurz Beschreibung	Beschreibung	Häufigkeit f pro Jahr
Selten, *Medium*	Geringe Wahrscheinlichkeit des Auftretens eines Ereignisses zur Laufzeit des Systems.	$10^{-4} < f < 10^{-2}$
Häufig, *High*	Mit einem Ausfall kann zur Laufzeit des Systems gerechnet werden.	$10^{-2} < f$

Tabelle 12.4 Initiation Likelihood (Forts.)

12.4.1 Protection Layers

Die Einträge der Spalten *Safeguards* und *Action Required* der *HAZOP*-Methode (siehe Tabelle 8.5) sind Grundlagen für die Maßnahmen zur Risikominimierung durch Schutzebenen (*Protection Layers*). Es gilt hierbei anzumerken, dass ein vorgeschlagener *Safeguard* aus der *HAZOP*-Tabelle nicht notwendigerweise ein *IPL* ist, wenn z. B. eine der Eigenschaften aus Tabelle 12.2 nicht gegeben ist.

Wie oben bereits beschrieben, enthält das *General Process Design* einen Wahrscheinlichkeitswert $PFD_i(E)$, der allein durch den Entwurf des Systems oder Geräts das Risiko einer Gefahr vermindert. Als Beispiel wurde bereits die Errichtung von zwei Tunnelröhren für den Hin- und Rückverkehr genannt.

Der nächste Parameter, $PFD_i(B)$, gibt einen Wahrscheinlichkeitswert für die Reduzierung der Gefahr durch Steuerung oder Regelung des technischen Prozesses an. Aus der *IEC-61511* [14] kann dafür ein Richtwert entnommen werden (siehe Tabelle 12.1).

Die Auslösung eines Alarms kann das Risiko einer Gefahr weiter reduzieren, wenn das Bedienpersonal genügend Zeit hat, auf das Ereignis zu reagieren. Die Wahrscheinlichkeit für eine Fehlbedienung nach Alarmauslösung ist $PFD_i(A)$.

Unter *Additional Mitigation* versteht der *Safety Engineer* Maßnahmen mechanischer oder prozeduraler Natur. Ein Schutz kann z. B. durch eine Sollbruchstelle erreicht werden, oder ein Zugang zu einem Gefahrenbereich kann durch einen Zaun und eine Ausweiskontrolle mit Protokollierung verhindert werden. Diese Wahrscheinlichkeit zur Risikominimierung wird mit $PFD_i(W)$ angegeben.

Zuletzt gibt es den *IPL*, der die letzte Ebene zur Reduzierung der Gefahr ist. Oftmals ist diese ein *SIS*, wenn die Eigenschaften aus Tabelle 12.2 eingehalten werden. Die Wahrscheinlichkeit, dass das *SIS* nicht funktioniert, wird hier mit $PFD_I(I)$ angegeben.

	Protection Layers											
No.	Impact Event	Severity level	Initiating Cause	Initiation likelihood	General process design	BPCS	Alarms	Additional mitigation, restricted access	IPL	Intermediate event	PFD of SIF	Event likelihood

Tabelle 12.5 Lopa-Tabelle

12.4.2 Auswertung der LOPA

Das Zwischenergebnis $f(Z)_i$ wird in Tabelle 12.5 bei *Intermediate Event* eingetragen. Dabei handelt es sich um eine quantitative Berechnung aus den zuvor ermittelten Wahrscheinlichkeitswerten. Sie ist eine Angabe über die Häufigkeit des unerwünschten Ereignisses unter Berücksichtigung aller Maßnahmen. Der Wert wird durch Multiplikation der einzelnen Wahrscheinlichkeitswerte PFD_i und der Ereignishäufigkeit f_i, siehe Formel [12.2], ermittelt.

[12.2]
$$f(Z)_i = PFD_i(E) \cdot PFD_i(B) \cdot PFD_i(A) \cdot PFD_i(W) \cdot PFD_i(I) \cdot f_i$$

Die Häufigkeit f_i ist eine Angabe, die bereits das Zeitintervall von einem Jahr impliziert (siehe Tabelle 12.4), sodass die Häufigkeit f_i und das Zwischenergebnis $f(Z)_i$ keine Einheiten sind. Für die korrekte Berechnung müssen sich alle ermittelten Wahrscheinlichkeitswerte auf ein gemeinsames Zeitintervall beziehen (also in der Regel ein Jahr). Die erforderliche PFD_i (in der Tabelle die Spalte *PFD of SIF*) wird aus der gestellten Anforderung (PFD_{req}) und aus dem ermittelten Zwischenergebnis $f(Z)_i$ (Spalte *Intermediate Event*), Formel [12.2], bestimmt. Formel [12.3] zeigt die Berechnung.

[12.3]
$$PFD_i = \frac{PFD_{req}}{f(Z)_i}$$

Das geforderte *SIL* für eine *SIF* wird über Tabelle 3.3 ermittelt. Die letzte Spalte *Event Likelihood* der *LOPA*-Tabelle (siehe Tabelle 12.5) ist die Angabe der Häufigkeit eines unerwünschten Ereignisses. Diese wird durch Multiplikation des PFD_i mit dem Zwischenergebnis $f(Z)_i$ bestimmt.

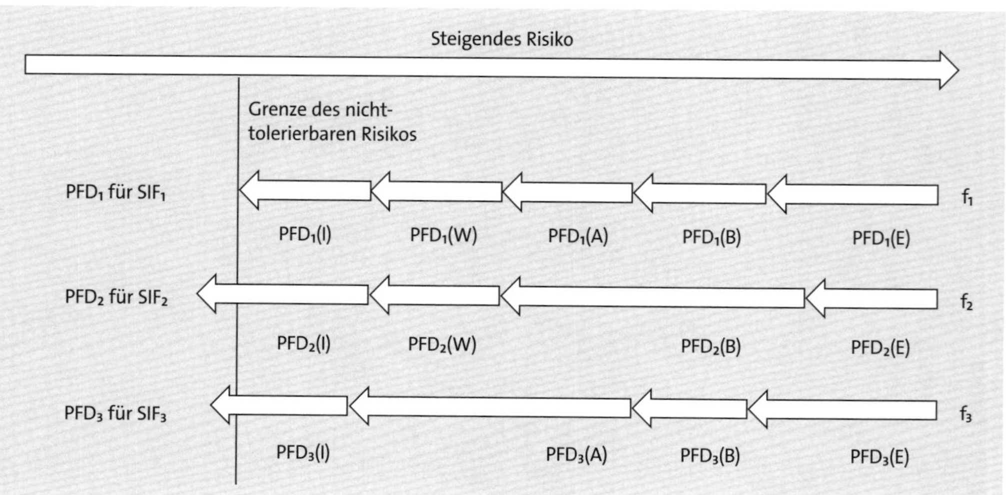

Abbildung 12.5 PFD-Bestimmung für jedes einzelne SIF

Die zuvor beschriebene Berechnung gilt nur für eine Gefahr und wird in einer Reihe der *LOPA*-Tabelle dargestellt. Durch die *HAZOP*-Analyse ergeben sich weitere Gefahren, deren Risiken über *LOPA* der Reihe nach ausgewertet werden. Somit werden sukzessiv alle PFD_i und deren *SIL* für SIF_1 bis SIF_n bestimmt. Abbildung 12.5 deutet dies an.

In jeder Reihe der *LOPA*-Tabelle ist eine Gefahr *i* mit Ursache und Folge (*Cause* und *Consequence*) eingetragen, bei der eine Risikominimierung durchgeführt wird. Das SIF_i realisiert eine Minimierung der Gefahr *i*, aus der sich ein PFD_i ergibt. Die Abbildung zeigt auch, dass nicht alle Schutzebenen effektiv sind. So fehlt für die Gefahr 2 der Alarm. Bei Verwendung der Formel [12.2] wird dann für $PFD_2(A)$ die Wahrscheinlichkeit auf eins gesetzt.

Um die Wahrscheinlichkeit eines Ausfalls für das gesamte sicherheitsgerichtete System zu bestimmen, können die PFD_i-Werte über alle *n* Gefahren aufsummiert werden, siehe Formel [12.4]. So erhält der *Safety Engineer* einen Gesamtüberblick und kann diesen Wert mit der Sicherheitsanforderung des Unternehmens abgleichen. Falls der Wert noch zu hoch ist, müssen weitere Maßnahmen getroffen werden.

12

$$PFD_{ges} = \sum_{i=1}^{n} PFD_i \qquad [12.4]$$

Formel [12.4] gilt nur dann, wenn die Gefahren disjunkt voneinander sind. Da dies oftmals nicht der Fall ist, kann die Formel zur Ermittlung eines Schätzwerts dienen.

12.5 Anwendung von LOPA am Fallbeispiel

Nun soll eine vereinfachte Anwendung der *LOPA*-Methode am Fallbeispiel 12.1 gezeigt werden. Der Einsatz von *LOPA* ist größtenteils in der Prozessindustrie zu finden. Dennoch wird in der *IEC-61508* [8] angegeben, dass sie auch auf andere Bereiche anwendbar ist.

Die zu untersuchende Gefahr *U* ist der tödliche Auffahrunfall durch Fahrzeuge im Tunnel. So kann in der Spalte *Impact Event* »Fahrzeugunfall« eingetragen werden. Das *Severity Level* liegt bei »schwerwiegend«.

Aus statistischen Quellen, siehe Artikel [71], können die Unfallzahlen entnommen werden. So sind laut dieser Statistik im Jahr 2001 34 Menschen im Tunnel tödlich verunglückt. Hier ergibt sich eine Problematik mit der Häufigkeit 34 *pro Jahr*. Der Wert ist zu groß, um diese als Wahrscheinlichkeit über ein Zeitintervall von einem Jahr anzunähern (die Wahrscheinlichkeit wird angenähert durch Multiplikation der Häufigkeit mit einem Zeitintervall). Deswegen soll hier das Zeitintervall *Woche* gewählt werden, mit 52 Wochen pro Jahr. So ergibt sich die folgende angenäherte Wahrscheinlichkeit bezogen auf das Zeitintervall *Woche*.

[12.5] $$f_U = \frac{34}{52} = 0{,}65$$

Zu den *Protection Layers* liegen mir keine quantitativen Daten vor. Dennoch kann innerhalb eines eingeschränkten Rahmens beschrieben werden, welche Schutzebenen hier zum Einsatz kommen. Bezüglich des *General Process Design* wäre hier die zweite Tunnelröhre zu benennen, die Unfälle durch entgegenkommende Fahrzeuge ausschließen würde. Tatsächlich kann Artikel [72] entnommen werden, dass diese bereits in Planung ist. Wegen der nicht vorhandenen Daten wird $PFD_U(E)$ auf eins gesetzt.

Das Tunnelsystem hat kein *BPCS*, deswegen braucht es keine weitere Betrachtung. Die Wahrscheinlichkeit eines Ausfalls kann nicht angegeben werden. Deswegen wird $PFD_U(B)$ auf eins gesetzt werden.

In die Spalte *Alarms* in Tabelle 12.5 können die Verbesserungen der Notrufanlage, der Funkanlage und der Videoaufzeichnungen nach 2001 einbezogen werden. Laut Tabelle 12.1 ergibt sich dann:

[12.6] $$PFD_U(A) = 1{,}0 \cdot 10^{-1}$$

In der Spalte *Additional Mitigation, Restricted Access* kann die Ampelanlage und ein Tropfenzählsystem benannt werden. Bei Letzterem werden alle Fahrzeuge bei Einfahrt und Ausfahrt gezählt. Falls ein Höchstwert von Fahrzeugen im Tunnel erreicht wird, wird die Ampel auf Rot gestellt, sodass keine weiteren Fahrzeuge hineinfahren können. Ich schätze eine Reduzierung des Unfallrisikos auf ein Zehntel. Somit ergibt sich:

[12.7] $$PFD_U(W) = 1{,}0 \cdot 10^{-1}$$

Weitere *IPL* werden in diesem Beispiel nicht betrachtet, sodass hier der $PFD_U(I)$ auf eins gesetzt wird. Durch Multiplikation der Wahrscheinlichkeiten $PFD_U(A)$ und $PFD_U(W)$ ergibt sich ein *Intermediate Event*:

[12.8] $$\begin{aligned} f(Z)_U &= PFD_U(A) \cdot PFD_U(W) \cdot f_U \\ &= 0{,}1 \cdot 0{,}1 \cdot 0{,}65 = 0{,}0065 \end{aligned}$$

Die berechnete Wahrscheinlichkeit bezieht sich auf das Zeitintervall von einer Woche. Nach der Einrichtung von Sicherheitsmaßnahmen hat sich die Anzahl der Todesfälle durch Unfälle nach 2001 stark reduziert. So wurden zwischen 2009 und 2019 insgesamt noch acht Tote im Tunnel durch Unfälle gezählt. Dies ergibt eine Wahrscheinlichkeit von 0,015 pro Woche. So ist diese zwar noch doppelt so groß wie der berechnete Wert 0,0065, liegt aber in der gleichen Größenordnung.

12.6 Abschließende Bemerkungen

Das Beispiel in Abschnitt 12.5 soll nur der Veranschaulichung der Anwendung von *LOPA* dienen. Der größte Anwendungsbereich ist die Prozessindustrie, wobei nach *IEC-61508* [8] die Anwendung auf andere Bereiche zulässig ist.

Tatsächlich wurden nach dem Unglück im St.-Gotthard-Tunnel weitergehende Sicherheitsmaßnahmen eingeleitet. Insbesondere wurde das Belüftungssystem mit neuen Lüftungsklappen und Lüftungssteuerungen wesentlich verbessert, siehe auch Artikel [73]. Einer der Gründe für die hohe Anzahl an Toten lag darin, dass sich in einem langen Tunnelabschnitt giftige Gase sammelten. Die meisten Opfer erstickten daran. Schon 2001 galt das Belüftungssystem als veraltet, und es wurde im Zuge der Modernisierung auf den neuesten Stand gebracht.

Durch den entstandenen Rauch war das Sichtfeld der Opfer derart stark eingeschränkt, dass niemand aus dem Fahrzeug ausstieg, um sich in einen *Saferoom* zu retten. Deswegen wurde entschieden, Beleuchtung, Beschilderung, Markierungen und Fluchtwegsignalisierung mit Distanzangaben aufzubessern, um die Sicht bei Rauch und Ruß zu verbessern.

Eine weitere Maßnahme war die Einrichtung von Thermoportalen. Diese nehmen vor der Einfahrt in einen Tunnel Fahrzeuge mit Wärmebildkameras auf. Damit werden die durch Hitze auffälligen Fahrzeuge noch vor dem Tunnel gestoppt.

Kapitel 13
Zuverlässigkeitsblockdiagramme

Kapitel 10 hat Ihnen die Modellierungsmethode *Fehlerbaum* vorgestellt. Der Ausgang des Fehlerbaums ist immer ein unerwünschtes Ereignis. Alternativ zu dieser Modellierungsmethode werden in diesem Kapitel Zuverlässigkeitsblockdiagramme vorgestellt, bei denen die Funktion des Systems oder Geräts im Vordergrund steht. Dabei werden Komponenten seriell und parallel miteinander in Verbindung gebracht, damit so das Funktionsverhalten beschrieben werden kann. Komponenten, Baugruppen oder Bauteile sind nicht notwendigerweise die Elemente des Zuverlässigkeitsdiagramms. Es sind deren Fehlermöglichkeiten, die z. B. mit der *FMEA*-Methode aus Kapitel 8 ermittelt wurden. Eine Verwandtschaft zwischen Zuverlässigkeitsdiagrammen und Fehlerbäumen ist nicht zu leugnen, deswegen wird in diesem Kapitel unter anderem gezeigt, wie Zuverlässigkeitsblockdiagramme in Fehlerbäume und umgekehrt umgewandelt werden können.

Es werden Formeln präsentiert, die die Wahrscheinlichkeit der Zuverlässigkeit oder Verfügbarkeit abhängig von der Struktur des Systems oder Geräts quantitativ bestimmen. Da sich viele Systeme oder Geräte (unter anderem Sicherheitssysteme) durch Sensoren, Rechner (*Logic Solver*) und Aktoren (*Final Element*) darstellen lassen, kann die Systemstruktur durch Formeln einfach dargestellt werden. Aus den ermittelten quantifizierten Wahrscheinlichkeitswerten kann mit der zentralen Tabelle 3.3 die Sicherheitsanforderung als Kenngröße bestimmt werden.

13.1 Fallbeispiel: Jakarta Incident

Im Jahr 1982 startete ein Flugzeug des Typs Boeing 747 der British Airways mit mehreren Zwischenlandungen in London Richtung Auckland (siehe Artikel [74]). Die Flugroute führte über Jakarta in Indonesien. Indonesien ist ein Land mit vielen aktiven Vulkanen. Kurz vor dem Vorfall bemerkte die Crew über Indonesien das Entweichen von Rauch aus dem Belüftungssystem und eine Art von elektrischer Entladung an der Frontscheibe des Flugzeugs, siehe auch Artikel [75].

Plötzlich fiel eines der vier Triebwerke aus. Wenig später fiel ein zweites Triebwerk aus. Schlussendlich versagten alle Triebwerke, siehe auch Abbildung 13.1. Das Flugzeug konnte nur im Gleitflug weiterfliegen. Die Crew steuerte das Flugzeug zunächst in Richtung Ozean mit der Absicht, es im Wasser zu landen. Dabei war den Piloten durchaus bewusst, dass Wasserlandungen, insbesondere in der Nacht, sehr gefährlich sind. Die Crew setzte Notrufsignale ab, die wegen des schlechten Funkverkehrs falsch verstanden wurden. So hat das Bodenpersonal lediglich verstanden, dass nur ein Triebwerk ausgefallen ist.

Wenige Minuten nach dem Ausfall der Triebwerke konnte der Pilot ein Triebwerk wieder starten. Kurze Zeit später konnte er drei weitere Triebwerke starten. Der Pilot steuerte deshalb das Flugzeug zurück in Richtung Flughafen von Jakarta. Kurze Zeit später fiel aber eines der Triebwerke erneut aus.

Es war dem Piloten möglich, das Flugzeug nach Jakarta zu fliegen und den Landeanflug einzuleiten. Die Frontscheiben des Flugzeugs waren zur Landung komplett verdunkelt, sodass keine Landung auf Sicht mehr möglich war. Dennoch schaffte der Pilot zusammen mit der Crew, das Flugzeug über die Bordinstrumente zu landen.

Nach der Untersuchung des Vorfalls kam die Flugbehörde zur Erkenntnis, dass das Flugzeug eine Wolke aus Vulkanasche durchflogen hatte, siehe Artikel [76]. Die Wolke konnte dabei vom Radar nicht erkannt werden, da sie wenig Feuchtigkeit enthielt. Die feinen Partikel der Vulkanasche flogen in das Triebwerk und blieben an seine Komponenten hängen. So lösten die Partikel den Ausfall der Triebwerke aus. Als die Triebwerke durch den Sinkflug des Flugzeugs wieder abkühlt waren, kühlten sich auch die abgelagerten Partikel ab. Sie lösten sich durch die Kühlung von den Triebwerkskomponenten. Deswegen gelang es dem Piloten, die Triebwerke wieder zu starten.

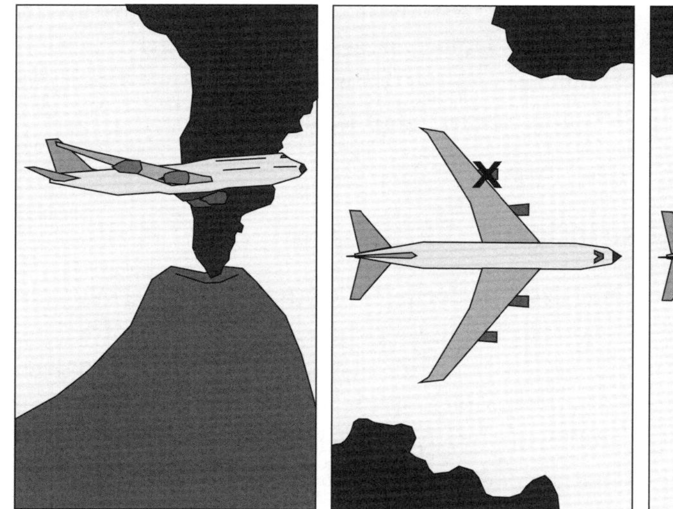
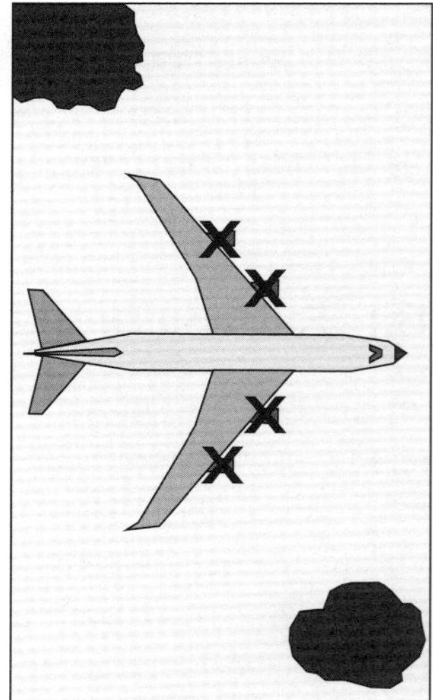

Abbildung 13.1 Jakarta Incident

13.2 Modellierung der Zuverlässigkeit

Zur Modellierung der Zuverlässigkeiten von Systemen sind Zuverlässigkeitsblockdiagramme (engl. *Reliability Block Diagram*, kurz *RBD*) eine oft verwendete Methode. Die Norm *IEC-61078* [77] beschreibt diese Diagramme und ihre Methoden, die zur Modellierung von Systemen angewendet werden können. Auch das Handbuch [78] liefert sehr umfangreiche Informationen über *RBD* mit dem Zweck, zuverlässige Systeme zu entwickeln. Bei *RBD* werden Komponenten eines Systems oder Geräts in Blöcke aufgeteilt und miteinander verbunden.

Es gibt zwei Möglichkeiten, Blöcke anzuordnen, und zwar in Serie und parallel. Abbildung 13.2 zeigt ein *RBD*-Modell für einen Regelkreis (*Feedback* des Regelkreises wird nicht gezeigt). Links beginnt das System mit einem Teilsystem aus drei Sensoren in einer Parallelstruktur (*Sensor Subsystem*). Diese soll andeuten, dass drei Sensoren redundant ausgelegt sind.

Es folgt ein Regler, der die Sensorwerte der drei Sensoren aufnimmt. Der Regler trifft die Entscheidung, welcher der drei Werte weiterverarbeitet werden. Diese Funktion wird auch *Voting* genannt. Der Regler wird meist mit einem Rechner (Industrie-PC) oder einer speicherprogrammierbaren Steuerung (*SPS*) über Software implementiert. In der Fachsprache wird dieses Teilsystem *Logic Solver* genannt, siehe auch Buch [79]. In seltenen Fällen wird der *Logic Solver* mit mehreren elektrischen Komponenten aufgebaut und verdrahtet, z. B. durch eine dedizierte Regelungselektronik.

Der Regler berechnet aus den Sensorwerten über ein Regelungsalgorithmus ein Stellwertsignal, das an ein Relais oder Stellglied weitergeleitet wird. Diese steuern dann den Aktor (z. B. einen Motor) an. Relais und Aktor werden als *Final Element*-Teilsystem bezeichnet und sind in Serie geschaltet. Die Komponenten Regler, Relais und Aktor sind in der Abbildung nicht redundant ausgelegt. Das bedeutet: Wenn einer dieser Komponenten ausfällt, dann fällt das komplette System aus.

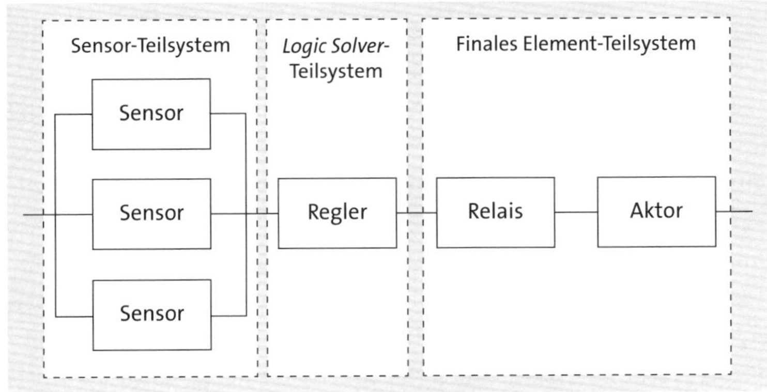

Abbildung 13.2 RBD-Modell einer Steuerung bzw. eines Regelkreises

13.2.1 Zuverlässigkeitsblockdiagramm und Funktionsblockdiagramm

Im Vordergrund bei *RBD* steht die Berechnung der Zuverlässigkeit. Demgegenüber gibt es Funktionsblockdiagramme (kurz *FBD*), bei denen Komponenten genauso als Blöcke dargestellt werden. Bei *RBD* werden allerdings den Blöcken Fehler- bzw. Ausfallmöglichkeiten zugeordnet. Das kann bedeuten, dass eine Komponente aus mehreren Blöcken besteht und jeder Block jeweils eine andere Fehlermöglichkeit repräsentiert. Abbildung 13.3 veranschaulicht dies mit einer Diode. Als Komponente kommt sie in der Abbildung nur einmal vor. Dennoch kann sie durch zwei Fehlermöglichkeiten ausfallen: Kurzschluss und Unterbrechung. Im *RBD* wird sie daher mit zwei Blöcken in Serie dargestellt. Der erste Block stellt die Fehlermöglichkeit Kurzschluss *K* dar, und der zweite Block die Fehlermöglichkeit Unterbrechung *U*. Tritt eine der beiden Fehlermöglichkeiten ein, hat das einen kompletten Ausfall der Komponente zur Folge.

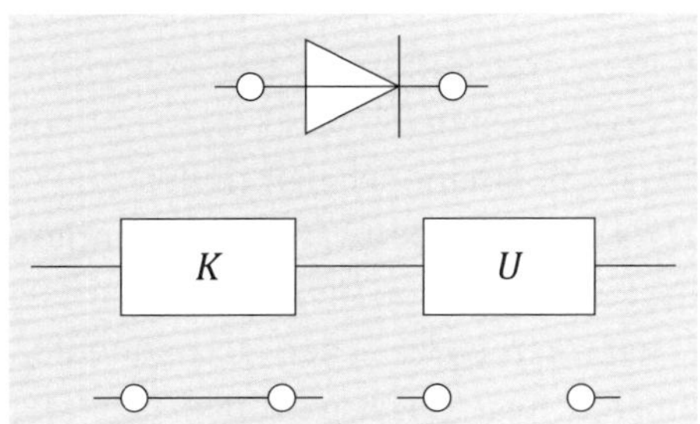

Abbildung 13.3 Fehlermöglichkeiten Kurzschluss und Unterbrechung

13.2.2 Zwei Beispiele von Quadschaltungen

Bei der Quadschaltung handelt es sich um die kombinierte Serien- und Parallelschaltung von vier Komponenten. Dabei sind meist zwei Komponenten jeweils vom gleichen Typ. Abbildung 13.4 zeigt ein Serien-Parallelsystem mit zwei redundant ausgelegten *MQTT*-Brokern (*Message Queuing Telemetry Transport*) am Eingang, dargestellt durch eine parallele Anordnung. Ein *MQTT*-Broker publiziert Botschaften, die eine beliebige Softwarekomponente abonnieren können. Abbildung 13.4 soll zeigen, dass sich zwei redundant ausgelegte SAP-Systeme bei dem Broker registrieren. Sie entscheiden durch *Voting*, von welchem MQTT-Broker die Botschaften angenommen werden. Fällt einer der MQTT-Broker z. B. durch Rechnerabsturz aus, werden beide SAP-Systeme ausschließlich die Botschaften des funktionsfähigen MQTT-Brokers annehmen. Beide SAP-Systeme könnten der gleichen Belastung ausgesetzt sein. Das bedeutet, dass beide Systeme Botschaften annehmen und gleichzeitig verarbeiten. Fällt eines der *SAP*-Systeme (z. B. durch Netzwerkausfall) aus, ist das zweite System weiterhin in Funktion.

Abbildung 13.4 Quadschaltung: Serien-Parallelstruktur

In Abbildung 13.5 wird ein Parallel-Seriensystem als Quadschaltung dargestellt. Hier gibt es zwei Serversysteme und zwei MQTT-Broker. Dabei ist einem Serversystem auch jeweils ein MQTT-Broker zugeordnet. Serversystem und MQTT-Broker sind in Serie. Beide Serversysteme publizieren ihre Botschaften an die zugeordneten MQTT-Broker. Die Komponente nach der Quadschaltung (nicht eingezeichnet) entscheidet dann durch Voting, welche Botschaft der beiden Serienstrukturen angenommen wird. Fällt eine der Komponenten (Serversystem oder MQTT-Broker) aus, ist der zweite Zweig bzw. Kanal nach wie vor funktionsfähig.

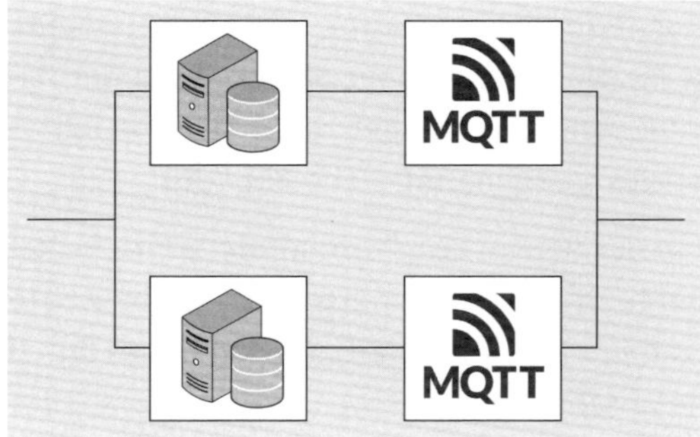

Abbildung 13.5 Quadschaltung: Parallel-Serienstruktur

13.2.3 Arten von Redundanzen

In Abschnitt 4.6 wurde bereits die Hardware- und Softwaretoleranz vorgestellt. Diese werden in der Regel eingesetzt, um die Zuverlässigkeiten von Systemen zu verbessern. So können sich bei einem redundanten Aufbau nach einem Ausfall Komponenten gegenseitig ersetzen. Es gibt folgende Arten von Redundanzen:

- **Heiße Redundanz:**
  Die Hauptkomponente und die redundante Komponente werden der gleichen Belastung ausgesetzt. Das Flugzeug in Fallbeispiel 13.1 etwa wird mit vier Turbinen

betrieben, und alle Turbinen sind beim Flug in Betrieb. Bei Ausfall einer Turbine kann das Flugzeug weiterfliegen.

- **Warme Redundanz:**
  Die redundante Komponente wird bis zum Ausfall der Hauptkomponente nur leicht belastet. Moderne Flugzeuge haben ein *Fly-By-Wire*-Bussystem, bei dem Steuersignale an die Ruder weitergeleitet werden. Diese Busse sind doppelt ausgelegt. So kann bei Ausfall des Hauptbussystems das redundante Bussystem die Übertragung von Steuersignalen übernehmen. Das redundante Bussystem wird vor dem Ausfall nicht genutzt, dennoch werden *Heartbeat*-Botschaften gesendet, um die Funktion sicherzustellen.
- **Kalte Redundanz:**
  Die redundante Komponente wird bis zum Ausfall der Hauptkomponente nicht belastet. Diese ist z. B. ein *Fly-By-Wire*-Bussystem, bei dem der redundante Bus zwar hochgefahren ist, aber keine Botschaften verschickt. Es werden also keine *Heartbeat*-Botschaften gesendet.
- **Redundanz durch Umschalten auf Reserve (Stand-by):**
  Bei Ausfall der Hauptkomponente wird eine redundante Komponente in Betrieb genommen. Zum Beispiel ist der redundante *Fly-By-Wire*-Bus bis zum Ausfall des Hauptbusses nicht in Betrieb. Erst nach dem Ausfall wird er in Betrieb genommen und übernimmt die Funktionalität der Hauptkomponente.

Die heiße Redundanz wird auch statische Redundanz genannt. Hauptkomponente und redundante Komponente erzeugen die gleiche Ausgabe. Oftmals wird der Zustand der Ausgabe zwischen beiden Komponenten verglichen, um einen Ausfall zu detektieren. Das nachgeschaltete Gerät wird *Voter* genannt, siehe Abbildung 13.6.

Die letzte Art der Redundanz (*Stand-by*) in der obigen Liste wird als dynamische Redundanz bezeichnet. Die Hauptkomponente muss stets durch einen Test (bzw. *Selftest*) kontrollieren, ob sie noch funktionsfähig ist. Beim Fehlerbaum kann dies durch ein *Spare*-Gatter modelliert werden, siehe Abschnitt 10.3.2.

Da die redundante Komponente erst nach einem Ausfall der Hauptkomponente hochgefahren wird, ist diese Art von Redundanz für sporadische Fehler ungeeignet. Sporadische Fehler sind Fehler, die plötzlich auftreten, aber oftmals ohne Erklärung wieder verschwinden. Die statische Redundanz kann diese Art von Fehler besser handhaben. Auch mathematisch lässt sich die statische Redundanz einfach beschreiben, da nach dem Ausfall die redundante Komponente bereits in Betrieb ist. Somit muss die Inbetriebnahme nicht modelliert werden, denn sie steht sofort zur Verfügung. Dies ist der Grund dafür, dass in den folgenden Abschnitten nur die statische Redundanz weiter betrachtet wird.

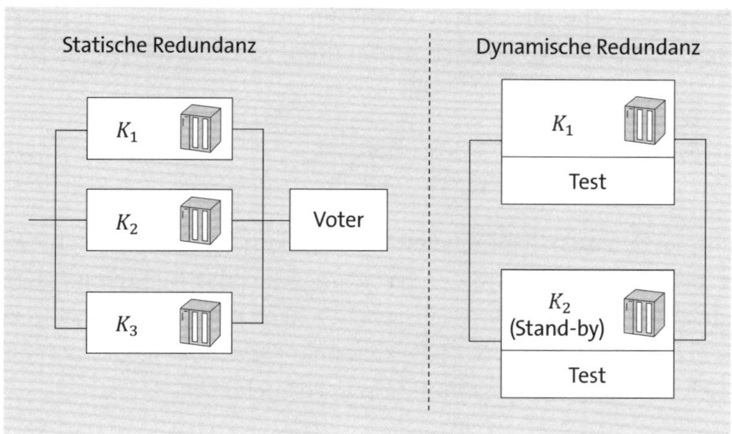

Abbildung 13.6 Statische und dynamische Redundanz

13.3 Strukturen mit RBD

13

Bereits im vorherigen Abschnitt wurde die Serien- und Parallelstruktur eines Regelkreises und zweier Quadschaltungen beschrieben. Im nächsten Abschnitt wird auf die mathematischen Modellierungsmöglichkeiten genauer eingegangen.

13.3.1 Zeitunabhängige Serien- und Parallelstrukturen

Die Fehlermöglichkeiten der Komponenten von Systemen oder Geräten, bei denen keine Redundanz eingerichtet ist, werden durch Blöcke in Serie dargestellt. Abbildung 13.2 zeigt bereits ein Beispiel, bei dem Regler, Relais und Aktor nur einfach vorhanden sind. Der Ausfall einer dieser Komponenten bedeutet den Ausfall des gesamten Systems. Es soll nochmals hervorgehoben werden, dass beim *RBD* der Block eine Ausfallmöglichkeit einer Komponente darstellt und nicht notwendigerweise eine Hardwarekomponente wie beim *FBD*. So können in Abbildung 13.3 die Blöcke *K* und *U* die Fehlermöglichkeiten *Kurzschluss* und *Unterbrechung* der Hardwarekomponente *Diode* darstellen.

Zeitunabhängige Serienstrukturen

Abbildung 13.7 zeigt allgemein die Darstellung der Fehlermöglichkeiten von Komponenten in einer Serienschaltung. Die Ereignisse K_i sind null bei Funktion der i-ten Komponente und eins bei Ausfall. Die Funktion $SER(\ldots)$ ist eins bei Funktion oder null bei Ausfall der Serienschaltung. So ergibt sich die Formel bei der Anwendung der booleschen Regeln aus Tabelle 10.2.

$$SER(K_1, K_2, \ldots, K_n) \quad = \overline{K_1} \cap \overline{K_2} \cap \ldots \cap \overline{K_n} \qquad [13.1]$$

Um die Zuverlässigkeitswahrscheinlichkeit zu ermitteln, muss der Erwartungswert von *SER* ermittelt werden. So ergibt sich nach Anwendung von Formel [7.5] die Formel [13.2]:

[13.2]
$$\begin{aligned} Pr\{SER(K_1, K_2, \ldots, K_n)\} &= Pr\{\overline{K_1} \cap \overline{K_2} \cap \ldots \cap \overline{K_n}\} \\ &= Pr\{\overline{K_1}\} \cdot Pr\{\overline{K_2}\} \cdot \ldots \cdot Pr\{\overline{K_n}\} \end{aligned}$$

Das Ereignis K_i beschreibt den Ausfall (durch den Wert eins) und das Nichtereignis $\overline{K_i}$ die Funktion (durch den Wert null). Wird der Erwartungswert des Nichtereignisses Pr $\{\overline{K_i}\}$ ermittelt, kann eine Zuverlässigkeitswahrscheinlichkeit p_i ihr zugeordnet werden. Da dies eine Momentaufnahme ist, wird die Zeitabhängigkeit der Blöcke vorerst ignoriert. Es ergibt sich die Zuverlässigkeitsfunktion in Formel [13.3].

[13.3]
$$R(p) = \prod_{i=1}^{n} p_i$$

Der Vektor p ist der Wahrscheinlichkeitsvektor $[p_1, p_2, \ldots, p_n]$ für die Funktion $R(p)$.

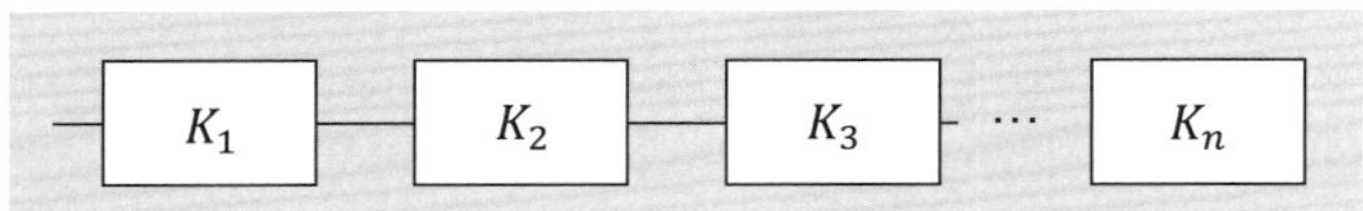

Abbildung 13.7 Serienschaltung

Alternativ kann auch die Fehlerwahrscheinlichkeit q_i als Beschreibung wegen der Beziehung zwischen $p_i = 1 - q_i$ dienen. Um die Fehlerwahrscheinlichkeit $F(q)$ der Serienstruktur zu bestimmen, kann $R(p)$ durch $1 - F(q)$ ersetzt werden und p_i durch $1 - q_i$. Dann ergibt sich Formel [13.4]. Der Vektor q ist ein Wahrscheinlichkeitsvektor $[q_1, q_2, \ldots, q_n]$.

[13.4]
$$F(q) = 1 - \prod_{i=1}^{n} (1 - q_i)$$

Um die Architektur einer Serienschaltung zuverlässiger zu entwickeln, müssen Komponenten derart ausgesucht werden, dass die Wahrscheinlichkeit geringer ist, auszufallen. Hier ist die Überdimensionierung die Methode der Wahl.

Zeitunabhängige Parallelstrukturen

Abbildung 13.2 zeigt bei den Sensoren eine Parallelstruktur. So soll dargestellt werden, dass die Sensoren redundant ausgelegt sind. Es soll sich dabei um eine *1oon*-Architektur handeln. Das bedeutet, dass mindestens eine Komponente in Funktion sein muss, damit die Parallelstruktur in Funktion ist. Die Funktion *PAR*(...) gibt die

Beziehung in Abhängigkeit der Ausfallereignisse K_i an, siehe Formel [13.5]. K_i ist ein Ereignis, das bei Ausfall den Wert eins annimmt und bei Funktion den Wert null.

$$PAR(K_1, K_2, \ldots, K_n) \quad = \overline{K_1 \cap K_2 \cap \ldots \cap K_n} \qquad [13.5]$$

Das Ergebnis von $PAR(\ldots)$ ist eins bei Funktion und null bei Ausfall.

Um die Zuverlässigkeitswahrscheinlichkeit zu erhalten, muss der Erwartungswert bei Anwendung der Formel [7.4] und der Formel [7.5] ermittelt werden, es ergibt sich Formel [13.6].

$$\begin{aligned} Pr\{PAR(K_1, K_2, \ldots, K_n)\} &= Pr\{\overline{K_1 \cap K_2 \cap \ldots \cap K_n}\} \\ &= 1 - Pr\{K_1 \cap K_2 \cap \ldots \cap K_n\} \\ &= 1 - Pr\{K_1\} \cdot Pr\{K_2\} \cdot \ldots \cdot Pr\{K_n\} \end{aligned} \qquad [13.6]$$

Wenn die Erwartungswerte $Pr\{K_i\}$ durch q_i bzw. $1 - p_i$ ersetzt werden, ergibt sich Formel [13.7]. Die Variable p ist der Wahrscheinlichkeitsvektor aus den Elementen $p_1, \ldots, p_n$.

$$R(p) = 1 - \prod_{i=1}^{n} (1 - p_i) \qquad [13.7]$$

13

Auch hier lässt sich die Formel umformen, indem $R(p)$ durch $1 - F(q)$ und p_i durch $1 - q_i$ ersetzt wird. Damit beschreibt die Formel die Ausfallwahrscheinlichkeit. Es ist nochmals anzumerken, dass die Formel den Ausfall von $n - 1$ Komponenten zulässt (also eine 1oo*n*-Architektur).

Die Formel [13.8] gibt somit die gesamte Fehlerwahrscheinlichkeit der Parallelstruktur mit den Fehlerwahrscheinlichkeiten q_i der einzelnen Komponenten an. Die Formel lässt den Ausfall von $1 - n$ Komponenten zu.

$$F(q) = \prod_{i=1}^{n} q_i \qquad [13.8]$$

Wie bereits angemerkt, ist die Variable q von $F(q)$ ein Wahrscheinlichkeitsvektor.

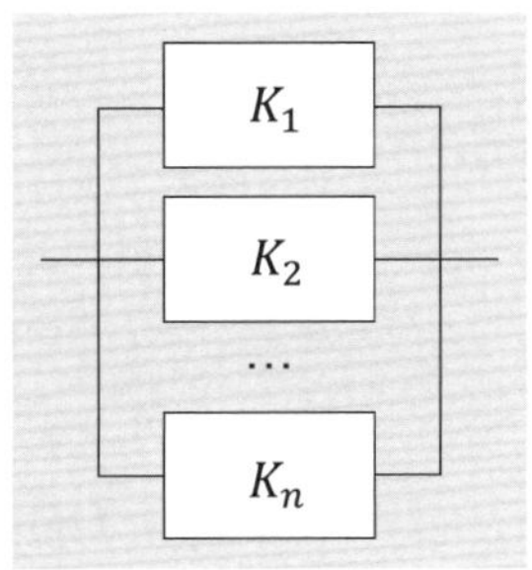

Abbildung 13.8 Parallelschaltung

In der Parallelstruktur werden gleichartige Komponenten redundant angeordnet. Somit steht dem Safety Engineer eine Methode zu Verfügung, ein System oder Gerät zuverlässiger zu konstruieren. Denn jede weitere redundante Komponente verbessert die Wahrscheinlichkeit der Funktion.

13.3.2 Gemischte Strukturen

Um komplexere Systeme zu modellieren, können die seriellen und parallelen Strukturen kombiniert werden. Abbildung 13.9 zeigt eine allgemeine Serien-Parallelstruktur. Diese besteht aus *n* seriellen Teilsystemen, und jedes Teilsystem ist eine Parallelstruktur aus *m* Komponenten.

Die Zuverlässigkeit der *i*-ten Parallelstruktur wird durch die Formel [13.9] ausgedrückt, siehe auch Formel [13.3]:

[13.9]

$$R_i(p) = 1 - \prod_{j=1}^{m} F_{ij}\,(q)$$

Die Zuverlässigkeit der gesamten Serien-Parallelstruktur kann durch Anwendung der Formel [13.3] bestimmt werden:

[13.10]

$$R_{sp}(p) = \prod_{i=1}^{n} R_i\,(p) = \prod_{i=1}^{n} \left[1 - \prod_{j=1}^{m} F_{ij}\,(q) \right]$$

Der Vektor *p* ist der Wahrscheinlichkeitsvektor für die Funktion der einzelnen Komponenten, also $p = [p_{11}, p_{12}, \ldots, p_{nm}]$. Die Elemente des Vektors *p* sind die Wahrscheinlichkeitswerte der Funktion.

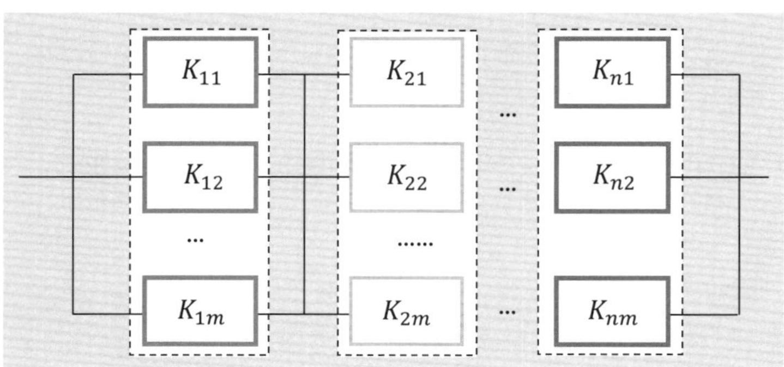

Abbildung 13.9 Serien-Parallelstruktur

Der zweite Strukturtyp ist die Parallel-Serienstruktur. Ein Beispiel dafür stellt Abbildung 13.10 dar. Hier sind *m* serielle Stränge von Komponenten zu einer Parallelstruktur angeordnet. Die Ausfallwahrscheinlichkeit des *i*-ten seriellen Strangs lässt sich durch Formel [13.11] ausdrücken:

$$F_j(q) = 1 - \prod_{i=1}^{n} R_{ij}\,(p) \qquad [13.11]$$

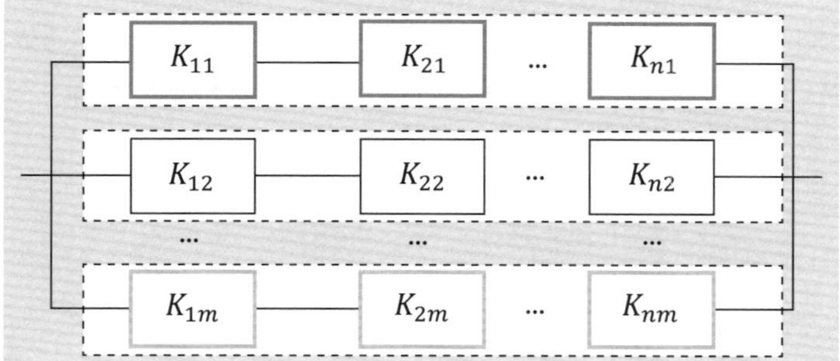

Abbildung 13.10 Parallel-Serienstruktur

Die seriellen Stränge können nun als *i*-te Komponenten behandelt werden, womit sich eine Parallelstruktur ergibt. Somit kann die Formel [13.7] angewendet werden. Es ergibt sich die Formel [13.12]:

$$R_{ps}(p) = 1 - \prod_{j=1}^{m} F_j\,(q) = 1 - \prod_{j=1}^{n} \left[1 - \prod_{i=1}^{n} R_{ij}\,(p)\right] \qquad [13.12]$$

13.3.3 RBD-Strukturen mit Vernetzungen

Systeme lassen sich nicht nur ausschließlich durch serielle und parallele Strukturen modellieren. Es gibt auch Systeme, in denen Material, Information oder Energie über die Ausgänge einiger Komponenten seitlich in eine serielle Struktur einfließen.

Abbildung 13.11 zeigt dieses Szenario mit Komponente K_5.

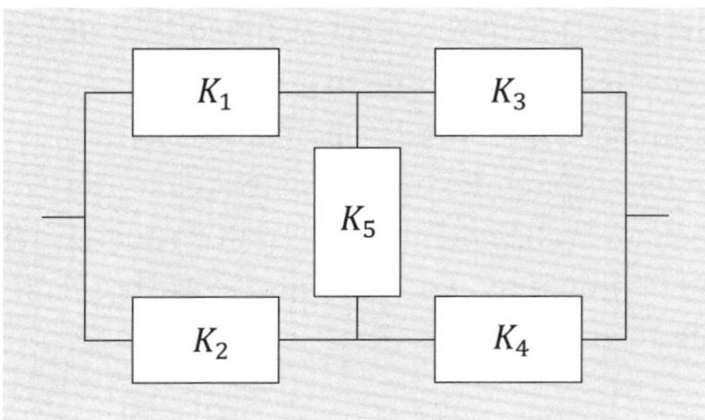

Abbildung 13.11 Vernetztes RBD

Die Berechnung der Wahrscheinlichkeiten für Zuverlässigkeit und Ausfall kann unter Umständen schwierig sein, da beim oberen und unteren Zweig des Diagramms in der Abbildung es nicht klar ist, ob es sich um eine Serienstruktur oder eine Parallelstruktur handelt.

Zur Lösung des Problems kann hier der *Zerlegungssatz von Shannon* angewendet werden. So kann das Modell in Abbildung 13.11 in zwei Strukturen zerlegt werden. Bei der ersten Struktur wird die Komponente K_5 kurzgeschlossen und durch eine Verbindung ersetzt. Bei der zweiten Struktur wird die Komponente K_5 offen gelassen, und die Verbindung fällt weg. Abbildung 13.12 zeigt beide Strukturen.

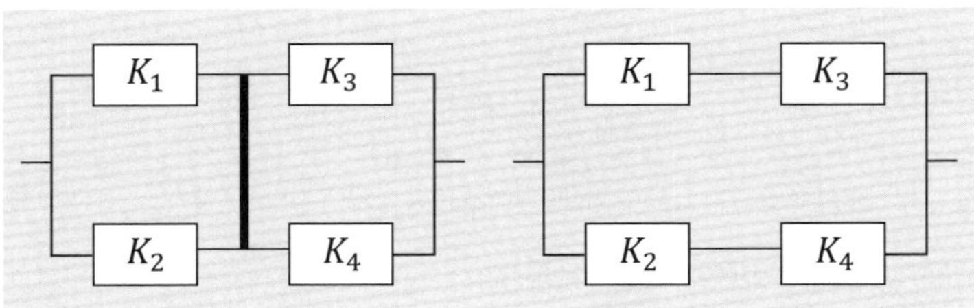

Abbildung 13.12 Zerlegung des RBD

Die Formel [13.13] zeigt in der ersten Reihe die allgemeine Darstellung der Ausfallwahrscheinlichkeit in Abhängigkeit der Ausfallwahrscheinlichkeiten $q_1,q_2,\ldots,q_i,\ldots,q_n$ der einzelnen Komponenten. Die i-te Komponente ist die Komponente, die durch Kurzschluss und Unterbrechung substituiert wird.

[13.13]
$$\begin{aligned} F(q) = & \; F(q_1, q_2, \ldots, q_i, \ldots, q_n) \\ = & \; q_i F(q_1, q_2, \ldots, 1, \ldots, q_n) + \\ & (1 - q_i) F(q_1, q_2, \ldots, 0, \ldots, q_n) \end{aligned}$$

Die zweite Reihe der Formel [13.13] mit der Wahrscheinlichkeit der ersten zerlegten Struktur ist in Abbildung 13.12 links dargestellt, die dritte Reihe mit der zweiten Struktur in der Abbildung rechts.In der zweiten Reihe wird q_i in $F(\ldots)$ durch Kurzschluss ersetzt, und q_i ist eins.

In der letzten Reihe wird q_i in $F(\ldots)$ durch einen Durchbruch ersetzt, und q_i ist null. Zur Berechnung der Ausfallwahrscheinlichkeit des Systems können nun die Wahrscheinlichkeiten der beiden Teilsysteme getrennt berechnet werden. Es handelt sich bei den beiden Strukturen jetzt um eine Serien-Parallelarchitektur und eine Parallel-Serienarchitektur. Multipliziert werden die beiden Wahrscheinlichkeiten in Formel [13.13] mit der Fehlerwahrscheinlichkeit q_i und $1 - q_i$ der i-ten Komponente, so wie der *shannonsche Zerlegungssatz* es vorgibt (siehe auch Kapitel 17).

13.3.4 Zeitabhängige RBD

Die Wahrscheinlichkeiten der zuvor betrachteten Systeme haben bisher keine zeitlichen Verläufe. Es wurde angenommen, dass die Wahrscheinlichkeiten konstant sind. Sie sind also Momentaufnahmen. Nun soll sich die Zuverlässigkeitswahrscheinlichkeit nach einiger Zeit ändern und wird eine Funktion der Zeit t. Bei der Annahme einer Exponentialverteilung kann die Zuverlässigkeit einer Komponente in Abhängigkeit der Zeit durch die Formel [7.42] modelliert werden.

Serienarchitektur

Die Zuverlässigkeitsfunktion einer Serienarchitektur errechnet sich aus den Zuverlässigkeitsfunktionen der Einzelkomponenten, siehe auch Formel [13.3]. Bei nicht konstanter Zuverlässigkeit der Komponenten (aber konstanter Ausfallrate) ergibt sich so bei n Komponenten in Serie die Formel [13.14]:

$$\begin{aligned} R_s(t) = &\ R_1(t) \cdot \ldots \cdot R_n(t) \\ = &\ e^{-\lambda_1 t} \cdot \ldots \cdot e^{-\lambda_n t} \\ = &\ \prod_{i=1}^{n} e^{-\lambda_i t} \end{aligned}$$ [13.14]

Der zeitliche Verlauf entspricht wieder einer Exponentialfunktion mit der Summe der Ausfallraten der einzelnen Komponenten als kombinierte Ausfallrate.

Eine Kennzahl für die Charakteristik der Zuverlässigkeitsfunktion ist die *MTTF*. Berechnet wird diese über die Formel [7.19]. So ergibt sich die Formel [13.15].

$$\begin{aligned} MTTF = &\ \int_0^\infty R_s(t)dt = \int_0^\infty \prod_{i=1}^{n} e^{-\lambda_i t}\, dt \\ = &\ \int_0^\infty e^{-\sum_{i=1}^{n} \lambda_i t}\, dt \\ = &\ \frac{1}{\sum_{i=1}^{n} \lambda_i} \end{aligned}$$ [13.15]

Parallelarchitektur

Hier soll die gleiche Annahme wie bei der Serienarchitektur gelten: Alle Ausfallraten sind konstant, und die Fehlerhäufigkeiten unterliegen einer Exponentialverteilung. Bei einer Parallelarchitektur mit zwei Komponenten (also zwei redundanten Komponenten) gilt für die Zuverlässigkeitswahrscheinlichkeit Formel [13.8]. Wird nun der zeitliche Verlauf betrachtet, ergibt sich die Formel [13.16]:

$$\begin{aligned} R_p(t) = &\ 1 - F_1(t) \cdot F_2(t) = 1 - \big(1 - R_1(t)\big) \cdot \big(1 - R_2(t)\big) \\ = &\ R_1(t) + R_2(t) - R_1(t) \cdot R_2(t) \end{aligned}$$ [13.16]

Formel [13.16] gilt nur für zwei unabhängige und unterschiedliche Komponenten, die redundant ausgelegt sind. Für *n* Komponenten, bei denen mindestens *d* Komponenten funktionieren müssen, kann die Binomialverteilung (siehe Formel [9.8]) angewendet werden. Die Komponenten unterliegen hier auch einem Zufallsexperiment, bei dem es nur zwei Zustände gibt: Funktion und Ausfall. Die Zuverlässigkeitswahrscheinlichkeit des Systems ergibt die Summe der Wahrscheinlichkeiten der Funktion-Ausfall-Kombinationen, bei denen mindestens *d* Komponenten in Funktion sind, siehe Formel [13.17].

[13.17]

$$R_p(t) = \sum_{i=d}^{n} \binom{n}{i} \cdot R_i(t)^i \left(1 - R_i(t)\right)^{n-i}$$

Architekturen, bei denen von *n* Komponenten *d* Komponenten in Funktion sein müssen, werden *doon*-Architekturen (*oo* steht für *out of*) genannt.

Auch hier kann Formel [7.19] angewendet werden, um die Kenngröße *MTTF* der Architektur zu erhalten. Bei der Exponentialverteilung werden die Zuverlässigkeitsfunktionen $R_1(t)$ und $R_2(t)$ durch Exponentialfunktionen (Formel [7.42]) ersetzt, siehe Formel [13.18].

[13.18]

$$\begin{aligned} MTTF &= \int_0^\infty R_p\,(t)dt \\ &= \int_0^\infty R_1\,(t) + R_2(t) - R_1(t) \cdot R_2(t)dt \\ &= \int_0^\infty e^{\lambda_1 t} + e^{\lambda_2 t} - e^{\lambda_1 t} \cdot e^{\lambda_2 t} dt \\ &= \frac{1}{\lambda_1} + \frac{1}{\lambda_2} - \frac{1}{\lambda_1 + \lambda_2} \end{aligned}$$

Da hier von zwei Komponenten eine Komponente in Funktion sein muss, ist dies eine Berechnung für eine *1oo2*-Architektur.

13.3.5 RBD und Fehlerbäume

Bereits in Kapitel 10 wurde die *FT*-Methode vorgestellt, bei der über Gatter Ereignisse kombiniert werden und so ein unerwünschtes Ereignis modelliert wird. Dabei ist das Ergebnis des *FT* ein Ausfall. Bei *RBD* verhält sich es umgekehrt. Hier ist das Ergebnis des Ausgangs die Funktion. *FT* und *RBD* lassen sich ineinander überführen. Abbildung 13.13 zeigt, wie eine *RBD*-Serienstruktur und eine *RBD*-Parallelstruktur jeweils einem *FT*-Gatter zugeordnet werden können.

Im oberen Teil der Abbildung ist die *RBD*-Serienstruktur abgebildet. Der Ausfall einer Komponente unterbricht den Pfad, und das bedeutet den Ausfall. Um dieses Verhalten mit einem *FT* zu modellieren, wird ein Oder-Gatter benötigt. Der Ausfall einer Komponente, dargestellt durch Basisereignisse am Eingang, führt zum Ausfall des Systems.

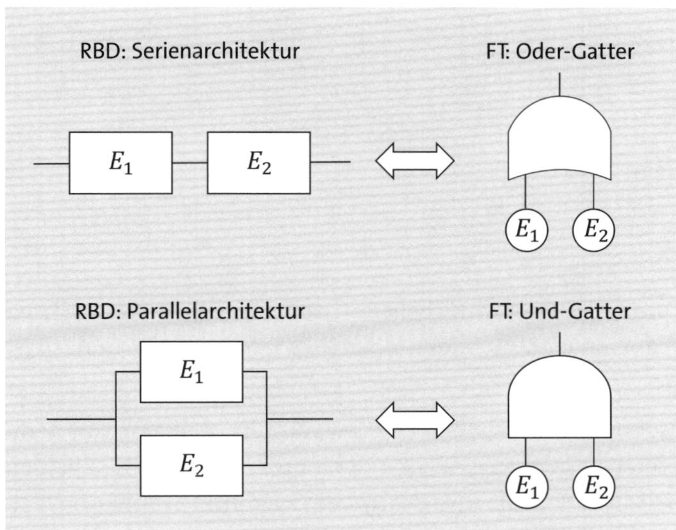

Abbildung 13.13 Parallel- und Serienschaltung beim Fehlerbaum

Der untere Teil der Abbildung zeigt die Parallelstruktur eines *RBD* als 1oo2-Architektur. Das System fällt nur dann aus, wenn beide Komponenten ausfallen. Es müssen also beide Pfade unterbrochen werden. Ein *FT*, realisiert mit einem Und-Gatter, entspricht diesem Verhalten. An den Eingängen sind zwei Basisereignisse, die den Ausfällen der Komponenten entsprechen. Nur beim Auftreten beider Ereignisse fällt das System oder Gerät komplett aus.

In Abbildung 10.4 wurde das Mehrheits-Oder-Gatter vorgestellt. Es stellt eine 2oo3-Architektur dar. Diese lässt sich als *RBD* darstellen, indem der *FT* mit Oder- und Und-Gatter aufgebaut wird, siehe rechte Seite in Abbildung 13.14. Damit das *FT* ein Ausgangsereignis erzeugt, müssen an den Eingängen mindestens zwei unterschiedliche Ereignisse auftreten. Auf der linken Seite ist das entsprechende *RBD* abgebildet. Das Und-Gatter des *FT* wird, wie Abbildung 13.13 bereits gezeigt hat, durch die Serienstruktur modelliert. Das Oder-Gatter führt die Zwischenereignisse zusammen und bettet die Serienarchitekturen in eine übergeordnete Parallelarchitektur ein.

Bei der Betrachtung des *RBD* kann es nur einen Ausfall geben, wenn alle Pfade der Parallel-Serienarchitektur unterbrochen sind. Dies ist dann der Fall, wenn mindestens zwei der drei Komponenten durch die Ereignisse $\{E_1,E_2\}$, $\{E_1,E_3\}$ oder $\{E_2,E_3\}$ ausfallen.

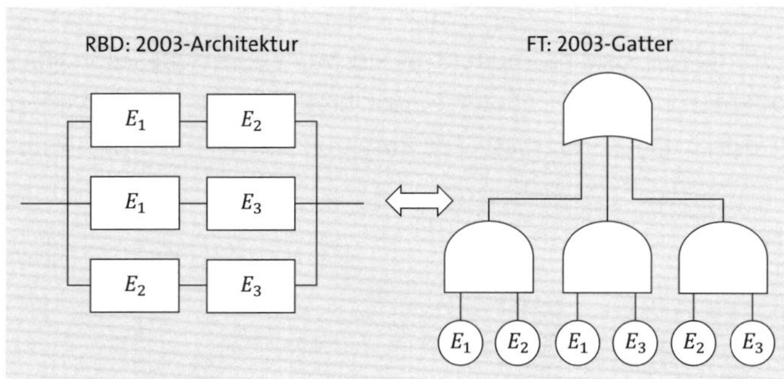

Abbildung 13.14 2oo3-System

13.3.6 doon-Architekturen

RBD von *doon*-Architekturen mit unterschiedlichen *d* haben unterschiedliche Strukturen. Abbildung 13.15 zeigt eine 1oo2-Architektur der Sensoren S_1 und S_2. Danach ist ein Motor *M* geschaltet.

Der Motor wird dann ausgeschaltet, wenn einer der beiden Sensoren eine Übertemperatur misst. Die Sensoren liefern ein Signal, und der Motor kann zwischen beiden wählen (*Voting*). Bei Ausfall eines Sensors wird das System weiterhin in Funktion bleiben, und somit ergibt sich ein *HFT* von eins.

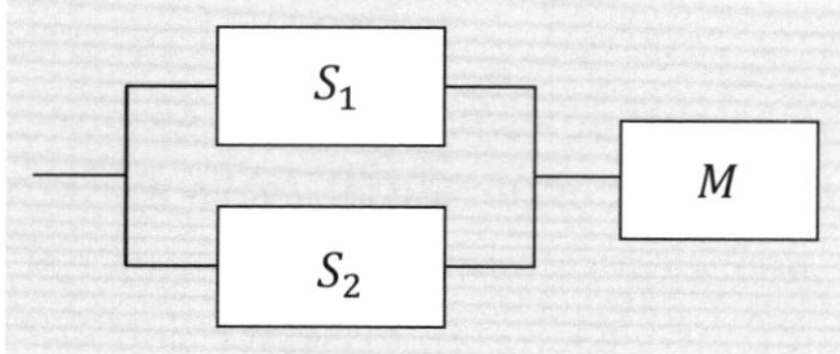

Abbildung 13.15 1oo2-Architektur mit Sensoren und Motor

Abbildung 13.16 zeigt eine 2oo2-Architektur. Hier werden beide Sensoren S_1 und S_2 benötigt, um den Motor *M* abzustellen. Die Sensorwerte müssen also im gleichen Temperaturbereich liegen. Da beide Sensoren für die Steuerungsaufgabe gebraucht werden, gibt es hier ein *HFT* von null.

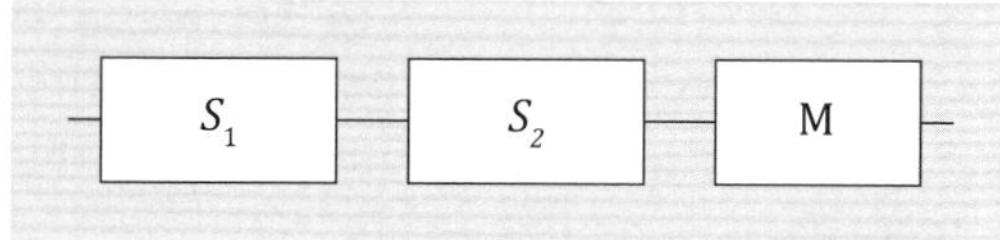

Abbildung 13.16 2oo2-Architektur mit Sensoren und Motor

Industrielle Anwendungen setzen verschiedene Arten von redundanten Teilsystemen ein, die oftmals in Eingangseinheiten (Sensoren), Rechnereinheiten (*Logic*

Solver) und Ausgangseinheiten (finales Element) aufgeteilt werden, siehe dazu auch Abbildung 13.2. Im Folgenden werden mehrere *doon*-Architekturen mit Eingang, Rechner und Ausgang betrachtet. Die *doon*-Architekturangabe wird sich immer nur auf die Rechnereinheit beziehen.

In den folgenden Abschnitten werden die Wahrscheinlichkeiten nur als Momentaufnahmen betrachtet. Damit fällt die Abhängigkeit von der Zeit weg. Um die Funktionswahrscheinlichkeit zu berechnen, können in Formel [13.17] die Zuverlässigkeitsfunktionen durch Zuverlässigkeitswahrscheinlichkeiten ersetzt werden. So ergibt sich Formel [13.19].

$$R_{doon} = \sum_{i=d}^{n} \binom{n}{i} p^i (1-p)^{n-i}$$ [13.19]

Diese Formel sagt aus, dass von den n redundanten Teilsystemen d Teilsysteme funktionsfähig sein müssen. Im Folgenden werden Beispiele für 1*oo*2-, 1*oo*3- und 2*oo*3-Architekturen gezeigt.

13

1oo2-Architektur

Abbildung 13.7 zeigt eine 1*oo*2-Architektur für das Rechnerteilsystem bestehend aus C_1 und C_2. Dabei sind Sensorteilsystem und Aktorteilsystem durch jeweils eine Komponente einfach ausgelegt. Das Sensorteilsystem hat die Funktionswahrscheinlichkeit p_E und das Aktorteilsystem die Funktionswahrscheinlichkeit p_A. Die Rechnerkomponenten sind vom gleichen Typ und haben demnach die gleiche Zuverlässigkeitswahrscheinlichkeit p_C.

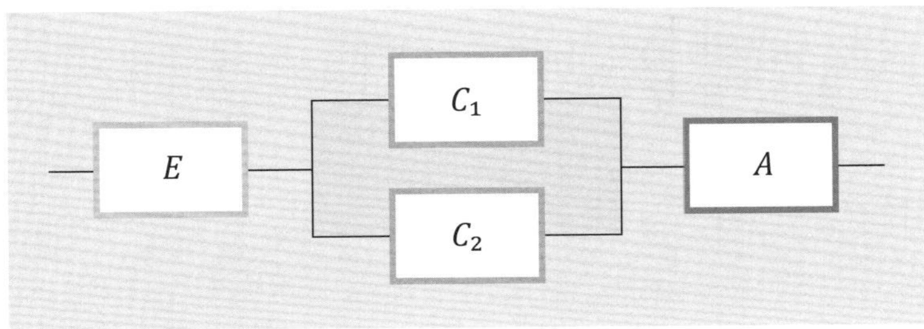

Abbildung 13.17 1oo2-Architektur

Zur Berechnung der Zuverlässigkeitswahrscheinlichkeit kann die Formel [13.3] angewendet werden, und es ergibt sich Formel [13.20].

$$R_{1oo2} = p_E \cdot \left[\sum_{i=1}^{2} \binom{2}{i} p_C^i (1-p_C)^{2-i} \right] \cdot p_A$$ [13.20]

Die Anzahl der Komponenten *n* des Rechnersystems ist zwei, und die Anzahl *d* der notwendigen Rechner in Funktion ist eins.

1oo3-Architektur

Abbildung 13.8 zeigt eine 1*oo*3-Architektur, bezogen auf das Rechnerteilsystem. Die Anzahl der redundanten Komponenten *n* ist demnach drei. Das Sensorteilsystem und das Aktorteilsystem sind in diesem Beispiel auch als 1*oo*3-Architekturen ausgelegt. Es dürfen bei allen Teilsystemen jeweils zwei Komponenten ausfallen, damit alle Teilsysteme funktionsfähig bleiben. So wird *d* eins zugeordnet.

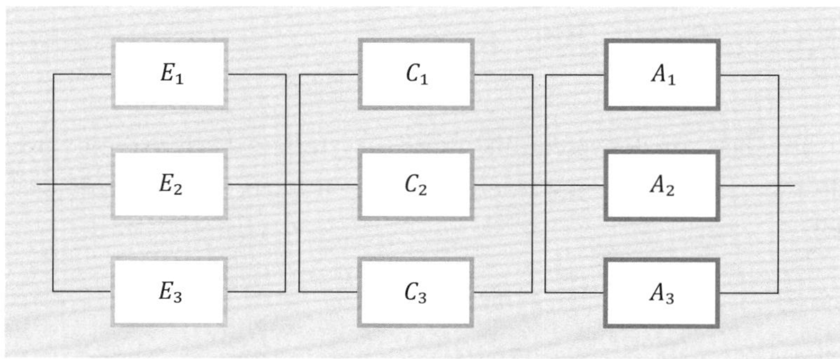

Abbildung 13.18 1oo3-Architektur

Es handelt sich hierbei um eine Serien-Parallelstruktur. Zur Berechnung der Gesamtzuverlässigkeit können Formel [13.3] und Formel [13.19] verwendet werden. So bestimmt Formel [13.21] die Zuverlässigkeitswahrscheinlichkeit.

[13.21]

$$R_{1oo3} = \left[\sum_{i=1}^{3} \binom{3}{i} p_E^i (1-p_E)^{3-i}\right] \cdot \left[\sum_{i=1}^{3} \binom{3}{i} p_C^i (1-p_C)^{3-i}\right] \cdot \left[\sum_{i=1}^{3} \binom{3}{i} p_A^i (1-p_A)^{3-i}\right]$$

2oo3-Architektur

Abbildung 13.19 zeigt eine 2*oo*3-Architektur. In dieser Architektur sind Eingang und Ausgang einfach ausgelegt. Lediglich das Rechnersystem hat eine Redundanz. Die Anzahl der *n* redundanten Komponenten ist drei. Dabei darf höchstens eine der Komponenten ausfallen, und damit ist *d* gleich zwei. Abbildung 13.14 zeigte bereits, wie eine 2*oo*3-Architektur als *RBD* dargestellt werden kann. Die Fehlermöglichkeiten der Komponenten C_1, C_2 und C_3 sind mehrmals in den Strängen vorhanden, sodass die Anordnung der Darstellung der 2*oo*3-Architektur entspricht.

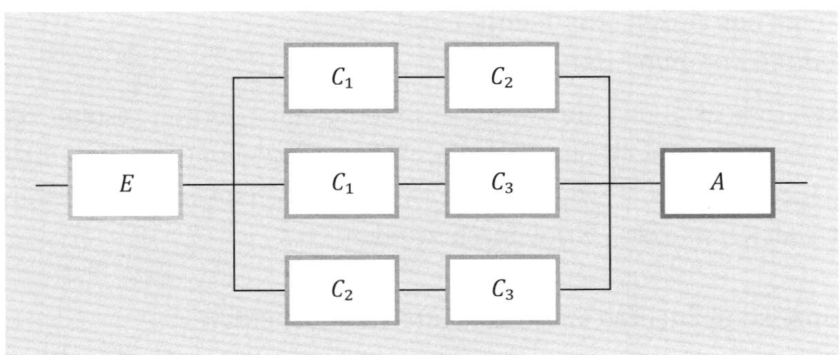

Abbildung 13.19 2oo3-Architektur

Da Eingang und Ausgang nur einfach ausgelegt sind, können ihre Funktionswahrscheinlichkeiten durch p_E und p_A beschrieben werden. Das Rechnersystem wird mit Formel [13.19] beschrieben, und so ergibt sich Formel [13.22] für das System oder Gerät.

13

$$R_{2oo3} = p_E \cdot \left[\sum_{i=2}^{3} \binom{3}{i} p_C^i (1 - p_C)^{3-i} \right] \cdot p_A \qquad [13.22]$$

1oo2-Architektur mit zeitlichem Verlauf

Für die Betrachtung der Zuverlässigkeitswahrscheinlichkeit in Abhängigkeit der Zeit kann die Wahrscheinlichkeit p_i durch die Funktion $R_i(t)$ ersetzt werden. Als Beispiel soll nur die 1oo2-Architektur aus Abbildung 13.17 aufgeführt werden. Formel [13.17] wird für das Rechnerteilsystem angewendet. Eingang und Ausgang bestehen lediglich aus einer Komponente, deren Funktionen $R_E(t)$ und $R_A(t)$ sind. So ergibt sich Formel [13.23].

$$R_{1oo2}(t) = R_E(t) \cdot [R_{C1}(t) + R_{C2}(t) - R_{C1}(t)R_{C2}(t)] \cdot R_A(t) \qquad [13.23]$$

Zur Berechnung der *MTTF* als Kenngröße für das System oder Gerät kann wieder Formel [7.19] herangezogen werden. Dabei werden die Zuverlässigkeitsfunktionen der Einzelkomponenten durch jeweils eine Exponentialfunktion (Formel [7.42]) angenähert. Es gilt nun, dass die Ausfallraten konstant sind. Durch die Integration der Zuverlässigkeitsfunktion $R_{1oo2}(t)$ ergibt sich Formel [13.24].

$$\begin{aligned} \mathrm{MTTF} &= \int_0^\infty \mathrm{R_{1oo2}(t)dt} \\ &= \int_0^\infty \mathrm{e^{\lambda_E t}\left[e^{\lambda_{C1} t} + e^{\lambda_{C2} t} - e^{\lambda_{C1} t} e^{\lambda_{C2} t}\right] e^{\lambda_A t} dt} \\ &= \frac{1}{\lambda_E + \lambda_{C1} + \lambda_A} + \frac{1}{\lambda_E + \lambda_{C2} + \lambda_A} - \frac{1}{\lambda_E + \lambda_{C1} + \lambda_{C2} + \lambda_A} \end{aligned} \qquad [13.24]$$

13.3.7 Teilsysteme aus Einzelkomponenten und aus redundanten Komponenten

Das System oder Gerät in Abbildung 13.7 hat ein redundantes Rechnersystem. Bei wirtschaftlicher Betrachtung stellt sich die Frage, ob die redundanten Komponenten durch eine einzelne Komponente ersetzt werden kann. Dennoch sollen hier keine Abstriche bezüglich der Kenngröße *MTTF* gemacht werden.

Vergleich von Einzelkomponenten mit redundanten Komponenten

In diesem Abschnitt soll ein redundantes Teilsystem durch eine Einzelkomponente ersetzt werden. Dabei sollen die beiden redundanten Komponenten vom gleichen Typ sein, sodass deren Ausfallraten gleich sind. Es wird eine konstante Ausfallrate angenommen, und somit entspricht der zeitliche Verlauf der Wahrscheinlichkeitsfunktion einer Exponentialfunktion. Abbildung 13.20 zeigt ein System oder Gerät mit einer Einzelkomponente (links) mit Kenngröße $MTTF_e$ und ein System mit zwei redundanten Komponenten (rechts) mit Kenngröße $MTTF_r$. Um beide Systeme für den Vergleich in Beziehung zu setzten, wird der Ansatz gewählt, $MTTF_e$ und $MTTF_r$ gleichzusetzen.

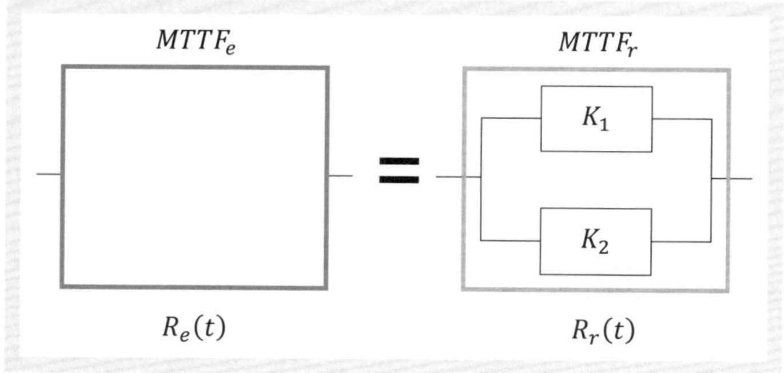

Abbildung 13.20 Einzelsystem und redundantes System

Für die Einzelkomponente (links in der Abbildung) kann nach Formel [7.20] folgende *MTTF* gesetzt werden, wenn sie die Ausfallrate λ_e hat.

[13.25]
$$MTTF_e = \frac{1}{\lambda_e}$$

Die Formel [13.18] gibt bereits das *MTTF* für die redundanten Komponenten mit den Ausfallraten λ_r an. Da beide Komponenten vom gleichen Typ sind, ergibt sich daraus Formel [13.26]:

[13.26]
$$MTTF_r = \frac{1}{\lambda_r} + \frac{1}{\lambda_r} - \frac{1}{\lambda_r + \lambda_r} = \frac{3}{2}\frac{1}{\lambda_r}$$

Durch Gleichsetzen von $MTTF_e$ und $MTTF_r$ ergibt sich die folgende Beziehung zwischen den Ausfallraten der Einzelkomponente und der redundanten Komponenten:

$$\lambda_e = \frac{2}{3}\lambda_r$$

Die Wahrscheinlichkeitsfunktionen der Einzelkomponente und der redundanten Komponenten können nun abhängig von einer einzigen Ausfallrate aufgestellt werden. Es folgen die Zuverlässigkeitsfunktionen für das Einzelteilsystem und das redundante Teilsystem:

$$\begin{aligned} R_e(t) &= e^{-\lambda_e t} = e^{-\frac{2}{3}\lambda_r t} \\ R_r(t) &= 2R_K(t) - R_K(t)R_K(t) = 2e^{-\lambda_r t} - e^{-2\lambda_r t} \end{aligned}$$ [13.27]

Es ergeben sich nun die zwei Funktionen $R_e(t)$ und $R_r(t)$, die beide abhängig von der Variablen λ_r sind. Über eine Darstellung der Kurvenverläufe können beide Funktionen verglichen werden. Abbildung 13.21 zeigt die Verläufe mit $\lambda_r = \frac{1}{66 \text{ Jahre}}$.

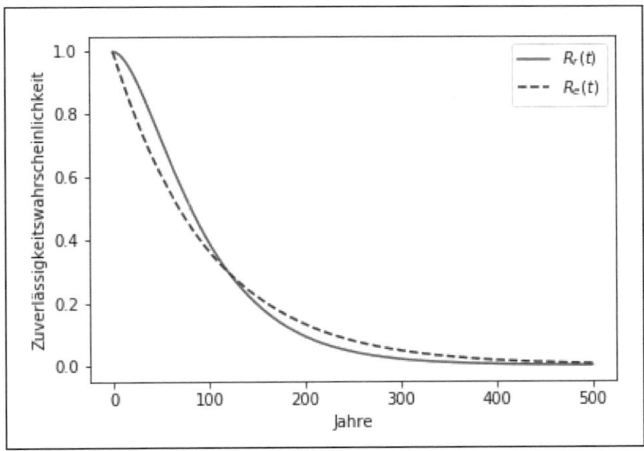

Abbildung 13.21 Zuverlässigkeitsfunktion eines Einzelsystems und redundanten Systems bei gleicher MTTF

In der Abbildung liegt der Verlauf des Teilsystems mit redundanten Komponenten anfangs über dem Verlauf des Teilsystems mit der Einzelkomponente. Es gibt einen Schnittpunkt, ab dem die Einzelkomponente bezüglich der Zuverlässigkeit günstiger ist. Dieser Schnittpunkt liegt bei ca. 110 Jahren. Daraus kann interpretiert werden, dass redundante Komponenten tatsächlich einen Vorteil (hier bis 110 Jahre) gegenüber Einzelkomponenten haben. Die Parameter der Funktionen wurden durch Gleichsetzen der *MTTF* ermittelt. Allerdings bedingt die Berechnung der *MTTF* eine Integration bis ins Unendliche (in der Abbildung bei 500 Jahren abgebrochen), sodass der Ansatz für diese Gleichsetzung meiner Meinung nach kritisch zu betrachten ist.

Vergleich von Teilsystemen aus identischen redundanten Komponenten mit nicht-identischen redundanten Komponenten

Abbildung 13.17 zeigt ein Rechnerteilsystem, das aus zwei Komponenten C_1 und C_2 besteht. Die Komponenten können diesmal unterschiedlich sein. Sie mögen sich nun die Frage stellen, was günstiger bezüglich des Ausfallverhaltens sein könnte: redundante Komponenten vom gleichen Typ oder unterschiedlichen Typs.

In Abbildung 13.22 werden zwei Flugzeuge mit jeweils zwei (redundanten) Turbinen dargestellt. Auf der linken Seite sind die Turbinen unterschiedlich, auf der rechten Seiten sind sie vom gleichen Typ. Die *MTTF* sind jeweils angegeben. In welches Flugzeug würden Sie einsteigen, wenn Sie an Ihre eigene Sicherheit denken?

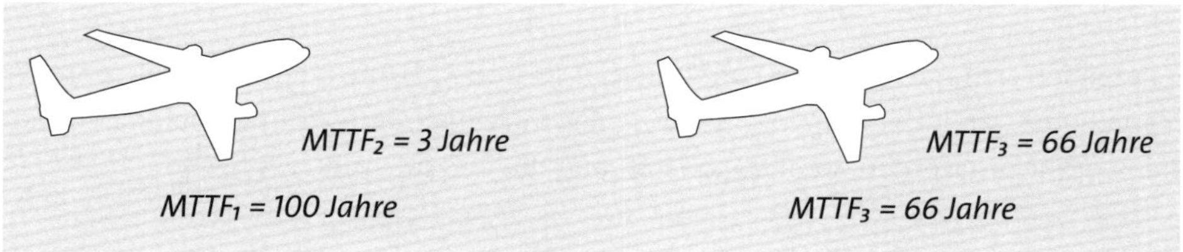

Abbildung 13.22 Flugzeugturbinen mit unterschiedlichen MTTF

Um die Frage zu beantworten, soll der Ansatz gewählt werden, die *MTTF* von beiden Flugzeugen gleichzusetzen. Abbildung 13.23 veranschaulicht dies: links das System mit den beiden nicht-identischen Typen, rechts mit den identischen Typen.

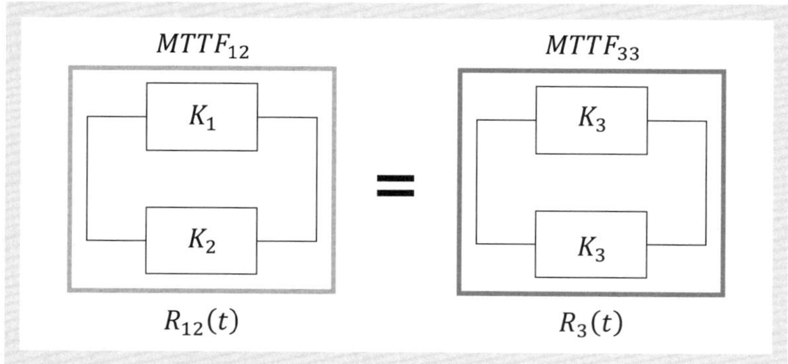

Abbildung 13.23 Redundantes System mit unterschiedlichen Komponenten und gleichen Komponenten

Oben wurde bereits das *MTTF* für ein redundantes System hergeleitet. Unten sehen Sie in Formel [13.28] in der ersten Reihe das *MTTF* für die Systeme mit nicht-identischen Komponenten ($MTTF_{12}$) und in der zweiten Reihe mit identischen Komponenten ($MTTF_{33}$).

$$\begin{aligned} MTTF_{12} &= \frac{1}{\lambda_1} + \frac{1}{\lambda_2} - \frac{1}{\lambda_1 + \lambda_2} = MTTF_1 + MTTF_2 - \frac{1}{\frac{1}{MTTF_1} + \frac{1}{MTTF_2}} \\ MTTF_{33} &= \frac{1}{\lambda_3} + \frac{1}{\lambda_3} - \frac{1}{\lambda_3 + \lambda_3} = \frac{3}{2} MTTF_3 \end{aligned}$$ [13.28]

Der Ansatz soll sein, $MTTF_{12}$ in $MTTF_{33}$ einzusetzen, um somit ein Teilsystem mit unterschiedlichen Komponenten mit einem Teilsystem mit identischen Komponenten zu vergleichen. Es entsteht nun exakt die Gleichung aus Norm *ISO-13849* [17] (Abschnitt D.2). Die Norm liefert in dieser Formel eine Abschätzung für Systeme mit gleichen *MTTF*, wenn die redundanten Systeme aus unterschiedlichen Komponenten bestehen.

Die Zuverlässigkeitsfunktionen für Systeme mit identischen und nicht-identischen Komponenten sind in Formel [13.29] angegeben. Die λ-Werte werden aus Abbildung 13.22 nach einer Berechnung mit Formel [7.20] entnommen.

$$\begin{aligned} R_{12}(t) &= e^{-\lambda_1 t} + e^{-\lambda_2 t} - e^{-\lambda_1 t - \lambda_2 t} \\ R_{33}(t) &= 2e^{-\lambda_3 t} - e^{-2\lambda_3 t} \end{aligned}$$ [13.29]

Abbildung 13.24 zeigt die beiden Kurvenverläufe von $R_{12}(t)$ und $R_{33}(t)$. Es kann hier gezeigt werden, dass Funktionen mit identischen Komponenten bezüglich der Zuverlässigkeit anfangs einen günstigeren zeitlichen Verlauf gegenüber nicht-identischen Komponenten haben.

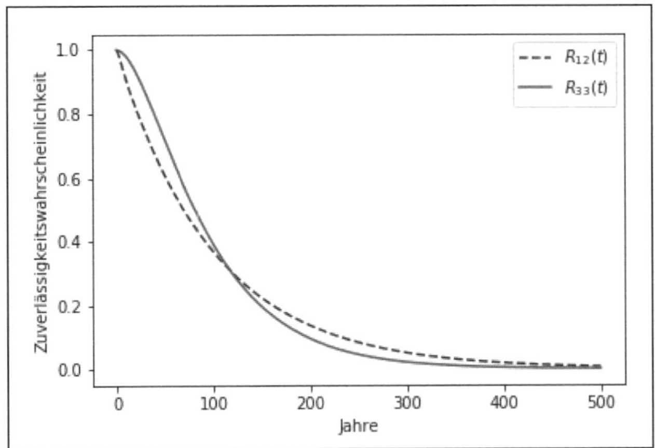

Abbildung 13.24 Zuverlässigkeitsfunktionen von redundanten Systemen mit identischen und nicht-identischen Komponenten

Tatsächlich gibt es hier einen Schnittpunkt bei ca. 100 Jahren. Da die Berechnung der *MTTF* über Integration der Zeit von null bis unendlich ermittelt wird, haben beide Kurven auch den gleichen Flächeninhalt. Allerdings ist die Betrachtung nach 100 Jahren keinesfalls sinnvoll, da selten Flugzeuge so lange betrieben werden. Ich stelle daher die Gleichsetzung, die in *ISO-13849* [17] beschrieben wird, und deren Sinnhaftigkeit infrage, zumindest bei den in Abbildung 13.22 gegebenen Werten, die auch aus der oben genannten Norm stammen.

13.4 Abschließende Bemerkungen

Zuverlässigkeitsdiagramme bilden Ereignisse der Komponenten von System oder Gerät ab. Im Unterschied dazu modelliert *FT* das unerwünschte Ereignis eines Systems oder Geräts. Da sich beide Modelle ineinander überführen lassen, können sich beide Diagrammarten ergänzen. Zum Beispiel lassen sich aus einem Fehlerbaum über die *Top-down*-Analyse auf einfache Weise die *MCS* ermitteln. Dies ist bei Zuverlässigkeitsdiagrammen auch möglich, nur werden hier die Pfade und die Unterbrechung der Komponenten (*Minimal Path Set*, Buch [32]) betrachtet, um dann auf die *MCS* zurückzuschließen. Auch diese Methode ist intuitiv, nur müssen hier die Kombinationen der ausfallenden Komponenten in den Pfaden ermittelt werden.

Das Fallbeispiel in Abschnitt 13.1 behandelt ein Flugzeug mit vier Turbinen. Diese vier Turbinen sind redundant ausgelegt, da ein Flugzeug auch mit einer Turbine fliegen kann (abgesehen vom Segelflug). So kann dies als ein *RBD* mit vier parallelen Komponenten betrachtet werden und entspricht einer 1oo4-Architektur. Der Flug durch die Vulkanwolke hatte aber zur Folge, dass alle Turbinen in kurzer Zeit ausfielen. Damit war die Ausfallursache jeweils die gleiche. Es handelt sich hier um einen *CCF*. Im *RBD* kann zur Modellierung ein *CC*-Block in Serie gesetzt werden.

Abschnitt 13.3.7 zeigt ein Beispiel mit zwei Flugzeugen und unterschiedlichen *MTTF* der Turbinen. Um diese zu vergleichen, wurde eine Formel aus *ISO-13849* [17] hergeleitet, und Kurvenverläufe der Zuverlässigkeitsfunktionen wurden dargestellt. Die Kurvenverläufe zeigen, dass der Vergleich, obwohl in der Norm so angegeben, nicht sinnvoll ist. Es sei deswegen hier erwähnt, dass auch Formeln in Normen kritisch behandelt werden sollten.

Kapitel 14
Markov-Prozess

Zur Ermittlung von Verfügbarkeiten kann die Modellierung von Systemen oder Geräten mit Fehlerbäumen (siehe Kapitel 10) und Zuverlässigkeitsblockdiagrammen (siehe Kapitel 13) leider nur eingeschränkt eingesetzt werden. Zwar kann bei Fehlerbäumen und Zuverlässigkeitsblockdiagrammen der einzelne Ausfall oder Fehler durch eine Verfügbarkeit ersetzt werden, dennoch ist diese Art von Modellierung sehr einfach und bildet die Realität oftmals nur bedingt ab.

Bessere Möglichkeiten bietet hier der *Markov-Prozess*, bei dem das System oder Gerät durch Zustände modelliert werden kann. So kann es von einem Funktionszustand in den defekten Zustand übergehen und nach einer Reparatur wieder zurück in den Funktionszustand. Durch die Zusammenfassung der Wahrscheinlichkeiten der Funktionszustände kann die Verfügbarkeit berechnet werden.

Sie werden für dieses Kapitel Wissen über Matrizen benötigen, da sie sich hervorragend zur Modellierung von Zuständen eignen. Um das dynamische Verhalten der Wahrscheinlichkeiten im Laufe der Zeit zu bestimmen, wird auf Differenzialgleichungen erster Ordnung zurückgegriffen. Ihre Lösung ist bei Modellen mit kleiner Anzahl von Zuständen einfach. Allerdings werden Sie bemerken, dass die Lösung bei größerer Anzahl von Zuständen schwierig wird. Es helfen dann Simulationen, die den dynamischen Verlauf von Wahrscheinlichkeiten der Zustände ermitteln können.

14.1 Fallbeispiel: Das Seilbahnunglück am Monte Mottarone

Der Berg *Monte Mottarone* befindet sich südlich vom *Lago Maggiore* in der italienischen Region *Piemont*. Der Gipfel des Bergs ist unter anderem über eine Seilbahn zu erreichen. In den zwei Jahren zuvor war die Seilbahn aufgrund der Coronapandemie geschlossen. Im Frühjahr des Jahres 2021 wurde sie für eine begrenzte Anzahl von Personen wieder geöffnet.

Behörden verpflichten die Betreiber der Seilbahnen, die Seile in regelmäßigen Abständen zu prüfen. Visuelle Prüfungen müssen monatlich vom Betreiber durchgeführt werden. Für Prüfungen im Inneren der Seile wird unter anderem ein magnetinduktives Verfahren eingesetzt. Hier wird das Seil durch eine Einrichtung bewegt, die ein Magnetfeld erzeugt, und über eine Messspule wird die induzierte Magnetfeldstreuung gemessen. So können Drahtdurchbrüche auch im Inneren des Seils detektiert werden, siehe Dissertation [80]. Die letzte magnetinduktive Prüfung der Seile fand dabei im Jahr 2020 statt (siehe Artikel [81]), und es gab keine Beanstandungen. Die nächste Überprüfung hätte im Herbst 2021 stattfinden sollen.

Eine weitere Sicherheitseinrichtung der Seilbahn ist die Tragseilbremse an der Gondel. Diese löst aus, wenn es zu einem Zugseilriss kommt. Die Tragseilbremse wurde zuletzt im Dezember 2020 geprüft. Sie lässt sich durch Klammern mechanisch außer Betrieb setzen, was bei Instandsetzungsarbeiten notwendig sein kann. Im Regelbetrieb darf die Seilbahn aber nicht ohne Tragseilbremse betrieben werden.

Der Betreiber hatte wenige Tage vor dem Unglück die Tragseilbremse außer Betrieb gesetzt, da sie Störungen verursachte. Aufgrund der schwierigen wirtschaftlichen Lage durch die zwei Pandemiejahre zuvor wollte der Betreiber Betriebsausfälle vermeiden. Er glaubte nicht daran, dass ein Seilbruch vorkommen kann, da dies tatsächlich in der Realität sehr selten ist.

Kurz vor dem Unglück transportierte die Seilbahn 15 Personen, als das Zugseil vor der Ankunft an der Station riss, siehe Abbildung 14.1. Es wird vermutet, dass innere Korrosion die Ursache des Seilrisses war. Die Tragseilbremse konnte wegen der Klammer nicht aktiviert werden, und so beschleunigte die Gondel in Richtung Tal auf ca. 120 km/h. Vor der Talstation hob sich die Gondel aus ihrer Aufhängung und fiel in einen Mast. Es starben dabei 14 Personen. Ein Kind überlebte den Unfall.

Abbildung 14.1 Seilbahnunglück Monte Mottarone

14.2 Theoretische Grundlagen

Die Norm *IEC-61508* [9] gibt Methoden zur Zuverlässigkeitsberechnung mit *RBD, FTA* und *Petri-Netzen* an. Dies sind unter anderem quantitative Modellierungsmethoden. Zeitliche Verläufe können mit dem Markov-Prozess und der daraus hervorgehenden Übergangsratenmatrix über Differenzialgleichungen erstellt werden. Damit kann der Markov-Prozess als mathematisches Modell für Systeme oder Geräte genutzt werden, die regelmäßig in Prüfintervallen gewartet und nach einer Dauer in neue Zustände überführt werden. So kann ein Zustand der normale Betrieb sein und ein nächster Zustand die Prüfung. Durch den Zustandswechsel lässt sich der zeitliche Verlauf von *PFD*(t) (*Low Demand*) ermitteln. Weiter zeigt die Norm *IEC-61508* [9], wie *PFH*(t) (*High Demand*) für gefährliche und entdeckbare Fehler der Sicherheitssysteme berechnet werden können.

Die Norm *IEC-61165* [82] beschreibt, wie RBD, FTA und Markov-Prozess in Beziehung gesetzt werden können, und sie zeigt, wie Übergangsmatrizen aus einem Markov-Modell erstellt werden können. Ansätze werden dort vorgeschlagen, um Kenngrößen bezüglich der Zuverlässigkeit und Verfügbarkeit zu bestimmen.

14

14.2.1 Zustände und Zustandswechsel

Sei $S(t)$ ist eine Zufallsvariable für alle Zustände und $Pr\{S(t_s) = s_i\}$ ist die Wahrscheinlichkeit, dass der Zufallsprozess zum Zeitpunkt t_s den Zustand s_i hat. Die Zustandsmenge ist $S = \{s_0, s_1, \ldots, s_n\}$ mit insgesamt n Zuständen. Es gilt dabei $t_s > t_{s-1} > \ldots > t_0$. Ein stochastischer Prozess ist dann ein Markov-Prozess, wenn Formel [14.1] gilt:

$$Pr\{S(t_s) = s_j \mid S(t_{s-1}) = s_i, S(t_{s-2}) = s_k, \ldots, S(t_0) = s_l\} =$$
$$Pr\{S(t_s) = s_j \mid S(t_{s-1}) = s_i\}$$ [14.1]

Die Formel [14.1] bedeutet, dass der Zustandswechsel in den Zustand s_j nur abhängig vom Zustand s_i ist.

Sei nun t die Zeit nach t_s und t_s ist ein beliebiger Zeitpunkt. Dann gilt für den Markov-Prozess $Pr\{S(t + t_s) = s_j \mid S(t_s) = s_i\}$. Ist die Wahrscheinlichkeit unabhängig von t_s, ist der Markov-Prozess zeitinvariant. Es gilt dann Formel [14.2].

$$p_{ij}(t) = Pr\{S(t + t_s) = s_j \mid S(t_s) = s_i\}$$ [14.2]

Wenn vorausgesetzt wird, dass der Markov-Prozess zeitinvariant ist, lässt sich t durch Δt ersetzen, und es ergibt sich Formel [14.3]. Befindet sich nun das System in einem Zustand s_i und die Übergangswahrscheinlichkeit zum Zustand s_j unterliegt einer Exponentialverteilung mit einer Übergangsrate λ_{ij}, gibt es eine Wahrscheinlichkeit für einen Übergang, wenn die Zufallsvariable τ_{ij} kleiner ist als Δt (dies entspricht der Definition der Fehlerwahrscheinlichkeit, die komplementär zur Zuverlässigkeit ist, siehe auch Formel [7.8]). Wird also Δt größer, geht die Wahrscheinlichkeit eines Übergangs gegen 1. Für die Vereinfachung bietet es sich an, die Exponentialfunktion durch einen linearen Term anzunähern, siehe auch Formel [7.43]. Die dritte Zeile von Formel [14.3] zeigt die Annäherung.

[14.3]
$$\begin{aligned} p_{ij}(\Delta t) &= Pr\{S(t+\Delta t) = s_j \mid S(t) = s_i\} \\ &= Pr\{\tau_{ij} \leq \Delta t\} \\ &= 1 - e^{-\lambda_{ij}\Delta t} \approx \lambda_{ij}\Delta t \end{aligned}$$

Annäherung der Übergangswahrscheinlichkeit

Die Annäherung in Formel [14.3] verursacht einen Fehler E, der eine Prozentangabe ist. So kann eine Vorgabe sein, einen Fehler von $E = 10\,\%$ zuzulassen. Die Faustformel [14.4] zeigt, in welcher Größenordnung Δt bezüglich des Kehrwerts von λ sein darf, um den Fehler E nicht zu überschreiten. Über die Variable N kann die prozentuale Angabe des Fehlers E eingestellt werden. Bei einem Fehler von $E = 10\,\%$ wird $N = 5$ gewählt. Soll der Fehler E nicht 5 % überschreiten, wird $N = 10$ gewählt.

Die Faustformel soll hier nicht hergeleitet werden, kann aber durch Gleichsetzen von $(1 - E) * \lambda t$ und $1 - e^{-\lambda t}$ ermittelt werden.

[14.4]
$$\Delta t \leq \frac{1}{N \cdot \lambda}$$

Zustandsübergänge

Bei Betrachtung von kleinen Δt kann für $p_{ij}(\Delta t)$ ein konstanter Wert zugeordnet werden, sodass Formel [14.5] bei Zeitinvarianz gilt.

[14.5]
$$Pr\{S(t+\Delta t) = s_j \mid S(t) = s_i\} = Pr\{s_i \rightarrow s_j\} = p_{ij}(\Delta t) = \lambda_{ij}\Delta t$$

Die *Chapman-Kolmogorov*-Gleichung (siehe Artikel [83]) beschreibt den Wechsel von einem Zustand s_i am Zeitpunkt t zum Zustand s_j nach der Zeit $t + \Delta t$ unter Berücksichtigung von Zwischenzuständen. So kann sich zum Zeitpunkt t das System im Zwischenzustand s_k befinden. Damit das Modell zum Zustand s_j wechselt, braucht es einen Übergang von s_k nach s_j innerhalb der Zeit $t + \Delta t$. Die Wahrscheinlichkeit für diesen Übergang ist $p_{ik}(t)p_{kj}(\Delta t)$. Werden alle Zwischenzustände einbezogen, ergibt sich die Chapman-Kolmogorov-Gleichung [14.6].

[14.6]
$$\begin{aligned} Pr\{S(t+\Delta t) = s_j \mid S(t) = s_i\} &= Pr\{s_i \rightarrow s_j\} \\ &= p_{ij}(t+\Delta t) = \sum_{k=0}^{n} p_{ik}(t)p_{kj}(\Delta t) \\ &= p_{ij}(t+\Delta t) = \sum_{k=0}^{n} p_{ik}(t)\lambda_{kj}\Delta t \end{aligned}$$

Bei der Betrachtung von Zuständen, die wieder in den gleichen Zustand wechseln ($s_j \rightarrow s_j$), können zur Berechnung der Wahrscheinlichkeit alle Übergangswahrscheinlichkeiten aus einem Zustand heraus von der Wahrscheinlichkeit 1 abgezogen werden. So ergibt sich Formel [14.7].

$$\begin{aligned} Pr\{s_j \rightarrow s_j\} &= p_{jj}(\Delta t) = 1 - \sum_{k=1}^{n} p_{jk}\,(\Delta t) \\ &= p_{jj}(\Delta t) = 1 - \sum_{k=1}^{n} \lambda_{jk}\,\Delta t \\ \text{mit} \quad & j = 1,\ldots,n;\ k = 1,\ldots,n;\ j \neq k \end{aligned}$$ [14.7]

Abbildung 14.2 zeigt einen einfachen Markov-Prozess mit den Übergängen von dem Zustand s_0 zum Zustand s_1 und umgekehrt. Die Übergänge vom Zustand s_0 zu sich selbst ($s_0 \rightarrow s_0$) und vom Zustand s_1 zu sich selbst ($s_1 \rightarrow s_1$) wurden hier nicht eingezeichnet, da sie impliziert werden.

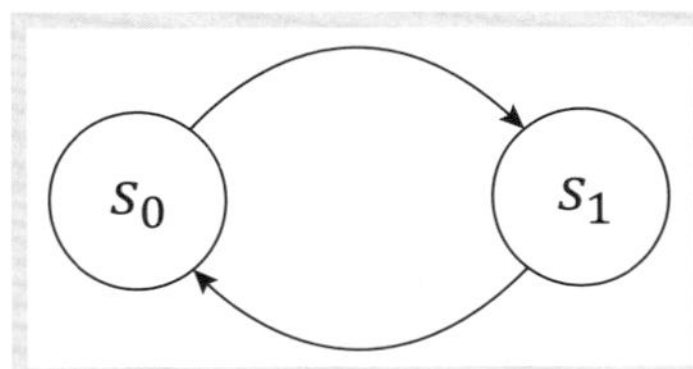

Abbildung 14.2 Markov-Prozess mit zwei Zuständen

Ein Markov-Prozess lässt sich am Fallbeispiel aus Abschnitt 14.1 vereinfacht anwenden, siehe Abbildung 14.3.

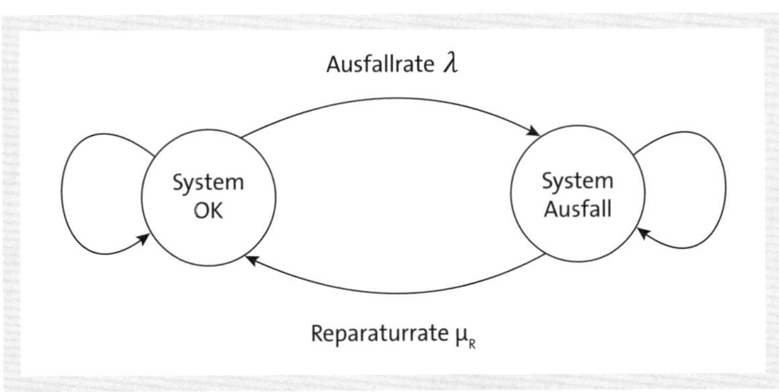

Abbildung 14.3 Seilbahnunglück Monte Mottarone als Markov-Prozess

So repräsentiert der linke Zustand die funktionsfähige Seilbahn. Falls ein Seilzug reißt, gibt es einen Übergang in den Zustand *Ausfall* mit der Ausfallrate λ. Das System bleibt im ausgefallenen Zustand, bis das Instandsetzungspersonal die Seilbahn repariert. Der Übergang wird mit der Reparaturrate μ_R beschrieben. Das System gilt nun als neuwertig und bleibt in dem Funktionszustand, bis wieder mit einer Wahrscheinlichkeit – wenn auch einer sehr geringen – das Seil erneut reißt.

Übergangsmatrix

Zur Herleitung der Übergangsmatrix soll Abbildung 14.4 betrachtet werden. Abgebildet ist ein Markov-Prozess mit drei Zuständen. Die Abbildung verdeutlicht die Übergangsraten zwischen den Zuständen. Durch die Anwendung von Formel [14.5] können die Übergangswahrscheinlichkeiten p_{ij} bestimmt werden.

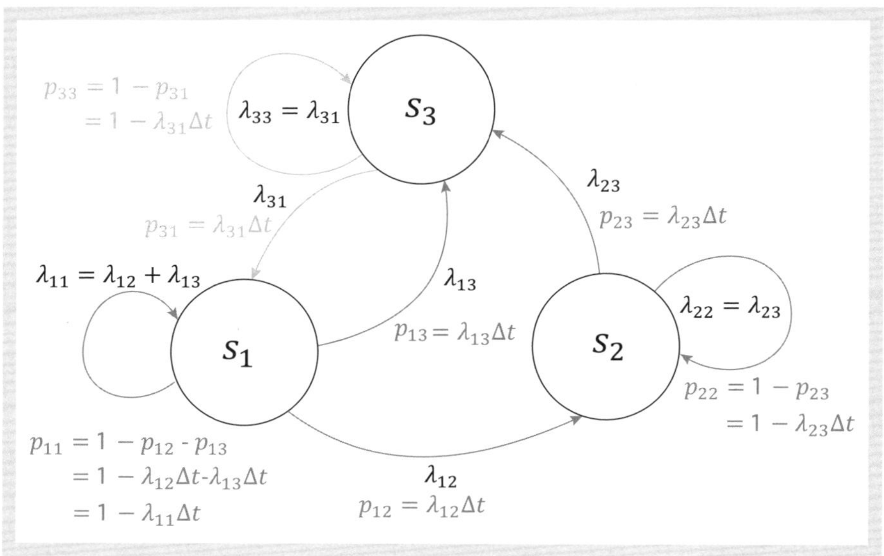

Abbildung 14.4 Markov-Prozess mit drei Zuständen

Matrizen können aus Gleichungssystemen konstruiert werden, die über Formel [14.7] hergeleitet werden können. So wird zunächst nur der Übergang von Zustand s_3 nach Zustand s_1 betrachtet, siehe Abbildung 14.5. Es gibt hier zwei Übergänge in den Zustand s_1, und zwar der Übergang von Zustand s_3 nach Zustand s_1 und der Übergang von Zustand s_1 nach Zustand s_1. Die Übergangswahrscheinlichkeiten sind $p_3(t)p_{31}(\Delta t)$ und $p_1(t)p_{11}(\Delta t)$.

Unter Berücksichtigung der Zustandsübergänge von s_3 nach s_1 ergibt sich die Gleichung [14.8] bei Anwendung von Formel [14.6] und Formel [14.7]. Die Übergangswahrscheinlichkeit von s_3 nach s_1 ist gleich $p_3(t)p_{31}(\Delta t)$, und die Übergangswahrscheinlichkeit von s_1 nach s_1 ist gleich $p_1(t)p_{11}(\Delta t)$. Übergangsraten lassen sich aus den Wahrscheinlichkeiten mit Formel [14.5] ermitteln.

[14.8]
$$\begin{aligned} p_1(t+\Delta t) &= p_1(t)p_{11}(\Delta t) + p_3(t)p_{31}(\Delta t) \\ p_1(t+\Delta t) &= p_1(t)(1-\lambda_{11}\Delta t) + p_3(t)\lambda_{31}\Delta t \end{aligned}$$

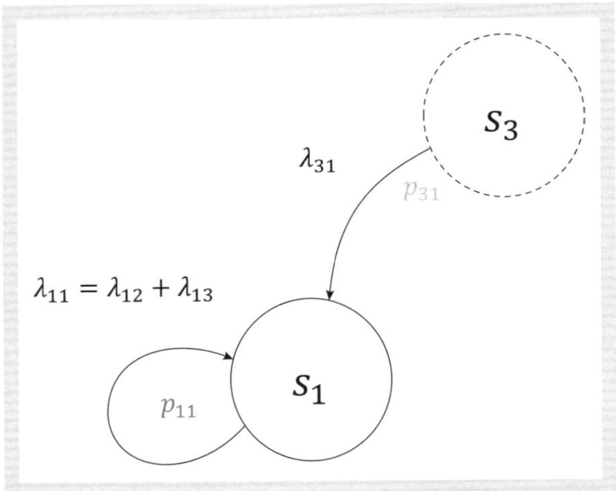

Abbildung 14.5 Markov-Prozess mit den Zuständen s1 und s3

Eine weitere Gleichung ergibt sich bei der Betrachtung des zweiten Zustands. So werden in Abbildung 14.4 alle Zustände betrachtet, die einen Übergang in den Zustand s_2 haben. Damit ergibt sich Abbildung 14.6. Hier gibt es einen Übergang von Zustand s_1 nach Zustand s_2 und einen Übergang von Zustand s_2 nach Zustand s_2.

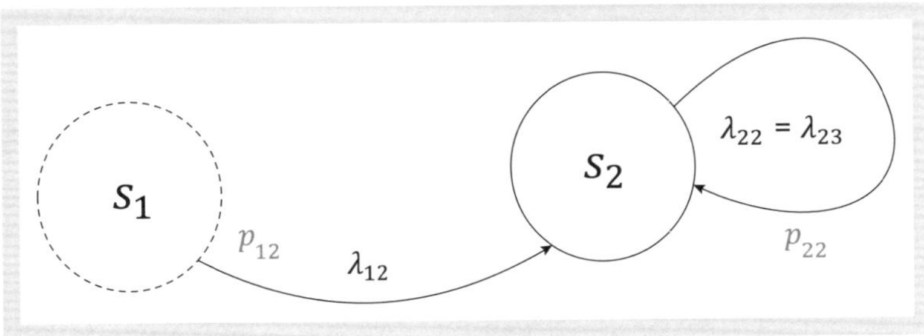

Abbildung 14.6 Markov-Prozess mit den Zuständen s1 und s2

Wieder können Formel [14.6] und Formel [14.7] angewendet werden. So ist die Übergangswahrscheinlichkeit von s_1 nach s_2 gleich $p_1(t)p_{12}(\Delta t)$ und die Übergangswahrscheinlichkeit von s_2 nach s_2 gleich $p_2(t)p_{22}(\Delta t)$. Durch Addition der beiden Wahrscheinlichkeiten ergibt sich Gleichung [14.9]. Mit Formel [14.5] können die Wahrscheinlichkeiten durch Übertragungsraten und Δt ersetzt werden.

$$\begin{aligned} p_2(t + \Delta t) &= p_1(t)p_{12} + p_2(t)p_{22} \\ p_2(t + \Delta t) &= p_1(t)\lambda_{12}\Delta t + p_2(t)(1 - \lambda_{22}\Delta t) \end{aligned}$$ [14.9]

Letztendlich soll noch der Zustand s_3 betrachtet werden. Hier gibt es drei Übergänge in den dritten Zustand, und zwar von s_1 nach s_3, s_2 nach s_3 und s_3 nach s_3. Daraus ergibt sich Abbildung 14.7.

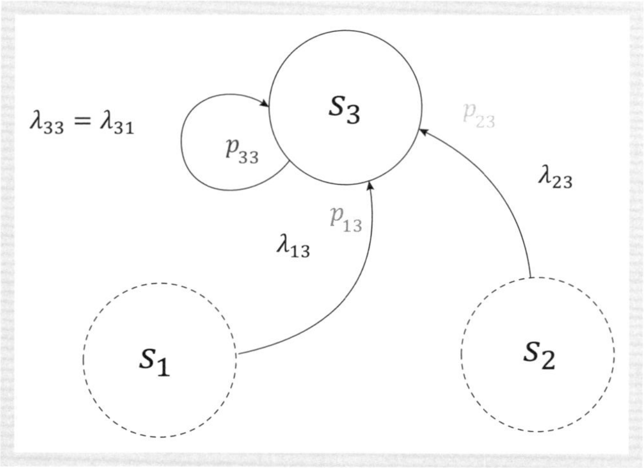

Abbildung 14.7 Markov-Prozess mit den Zuständen s1, s2 und s3

Die Wahrscheinlichkeit für einen Übergang von s_1 nach s_3 ist gleich $p_1(t)p_{12}(\Delta t)$. Der Übergang von s_2 nach s_3 hat die Wahrscheinlichkeit $p_2(t)p_{23}(\Delta t)$. Die Wahrscheinlichkeit für den Übergang von s_3 in selbigen Zustand ist $p_3(t)p_{33}(\Delta t)$. Über Formel [14.5], Formel [14.6] und Formel [14.7] lässt sich daraus Gleichung [14.10] bilden.

[14.10]

$$\begin{aligned} p_3(t+\Delta t) &= p_1(t)p_{12} + p_2(t)p_{22} + p_3(t)p_{33} \\ p_3(t+\Delta t) &= p_1(t)\lambda_{13}\Delta t + p_2(t)\lambda_{23}\Delta t + p_3(t)(1-\lambda_{33}\Delta t) \end{aligned}$$

Damit können aus dem Markov-Prozess mit drei Zuständen drei Gleichungen hergeleitet werden. Es ergibt sich das Gleichungssystem [14.11].

[14.11]

$$\begin{aligned} p_1(t+\Delta t) &= p_1(t)(1-\lambda_{11}\Delta t) + p_3(t)\lambda_{31}\Delta t \\ p_2(t+\Delta t) &= p_1(t)\lambda_{12}\Delta t + p_2(t)(1-\lambda_{22}\Delta t) \\ p_3(t+\Delta t) &= p_1(t)\lambda_{13}\Delta t + p_2(t)\lambda_{23}\Delta t + p_3(t)(1-\lambda_{33}\Delta t) \end{aligned}$$

Hier bietet sich die Vektor- und Matrixschreibweise an, um die Lesbarkeit zu verbessern. Formel [14.12] zeigt das Gleichungssystem [14.12] in der Vektor- bzw. Matrixschreibweise. Die beiden Vektoren $(p_1(t)\ p_2(t)\ p_3(t))$ und $(p_1(t+\Delta t)\ p_2(t+\Delta t)\ p_3(t+\Delta t)$ sind dabei transponiert (umgangssprachlich: flach gestellt).

[14.12]

$$\begin{pmatrix} p_1(t+\Delta t) \\ p_2(t+\Delta t) \\ p_3(t+\Delta t) \end{pmatrix}^T = \begin{pmatrix} p_1(t) \\ p_2(t) \\ p_3(t) \end{pmatrix}^T \cdot \begin{pmatrix} 1-\lambda_{11}\Delta t & 0 & \lambda_{31}\Delta t \\ 0 & 1-\lambda_{22}\Delta t & \lambda_{21}\Delta t \\ \lambda_{13}\Delta t & \lambda_{23}\Delta t & 1-\lambda_{33}\Delta t \end{pmatrix}$$

Die Matrix kann durch die Variable P ersetzt werden. Die Elemente von P sind die Wahrscheinlichkeiten p_{ij} und können durch λ_{ij} unter Befolgung von Formel [14.5] und Formel [14.7] ersetzt werden. Die allgemeine Form der Übergangsmatrix ist in Formel [14.13] dargestellt.

$$P = \begin{pmatrix} p_{11} & \cdots & p_{1n} \\ \cdots & \cdots & \cdots \\ p_{n1} & \cdots & p_{nn} \end{pmatrix} = \begin{pmatrix} 1 - \lambda_{11}\Delta t & \ldots & \lambda_{1n}\Delta t \\ \cdots & \cdots & \cdots \\ \lambda_{n1}\Delta t & \ldots & 1 - \lambda_{nn}\Delta t \end{pmatrix} \quad [14.13]$$

Die allgemeine Form eines Markov-Prozesses in Matrixschreibweise wird durch Formel [14.14] gegeben.

$$\underline{p}(t + \Delta t) = \underline{p}(t) \cdot P \quad [14.14]$$

$\underline{p}(t + \Delta t)$ und $\underline{p}(t)$ sind transponierte Zustandsvektoren, und P ist die Übergangsmatrix.

14.2.2 Übergangsratenmatrix

Um das zeitliche Verhalten der Zustandswechsel des Markov-Prozesses genauer zu analysieren, kann es vorteilhaft sein, ihn in eine Differenzialgleichung zu überführen. Ein möglicher Ansatz ist die Betrachtung der Veränderung der Zustandswahrscheinlichkeiten. Durch Subtraktion des Zustandsvektors bei $t + \Delta t$ und des Zustandsvektors bei t ergibt sich die Formel [14.15]. Der Vektor $\underline{p}(t + \Delta t)$ lässt sich durch Formel [14.14] ersetzen. Der Zustandsvektor $p(t)$ kann nun ausgeklammert werden. Damit ergibt sich die Multiplikation mit $P - I$. Die Matrix I ist die Einheitsmatrix.

14

$$\begin{aligned} \Delta\underline{p}(t) &= \underline{p}(t + \Delta t) - \underline{p}(t) \\ &= \underline{p}(t) \cdot P - \underline{p}(t) = \underline{p}(t) \cdot (P - I) \end{aligned} \quad [14.15]$$

Die Matrix $P - I$ (die Übergangsmatrix subtrahiert von der Einheitsmatrix) lässt sich nun weiter auflösen. Bei Anwendung der Formel [14.13] vereinfachen sich die Elemente der Diagonale wegen der Subtraktion von der Einheitsmatrix, siehe Formel [14.16]. Da nun jedes Element der Matrix mit Δt multipliziert wird, kann Δt ausgeklammert werden. Es entsteht die Übergangsratenmatrix M multipliziert mit Δt.

$$\begin{aligned} P - I &= \begin{pmatrix} -\lambda_{11}\Delta t & \ldots & \lambda_{1n}\Delta t \\ \cdots & \cdots & \cdots \\ \lambda_{n1}\Delta t & \ldots & -\lambda_{nn}\Delta t \end{pmatrix} \\ &= \begin{pmatrix} -\lambda_{11} & \ldots & \lambda_{1n} \\ \cdots & \cdots & \cdots \\ \lambda_{n1} & \ldots & -\lambda_{nn} \end{pmatrix} \Delta t = M \cdot \Delta t \end{aligned} \quad [14.16]$$

Die Übergangsratenmatrix erhält die Bezeichnung M, und die allgemeine Form ist in Formel [14.17] dargestellt.

$$M = \begin{pmatrix} -\lambda_{11} & \ldots & \lambda_{1n} \\ \cdots & \cdots & \cdots \\ \lambda_{n1} & \ldots & -\lambda_{nn} \end{pmatrix} \quad [14.17]$$

Durch Einsetzen von Formel [14.16] in Formel [14.15] ergibt sich Formel [14.18].

[14.18] $$\Delta \underline{p}(t) = \underline{p}(t + \Delta t) - \underline{p}(t) = \underline{p}(t) \cdot M \cdot \Delta t$$

Die Gleichung der Formel [14.18] kann auf beiden Seiten durch Δt dividiert werden, als Ergebnis erhält man die Formel zur Berechnung der Sekantensteigung. Zur Aufstellung einer Differenzialgleichung kann der Grenzwert mit $\Delta t \to 0$ gebildet werden, siehe Formel [14.19].

[14.19] $$\underline{p}'(t) = \lim_{\Delta t \to 0} \frac{\Delta \underline{p}(t)}{\Delta t} = \lim_{\Delta t \to 0} \frac{\underline{p}(t + \Delta t) - \underline{p}(t)}{\Delta t} = \underline{p}(t) \cdot M$$

Somit ergibt sich die Differenzialgleichung des Markov-Prozesses. Insbesondere für analytische Berechnungen von zeitlichen Verläufen wird diese zur Bestimmung der zeitabhängigen Zuverlässigkeiten und Verfügbarkeiten eingesetzt.

14.3 Markov-Prozess eines einfachen Systems

Bereits in Abschnitt 7.7.4 wurde in Abbildung 7.23 ein Blockdiagramm mit zwei verschiedenen Fehlermöglichkeiten gezeigt. Zu sehen sind zwei Blöcke in Serie. Der erste Block repräsentiert gefährliche und entdeckbare Fehler und der zweite gefährliche und nicht-entdeckbare Fehler. Dieses Zuverlässigkeitsdiagramm lässt sich durch einen Markov-Prozess mit drei Zuständen modellieren, siehe Abbildung 14.8.

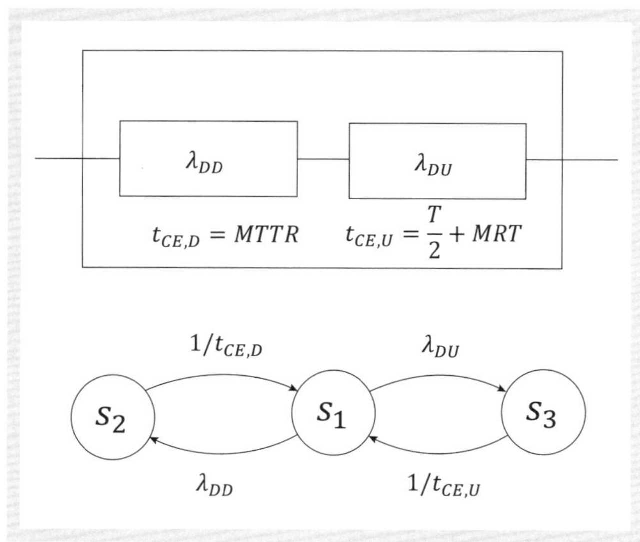

Abbildung 14.8 Markov-Prozess für gefährliche entdeckbare und nicht-entdeckbare Fehler

Der erste Zustand s_1 ist der funktionierende Zustand. Gefährliche und entdeckbare Fehler können durch einen Übergang in den Zustand s_2 modelliert werden. Am Fallbeispiel in Abschnitt 14.1 ist dies die nicht funktionierende Bremse. Der Fehler wurde zwar erkannt, dennoch ist er gefährlich. Die Übergangsrate ist λ_{DD}. Da der Fehler entdeckbar ist, kann er innerhalb einer mittleren Reparaturzeit $MTTR = t_{CE,D}$ wieder in den funktionierenden Zustand s_1 überführt werden. So ergibt sich eine Übergangsrate von $1/t_{CE,D}$.

Das System wechselt in den dritten Zustand s_3, wenn ein gefährlicher und nicht-entdeckbarer Fehler auftritt. Im Fallbeispiel ist dies die Korrosion im Inneren des Seils, die über die Magnetinduktionsprüfung nicht erkannt wurde. Die Übergangsrate ist λ_{DU}. In diesem Zustand wird der Fehler erst entdeckt, wenn nach einem Prüfintervall T die komplette Seilbahn mit Zubehör untersucht wird. Erst nach dieser Entdeckung des Fehlers kann nach der mittleren Zeit MRT repariert werden. Im Schnitt ist die Zeit, in der das System oder Gerät nicht in Funktion ist, $t_{CE,U} = T/2 + MRT$. Die Übergangsrate von Zustand s_3 nach Zustand s_1 ist deswegen $1/t_{CE,U}$.

Die Übergangsmatrix P des Markov-Prozesses in Abbildung 14.8 ist in [14.20] angegeben. Zur Kontrolle können Sie jedes Element einer Reihe der Matrix aufaddieren und überprüfen, ob die Summen den Wert eins ergeben.

$$P = \begin{pmatrix} 1 - \lambda_{00}\Delta t & \lambda_{DD}\Delta t & \lambda_{DU}\Delta t \\ \frac{1}{t_{CE,D}}\Delta t & 1 - \frac{1}{t_{CE,D}}\Delta t & 0 \\ \frac{1}{t_{CE,U}}\Delta t & 0 & 1 - \frac{1}{t_{CE,U}}\Delta t \end{pmatrix}$$ [14.20]

mit

$$\lambda_{00} = \lambda_{DD} + \lambda_{DU}$$

Die Übergangsratenmatrix kann aus P hergeleitet werden, indem von den Elementen der Diagonale die 1 subtrahiert und anschließend Δt ausgeklammert wird. So ergibt sich die Übergangsratenmatrix M.

$$M = \begin{pmatrix} -\lambda_{00} & \lambda_{DD} & \lambda_{DU} \\ \frac{1}{t_{CE,D}} & -\frac{1}{t_{CE,D}} & 0 \\ \frac{1}{t_{CE,U}} & 0 & -\frac{1}{t_{CE,U}} \end{pmatrix}$$ [14.21]

mit

$$\lambda_{00} = \lambda_{DD} + \lambda_{DU}$$

14.4 Markov-Prozess eines einfachen redundanten Systems

Im nächsten Beispiel soll ein redundantes System mit einem Markov-Prozess abgebildet werden. Dabei soll das System auch repariert werden können, falls eine der beiden Komponenten K_1 oder K_2 ausfällt. So wird zunächst angenommen, dass s_0 der

Zustand ist, bei dem beide Komponenten funktionsfähig sind, siehe Abbildung 14.9. Ein gefährlicher und entdeckbarer Fehler bei einem der beiden funktionierenden Komponenten überführt das System in den Zustand s_2. Wenn λ_{DD} die Ausfallrate einer Komponente ist, dann ist $2 \cdot \lambda_{DD}$ die Ausfallrate einer der beiden Komponenten.

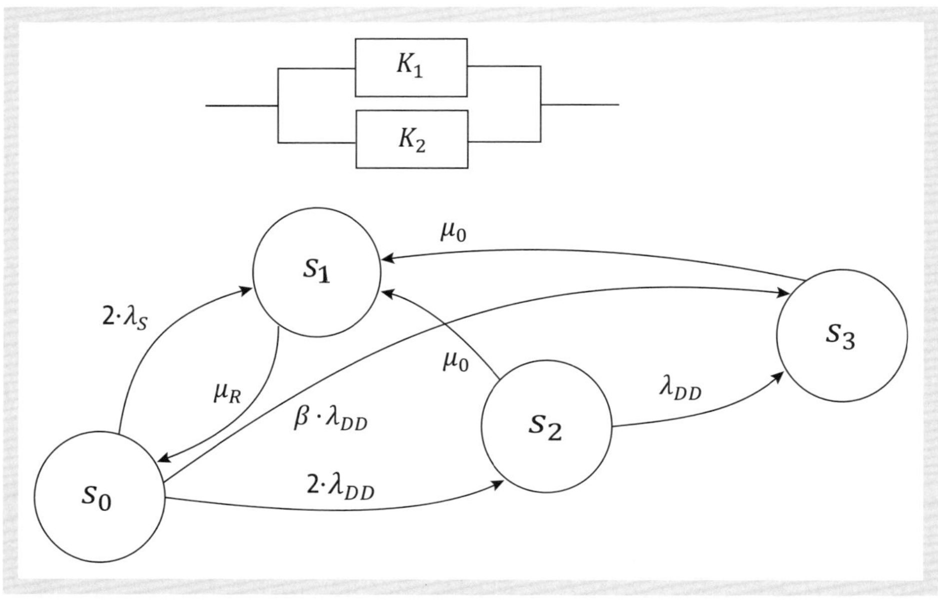

Abbildung 14.9 Redundantes System mit zwei Kanälen

Im Zustand s_2 ist eine Komponente ausgefallen. Durch den Ausfall der zweiten Komponente fällt das komplette System aus. So wird das System mit der Ausfallrate λ_{DD} in den Zustand s_3 überführt. Es gibt auch die Möglichkeit, dass beide Komponenten gleichzeitig ausfallen, z. B. durch einen Fehler mit gemeinsamer Ursache (*CCF*). Deswegen kann es einen Übergang vom Zustand s_0 zum Zustand s_3 geben. Die Übergangsrate ist dabei $\beta \cdot \lambda_{DD}$, wobei β der *CCF*-Faktor ist. Es werden hier nur entdeckbare Fehler betrachtet. Wenn eine oder beide Komponenten ausgefallen sind, wird eine Zeit benötigt, bis der Fehler entdeckt wurde und das System in einen sicheren Zustand überführt wird. Der Übergang zum sicheren Zustand s_1 kann mit der Diagnoserate μ_O beschrieben werden. Im Zustand s_1 gilt das System zwar nicht als funktionsfähig, aber dennoch besteht hier keine Gefahr. Die Reparatur des Systems kann durch den Übergang von Zustand s_1 nach Zustand s_0 mit der Reparaturrate μ_R beschrieben werden. Zuletzt gibt es in diesem Markov-Prozess noch einen Übergang von Zustand s_0 zu Zustand s_1. Dieser soll dann erfolgen, wenn z. B. routinemäßig eine System- oder Geräteprüfung angesetzt wird. Für eine Komponente ist die Übergangsrate λ_S und für beide Komponenten ist sie $2 \cdot \lambda_S$.

Die Übergangsmatrix *P* ist in Formel [14.22] angegeben. Auf die Darstellung der Übergangsratenmatrix *M* wird hier verzichtet.

$$P = \begin{pmatrix} 1-\lambda_{00}\Delta t & 2\lambda_S\Delta t & 2\lambda_{DD}\Delta t & \beta\lambda_{DD}\Delta t \\ \mu_R\Delta t & 1-\mu_R\Delta t & 0 & 0 \\ 0 & \mu_0\Delta t & 1-\lambda_{22}\Delta t & \lambda_{DD}\Delta t \\ 0 & \mu_0\Delta t & 0 & 1-\mu_0\Delta t \end{pmatrix}$$ [14.22]

mit

$\lambda_{00} = 2\lambda_S + 2\lambda_{DD} + \beta\lambda_{DD}$

$\lambda_{22} = \mu_0 + \lambda_{DD}$

14.5 Markov-Prozess eines redundanten Systems mit entdeckbaren und nicht-entdeckbaren Ausfällen

Im Folgenden wird das Modell aus zwei redundanten Komponenten K_1 und K_2 aus Abschnitt 14.4 um die nicht-entdeckbaren Fehler erweitert. Nicht-entdeckbare Fehler sind Fehler, die trotz technischer Maßnahmen (z. B. durch ein Diagnosesystem) nicht entdeckt werden.

Im Fallbeispiel aus Abschnitt 14.1 wurde das Prüfverfahren des Seils durch ein magnet-induktives Verfahren erwähnt. Es konnte das von innen verrostete Seil nicht entdecken, dessen Risse das Unglück verursachten. Abbildung 14.10 zeigt eine Erweiterung des Markov-Prozesses aus Abbildung 14.9. Ausfälle durch nicht-entdeckbare Fehler können von dem funktionierenden Zustand s_0 ausgehen und gehen in den Zustand s_4 über. Wenn eine der beiden Komponenten ausfällt und wenn die Ausfallrate für einen nicht-entdeckbaren und gefährlichen Fehler der beiden Komponenten λ_{DU} ist, dann ist die Übergangsrate für beide Komponenten gleich $2 \cdot \lambda_{DU}$. Der Zustand s_4 ist ein Zustand, bei dem eine der Komponenten durch einen gefährlichen und nicht-entdeckbaren Fehler ausgefallen ist. Da dieser Zustand einen nicht-entdeckbare Fehler modelliert, kann dieser auch nicht diagnostiziert werden (Seil im Fallbeispiel aus Abschnitt 14.1), sodass es keinen Übergang zum Zustand s_1 gibt.

Die noch lauffähige Komponente kann sowohl durch einen entdeckbaren als auch einen nicht-entdeckbaren Fehler ausfallen. So hat das Modell noch einen weiteren Übergang nach s_5. Der Zustand s_5 modelliert eine Komponente, ausgefallen durch einen entdeckbaren, und eine Komponente, ausgefallen durch einen nicht-entdeckbaren Fehler. Der erste Fehler lässt sich durch Diagnose detektieren, weshalb es einen Übergang vom Zustand s_5 nach s_1 mit der Übertragungsrate μ_O gibt.

Vom Zustand s_4 gibt es noch die Möglichkeit eines Übergangs durch den nicht-entdeckbaren Ausfall der zweiten Komponente. Damit gibt es einen Übergang vom Zustand s_4 zum Zustand s_6 mit der Übergangsrate λ_{DU}. Zuletzt soll die Möglichkeit eines *CCF* für nicht-entdeckbare Fehler betrachtet werden. So gibt es einen direkten Übergang vom Zustand s0 zum Zustand s_6. Da nur ein prozentualer Anteil der nicht-entdeckbaren und gefährlichen Fehler *CCF* sind, wird die Ausfallrate λ_{DU} mit dem β_U-Faktor multipliziert. So ist $\beta_U \cdot \lambda_{DU}$ die Übertragungsrate von s_0 nach s_6.

Aus dem Zustand s_6 gehen in diesem Modell keine Übergänge mehr in andere Zustände. Deswegen wird dieser Zustand absorbierender Zustand genannt.

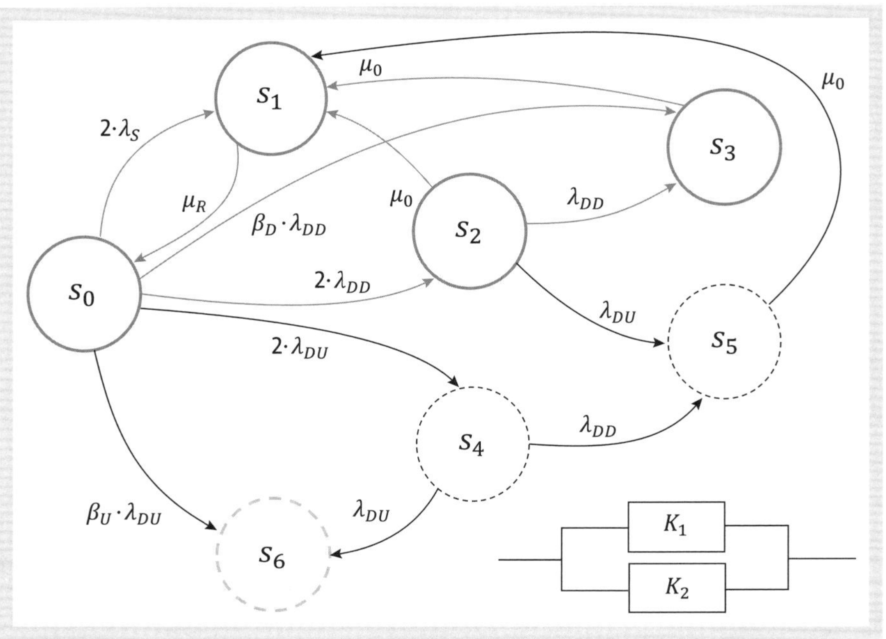

Abbildung 14.10 Redundantes System mit zwei Kanälen mit entdeckbaren und nicht-entdeckbaren Fehlern

Die Übergangsmatrix kann somit aus dem Markov-Prozess von Abbildung 14.10 hergeleitet werden. Sie besteht aus siebe Reihen und Spalten. Die Übergangsraten λ_{00}, λ_{22} und λ_{44} wurden zusammengefasst, da ansonsten die Darstellung der Elemente zu lang würde. Zu beachten ist die letzte Reihe der Übergangsmatrix. Bis auf das Diagonalelement bestehen die Elemente nur aus Nullen. Dies ist ein Hinweis darauf, dass es sich bei dem letzten Zustand um einen absorbierenden Zustand handelt.

[14.23]
$$P = \begin{pmatrix} 1-\lambda_{00}\Delta t & 2\lambda_S\Delta t & 2\lambda_{DD}\Delta t & \beta_D\lambda_{DD}\Delta t & 2\lambda_{DU}\Delta t & 0 & \beta_U\lambda_{DU}\Delta t \\ \mu_R\Delta t & 1-\mu_R\Delta t & 0 & 0 & 0 & 0 & 0 \\ 0 & \mu_0\Delta t & 1-\lambda_{22}\Delta t & \lambda_{DD}\Delta t & 0 & \lambda_{DU}\Delta t & 0 \\ 0 & \mu_0\Delta t & 0 & 1-\mu_0\Delta t & 0 & 0 & 0 \\ 0 & 0 & 0 & 0 & 1-\lambda_{44}\Delta t & \lambda_{DD}\Delta t & \lambda_{DU}\Delta t \\ 0 & \mu_0\Delta t & 0 & 0 & 0 & 1-\mu_0\Delta t & 0 \\ 0 & 0 & 0 & 0 & 0 & 0 & 1 \end{pmatrix}$$

mit

$$\lambda_{00} = 2\lambda_S + 2\lambda_{DD} + \beta_D\lambda_{DD} + 2\lambda_{DU} + \beta_U\lambda_{DU}$$
$$\lambda_{22} = \mu_0 + \lambda_{DD} + \lambda_{DU}$$
$$\lambda_{44} = \lambda_{DD} + \lambda_{DU}$$

Wegen der Größe wird auf die Darstellung der Übergangsratenmatrix M verzichtet.

14.6 Abschließende Bemerkungen

Das Unglück aus dem Fallbeispiel aus Abschnitt 14.1 geschah am Ende der Coronapandemie. Es wurden damals Maßnahmen zur Eindämmung gelockert, und der Betrieb der Seilbahn wurde unter Auflagen (z. B. beschränkte Anzahl Personen in einer Gondel) wieder zugelassen. Wegen der Pandemie hatte der Betreiber wirtschaftliche Probleme und damit ein großes Interesse daran, die Seilbahn wieder in Betrieb zu nehmen. Die Reparatur der Seilbahnbremse hätte einen Ausfall der Seilbahn von mindestens einer Woche bedeutet, sodass der Betreiber durchaus überlegt hat, die Bremse zu reparieren und damit auf die Einnahmen zu verzichten. Der Seilbahnbetreiber wusste aber, dass Seilzugrisse sehr selten sind, und dabei gab ihm der zuvor durchgeführte Test des Seils eine vermeintliche Gewissheit. So entschied er sich, die Bremsen mit Klemmen außer Betrieb zu setzen, obwohl er damit gegen die behördlichen Betriebsvorschriften gehandelt hatte.

An diesem Beispiel lässt sich gut erkennen, dass Gefahren sehr oft aus wirtschaftlichen Beweggründen entstehen und diese sich mathematisch nicht erfassen lassen. Nach dem Unglück wurde das Fehlverhalten des Betreibers aufgedeckt, und die Staatsanwaltschaft verklagte ihn zusammen mit zwei weiteren Mitarbeitern wegen fahrlässiger Tötung.

Kapitel 15
Markov Decision-Prozess

In Kapitel 14 wurde der Markov-Prozess als Alternative zu Fehlerbaum (siehe Kapitel 10) und Zuverlässigkeitsblockdiagramm (siehe Kapitel 13) zur Bestimmung der Zuverlässigkeit und Verfügbarkeit präsentiert. In diesem Kapitel wird der *Markov Decision-Prozess* vorgestellt. Dabei wird der Markov-Prozess derart erweitert, dass durch die Entscheidung des Akteurs ein Markov-Modell in ein anderes wechseln kann. Der Anwender hat somit eine weitere Möglichkeit zur Modellierung. Der Markov Decision-Prozess befasst sich unter anderem mit der Optimierung der Entscheidungen des Akteurs bezüglich der Belohnungen, die er bei seinen Entscheidungen erhält.

Bei dem Thema lade ich Sie dazu ein, einen Blick von einer anderen Seite auf das Thema zu werfen (selbst wenn der Zusammenhang mit Safety Engineering nicht sofort ersichtlich ist). Auch die künstliche Intelligenz befasst sich mit dem Markov Decision-Prozess. Er wird genutzt, um selbstständig neuronale Netze zu erlernen.

Sie werden auch eine Schwachstelle der Markov-Prozesse kennenlernen. Ihre Anwendung kann dazu führen, dass ein Modell zu viele Zustände erhält, und die Handhabung kann schwierig sein. Neuronale Netze können die Modellierung vereinfachen.

15.1 Fallbeispiel: Das Autopilotsystem des Tesla Model S

Im Jahr 2016 fuhr der Fahrer eines *Teslas* mit eingeschaltetem Autopiloten auf einer Autobahn durch Florida, siehe auch Artikel [84]. Der Autopilot ist eigentlich nur als Fahrhilfe ausgelegt, z. B. um die Spur zu halten und Kollisionen zu vermeiden. Der Blogpost [85] der Firma Tesla weist daraufhin, dass das Fahrzeug stets vom Fahrer unter Kontrolle gehalten werden muss und dass er immer verantwortlich für das Fahrzeug bleibt (der Autopilot von Tesla wird als *SAE-Level-2* klassifiziert).

Das Autopilotsystem steuert dabei die Fahrzeuggeschwindigkeit und behält die Spur des Fahrzeugs innerhalb der Fahrbahnmarkierungen. Dafür hat das Fahrzeug Ultraschallsensoren an der Seite, eine Kamera an der Windschutzscheibe und einen Radarsensor an der Front, siehe Bericht [86] der *National Highway Traffic Safety Administration*, kurz *NHTSA*. Die Ultraschallsensoren sind sehr ungenau und spielen bei der Steuerung eine untergeordnete Rolle. Die Kamera kann Objekte erkennen, hat aber

Einschränkungen bei starkem Lichteinfall, insbesondere bei direkter Sonneneinstrahlung. Der Radarsensor misst Entfernungen zwar sehr genau, kann jedoch keine Objekte unterscheiden. Bei dieser Fahrt schien die Sonne dem Fahrer und der Kameralinse entgegen, siehe Abbildung 15.1. So war das Kamerasystem nicht in der Lage, einen Lastwagen, der quer zur Autobahn fuhr, zu erkennen. Das Fahrzeug raste unter dem Lastwagen durch, und das Autodach riss ab.

Der Bericht [86] bestätigte den Blogpost von Tesla darin, dass der Autopilot den Anforderungen entsprechend funktionierte. Einen Kritikpunkt stellte dabei die *NHTSA* heraus: Der Autopilot hat durch die Namensgebung dem Fahrer ein falsches Gefühl der Sicherheit gegeben. Der Fahrer überschätzte also die Fähigkeiten des Autopiloten.

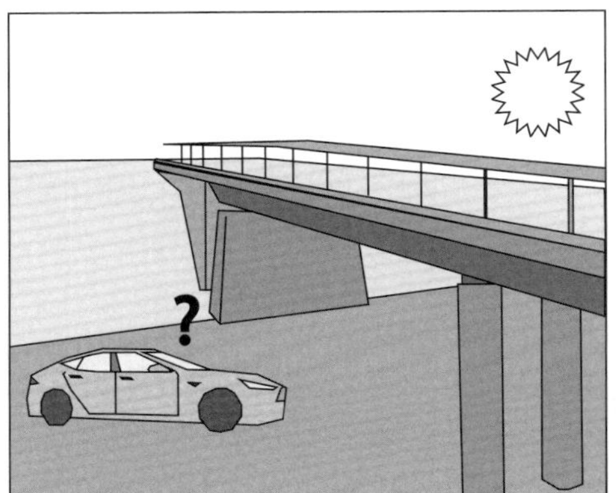

Abbildung 15.1 Das Autopilotsystem des Tesla Model S

Unabhängig von diesem Fallbeispiel stellte die *NHTSA* in dem Bericht [87] die aktuelle Unfallstatistik von autonomen Fahrzeugen vor, die nach *SAE-Level-3 bis -5* ausgelegt sind. Bei dem Unfall des Fallbeispiels handelte es sich jedoch um einen Fahrassistent, also ein *SAE-Level-2*-System. Es steuert das Fahrzeug nicht autonom, sondern assistiert nur dem Fahrer. Die Behörde hob hervor, dass es zwischen den Jahren 2021 und 2022 bereits 130 Unfälle mit autonomen Fahrzeugen gegeben hatte. Die große Mehrheit der Unfälle waren Sachschäden ohne Verletzungen. Lediglich ein Unfall hatte schwere Verletzungen zur Folge. Die geringe Anzahl der Unfälle kann aber auf die wenigen autonomen Fahrzeuge, die zurzeit auf der Straße getestet werden, zurückgeführt werden.

15.2 Einführung in den Markov Decision-Prozess

Ein Markov-Prozess bildet die Umwelt mit Zuständen und Zustandsvektoren ab, deren Elemente Wahrscheinlichkeiten sind. Eine Person oder eine Elektronik (im Folgenden Akteur genannt) kann einen Zustandswechsel veranlassen. So kann ein Markov-Prozess unter Umständen sehr komplex werden, wenn z. B. ein Szenario auf einer Autobahn als Modell abgebildet werden soll. Der Markov-Prozess kann mit Aktionen erweitert werden, die ein Akteur ausüben kann. Unter anderem kann er über diese Aktionen in einen weiteren Markov-Prozess überführt werden.

Abbildung 15.2 zeigt ein Zustandsmodell, bei dem der Akteur eine Aktion (*a* oder *b*) ausübt und so das Modell von einem Ausgangszustand in einen Folgezustand überführt. Die Abbildung zeigt im linken Zustand ein parkendes Auto. Über die Aktion *a* geht das Auto in einen fahrenden Zustand über. Bei Ausübung der Aktion *a* bleibt das Fahrzeug im fahrenden Zustand, oder der Prozess geht wieder in den parkenden Zustand. Die Aktion *a* kann als *Fahren* bezeichnet werden. Der Akteur hat aber die Wahl, im fahrenden Zustand die Aktion *b* zu wählen. Dies bewirkt, dass das Modell mit einer Wahrscheinlichkeit in den *Wartungs*-Zustand überführt wird oder mit der komplementären Wahrscheinlichkeit in dem fahrenden Zustand bleibt (möglicherweise war zu diesem Zeitpunkt keine Inspektionsstelle in der Nähe). Das Fahrzeug bleibt im *Wartungs*-Zustand, bis der Akteur die Aktion *b* wählt, damit es in den fahrenden Zustand kommt. Eine Aktion *a* hat dabei keine Auswirkung. Wenn das Inspektionspersonal zur Entscheidung kommt, das Fahrzeug auszumustern, geht der Prozess in den *Verschrottungs*-Zustand über.

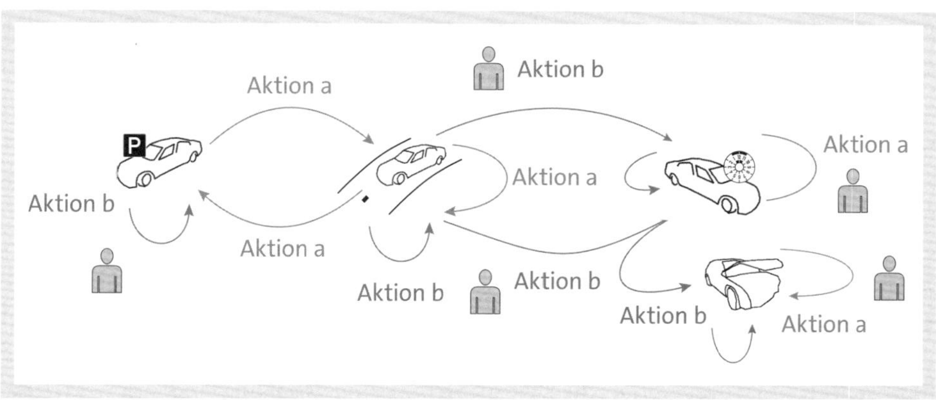

Abbildung 15.2 Zustandsmodell mit Aktionen

Sie werden sich die Frage stellen, wann sich der Akteur für Aktion *a* oder Aktion *b* entscheiden soll. Die Antwort ist: Belohnungen helfen dem Akteur, Entscheidungen zu treffen. Einer Aktion, die einen Wechsel vom einen Ausgangszustand zu einem Folgezustand führt, wird eine Belohnung ausgezahlt. Durch eine Sequenz von Aktionen können sich Belohnungen auf eine Gesamtbelohnung aufsummieren. Zum Beispiel hat in Abbildung 15.2 der Akteur stets die Motivation, das Fahrzeug zu fahren, denn nur dann hat er Einnahmen (z. B. durch den Transport von Waren). Ein parkendes Auto erzeugt beim Akteur Verluste, z. B. durch Parkgebühren und Abwertung des Fahrzeugs wegen Veraltung. Befindet sich das Modell im *Wartungs*-Zustand, hat der

Akteur eine Motivation, die Inspektion schnell abzuschließen, denn das Fahrzeug kann wieder als neuwertig angesehen werden (das Auto erfährt dadurch eine Wertsteigerung).

Abbildung 15.3 zeigt in abstrakter Weise die Beziehung zwischen dem Akteur und dem Zustandsmodell. Über Aktionen kann dieser Einfluss auf Zustandswechsel nehmen und erhält dafür eine Belohnung. Ziel für den Akteur ist die Optimierung der Gesamtbelohnung über eine Sequenz von Aktionen.

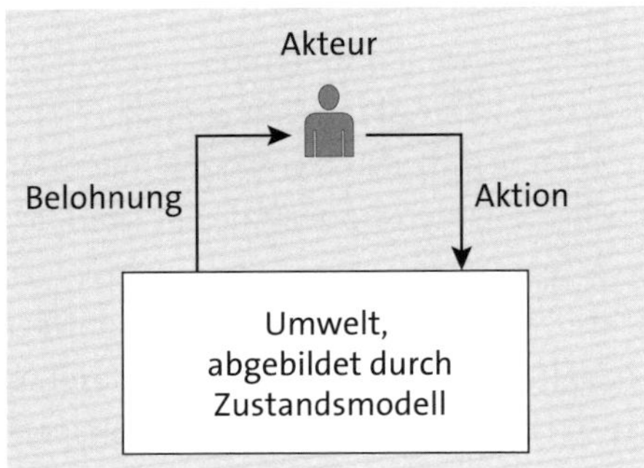

Abbildung 15.3 Akteur und Umwelt

Die hier vorgestellte Theorie ist eine Erweiterung des Markov-Prozesses und wird *Markov Decicion-Prozess* (kurz MDP) genannt. Die Theorie sind Grundlagen für einige Bereiche der künstlichen Intelligenz, z. B. *Reinforcement Learning*. In Artikel [88] wurde gezeigt, wie das Atari-Spiel *Breakout* durch einen Computer-Akteur erlernt wurde. Die Grundlagen dieses Kapitels werden unter anderem im Buch [89] beschrieben und sind Stoff in vielen Vorlesungen der künstlichen Intelligenz.

15.3 Grundlagen des MDP

In Abschnitt 14.1 wurde bereits die Definition in Formel [14.1] für den Markov-Prozess angegeben. Diese Formel lässt die Aktionen des Akteurs außer Acht. Formel [15.1] berücksichtigt die Aktionen. In Worten ist ein Prozess dann ein MPD, wenn der aktuelle Zustand und die Aktion den Folgezustand bestimmt. Zustände, die in der Vergangenheit liegen, haben keinen Einfluss auf zukünftige Entscheidungen.

[15.1]
$$Pr\{S(t_s) = s_j \mid S(t_{s-1}) = s_i, A(t_{s-1}) = u_i, \ldots, S(t_0) = s_l, A(t_0) = u_l\} = \\ Pr\{S(t_s) = s_j \mid S(t_{s-1}) = s_i, A(t_{s-1}) = u_i\}$$

Sie stellen sich vielleicht die Frage, wie die Vergangenheit trotzdem modelliert werden kann, da diese in vielen Fällen einen Einfluss auf zukünftige Entscheidungen hat. Das kann durch einen Modellierungsansatz wie den in Abbildung 15.4 gelöst werden.

Fahrzeuge müssen in Deutschland alle zwei Jahre zu einer *Inspektion*, um die Zulassung aufrechtzuerhalten. Die Vergangenheit spielt eine Rolle, da die Fahrerlaubnis nicht ablaufen darf. Durch die Hinzunahme von Zuständen (*Betrieb ohne TÜV* sowie *Parken ohne TÜV*) und Übergängen kann das System mit Zwischenzuständen modelliert werden, um eine zeitliche Folge abzubilden.

In diesem Beispiel wird das Fahrzeug im Schnitt alle zwei Jahre in die Zustände *Betrieb ohne TÜV* und *Parken ohne TÜV* überführt. Es ist also wie in der Realität, in der ein Fahrzeug vor oder nach Ablauf der Frist (bis zu zwei Monate) inspiziert werden kann. Im fahrenden Zustand (*Betrieb ohne TÜV*) kann der Fahrer über die Aktion *b* entscheiden, das Fahrzeug zur Inspektion zu bringen, damit das Fahrzeug die Zulassung erneuert. Danach kann bei Wahl der Aktion *b* das Fahrzeug wieder in den Zustand *Betrieb mit TÜV* überführt werden.

Somit wurde eine Kette von Aktionen mit Zustandswechseln erzeugt, die einen zeitlichen Verlauf herausstellt, ohne dass dem die Voraussetzung von Formel [15.1] entgegensteht.

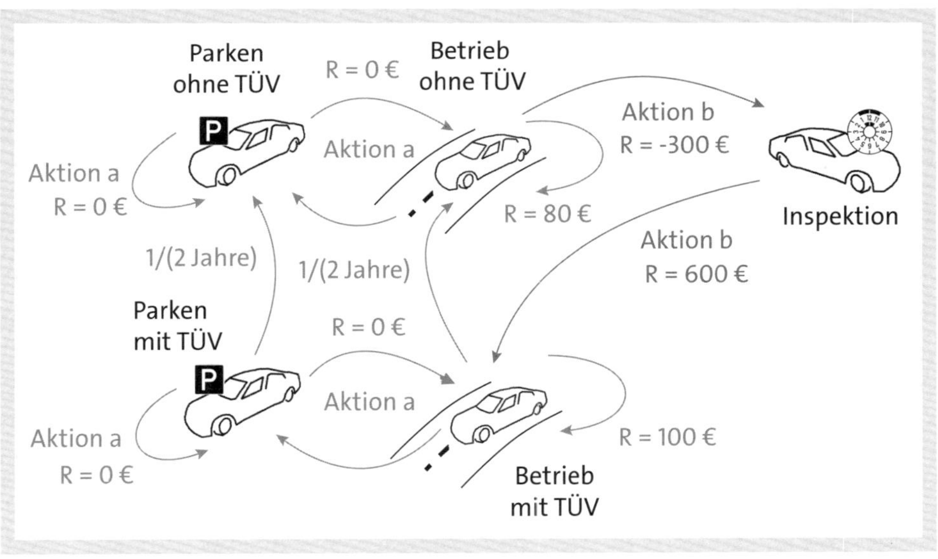

Abbildung 15.4 MDP-Modell mit einer zeitlichen Folge von Zuständen

In Abbildung 15.4 sind Belohnungen eingezeichnet. So wird im fahrenden Zustand stets eine Belohnung ausgeschüttet, aber im parkenden Zustand keine. Um das Auto in die Inspektion zu bringen, wird eine Gebühr verlangt (negative Belohnung). Nach der Inspektion kann das Fahrzeug als neuwertig angesehen werden und erhält deshalb eine Belohnung in Form einer Wertsteigerung.

Nun sollen die Komponenten des Prozesses Zustand, Aktion, Übergang und Belohnung weiter formal ausgeführt werden. Ein Zustand *s* ist Teil einer endlichen Menge von Zuständen *S*. So gibt es in der Abbildung oben fünf Zustände. Auch eine Aktion *u* entstammt aus einer endlichen Menge von Aktionen. In der Abbildung gibt es zwei Aktionen *a* und *b*. Die Wahrscheinlichkeit für die Wahl einer Aktion wird als Strategie $\pi(i \mid s_i)$ bezeichnet (engl. *Policy*). Wie auch beim Markov-Prozess gibt es einen Übergang von einem Ausgangszustand si zu einem Folgezustand s_j. Die Wahrscheinlichkeit für einen Übergang ist $p(s_j \mid s_i, u)$. Für den Übergang erhält der Akteur die Belohnung $p(s_i,u,s_j)$. Der Anfangszustand ist der Zustand s_k und ist ein Zustand aus der Menge *S*. Hier nochmals die Zusammenfassung der Begriffe:

- $s \in S$: Zustand *s* aus der Menge der Zustände *S*
- $u \in A$: Aktion *u* aus der Menge der Aktionen *A*
- $p(s_j \mid s_i, u)$: Wahrscheinlichkeit für einen Übergang
- $r(s_i, u, s_j)$: Belohnung für einen Übergang
- $\pi(u \mid s_i)$: Strategie; Wahrscheinlichkeit für die Wahl von u
- s_k: Anfangszustand

Abbildung 15.5 ist abgeleitet aus Abbildung 15.2. Die Übergangsbogen sind hier mit den Wahrscheinlichkeiten $p(s_j \mid s_i, u)$ beschriftet. Die Belohnungen bei einem Übergang sind $r(s_i,u,s_j)$. Befindet sich ein Akteur in einem Zustand s_i, hat er eine Strategie für die Wahl einer Aktion. Die Strategie $\pi(u \mid s_i)$ ist eine Wahrscheinlichkeit für die Wahl einer Aktion *u*, wenn sich der Prozess in Zustand s_i befindet.

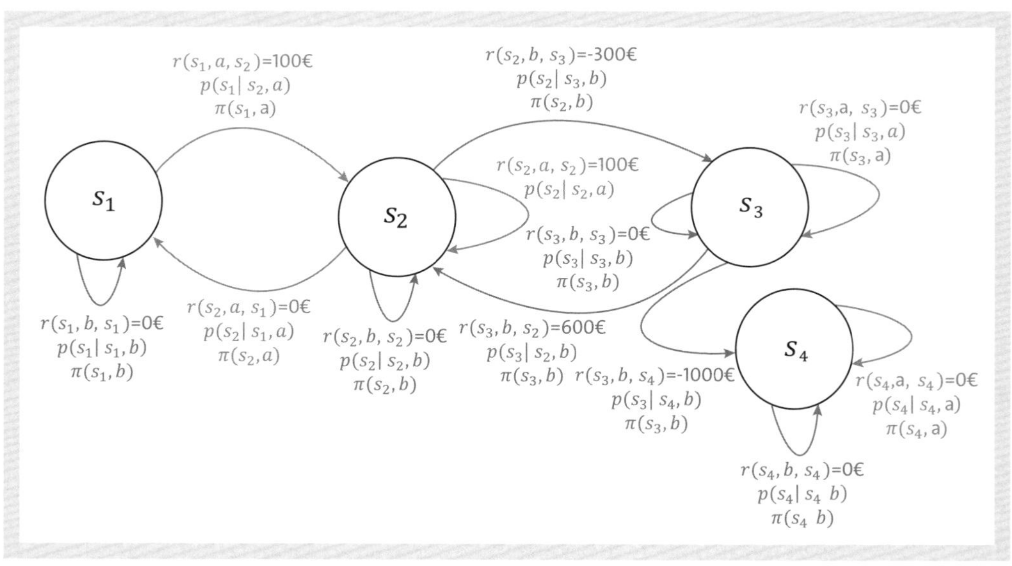

Abbildung 15.5 Zustandsmodell als MDP

Bei vereinfachter Betrachtung kann der Markov-Prozess in Abbildung 15.2 durch einen Baum ersetzt bzw. angenähert werden. Eine komplette Ersetzung ist hier nur durch einen Baum möglich, wenn dieser sich unendlich weit fortsetzt, da der Markov-Prozess Zustände enthält, die durch Übergangswechsel immer wieder erreicht werden können. Die Wahrscheinlichkeit für ein langes Fortsetzen wird aber immer geringer, da das Markov-Modell einen absorbierenden Zustand enthält.

Abbildung 15.6 zeigt einen Markov-Prozess mit einer Baumstruktur. Sie ist aus Abbildung 15.5 abgeleitet. Der linke und der rechte Zweig ausgehend von der Wurzel setzen sich weiter fort. Der mittlere Zweig ist der Zweig, in dem das Fahrzeug zur Inspektion gefahren und möglicherweise außer Betrieb gesetzt wird. Dieser Zweig des Baums enthält also ein Blatt.

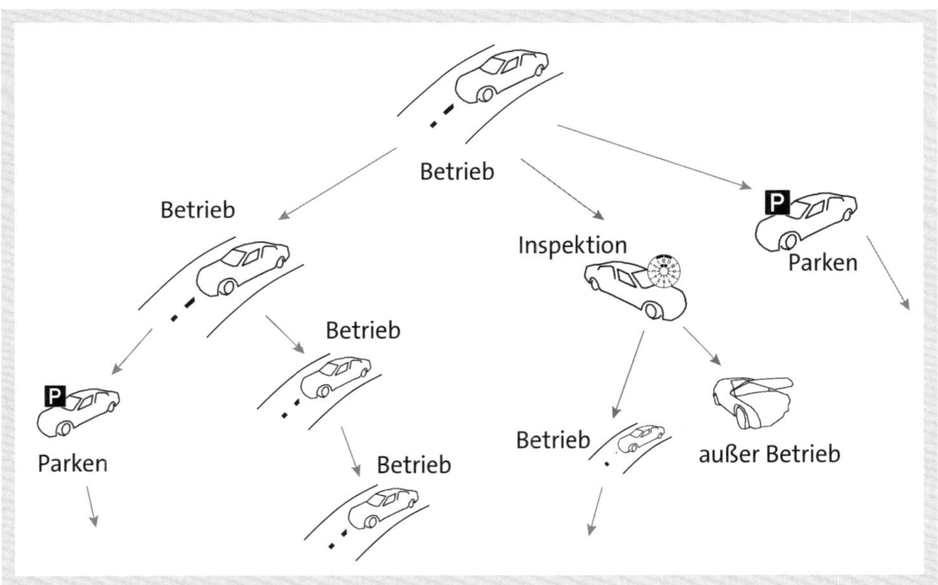

Abbildung 15.6 MDP als Baum

Um die Reihe von Belohnungen weiter zu untersuchen, soll der Baum in Abbildung 15.7 weiter vereinfacht werden. Hier werden nur der mittlere und der rechte Zweig betrachtet. Bei der Wahl von Aktion *a* wird der Akteur stets 100 € Belohnung erhalten. Nach drei Iterationen hat der Akteur insgesamt 300 € verdient. Nun kann der Akteur aber auch eine andere Strategie π (für *Policy*) wählen und sich für Aktion *b* entscheiden. Somit wird der Akteur erst 300 € investieren (negative Belohnung), um danach eine Belohnung in Form einer Wertsteigerung von 600 € zu erhalten. Aufsummiert ergibt es 300 €.

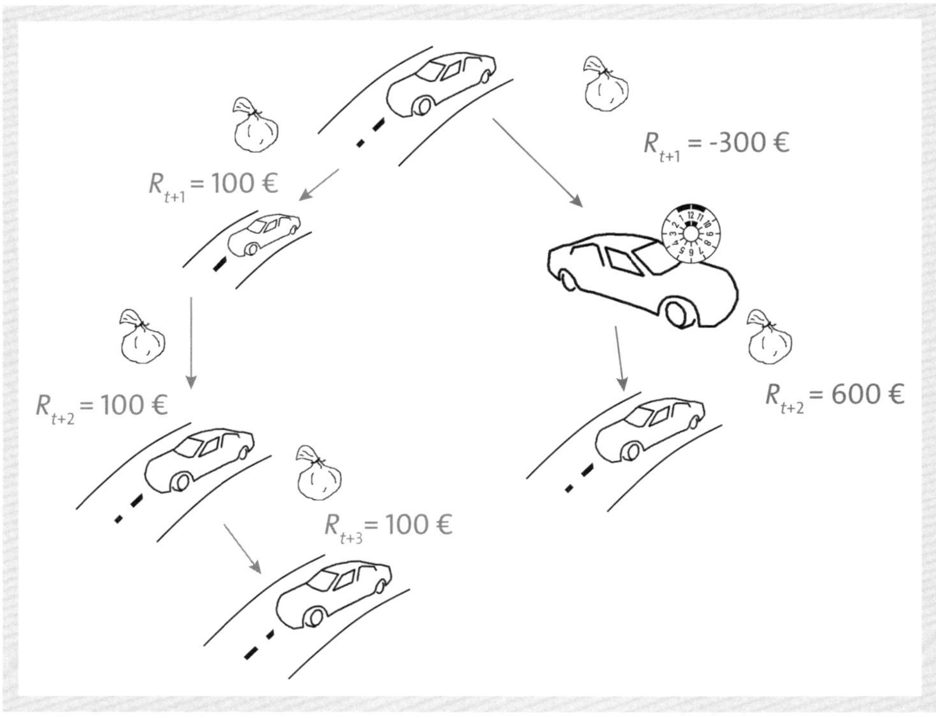

Abbildung 15.7 MDP als Baum mit Belohnungen

Da die Strategie selbst eine Wahrscheinlichkeit ist, kann die Gesamtbelohnung durch eine Zufallsvariable G_t (engl. *Gain*) ausgedrückt werden. Die Zeit t gibt den Zeitpunkt des Zustandswechsels an. Werden der Zustandswechsel und das Einsammeln der Belohnung als Zufallsprozess betrachtet, ist auch die Einzelbelohnung stets ein Zufallswert. Sie ist die Zufallsvariable R_t aus der Menge von Belohnungen. Die Zufallsvariable G_t wird berechnet, indem die Einzelbelohnungen $R_{t+1}, R_{t+2}, \ldots$ aufgrund künftiger Strategieentscheidungen und Zustandswechsel eingesammelt werden. Formel [15.2] gibt die Zufallsvariable G_t an.

[15.2]

$$G_t = \sum_{k=0}^{N} R_{t+k+1}$$

Bei der Betrachtung von Abbildung 15.7 wurde Ihnen möglicherweise ein Problem deutlich. Das Modell erlaubt dem Akteur bei der Wahl von Aktion a, in drei Iterationen insgesamt 300 € zu verdienen. Aber durch die Wahl von Aktion b erhält der Akteur in nur zwei Iterationen die gleiche Gesamtbelohnung. Produktiv war der Akteur bei der Wahl von Aktion b aber nicht.

Um dem entgegenzutreten, hilft die Anwendung des *Discount*-Faktors. Dieser trägt dazu bei, anstehende Belohnungen in naher Zukunft höher zu bewerten als Belohnungen in fernerer Zukunft. In Abbildung 15.7 wird bei der Wahl von Aktion *b* die Belohnung von 600 € erst nach zwei Schritten erreicht. Bei der Wahl der Aktion *a* erhält der Akteur sofort eine Belohnung. Durch Multiplikation mit dem *Discount*-Faktor γ^k können Belohnungen nach dem *k*-ten Iterationsschritt angepasst werden. So werden Belohnungen, die in weiterer Zukunft verdient werden, in höherem Maße verringert. Der *Discount*-Faktor γ ist eine Zahl zwischen null und eins und verringert durch Multiplikation die Belohnung. Formel [15.3] zeigt eine Anpassung von Formel [15.2].

$$G_t = \sum_{k=0}^{\infty} \gamma^k R_{t+k+1}$$ [15.3]

Das *MDP* aus Abbildung 15.2 hat Zustände, die über die Wahl der Aktionen immer wiederkehren. So könnte die Summe von Belohnungen bei Wahl der entsprechenden Strategie ins Unendliche steigen. Allerdings wirkt die Multiplikation mit der *k*-ten Potenz des *Discount*-Faktors γ dem entgegen, da die Einzelbelohnungen in weiterer Zukunft dadurch übermäßig verringert werden. Es soll hier nicht nachgewiesen werden, dass G_t endlich ist.

15.4 Belohnungsfunktionen

Die Gesamtbelohnung G_t ist eine Zufallszahl, da die aufgesammelten Belohnungen bei den Übergängen einer Strategie mit einer Wahrscheinlichkeit folgen. Sie ist die Summe der Einzelbelohnungen $R_{t+1},\ldots,R_{t+k+1}$. Die Einzelbelohnungen an den Übergängen sind zwar klar definiert, aber die Sequenz der Übergänge nicht. Durch den *Discount*-Faktor wurde dennoch erreicht, dass Belohnungen für große *k* betragsmäßig klein bleiben und sich somit die Gesamtbelohnung einem konstanten Wert annähert. Formel [15.4] ermittelt über den Erwartungswert der Zufallsvariablen G_t die Zustandsbelohnung $v(s_i)$, wenn sich der Akteur im Zustand s_i befindet. An der Formel lässt sich erkennen, dass die Vergangenheit keine Rolle spielt, denn die vorherigen Einzelbelohnungen werden nicht berücksichtigt.

$$\begin{aligned} v(s_i) &= E[G_t \mid S_t = s_i] \\ &= E\left[\sum_{k=0}^{\infty} \gamma^k R_{t+k+1} \mid S_t = s_i\right] \end{aligned}$$ [15.4]

Formel [15.4] sagt in Worten aus, dass aus jedem Zustand eine Zustandsbelohnung, zukünftige Aktionen und Zustandsbelohnungen mit einbezogen, bestimmt werden kann.

Der Akteur, der sich im Zustand s_i befindet, hat nun die Möglichkeit, eine Aktion u_i aus der Menge der Aktionen *A* zu wählen. So trägt die Wahl der Aktion zur Höhe der Belohnung bei. Befindet er sich im Zustand s_i und wählt die Aktion u_i, dann summiert sie die Belohnung auf $q(s_i,u_i)$. Formel [15.5] zeigt, wie die Belohnung über den Erwartungswert ermittelt wird. Die Formel unterscheidet sich von Formel [15.4] dadurch, dass die gewählte Aktion u_i im Zustand s_i eine Rolle spielt.

[15.5]
$$\begin{aligned} q(s_i, u_i) &= E[G_t \mid S_t = s_i, A_t = u_i] \\ &= E\left[\sum_{k=0}^{\infty} \gamma^k R_{t+k+1} \mid S_t = s_i, A_t = u_i\right] \end{aligned}$$

Aus dem Baum von Abbildung 15.6 wurde ein kleinerer Teilbaum (oben an der Wurzel) herausgenommen und in Abbildung 15.8 dargestellt. Die Kreise des Baums sind hier die Zustände, bei denen der Akteur sich für eine Aktion entscheiden kann. Um dies herauszustellen, wird in Abbildung 15.8 ein Zwischenzustand (*Q-State*) eingeführt, der als Dreieck dargestellt wird. Damit der Akteur in einen Zwischenzustand wechselt, muss er sich sowohl in einem Zustand si befinden als auch sich für eine entsprechende Aktion entscheiden. Bei der Betrachtung der beiden Aktionsmöglichkeiten gibt es für den Akteur eine Wahrscheinlichkeit $\pi(s_i \mid u_i)$ für die Wahl der Aktion. Die Wahrscheinlichkeit π ist die Strategie. Unter Berücksichtigung der Strategie π wird die Zustandsbelohnung *v(s_i)* als $v_\pi(s_i)$ bezeichnet.

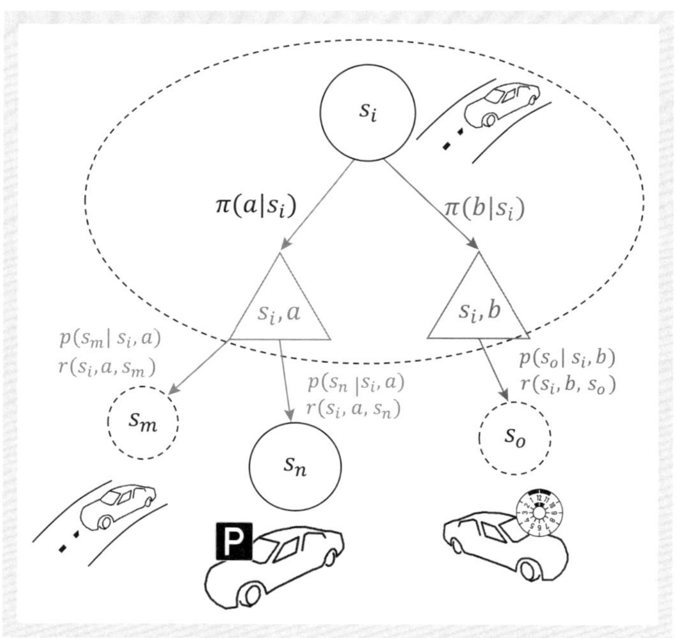

Abbildung 15.8 Strategie für die Wahl einer Aktion

Es soll nun eine Zustandsbelohnung bei Einsatz einer Strategie bezogen auf den aktuellen Zustand ermittelt werden. Zur Wiederholung in anderen Worten: Es gibt für den Akteur eine Wahrscheinlichkeit π für die Wahl einer Aktion. Nach Wahl der Aktion geht der Akteur mit der Wahrscheinlichkeit $p(s_l \mid s_i, u_i)$ in den nächsten Zustand über. Dabei erhält er die Belohnung $r(s_l, u_i, s_i)$. Hat das *MDP* zwischen dem Zustand s_l und dem Zustand s_i keinen Übergang, gilt $p(s_l \mid s_i, u_i) = 0$.

Die Belohnung $r(s_l, u_i, s_i)$ wird zusammen mit der folgenden Zustandsbelohnung $v_\pi(s_l)$ (in der Abbildung $v_\pi(s_m)$, $v_\pi(s_n)$ und $v_\pi(s_o)$) aufaddiert und jeweils mit den Wahrscheinlichkeiten $p(s_l \mid s_i, u_i)$ gewichtet. Die folgende Zustandsbelohnung $v_\pi(s_l)$ wird mit dem *Discount*-Faktor multipliziert, um Belohnungen in weiter Zukunft zu vernachlässigen. Formel [15.6] zeigt die Berechnung der Zustandsbelohnung für den Zustand s_i. Dabei werden hier alle Strategien mit π gewichtet und aufsummiert.

$$v_\pi(s_i) = \sum_{u \in A} \pi(u \mid s_i) \sum_{s_l \in S} p(s_l \mid s_i, u_i)[r(s_l, u_i, s_i) + \gamma v_\pi(s_l)]$$ [15.6]

Bezogen auf den Baum in Abbildung 15.8, werden die Verzweigungen an der Wurzel mit den Strategiewahrscheinlichkeiten $\pi(a \mid s_i)$ und $\pi(b \mid s_i)$ gewichtet. Dann werden die einzelnen Verkettungen entlang des Baums aufsummiert.

Zur Berechnung der Aktionsbelohnung dient Formel [15.7]. Diese ist abhängig von der vom Akteur gewählten Aktion u_i. Dabei befindet sich der Akteur bereits im Zustand $q_\pi(s_i, u_i)$. So entfallen die Aufsummierung und Gewichtung über alle möglichen Strategien.

15

$$q_\pi(s_i, u_i) = \pi(u_i \mid s_i) \sum_{s_l \in S} p(s_l \mid s_i, u_i)[r(s_l, u_i, s_i) + \gamma v_\pi(s_l)]$$ [15.7]

15.5 Optimale Belohnungsfunktionen

Es ist noch nicht abschließend geklärt, wie die Strategie π aus dem vorherigen Kapitel für eine optimierte Zustandsbelohnung gewählt werden soll. Artikel [90] ist eine Publikation, die zur Ermittlung von optimierten Belohnungen von *MDP* dient. So soll zunächst geklärt werden, wie optimiert werden soll. Die Maximierung der Zustandsbelohnung und Aktionsbelohnung scheint dafür geeignet zu sein. Eine Zustandsbelohnung, die durch die Wahl der Strategie $\pi(s_i)$ einen höheren Wert ergibt, ist lukrativer als die Zustandsbelohnung durch die Wahl der Strategie $\pi(s_i)'$. Die Gleichung [15.8] gibt dies an.

$$v_\pi(s_i) \geq v_{\pi'}(s_i)$$ [15.8]

Die optimale Zustandsbelohnung soll $v^*(s_i)$ sein. Sie ist die Zustandsbelohnung, die bei der Wahl der optimalen Strategien π^* zur höchsten Belohnung führt. So zeigt Formel [15.9], dass die optimierte Zustandsbelohnung das Maximum der Zustandsbelohnung bei Betrachtung aller Strategien ist.

[15.9]
$$v^*(s_i) = max_\pi(v_\pi(s_i))$$
$$\text{für alle } s \in S$$

Ähnlich wie bei der Zustandsbelohnung kann die optimierte Aktionsbelohnung durch Formel [15.10] ermittelt werden. Sie ist dann optimal, wenn bei Wahl der optimalen Strategien das Maximum der Belohnung ermittelt wird.

[15.10]
$$q^*(s_i, u_i) = max_\pi(q_\pi(s_i, u_i))$$
$$\text{für alle } s \in S \text{ und } u \in A$$

Die optimierte Aktionsbelohnung $q^*(s_i, u_i)$ hat eine einzige Strategie für jeden Übergang. Um aus den Aktionsbelohnungen die optimierte Zustandsbelohnung zu ermitteln, wird nur das Maximum von $q^*(s_i, u_i)$ aller Aktionen u benötigt. So ergibt sich Formel [15.11].

[15.11]
$$v^*(s_i) = max_u(q^*(s_i, u))$$

Unter Verwendung der Formel [15.6] ergibt sich die optimale Zustandsbelohnung in Formel [15.12]. Die Multiplikation mit der Wahrscheinlichkeit $\pi(u_i \mid s_i)$ entfällt hier. Die Entscheidung für eine optimale Strategie impliziert bereits, dass $\pi(u_i \mid s_i)$ für eine Aktion u gleich eins und für die restlichen Aktionen gleich null ist.

[15.12]
$$v^*(s_i) = max_u \sum_{s_l \in S} p\,(s_l \mid s_i, u)[r(s_l, u, s_i) + \gamma v^*(s_l)]$$

Die optimierte Aktionsbelohnung wird unter Verwendung von Formel [15.7] in Formel [15.13] angegeben.

[15.13]
$$q^*(s_i, u) = \sum_{s_l \in S} p\,(s_l \mid s_i, u)[r(s_l, u, s_i) + \gamma v^*(s_l)]$$

Formel [15.12] und Formel [15.13] werden in der Literatur als die *Bellmann*-Gleichungen bezeichnet.

Um die Aktion zu bestimmen, die bezüglich der Belohnung optimiert ist, kann Formel [15.13] herangezogen werden. Diese ist abhängig vom aktuellen Zustand s_i und der Aktion u. Nun können aus der Menge A die Aktionsbelohnungen für alle u berechnet werden. Die Aktion u, bei der die Formel [15.13] das Maximum hat, ist die optimale Aktion. Beschrieben wird dies durch Formel [15.14].

[15.14]
$$u^*(s_i) = argmax_u q^*(s_i, u)$$

Die Funktion $argmax_u$ liefert die Aktion zurück, bei der $q^*(s_i, u)$ ein Maximum hat.

15.5.1 Berechnung der Belohnungen über Iterationen

Durch den rekursiven Charakter von Formel [15.12] und Formel [15.13] kann die Programmierung zur Bestimmung der Zustands- und Aktionsbelohnungen zu Schwierigkeiten bezüglich der Konvergenz führen. Eine stark vereinfachte Methode bietet hier die Bestimmung der Belohnungen über die Iteration. Abbildung 15.9 soll dabei das Vorgehen veranschaulichen. Hier werden am Anfang alle Zustandsbelohnungen auf null gesetzt, siehe auch Formel [15.15].

$$v_0^*(s_i) = 0$$
für alle $s_i \in S$ [15.15]

Für diese Anfangswerte werden in der ersten Iteration ($k = 1$) Formel [15.12] und Formel [15.13] angewendet. So können Zustandsbelohnungen $v_1^*(s_i)$ und Aktionsbelohnungen $q_1^*(s_i, u)$ für alle Zustände aus der Menge S bestimmt werden. Nun geht die Berechnung in die nächste Iteration ($k = 2$) über, um $v_1^*(s_i)$ und $q_1^*(s_i, u)$ über Formel [15.12] und Formel [15.13] zu bestimmen. Die Gesamtbelohnungen $v_1^*(s_i)$ und $q_1^*(s_i, u)$ der letzten Iteration gehen auf der rechten Seite der Gleichungen als Annäherung mit ein.

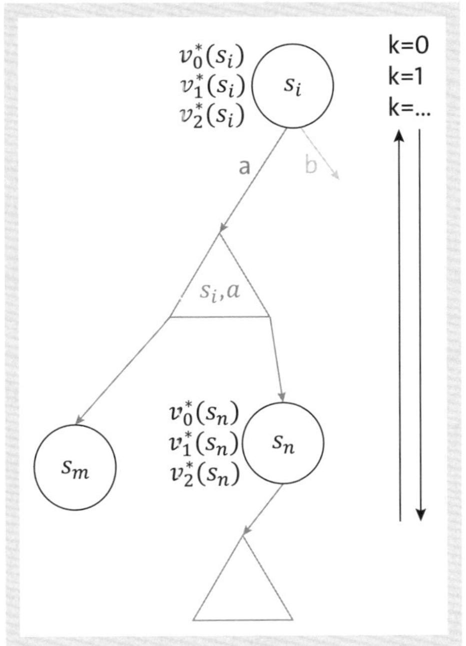

Abbildung 15.9 Berechnung der Zustandsbelohnung über Value Iteration

Über diesen Vorgang ergeben sich Formel [15.16] und Formel [15.17], die über die k-te Iteration die Zustandsbelohnung und Aktionsbelohnung bestimmen. Es kann gezeigt werden, dass für große k Formel [15.16] und Formel [15.17] konvergieren.

[15.16]
$$v_{k+1}^*(s_i) = max_u \sum_{s_l \in S} p\,(s_l \mid s_i, u)[r(s_l, u, s_i) + \gamma v_k^*(s_l)]$$
$$\text{mit } v_0^*(s_i) = 0$$

Formel [15.17] zeigt die Aktionsbelohnung zur iterativen Bestimmung.

[15.17]
$$q_{k+1}^*(s_i, u) = \sum_{s_l \in S} p\,(s_l \mid s_i, u)[r(s_l, u, s_i) + \gamma v_k^*(s_l)]$$
$$\text{mit } v_0^*(s_i) = 0$$

15.6 Ausflug in die künstliche Intelligenz

Im Fallbeispiel aus Abschnitt 15.1 wendet der Fahrer des Tesla den Autopiloten falsch an. Der Autopilot ist eigentlich nur ein Assistent, um die Einhaltung der Spur sicherzustellen. Eine selbstlernende Methode könnte zusätzliche Eigenschaften im Betrieb des Steuersystems mit aufnehmen.

Nun soll die Methode vorgestellt werden, die oben beschriebenen *MDP*-Konzepte einzusetzen, um beispielhaft die Steuerung des Fahrzeugs zu trainieren. Beim *Supervised Learning* (herkömmliches Trainingsverfahren) werden Daten von vornherein benötigt, um ein neuronales Netz zu trainieren. Beim *Reinforcement Learning* erzeugt das Fahrzeug selbstständig seine Daten für das Training.

Hier soll nun das MDP-Konzept mit seinen Zuständen, Aktionen, Belohnungen angewendet werden, um daraus eine optimierte Aktion zu bestimmen. Sie können sich vorstellen, dass die Anzahl der Zustände, die aus Kamerabildern berechnet werden, extrem hoch ist. MDP lässt sich kaum auf komplizierte Systeme (z. B. Fahrzeug auf Straße) skalieren. Die Idee ist deswegen, das MDP mithilfe eines neuronalen Netzes zu modellieren. Auf die Zustände und Transitionen wird verzichtet. Das neuronale Netz erhält Zustandsinformationen (dies sind keine Zustände, bilden diese aber ab) am Eingang, z. B. in Form von Straßenbildern, aufgenommen durch eine Kamera vorne am Fahrzeug. Als Ausgabe liefert es die Aktionsbelohnungen. Daraus lassen sich die Aktionen bestimmen.

Abbildung 15.10 zeigt oben das Zustandsmodell einer Straßenumgebung nur beispielhaft. Tatsächlich ist es viel komplizierter, da durch jede Lenkbewegung und das kontinuierliche Fortschreiten des Fahrzeugs der Prozess in neue Zustände übergeht. Vereinfacht dargestellt sind die Aktionen a und b für die Bewegung des Lenkrads nach links oder rechts. Die Belohnungen sind $q(a)$ und $q(b)$. Eingänge sind Bilder aus der Verkehrssituation, die von einer Kamera vorne im Fahrzeug stammen.

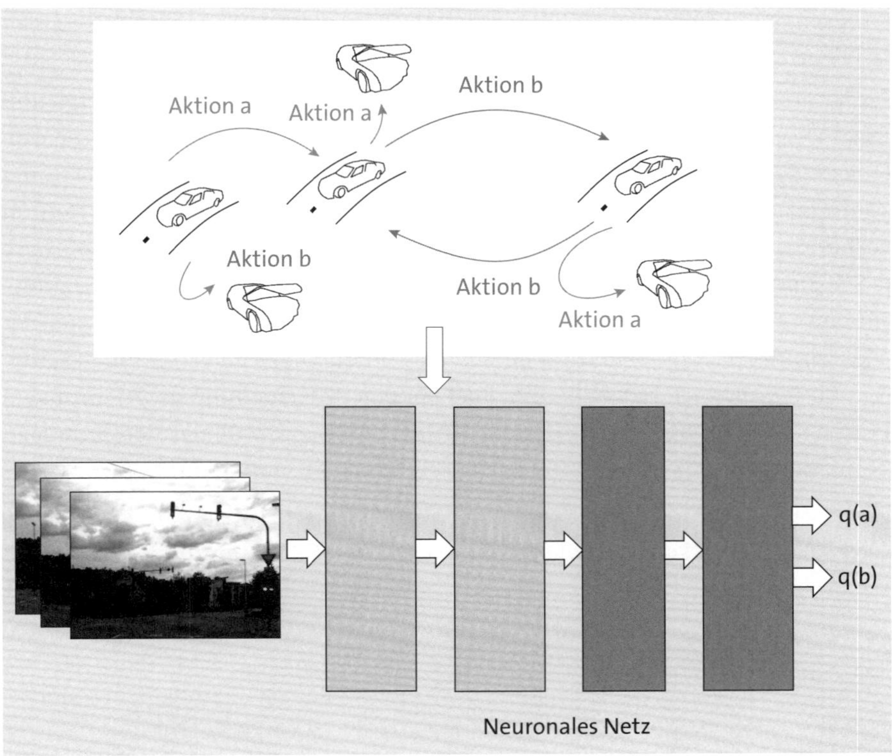

Abbildung 15.10 Ersetzung des MDP durch ein neuronales Netz

15

Eine Aktionsbelohnung kann aus Formel [15.13] bestimmt werden. Die Anzahl der Zustände sind aber nahezu unbegrenzt (es gibt extrem viele Bilder von Fahrsituationen). So wird aus dieser Formel bei Anwendung des Erwartungswerts die Formel [15.18] unter Verwendung von Formel [15.11].

$$\begin{aligned} q^*(s_i, u) &= E_{s_l \in S}[r(s_l, u, s_i) + \gamma v^*(s_l) \mid s_i, u] \\ &= E_{s_l \in S}\left[r(s_l, u, s_i) + \gamma max_{u'}\left(q^*(s_i, u')\right) \mid s_i, u\right] \end{aligned}$$ [15.18]

Die optimale Strategie ist es, die Aktion u' so zu wählen, dass der Erwartungswert von $r(s_l, u, s_i) + \gamma max_{u'}\left(q^*(s_i, u')\right)$ maximal wird.

15.6.1 Neuronales Netz

Neuronale Netze bestehen aus Neuronen und Verbindungen. Geordnet werden sie in Schichten. Die erste Schicht ist die Eingangsschicht. Deren Neuronen sind mit den Neuronen der nächsten Schicht verbunden. So wird es weitergeführt, bis die letzte Schicht erreicht ist. Die Eingangsschicht soll hier Bilder von der Straßensituation aufnehmen. Dafür werden pro Pixel des Bildes drei Neuronen benötigt (jeweils für Rot, Grün und Blau). Um Rücksicht auf die Historie zu üben, kann auch eine Sequenz von

Bildern ϕ_i (z. B. drei Bilder der letzten Sekunde) eingegeben werden. Damit würde sich die Anzahl der Eingangsneuronen um die Anzahl der Bilder vergrößern.

Die Pixel werden durch Zahlenwerte dargestellt, z. B. durch eine Zahl zwischen 0 und 255. Diese werden an die nächste Schicht über die Multiplikation mit Gewichten weitergereicht (die Gesamtheit der Gewichte wird durch θ ausgedrückt). Tatsächlich sind dies Multiplikationen von Gewichtsmatrizen mit Vektoren. Wenn aber jedes Neuron der vorherigen Schicht mit allen Neuronen der folgenden Schicht verbunden wäre (diese Schichten werden *Fully Connected Layer* genannt), ergibt sich eine sehr große Anzahl von Multiplikationen, was die Rechenzeit enorm erhöht. Dies ist einer der Gründe, warum *Convolutional Layer* eingesetzt werden. Die ersten Forschungsaktivitäten in diesem Bereich hat es bereits 1959 bei der Untersuchung von neuronalen Strukturen im Katzenhirn gegeben, siehe Artikel [91]. Die Anzahl der Verbindungen und somit der Multiplikationen sind bei diesen Schichten stark reduziert.

Lediglich bei der letzten Schicht (siehe auch Abbildung 15.11) werden wieder *Fully Connected Layer* eingesetzt, um die Ergebnisse aus den Schichten zuvor zusammenzufassen.

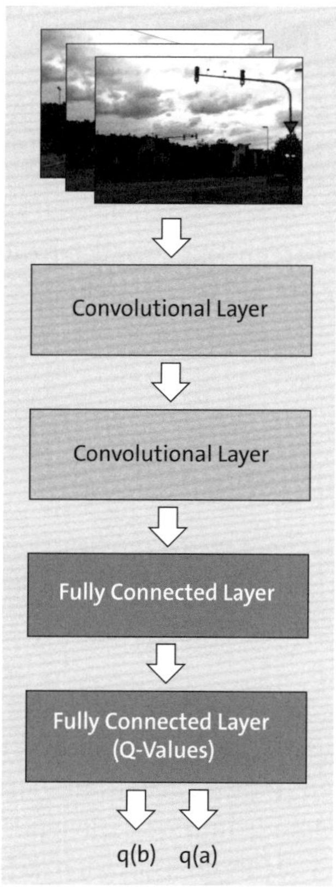

Abbildung 15.11 Neuronales Netz zur Schätzung der Aktionsbelohnungen

Aus der letzten Schicht werden die Werte für die Aktionsbelohnungen bestimmt (in der Abbildung $q(a)$ und $q(b)$). Über die Bestimmung des Maximums aus $q(a)$ und $q(b)$ (siehe Formel [15.14]) kann die nächste Aktion (also a oder b) abgeleitet werden.

Das Training des neuronalen Netzes erfolgt durch die Minimierung einer *Loss Function*. Diese gibt den Fehler an, den das neuronale Netz bei der Bestimmung der Aktionsbelohnung macht. Das neuronale Netz ist abhängig vom aktuellen Zustand s (ermittelt aus der Zustandsinformation, z. B. Bild), seinen Gewichten θ_i und der Aktion u (in unserem Beispiel a oder b). Es kann durch $q(s, u, \theta_i)$ ausgedrückt werden und bestimmt die maximale Belohnung. Die *Value Iteration* y_i gibt an, dass nach jeder i-ten Iteration, q_i den optimalen q^* (Formel [15.18]) annähert, siehe Formel [15.19].

$$y_l = E_{s_l \in S}\left[(r(s_l, u', s_i) + \gamma max_{u'}(q(s_i, u', \theta_{i-1}))\right] \qquad [15.19]$$

Dennoch bleibt zwischen jeder Iteration ein Fehler. Der Fehler kann durch die quadrierte Differenz der *Value Iteration* y_i von den Ergebnissen aus dem neuronalen Netz $q(s, u, \theta_i)$ ermittelt werden. Allgemein kann dies durch die Formel unten ausgedrückt werden kann:

$$\begin{aligned} L_l(\theta) &= E_{s_l,u}\left[\left(y_l - q(s_l, u, \theta_i)\right)^2\right] \\ &= E_{s_l,u}\left[\left(r(s_l, u', s_i) + \gamma max_{u'}(q(s_i, u', \theta_{i-1})) - q(s_l, u, \theta_i)\right)^2\right] \end{aligned} \qquad [15.20]$$

Diese *Loss Function* (also der Fehler) gilt es beim Training zu minimieren.

15.6.2 Replay Memory

Da es sich beim *Reinforcement Learning* um eine *Unsupervised Learning*-Methode handelt, müssen im Betrieb Zustandsinformationen aufgenommen und das neuronale Netz muss damit trainiert werden. Training bedeutet, die Gewichte θ so anzupassen, dass bei Eingabe beliebiger Eingangsbilder in das neuronale Netz die *Loss Function* minimiert wird. Damit soll die genaue und allgemeingültige Bestimmung der Aktionsbelohnung bei beliebigen Zustandsinformationen erreicht werden.

Nun wäre es natürlich möglich, stets direkt nach der Aufnahme eines Bildes von der Umgebung mit dieser das neuronale Netz zu trainieren. Allerdings würde das folgende Problem auftreten: Die Bilder, die nacheinander aufgenommen werden, sind miteinander korreliert. Sie sind sich also ähnlich, wenn sie z. B. im Millisekundenbereich hintereinander aufgenommen werden. Das Training mit korrelierten Daten hat negative Auswirkungen auf die Allgemeingültigkeit des neuronalen Netzes. Dies zeichnet sich dadurch aus, dass es für bestimmte Zustandsinformationen gut funktioniert, aber bei anderen komplett fehlschlägt. Um dem Problem der korrelierten Daten entgegenzutreten, werden Bilder aus der Vergangenheit in einem Speicher abgelegt, genannt *Replay Memory*. Beim Training wird also nicht nur die aktuelle Zustandsinformation verwendet, sondern es werden aus dem *Replay Memory* mehrere Zustandsinformationen zu einem *Batch* zusammengesetzt, und erst dann wird das neuronale Netz trainiert.

Ein Element aus dem *Replay Memory* besteht beispielsweise aus dem aktuellen Bild (bzw. der Bildsequenz) ϕ_i, Aktion u_i, Belohnung r_i und aus dem darauffolgenden Bild (oder Bildsequenz) ϕ_{i+1}. Abbildung 15.12 zeigt beispielhaft Elemente aus dem *Replay Memory*. Sie sind reihenweise ungeordnet.

Bildsequenz i	Aktion	Belohnung	Bildsequenz i+1
ϕ_{21}	u_{21}	r_{21}	ϕ_{22}
ϕ_{34}	u_{34}	r_{34}	ϕ_{35}
ϕ_{7}	u_{7}	r_{7}	ϕ_{8}
ϕ_{110}	u_{110}	r_{110}	ϕ_{111}
ϕ_{321}	u_{321}	r_{321}	ϕ_{322}
ϕ_{51}	u_{51}	r_{51}	ϕ_{52}

Abbildung 15.12 Neuronales Netz zur Schätzung der Aktionsbelohnungen

15.6.3 Algorithmus

Nun soll in groben Zügen der Algorithmus aus Artikel [88] für das Training des neuronalen Netzes mit der *Reinforcement Learning*-Methode beschrieben werden. Der Algorithmus ist unten aufgeführt. Dieser startet mit der Initialisierung des *Replay Memory*. Es kann vor dem ersten Training leer oder durch Trainingsläufe zuvor gefüllt sein. Danach werden die Gewichte von zwei neuronalen Netzen initialisiert: die Aktionsbelohnungsfunktion $q(\phi, u, \theta)$ (Punkt 2) und die Zielfunktion der Aktionsbelohnung $\hat{q}(\phi, u, \theta)$ (Punkt 3). Die Gewichte sind Zufallszahlen oder kommen aus früheren Trainingsläufen. Dann startet das Training mit der ersten Epoche (von insgesamt N Epochen). Das erste Bild bzw. die Bildsequenz ϕ_0 wird von der Kamera aufgenommen (Punkt 5), und danach startet der erste Trainingslauf (von M Trainingsläufen). Mit dem ersten Bild bzw. der Bildsequenz wird die Aktion aus dem neuronalen Netz bestimmt.

Beim Training von neuronalen Netzen passiert es oft, das lokale Minima der *Loss Function* errechnet werden. Andere Gewichtskombinationen könnten zu einem besseren Ergebnis führen. Deswegen wird in manchen Fällen die Aktion u nicht von einer Aktionsbelohnungsfunktion bestimmt, sondern zufällig (Punkt 7). Der Parameter ε gibt in der Regel eine Prozentzahl dafür an, wie oft zufällige Zufallswerte verwendet werden.

Die Aktion u kann nun auf das reale Fahrzeug (die Lenkbewegung a oder b) angewendet werden, und daraus resultiert eine Belohnung (Fahrzeug fährt links oder rechts). Die Bestimmung der Belohnung ist tatsächlich eine nicht zu unterschätzende Aufgabe, auf die hier nicht weiter eingegangen wird. Im einfachsten Fall kann ein Sensorsystem das Verlassen der Straße (negative Belohnung) und das Halten der Spur (positive Belohnung) detektieren. Das Fahrzeug geht nach Eingabe der Aktion u in einen neuen Zustand, was durch das Kamerasystem erfasst wird. Es erzeugt eines neues Bild bzw. eine Bildsequenz ϕ_i. Der Zustandsübergang kann durch $(\phi_i, u_i, r_i, \phi_{i+1})$ beschrieben und kann in das *Replay Memory* ungeordnet gespeichert werden.

Für das Trainieren wird nun eine Anzahl von Zustandsübergängen (*Batch*) aus dem *Replay Memory* entnommen, und damit wird das neuronale Netz einmal über das Gradientenverfahren trainiert, um die *Loss Function* $L_i(\theta)$ zu minimieren (Punkt 11 und Punkt 12). Es ergeben sich daraus neue Gewichte θ_i, die bei der Bestimmung von u_i in Punkt 7 eine Veränderung ergeben.

Hier noch einmal die einzelnen Schritte des Algorithmus:

1. Initialisiere *Replay Memory*.
2. Initialisiere die Aktionsbelohnungsfunktion $q(\phi, u, \theta)$ durch ein neuronales Netz (entweder mit Zufallsgewichten oder mit vortrainierten Gewichten θ).
3. Initialisiere die Zielfunktion der Aktionsbelohnung $\hat{q}(\phi, u, \theta)$ durch ein neuronales Netz (mit den Gewichten aus Punkt 2).
4. Starte Trainingsepoche.
5. Initialisiere erstes Bild bzw. Bildsequenz mit $i = 0$ und ϕ_0.
6. Starte Trainingslauf.
7. Bestimme entweder aus neuronalem Netz $q(\phi_i, u, \theta)$ die Aktion u_i, oder zufällig eine Aktion u_i mit der Wahrscheinlichkeit ε.
8. Wende die Aktion u_i am realen System (Fahrzeug) an, bestimme daraus die Belohnung r_i.
9. Bestimme den nächsten Zustand (also Bild bzw. Bildsequenz ϕ_{i+1}).
10. Speichere die Transition $(\phi_i, u_i, r_i, \phi_{i+1})$ ins *Replay Memory*.
11. Bestimme die *Value Iteration* y_i aus $y_i = r_i + \gamma max_{u'} \hat{q}(\phi_i, u', \theta)$.
12. Trainiere das neuronale Netz $q(\theta)$ zur Minimierung der *Loss Function* $L_i(\theta)$.
13. Inkrementiere i und wiederhole Punkt 6, bis Anzahl der Iterationen M erreicht wurde.
14. Setze $\hat{q}(\theta) = q(\theta)$.
15. Wiederhole Punkt 4, bis Anzahl der Iterationen N erreicht wurde.

Nach dem Training wird wieder auf Punkt 6 gesprungen. Dieser wird so lange wiederholt, bis die Laufvariable i bei M angelangt ist. Danach wird die Zielfunktion der Aktionsbelohnung $\hat{q}(\phi, u, \theta)$ durch das trainierte neuronale Netz $q(\phi, u, \theta)$ ersetzt (Punkt 14), und es wird auf Punkt 4 gesprungen. Dies wiederholt sich so lange, bis N Iterationen erreicht wurden.

15.7 Abschließende Bemerkungen

Das MDP kann als eine Erweiterung des Markov-Prozesses aus Kapitel 14 gesehen werden. Dabei werden in einem MDP mehrere Markov-Prozesse eingearbeitet. Entscheidungen eines Akteurs bewirken das Überführen von einem Markov-Prozess zu einem anderen. Somit hat der Safety Engineer eine weitere Methode, ein zu betrachtendes System zu modellieren, falls ihm Markov zu eingeschränkt ist.

Zur Berechnung der Verfügbarkeit bzw. Zuverlässigkeit können wie beim Markov-Prozess Wahrscheinlichkeiten der Zustände analysiert oder simuliert werden. Hierbei können Wahrscheinlichkeiten der Zustände, die den Betrieb ausdrücken, aufsummiert werden. Das MDP bietet aber noch die Möglichkeit, Strategien für Aktionen in Abhängigkeit vom aktuellen Zustand zu entwickeln. Dies wird durch Belohnungen erreicht. Dabei sind Belohnungen der nahen Zukunft zu bevorzugen, wofür der Discount-Faktor dient.

Das Fallbeispiel in Abschnitt 14.1 beschreibt einen Unfall mit einem Fahrzeug der Firma Tesla. Hier hat der Fahrer den Fahrassistenten, der nur zur Unterstützung des Fahrers dient, unsachgemäß für das autonome Fahren eingesetzt. Der Weg zum autonomen Fahrzeug ist noch weit. Das hier vorgestellte MDP kann dabei ein Grundbaustein für das selbstständige Lernen (Reinforcement Learning) sein. Bei der Erweiterung von MDP durch DeepQ Learning wird auf die Modellierung der Umwelt durch ein Markov-Modell verzichtet, da das Modell zu kompliziert ist. So kann sich kaum jemand vorstellen, wie viele Zustände es braucht, das Atari-Spiel Breakout mit dem Markov-Prozess zu modellieren. Jeder einzelne Baustein, aber auch jede Kombination aus Bausteinen, Ball und Schläger müssten auf klassische Weise Zuständen zugeordnet werden.

Dabei ist das Atari-Spiel vergleichsweise einfach. Komplizierter ist es, ein Modell eines Fahrzeugs mit Umgebung für die Kollisionsvermeidung zu erstellen. Deswegen wird in der Praxis das MDP durch ein neuronales Netz modelliert. Es kann durch Fütterung mit Zustandsinformationen (Sensordaten des fahrenden Fahrzeugs) und Aktionsdaten des Akteurs trainiert werden. Optimiert wird das Training des neuronalen Netzes mit den Bellmann-Gleichungen, die in diesem Kapitel hergeleitet wurden.

Kapitel 16
Reliability, Availability, Maintainability und Serviceability

Markov-Prozesse und die Modellierungen eines einfachen Systems oder Geräts wurden in Kapitel 14 vorgestellt. Mit der Methode können sowohl die Zuverlässigkeit als auch die Verfügbarkeit von Systemen oder Geräten bestimmt werden. Die Modellierung durch einen Markov-Prozess zur Bestimmung der Zuverlässigkeit und der Verfügbarkeit ist zwar in beiden Fällen ähnlich, dennoch gibt es Unterschiede. Bei Verfügbarkeitsmodellierung kann immer eine Reparatur das System von einem defekten Zustand in einen funktionierenden Zustand überführt werden. Bei der Modellierung von Zuverlässigkeiten ist das nicht der Fall. Die Berechnung der Wahrscheinlichkeiten kann über die Lösung von Differenzialgleichungen erfolgen, was aber bei Modellen mit vielen Zuständen kompliziert wird. Stationäre Betrachtungen vereinfachen das Vorgehen. Hier muss nur ein einfaches Gleichungssystem gelöst werden.

Das Thema *Probability for Dangerous Failure on Demand* wurde bereits für ein einfaches System in Abschnitt 7.7.1 behandelt. Es geht um die Bestimmung der Ausfallwahrscheinlichkeit des Sicherheitssystems mit einer Methode, die an Zuverlässigkeitsblockdiagramme erinnert. Sie wird durch Prüfintervalle erweitert. In diesem Kapitel wird die Modellierung nicht nur auf einfache Systeme beschränkt, sondern auch auf komplexere mit beliebigen Redundanzen. Ich stelle Ihnen die Herleitung der Formeln zur Berechnung der Wahrscheinlichkeiten vor, die in den gängigen Normen einfach nur angegeben sind.

16.1 Fallbeispiel: Das Kursk-Unglück

Nach dem Kalten Krieg verkleinerte die russische Föderation seine U-Boot-Flotte von einst über 300 U-Booten auf etwa 120 U-Boote. Die Geldmittel waren nach wie vor knapp, deswegen wurde an der Ausbildung und Instandsetzung gespart. Im Jahr 1995 wurde dennoch das atomgetriebene U-Boot *Kursk* in den Dienst gestellt. Bei einer militärischen Auseinandersetzung hätte der Auftrag darin bestanden, amerikanische Flugzeugträger mit Torpedos und Raketen zu bekämpfen.

Im August des Jahres 2000 wurde von westlichen Militäreinrichtungen eine Unterwasserexplosion geortet, siehe auch Artikel [92]. Anfangs haben die russischen Behörden westliche Staaten als Verursacher genannt. Tatsächlich hielten sich im Umkreis von mehreren 100 km der Explosionsstelle mehrere westliche Kriegsschiffe auf. Die russischen Behörden räumten bald ein, dass die Explosion von der Kursk ausgegangen war, dennoch hielten sie sich über die Ursache bedeckt. So wurde zunächst eine Mine aus dem Zweiten Weltkrieg genannt bzw. ein Raketenbeschuss durch den Kreuzer *Pjotr Weliki*. Tatsächlich hatte der Kreuzer an dem Tag Raketenübungen abgehalten.

Bei der Explosion sank das U-Boot mit seinen 118 Besatzungsmitgliedern, siehe auch Abbildung 16.1. Es überlebten 23 Seeleute, die auf dem Meeresgrund im U-Boot gefangen waren. Wegen der Verschleierung des Unfalls und der verzögerten Anfrage auf Hilfe wurden die Rettungsaktionen viel zu spät eingeleitet. Technische Probleme verzögerten die Rettung weiter. Die Hilfe kam viel zu spät, und deswegen starben die restlichen Seeleute.

Russische Experten gaben Hinweise auf Fehlfunktionen der Torpedos als Unglücksursache. Wenige Monate vor dem Unglück wurde das U-Boot Kursk mit Torpedos eines neuen Typs ausgerüstet. Diese verwendeten Flüssigtreibstoff, da dieser wesentlich günstiger war als Festtreibstoff. Flüssigtreibstoff ist aber gefährlicher und gilt als leicht entzündlich. Die These einer Torpedoexplosion wird vor allem dadurch gestützt, dass auch zwei Ingenieure der Torpedofirma an Bord waren. Die Torpedoexplosion gilt aus heutiger Sicht als die wahrscheinlichste Ursache, genau geklärt ist sie dennoch bis heute nicht.

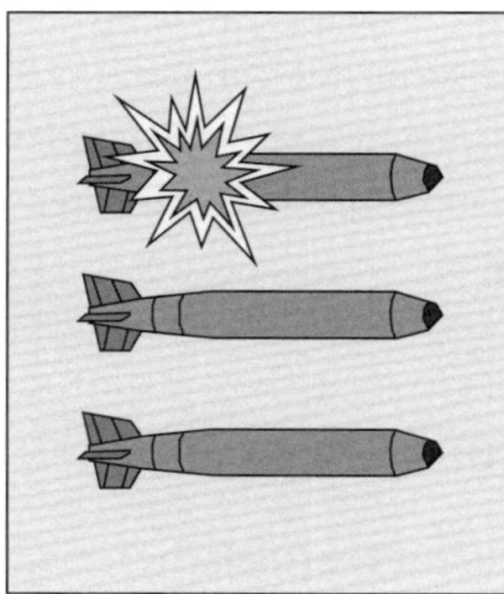

Abbildung 16.1 Das Kursk-Unglück

16.2 Das einfache System

Die Zuverlässigkeit bzw. Verfügbarkeit eines einfachen Systems kann bei *RBD* durch einen Block modelliert werden. Bei Anwendung der Formel [7.27] kann die Verfügbarkeitswahrscheinlichkeit durch ein einfaches Modell ermittelt werden: Funktion, Ausfall, Reparatur und Fehler. *RBD* hat den Nachteil, dass der zeitliche Zusammenhang zwischen Funktion, Ausfall, Reparatur und Fehler nicht genau modelliert wird.

Der Markov-Prozess bietet dafür bessere Möglichkeiten, wie in Abbildung 16.2 zu sehen ist. Im Zustand s_1 ist das System in Funktion. Bei Ausfall einer Komponente durch ein Ereignis K mit der Ausfallrate λ wird das System in den Zustand s_2 überführt. Dort kann es mit der Übergangsrate μ_R repariert werden, und das System geht in den funktionierenden Zustand über.

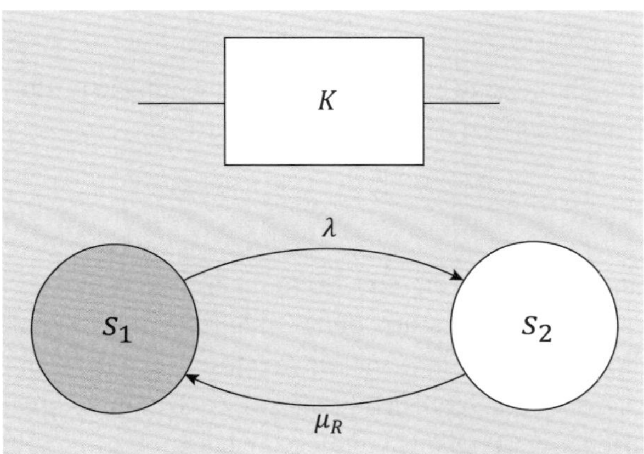

Abbildung 16.2 Modellierung eines einfachen Systems mit Markov

Das Modell oben kann stets vom funktionieren Zustand in den ausgefallenen Zustand und zurück wechseln. Deshalb eignet sich das Modell zur Berechnung der Verfügbarkeit, die ein Verhältnis der Reparaturrate und der Summe von Ausfallrate und Reparaturrate ist, siehe Formel [7.27].

Für die Zuverlässigkeit ist aber nur die Wahrscheinlichkeit des Zustands s_1 von Interesse und nicht der Übergang von s_2 nach s_1 durch die Reparatur. Da sich das Modell in Abbildung 16.2 nur für die Verfügbarkeitsberechnung, aber nicht für die Zuverlässigkeitsberechnung eignet, muss es abgeändert werden.

16.2.1 Zuverlässigkeit des einfachen Systems

Abbildung 16.3 zeigt, wie das Modell aus Abbildung 16.2 zur Berechnung der Zuverlässigkeit umgeformt werden kann. Da die Reparatur des Systems nicht von Interesse ist, kann der Übergang von Zustand s_2 nach Zustand s_1 entfernt werden. Aus diesem modifizierten Modell kann nun die Übergangsratenmatrix und die Differenzialgleichung erster Ordnung in Matrixform bestimmt werden, siehe Formel [16.1].

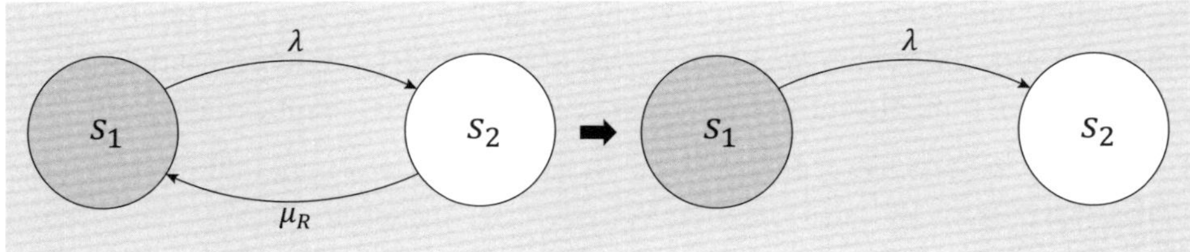

Abbildung 16.3 Modellierung der Zuverlässigkeit eines einfachen Systems

[16.1]
$$\underline{p}'(t) = \underline{p}(t) \cdot \begin{pmatrix} -\lambda & \lambda \\ 0 & 0 \end{pmatrix}$$

Die Gleichung in Matrixform lässt sich unten in zwei Differenzialgleichungen umformen. Die erste Gleichung ist nur abhängig von $p_1(t)$ und ihrer Ableitung.

[16.2]
$$\begin{aligned} p_1{}'(t) &= p_1(t)(-\lambda) \\ p_2{}'(t) &= p_1(t)\lambda \end{aligned}$$

Bei genauem Hinschauen kann die Lösung der ersten Gleichung erraten werden. In der Mathematik gibt es nur die Exponentialfunktion, deren Ableitung die Originalfunktion wiedergibt. Unter Berücksichtigung der inneren Ableitung von λt ergibt sich unten die Lösung für $p_1(t)$. Diese Lösung lässt sich in die zweite Gleichung oben einsetzen. Um nach $p_2(t)$ aufzulösen, müssen beide Seiten der Gleichung innerhalb der Grenzen $0 \ldots t$ integriert werden. [16.3] zeigt die Lösung für $p_2(t)$.

[16.3]
$$\begin{aligned} &\text{Lösung für } p_1(t): && p_1(t) = e^{-\lambda t} \\ &\text{Lösung für } p_2(t): && p_2{}'(t) = e^{-\lambda t} \cdot \lambda \\ & && p_2(t) = \int_0^t e^{-\lambda\tau}\, d\tau \cdot \lambda = -\frac{1}{\lambda} e^{-\lambda t}\Big]_0^t \cdot \lambda = 1 - e^{-\lambda t} \end{aligned}$$

Die Zuverlässigkeit des Systems ist nur die Wahrscheinlichkeit, dass sich das System im funktionierenden Zustand s_1 befindet. So ergibt sich der zeitliche Verlauf der Zuverlässigkeit.

[16.4]
$$R_e(t) = p_1(t) = e^{-\lambda t}$$

16.2.2 Verfügbarkeit des einfachen Systems

Bei der Verfügbarkeit ist die Reparatur von Interesse, sodass der Markov-Prozess in Abbildung 16.2 für ihrer Berechnung eingesetzt wird. Die Differenzialgleichung erster Ordnung in Matrixschreibweise ist in Formel [16.5] angegeben.

[16.5]
$$\underline{p}'(t) = \underline{p}(t) \cdot \begin{pmatrix} -\lambda & \lambda \\ \mu_R & -\mu_R \end{pmatrix}$$

Auch diese lässt sich in zwei Gleichungssystemen, siehe unten, umformen. Die Lösung des Gleichungssystems ist etwas schwieriger und soll in diesem Buch nicht gezeigt werden. Dennoch lassen sich die Gleichungssysteme zur Ermittlung der stationären Wahrscheinlichkeitswerte für $p_1(t)$ und $p_2(t)$ nutzen.

$$\begin{aligned} p_1'(t) &= p_1(t)(-\lambda) + p_2(t)\mu_R \\ p_2'(t) &= p_1(t)\lambda + p_2(t)(-\mu_R) \end{aligned}$$ [16.6]

Im stationären Zustand gibt es keine Änderungen der Wahrscheinlichkeiten mehr. Sie konvergieren zu einem konstanten Wert. Die Ableitung von konstanten Werten ergibt null. Dies ist oftmals dann der Fall, wenn eine lange Zeit verstreicht (eigentlich unendlich lang), siehe die Grenzwertbestimmung.

$$\begin{aligned} &\lim_{t\to\infty} p_1'(t) = 0 \\ &\lim_{t\to\infty} p_2'(t) = 0 \end{aligned}$$ [16.7]

So wird die Ableitung des Zustandsvektors von Formel [16.5] null. Das Differenzialsystem erster Ordnung in Matrixform vereinfacht sich dadurch und kann wie in Formel [16.8] beschrieben werden.

$$\underline{0} = \underline{p} \cdot \begin{pmatrix} -\lambda & \lambda \\ \mu_R & -\mu_R \end{pmatrix}$$ [16.8]

Das Gleichungssystem geht aus der Matrixschreibweise hervor und vereinfacht sich durch die Grenzwertbildung, siehe unten. Auf die Variable t in p_1 und p_2 wird nun verzichtet, da t jetzt sehr groß ist. Bei der Betrachtung der beiden ersten Gleichungen unten können Sie erkennen, dass sie sich nur im Vorzeichen unterscheiden. Aus beiden Gleichungen lässt sich deswegen keine Lösung für beide Wahrscheinlichkeiten p_1 und p_2 ermitteln. Dennoch ist eine weitere Bedingung nutzbar: Das System kann sich nur in den Zuständen s_1 und s_2 befinden. So ist die Wahrscheinlichkeit, dass sich das System entweder im Zustand s_1 oder s_2 befindet, eins. Damit ergibt sich die dritte Gleichung, woraus sich eine Lösung für p_1 und p_2 bestimmen lässt.

$$\begin{aligned} 0 &= p_1(-\lambda) + p_2\mu_R \\ 0 &= p_1\lambda + p_2(-\mu_R) \\ 1 &= p_1 + p_2 \end{aligned}$$ [16.9]

Auf die Lösungsschritte soll nur kurz eingegangen werden. Die dritte Gleichung lässt sich in die erste einsetzen, und es ergibt sich diese Lösung für p_1 und p_2.

$$\begin{aligned} p_1 &= \frac{\mu_R}{\lambda + \mu_R} \\ p_2 &= \frac{\lambda}{\lambda + \mu_R} \end{aligned}$$ [16.10]

Beachten Sie die Wahrscheinlichkeit p_1, die bereits durch die Formel [7.27] zur Berechnung der *PA* angegeben wurde. Formel [16.11] zeigt nochmal die Verfügbarkeit A_e:

[16.11] $$A_e = p_1$$

16.3 Das serielle System

Ein System oder Gerät besteht aus zwei Komponenten. Es reicht, dass eine der beiden Komponenten ausfällt, damit das System oder Gerät ausfällt. Dann kann das *RBD* mit zwei Blöcken in Serie modelliert werden. Sowohl die Zuverlässigkeit als auch die Verfügbarkeit lassen sich mit dem *RBD*-Modell berechnen. Allerdings kann der zeitliche Verlauf der Verfügbarkeit mit dem Handwerkszeug aus Kapitel 13 nur eingeschränkt ermittelt werden. Das Ergebnis der Berechnung über *RBD* ist lediglich eine Momentaufnahme zu einem bestimmten Zeitpunkt. Komplexe Instandsetzungen sind bei Einzelbetrachtung der Komponenten nicht mehr mit *RBD* modellierbar.

Der Markov-Prozess bietet hier die Möglichkeit, den zeitlichen Verlauf der Zuverlässigkeit und Verfügbarkeit zu modellieren. Abbildung 16.4 stellt eine Serienstruktur mit den Fehlern bzw. Ausfällen der Komponenten K_1 und K_2 sowohl als *RBD* als auch als Markov-Prozess dar.

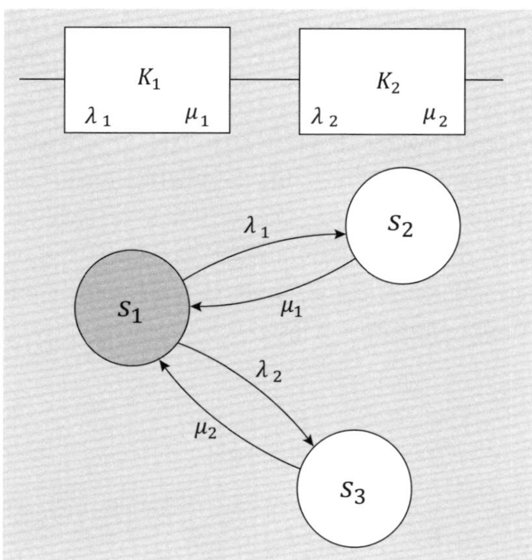

Abbildung 16.4 Modellierung eines seriellen Systems mit Markov

Der Zustand s_1 ist der funktionierende Zustand. Fällt eine der beiden Komponenten aus, wechselt das Modell in Zustand s_2 oder s_3 mit der angegebenen Ausfallrate. Bei Ermittlung der Verfügbarkeit kann eine Reparatur stattfinden, sodass das Modell zurück in den Zustand s_1 mit der entsprechenden Reparaturrate wechseln kann.

Die Differenzialgleichung erster Ordnung in Matrixform, hergeleitet aus dem Markov-Prozess, ist unten angegeben. Für die Bestimmung des zeitlichen Verlaufs der Verfügbarkeit muss diese Gleichung nach $p_1(t)$ aufgelöst werden.

$$\underline{p}'(t) = \underline{p}(t) \cdot \begin{pmatrix} -\lambda_1 - \lambda_2 & \lambda_1 & \lambda_2 \\ \mu_1 & -\mu_1 & 0 \\ \mu_2 & 0 & -\mu_2 \end{pmatrix}$$

16.3.1 Zuverlässigkeit des seriellen Systems

Aufgrund der gleichen Argumentation aus Abschnitt 16.2.1 ist der Markov-Prozess in Abbildung 16.4 nicht zur Bestimmung der Zuverlässigkeit geeignet. Bei der Bestimmung der Zuverlässigkeit interessiert nicht die Rückführung von dem ausgefallenen Zustand zurück in den funktionierenden Zustand durch Instandsetzung. Deswegen werden hier die Übergänge entfernt. Abbildung 16.5 demonstriert das.

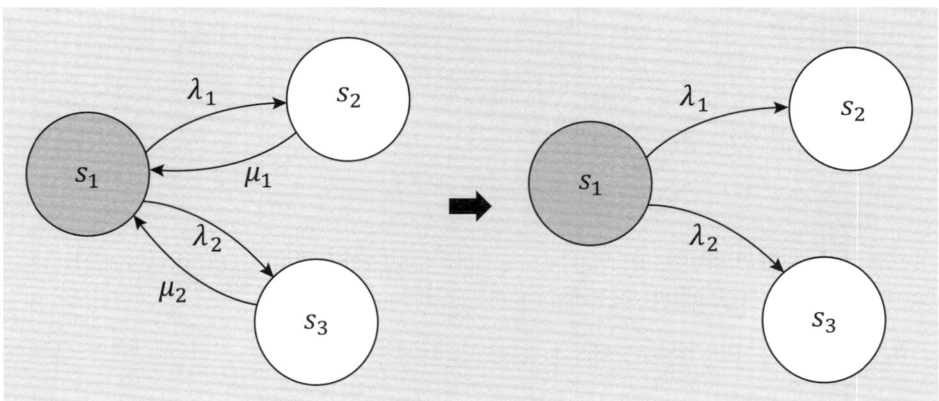

Abbildung 16.5 Modellierung der Zuverlässigkeit eines seriellen Systems

Da sich der Markov-Prozess geändert hat, muss zur mathematischen Modellierung die Differenzialgleichung neu bestimmt werden. Unten wird sie dargestellt. Die Reparaturraten sind auf null gesetzt.

$$\underline{p}'(t) = \underline{p}(t) \cdot \begin{pmatrix} -\lambda_1 - \lambda_2 & \lambda_1 & \lambda_2 \\ 0 & 0 & 0 \\ 0 & 0 & 0 \end{pmatrix}$$

Zur Lösung der Differenzialgleichung in Matrixform eignet sich die Darstellung in Form von drei Gleichungen:

$$\begin{aligned} p_1'(t) &= p_1(t)(-\lambda_1 - \lambda_2) \\ p_2'(t) &= p_1(t)\lambda_1 \\ p_3'(t) &= p_1(t)\lambda_2 \end{aligned}$$ [16.12]

Die Lösung der ersten Gleichung wurde bereits in Abschnitt 16.2.1 angegeben. Die Ableitung der Exponentialfunktion ergibt wieder die Exponentialfunktion, sodass die Lösung für $p_1(t)$ trivial ist. Unten ist sie angegeben. Die Lösung für $p_1(t)$ kann in die zweite und dritte Gleichung oben eingesetzt werden.

[16.13] Lösung für $p_1(t)$: $p_1(t) = e^{-(\lambda_1+\lambda_2)t}$

Da $p_2'(t)$ und $p_3'(t)$ auf der linken Seite der Gleichungen Ableitungen sind, kann zur Lösung auf beiden Seiten der Gleichungen innerhalb der Grenzen 0 und t integriert werden. Unter Berücksichtigung der Grenzen sind die Rechnung und das Ergebnis für $p_2(t)$ und $p_3(t)$ in Formel [16.14] angegeben.

[16.14] Lösung für $p_2(t)$: $p_2'(t) = e^{-(\lambda_1+\lambda_2)t} \cdot \lambda_1$

$$p_2(t) = \int_0^t e^{-(\lambda_1+\lambda_2)\tau}\,d\tau \cdot \lambda_1 = -\frac{1}{(\lambda_1+\lambda_2)} \cdot e^{-(\lambda_1+\lambda_2)t}\Big]_0^t \lambda_1 = \frac{\lambda_1}{\lambda_1+\lambda_2} \cdot \left(1 - e^{-(\lambda_1+\lambda_2)t}\right)$$

Lösung für $p_3(t)$: $p_3'(t) = e^{-(\lambda_1+\lambda_2)t}\lambda_2$

$$p_3(t) = \frac{\lambda_2}{\lambda_1+\lambda_2} \cdot \left(1 - e^{-(\lambda_1+\lambda_2)t}\right)$$

Die Zuverlässigkeitsfunktion $R_s(t)$ entspricht dem zeitlichen Verlauf von $p_1(t)$, siehe Formel [16.15]. Vergleichen Sie das Ergebnis mit Formel [13.14].

[16.15] $R_s(t) = p_1(t) = e^{-\lambda_1 t} \cdot e^{-\lambda_2 t}$

16.3.2 Verfügbarkeit des seriellen Systems

Um den zeitlichen Verlauf der Verfügbarkeit zu bestimmen, kann das Modell aus Abbildung 16.4 und die daraus abgeleitete Differenzialgleichung gelöst werden. Da die Lösung der Differenzialgleichung in diesem Buch nicht hergeleitet werden soll, werden nur die Grenzwerte betrachtet. Unter der Annahme, dass sich für $t \to \infty$ die Werte für $p_1(t)$, $p_2(t)$ und $p_3(t)$ einem konstanten Wert annähern, können die Ableitungen $p_1'(t)$, $p_2'(t)$ und $p_3'(t)$ auf null gesetzt werden. So ergeben sich die ersten drei Gleichungen. Auf die Variable t wird wegen $t \to \infty$ verzichtet.

Werden die zweite und die dritte Gleichung miteinander addiert, ergibt sich die erste Gleichung unter Berücksichtigung des Vorzeichens. Das ist wieder ein Indiz für die Unterbestimmung des Gleichungssystems, und somit ist es nicht lösbar. Es wird eine vierte Gleichung benötigt. Diese ergibt sich aber aus dem Markov-Prozess. Denn alle Zustandswahrscheinlichkeiten zusammen addiert ergeben eins. Deswegen wird die vierte Gleichung angefügt.

$$\begin{aligned} 0 &= p_1(-\lambda_1 - \lambda_2) + p_2\mu_1 + p_3\mu_2 \\ 0 &= p_1\lambda_1 + p_2(-\mu_1) \\ 0 &= p_1\lambda_2 + p_3(-\mu_2) \\ 1 &= p_1 + p_2 + p_3 \end{aligned} \quad [16.16]$$

Die zweite und dritte Gleichung oben lassen sich nach p_2 und p_3 auflösen, und es ergeben sich die zwei Gleichungen aus Formel [16.17]. Beide Gleichungen können nun in die vierte Gleichung eingesetzt werden, und es kann nach p_1 aufgelöst werden.

$$\begin{aligned} p_2 &= p_1\frac{\lambda_1}{\mu_1} \\ p_3 &= p_1\frac{\lambda_2}{\mu_2} \end{aligned} \quad [16.17]$$

Die Lösung für die Wahrscheinlichkeiten p_1, p_2 und p_3 bei der Grenzwertbetrachtung für $t \rightarrow \infty$ sind in Formel [16.18] angegeben.

$$\begin{aligned} p_1 &= \frac{1}{1 + \frac{\lambda_1}{\mu_2} + \frac{\lambda_2}{\mu_2}} \\ p_2 &= \frac{1}{1 + \frac{\lambda_1}{\mu_1} + \frac{\lambda_2}{\mu_2}} \frac{\lambda_1}{\mu_1} \\ p_3 &= \frac{1}{1 + \frac{\lambda_1}{\mu_1} + \frac{\lambda_2}{\mu_2}} \frac{\lambda_2}{\mu_2} \end{aligned} \quad [16.18]$$

Die Verfügbarkeit A_s ist die Wahrscheinlichkeit, dass sich das System im Zustand s_1 befindet. So ergibt sich die Formel [16.19].

$$A_s = p_1 \quad [16.19]$$

16.4 Das parallele System

Redundante Systeme oder Geräte können bei *RBD* durch die Anordnung von parallelen Komponenten modelliert werden. Durch den Ausfall einer Komponente bleibt das System oder Gerät weiterhin funktionsfähig. Erst bei Ausfall von allen parallelen Komponenten fällt das System oder Gerät aus (wenn $d = 1$ bei *doon*-Architektur). Die Zuverlässigkeit kann unter anderem mit der Formel [13.17] berechnet werden. Allerdings gibt es eine Besonderheit, die die *RBD*-Modellierung und die bereits erwähnte Formel nicht abdecken: Fällt eine Komponente aus, kann sie kurz darauf repariert werden, sodass alle parallele Komponenten wieder in Funktion sind.

Formel [13.17] deckt dieses Szenario nicht ab. Über den *Markov*-Prozess kann eine realistischere Modellierung erreicht werden, siehe Abbildung 16.6. Im funktionierenden Zustand s_1 sind beide Komponenten K_1 und K_2 in Funktion. Es gibt die Möglichkeit, dass eine der beiden Komponenten ausfällt, und dann gibt es einen Übergang in den Zustand s_2. Wenn die Ausfallrate λ ist, dann ist die Ausfallrate für den Übergang von Zustand s_1 in Zustand s_2 gleich 2λ, da eine der beiden Komponenten ausfallen können. Bei beiden Zuständen s_1 und s_2 ist das System weiterhin in Funktion. Befindet sich das System oder Gerät im Zustand s_2, kann es mit der Reparaturrate μ_R zurück in den Zustand s_1 übergehen – oder aber auch mit der Ausfallrate λ in den Zustand s_3, bei dem das System ausgefallen ist. Für die Verfügbarkeitsberechnung kann das System und Gerät wieder mit der Übergangsrate μ_R in den zweiten Zustand überführt werden.

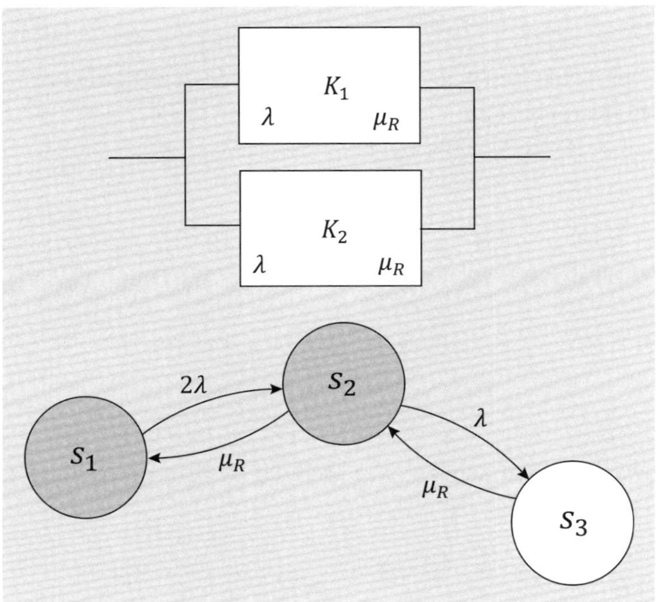

Abbildung 16.6 Modellierung eines parallelen Systems mit Markov

Die Differenzialgleichung in Matrixform ist für das System in Abbildung 16.6 und Formel [16.20] angegeben.

[16.20]

$$\underline{p}'(t) = \underline{p}(t) \cdot \begin{pmatrix} -2\lambda & 2\lambda & 0 \\ \mu_R & -\mu_R - \lambda & \lambda \\ 0 & \mu_R & -\mu_R \end{pmatrix}$$

16.4.1 Zuverlässigkeit des parallelen Systems

Für die Zuverlässigkeitsberechnung sind alle Zustände, bei denen das System oder Gerät in Funktion ist, interessant. Dies sind die Zustände s_1 und s_2. Dabei kann das

System zwischen Zustand s_1 und s_2 wechseln. Erst wenn Zustand s_3 erreicht ist, gilt das System als ausgefallen. Eine Reparatur soll bei der Modellierung der Zuverlässigkeit dann nicht mehr möglich sein. Somit ist das Modell aus Abbildung 16.6 nicht für die Zuverlässigkeitsberechnung geeignet und wird deswegen abgeändert. Der Übergang von Zustand s_3 nach s_2 wird weggelassen, und es entsteht das Modell in Abbildung 16.7.

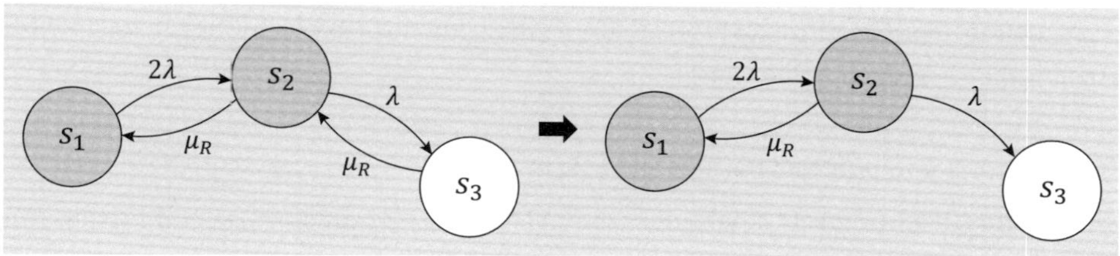

Abbildung 16.7 Modellierung der Zuverlässigkeit eines parallelen Systems

Die Differenzialgleichung in Matrixform ändert sich dadurch und ist in Formel [16.21] angegeben.

$$\underline{p}'(t) = \underline{p}(t) \cdot \begin{pmatrix} -2\lambda & 2\lambda & 0 \\ \mu_R & -\mu_R - \lambda & \lambda \\ 0 & 0 & 0 \end{pmatrix}$$ [16.21]

Zur Berechnung der Verläufe von $p_1(t)$ und $p_2(t)$ müssen nun Lösungen für die obige Differenzialgleichung gefunden werden. Es ist vorteilhaft, die Matrixdarstellung in ein Gleichungssystem umzustellen:

$$\begin{aligned} {p_1}'(t) &= p_1(t)(-2\lambda) + p_2(t)\mu_R \\ {p_2}'(t) &= p_1(t)2\lambda + p_2(t)(-\mu_R - \lambda) \\ {p_3}'(t) &= p_2(t)\lambda \end{aligned}$$ [16.22]

Die Wahrscheinlichkeitsfunktionen $p_1(t)$ und $p_2(t)$ geben die Wahrscheinlichkeiten wieder, bei denen das System in Funktion ist, abhängig von der Zeit. Also gilt die Zuverlässigkeitsfunktion für das System in Formel [16.23].

$$R_p(t) = p_1(t) + p_2(t)$$ [16.23]

Das Gleichungssystem ist nicht einfach im Zeitbereich zu lösen. Wird es aber durch *Laplace*-Transformation, siehe Buch [93], in den Bildbereich umgewandelt, vereinfacht sich die Lösung. Hierbei kann die Rechenregel [16.24] der *Laplace*-Transformation angewendet werden:

$$\mathcal{L}\{f'^{(t)}\} = sF(s) - f(0)$$ [16.24]

Es ergibt sich dann das untere *Laplace*-transformierte Gleichungssystem [16.25].

[16.25]
$$\begin{aligned} sP_1(s) - 1 &= P_1(s)(-2\lambda) + P_2(s)\mu_R \\ sP_2(s) - 0 &= P_1(s)2\lambda + P_2(s)(-\mu_R - \lambda) \\ sP_3(s) - 0 &= P_2(s)\lambda \end{aligned}$$

In der ersten Gleichung auf der linken Seite wird vom ersten Term die 1 abgezogen. Dies kommt von der Anfangsbedingung mit der Annahme, dass bei $t = 0$ sich das System im Zustand s_1 befindet. Somit ist $p_1(0) = 1$, siehe auch Rechenregel [16.24].

Zur Lösung des Gleichungssystems kann das Gleichungssystem [16.25] nach $P_1(s)$, $P_2(s)$ und $P_3(s)$ aufgelöst werden.

Bestimmung von $p_1(t)$ des parallelen Systems

Die zweite Gleichung im Gleichungssystem [16.25] ergibt die Lösung von $P_2(s)$ in Abhängigkeit von $P_1(s)$, siehe unten:

$$P_2(s) = P_1(s)\frac{2\lambda}{s + \lambda + \mu_R}$$

Diese Gleichung lässt sich in die erste Gleichung des Gleichungssystems [16.25] einsetzen, und so kann nach $P_1(s)$ aufgelöst werden. Auf den Rechenweg wird hier nicht weiter eingegangen. Die Lösung ist in Formel [16.26] angegeben.

[16.26]
$$P_1(s) = \frac{s + \mu_R + \lambda}{s^2 + s(\mu_R + 3\lambda) + 2\lambda^2}$$

$P_1(s)$ ist die *Laplace*-Transformierte von $p_1(t)$. Von besonderem Interesse sind die Polstellen bei s der Gleichung. Polstellen sind die Nullstellen des Terms im Zähler. Der Term im Zähler ist eine quadratische Gleichung und hat somit zwei Lösungen.

[16.27]
$$\begin{aligned} x_1 &= -\frac{\mu_R + 3\lambda}{2} + \sqrt{\left(\frac{\mu_R + 3\lambda}{2}\right)^2 - 2\lambda^2} \\ x_2 &= -\frac{\mu_R + 3\lambda}{2} - \sqrt{\left(\frac{\mu_R + 3\lambda}{2}\right)^2 - 2\lambda^2} \end{aligned}$$

Der nächste Schritt ist die Partialbruchzerlegung. Die Schritte der Partialbruchzerlegung werden hier nicht aufgezeigt. So kann die Gleichung in Formel [16.26] auch wie in Formel [16.28] beschrieben werden.

[16.28]
$$P_1(s) = \frac{x_1 + \lambda + \mu_R}{x_1 - x_2}\frac{1}{s - x_1} - \frac{x_2 + \lambda + \mu_R}{x_1 - x_2}\frac{1}{s - x_2}$$

Diese Gleichung lässt sich mit einer *Laplace*-Rücktransformation in den Zeitbereich umformen. Dazu wird die Rechenregel [16.29] angewendet.

$$\mathcal{L}^{-1}\left\{\frac{1}{s-\alpha}\right\} = e^{\alpha t} \qquad [16.29]$$

Die Lösung für $p_1(t)$ ist somit in Formel [16.30] mit den Polstellen x_1 und x_2 aus Formel [16.27] angegeben.

$$p_1(t) \quad = \frac{x_1 + \lambda + \mu_R}{x_1 - x_2} e^{x_1 t} - \frac{x_2 + \lambda + \mu_R}{x_1 - x_2} e^{x_2 t} \qquad [16.30]$$

Bestimmung von $p_2(t)$ des parallelen Systems

Die Zuverlässigkeit wird nach Formel [16.28] aus $p_1(t)$ und $p_2(t)$ bestimmt. Deswegen besteht der nächste Schritt darin, aus dem Gleichungssystem [16.25] $P_2(s)$ zu bestimmen und über die *Laplace*-Rücktransformation $p_2(t)$. Aus der zweiten Gleichung des Gleichungssystems [16.25] ergibt sich Folgendes:

$$P_2(s) \quad = P_1(s) \frac{2\lambda}{s + \mu_R + \lambda} \qquad [16.31]$$

$P_1(s)$ wurde bereits in Formel [16.28] bestimmt, sodass diese sich einfach in die Gleichung oben einsetzen lässt. Es ergibt sich dann für $P_2(s)$ die Formel [16.32]. Die Polstellen x_1 und x_2 sind aus Formel [16.32] bekannt.

$$\begin{aligned} P_2(s) &= \left[\frac{x_1 + \lambda + \mu_R}{x_1 - x_2} \frac{1}{s - x_1} - \frac{x_2 + \lambda + \mu_R}{x_1 - x_2} \frac{1}{s - x_2}\right] \cdot \frac{2\lambda}{s + \mu_R + \lambda} \\ &= \frac{2\lambda}{x_1 - x_2}\left[\frac{1}{s - x_1} - \frac{1}{s + \lambda + \mu_R} - \frac{1}{s - x_1} + \frac{1}{s + \lambda + \mu_R}\right] \\ &= \frac{2\lambda}{x_1 - x_2} \frac{1}{s - x_1} - \frac{2\lambda}{x_1 - x_2} \frac{1}{s - x_2} \end{aligned} \qquad [16.32]$$

Die Herleitung der zweiten Zeile der Gleichung ist auf den ersten Blick nicht offensichtlich. Die Berechnung erfolgt über eine Partialbruchzerlegung, die in diesem Rahmen nicht gezeigt wird. Die dritte Zeile ist eine Umformung, bei der sich über die *Laplace*-Rücktransformation $p_2(t)$ bestimmen lässt. Formel [16.33] zeigt die *Laplace*-Rücktransformatierte $p_2(t)$ aus $P_2(s)$. Die Polstellen x_1 und x_2 sind aus Formel [16.27] bekannt.

$$p_2(t) \quad = \frac{2\lambda}{(x_1 - x_2)} e^{x_1 t} - \frac{2\lambda}{(x_1 - x_2)} e^{x_2 t} \qquad [16.33]$$

Bestimmung von $p_3(t)$ des parallelen Systems

Wegen der Vollständigkeit soll auch $p_3(t)$ bestimmt werden, auch wenn sie nach Formel [16.23] nicht in die Zuverlässigkeit eingeht. Die Formel unten ist die dritte Zeile des Gleichungssystems [16.25].

[16.34]
$$sP_3(s) \quad = P_2(s)\lambda$$

Durch Einsetzen von $P_2(s)$ aus Formel [16.32] ergibt sich die untere Formel. Die Polstellen x_1 und x_2 sind aus Formel [16.27] bekannt.

[16.35]
$$\begin{aligned} P_3(s) = & \frac{2\lambda}{(x_1 - x_2)} \frac{1}{s - x_1} \frac{1}{s} - \frac{2\lambda}{(x_1 - x_2)} \frac{1}{s - x_2} \frac{1}{s} \\ = & \frac{\lambda}{x_1} \frac{2\lambda}{(x_1 - x_2)} \frac{1}{s - x_1} - \frac{\lambda}{x_1} \frac{2\lambda}{(x_1 - x_2)} \frac{1}{s} \\ - & \frac{\lambda}{x_2} \frac{2\lambda}{(x_1 - x_2)} \frac{1}{s - x_2} + \frac{\lambda}{x_2} \frac{2\lambda}{(x_1 - x_2)} \frac{1}{s} \end{aligned}$$

Auch hier ist die zweite Zeile auf den ersten Blick nicht offensichtlich. Es erfolgte hier ebenfalls eine Partialbruchzerlegung, die in diesem Buch nicht gezeigt wird. Die komplexe Variable s ist in allen Nennern der Brüche nicht mehr quadratisch, und so lässt sich über die Rechenregel [16.29] $p_3(t)$ bestimmen, siehe Formel [16.36].

[16.36]
$$p_3(t) = \frac{2\lambda^2}{x_1(x_1 - x_2)}(e^{x_1 t} - 1) - \frac{2\lambda^2}{x_2(x_1 - x_2)}(e^{x_2 t} - 1)$$

Zusammenfassung der Ergebnisse

Die Wahrscheinlichkeitsfunktionen $p_1(t)$, $p_2(t)$ und $p_3(t)$ sind in Formel [16.30], Formel [16.33] und Formel [16.36] gegeben. Die Zuverlässigkeitsfunktion wird nach Formel [16.36] aus $p_1(t)$ und $p_2(t)$ bestimmt. Die Ausfallfunktion ist $p_3(t)$. Abbildung 16.8 zeigt den Verlauf der drei Wahrscheinlichkeitsfunktionen für die in der Abbildung gegebenen Parameter λ und μ_R. Der Verlauf der Wahrscheinlichkeit von $p_1(t)$ und $p_2(t)$ nimmt nach der Zeit ab, und $p_3(t)$ nimmt stetig zu. Dies kann mit dem absorbierenden Zustand s_3 erklärt werden.

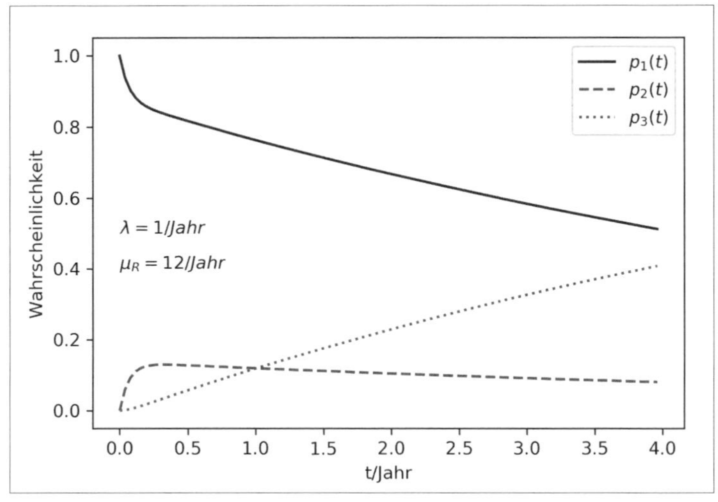

Abbildung 16.8 Zeitliche Verläufe von $p_1(t)$, $p_2(t)$ und $p_3(t)$

Zusammenfassend kann gesagt werden, dass die analytische Berechnung für ein paralleles System nicht einfach ist. Sie setzt hier Kenntnisse über die *Laplace*-Transformation voraus. Es gibt auch andere Lösungswege, allerdings machen diese die Berechnung nicht einfacher. Simulationen, z. B. mit der Formel [14.14], können die Bestimmung der Wahrscheinlichkeitsverläufe wesentlich vereinfachen.

16.4.2 Verfügbarkeit des parallelen Systems

Auch die zeitlichen Verläufe der Verfügbarkeit können mit den Methoden aus Abschnitt 16.4.1 bestimmt werden. Da aber das Gleichungssystem, das aus dem Modell von Abbildung 16.7 hervorgeht, noch komplexer ist, soll hier darauf verzichtet werden, und nur die Grenzwerte werden betrachtet. Es gilt die Annahme, dass sich nach fortgeschrittener Zeit (also $t \to \infty$) die Wahrscheinlichkeiten konstanten Werten annähern. Damit können die Ableitungen der Differenzialgleichung [16.20] auf null gesetzt werden. Es ergibt sich das Gleichungssystem [16.37].

$$\begin{aligned} 0 &= p_1(-2\lambda) + p_2\mu_R \\ 0 &= p_1 2\lambda + p_2(-\mu_R - \lambda) + p_3\mu_R \\ 0 &= p_2\lambda + p_3(-\mu_R) \\ 1 &= p_1 + p_2 + p_3 \end{aligned} \qquad [16.37]$$

Wenn die erste und dritte Zeile des Gleichungssystems addiert werden, unterscheiden sie sich nur durch das Vorzeichen von der zweiten Zeile. Somit ist das Gleichungssystem unterbestimmt. Da aber alle Wahrscheinlichkeiten der Zustände zusammenaddiert eins ergeben, kann eine vierte Gleichung hinzugefügt werden. Die erste und dritte Gleichung lassen sich nach p_2 und p_3 auflösen, und somit ergeben sich die Formeln aus [16.38]:

$$\begin{aligned} p_2 &= p_1 \cdot \frac{2\lambda}{\mu_R} \\ p_3 &= p_2 \cdot \frac{\lambda}{\mu_R} = p_1 \cdot \frac{2\lambda^2}{\mu_R^2} \end{aligned} \qquad [16.38]$$

Diese lassen sich in die vierte Gleichung einsetzen, und es ergibt sich eine Lösung für p_1. Die Wahrscheinlichkeit p_2 kann durch die erste Gleichung oben bestimmt werden. So sind die Lösungen für p_1 und p_2 hier angegeben:

$$\begin{aligned} p_1 &= \frac{\mu_R^2}{\mu_R^2 + 2\lambda\mu_R + 2\lambda^2} \\ p_2 &= \frac{2\lambda\mu_R}{\mu_R^2 + 2\lambda\mu_R + 2\lambda^2} \end{aligned} \qquad [16.39]$$

Um den stationären Wert für die Verfügbarkeit zu bestimmen, müssen p_1 und p_2 addiert werden, denn s_1 und s_2 sind die Zustände, bei denen das System in Funktion ist.

Formel [16.40] zeigt die Formel für die Verfügbarkeit eines parallelen Systems bei Hinzunahme von Formel [16.39].

[16.40] $$A_p = p_1 + p_2$$

16.5 Die 1oo2-Architektur

Die letzte Architektur, die hier behandelt werden soll, ist die *1oo2*-Architektur. In der Regel besteht sie aus Sensor-Teilsystem, Rechner-Teilsystem (*Logic Solver*) und Stellglied-Teilsystem (*Final Element*). Zur Vereinfachung wird hier auf das Sensor-Teilsystem verzichtet. Der Rechner wird redundant ausgelegt und hat die Komponenten C_1 und C_2, das Stellglied besteht aus einer Komponente A (siehe Abbildung 16.9). Die Rechnerkomponenten sind gleichartig und fallen unabhängig voneinander aus. Der Markov-Prozess ist in Abbildung 16.9 dargestellt.

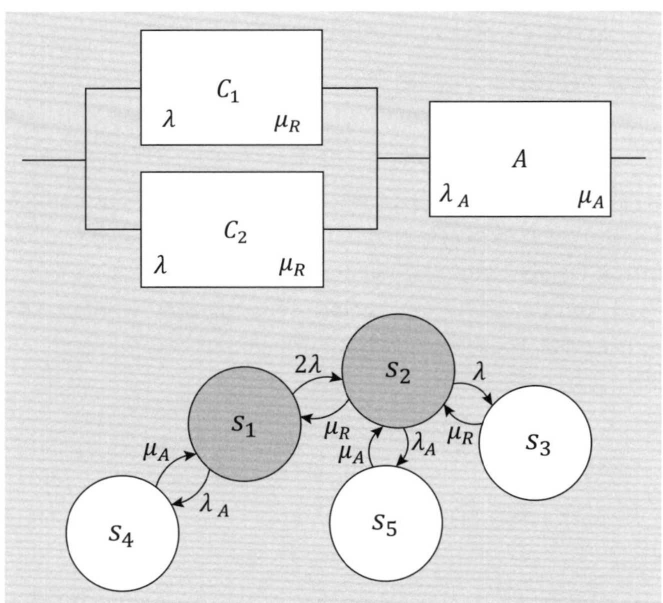

Abbildung 16.9 Modellierung einer 1oo2-Architektur mit Markov-Prozess

Beim Zustand s_1 sind alle Komponenten in Funktion. Bei Ausfall einer redundanten Rechnerkomponente wechselt das System in den Zustand s_2. Eine Reparatur kann stattfinden, sodass es einen Übergang von Zustand s_2 in den Zustand s_1 mit der Übertragungsrate μ_R geben kann. Befindet sich das System in den Zuständen s_1 und s_2, ist es in Funktion. Es gibt einen kompletten Ausfall, wenn das System sich im Zustand s_2 befindet und dann die zweite redundante Rechnerkomponente ausfällt. Es gibt also einen Übergang von Zustand s_2 in Zustand s_3. Weitere Ausfälle können erfolgen, wenn die dritte Komponente A ausfällt. Für die Modellierung gibt es die Zustände s_4 und s_5. Bei einer alternativen Modellierung hätten beide Zustände in einem Zustand zusammengefasst werden können.

Die Differenzialgleichung in Matrixform ist unten angegeben. Für die Reparatur wird die Übertragungsrate μ_R als Kenngröße verwendet. Dabei spielt es keine Rolle, ob die ersten beiden Komponenten C_1 und C_2 ausfallen oder die dritte Komponente A ausfällt.

$$\underline{p}'(t) = \underline{p}(t) \cdot \begin{pmatrix} -2\lambda - \lambda_A & 2\lambda & 0 & \lambda_A & 0 \\ \mu_R & -\mu_R - \lambda - \lambda_A & \lambda & 0 & \lambda_A \\ 0 & \mu_R & 0 & -\mu_R & 0 \\ \mu_R & 0 & 0 & -\mu_R & 0 \\ 0 & \mu_R & 0 & 0 & -\mu_R \end{pmatrix} \quad [16.41]$$

16.5.1 Zuverlässigkeit der 1oo2-Architektur

Um die Zuverlässigkeit zu berechnen, werden die Übergänge durch den Übergang von den Zuständen s_3, s_4 und s_5 in die Zustände s_1 und s_2 nicht benötigt. Lediglich die Reparatur der redundanten Komponenten (Übergang von Zustand s_2 nach s_1) muss berücksichtigt werden. So ergibt sich der neue *Markov*-Prozess in Abbildung 16.10.

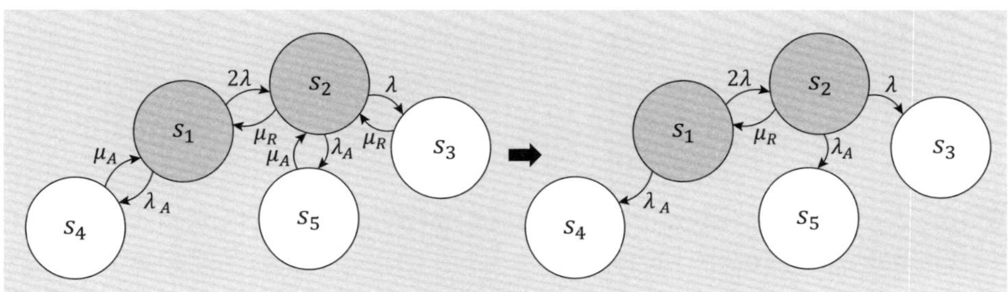

Abbildung 16.10 Modellierung der Zuverlässigkeit einer 1oo2-Architektur

Der nächste Schritt wäre eine erneute Aufstellung der Differenzialgleichung und deren Lösung. Dieser Schritt wird aber hier vereinfacht. In Abbildung 16.9 befindet sich die dritte Komponente A in Serie zu den redundanten Rechnerkomponenten. Fällt diese Komponente aus, fällt das gesamte System aus. Bei Anwendung der Formel [13.14] ergibt sich die Formel [16.42]. Die Zuverlässigkeitswahrscheinlichkeit für parallele Systeme wurde bereits in Abschnitt 16.4.1 bestimmt, und die Zuverlässigkeitswahrscheinlichkeit für die dritte Komponente ist in Formel [7.15] gegeben.

$$R_{1oo2} = R_p(t)R_A(t) \quad [16.42]$$

Bei Verwendung von Formel [16.30] und Formel [16.33] ergibt sich Formel [16.43]:

$$R_{1oo2} = [p_1(t) + p_2(t)]e^{-\lambda_A t} \quad [16.43]$$

16.5.2 Verfügbarkeit des 1oo2-Architektur

Zur Bestimmung der Verfügbarkeit wird das Modell aus Abbildung 16.9 herangezogen. Die Lösung der aus dem Modell hervorgehenden Differenzialgleichung [16.41] gestaltet sich aber als schwierig. Deswegen sollen hier nur die Grenzwerte betrachtet werden. Wenn die Zeit fortschreitet ($t \to \infty$), gilt die Annahme, dass sich die Wahrscheinlichkeiten für die Zustände konstanten Werten annähern. In diesem Fall werden die Ableitungen der Wahrscheinlichkeiten zu null, und es entsteht aus den Differenzialgleichungen das Gleichungssystem [16.44]. Auch dieses Gleichungssystem ist unterbestimmt, wodurch zur Lösung eine weitere Gleichung in die letzte Reihe eingefügt werden muss. Diese Gleichung stellt sicher, dass die Summe aller Wahrscheinlichkeiten der Zustände eins ergibt.

[16.44]
$$\begin{aligned}
0 &= p_1(-2\lambda - \lambda_A) + p_2\mu_R + p_4\mu_A \\
0 &= p_1 2\lambda + p_2(-\lambda - \lambda_A - \mu_R) + p_3\mu_R + p_5\mu_A \\
0 &= p_2\lambda + p_3(-\mu_R) \\
0 &= p_1\lambda_A + p_4(-\mu_A) \\
0 &= p_2\lambda_A + p_3(-\mu_A) \\
1 &= p_1 + p_2 + p_3 + p_4 + p_5
\end{aligned}$$

Durch gegenseitiges Einsetzen ergibt sich Gleichung [16.45] als Lösung für p_1 und p_2. Dies sind die Wahrscheinlichkeiten, dass das System in Funktion ist.

[16.45]
$$\begin{aligned}
p_1 &= 1 - \left[\frac{\mu_R}{2\lambda} + 1 + \frac{\lambda}{\mu_R} + \frac{\mu_R}{2\lambda}\frac{\lambda_A}{\mu_A} + \frac{\lambda_A}{\mu_A}\right]\frac{\mu_R}{2\lambda} \\
p_2 &= 1 - \left[\frac{\mu_R}{2\lambda} + 1 + \frac{\lambda}{\mu_R} + \frac{\mu_R}{2\lambda}\frac{\lambda_A}{\mu_A} + \frac{\lambda_A}{\mu_A}\right]
\end{aligned}$$

Um die Verfügbarkeit zu bestimmen, müssen die Wahrscheinlichkeiten p_1 und p_2 addiert werden, siehe Formel [16.46].

[16.46]
$$A_{1oo2} = p_1 + p_2$$

16.6 Bestimmung der PFD_{avg} von unterschiedlichen Architekturen

Eine Methode zur Bestimmung der Ausfallwahrscheinlichkeit unter Berücksichtigung von Prüfintervallen wurde für eine einfache 1oo1-Architektur bereits in Abschnitt 7.7.1 abgehandelt. Prüfintervalle werden in diesem Modell in regelmäßigen Abständen T durchgeführt. Danach kann das zu prüfende System oder Gerät als neuwertig angesehen werden. Der Fokus bei diesem Modell liegt auf *Low Demand*-Systemen, siehe Abschnitt 7.7.1. Das sind Systeme oder Geräte, bei denen es nur höchstens ein Ausfall des sicherheitsgerichteten Systems im Jahr geben soll. Im Gegensatz dazu fallen *High Demand*-Systeme öfter als einmal im Jahr aus. Diese werden in diesem Abschnitt nicht behandelt.

In Abbildung 13.2 wird ein System oder Gerät, bestehend aus Sensor-Teilsystem, *Logic Solver*-Teilsystem und *Final Element*-Teilsystem, gezeigt. Es lässt sich durch ein RBD-Modell darstellen, siehe auch Abbildung 16.11. Die Serien- und Parallelblöcke können durch eine einzige Komponente ersetzt werden. Die Ausfallrate $\lambda_{D,G}$ beschreibt die gefährlichen Ausfälle über die Zeit für eine Kombination (Serie, parallel) von Komponenten.

Die *Group Equivalent Mean Downtime* t_{GE} ist die mittlere Ausfallszeit einer Kombination von Komponenten des sicherheitsgerichteten Systems.

Das *Channel Equivalent Mean Downtime* aus Abschnitt 7.7.1 ist die mittlere Ausfallzeit einer einzigen Komponente des sicherheitsgerichteten Systems.

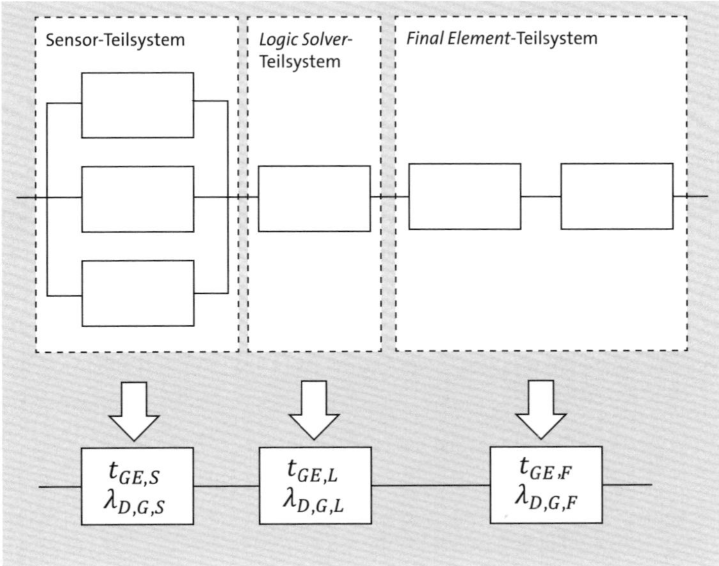

Abbildung 16.11 Sensor, Logic Solver und Final Element

Die Ausfallrate $\lambda_{D,G}$ und die *Group Equivalent Mean Downtime* t_{GE} der Komponenten einer Gruppe können zur Bestimmung der Ausfallrate für gefährliche Fehler herangezogen werden. Unter der Anwendung der Annäherung von Formel [7.44] gilt Formel [16.47].

$$PFD_{avg}(T) \quad = \lambda_{D,G} t_{GE} \qquad [16.47]$$

Auch *IEC-61508* [9] gibt die Berechnungsvorschrift für das System in Abbildung 16.11 an. So werden die Ausfallwahrscheinlichkeiten für Sensor, *Logic Solver* und *Final Element* in der Norm zusammenaddiert, siehe Formel [16.48]:

$$PFD_{sys} \quad = PFD_S + PFD_L + PFD_F \qquad [16.48]$$

In den folgenden Abschnitten werden unterschiedliche Architekturen, wie 1oo2-Architektur, 2oo2-Architektur etc., beschrieben und die Ausfallwahrscheinlichkeiten unter Berücksichtigung von Prüfintervallen und mittleren Reparaturzeiten hergeleitet. CC-Fehler werden in den folgenden Abschnitten nicht berücksichtigt.

16.6.1 PFD_{avg} der 1oo2-Architektur

In Abschnitt 7.7.1 wurde bereits bei einem einfachen System die mittlere Zeit eines nicht-entdeckbaren und gefährlichen Fehlers vom Ausfall bis zur Reparatur bestimmt, siehe Formel [7.46].

Bei einer 1oo2-Architektur sind es zwei Komponenten, die ausfallen müssen, damit das System ausfällt. Sind die Ausfälle der Komponenten unabhängig voneinander, gleichartig und gleichverteilt, fallen sie beide im Schnitt bei $T/3$ und $2T/3$ aus. $T/3$ ist die Dauer, bis der Ausfall des sicherheitsgerichteten Systems im Prüfintervall erkannt wird, und dann wird die Reparatur eingeleitet. Die Reparaturzeit ist im Schnitt die MRT (siehe auch dazu Abbildung 16.12).

Entdeckbare Fehler werden z. B. durch ein Diagnosesystem oder durch Bediener sofort erkannt, und die Reparatur kann direkt eingeleitet werden. So dauert die Reparatur der entdeckbaren Fehler im Schnitt MTTR. Der Unterschied zwischen MTTR und MRT liegt darin, dass bei MRT die Zeit für die Diagnose nicht eingerechnet wird. In vielen Fällen wird aber MTTR mit MRT gleichgesetzt, da die Diagnosezeit vernachlässigt wird.

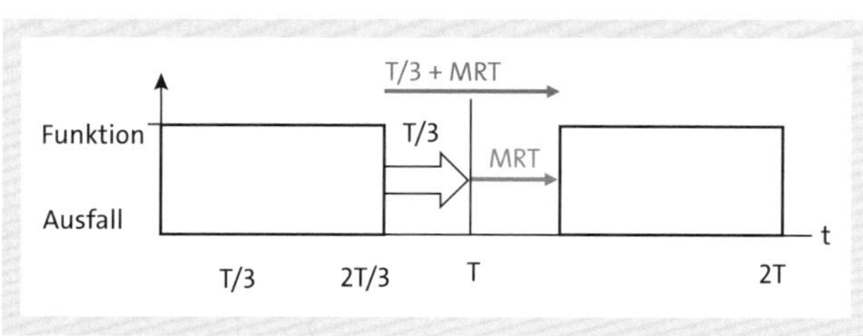

Abbildung 16.12 Group Equivalent Mean Downtime für eine 1oo2-Architektur

Die mittlere Zeit t_{GE} (*Group Equivalent Mean Downtime*) bis zur Reparatur der 1oo2-Architektur wird in Formel [16.49] angegeben. In der Formel erfolgt eine Gewichtung der Anteile von entdeckbaren und nicht-entdeckbaren Ausfällen durch den Diagnosefaktor *DC*, siehe auch Formel [7.50] zum Vergleich mit einer einfachen Architektur. Die Norm *IEC-61508* [9] gibt zur Berechnung von t_{GE} diese Formel an:

[16.49]
$$t_{GE} = DC \cdot MTTR + (1 - DC) \cdot \left(\frac{T}{3} + MRT\right)$$

Abbildung 16.13 zeigt ein Modell einer 1oo2-Architektur, bei dem die Ausfälle durch entdeckbare und nicht-entdeckbare Fehler im RBD jeweils mit zwei Komponenten dargestellt werden. Entdeckbare Fehler werden im Schnitt nach $t_{GE,D}$ erkannt, und nicht-entdeckbare Fehler werden erst im nächsten Prüfintervall erkannt, als nach $t_{GE,U}$.

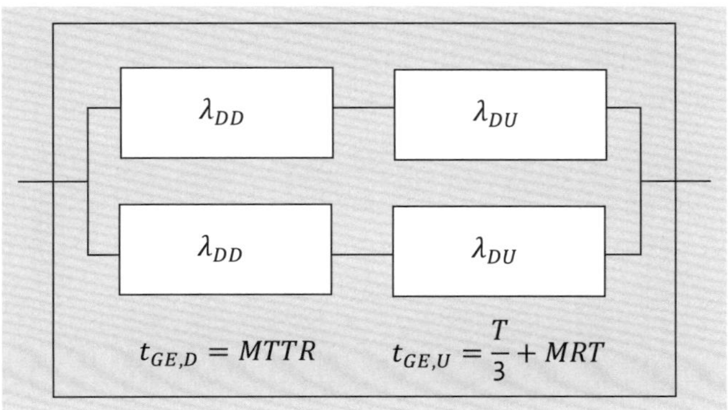

Abbildung 16.13 Blockdiagramm für gefährliche entdeckbare und nicht-entdeckbare Fehler für eine 1oo2-Architektur

Die Ausfallrate $\lambda_{D,G}$ beider paralleler Komponenten wird dadurch bestimmt, dass die Ausfallrate der beiden einzelnen Komponenten betrachtet werden. Die Ausfallrate der beiden einzelnen Komponenten ist λ_D. Wenn direkt nach dem Prüfintervall beide Komponenten in Funktion sind, ist die Ausfallrate einer der beiden Komponenten $2\lambda_D$. Fällt eine der beiden Komponenten nach der Prüfung aus (im Schnitt bei $T/3$), nimmt die Wahrscheinlichkeit für den Ausfall der zweiten Komponenten mit der Zeit stets zu. Die Wahrscheinlichkeit für den Ausfall eines einzelnen Systems wurde bereits in Formel [7.42] angegeben. Im Schnitt liegt die ausgefallene Zeit für eine einzelne Komponente bei t_{CE}. Bei einem redundanten System wird diese zunehmende Wahrscheinlichkeit mit der Ausfallrate einer der beiden Komponenten multipliziert (siehe auch Formel [16.50]) und erhält damit die kombinierte Ausfallrate beider Komponenten. Die Formel vereinfacht sich bei Anwendung der Annäherung von Formel [7.44].

$$\lambda_{D,G} = 2\lambda_D\left(1 - e^{-\lambda_D t_{CE}}\right) \approx 2\lambda_D^2 t_{CE}$$ [16.50]

Diese Formel lässt sich in Formel [16.47] einsetzen. Zusammen mit Formel [7.50] entsteht Formel [16.51] zur Berechnung der $PFD_{avg}(T)$ für eine 1oo2-Architektur.

$$\begin{aligned} PFD_{avg}(T) = & \ \lambda_{D,G} t_{GE} = 2\lambda_D^2 t_{CE} t_{GE} \\ = & \ 2\lambda_D^2 \left[DC \cdot MTTR + (1 - DC) \cdot \left(\frac{T}{2} + MRT\right)\right] \cdot \\ & \left[DC \cdot MTTR + (1 - DC) \cdot \left(\frac{T}{3} + MRT\right)\right] \end{aligned}$$ [16.51]

16.6.2 PFD_{avg} der 2oo2-Architektur

Die *2oo2*-Architektur ist eine redundante Architektur mit zwei Komponenten, bei der die Voraussetzung für die Funktion darin besteht, dass beide Komponenten funktionieren. In einem *RBD* können dabei beide Komponenten in Serie modelliert werden, siehe auch Abschnitt 13.3.6. Wenn also eine Komponente ausfällt, fällt das komplette System aus, genau wie bei einem einfachen seriellen System. Abbildung 16.14 zeigt eine Darstellung der *2oo2*-Architektur, wobei die Fehlermöglichkeiten für entdeckbare und nicht-entdeckbare Fehler durch eigene Blöcke berücksichtigt werden.

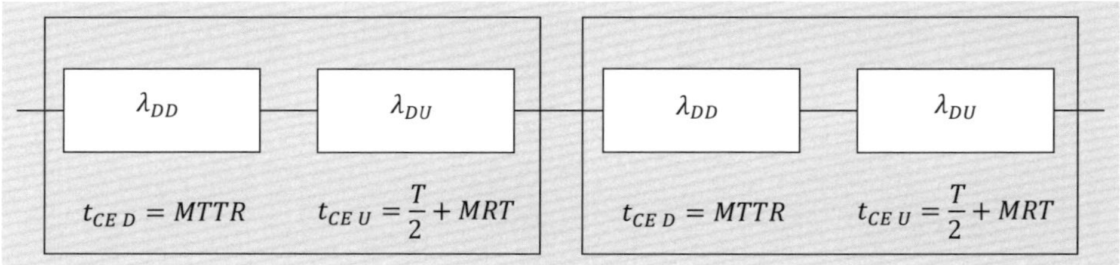

Abbildung 16.14 Blockdiagramm für gefährliche entdeckbare und nicht-entdeckbare Fehler für ein 2oo2-Architektur

Es genügt der Ausfall einer der beiden Komponenten, damit das komplette System ausfällt. Wenn eine Komponente die Ausfallrate λ_D hat, dann ist die Ausfallrate der Gruppe von Komponenten $\lambda_{G,D} = 2\lambda_D$. Die mittlere Ausfallzeit t_{GE} ist für beide Komponenten durch Formel [7.50] gegeben. Somit ist in diesem Fall $t_{GE} = t_{CE}$. Wird die Formel in Formel [16.47] eingesetzt, ergibt sich die Formel [16.52].

[16.52]
$$\begin{aligned} PFD_{avg}(T) &= 2\lambda_D t_{CE} \\ &= 2\lambda_D \left[DC \cdot MTTR + (1 - DC) \cdot \left(\frac{T}{2} + MRT\right)\right] \end{aligned}$$

16.6.3 PFD_{avg} der 1oo3-Architektur

Zur Bestimmung der mittleren Ausfallzeit t_{GE} kann wie bei der 1oo2-Architektur vorgegangen werden. Beim ersten Ausfall der redundanten Komponente wird das Diagnosesystem den Ausfall durch einen nicht-entdeckbaren Fehler nicht erkennen. Im Schnitt trifft dies bei $T/4$ ein unter der Annahme der Unabhängigkeit und Gleichverteilung. Der nächste Ausfall wird im Schnitt bei $T/2$ eintreten, der dritte Ausfall bei $3T/4$. Ab diesem Zeitpunkt ist das komplette System ausgefallen. Da es sich um nicht-entdeckbare Ausfälle handelt, dauert es im Mittel die Zeit $T/4$, bis beim Prüfintervall der Ausfall entdeckt wird, siehe Abbildung 16.15. Die mittlere Reparaturzeit ist dann MRT. Entdeckbare Ausfälle werden sofort detektiert und können in der Zeit MTTR repariert werden. So ergibt sich Formel [16.53] für die mittlere Ausfallzeit t_{GE} bei Berücksichtigung der Gewichtung mit *DC*.

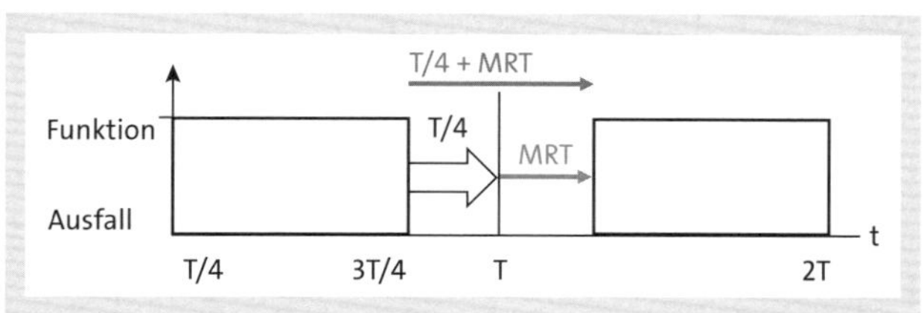

Abbildung 16.15 Group Equivalent Mean Downtime für eine 1oo3-Architektur

$$t_{GE} \quad = DC \cdot MTTR + (1 - DC) \cdot \left(\frac{T}{4} + MRT\right)$$ [16.53]

Die Ausfallrate $\lambda_{D,G}$ der Gruppe der drei Komponenten kann bestimmt werden, indem erst der Ausfall einer Komponente der drei redundanten Komponenten betrachtet wird. Wenn alle drei Komponenten in Funktion sind, ist die Ausfallrate für eine der drei Komponenten $3\lambda_D$. Die Wahrscheinlichkeit für den Ausfall der nächsten beiden Komponenten entspricht der Binomialverteilung. Es müssen zwei von zwei Komponenten ($n = 2, d = 2$) ausfallen, damit das komplette System ausfällt, siehe auch Formel [9.8]. Bei Einsatz der Binomialverteilung mit $q \approx t_{CE}\lambda_D$ (mit $p = 1 - q$) ergibt sich die Wahrscheinlichkeit $(t_{CE}\lambda_D)^2$. Die Ausfallrate $\lambda_{D,G}$ der Gruppe ist in Formel [16.54] angegeben.

$$\lambda_{D,G} \quad = 3\lambda_D^3 t_{CE}^2$$ [16.54]

Wenn Formel [16.53] und Formel [16.54] in Formel [16.47] eingesetzt werden, ergibt sich Formel [16.55]. Dies ist die Ausfallwahrscheinlichkeit für das sicherheitsgerichtete System einer 1oo3-Architektur bei einer *Low Demand*-Anforderung.

$$\begin{aligned} PFD_{avg}(T) = \; & \lambda_{D,G} t_{GE} = 3\lambda_D^3 t_{CE}^2 t_{GE} \\ = \; & 3\lambda_D^3 \left[DC \cdot MTTR + (1 - DC) \cdot \left(\frac{T}{2} + MRT\right)\right]^2 \cdot \\ & \left[DC \cdot MTTR + (1 - DC) \cdot \left(\frac{T}{4} + MRT\right)\right] \end{aligned}$$ [16.55]

16.6.4 PFDavg der doon-Architektur

Bei Betrachtung der obigen Architekturen kann die mittlere Ausfallzeit durch eine allgemeine Formel abgebildet werden. Eine *doon*-Architektur ist ein redundantes System, bei dem *d* von *n* Komponenten in Funktion sein müssen. Wenn die Komponenten identisch und unabhängig sind, gilt Formel [16.56].

$$t_{GE} \quad = DC \cdot MTTR + (1 - DC) \cdot \left(\frac{T}{n - d + 2} + MRT\right)$$ [16.56]

Die Ausfallraten für die Gruppe von redundanten Komponenten sind in Tabelle 16.1 aufgeführt. Es sind dabei alle Kombinationen von *doon*-Architekturen bis zu $n = 3$ angegeben. Zur Berechnung der t_{CE} wird Formel [7.50] benötigt.

doon	Gruppenausfallrate
1oo1	λ_D
1oo2	$2\lambda_D^2 t_{CE}$
1oo3	$3\lambda_D^3 t_{CE}^2$
2oo2	$2\lambda_D$
2oo3	$6\lambda_D^2 t_{CE}$
3oo3	$3\lambda_D$

Tabelle 16.1 Gruppenausfallraten

Zur Berechnung der Ausfallwahrscheinlichkeit für das sicherheitsgerichtete System kann Formel [16.47] zusammen mit Tabelle 16.1 angewendet werden.

16.7 Abschließende Bemerkungen

Technische Systeme haben stets Ausfälle, die nach einer Prüfung und Reparatur wieder in einen neuartigen Zustand überführt werden können. In Abschnitt 16.1 wurde das Beispiel der Torpedos im Unterseeboot *Kursk* beschrieben. An diesem Beispiel sollte gezeigt werden, dass technische Systeme gewartet werden müssen. Bestimmte Sprengstoffe müssen regelmäßig ausgetauscht werden. Explosive Verbindungen sind nämlich unter anderem auch der Dekomposition durch Mikroorganismen, chemischer Kontaminierung und Oxidation ausgesetzt, siehe Paper [94]. Deshalb empfehlen die United Nations, siehe Dokument [95], Sprengstoff nach einer bestimmten Dauer der Lagerung auszutauschen.

Zur Modellierung des Austauschs der Komponenten eignen sich unter anderem Markov-Prozesse. Denn bei der Wartung ist das zu betrachtende System in der Regel nicht in Funktion, und nach der Instandsetzung kann es wieder als neuwertig angesehen werden. Markov-Prozesse zeichnen sich durch ihre hohe Flexibilität in den Modellierungsmöglichkeiten aus. Allerdings kann die analytische Berechnung kompliziert sein, sodass auf Simulationen zurückgegriffen werden kann.

Auch Airbag-Systeme enthalten für die Erzeugung von Gasen eine geringe Menge an Sprengstoff. Als Airbags in den 1980er-Jahren in Fahrzeuge eingebaut wurden, gab es noch die Empfehlung, diese nach zehn Jahren zu ersetzen. Heutzutage gibt es diese

Empfehlung nicht mehr, da die Lebensdauer eines Airbags auf 15 Jahre angesetzt ist und dies auch der Lebensdauer eines Fahrzeugs entspricht. Des Weiteren enthalten die Airbags Diagnosesysteme (*Scan Tools*), um zu erkennen, ob sie noch in Funktion sind.

Auch Diagnosesysteme unterliegen einer Ausfallwahrscheinlichkeit. So kann es dem Fahrer fälschlicherweise die Funktion des Airbags trotz eines Defekts anzeigen. Für dieses Szenario eignet sich die Bestimmung der Wahrscheinlichkeit für den Ausfall des sicherheitsgerichteten Systems ($PFD_{avg}(T)$), also des Airbags. Das zu untersuchende System unterliegt in der Regel der Struktur eines *MSR*-Systems bestehend aus *Sensor*, *Logic Solver* und *Final Element*. Dadurch ist die zur Berechnung benötigte Formel aus Abschnitt 16.6 einfach anzuwenden.

Kapitel 17
Binary Decision Diagramms

Fehlerbäume aus Kapitel 10 und Zuverlässigkeitsblockdiagramme aus Kapitel 13 sind die meistgenutzten Methoden zur Modellierung von Sicherheitssystemen. In diesem Kapitel will ich Ihnen eine weitere Methode vorstellen, die *Binary Decision Diagrams*. Fehlerbäume lassen sich nämlich mit Wahrheitstabellen darstellen und diese wiederum durch die Anwendung des *shannonschen Zerlegungssatzes* in einen Diagramm mit Knoten und gerichteten Verbindungen. Dadurch kann das Diagramm sehr groß werden. In diesem Kapitel werden Optimierungsmöglichkeiten gezeigt, um es zu verkleinern. So kann eine große Wahrheitstabelle in ein Diagramm mit wenigen Knoten überführt werden.

17.1 Fallbeispiel: Permissive Action Link

Nach Ende des Zweiten Weltkriegs begann der Kalte Krieg und somit eine atomare Aufrüstung des West- und des Ostblocks, siehe auch Abbildung 17.1.

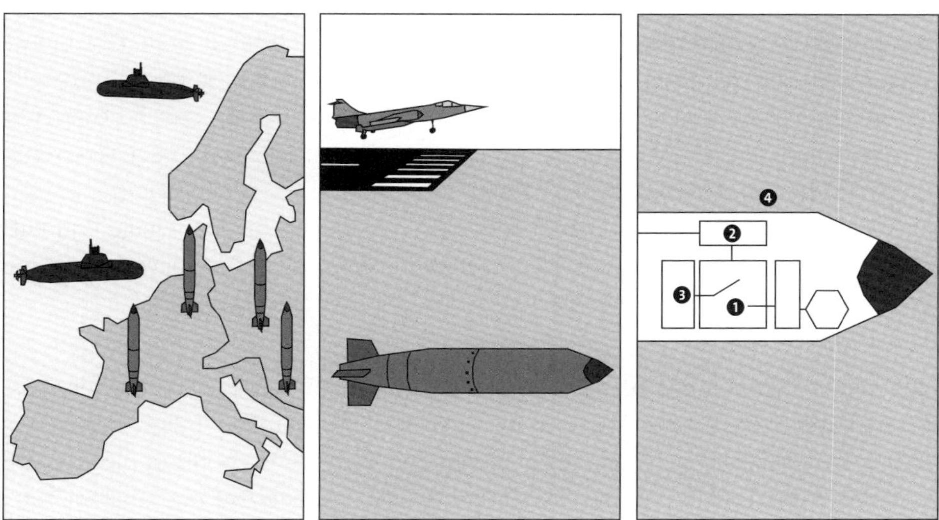

Abbildung 17.1 Das PAL-System

Anfangs sollten Atombomben mit Flugzeugen befördert werden. Vor ihrem Einsatz mussten sie erst aus Einzelkomponenten zusammengesetzt werden, siehe auch

Buch [96]. Dadurch gab es eine Verzögerung, und eine kurze Reaktionszeit war nicht möglich. Kurze Reaktionszeiten wurden aber für die Politik immer wichtiger. Aus praktischen Überlegungen wurde die Kontrolle der US-Atomwaffen in Westeuropa zum Teil den europäischen Verbündeten übertragen (Westdeutschland und Türkei). Beide Länder galten aber damals noch als unzuverlässig. Die Kontrolle der Atomwaffen war eine nationale Aufgabe der USA, und die Übertragung der Waffen an die Partner widersprach der damaligen amerikanischen Gesetzgebung. Daher veranlasste Präsident J. F. Kennedy die Einführung von Sicherheitsmechanismen zur Kontrolle der Atomwaffen bei den Verbündeten. Die Verbündeten konnten über diese verfügen, sobald der Präsident ihnen die Kontrolle übertrug. Deshalb wurden die Atomwaffen sukzessiv mit dem *Permissive Action Link*, kurz *PAL*, ausgerüstet. Anfangs handelte es sich um elektromechanische Systeme, bei denen ein vier- bzw. fünfstelliger Code eingegeben werden musste, um so die Elektrik der Atombombe zu aktivieren. Erweiterungen für den Zugriff der Atombomben in Flugzeugen folgten. Es wurden nach außen geführte Verdrahtungen nachgerüstet, damit der Code eingegeben werden konnte. Ein weiteres technisches Merkmal von *PAL* war die Abschaltung nach mehreren Falscheingaben in Folge. Bei späteren Systemen wurde der Code noch auf sechs Stellen erhöht.

Dabei bestand die wichtigste Anforderung darin, dass der nicht autorisierte Zugang und das Auslösen der Atombombe verhindert wurden. Erreicht wurde dies durch die Kombination von Sperrung, Entsperrung und Verifizierung. So sollte vor allem die Wahrscheinlichkeit reduziert werden, dass die Atombombe ohne Codeeingabe ausgelöst werden kann. Das *PAL* (siehe Abbildung 17.1) besteht unter anderem aus einem bzw. mehreren Schaltern ❶, die die Elektrik der Atombombe aktivieren. Eine Steuerung schaltet die Elektronik scharf. Hier wird über eine außen anliegende Schnittstelle ein öffentlicher Code eingegeben ❷. Die Scharfschaltung soll aber auch deaktiviert werden, wenn Sensoren (Beschleunigungssensoren, Drucksensoren) der Elektronik erkennen, dass die Atombombe nicht einem Bewegungsmuster eines Flugzeugs bzw. einer Rakete folgt ❸. Cockpit- und Bodensteuergeräte decodieren Signale und entsperren bei korrektem Code die Schalter zur Zündelektronik. Letztendlich gibt es eine manipulationssichere Hülle um die Bombe. Ein Eingriff wird erkannt, und die Elektronik schaltet sich aus ❹.

Eine weitere Maßnahme neben *PAL* zur Reduzierung der Wahrscheinlichkeit der Auslösung durch Schock besteht im Einsatz speziellen Sprengstoffs (*Insensitive High Explosive*, kurz *IHE*), der sich nicht leicht entzünden lässt. Sprengstoff löst die atomare Kettenreaktion des Plutoniums aus. Herkömmlicher Sprengstoff kann instabil sein. Ein versehentliches Auslösen muss vermieden werden, so wie es 1966 in Spanien stattgefunden hatte, siehe Report [97]. Es ereignete sich eine Kollision zweier Flugzeuge, wobei eines davon drei Atombomben transportierte. Das führte zur Detonation des Sprengstoffs von zwei Bomben. Es entstand keine Kettenreaktion. Das Plutonium verteilte sich durch die Explosion und verseuchte die Umgebung.

Um einem Feuer standzuhalten, das auch bei einem Flugzeugabsturz entstehen kann, wird der Kern der Atombombe, also das Plutonium, mit einem hitzebeständigen Material umgeben. Es soll das Auslaufen des Plutoniums verhindern, das seinen Schmelzpunkt bei 641° Celsius hat. Die Ummantelung besteht unter anderem aus dem Metall Vanadium, das bei 1.000° Celsius noch fest ist. Das ist ungefähr der Temperaturbereich, der bei einer Explosion entsteht, siehe Buch [97].

17.2 Fehlerbäume und Zustandsräume

Die Fehlerbäume (*FT*) aus Kapitel 10 eignen sich zur Modellierung von Szenarien, die sich mit Ereignissen und Zuständen darstellen lassen. Methoden wurden entwickelt, um Minimalschnitte (*MCS*) zu ermitteln und Wahrscheinlichkeiten für Ausfall und Nichtverfügbarkeit zu berechnen. Eine weitere und verwandte Methode zur Darstellung von Ereignissen und Zuständen sind Zustandsräume. Sie repräsentieren eine Möglichkeit, alle Kombinationen der Eingänge darzustellen und am Ausgang den Eintritt eines unerwünschten Ereignisses zuzuordnen. In der *booleschen* Logik wird hier die 1 für das Eintreten des unerwünschten Ereignisses und die 0 für das Nicht-Eintreten verwendet (genau wie bei *FT*).

Der Zustandsraum kann als eine Wahrheitstabelle dargestellt werden mit den Ereignissen und Zuständen der Eingänge und dem unerwünschten Ereignis als Ausgang. Ein *FT* kann dabei direkt als Vorlage für die Wahrheitstabelle dienen, siehe auch Abbildung 17.2: links ein Beispiel für ein *FT* und rechts die Wahrheitstabelle, die den Zustandsraum komplett abbildet.

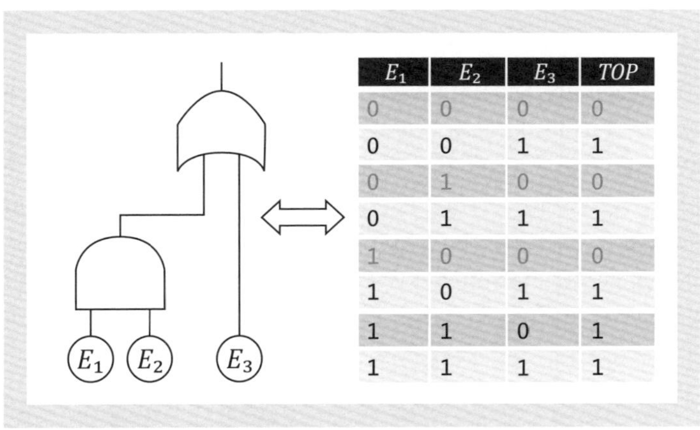

E_1	E_2	E_3	*TOP*
0	0	0	0
0	0	1	1
0	1	0	0
0	1	1	1
1	0	0	0
1	0	1	1
1	1	0	1
1	1	1	1

Abbildung 17.2 FT und der Zustandsraum

Die Wahrheitstabelle zeigt in den Eingängen alle möglichen Kombinationen der nicht auftretenden Ereignisse E_1, E_2 und E_3 mit null und der auftretenden Ereignisse mit eins. Der Ausgang *TOP* der Wahrheitstabelle kann aus dem *FT* ermittelt werden, indem die Eingangskombinationen dort eingegeben werden und der Ausgang über die Gatter ermittelt wird. Eine Formel für *TOP* lässt sich bei diesem einfachen Beispiel des *FT* leicht ermitteln:

[17.1]
$$TOP(E_1, E_2, E_3) \quad = (E_1 \cap E_2) \cup E_3$$

Eine Aufstellung der Formel für *TOP* aus der Wahrheitstabelle kann z. B. dadurch ermittelt werden, dass die Kombinationen für E_1, E_2 und E_3, bei denen *TOP* null wird, mit der Additionsoperation (Formel [7.2]) kombiniert werden. Letztendlich werden alle Terme komplett negiert, siehe Formel [17.2].

[17.2]
$$TOP(E_1, E_2, E_3) \quad = \overline{\left(\overline{E_1} \cap \overline{E_2} \cap \overline{E_3}\right) \cup \left(\overline{E_1} \cap E_2 \cap \overline{E_3}\right) \cup \left(E_1 \cap \overline{E_2} \cap \overline{E_3}\right)}$$

Bei der Anwendung der booleschen Regeln aus Tabelle 10.2 können die beiden obigen Funktionen für *TOP* ineinander überführt werden.

Die Zuverlässigkeit (bzw. die Verfügbarkeit) eines Systems besteht aber aus einer Wahrscheinlichkeit, die durch einen Zahlenraum zwischen null und eins dargestellt wird. Dies kann durch die Wahrscheinlichkeitsfunktion der Terme aus der Wahrheitstabelle ermittelt werden, bei denen die Funktion *TOP* null ist. Zur Wiederholung: Die Null bei *TOP* in der Wahrheitstabelle zeigt den fehlerfreien Zustand des Systems an und bezieht sich damit auf die Zuverlässigkeit. Deswegen wird die Negation aller Terme von Formel [17.2] nicht berücksichtigt. Die Formel unten zeigt die Zuverlässigkeit des Systems:

[17.3]
$$\begin{aligned} R_{sys}(p) &= Pr\{\left(\overline{E_1} \cap \overline{E_2} \cap \overline{E_3}\right) \cup \left(\overline{E_1} \cap E_2 \cap \overline{E_3}\right) \cup \left(E_1 \cap \overline{E_2} \cap \overline{E_3}\right)\} \\ &= p_1 p_2 p_3 + p_1(1 - p_2)p_3 + (1 - p_1)p_2 p_3 \\ &= (p_1 + p_2 - p_1 p_2)p_3 \end{aligned}$$

Hier wurde Formel [7.2] angewendet. Die Voraussetzung ist dabei, dass die Ereignisse voneinander unabhängig und disjunkt sind, wie es bei der Anwendung der Wahrheitstabelle anzunehmen ist. Weiter wurde die Formel [7.5] angewendet, bei der die Unabhängigkeit der Ereignisse Voraussetzung ist. Für die Komplementäroperation wird Formel [7.4] angewendet. Zur vereinfachten Darstellung wird $Pr\{\overline{E_1}\} = p_1$, $Pr\{\overline{E_2}\} = p_2$ und $Pr\{\overline{E_3}\} = p_3$ gesetzt. Es sind die Wahrscheinlichkeiten für das Nichteintreten von E_1, E_2 und E_3, also die Zuverlässigkeits- oder Verfügbarkeitswahrscheinlichkeiten.

17.3 Binary Decision Diagrams über den shannonschen Zerlegungssatz

Im Jahr 1986 wurde in Artikel [98] eine neue Datenstruktur für die Darstellung von booleschen Funktionen vorgestellt. Zentraler Bestandteil der Arbeit war die Anwendung des Zerlegungssatz von *Shannon*. Diese Veröffentlichung stellte besondere Datenstrukturen der letzten Jahrzehnte vor. Sie gehört zu den meistzitierten Artikeln.

Bei einer großen Anzahl von Eingangsereignissen kann eine Wahrheitstabelle sehr groß und unpraktikabel sein. Die Formeln der daraus resultierenden booleschen Funktion werden damit sehr lang, und die Berechnung kann zeit- und speicherintensiv sein. Das Buch [99] nahm sich diesem Problem an und präsentierte *Binary Decision Diagrams* (kurz *BDD*) als mögliche Lösung zur Komplexitäts- und Speicherreduktion zur Lösung von booleschen Funktionen.

BDD sind eine weitere Methode, eine Funktion mit binären Eingängen und Ausgängen zu repräsentieren. Wie in Kapitel 16 bereits gezeigt, können aber auch Wahrscheinlichkeiten den Eingängen zugeordnet werden, wenn die Unabhängigkeit der Ereignisse gewährleistet ist. Im Folgenden soll ein *BDD* aus einem Und-Gatter mit den Eingängen E_1, E_2 und E_3 und dem Ausgang *TOP* hergeleitet werden. Die Wahrheitstabelle des Und-Gatters wird in Abbildung 17.3 gezeigt.

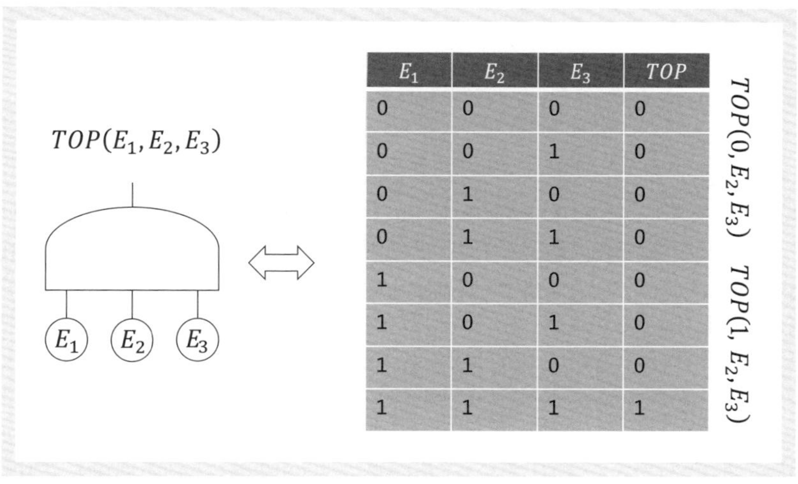

E_1	E_2	E_3	TOP
0	0	0	0
0	0	1	0
0	1	0	0
0	1	1	0
1	0	0	0
1	0	1	0
1	1	0	0
1	1	1	1

Abbildung 17.3 Aufteilung des Zustandsraums

Der Zustandsraum, dargestellt durch die Wahrheitstabelle, kann bei Betrachtung des Eingangs E_1 in zwei Hälften aufgeteilt werden. In der oberen Hälfte hat der Eingang E_1 den Zustand null und in der unteren Hälfte den Zustand eins. So kann die Funktion des Und-Gatters durch zwei Funktionen $TOP(0, E_2, E_3)$ und $TOP(1, E_2, E_3)$ dargestellt werden, wobei die erste Funktion für den Fall eintritt, dass E_1 null ist, und die zweite

Funktion, wenn E_1 eins ist. Dargestellt wird dies durch die erste Reihe der Formel [17.4]. Bei der Betrachtung der Wahrheitstabelle ist aber *TOP*(0, E_2, E_3) stets null. So vereinfacht sich die Formel in der zweiten Reihe.

[17.4]
$$\begin{aligned} TOP(E_1, E_2, E_3) &= \overline{E_1} \cap TOP(0, E_2, E_3) \cup E_1 \cap TOP(1, E_2, E_3) \\ &= E_1 \cap TOP(1, E_2, E_3) \end{aligned}$$

Eine grafische Darstellung zeigt Abbildung 17.4. Der Eingang E_1 ist ein Knoten mit zwei Ausgängen. Die Ausgänge können den Wert null bzw. den Wert eins annehmen. In der Abbildung wird gezeigt, wie zwei neue Tabellen in Abhängigkeit von E_1 entstehen.

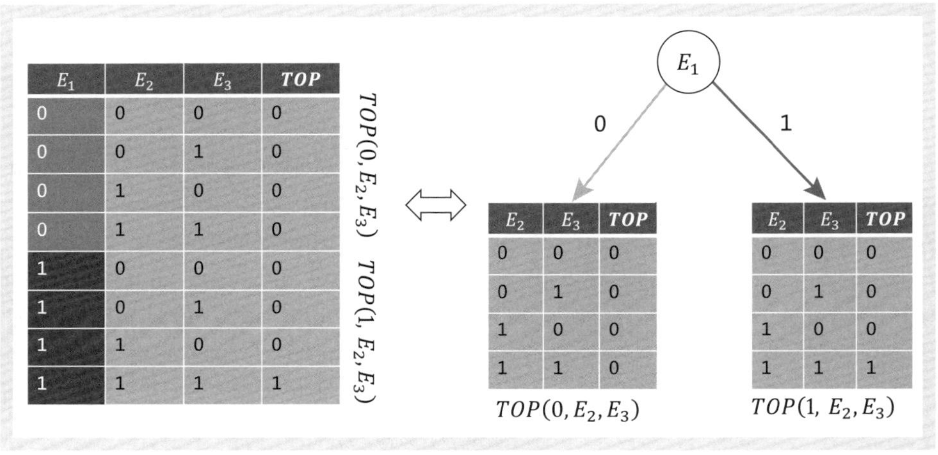

E_1	E_2	E_3	TOP
0	0	0	0
0	0	1	0
0	1	0	0
0	1	1	0
1	0	0	0
1	0	1	0
1	1	0	0
1	1	1	1

E_2	E_3	TOP
0	0	0
0	1	0
1	0	0
1	1	0

E_2	E_3	TOP
0	0	0
0	1	0
1	0	0
1	1	1

Abbildung 17.4 Aufbau des BDD mit E_1 aus dem Zustandsraum

Bereits oben wurde geschrieben, dass die linke Tabelle stets null ist. So kann sie im *BDD* durch eine Senke mit der Bezeichnung 0 ersetzt werden (im Folgenden Senke-0 genannt, siehe auch Abbildung 17.5). In der rechten Tabelle enthält die Funktion *TOP*(1, E_1, E_3) sowohl null als auch eins als Ausgangswert. So kann sie, wie oben auch, in zwei Hälften unterteilt werden. Abbildung 17.5 zeigt dies links. Die obere Hälfte ist bei E_2 stets null, während in der unteren Hälfte *TOP* die Werte null und eins annimmt. Die Formel [17.4] kann also weitergeführt werden. *TOP*(1, E_2, E_3) wird ersetzt durch *TOP*(1,0, E_3) bei E_2 gleich null und *TOP*(1,1, E_3) bei E_2 gleich eins. Da *TOP*(1,0, E_3) stets null ist, vereinfacht sich die Formel für *TOP*(E_1, E_2, E_3), siehe zweite Reihe in Formel [17.5]:

[17.5]
$$\begin{aligned} TOP(E_1, E_2, E_3) &= E_1 \cap \left[\overline{E_2} \cap TOP(1,0, E_3) \cup E_2 \cap TOP(1,1, E_3)\right] \\ &= E_1 \cap E_2 \cap TOP(1,1, E_3) \end{aligned}$$

Grafisch kann die Werteunterscheidung von E_2 wieder durch einen Knoten mit zwei Ausgängen dargestellt werden. Nimmt der Knoten E_2 den Wert null an, geht die Kante zur Senke-0. Nimmt E_2 den Wert eins an, zeigt eine Kante zur Wahrheitstabelle, die die Funktion *TOP*(1,1, E_3) beschreibt.

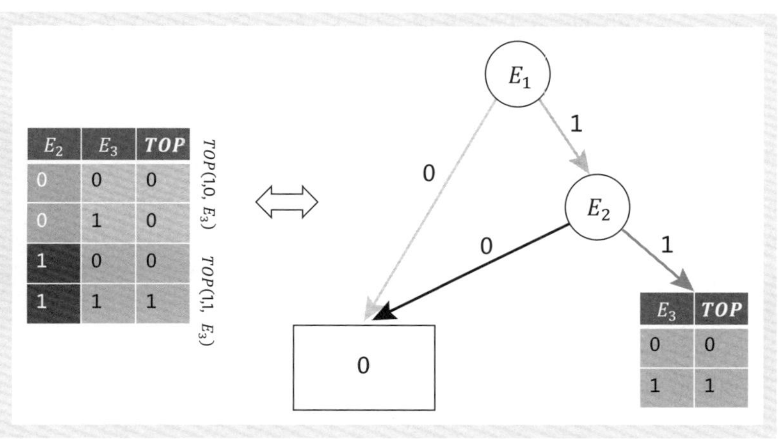

Abbildung 17.5 Aufbau des BDD mit E2 aus dem Zustandsraum

Die Wahrheitstabelle der Funktion $TOP(1,1,E_3)$ hat nur noch den Eingang E_3. Wenn dieser den Wert null hat, dann hat $TOP(1,1, E_3)$ den Wert null. Hat der Eingang E_3 den Wert eins, nimmt $TOP(1,1, E_3)$ auch den Wert eins an. Somit ist $TOP(1,1,E_3) = E_3$. $TOP(1,1, E_3)$ kann also in der obigen Formel ersetzt werden, und es entsteht die Formel [17.6].

$$TOP(E_1, E_2, E_3) \quad = E_1 \cap E_2 \cap E_3 \tag{17.6}$$

Wenn der Eingang E_3 den Wert null annimmt, ist für $TOP(1,1, E_3)$ das Ergebnis null. Der Eingang E_3 kann wieder als Knoten mit zwei Ausgangskanten dargestellt werden. Die Kante, die null repräsentiert, zeigt auf die Senke-0, siehe Abbildung 17.6. Die Kante, die den Wert eins repräsentiert, zeigt jetzt auf die Senke-1.

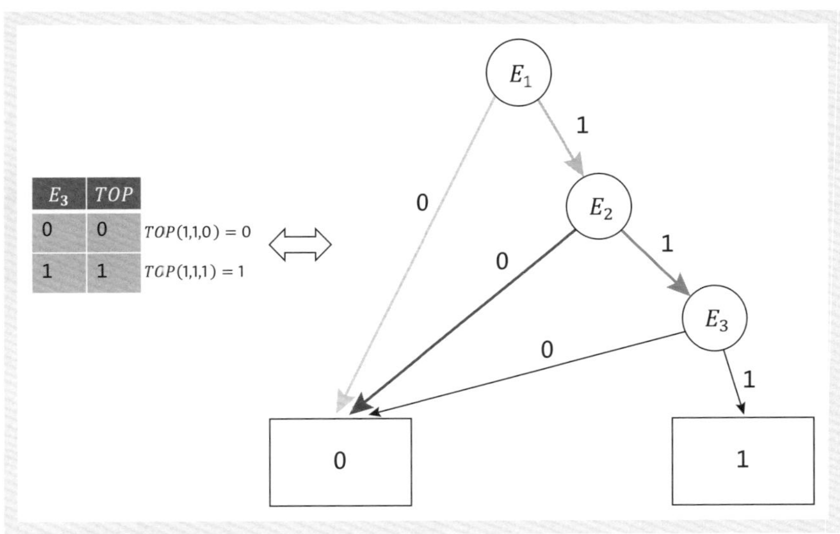

Abbildung 17.6 BDD mit E3 aus dem Zustandsraum

Das sukzessive Teilen der Wahrheitstabelle und der sukzessive Aufbau des *BDD* ist die Methode, um aus einer Wahrheitstabelle ein *BDD* zu konstruieren.

17.3.1 Der shannonsche Zerlegungssatz

Zentral in Artikel [98] ist der *shannonsche Zerlegungssatz*, der bereits oben in den einzelnen Schritten zur Erzeugung des *BDD* angewendet worden ist. Allgemein soll für eine boolesche Funktion $TOP(E_1,E_2,\ldots E_i,\ldots E_n)$ gelten, dass der Ausfall eins und die Funktion null zugeordnet wird, siehe auch Formel [17.7].

[17.7]
$$TOP(E_1,E_2,\ldots,E_i,\ldots,E_n) = \begin{cases}1 \text{ für Ausfall}\\ 0 \text{ für Funktion}\end{cases}$$

So kann *TOP* in jeweils ein Term mit $E_i = 0$ und $E_i = 1$ zerlegt werden. Die Terme werden mit $\overline{E_i}$ und E_i multipliziert (Multiplikationsoperation) und mit der Additionsoperation addiert. Den shannonsche Zerlegungssatz zeigt Formel [17.8].

[17.8]
$$\begin{aligned}TOP(E_1,E_2,\ldots,E_i,\ldots,E_n) = \; & \overline{E_i} \cap TOP(E_1,E_2,\ldots,0,\ldots,E_n) \cup \\ & E_i \cap TOP(E_1,E_2,\ldots,1,\ldots,E_n)\end{aligned}$$

17.3.2 Und-Gatter, Oder-Gatter und 2oo3-Architektur

In diesem Abschnitt sollen Und- und Oder-Gatter in Form eines *BDD* dargestellt werden. Durch Anwendung des shannonschen Zerlegungssatzes wird gezeigt, dass sich daraus die Zuverlässigkeitsfunktion herleiten lässt. *BDD* können auf beliebige Architekturen angewendet werden, und somit ergibt dies eine alternative Methode zur Berechnung von Zuverlässigkeiten und Verfügbarkeiten.

17.3.3 Und-Gatter

Abbildung 17.7 zeigt links ein einfaches Und-Gatter mit den Eingängen E_1 und E_2.

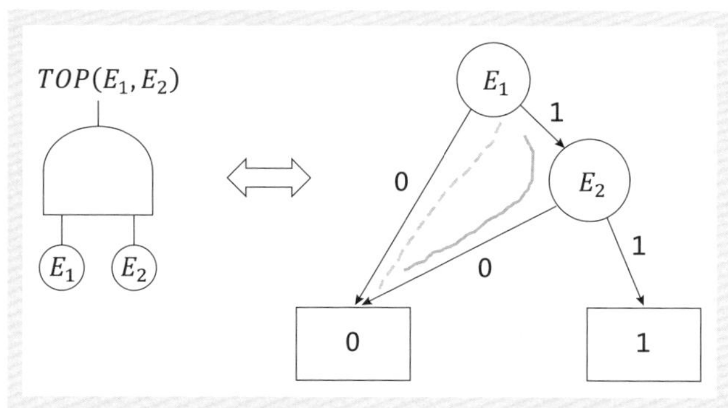

Abbildung 17.7 Und-Gatter in BDD

Im Abschnitt zuvor wurde bereits das *BDD* eines Und-Gatters mit drei Eingängen hergeleitet. Somit ist das Aussehen sehr ähnlich. Die Kanten der Ereignisse E_1 und E_2 mit Wert eins laufen in die Senke-1. Falls einer der beiden Eingänge null ist, laufen die Kanten in die Senke-0.

Die boolesche Funktion des Und-Gatters ist $TOP(E_1, E_2)$. Wird hier der shannonsche Zerlegungssatz angewendet, ergibt sich die Formel [17.9]. Das Ereignis E_2 ist der Eingang, der einmal auf null und einmal auf eins gesetzt wird. Dies ergibt die Funktionen $TOP(E_1, 0)$ und $TOP(E_1, 1)$. Die Funktion $TOP(E_1, 0)$ ist stets null, sodass dieser Term eliminiert werden kann. Der Term $TOP(E_1, 1)$ ist nur noch abhängig von E_1. Wegen der Und-Funktion ist $TOP(E_1, 1) = E_1$.

$$\begin{aligned} TOP(E_1, E_2) &= \overline{E_2} \cap TOP(E_1, 0) \cup E_2 \cap TOP(E_1, 1) \\ &= E_2 \cap TOP(E_1, 1) = E_1 \cap E_2 \end{aligned}$$ [17.9]

Zuverlässigkeit

Das Ergebnis der Formel [17.9] lässt sich als eine Zuverlässigkeitswahrscheinlichkeit darstellen, indem der Erwartungswert aus dem Komplement von $TOP(E_1, E_2)$ angewendet wird. Unter Berücksichtigung der *De-Morgan*-Regel aus Tabelle 10.2 und Formel [7.3] (E_1 und E_2 sind jetzt nicht notwendigerweise disjunkt) ergibt sich Formel [17.10].

$$\begin{aligned} R_{\text{und}}(p) &= Pr\{\overline{E_1 \cap E_2}\} \\ &= Pr\{\overline{E_1} \cup \overline{E_2}\} \\ &= p_1 + p_2 - p_1 p_2 \end{aligned}$$ [17.10]

17

Diese Formel kann auch durch das Entlanggehen der Pfade des *BDD* aus Abbildung 17.7 rechts ermittelt werden. So gibt es einen Pfad (gestrichelte Linie) über der Kante-0 direkt vom E_1-Knoten zur Senke-0. Ein zweiter Pfad geht von Knoten E_1 zu Knoten E_2 und dann über die Kante-0 zur Senke-0 (durchgezogene Linie). Aus beiden Pfaden lässt sich die Zuverlässigkeitswahrscheinlichkeit ermitteln. Der erste Pfad kann durch die Wahrscheinlichkeit p_1 ausgedrückt werden (die Kante-0 entspricht p_1), der zweite Pfad durch $(1 - p_1)p_2$ (die Kante-1 von E_1 entspricht $(1 - p_1)$ und die darauffolgende Kante-0 von E_2 entspricht p_2). Die Zuverlässigkeitswahrscheinlichkeiten beider Pfade zusammenaddiert, ergibt die Gesamtzuverlässigkeit, siehe auch die Formel unten. Diese entspricht der Formel [17.10].

$$R_{\text{und}}(p) = p_1 + (1 - p_1)p_2$$ [17.11]

Die Variable p ist dabei der Zustandsvektor $p = [p_1, p_2]$.

Verfügbarkeit

Die Verfügbarkeit kann auf die gleiche Weise wie Formel [17.11] hergeleitet werden. Dabei wird bei der Bestimmung der Wahrscheinlichkeitswerte p_1 und p_2 die Reparaturzeit berücksichtigt. Die Wahrscheinlichkeiten p_1 und p_2 sind Verfügbarkeiten, und zur Bestimmung kann Formel [7.27] für die *Point Availability* verwendet werden.

$$A_{\text{und}}(p) \quad = p_1 + (1 - p_1)p_2$$

17.3.4 Oder-Gatter

Das *BDD* des Oder-Gatters wird auf die gleiche Weise wie das *BDD* des Und-Gatters hergeleitet. Bei der Wahrheitstabelle ist bei einem Oder-Gatter lediglich dann der Ausgang null, wenn alle Eingänge null sind. So ergibt sich ein *BDD*, dessen Knoten linksläufig mit den Kanten-0 verbunden sind, siehe auch Abbildung 17.8.

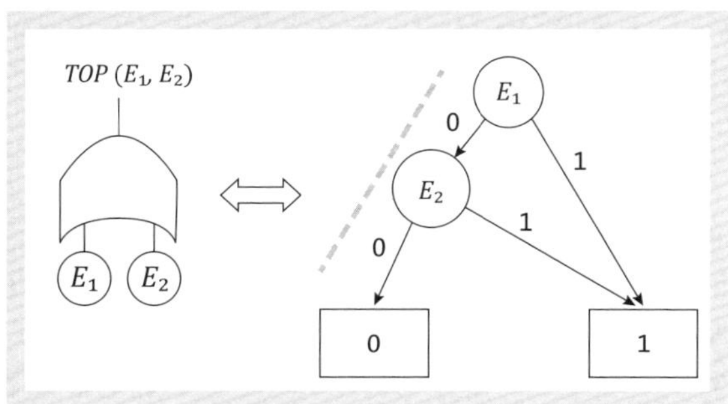

Abbildung 17.8 Oder-Gatter in BDD

Zur Berechnung des Ausgangs $TOP(E_1, E_2)$ kann über den shannonschen Zerlegungssatz E_2 jeweils auf null und eins gesetzt werden, sodass dies die erste Zeile der Formel unten ergibt. Der Term $TOP(E_1, 0)$ kann durch $E_1 \cup 0$ und $TOP(E_1, 1)$ durch $E_1 \cup 1$ ersetzt werden. Der linke Term $(E_1 \cup 0)$ in Klammern ist immer E_1 und der rechte Term $(E_1 \cup 1)$ in Klammern ist immer eins, wodurch sich die Gleichung [17.12] in der dritten und vierten Zeile vereinfacht.

Durch Anwendung des Distributivgesetzes aus Tabelle 10.2 ergibt sich die fünfte Zeile. Der Term $\overline{E_2} \cup E_2$ ist eins, sodass die letzte Zeile das Ergebnis eines Oder-Gatters ist.

[17.12]
$$\begin{aligned} TOP(E_1, E_2) &= \overline{E_2} \cap TOP(E_1, 0) \cup E_2 \cap TOP(E_1, 1) \\ &= \overline{E_2} \cap (E_1 \cup 0) \cup E_2 \cap (E_1 \cup 1) \\ &= \overline{E_2} \cap E_1 \cup E_2 \cap 1 \\ &= \overline{E_2} \cap E_1 \cup E_2 \\ &= \left(\overline{E_2} \cup E_2\right) \cap E_1 \cup E_2 \\ &= E_1 \cup E_2 \end{aligned}$$

Zuverlässigkeit

Zur Berechnung der Zuverlässigkeit wird der Erwartungswert aus dem Komplement von $TOP(E_1, E_2)$ angewendet. Unter Berücksichtigung der *De-Morgan*-Regel aus

Tabelle 10.2 ergibt sich Formel [17.13], wenn die Eingangsereignisse E_1 und E_2 unabhängig sind. Die Erwartungswerte von E_1 und E_2 werden durch p_1 und p_2 ersetzt. Die Variable p ist der Zustandsvektor $p = [p_1, p_2]$, und die Elemente sind Zuverlässigkeitswahrscheinlichkeiten.

$$\begin{aligned} R_{\text{oder}}(p) &= Pr\{\overline{E_1 \cup E_2}\} \\ &= Pr\{\overline{E_1}\} \cdot Pr\{\overline{E_2}\} \\ &= p_1 \cdot p_2 \end{aligned} \quad [17.13]$$

Die Herleitung der Oder-Funktion kann aus dem *BDD* sehr einfach erfolgen. In Abbildung 17.8 wird mit der gestrichelten Linie der einzige Pfad gezeigt, der entlang beider Knoten in Richtung der Senke-0 geht. Angefangen mit Knoten E_1 zum Knoten E_2 wird die Kante durch p_1 ausgedrückt, die zweite Kante von E_2 zur Senke-0 durch p_2. Die Zuverlässigkeitswahrscheinlichkeit R_{oder} ist dann die Multiplikation von p_1 und p_2.

Verfügbarkeit

Zur Bestimmung der Verfügbarkeit A_{oder} kann Formel [17.13] verwendet werden. Es gilt aber zu beachten, dass p_1 und p_2 nicht die Eingangswahrscheinlichkeiten aus Formel [17.13] sind. Die Wahrscheinlichkeiten unten werden über die *Point Availability* mit Formel [7.27] bestimmt.

$$A_{\text{oder}}(p) = p_1 \cdot p_2 \quad [17.14]$$

Der Zustandsvektor ist $p = [p_1, p_2]$, und seine Elemente sind die Verfügbarkeitswahrscheinlichkeiten.

17.3.5 2oo3-Architektur

Architekturen wie *1oo2*, *1oo3* etc. können einfach durch ein Und-Gatter mit den entsprechenden Eingängen realisiert werden. Das Mehrheits-Oder-Gatter bzw. das *2oo3*-System wurde bereits in Abbildung 10.4 gezeigt. Das dazugehörige *BDD* zeigt Abbildung 17.9. Die Herleitung des *BDD* aus dem *FT* ist nicht offensichtlich und wird im nächsten Abschnitt gezeigt. Das *BDD* ist nun kein Baum mehr, da ein Knoten mehrere Eingänge haben kann (siehe Knoten E_3). Deswegen sind die *BDD*-Strukturen Diagramme.

Aus dem FT-Baum lässt sich die boolesche Funktion TOP(E_1, E_2, E_3) herleiten. Es gibt hier drei Und-Gatter in der unteren Ebene und deren Ausgänge wird zum Oder-Gatter der oberen Ebene zugeführt. Der Ausgang des Oder-Gatters ist das unerwünschte Ereignis. Formel [17.15] ist die boolesche Funktion für die 2oo3-Architektur.

$$TOP(E_1, E_2, E_3) = (E_1 \cap E_2) \cup (E_2 \cap E_3) \cup (E_1 \cap E_3) \quad [17.15]$$

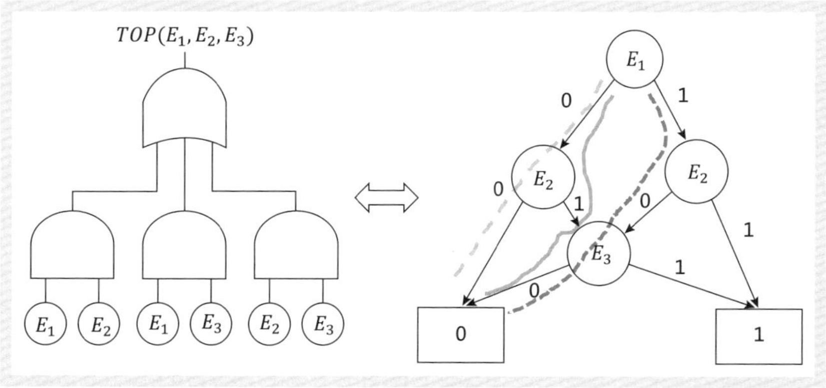

Abbildung 17.9 2oo3-Architektur in BDD

Zuverlässigkeit

Die Zuverlässigkeitswahrscheinlichkeit soll über die Pfade des *BDD* bestimmt werden. In Abbildung 17.9 sind drei Pfade gekennzeichnet, die vom obersten Ereignisknoten zur Senke-0 gehen. Der erste Pfad (gestrichelte Linie) geht direkt über E_1 und E_2 und die Kanten-0 zur Senke-0. Dies kann durch $p_1 p_2$ ausgedrückt werden. Der zweite Pfad (durchgezogene Linie) macht bei dem Knoten E_2 einen Umweg über die Kante-1 zu E_3. So kann die Wahrscheinlichkeit dieses Pfads durch $p_1 (1 - p_2)p_3$ berechnet werden. Der letzte Pfad (eng gestrichelte Linie) geht über die Kante-1 von Knoten E_1 zu Knoten E_2, dann über die Kanten-0 von E_2 nach E_3 und zur Senke-0. Die Wahrscheinlichkeit für diesen Pfadverlauf ist der Term $(1 - p_1)p_2p_3$. Die Terme werden dann addiert, siehe auch Formel [17.16]. Die letzte Zeile der Formel zeigt den geläufigen Ausdruck für die Zuverlässigkeitswahrscheinlichkeit der 2oo3-Architektur.

[17.16]

$$\begin{aligned} R_{2oo3}(p) &= Pr\{\overline{TOP(E_1, E_2, E_3)}\} \\ &= p_1p_2 + p_1(1 - p_2)p_3 + (1 - p_1)p_2p_3 \\ &= p_1p_2 + p_1p_3 - p_1p_2p_3 + p_2p_3 - p_1p_2p_3 \\ &= p_1p_2 + p_1p_3 + p_2p_3 - 2p_1p_2p_3 \end{aligned}$$

Wenn p_1, p_2 und p_3 die gleichen Wahrscheinlichkeitswerte annehmen, ist dies das Ergebnis von Formel [13.17] mit $n = 3$ und $d = 2$.

Verfügbarkeit

Wie die Zuverlässigkeit kann auch die Verfügbarkeit A_{2oo3} auf diese Weise bestimmt werden. Zu beachten ist dabei, dass die Wahrscheinlichkeiten der Eingänge über die *Point Availability* (Formel [7.27]) bestimmt werden, da die Reparaturzeit einbezogen werden muss. Die Formel der Verfügbarkeit ist in [17.17] dargestellt.

[17.17]

$$\begin{aligned} A_{2oo3}(p) &= Pr\{\overline{TOP(E_1, E_2, E_3)}\} \\ &= p_1p_2 + p_1p_3 + p_2p_3 - 2p_1p_2p_3 \end{aligned}$$

17.4 Aufbau von BDD aus Zustandsraum und Reduktion

In Kapitel 10 zeigt Abbildung 10.4 eine 2oo3-Architektur, realisiert durch ein FT. Anhand dieser 2oo3-Architektur soll hergeleitet werden, wie bei BDD Vereinfachungen durchgeführt werden können. Dabei werden Teile des BDD reduziert. In Abbildung 17.10 wird links die Wahrheitstabelle der 2oo3-Architektur dargestellt.

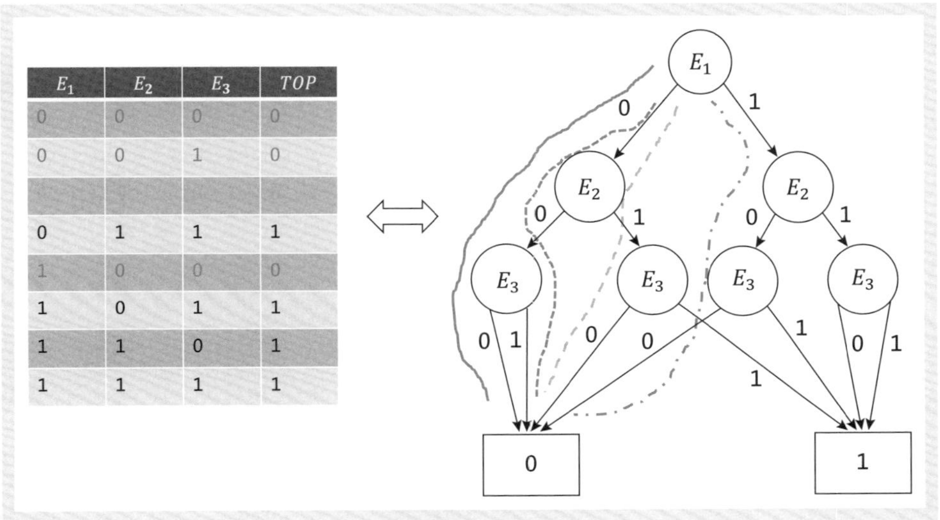

E_1	E_2	E_3	*TOP*
0	0	0	0
0	0	1	0
0	1	1	1
1	0	0	0
1	0	1	1
1	1	0	1
1	1	1	1

Abbildung 17.10 2oo3-Architektur aus dem Zustandsraum

Die Architektur ist nur dann in Funktion, wenn zwei Komponenten in Funktion sind, also wenn mindestens zwei der Ereignisse E_1, E_2 oder E_3 null sind. Das BDD kann mit dem Ereignis E_1 in der Abbildung rechts angefangen aufgebaut werden. Es kann dabei die zwei Werte null und eins annehmen, sodass an oberster Stelle des Diagramms ein Knoten E_1 mit zwei ausgehenden Kanten ist. Kante-0 und Kante-1 des Knoten E_1 führen zu zwei weiteren Knoten E_2. Beide verzweigen mit weiteren Kanten zu vier E_3-Knoten. Bei dieser Methode entsteht ein binärer Baum. Da nun keine Ereignisse mehr zur Verfügung stehen, gehen die Kanten aus den E_3-Knoten in Senke-0 oder Senke-1. Welche der Kanten in die Senken hinführen, kann direkt in der Wahrheitstabelle abgelesen werden.

In der ersten Zeile der Wahrheitstabelle haben alle Ereignisse E_1, E_2 und E_3 den Wert null. Der zugehörige Pfad im BDD ist die durchgezogene Linie rechts in der Abbildung. So führen die Kante-0 von E_1, E_2 und E_3 in die Senke-0. Die zweite Zeile der Wahrheitstabelle hat bei *TOP* den Wert null, weshalb auch dieser zugehörige Pfad in die Senke-0 führen muss. Da aber das Ereignis E_3 den Wert eins hat, führt der Pfad über den Umweg der Kante-1 bei E_2 in die Senke-0. Die verbleibenden Pfade (gestrichelte Linie, gestrichelte gepunktete Linie) entstehen auf die gleiche Weise.

Zur Berechnung der Zuverlässigkeit (oder der Verfügbarkeit) können die Wahrscheinlichkeitsterme aus den Pfaden zusammenaddiert werden, siehe Formel [17.18]. Dies entspricht dem gleichen Ergebnis wie im Abschnitt zuvor. Die Reduktion erfolgt über Multiplikation, Addition und Subtraktion.

[17.18]
$$\begin{aligned} R_{2oo3}(p) &= p_1p_2p_3 + p_1p_2(1-p_3) + p_1(1-p_2)p_3 + (1-p_1)p_2p_3 \\ &= p_1p_2 + p_1p_3 + p_2p_3 - 2p_1p_2p_3 \end{aligned}$$

Das Diagramm in Abbildung 17.10 unterscheidet sich von dem Diagramm in Abbildung 17.9 an drei Stellen. Abbildung 17.11 stellt beide Diagramme gegenüber: links das Diagramm, entstanden aus der Wahrheitstabelle, und rechts das Diagramm aus dem vorherigen Abschnitt. Bei beiden kann die gleiche boolesche Funktion hergeleitet werden. Die Unterschiede zeigen sich in den vier E_3-Ereignissen links in der Abbildung. Zwei E_3-Ereignisse wurden rechts an den Rändern eliminiert, und zwei E_3-Ereignisse in der Mitte wurden zu einem zusammengefasst.

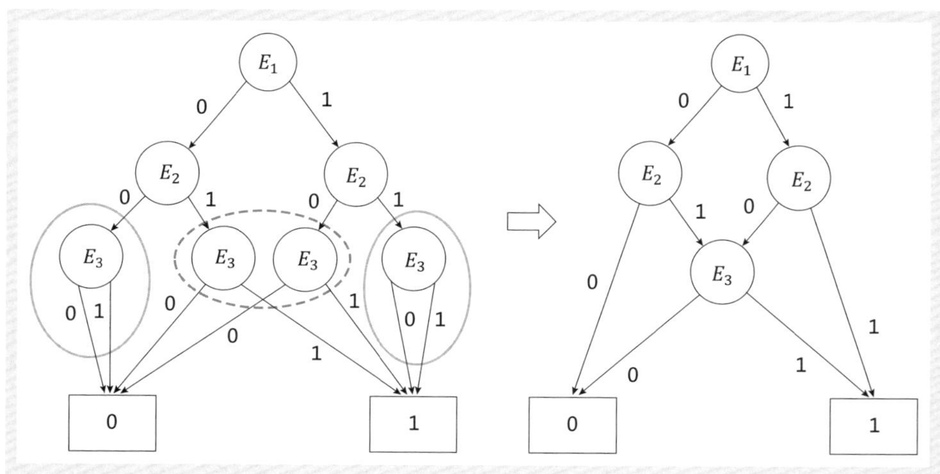

Abbildung 17.11 Reduktionsmöglichkeiten des BDD

Die Eliminierung der Ereignisse E_3 an den Rändern (durchgezogene Ovale) erfolgt aus der Überlegung heraus, dass es gleichgültig ist, welchen Wert der linke oder rechte E_3-Knoten annimmt, da Kante-0 und Kante-1 beide zur gleichen Senke führen, siehe auch Abbildung 17.12.

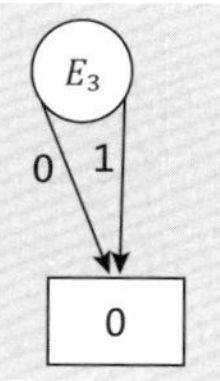

Abbildung 17.12 Reduktion bei Kante-0 und Kante-1 mit gleichem Ziel

Das Ereignis E_3 spielt also keine Rolle und kann weggelassen werden. Die Kanten, die von E_2 nach E_3 führen, können direkt in die Senken umgeleitet werden.

Die Strukturen, die nach den beiden E_3-Ereignissen in der Mitte des Diagramms folgen, sind gleich, siehe auch Abbildung 17.13. Beide Kanten der beiden E_3-Ereignisse führen in die gleichen Senken. Deswegen kann einer der beiden Ereignisknoten eliminiert werden, da beide die gleiche unterliegende Funktion haben. Das übrig gebliebene Ereignis E_3 behält am Eingang die Ausgangskanten des Ereignis E_2.

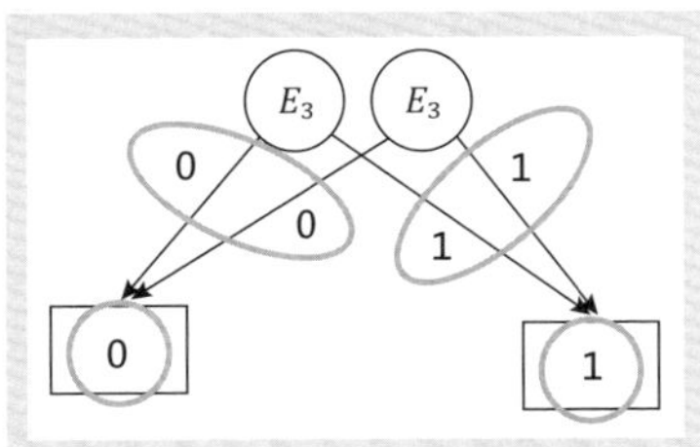

Abbildung 17.13 Reduktion von E_3 mit gleichen darunterliegenden Funktionen

Es gilt zu beachten, dass die letzte Reduktion eine Bedingung hat, damit diese angewendet werden darf. Die unterliegenden Teilbereiche des BDD müssen dabei die gleiche Funktion haben. Abbildung 17.14 veranschaulicht das.

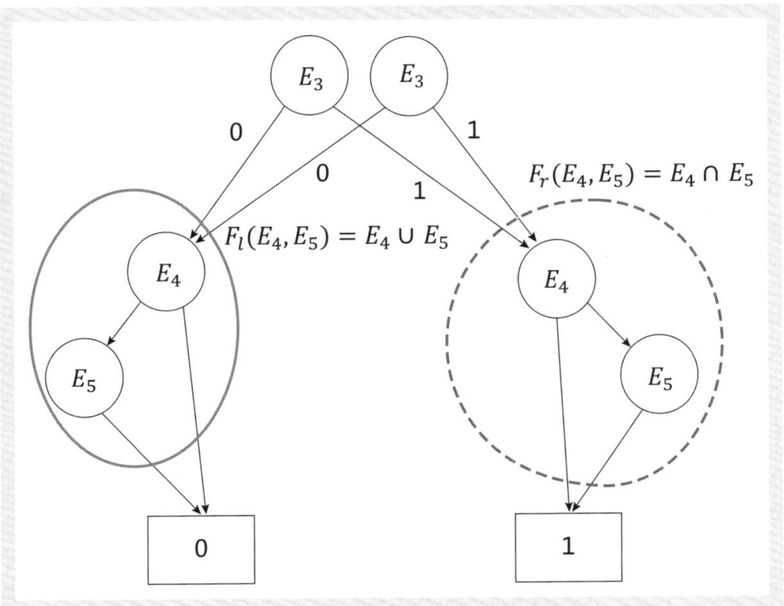

Abbildung 17.14 Beide E_3 Ereignisse mit unterschiedlichen darunterliegenden Funktionen

Unter den beiden E_3-Ereignissen sind zwei Teil-BDD, die links aus den Ereignissen E_4 und E_5 eine Oder-Funktion abbilden (durchgezogenes Oval) und rechts eine Und-

Funktion (gestricheltes Oval). Die Eliminierung einer der beiden E_3-Knoten kann nicht angewendet werden. Es darf also nur dann reduziert werden, wenn die unterliegenden Teil-Funktionen unter den Knoten gleich sind.

17.5 Aufbau von BDD aus FT

Ein BDD kann direkt aus einem Fehlerbaum aufgebaut werden. Dazu gibt es zwei Ansätze: *Bottom-up* und *Top-down*. Hier soll nur der *Bottom-up*-Ansatz beschrieben werden. Dieser wird an einem einfachen *FT* gezeigt, siehe auch Abbildung 17.15.

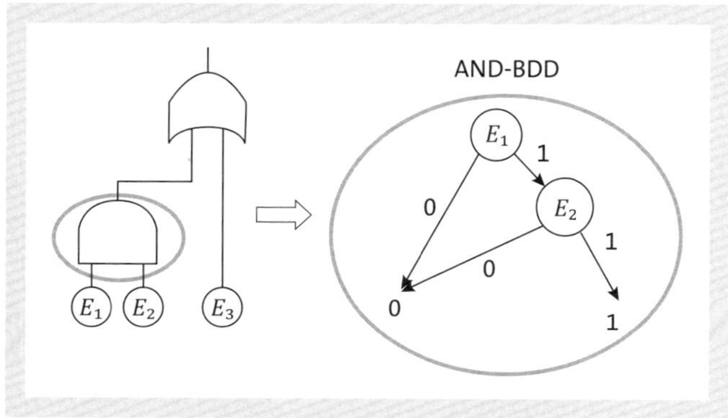

Abbildung 17.15 FT-Und zu BDD

Der *FT* in der Abbildung links besteht aus einem Oder-Gatter. An den Eingängen ist das Ereignis E_3 und ein Und-Gatter mit den Eingängen E_1 und E_2 angehängt. Für den Bottom-up-Ansatz wird nur das Und-Gatter betrachtet und daraus wie in Abbildung 17.15 ein B*DD* gebildet. Dieses Teil-BDD soll *AND-BDD* genannt werden. *AND-BDD* ist der Eingang zum Oder-Gatter. Ein weiterer Eingang ist das Basisereignis E_3.

Da alle Eingänge zum Oder-Gatter, die keine Basisereignisse sind, ersetzt wurden, kann das BDD des Oder-Gatters ermittelt werden, siehe auch Abbildung 17.16. Auf der rechten Seite der Abbildung ist das BDD eines einfachen Oder-Gatters mit den Knoten E_3 und AND-BDD als Ereignisse zu sehen.

Der Knoten *AND-BDD* kann nun durch das *BDD* aus Abbildung 17.15 ersetzt werden. Die Kante-0 von E_1 und E_2 werden mit dem Knoten E_3 verbunden. Die Kante-1 von E_2 wird mit der Senke-1 verbunden, siehe auch Abbildung 17.17. Das einfache Beispiel hat nun ein vollständiges *BDD*. Generell können bei beliebigen *FT* untere Gatter durch *BDD* ersetzt und in die *BDD* aus den Gattern der nächsthöheren Ebenen eingefügt werden.

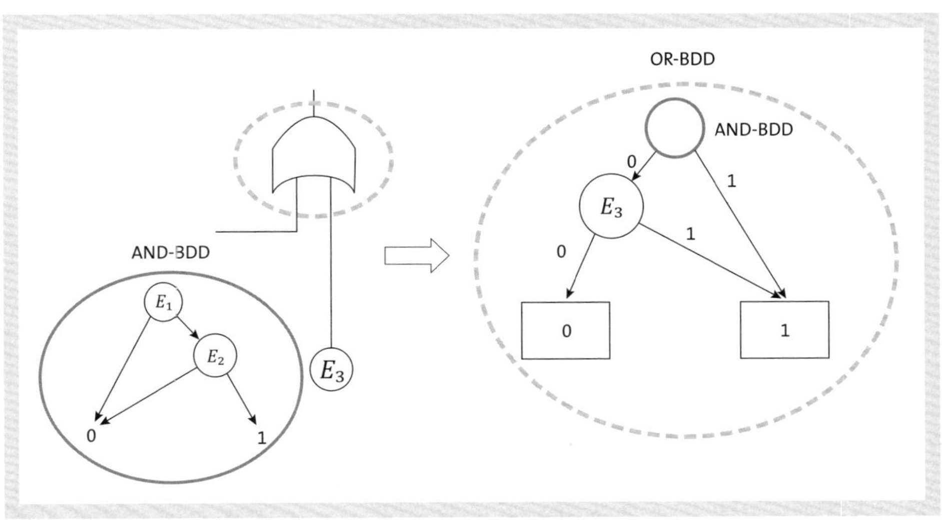

Abbildung 17.16 FT-Oder zu BDD

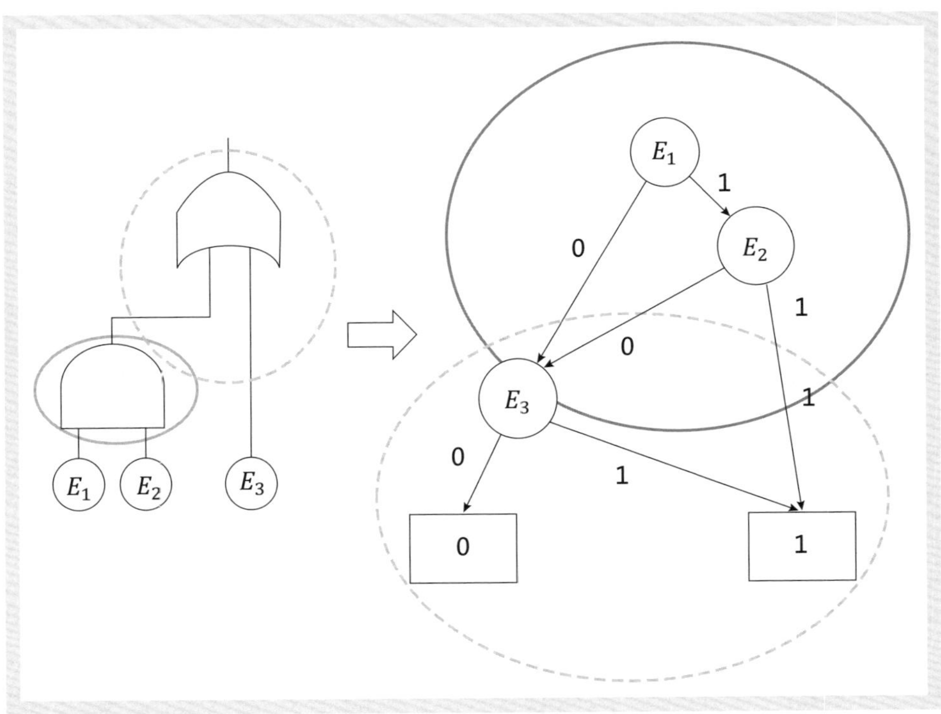

Abbildung 17.17 FT-Und zu BDD

17.6 Anwendung von BDD am Fallbeispiel

Das *BDD*-Konzept soll nun am Fallbeispiel aufgezeigt werden. Aus der Beschreibung des Fallbeispiels in Abschnitt 17.2 ergeben sich bei vereinfachter Sichtweise drei Ereignisse, dargestellt in Tabelle 17.1:

Ereignisse	Beschreibung
E_1	Öffnen der manipulationssicheren Hülle und Manipulation der Elektronik.
E_2	Ermittlung des geheimen Codes durch Brute-Force-Eingabe und des öffentlichen Codes.
E_3	Simulation des Bewegungsmusters.

Tabelle 17.1 Ereignisse des Fallbeispiels

Dem Ereignis E_1 wird das Öffnen und die Manipulation der *PAL*-Elektronik zugeordnet. Somit stellt dieses Ereignis die Überbrückung aller Sicherheitsvorkehrungen dar. Dies setzt natürlich die Kenntnis des Systems voraus. Das Eintreten von E_1 sollte natürlich in der Realität eine sehr geringe Wahrscheinlichkeit haben.

Eine weitere Methode zum unbefugten Auslösen der Atombombe kann über die Ermittlung des öffentlichen und geheimen Codes geschehen. Der geheime Code kann zum Beispiel über die *Brute-Force-Methode* ermittelt werden. Da nach mehreren Versuchen das System in einen *Lock*-Zustand übergeht, kann die Atombombe erst wieder durch eine Verifizierung aktiviert werden. Auch die Wahrscheinlichkeit für das Ereignis E_2 sollte daher sehr gering sein.

Die Auslösung kann aber auch bei richtiger Eingabe der Codes erst dann erfolgen, wenn ein bestimmtes Bewegungsmuster durch die internen Sensoren aufgenommen wird. Diese müsste durch eine externe Einrichtung emuliert werden. Das Ereignis wird E_3 zugeordnet.

Die Wahrheitstabelle wird links in Abbildung 17.18 gezeigt. Das aus der Wahrheitstabelle abgeleitete *BDD* ist rechts dargestellt. Das Eintreten des Ereignisses E_1 stellt somit für den Angreifer eine Abkürzung dar, wenn er es tatsächlich schaffen kann, so Sicherheitsmechanismen zu umgehen. Geht der Angreifer den anderen Weg, also über Beschaffung der Zugangscodes, muss das Bewegungsmuster emuliert werden, um die Atombombe auszulösen.

Das *BDD* oben lässt sich mehrmals reduzieren. Das Ereignis E_3 links geht mit Kante-0 und Kante-1 zur Senke-0. So kann dieser Knoten eliminiert werden.

Weiter können beide Knoten der Ereignisse E_3 rechts zu einem Ereignis zusammengefasst werden. Dann geht E_2 mit beiden Kanten nach E_3 und E_3 mit beiden Kanten zur Senke-1. So können die Knoten E_2 und E_3 eliminiert werden.

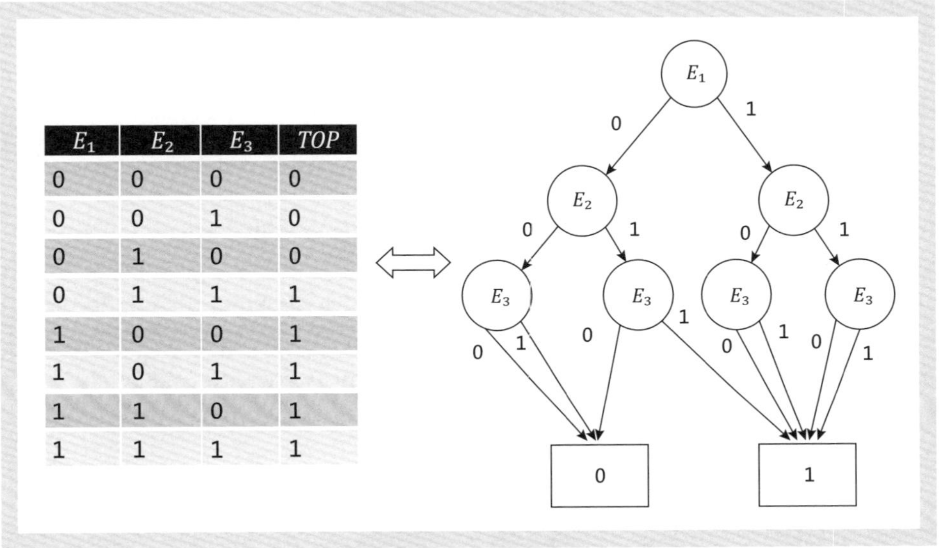

E_1	E_2	E_3	TOP
0	0	0	0
0	0	1	0
0	1	0	0
0	1	1	1
1	0	0	1
1	0	1	1
1	1	0	1
1	1	1	1

Abbildung 17.18 Wahrheitstabelle des Fallbeispiels und BDD des Fallbeispiels

Durch die Reduktionen entsteht ein neues *BDD*, gezeigt in Abbildung 17.19.

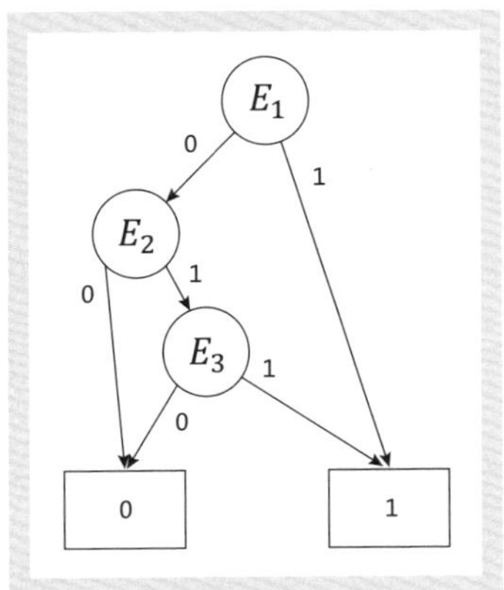

Abbildung 17.19 Ergebnis nach Reduktion des BDD des Fallbeispiels

17.7 Abschließende Bemerkungen

Die Darstellung von Ereignissen mit BDD ist eine Alternative zu FT und RBD. Das BDD ist im Vergleich zum RBD mehr auf die Ereignisse als auf die Ausfallarten der Komponenten fokussiert. Dies ist bei FT sehr ähnlich, wobei hier die Kombinationen mit den Gattern im Vordergrund stehen. So können bei BDD Ereigniskombinationen nicht sehr schnell herausgelesen werden. Die Stärke von BDD liegt eher in der rechnertechnischen Darstellung der Strukturen. So lassen sich BDD sehr effizient im Speicher abbilden. Die Reduktionsmethoden tragen dazu bei, dass BDD-Strukturen in der Größe leicht optimiert werden können. Auch die Berechnung der Ergebnisse für die Zuverlässigkeit und Verfügbarkeit ist somit sehr effizient. Eine Übertragung von FT und RBD nach BDD ist mit überschaubarem Aufwand möglich, sodass Systeme und Geräte mit FT und RBD dargestellt, aber Analysen mit BDD durchgeführt werden können.

In Abschnitt 17.7 wurde ein BDD aus dem Fallbeispiel erstellt. Drei Ereignisse wurden bestimmt, und eine Wahrscheinlichkeitstabelle wurde aufgestellt. Es macht aber durchaus einen Unterschied, welche Reihenfolge die Ereignisse in der Wahrheitstabelle erhalten. So lässt sich das BDD in seiner Größe unterschiedlich optimieren. Für diese Problemstellung gibt es bereits Heuristiken, die im Buch [99] vorgestellt werden.

Literaturverzeichnis

[1] V. Gebhardt, G. Rieger., J. Mottok und C. Giesselbach, Funktionale Sicherheit nach ISO 26262, Heidelberg: dpunkt.verlag, 2013.

[2] Europäischer Wirtschaftsraum, »Zur Harmonisierung der Rechtsvorschriften der Mitgliedstaaten über die Bereitstellung elektrischer Betriebsmittel zur Verwendung innerhalb bestimmter Spannungsgrenzen auf dem Markt,« RICHTLINIE 2014/35/EU DES EUROPÄISCHEN PARLAMENTS UND DES RATES, 2014.

[3] IEC Webstore, International Electrotechnical Vocabulary (IEV).

[4] The International Electrotechnical Commission, Functional safety of electrical/electronic/programmable electronic safety-related systems - Part 1: General requirements (see Functional Safety and IEC 61508), Geneva: VDE Verlag, 2010.

[5] The International Electrotechnical Commission, Functional safety of electrical/electronic/programmable electronic safety-related systems - Part 2: Requirements for electrical/electronic/programmable electronic safety-related systems (see Functional Safety and IEC 61508), Geneva: VDE Verlag, 2010.

[6] The International Electrotechnical Commission, Functional safety of electrical/electronic/programmable electronic safety-related systems - Part 3: Software requirements (see Functional Safety and IEC 61508), Geneva: VDE Verlag, 2010.

[7] The International Electrotechnical Commission, Functional safety of electrical/electronic/programmable electronic safety-related systems - Part 4: Definitions and abbreviations (see Functional Safety and IEC 61508), Geneva: VDE Verlag, 2010.

[8] The International Electrotechnical Commission, Functional safety of electrical/electronic/programmable electronic safety-related systems - Part 5: Examples of methods for the determination of safety integrity levels (see Functional Safety and IEC 61508), Geneva: VDE Verlag, 2010.

[9] The International Electrotechnical Commission, Functional safety of electrical/electronic/programmable electronic safety-related systems - Part 6: Guidelines on the application of IEC 61508-2 and IEC 61508-3 (see Functional Safety and IEC 61508), Geneva: VDE Verlag, 2010.

[10] The International Electrotechnical Commission, Functional safety of electrical/electronic/programmable electronic safety-related systems - Part 7: Overview of techniques and measures (see Functional Safety and IEC 61508), Geneva: VDE Verlag, 2010.

[11] D. Barstow, D. Rohde und S. Saul, Deepwater Horizon's Final Hours, New York: The New York Times, 2010.

[12] B. Graham, W. Reilly, F. Beinecke und D. Boesch, Deep Water The Gulf Oil Disaster and the Future of Offshore Drilling, National Commission on the BP Deepwater Horizon Oil Spill and Offshore Drilling, 2011.

[13] International Organization for Standardization, ISO 26262 1-12: Road vehicles — Functional safety — Part 1-12, Geneva: Beuth publishing DIN, 2018.

[14] The International Electrotechnical Commission, IEC 61511-3:2016 Functional safety - Safety instrumented systems for the process industry sector - Part 3: Guidance for the determination of the required safety integrity levels, Geneva: VDE Verlag, 2016.

[15] International Society of Automation, ISA-TR84.00.02-2022, Safety Integrity Level (SIL) Verification of Safety Instrumented Functions, Pittsburgh: International Society of Automation, 2022.

[16] The International Electrotechnical Commission, DIN V 19250, Control technology; fundamental safety aspects to be considered for measurement and control equipment, Geneva: Beuth publishing DIN, 2005.

[17] International Organisation for Standardisation, Sicherheit von Maschinen - Sicherheitsbezogene Teile von Steuerungen - Teil 1: Allgemeine Gestaltungsleitsätze, Geneva: Beuth publishing DIN, 2008.

[18] International Organisation for Standardisation, Sicherheit von Maschinen - Sicherheitsbezogene Teile von Steuerungen - Teil 2: Validierung, Geneva: Beuth publishing DIN, 2013.

[19] F. Stark, Als der Nebel des Grauens Wirklichkeit wurde, Berlin: Die Welt Digital, 2016.

[20] L. H. Sun und L. Layton, Metro Failed to Detect Hazard; Device Was Replaced, but Circuit Malfunctioned, Washington: The Washington Post, 2009.

[21] P. Mercer, 150 Die as Jet From Miami Crashes in Colombia; 7 Survivors Found, New York: The New York Times, 1995.

[22] M. Khan, A. Khan, F. Khan, M. Khan und T. Whangbo, Critical Challenges to Adopt DevOps Culture in Software Organizations: A Systematic Review, Bd. 10, 2022.

[23] M. Shahin, M. Ali Babar und L. Zhu, »Continuous Integration, Delivery and Deployment: A Systematic Review on Approaches, Tools, Challenges and Practices,« IEEE Access, Bd. 5, pp. 3909-3943, 2017.

[24] W. Rogers, N. Armstrong, D. Acheson, E. Covert, R. Feynman, R. Hotz, D. Kutyna, S. Ride, R. Rummel, J. Sutter, A. Walker, A. Wheelon und C. Yeager, Report of the presidential Commision on the Space Shuttle Challenger Accident, Bd. Volume 1, NASA Technical Reports Server, 1986.

[25] K. Than, 5 Irrtümer über die Challenger-Katastrophe, Bd. Geschichte und Kultur, National Geographic, 2018.

[26] The International Electrotechnical Commission, IEC 61131: 2023 Programmable controllers, Geneva: VDE Verlag, 2023.

[27] The International Electrotechnical Commission, IEC 60848: GRAFCET specification language for sequential function charts, Geneva: VDE Verlag, 2013.

[28] International Organization for Standardization, ISO 14224: Petroleum, petrochemical and natural gas industries — Collection and exchange of reliability and maintenance data for equipment, Geneva: International Organization for Standardization, 2016.

[29] Deutsches Institut für Normung, DIN EN 60300-3-2:2005-08: Zuverlässigkeitsmanagement - Teil 3-2: Anwendungsleitfaden - Erfassung von Zuverlässigkeitsdaten im Betrieb, Geneva: Beuth publishing DIN, 2005.

[30] G. Schmidtke, F-104 Starfighter, Sternenjäger oder Witwenmacher, N24 Production, 2010.

[31] D. Diez, M. Cetinkaya-Rundel und C. Barr, OpenIntro Statistics, Bd. fourth edition, 2019.

[32] A. Birolini, Reliability Engineering, Zurich: Springer, 2017.

[33] F. Stark, Die größte Gas-Katastrophe geschah im Frieden, Berlin: Die Welt Digital, 2014.

[34] D. J. Smith und K. Simpson, The safety critical systems handbook : a straightforward guide to functional safety: IEC 61508, Kidlington, Oxford: Butterworth-Heinemann, 2010.

[35] Department of Defense, Procedure for performing a Failure Mode, Effects and Critically Analysis, MIL-STD-1629A, 1980.

[36] Department of Defense, Standard Practice for System Safety, MIL-STD-882D, 2000.

[37] M. Rausand, Risk Assessment Theory, Methods, and Applications, Wiley: Butterworth-Heinemann, 2011.

[38] Health and Safety Executive, Reducing Risks, Protecting People, Her Majesty's Stationery Office, 2001.

[39] J. D. Graham und J. W. Vaupel, Value of a Life: What Difference Does It Make?, Wiley: Risk Analysis, Vol. 1, No. 1, 1981.

[40] O. Hungr, J. Claque, N. R. Morgenstern, D. VanDine und D. Stadel, A review of landslide acceptability practices in various countries, Rome: Assozione Geotecnica Italiana, 2016.

[41] L. Stobel, Ford ignored Pinto fire peril, secret memos show, Chicago: Chicago Tribune, 1979.

[42] Department of Defense, Reliability Prediction of Electronic Equipment, MIL-HDBK-217F, 1991.

[43] The International Electrotechnical Commission, IEC 61709:2017 Electric components - Reliability - Reference conditions for failure rates and stress models for conversion, Geneva: VDE Verlag, 2017.

[44] J. Franz, Vorlesung über Zuverlässigkeit und Statistik bei reparierbaren Systemen, Technische Universität Dresden, 2016.

[45] Editorial Standard, The worst cars of all time, Jersey City: Forbes, 2004.

[46] B. Drummond Ayres Jr., Three mile island. Notes from a nightmare, New York: The New York Times, 1979.

[47] E. Finckh und U. Waas, Kernreaktor-Unfall in Harrisburg, 1979.

[48] R. Bartel, WASH-1400 The Reactor Safety Study, New Mexiko: United States Nuclear Regulatory Commission, 2016.

[49] NASA Office of Safety and Mission Assuarance, Fault Tree Handbook with Aerospace Application, Washingon: NASA Headquarters, 2002.

[50] U.S. Nuclear Regularity Commission, Fault Tree Handbook, Washingon: Office of Nuclear Regulatory Research, 1981.

[51] The International Electrotechnical Commission, IEC 61025:2006 Fault Tree Analysis (FTA), Geneva: VDE Verlag, 2006.

[52] M. Zeller und F. Montrone, »Combination of Component Fault Trees and Markov Chains to Analyse Complex, Software-controlled Systems,« 2018 3rd International Conference on System Reliability and Safety (ICSRS), 2018.

[53] W. E. Vesely, T. C. Davis, R. S. Denning und N. Saltos, »Measures of Risk Importance and Their Applications,« Battelle Columbus Laboratories, 1983.

[54] Z. W. Birnbaum, »ON THE IMPORTANCE OF DIFFERENT COMPONENTS IN A MULTICOMPONENT SYSTEM,« WASHINGTON UNIV SEATTLE LAB OF STATISTICAL RESEARCH, 1968.

[55] H. E. Lambert, »Measures of importance of events and cut sets in fault trees,« October 1974.

[56] E. Zio, The Monte Carlo Simulation Method for System Reliability and Risk Analysis, Springer, 2013.

[57] N. Metropolis und S. Ulam, »The Monte Carlo Method,« Journal of the American Statistical Association, Vol. 44, No. 247, September 1949.

[58] M. Szkoda, G. Kaczor und M. Satora, »Reliability and availability assessment of a transport system using Dynamic Fault Tree and Monte Carlo simulation,« IOP Conference Series: Materials Science and Engineering, Bd. 664, p. 012028, October 2019.

[59] D. R. Karanki, V. Gopika, V. Rao, H. Kushwaha, A. K. Verma und A. Srividya, »Dynamic Fault Tree analysis using Monte Carlo simulation in probabilistic safety assessment,« Reliability Engineering and System Safety, Bd. 94, pp. 872-883, April 2009.

[60] D. R. Karanki, V. Gopika, V. Rao, H. Kushwaha, A. K. Verma und A. Srividya, Dynamic Fault Tree analysis using Monte Carlo simulation in probabilistic safety assessment, 2009.

[61] M. Abele, Modellierung und Bewertung hochzuverlässiger Energiebordnetz-Architekturen für sicherheitsrelevante Verbraucher in Kraftfahrzeugen, Kassel: kassel university press, 2008.

[62] Agency for Toxic Substances and Disease Registry, Vinyl Chloride CAS: 75-01, PUBLIC HEALTH STATEMENT, 2006.

[63] A. Litvak, Footage showing a fiery axle 20 miles before East Palestine train derailment raises questions about alert timing, Pittsburgh Post Gazette, 2023.

[64] Kendall, H.W., Hubbard, R.B., Minor, G.C., Bryan, W.M. , The Risks of Nuclear Power Reactors, Cambridge: Union of Concerned Scientists, 1977.

[65] Health and Safelty Executive, Societal Risk: Initial briefing to Societal Risk Technical Advisory Group, RR703 Research Report, 2009.

[66] J. Montewkaa, S. Ehlersb, F. Goerlanda, T. Hinzc und P. Kujalaa, A model for risk analysis of RoPax ships -the Gulf of Finland case, 11th International Probabilistic Safety Assessment and Management Conference and the Annual European Safety and Reliability Conference, 2012.

[67] R. Skjong, E. Vanem und O. Endresen, Risk Evaluation Criteria, The SAFEDOR Consortium, 2007.

[68] C. D'Angelo, Ohio's Toxic Train Disaster Follows 'Perfect Storm' Of Cuts, Deregulation, Huffpost, 2023.

[69] Q. C. Kendall, Miscellaneous Amendments to Brake System Safety Standards and Codification of Waivers, Federal Register, 2020.

[70] J. Arnold, E. Scossa-Baggi, M. Braun, A. Liechti, A. Quattrini und W. Gratzer, Unfall und Brandkatastrophe im Gotthard-Tunnel, Kantonspolizei Zürich, 2004.

[71] Schweizerische Eidgenossenschaft, Strassen und Verkehr 2020, Entwicklungen, Zahlen, Fakten, Bundesamt für Strassen ASTRA, 2020.

[72] Eidgenössisches Departement für Umwelt, Verkehr, Energie und Kommunikation UVEK, Die zweite Gotthard-Strassenröhre, Bundesamt für Strassen ASTRA, 2018.

[73] Wehner, M., Krokos, E., Entrauchung von Straßentunneln – Möglichkeiten, Grenzen und Perspektiven des anlagentechnischen Brandschutzes, Geneva: World Tunnel Congress, 2013.

[74] J. Diamond, Down to a sunless sea, The Log, 1986.

[75] F. Prata und A. C. Tupper, Aviation hazards from volcanoes: the state of the science, Berlin: Springer Science and Business Media B.V., 2013.

[76] T. Casadevall und T. Murray, Advances in Vocanic Ash Avoidance and Recovery, Aero, 2000.

[77] The International Electrotechnical Commission, IEC 61078: Reliability Block Diagrams, Geneva: Beuth publishing DIN, 2017.

[78] M. I. L. HDBK-338B, ELECTRONIC RELIABILITY DESIGN HANDBOOK, Washington: Department of Defense, 1998.

[79] M. Rausand, Reliability of Safety-Critical Systems, Hoboken: Wiley, 2014.

[80] K. Kühner, Beitrag zur Untersuchung der Schädigung von Seilbahnseilen durch Drehung und Verdrehung im Betrieb, Stuttgart: Universität Stuttgart, 2017.

[81] J. Müller-Meiningen, Was wir über das Seilbahn-Unglück am Lago Maggiore wissen, Augsbrug: Augsburger Allgemeine, 2022.

[82] The International Electrotechnical Commission, IEC 61165, Application of Markov techniques, Geneva: Beuth publishing DIN, 2006.

[83] K. John und F. Charles, »On the Chapman—Kolmogorov equation,« Philosophical Transactions of the Royal Society of London, Bd. 276:341–369, 1970.

[84] D. Yadron und D. Tyran, Tesla driver dies in first fatal crash while using autopilot mode, San Franciso: The Guardian, 2016.

[85] Tesla-Team, A Tragic Loss, 2016.

[86] K. Habib und S. Ridella, The Automatic Emgergency Braking (AEB) or Autopilot systems may not function as designed, increasing the risk of a crash, National Highway Traffic Safety Administation, 2017.

[87] Summary Report: Standing General Order on Crash Reporting for Automated Driving Systems, National Highway Traffic Safety Administation, 2022.

[88] V. Mnih, K. Kavukcuoglu, D. Silver, A. Graves, I. Antonoglou, D. Wierstra und M. Riedmiller, Playing Atari with Deep Reinforcement Learning, NIPS Deep Learning Workshop 2013, 2013.

[89] R. Sutton und A. Barto, Reinformcement Learning: An Introduction, Cambridge: The MIT Press, 2018.

[90] R. Bellmann, A Markovian Decision Process, Indiana: Indiana University Mathematics Journal, 1957.

[91] D. Hubel und T. Wiesel, »Receptive fields of single neurones in the cat's striate cortex,« The Journal of Physiology, Bd. 1959, 1959.

[92] J. Kürsener, Der Verlust des russichen U-Bootes Kursk, Schweizer Soldat: die führende Militärzeitschrift der Schweiz, 2001.

[93] O. Föllinger, Laplace- und Fourier-Transformation, Heidelberg: Hüttig, 1990.

[94] A. Esteve-Nunez, A. Caballero und J. Ramos, Biological Degradation of 2,4,6-Trinitrotoluene, Washington D.C.: American Society of Microbiology, 2001.

[95] J.-P. Lacroix und A. Khare, United Nations Manual on Ammunition Management, New York: Office of Military Affairs (OMA) and Department of Peace Operations (DPO), 1990.

[96] S. D. Drell, Nuclear Weapons, Scientists, and the Post-Cold War Challenge, Singapur: World Scientist, 2007.

[97] Field Command, Palomares Summary Report, New Mexiko: Defense Nuclear Agency, 1975.

[98] R. Bryant, »Bryant, R.E.: Graph-Based Algorithms for Boolean Function Manipulation. IEEE Trans. Computers 35(8), 677-691,« Computers, IEEE Transactions on, Bde. 1 von 2C-35, pp. 677-691, September 1986.

[99] D. Knuth, The Art of Computer Pogramming, Standford: Addison Wesley, 2008.

[100] G. Turconi und J. Jones, Diagnostics preventive evaluation, the role of IEC 61709, Milan: 14th IMEKO TC10 Workshop Technical Diagnostics, 2016.

[101] P. Löw, R. Pabst und E. Petry, Funktionale Sicherheit in der Praxis, Heidelberg: dpunkt.verlag, 2010.

[102] N. Leveson, Engineering a Safer World, London: MIT Press, 2017.

[103] A. Hamimes und R. Benamirouche, The Bayesian Kaplan Meier Model Under the Classical Nonparametric Bootstrap, London: Journal of Economics, Finance and Accounting Studies (JEFAS), 2020.

[104] J. Börsök, Funktionale Sicherheit, Berlin: VDE Verlag, 2014.

[105] The International Electrotechnical Commission, Hazard and operability studies (HAZOP studies) - Application guide, Geneva: VDE Verlag, 2016.

Index

F

G

H

I

J

K

L

M

N

O

P

Q

V

W

Z